W0269222

Harald Schumny (Hrsg.)

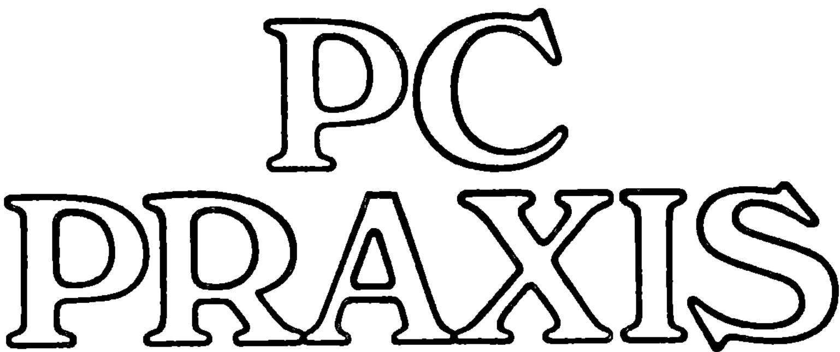

PC PRAXIS

Technik und Wissenschaft

Betriebliche Praxis

Benutzerschnittstellen

Betriebssysteme · LAN

Mit 137 Bildern, 26 Tabellen
und zahlreichen Programmen

Friedr. Vieweg & Sohn   Braunschweig/Wiesbaden

CIP-Kurztitelaufnahme der Deutschen Bibliothek

PC-Praxis: Technik u. Wiss., betriebl. Praxis,
Benutzerschnittstellen, Betriebssysteme, LAN /
Harald Schumny (Hrsg.). [Autoren Ulrich Abel
...]. — Braunschweig; Wiesbaden: Vieweg, 1986.
    ISBN 978-3-528-04371-1   ISBN 978-3-322-86046-0 (eBook)
    DOI 10.1007/978-3-322-86046-0

NE: Schumny, Harald [Hrsg.]

Das in diesem Buch enthaltene Programm-Material ist mit keiner Verpflichtung oder Garantie irgend-
einer Art verbunden. Der Herausgeber und die Autoren übernehmen infolgedessen keine Verantwortung
und werden keine daraus folgende oder sonstige Haftung übernehmen, die auf irgendeine Art aus der
Benutzung dieses Programm-Materials oder Teilen davon entsteht.

1986

Umschlaggestaltung: Ludwig Markgraf, Wiesbaden
Satz: Vieweg, Braunschweig

Inhaltsverzeichnis

Vorwort

Mikrocomputer verrichten abermillionenfach ihr Werk im Spielzeug, Hausgerät, Automobil und in Geldautomaten, in Werkzeugmaschinen, Handhabungsrobotern, Militäreinrichtungen — und in den persönlichen Arbeitsplatzstationen (*Workstations*) des Ingenieurs, des Wissenschaftlers, Betriebswirts, Juristen, Mediziners, Handwerkers usw. usw. Die Geräte zur Verwendung als persönliches Werkzeug heißen in professionellen Bereichen oft *Arbeitsplatzcomputer* (APC), im allgemeinen Sprachgebrauch überwiegend *Personalcomputer* (PC). Um diese geht es hier.

Es ist aber kaum vorstellbar, in einem Buch Personalcomputer erschöpfend darzustellen und alle Anwendungsbereiche abzuhandeln. Das gelingt nicht einmal in mehrtägigen Seminaren und Symposien mit dickleibigen Tagungsbänden. Eine vernünftige Einschränkung kann einem PC-Buch darum nur gut tun. Als „vernünftig" haben wir angesehen, Grundlagen und Erfahrungen von allgemeinem Interesse, Anwendungen aus den Bereichen *Technik, Wissenschaft, Betriebswirtschaft* sowie einige für alle Anwendungsfelder wesentlichen Fragen zur Benutzung und Programmierung zusammenzufassen und dann noch das überaus zukunftsträchtige Thema *Lokale Netze* (LAN) anzuschließen.

Mit diesem Stoff haben wir das Buch in vier Teile gegliedert. Die drei Hauptteile behandeln den PC in Technik und Wissenschaft, die Betriebswirtschaftliche Praxis und diskutieren Benutzerschnittstelle, Programmierung und Lokale Netze. Der Anhang (vierter Teil des Buches) enthält Produktübersichten, die in Tabellenform Mikrocomputer und Drukker mit ihren wichtigen Daten und gut vergleichbar darstellen.

Die Bedeutung von Personalcomputern kann am einfachsten durch die Vorstellung typischer Anwendungen und Erfahrungen herausgearbeitet werden. Zum Bereich *Technik und Wissenschaft* haben wir dafür beispielsweise "Personal Instrumentation", CAD, Regelkreis-Optimierung und Numerische Mathematik ausgewählt. Aber auch die Diskussion um Künstliche Intelligenz und Expertensysteme wurde diesem Teil zugeordnet, ihm sogar wegen der hohen Aktualität vorangestellt. Vier Aufsätze mit der Gruppenüberschrift „Computer in der Ausbildung" sind ebenfalls zum technisch-wissenschaftlichen Teil gestellt, weil im wesentlichen der Mathematikunterricht und neuere Aspekte des Maschinenelemente-Unterrichts aufbereitet werden.

Die *Betriebswirtschaftliche Praxis* ist zweifellos für PC-Verkäufer das interessanteste Wirkungsfeld. Wir haben für diesen Bereich einen aktuellen Anwendungsquerschnitt und neueste Software-Themen zusammengefaßt. Neben den für viele „Leistungsträger" unserer Gesellschaft relevanten Fragen zur Geldanlage, Baufinanzierung und Einkommensteuer sind professionelle Beiträge zum PC-Einsatz im Managementbereich einbezogen. Zwei Software-Reports stecken die Situation deutlich ab und weisen in die Zukunft. Vor allem auch für die Büroautomatisierung von Bedeutung ist die Weiterentwicklung der Standard-Software. Wir haben dies berücksichtigt und zum Übersichtsaufsatz auch konkret ergänzt: Wordstar, dBASE II, dBASE III, Framework, Symphony. Dedizierte und Integrierte Software sind kritisch gegenübergestellt.

Benutzerschnittstelle heißt die physikalische und logische Ebene der Berührung zwischen Mensch und Maschine. Der Nutzen eines Computers, der Grad der Akzeptanz oder, einfach ausgedrückt, die Anwendungsfreundlichkeit werden wesentlich durch die ergonomisch sinnvolle Ausführung der „Benutzeroberfläche" und durch die Unterstützung beim Verfügbarmachen der Ressourcen bestimmt. Die unterschiedlich ausgeführten Benutzerschnittstellen sind manchmal an bestimmte Rechnertypen gebunden, andere wirken optimal nur mit zugehörigem Betriebssystem. Die Auswahl eines PC-Systems sollte deshalb auch davon abhängig gemacht werden. Der erste Beitrag dieses Themenblocks geht darauf ein, der zweite berichtet über das wichtigste Betriebssystem MS-DOS. Konkret werden folgende Konzepte bzw. Ausführungen behandelt: Menütechnik, "Icons", Bildschirme, Handschriftliche Direkteingabe.

Die *Programmierung von PCs* ist anwendungsspezifisch auch im technisch-wissenschaftlichen und im betriebswirtschaftlichen Teil enthalten. Hier haben wir zusätzlich Aufsätze zusammengestellt, die nicht so direkt bestimmten Anwendungen zuzuordnen sind, weil mehr programmiertechnische Aspekte im Vordergrund stehen. Im wesentlichen geht es dabei um Pascal, Modula-2, UNIX und die Systemprogrammierung mit C.

Es ist sicher nicht notwendig, die rapide zunehmende Bedeutung der *Lokalen Netze* herauszustreichen. Wir würdigen diese Entwicklung aber mit drei Aufsätzen, in denen Grundlagen, PC-Verbund und die Zusammenarbeit von PCs mit einem Großrechner die Themen sind. Die Arbeiten sind relativ anwendungsneutral geschrieben, obwohl Haupteinsatzgebiete derzeit in Büro und Verwaltung gesehen werden. Es sind aber auch „Vernetzungen" von Fabrikationsanlagen einerseits und in Automobilen andererseits keine Zukunftsvision, sondern konkrete Entwicklungsaufgaben, weshalb das Thema LAN nicht einem der beiden großen Anwendungsblöcke zugeordnet wurde.

Wir sind davon überzeugt, ein aktuelles „Lese- und Arbeitsbuch" für die PC-Praxis entwickelt zu haben.

Herausgeber

Dr.-Ing. Dipl.-Phys. Harald Schumny
Zorgestraße 10
3300 Braunschweig

Oberregierungsrat und Leiter des Laboratoriums „Meßtechnik und Prozeßdatenerfassung" (Lab. 7.41) an der Physikalisch-Technischen Bundesanstalt (PTB) in Braunschweig. Leitung von PTB-internen Arbeitskreisen über Mikrocomputer und Schnittstellen sowie von Kursen (Workshops) mit den Themen „Einführung in die µC-Technik" und „Mikrocomputer in der Meßtechnik und Prozeßdatenverarbeitung".

Deutscher Direktor der Euromicro (European Association for Microprocessing and Microprogramming) sowie Mitherausgeber des Euromicro-Journals und dabei zuständig für „Interfacing, Communications and Standards".
Mitglied des wissenschaftlichen Beirats für den internationalen Informationsdienst „Computer Compacts"; Europäischer Herausgeber des Journals „Computer & Standards".

Autoren

Dr. Ulrich Abel
Biometriker und Anlageberater in Heidelberg

Dr. Heiner Abels

Karl Achilles
Studienrat für Mathematik, Physik und Informatik an der KGS Stuhr-Brinkum

Gunter Alle
Schulleiter und Fachberater für Mathematik an der Hauptschule Zell-Atzenbach

Dr.-Ing. Helmut Alt
Mitarbeiter der Rheinisch-Westfälischen Elektrizitätswerke AG, Betriebsverwaltung Düren, und Lehrbeauftragter an der FH Aachen, Fachbereich Elektrotechnik

Prof. Dipl.-Kfm. Heinrich Bockholt
Professor für Allgemeine Betriebswirtschaftslehre und Leiter des Instituts für Finanzwirtschaft an der FH Koblenz

Alfred Böge
Studiendirektor a. D., Fachbuchautor in Braunschweig

Dr. Horst Degen
Akademischer Rat an der Fakultät für Wirtschaftswissenschaften der Ruhr-Universität Bochum

Dr. rer. nat. Wolfgang Doster
Dipl.-Informatiker und wissenschaftlicher Mitarbeiter im Forschungsinstitut AEG-Telfunken, Ulm

Dr. Rainer Eiermann
Experimentalphysiker und Elektroniker in Dortmund

Dr. rer. nat. Alois Fadini
Diplom-Physiker. Wissenschaftlicher Mitarbeiter an der Universität Tübingen

Dipl.-Phys. Peter Frahm
Studiendirektor für Mathematik, Physik und computergestützte Schulorganisation an der Domschule Schleswig

Prof. Dipl.-Math. Konrad Hoyer
Professor an der FH Frankfurt am Main für Mathematik und Datenverarbeitung

Dr. rer. pol. Werner Hürlimann
Nationalökonom. Betreuung der Finanz- und Liquiditätsplanung bei den schweizerischen PTT-Betrieben (Post- und Fernmeldewesen)

Dipl.-Ing. Martin Kahmann
Mitarbeiter der Physikalisch-Technischen Bundesanstalt Braunschweig, Aufgabenbereich Bauartzulassung von Elektrizitätszählern

Dr.-Ing. Reinhard Kamitz

Akademischer Rat am Institut für Allgemeine Elektrotechnik der TU Braunschweig. Forschungsgebiet: Simulation und Testbarkeit von VLSI-Schaltungen

Dipl.-Psych. Gerhard Karl

Unternehmensberater. Mitarbeiter und Gesellschafter der Ge MIT mbH mit den Schwerpunkten Beratung und Schulung für Standardsoftware

Dipl.-Inform. Dr. rer. nat. Franz-Joachim Kauffels

Assistent am Institut für Informatik der Universität Bonn.

Gerd Knippenberg

cand. inform., Studentischer Mitarbeiter einer Forschungsgruppe an der Universität Dortmund

Harold D. Kraemer

Wirtschaftsjournalist, Dozent für angewandte Baufinanzierung, Fachbüro für angewandte Baufinanzierung

Dipl.-Inform. Günter Martin

Leiter der Rechnerbetriebsgruppe im Fachbereich Informatik an der Johann-Wolfgang-Goethe-Universität, Frankfurt am Main

Dr.-Ing. Wolfgang Mathis

Assistent im Fachbereich Elektrotechnik der TU Braunschweig

Dipl.-Wirtschaftsing. Günther A. Mohr

Bereichsleiter Planung und Kontrolle bei der Linotype GmbH in Eschborn bei Frankfurt

Prof. Dr. Otger Neufang

Professor an der FH Düsseldorf für Elektrotechnik und Elektronik

Reinhard Nielsen

Mitarbeiter bei Instrumatic Electronic in Gräfelfing bei München

Dipl.-Ing. (FH) Richard Oed

Wissenschaftlicher Mitarbeiter im Forschungsinstitut Ulm der AEG-Telefunken AG

Prof. Dipl.-Ing. Wolfgang Oldenburg

Professor an der FH Gießen-Friedberg im FB Maschinenbau und Feinwerktechnik (Technische Mechanik und Finite Elemente)

Prof. Dipl.-Ing. Peter F. Orlowski

Professor an der FH Gießen-Friedberg mit den Fachgebieten Elektrische Antriebe, Regeltechnik und Angewandte Elektronik

Dr.-Ing. Günter Pomaska

Mitarbeiter in einem Systemhaus für geometrische Datenverarbeitung in Braunschweig

Ing. grad. Alfred Ponten

Mitarbeiter der Rheinisch-Westfälischen Elektrizitätswerke AG, Betriebsverwaltung Düren

Heimo Reich

Programmierer in Heidelberg

Dipl.-Ing. Jürgen Ritzenhoff

Berater für Systemanalyse und Softwaremodifikation, Leiter von PC-Anwenderseminaren

Dipl.-Math. Jürgen Schaumann

Berater für den Personalcomputer-Einsatz in einem Großunternehmen

Dipl.-Ing. Manfred Schmidt

Bundesbahndirektor, Dezernent in der Bundesbahndirektion Hamburg

Prof. Dr.-Ing. Gerhard Schnell

Professor an der FH Frankfurt am Main für Meßtechnik und Elektronik

Achim Stößer

Student der Informatik an der Universität Karlsruhe

Dipl.-Ing. Gerfried Tatzl

Leitende Tätigkeit in Kostenrechnung und DV-Organisation; Mitarbeit an Bearbeitung von Fragen der Technologie und Güteprüfung von Baustoffen. Autor der Buchreihe „Der Taschenrechner als Mini-Computer" (Bauverlag)

Prof. Dr.-Ing. Uwe Varchmin

Professor an der TU Braunschweig. Lehrgebiet: Mikroelektronik in der Meß- und Regelungstechnik

Dipl.-Math. Wolfgang J. Weber

Wissenschaftlicher Mitarbeiter und Lehrbeauftragter an der Johann-Wolfgang-Goethe-Universität in Frankfurt, Fachbereich Physik

Mag. rer. nat. Johann Weilharter

Professor an der Bundeshandelsakademie und Bundeshandelsschule in Tamsweg, Österreich, im Fachgebiet Mathematik und Datenverarbeitung. Referent in der Lehrerfortbildung

PC in Technik und Wissenschaft

Inhaltsübersicht

Ihre Hauptanwendung finden PCs zweifelsohne in der Büroautomatisierung. Der breite Einsatz für das Hobby und die private Hauswirtschaft wird wohl am relativ hohen Preis der Standard-PC-Systeme scheitern — hier machen die Heimcomputer-Hersteller (noch) ihren Umsatz. In den verschiedenen Bereichen der Technik und Wissenschaft gibt es häufig so spezielle Anforderungen, daß Standard-Gerät ungeeignet sein kann. Beispielsweise werden oft hohe Rechengeschwindigkeiten erwartet, oder der Computer muß über bestimmte Hardware- und Software-Einrichtungen verfügen, um hohen Echtzeitanforderungen zu genügen.

Durchaus typisch für die 1985er „PC-Szene" sind zwei Entwicklungen: 1. Für Standard-PCs gibt es mehr und bessere Erweiterungen (add-ins, add-ons etc.) zum Einsatz dieser kostengünstigen Geräte auch in Technik und Wissenschaft. 2. PCs der „dritten Generation" arbeiten mit schnelleren Mikroprozessoren (16 und 32 bit Wortbreite, höhere Taktfrequenz) und erreichen damit für viele wissenschaftliche Auswertungen und Simulierungen akzeptable Rechengeschwindigkeiten. Als Prozessoren findet man hier vor allem die Typen 80186, 80286, 68000, Z 8000, 68020, 32032. Als Betriebssystem wird dabei häufiger UNIX (bzw. ein „Abkömmling") eingesetzt.

Die PCs der ersten Generation arbeiten mit CP/M, die der zweiten mit MS-DOS. Dafür gibt es eine Vielzahl von Software und Hardware-Ergänzungen zum Einsatz in Technik und Wissenschaft. Ein gutes Beispiel stellt der Beitrag Texteditor und Matrixdrucker zur Bearbeitung technisch-wissenschaftlicher Schriften dar.

Der Haupttrend aber wird im Beitrag „Meßtechnische Instrumentierung von PCs" deutlich. Die Autoren beschreiben diesen Trend so: a) Immer mehr PCs sind mit der IEC-Bus-Schnittstelle nachrüstbar bzw. mit dafür geeigneter Hardware und Software ausgestattet; b) Sogenannte "Personal Instruments", die als Baugruppen in freie Steckplätze des PC eingesetzt werden, machen den PC direkt zum Meßinstrument. Zwei wichtige Beispiele (Logikanalysator und Vielstellen-Meßsystem) sind vorgestellt.

Leistungsfähige CAD-Software für PCs ist nun ebenfalls verfügbar und soweit ausgereift, daß das Entwerfen, Zeichnen und Konstruieren am Bildschirm der Arbeit am klassischen Zeichenbrett überlegen ist. Im gleichnamigen Aufsatz resümiert der Autor, daß der Einstieg in CAD jedem potentiellen Anwender mit PCs heute risikolos möglich ist; Hard- und Software lassen kaum noch Wünsche offen. Der PC ist als Ingenieur-Werkzeug mithin etabliert.

Anders ist die Situation noch im Bereich der Künstlichen Intelligenz. Am Beispiel der Expertensysteme zeigt der Autor u. a. zweierlei: 1. Solche Systeme haben heute in Einzelfällen die geistigen Fähigkeiten des Menschen erreicht bzw. übertreffen sie zum Teil; 2. Es wird noch ein langer Weg nötig sein, bis man die ersten ernsthaften Expertensysteme auf einem PC laufen lassen kann. Letzteres ist sicherlich eine wichtige Erkenntnis, mit deren Hilfe die richtige Einschätzung der zur Zeit angebotenen „Expertensysteme" möglich sein sollte.

Zwei anwendungsorientierte Beiträge mit grundsätzlichem Charakter behandeln ebenfalls einen neuen Trend: Der PC wird als mathematisches Werkzeug eingeführt, um einmal „hochgenaue Lösungseinschließungen" zu garantieren. Ein Demonstrationsprogramm in

UCSD-Pascal zeigt die Leistungsfähigkeit. Mit Turbo-Pascal wird danach die Baumstruktur von Rechenausdrücken ermittelt. Jeder Rechenausdruck (beliebige Gleichung oder Funktion) wird als Text eingegeben und intern so umgewandelt, daß er numerisch ausgewertet werden kann. Im konkreten Fall wird eine Wertetabelle erzeugt, die zugehörigen binären Bäume (Rechenbäume) sind angegeben.

Anwendungen in Technik und Wissenschaft sind sehr verschiedenartig. Langlaufende Auswertungen mit extremem Rechenaufwand (z. B. Monte-Carlo-Simulation) sind in der Regel in FORTRAN geschrieben und nur auf Großrechnern lauffähig. Der Wunsch nach Nutzung des Arbeitsplatzcomputers auch für Auswertungen und Simulationen ist aber ständig vorhanden. Inzwischen laufen ja auch gute FORTRAN- und BASIC-Compiler auf PCs, die den vollständigen Hauptspeicher (z. B. 640 Kbyte) adressieren können und einen Mathematik-Koprozessor nutzen.

Es ist jedoch nicht immer notwendig (und aus finanziellen Gründen oft auch nicht möglich), DM 20.000 und mehr für das „Rechnen" zu investieren. Abgegrenzte und zeitunkritische Aufgaben sind nämlich recht gut auch mit Heim- oder Handcomputern lösbar. Das beweisen eindrucksvoll die Beiträge zum Numerischen Glätten, Interpolieren und Differenzieren, zur Darstellung von Funktionswerten und zur Regelkreis-Optimierung.

Diese kleine Auswahl technisch-wissenschaftlicher Anwendungen kann als typisch dafür angesehen werden, wie auch die kleinsten, preisgünstigsten Mikrocomputer professionell einsetzbar sind. Eine Weiterführung dieser Gedanken findet der Leser im zweiten Abschnitt „Computer in der Ausbildung", wobei die didaktische Komponente zusätzlich herausgearbeitet wird.

Harald Schumny

Das aktuelle Thema

Otger Neufang

Expertensysteme

Ein Computer setzt sich aus logischen Schaltungen zusammen, die ausschließlich binäre Signale verarbeiten können. Mit Hilfe der Kenntnis der mathematischen Logik lassen sich aus logischen Grundschaltungen Systeme zusammenbauen, die Dualzahlen addieren und Verschiebe- bzw. Vergleichsoperationen ausführen können. Durch Verknüpfen dieser Systeme gelangt man zu einem Gerät, mit dem sich Berechnungen durchführen lassen. Nachdem die ersten funktionstüchtigen Elektronenrechner geschaffen waren, lernte man es sehr schnell, die einfachen Operationen so zusammenzufassen, daß sich Multiplikationen oder trigonometrische Funktionen in einem Befehl ausführen ließen. Man verstand es schließlich, sich auf eine Ebene zu begeben, in der es möglich wurde, Programmiersprachen zu entwickeln, die sowohl kommerzielle als auch technisch-wissenschaftliche Probleme lösen konnten.

Die Problematik lag selbst bei Großrechenanlagen lange Zeit in der Kapazität des Arbeitsspeichers und der externen Speicher sowie in der Verarbeitungsgeschwindigkeit. Erst mit Hilfe der VLSI-Technik (*Very Large Scale Integration*) gelang es, bessere Computersysteme zu bauen, bzw. wird es möglich sein, in Zukunft *Supercomputer* zu entwickeln. Ist man heute beispielsweise bei einer Verarbeitungsgeschwindigkeit von 30 Megabefehlen pro Sekunde (MIPS, d. h. *Million Instructions Per Second*) angelangt, so wird es Ende dieses Jahrzehnts — u. U. mit neuen Technologien — möglich sein, 1 Gigabefehle pro Sekunde bis 1 Terabefehle pro Sekunde zu verarbeiten. (Zur Erinnerung: Mega $\hat{=}$ 10^6; Giga $\hat{=}$ 10^9; Tera $\hat{=}$ 10^{12}.)

Schon Mitte der fünfziger Jahre machte man sich Gedanken darüber, ob einem Computer eine gewisse Denkfähigkeit zugewiesen werden könnte. Man entwickelte Schachprogramme, Programme für Spiele oder Übersetzungsprogramme von einer Sprache in eine andere und gab diesen Tätigkeiten den Oberbegriff *Künstliche Intelligenz*. Abgesehen von rein gefühlsmäßigen Argumenten wie „Denken ist eine Domäne des Menschen" oder „Denken bedeutet Kreativität und Originalität" oder „bisher haben Maschinen kein Denkvermögen bewiesen" oder „die Funktion von Neuronen ist eine andere wie die aus Silizium gefertigter Prozessoren" konnten wegen der noch mangelhaften Leistungsfähigkeit der Computersysteme noch keine zufriedenstellenden Systeme der Künstlichen Intelligenz verwirklicht werden.

Ein Gebiet der Künstlichen Intelligenz ist die Entwicklung intelligenter Maschinen. Hier gibt es einige Bereiche, in denen bereits erfolgreich gearbeitet wird. Zu ihnen gehören: automatische Interpretation von Satellitenfotos; automatische Programmierung; das Beweisen von mathematischen Sätzen; die Entwicklung intelligenter Roboter oder *Expertensysteme.*

Am weitesten fortgeschritten ist die Entwicklung von Expertensystemen, die heute in Einzelfällen die geistigen Fähigkeiten des Menschen erreicht haben oder zum Teil sogar schon übertreffen. Ein Expertensystem kann so definiert werden, daß es das Wissen eines speziellen Fachgebietes erwerben und zur Lösung konkreter Problemstellungen herangezogen werden kann. Unter Wissen wird hier nicht nur das Sammeln von Fakten verstanden, sondern auch deren Verwertung durch Abstraktion, so daß Probleme gelöst werden können.

Expertensysteme lassen sich insbesondere auf zwei Gebieten der Problemlösung einsetzen: in der Kombinatorik und überall dort, wo große Datenmengen auszuwerten sind. Ein einfaches *Beispiel* aus der Kombinatorik ist das *Schachspiel,* bei dem durch Anwendung der Regeln der Kombinatorik sämtliche möglichen Züge vom Computer durchgerechnet werden können, um anschließend den wirksamsten Zug auszuführen. Diese Vorgehensweise ist ohne Zweifel zum Scheitern verurteilt, weil es beim Schach 10^{120} mögliche Zugvarianten gibt. Ein Computer, der 10 Millionen Entscheidungen pro Sekunde treffen kann, würde etwa 10^{105} Jahre benötigen, um einen sinnvollen Zug ausführen zu können; eine Zeit also, in der unsere Sonne mit Sicherheit erkaltet sein wird. Der Mensch spielt hingegen in der Art und Weise Schach, daß er auf sein Wissen, welche Züge in einer bestimmten Situation schon einmal gemacht wurden oder denkbar sind, zurückgreift und einen mehr oder weniger guten Zug ausführt (*heuristische Denkweise*). In ähnlicher Weise verfährt ein Expertensystem. Man gibt Regeln vor, die einer Lösung möglichst nahe kommen, sie jedoch nicht garantieren.

Man erkennt aus diesem Beispiel, daß beim Aufbau eines Expertensystems folgende Voraussetzungen vorliegen müssen:

— Die Existenz eines Spezialisten, der über genaue Kenntnisse des Problems verfügt, das vom Computer verarbeitet werden soll. Es wird also durch einen Experten Wissen vermittelt, das in Wissensbanken angelegt wird. Diese Wissensbanken sind nicht den bei Computern üblichen Datenbanken gleichzusetzen. Eine Datenbank enthält Informationen, aus denen der Mensch Schlüsse zieht. Eine Wissensbank enthält das Wissen um das Problem, Erfahrungswerte, neue Erkenntnisse und anwendbare Regeln, die zur Urteilsfindung durch den Computer führen.

— Der Computer muß so angelegt sein, daß er die gestellten Probleme lösen kann und die Möglichkeit hat, mit der Außenwelt zu kommunizieren.

Fig. 1 zeigt die Grundstruktur eines Expertensystems. Ein Experte, der auf seinem Gebiet ein hervorragender Spezialist ist, stellt sein gesamtes Wissen, das er an der Universität und durch Weiterbildung im Laufe seines Lebens gesammelt hat, zur Verfügung. Dieses Wissen beinhaltet nicht nur reines Wissen, sondern auch Annahmen, Schlußfolgerungen und vor allem Heuristik, d.h. das Erstellen von Methoden, die zum

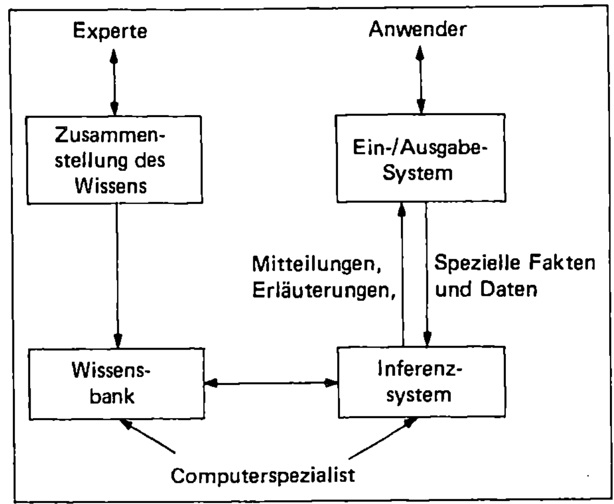

Fig. 1 Grundstruktur eines Expertensystems

Auffinden von Informationen benötigt werden (vom Griech. *heurein* = finden). Es können noch Experten von Gebieten hinzugezogen werden, die das eigentliche Problem tangieren. Eine Wissensbank wird angelegt. Als nächstes benötigt man einen Computerspezialisten, der genaue Kenntnisse über den Computer hat und der weiß, wie eine Wissensbank vom Computer zu verarbeiten ist. Hinzu kommt, daß er die Sprache des Experten in allen Einzelheiten verstehen muß. Neben der Wissensbank benötigt man ein *Inferenzsystem*[1], d.h. ein System, in dem das Wissen und die Problemdaten verstanden, verarbeitet und von vorhandenen Informationen weitere Informationen abgeleitet werden. Beim Erstellen eines Inferenzsystems sollten keine komplexen Algorithmen Anwendung finden, sondern einfache Gedankengänge nachempfunden werden.

Ein einfaches *Beispiel* möge hier das Nachvollziehen von Gedankengängen veranschaulichen.[2] Ich möchte mit dem Wagen von San Francisco nach New York fahren. Zielort ist also New York. Ich verfolge nun vom Zielort die Reise bis zum Ausgangspunkt zurück. In New York möchte ich meinen Wagen am Riverside Drive parken. Die nächste Frage ist die Ankunftszeit. Als Kenner des New Yorker Verkehrs weiß ich, daß die Ankunft am Abend wegen möglicher Parkplätze günstiger ist. Entsprechend rechne ich nun zurück, wann ich unter Berücksichtigung von Zwischenauf-

---

1) *Inference* bedeutet Schlußfolgerung oder Rückschluß

2) *Feigenbaum, E. A.* und *McCorduck, P.:* The Fifth Generation. Reading: Addison-Wesley 1983, S. 78.

enthalten von San Francisco wegfahren sollte. In New York will ich nicht abgehetzt ankommen, da ein wichtiger Gesprächstermin vorliegt. Deshalb sollte meine letzte Strecke nicht zu lang sein. Ich beschließe also, in Harrisburg oder Pittsburgh zu übernachten. Pittsburgh erscheint mir als Übernachtungsort angenehmer, weil ich dort Freunde besuchen kann. Will ich das tun, so darf ich nach Pittsburgh keine zu große Strecke zurücklegen. Ich werde also in der Nähe von Indianapolis übernachten. Ähnliche Gedankengänge verfolge ich, bis ich an meinem Ausgangsort angelangt bin. Ich habe also die Daten und das Ziel. Mit Hilfe von *Inferenzregeln* stelle ich mir einen Plan auf, wie ich an mein Ziel gelange.

In ähnlicher Weise baut sich ein Computerspezialist aus einer Vielzahl von Gedankengängen sein System auf.

Schließlich muß noch eine Vermittlung zwischen Computer und Umwelt hergestellt werden, wobei vom Computer u. U. Zusatzinformationen verlangt werden, die der Anwender dann noch liefern muß.

Eine der am häufigsten angewendeten Methoden, das eingespeicherte Wissen zu verarbeiten, ist die Anwendung von WENN-DANN-Regeln, von Regeln also, nach denen auch der Mensch seine Entscheidungen trifft. Hierbei stellt die WENN-Beziehung die Ursache dar (bestehende Tatsachen) und die DANN-Beziehung die Wirkung (z. B. Änderung der Ausgangsbedingungen). Man wendet diese Regeln an, erzielt Zwischenergebnisse und wendet neue Regeln auf eine veränderte Situation an. Hierbei besteht entweder die Möglichkeit, von einem Ausgangszustand auszugehen und eine Lösung zu finden, oder aber von der Hypothese möglicher Lösungen auszugehen, um dann rückwärtsschreitend zum Ausgangspunkt zu gelangen (s. obiges Beispiel).

Ein einfaches *Beispiel* möge dies veranschaulichen. In einem Raumschiff ist die Stromversorgung ausgefallen. Es können nun folgende Schlußregeln gezogen werden: WENN die Stromversorgung ausgefallen ist UND ein Hilfsaggregat zur Verfügung steht UND die Ursache des Ausfalls beseitigt ist, DANN schalte man auf das Hilfssystem um.

Ein weiteres *Beispiel* ist etwas komplizierter: Zwischen vier Personen A, B, C, D besteht folgende Beziehung:

berichtet an (C, A) ist WAHR
WENN ENTWEDER leitet (A, C) ist WAHR
   ODER leitet (A, B) ist WAHR
     UND berichtet an (C, B) ist WAHR

Frage: berichtet an (D, A)?

Es bedeutet: „berichtet an (C, A)", daß A an C berichtet und „leitet (A, C)", daß C A anleitet. Es handelt sich um ein rekursives Problem, das über eine Tabelle gelöst werden soll:

Frage	ENTWEDER-Teil	ODER-Teil	Neue Frage
berichtet an (D, A)	leitet (A, D)? FALSCH	leitet (A, B)? WAHR	berichtet an (D, B)?
berichtet an (D, B)?	leitet (B, D)? FALSCH	leitet (B, C)? WAHR	berichtet an (D, C)?
berichtet an (D, C)?	leitet (C, D)? WAHR		
Folgerung:	berichtet an (D, C) ist WAHR		
Also:	berichtet an (D, B) ist WAHR		
Also:	berichtet an (D, A) ist WAHR (Antwort).		

Um derartige Probleme zu programmieren, wird eine Programmiersprache benötigt, die einfacher zu handhaben ist als die klassischen höheren Programmiersprachen. Als solche hat sich LISP (*List Processing Language*) herausgestellt, die Ende der fünfziger Jahre für die Behandlung nichtnumerischer Probleme geschaffen wurde. Zur Bearbeitung von Listen verfügt sie über eine extrem einfache Syntax. Als Listen können Datenstrukturen beliebiger Komplexität definiert werden; Funktionen lassen sich rekursiv definieren; es wird kein formaler Unterschied zwischen Daten und Programmen gemacht, weshalb Programmteile auch als Daten aufgefaßt werden können. Die Grundsprache LISP wurde in den letzten Jahren ausgebaut, und es haben sich insbesondere für das Arbeiten in der Künstlichen Intelligenz sehr hohe Programmiersprachen herangebildet (z. B. FUZZY, PLANNER).

Bei LISP wird eine Liste aus einer Kombination von abstrakten Symbolen (Atome genannt) erstellt. Beispielsweise stellt

(LEITET B A)

eine solche Liste dar. Die Verarbeitung solcher LISP-Ausdrücke kann auf fünf einfache Funktionen zurückgeführt werden:

CAR   gibt das erste Element einer Liste an. Im o. a. Beispiel wäre dies LEITET.

CDR   gibt die Elemente der Liste ohne das erste Element an. In o. a. Beispiel wären dies B und A.

CONS verbindet zwei Atome miteinander, um eine Liste zu bilden. Es würden z. B. die Atome LEITET und B zu (LEITET B) verknüpft werden.

ATOM ergibt den logischen Wert WAHR (T), wenn auf ein Atom angewendet, ansonsten den logischen Wert FALSCH (NIL). Wendet man ATOM z. B. auf LEITET an, erhält man den logischen Wert WAHR; auf die Liste (B, A) angewendet, den logischen Wert FALSCH.

EQUAL ergibt den logischen Wert WAHR, wenn zwei Ausdrücke gleich sind.

Hinzu kommen noch die Anweisungen DEFUN, um eine Funktion zu definieren, und COND für Bedingung, also z. B. für eine WENN-DANN-Anweisung. Ein in LISP geschriebenes Programm kann folgendermaßen aussehen:

```
(DEFUN LEITER (FACT)
 (COND
  ((EQUAL (CAR FACT) 'LEITET) T)
 (T NIL)            ))
```

Unter FACT kann verstanden werden (LEITET B A). Es wird also die Funktion LEITER definiert, gefolgt von COND, das eine WENN-DANN-Beziehung darstellt. Zuerst wird die WENN-Bedingung errechnet. Wenn sie zu dem logischen Wert WAHR (T) führt, wird die DANN-Bedingung ausgeführt. In der dritten Zeile wird dann LEITET mit 'LEITET verglichen. Ist das Ergebnis WAHR (T), wie es in oben angeführtem Beispiel der Fall ist, wird die DANN-Beziehung angewendet, die mit dem Atom T zu einer WAHR-Aussage führt, mit der dann weitergerechnet wird.

Heute kennt man schon eine ganze Reihe von Expertensystemen, die in der Diagnosetechnik (Medizin, Ermittlung von Computerfehlern, Fehler bei Kernreaktoren), in der Datenanalyse (Chemie, Geologie, Kristallographie), bei der Analyse (Elektronische Schaltungen, mechanische Probleme), beim Entwurf (Computersysteme, Schaltungssynthese, chemische Synthese), bei der Planung (Robotertechnik, medizinische Diagnosetechnik), im computerunterstützten Unterricht (Mathematik, elektronische Fehlersuche), im Management (Projektsteuerung) und bei der automatischen Programmierung eingesetzt werden.

Das erste Expertensystem wurde im Jahre 1965 begonnen. Es hieß DENDRAL und hatte die Aufgabe, aus massenspektrometrischen Daten Rückschlüsse auf die Struktur chemischer Verbindungen zu ziehen. Der Erfolg dieses über viele Jahre hinweg in vielen Laboratorien verwendeten Systems war Ausgangspunkt für die weitere Entwicklung von Expertensystemen wie MYCIN (ein System zur Feststellung der Ursache von Infektionen) oder INTERNIST (ein System zur Diagnose in der Internmedizin).

Obwohl schon positive Ergebnisse bei Expertensystemen erzielt wurden, haben sie doch noch nicht die gewünschte Vollkommenheit erreicht. Es mangelt vor allem noch an der Erklär- und Lernfähigkeit der Systeme, an der Möglichkeit der Spracheingabe oder Sprachausgabe sowie an der Fähigkeit des Menschen. Oft versteht der Computerspezialist nicht die Sprache des Experten bis in alle Einzelheiten. Außerdem erfordert die Bedienung der Systeme einen Spezialisten. Aufgrund der bisher gemachten Fortschritte läßt sich jedoch absehen, daß es in einigen Jahren vollkommene Expertensysteme geben wird, da dann die Hardwarevoraussetzungen (schnelle Computer großer Speicherkapazität, Sprachein- und Sprachausgabe) geschaffen sind. Es wird allerdings noch ein langer Weg vonnöten sein, bis man die ersten ernsthaften Expertensysteme auf einem Mikrocomputer laufen lassen kann.

Typenraddrucker bringen Texte in Korrespondenzqualität (Letter Quality) zu Papier. Bei Geschwindigkeiten bis etwa 25 Zeichen/s sind sie zudem recht kostengünstig. Verschiedene Zeichensätze stehen durch Wechseln des Typenrads zur Verfügung. Aber für diese Wechsel müssen Ausgabestopps programmiert werden; zeitaufwendige manuelle Eingriffe sind nötig. Die mit einem modernen Matrixdrucker verbundenen Möglichkeiten werden im folgenden Beitrag anhand einiger Beispiele deutlich gemacht. Ausreichende bis gute Schreibqualität (Near Letter Quality, NLQ) verbunden mit hoher Schreibgeschwindigkeit sind Stand der Technik.

Wolfgang Oldenburg

Texteditor und Matrixdrucker zur Bearbeitung technisch-wissenschaftlicher Schriften (Sirius)

1 Problemstellung

Die Textverarbeitung ist dank der gesteigerten Leistungsfähigkeit der verfügbaren Hardware zu einer Standardanwendung für Mikrocomputer geworden. Gegenüber der Benutzung einer normalen Schreibmaschine gestattet der Computer eine mehr oder weniger komfortable Formatierung des Textes am Bildschirm, erleichtert ganz wesentlich das Ausbessern von Tippfehlern, ermöglicht das Verschieben oder Löschen ganzer Textblöcke und, besonders wichtig, erlaubt das Ablegen des gesamten Textes in Form einer Datei auf einem Massenspeicher. Gerade diese Speichermöglichkeit eröffnet völlig neue Perspektiven, sei es, daß der Text jederzeit zu einer Überarbeitung geladen werden kann, oder daß Texte aus verschiedenen Dateien zu einer neuen Datei kombiniert werden können.

Zum Ausgeben der Textdatei benötigt der Computer einen Drucker. Wegen der hohen Anforderungen an das Druckbild wurden hierzu anfangs fast ausschließlich Typenraddrucker verwendet, deren Schriftbilder mit denen hochwertiger Schreibmaschinen vergleichbar sind. Die Entwicklung der Matrixdrucker hin zu dichteren Zeichenmatrizen läßt sie zunehmend als Konkurrenten der Typenraddrucker auftreten, eröffnen sie doch ihrerseits Möglichkeiten, die jene nicht

bieten können, etwa das Mischen verschiedenartiger Schriften und das Drucken benutzergenerierter Sonderzeichen.

Bedarf zum Drucken von Sonderzeichen besteht vornehmlich im technisch-wissenschaftlichen Bereich. Griechische Buchstaben und mathematische Zeichen wie z. B. $\{[\neq \approx \geqslant \leqslant \pm \int]\}$ müssen häufig nachträglich von Hand eingefügt werden. Leicht wird dabei etwas vergessen, und die Formel wird unverständlich bzw. falsch.

Übliche Textsysteme und Matrixdrucker verwalten Druckzeichen nach der **ASCII-Codierung** im Bereich 32 bis 127 mit der Möglichkeit, unter mehreren nationalen Zeichensätzen zu wählen. Damit stehen die alphanumerischen Zeichen und die jeweiligen nationalen Sonderzeichen, im Deutschen z. B. die Umlaute,

ASCII-Codierung: Dies ist die heute am meisten verbreitete Codierung zur Speicherung und Übertragung digitaler Daten. Der 7-Bit-Code nach DIN 66003 stimmt weitgehend mit dem *American Standard Code for Information Interchange* (ASCII) überein, nationale Besonderheiten sind jedoch verschieden (z. B. Umlaute und ß).

§ und ß, zum Drucken zur Verfügung. Benutzerdefinierte Sonderzeichen können i. a. auch nur im ASCII-Bereich 32 bis 127 verwaltet werden, d. h., es müssen dazu genormte Druckzeichen überschrieben werden.

Der Vorgang soll an einem Beispiel erläutert werden: Der griechische Buchstabe „α" soll als Sonderzeichen unter dem Code für „a" (ASCII 97) geführt werden. Um das Zeichen zu drucken, muß ihm im Bildschirmtext ein Steuerzeichen zum Umschalten des Druckers auf den Sonderzeichensatz vorangestellt werden. Solche Steuerzeichen bestehen üblicherweise aus dem Zeichen ASCII 27 (**ESC**), gefolgt von weiteren Zeichen je nach Befehls-Code des Druckers, und werden demzufolge als *Escape-Sequenz* bezeichnet. Anschliessend ist als Druckzeichen das "a" zu schreiben und dahinter wieder eine Escape-Sequenz zum Rückschalten des Druckers auf den Normalzeichensatz.

Die beschriebene Methode ist aus zwei Gründen unbefriedigend:

1. Vom Drucker wird ein anderes Zeichen wiedergegeben als auf dem Bildschirm dargestellt
2. Die Steuerzeichen verändern den Text auf dem Bildschirm bis zur völligen Unleserlichkeit.

Diese Nachteile lassen sich vermeiden, wenn sowohl das Textsystem als auch der Drucker Sonderzeichen im ASCII-Bereich 128 bis 255 verwalten können, so daß sie ohne Zwischenschaltung von Steuerzeichen im beliebigen Wechsel mit den Standardzeichen verarbeitet werden können. Zusätzlich ist zu fordern, daß auch der Bildschirmzeichensatz alle Drucker-Sonderzeichen enthält, und zwar unter der gleichen ASCII-Codierung, und daß alle Sonderzeichen unmittelbar von der Tastatur auf den Bildschirm geschrieben werden können.

Druckerzeichen noch Sonderzeichen zur sinnfälligen Codierung von Textsteuerzeichen, wie unten erläutert. Vom Texteditor wurde unter dem Namen PMAT.COM eine neue Version erzeugt, die auf Besonderheiten des deutschen Zeichensatzes Rücksicht nimmt und als sog. *Makros* verschiedene PMATE-Kommandos zu kleinen Hilfsprogrammen zusammenfaßt. Diese können von Textsteuerzeichen oder von der Tastatur aus aufgerufen werden. Dazu wurde mit dem Hilfsprogramm KEYGEN die Tastaturbelegung PM-EPS.KB nach **Fig. 3** erzeugt.

Zur ausführlichen Information über die kompletten Befehlssätze von Drucker und Texteditor wird auf die zugehörigen Handbücher verwiesen. Beide liegen in deutscher Übersetzung vor. Nachfolgend wird auf Steuercodes nur dann eingegangen, wenn sie der Erzeugung oder Verwaltung der Sonderzeichen oder als Makros der speziellen Textformatierung bzw. Druckersteuerung dienen.

2 Matrixdrucker EPSON FX-80

2.1 Definition der Sonderzeichen

Die Druckzeichen werden aus einer Punktmatrix mit 9 Zeilen und 11 Spalten aufgebaut. Die beiden letzten Spalten stellen den horizontalen Abstand der Zeichen dar und bleiben üblicherweise leer. Acht der neun Zeilen werden mit Potenzen von 2^0 bis 2^7, entsprechend 0 bis 128, codiert. Eine Zusatzdefinition gibt an, ob das Zeichen Unterlängen hat. In diesem Fall wird die gesamte Matrix um eine Zeile nach unten verschoben. Um von ASCII(n) bis ASCII(m) fortlaufend Zeichen zu definieren, ist dann folgende Sequenz in BASIC zu programmieren:

```
LPRINT CHR$(27)"&"CHR$(0);          :REM Laden Zeichendefinition
LPRINT CHR$(n)CHR$(m);              :REM für Zeichen von ASCII(n) bis ASCII(m)
LPRINT CHR$(A)CHR$(p1)CHR$(p11)     :REM Attribut A, Spaltencode 1 bis 11
                                         für alle Zeichen fortlaufend von n bis m
```

Alle Forderungen konnten auf dem Sirius 1 mit Hilfe des Texteditors PMATE.COM und des Matrixdruckers EPSON FX-80 erfüllt werden.

Für den Drucker wurde das kompilierte BASIC-Programm EPS-LSYS.EXE geschrieben, das beim Systemstart mittels **Batchfile** aufgerufen wird und den kompletten Zeichensatz nach **Fig. 1** im Druckerspeicher ablegt. Der dazu passende Bildschirmzeichensatz PM-EPS.CHR nach **Fig. 2** wurde mit dem Hilfsprogramm EFONT erzeugt und enthält außer den

> **ESC:** Abkürzung für *Escape* (fliehen bzw. Flucht). Sie steht für das ASCII-Zeichen mit dem Code 0001 1011 (entspricht hexadezimal 1B bzw. dezimal 27). ESC dient üblicherweise als Umschaltzeichen.
>
> **Batchfile:** *Batch* ist die Fachbezeichnung für eine bei Großrechnern übliche Betriebsart, die auch Stapelverarbeitung heißt. Dabei werden Programme „vom Stapel" nacheinander abgearbeitet. Beim Betriebssystem MS-DOS kann eine Liste von Programmen (*Batchfile*) definiert werden. Beim Systemstart laufen diese Programme dann automatisch nacheinander ab.

Drucker-Zeichensatz		**SYS.CHR**					
32	33 !	34 "	35 #	36 $	37 %	38 &	39 '
40 (	41)	42 *	43 +	44 ,	45 -	46 .	47 /
48 0	49 1	50 2	51 3	52 4	53 5	54 6	55 7
56 8	57 9	58 :	59 ;	60 <	61 =	62 >	63 ?
64 §	65 A	66 B	67 C	68 D	69 E	70 F	71 G
72 H	73 I	74 J	75 K	76 L	77 M	78 N	79 O
80 P	81 Q	82 R	83 S	84 T	85 U	86 V	87 W
88 X	89 Y	90 Z	91 Ä	92 Ö	93 Ü	94 ^	95 _
96 `	97 a	98 b	99 c	100 d	101 e	102 f	103 g
104 h	105 i	106 j	107 k	108 l	109 m	110 n	111 o
112 p	113 q	114 r	115 s	116 t	117 u	118 v	119 w
120 x	121 y	122 z	123 ä	124 ö	125 ü	126 ß	127
Drucker-Zeichensatz		**SYS.CHR**					
128 0	129 1	130 2	131 3	132 4	133 5	134 6	135 7
136 8	137 9	138 0	139 ø	140 π	141	142 ♪	143 η
144 ~	145 ≠	146 ←	147 →	148 0	149 1	150 2	151 3
152 4	153 5	154 6	155 7	156 8	157 9	158 6	159 7
160	161 ↓	162 ·	163 ∫	164 ñ	165 (	166)	167 ℓ
168 [	169]	170 ·	171 ±	172	173 -	174 .	175 ↑
176	177	178	179	180	181	182	183
184	185	186 ÷	187 ≈	188 ⟨	189 ≙	190 ⟩	191
192 ~	193		194 »	195	196 ▲	197	198 ƒ	199 Γ
200 ʂ	201 ⏀	202 θ	203	204	205 ↵	206 п	207 Ω
208	209 ω	210 ç	211 Σ	212 ♀	213 п	214 «	215
216 ×	217 γ	218 z	219 3	220 4	221 5	222	223 −
224	225	226	227	228 δ	229	230 ƒ	231 γ
232	233 α	234	235 κ	236 λ	237 μ	238 ν	239 ω
240 γ	241	242	243	244	245	246	247
248 δ	249 ε	250	251 6	252 7	253 8	254 ≠	255

Fig. 1 Druckerzeichensatz

Im Attribut A können außer Unterlängen auch Angaben zur Zeichenbreite (Proportionalschrift) verschlüsselt werden. Die Werte p1 bis p11 stellen die Spaltensummen entsprechend der Besetzung mit Druckpunkten dar. Zu beachten ist, daß in den Zeilen keine unmittelbar nebeneinanderliegenden Punkte definiert werden, da das Feld rechts neben jedem Punkt bei Doppeldruck-Schriften automatisch bedruckt wird. **Fig. 4** zeigt die beschriebene Codierung anschaulich an zwei Beispielen.

Entscheidend für die hier beschriebene Anwendung ist, daß die Werte für n und m beim FX-80 im Gegensatz zu anderen Druckertypen, auch solchen vom gleichen Hersteller, zwischen 0 und 255 liegen dürfen.

2.2 Programm EPS-LSYS

Bei der Zusammenfassung der beschriebenen Definitionen zu einem kompletten Programm wurde bewußt auf die Möglichkeit verzichtet, eine Reihe aufeinanderfolgender ASCII-Zeichen durch eine fortlaufende Ausgabe von CHR$-Anweisungen an den Drucker zu bilden. Statt dessen wurde jedes Zeichen einzeln definiert. Die Werte n und m sind dann gleich. Anstelle von CHR$(n)CHR$(m) kann auch zweimal das Zeichen selbst ins Programm geschrieben werden, sofern es im Bildschirm-Zeichensatz vorhanden und bei der Programmerstellung von der Tastatur aus verfügbar ist. Von dieser Möglichkeit wurde weitgehend Gebrauch gemacht. Der Befehl "Laden Zeichendefinition" wurde als DF$ in Zeile 25 definiert, das Attribut A als AN$ und AU$ in den Zeilen 15 und 20. Für jedes Zeichen wurde eine eigene Programmzeile gebildet, wobei die Zeilen-Nr. dem ASCII-Code des Zeichens entspricht. Aus dem gelisteten Programm sind somit in übersichtlicher Weise für jedes Zeichen Druckbild, ASCII-Code und Spaltensummen ersichtlich. Der Aufwand erwies sich als besonders nützlich

Bildschirm-Zeichensatz   PM-EPS.CHR

32	33 !	34 "	35 #	36 $	37 %	38 &	39 '
40 (	41)	42 *	43 +	44 ,	45 -	46 .	47 /
48 0	49 1	50 2	51 3	52 4	53 5	54 6	55 7
56 8	57 9	58 :	59 ;	60 <	61 =	62 >	63 ?
64 §	65 A	66 B	67 C	68 D	69 E	70 F	71 G
72 H	73 I	74 J	75 K	76 L	77 M	78 N	79 O
80 P	81 Q	82 R	83 S	84 T	85 U	86 V	87 W
88 X	89 Y	90 Z	91 Ä	92 Ö	93 Ü	94 ^	95 _
96 J	97 a	98 b	99 c	100 d	101 e	102 f	103 g
104 h	105 i	106 j	107 k	108 l	109 m	110 n	111 o
112 p	113 q	114 r	115 s	116 t	117 u	118 v	119 w
120 x	121 y	122 z	123 ä	124 ö	125 ü	126 ß	127

Bildschirm-Zeichensatz   PM-EPS.CHR

128	129	130	131	132	133	134	135
136	137	138	139	140	141	142	143
144	145	146	147	148	149	150	151
152	153	154	155	156	157	158	159
160	161	162	163	164	165	166	167
168	169	170	171	172	173	174	175
176	177	178	179	180	181	182	183
184	185	186	187	188	189	190	191
192	193	194	195	196	197	198	199
200	201	202	203	204	205	206	207
208	209	210	211	212	213	214	215
216	217	218	219	220	221	222	223
224	225	226	227	228	229	230	231
232	233	234	235	236	237	238	239
240	241	242	243	244	245	246	247
248	249	250	251	252	253	254	255

Fig. 2 Bildschirmzeichensatz

für zahlreiche Änderungen zur Anpassung des Zeichensatzes an verschiedene Anwendungs-Software.

Zeile 1000 ermöglicht einen Probedruck nach Programmänderungen.

Um einen unnötigen Zeilenvorschub des Druckers beim Laden der Zeichendefinition zu vermeiden, wurde die Stringlänge in Zeile 0 auf 250 Zeichen gesetzt und fast jede Programmzeile mit ";" abgeschlossen. Da aber in BASIC bei Überschreiten der zulässigen Stringlänge automatisch **CR/Line Feed** gesetzt wird, was vom Drucker als Spaltensumme 13 gewertet wird und zu zusätzlichen Druckpunkten bei einem der Zeichen führt, wurde das ";" in einigen Zeilen weggelassen. Da **Interpreter** und **Compiler** verschiedene Stringlängen verwalten können, mußten die optimalen Zeilen durch Probieren ermittelt werden.

Das kompilierte Programm läuft ca. 15 Sekunden und bewirkt beim Drucker einen Vorschub von vier Leerzeilen.

Alle Zeichen können vom FX-80 in 14 verschiedenen Schriftarten ausgedruckt werden. Es handelt sich um 6 verschiedene Schriftbreiten, die in Einfachdruck

---

CR/LF: *Carriage Return/Line Feed* sind zwei ASCII-Steuerzeichen mit den Dezimalcodes 13 und 10. Sie veranlassen am Ausgabegerät einen „Wagenrücklauf" bzw. eine Zeilenschaltung. Häufig wird die Kombination als Zeilenabschluß-Anweisung verwendet.

Interpreter: Bezeichnung für ein Programm, das die in einer Interpretersprache (meist BASIC) geschriebenen Anweisungen zeilenweise untersucht (interpretiert) und entsprechende Maschineninstruktionen auslöst. Interpretierte Programme laufen langsamer als kompilierte.

Compiler: Bezeichnung für ein Programm, das die in einer Compilersprache (z. B. FORTRAN) geschriebenen Anweisungen geschlossen in den Maschinencode übersetzt (kompiliert). Die übersetzten Programme laufen in der Regel schneller ab als interpretierte.

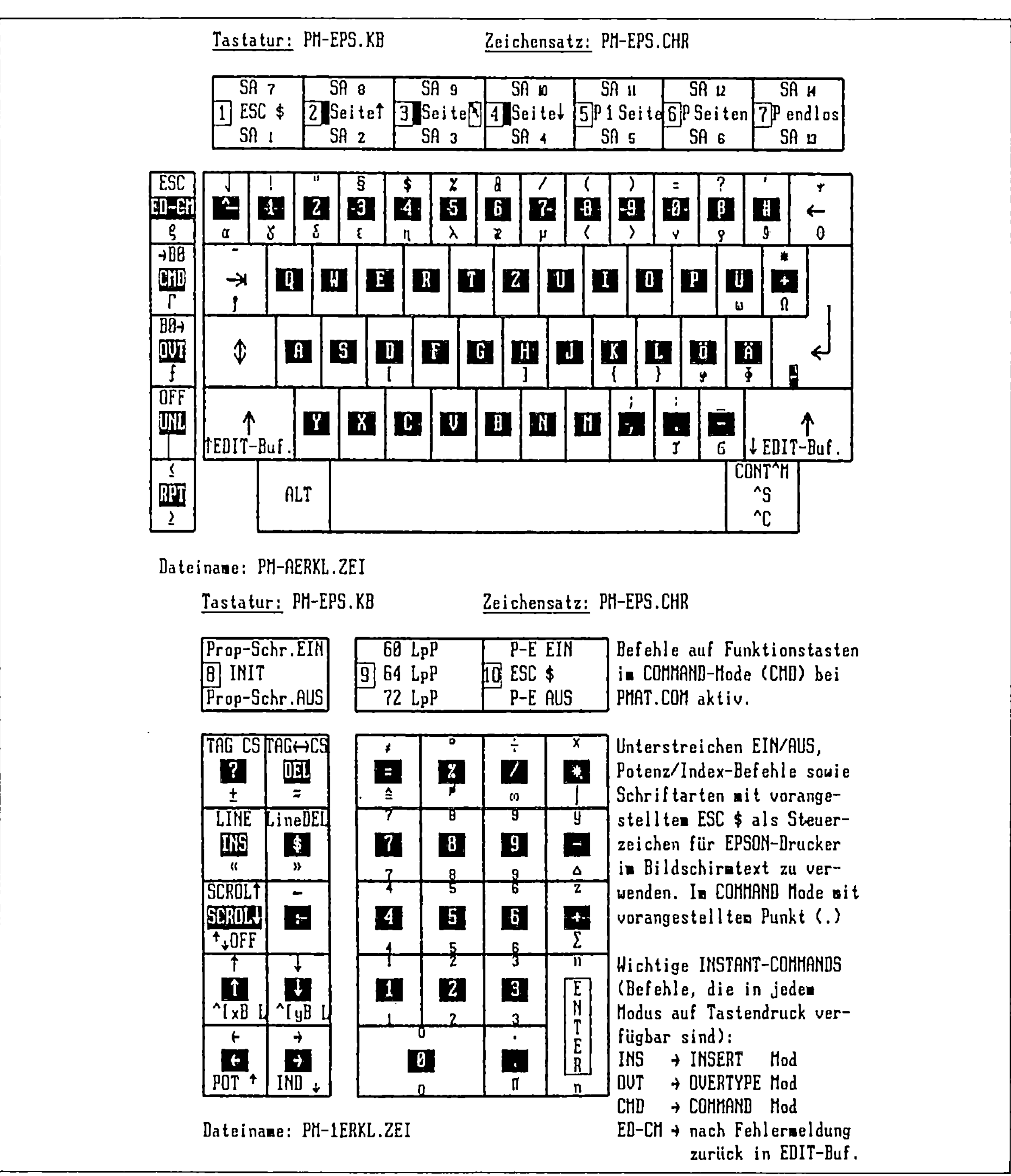

Fig. 3 Tastaturbelegung

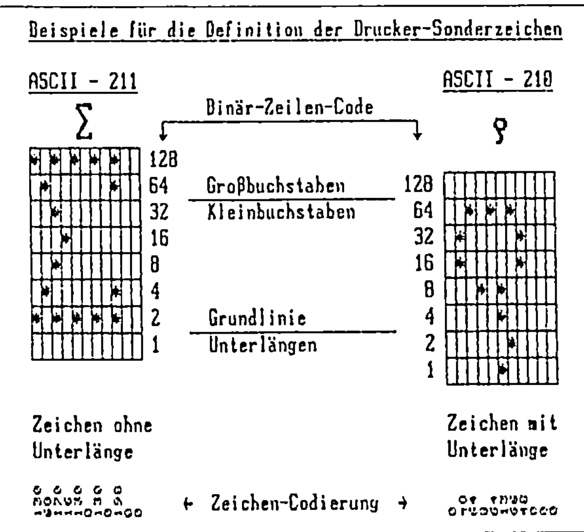

Fig. 4 Druckmatrix

oder Doppeldruck ausgegeben werden können. Zusätzlich sind 2 Schriften in Fettdruck möglich. **Fig. 5** zeigt die Schriftarten in Normalmodus, Indexschrift und Potenzschrift. Sie können im Texteditor unter 14 codierten Steuerzeichen aufgerufen werden, wie in Kap. 3 beschrieben.

Normalerweise verwaltet der FX-80 unter ASCII 128–255 den Standardzeichensatz in Kursivschrift.

Da dieser Bereich mit den Sonderzeichen überschrieben wurde, ist Kursivschrift nicht möglich, solange der Zeichensatz SYS.CHR geladen ist.

3 Texteditor PMAT.COM

3.1 Allgemeine Eigenschaften

Im Gegensatz zu anderen Textsystemen arbeitet PMATE nicht in Menütechnik. Bei dem umfangreichen Befehlssatz wird dies nicht als Nachteil empfunden. Es geht schneller, sich die häufig benutzten Befehle nach Handbuch anzueigenen und direkt einzugeben, als sich bei jedem Wechsel der Betriebsart mit dem Cursor durch ein Menüfeld zu kämpfen.

Gemäß **Fig. 6** werden in einer Statuszeile am oberen Bildschirmrand folgende Informationen angezeigt:

> Das aktuelle Diskettenlaufwerk bzw. der aktuelle **Hard-Disk-Sektor**, ggfs. mit dem Namen der zur Bearbeitung definierten Datei

> **Hard-Disk-Sektor:** Bei den Betriebssystemen CP/M und MS-DOS tragen die Diskettenlaufwerke die Bezeichnungen A, B, ... Die eventuell vorhandenen Festplatten (*Hard-Disks* oder auch *Winchester-Einheiten*) werden häufig in z.B. vier Sektoren aufgeteilt, die dann beispielsweise die Bezeichnungen C, D, E und F tragen.

Schriftmuster:

Schrift 1 Potenz-Schrift
Schrift 2 Potenz-Schrift
Schrift 3 Potenz-Schrift
Schrift 4 Potenz-Schrift
Schrift 5 Potenz-Schrift
Schrift 6 Potenz-Schrift

Schrift 7 Index-Schrift
Schrift 8 Index-Schrift
Schrift 9 Index-Schrift
Schrift 10 Index-Schrift
Schrift 11 Index-Schrift
Schrift 12 Index-Schrift

Schrift 13 Potenz-Schrift
Schrift 14 Index-Schrift

Fig. 5 Druckerschriftarten

```
0:    BUF=T  ARG=0                                LIN=0     COL=52
INSERT MODE
------------------------------------------------------------------
Beispiel für Texterstellung auf dem PMAT-Bildschirm

$13$2Polynom n-ten Grades:$<$8

a) unter Verwendung der Sonderzeichen im Zeichensatz PM-EPS.CHR:

   y = a0·x0 + a1·x1 + a2·x2 + ... + an·xn

b) Unter Verwendung der codierten Text-Steuerzeichen:

   y = a$↓0$■·x$↑0$■ + a$↓1$■·x$↑1$■ + a$↓2$■·x$↑2$■ + ... + a$↓n$■·x$↑n$■

c) Unter Verwendung der uncodierten Drucker-Steuerzeichen:

   y = a$S10$T·x$S00$T + a$S11$T·x$S01$T + a$S12$T·x$S02$T +
                             ... + a$S1n$T·x$S0n$T
```

Fig. 6 PMAT-Bildschirmmaske mit Beispieltext

> Der aktuelle Puffer, dessen Inhalt auf dem Bildschirm sichtbar ist

> Das numerische Argument nach speziellen Abfragen

> Zeile und Spalte der Cursor-Position im Textfeld

In der 2. Zeile wird die aktuelle Betriebsart angezeigt:

> INSERT MODE, OVERTYPE MODE oder COMMAND MODE

Im *Command Mode* werden in diese Zeile die Kommandos geschrieben. Ihre Ausführung wird durch zweimaliges Betätigen der Funktionstaste 1 oder 10 ausgelöst, wobei auf dem Bildschirm zwei $-Zeichen erscheinen. Die interne Bedeutung entspricht jedoch dem Escape-Zeichen ASCII 27. Deshalb wird im folgenden diese Funktion als ESC-$ bezeichnet.

Die Umschaltung zwischen den Betriebsarten erfolgt durch sog. *Instant Commands* mit Tastenbefehlen ALT N, ALT V und ALT X. In der Version PMA.COM wurden sie zusätzlich auf Steuertasten gelegt. Weitere *Instant Commands* betreffen die Cursor-Positionierungen an Anfang oder Ende des Textpuffers, Verwaltung spezieller Speicher und Markierung von Textblöcken zur Verschiebung.

3.2 Makros

Als *Makro* wird die Aneinanderreihung verschiedener Kommandos zu einer Befehlskette bezeichnet. Im beschriebenen Texteditor kann eine Vielzahl solcher Makros in einem speziellen Speicher, der *Permanent Macro Area*, abgelegt werden. Jedes Makro wird unter einem bestimmten, vom Benutzer definierten Zeichen verwaltet. Unter diesem Zeichen kann die gesamte Befehlskette im *Command Mode* von der Tastatur oder beim Drucken vom Text aus aufgerufen werden, sofern dieses Zeichen als Steuerzeichen in den Text eingefügt wurde.

Sehr vorteilhaft für den Benutzer ist die Möglichkeit, den gesamten Texteditor nach seinen speziellen Wünschen neu zu konfigurieren. Mit einer zugehörigen Konfigurationsdatei können die ASCII-Zeichen zur Verwaltung des ESC-$, der *Instant Commands* oder der Fehlerpuffer-Umschaltung neu gesetzt werden, um nur einige Möglichkeiten zu nennen. Darüberhinaus kann der Texteditor unter einem neuen Namen auf Diskette abgelegt werden, wobei der Inhalt der *Permanent Macro Area* zum festen Bestandteil der neuen Version wird.

Durch die Nutzung beider Möglichkeiten ist die hier beschriebene Version PMAT.COM entstanden. Dazu

```
Inhalt der Permanent-Macro-Area (auzugsweise)

^Xi 27qt33qt1qt 27qt108qt10qt 64v8    ;Anfangswerte: Schrift 2, 64 Zeilen/Seite
    27qt45qt48qt 10v9 $               ;Unterstreichen AUS
^Xl 27qt108qt§9qt$                    ;LRD auf §9
^X↑ 27qt56qt$ ^XΓ 27qt57qt$           ;Papierende-Erkennung AUS - EIN

^Xi 27qt33qt6qt 27qt108qt10qt$        ;Schrift 1,LR 10
^X8 27qt33qt17qt 27qt108qt10qt$       ;Schrift 8          "

^X° 64v8$                             ;Seitenlänge auf 64 Zeilen

^X↓ 27qt45qt48qt$ ^X↑ 27qt45qt49qt$   ;Unterstreichen AUS - EIN
^X↑ 27qt83qt48qt$                     ;Potenzen EIN
^X■ 27qt84qt$                         ;Pot/Ind  AUS
^X↓ 27qt83qt49qt$                     ;Indizes  EIN

^X↓ .↑ §8b9c .8 .? xt .Γ bte $        ;FKT 5: PE AUS, 1 Seite ab CS in Puffer 9
     (72-§8) Ä 10qt Ü .Γ $            ;       Drucken, PE EIN, zurück in Puffer T

^X?   A Ä E c1$!^F$ Ü A               ;Steuerzeichen ändern: Schrift → Druck
        Ä E c2$!^A$ Ü A                Ä E c3$^B$  Ü A
        Ä E c4$!$$  Ü A                Ä E c5$!!$  Ü A
        Ä E c6$! $  Ü A                Ä E c7$!^T$ Ü A
        Ä E c8$!^Q$ Ü A                Ä E c9$!^H$ Ü A
        Ä E c10$!4$ Ü A                Ä E c11$!1$ Ü A
        Ä E c12$!<$ Ü A                Ä E c13$!^X$ Ü A
        Ä E c14$!8$ Ü A                Ä E c2$-^A$ Ü A
        Ä E c↙$-8^A$Ü A                Ä E c↑$S8$  Ü A
        Ä E c↓$S1$  Ü A                Ä E c■$T$   Ü A
```

Fig. 7 Permanent Macros

wurde die *Permanent Macro Area* auf die doppelte Größe der Originalversion erweitert. Der Inhalt ist teilweise in **Fig. 7** wiedergegeben. Es war allerdings nicht möglich, die Makros einfach als Textdatei auszudrucken. Einerseits hätten die Steuerzeichen eine wiederholte Umschaltung des Druckers bewirkt, z. B. auf verschiedene Schriftarten, andererseits sind mehrere der verwendeten Steuerzeichen nicht im Druckerzeichensatz enthalten. Fig. 7 wurde deshalb als Bildschirmgraphik erstellt.

Es würde im Rahmen dieser Arbeit zu weit führen, die Makros einzeln zu erläutern. Einige Hinweise sollen aber das Verständnis erleichtern:

> Dem Zeichen, welches das Makro verwaltet, ist ein ^X vorangestellt

> Als Trennzeichen zwischen den Makros dient ein ESC-$

> Der Text hinter dem ";" kommentiert das Makro

> "qt" ist der Befehl, das mit der vorangestellten Zahl bezeichnete ASCII-Zeichen an den Drucker auszugeben. Als Escape-Sequenz beginnen deshalb alle Drucker-Makros mit "27qt"

> Von der Tastatur werden die Makros durch das Definitionszeichen mit vorangestelltem Dezimalpunkt aufgerufen. In dieser Form können auch mehrere vorher definierte Makros zu einem neuen Makro zusammengefaßt werden.

> Innerhalb der Makros können 10 Zahlenvariable §0 bis §9 benutzt werden. §8 gibt z. B. die Zahl der Druckzeilen pro Seite an.

> In den Makros sind Wiederholungsschleifen möglich. Der zu wiederholende Befehl steht zwischen Ä ... und ... Ü, entsprechend [... und ...] im amerikanischen Zeichensatz (Funktion ähnlich FOR ... NEXT in BASIC).

> Befehle können aufgrund von Bedingungen übersprungen, Schleifen verlassen werden (Funktion ähnlich IF ... THEN in BASIC).

> Innerhalb der Makros kann algebraisch gerechnet werden.

> Befehle können logisch verknüpft werden.

Aufgrund der genannten Möglichkeiten lassen sich die Makros als mehr oder weniger komplexe Steuerprogramme auffassen.

3.3 Codierte Text-Steuerzeichen

Obwohl griechische Buchstaben, mathematische Symbole und die häufig in Potenz- oder Indexschreibweise benötigten Ziffern 0 bis 9 als Sonderzeichen vorhanden sind und zum Ausdrucken keine Steuerzeichen benötigen, kann auf letztere nicht ganz verzichtet werden. Es ist nicht möglich, alle Buchstaben in Potenz- und Indexschreibweise als Sonderzeichen zu definieren, also müssen zur Druckersteuerung dieser Modi Steuerzeichen verwendet werden, desgleichen auch für das Unterstreichen beim Druck. Der direkte Weg wäre, die entsprechenden Escape-Sequenzen aus dem Druckerhandbuch herauszusuchen und in den Text am Bildschirm einzufügen. Dabei kann der Bildschirmtext bis zur völligen Unleserlichkeit verändert werden, wie das Beispiel c) in Fig. 6 zeigt.

Für häufig benutzte Druckmodi wurden deshalb Text-Steuerzeichen codiert, die dem Benutzer durch ihre optische Erscheinung Hinweise auf die Steuerfunktion geben. So werden die 14 Schriftarten durch Zahlen 1 bis 14 als Sonderzeichen im Bildschirmzeichensatz gesteuert. Potenz- und Indexmodus werden durch Pfeile ↑ bzw. ↓ angezeigt. Unterstreichen wird mit ≥ ein- und mit ≤ wieder ausgeschaltet, so daß der unterstrichene Text zwischen den Spitzen der Steuerzeichen steht. Um die Bedienung weiter zu vereinfachen, werden beide Zeichen von der Tastatur mittels der Steuertaste UNL/OFF (Fig. 3) aufgerufen. Da diesen codierten Steuerzeichen stets das Zeichen für ESC-$ vorangestellt wird, sind sie auf dem Bildschirm jederzeit von den zu druckenden Zeichen zu unterscheiden.

Der Drucker kann die codierten Steuerzeichen natürlich nicht unmittelbar auswerten. Deshalb müssen die Zeichen vor dem Drucken in die Drucker-Escape-Sequenzen umgewandelt werden. Dies geschieht mit dem Makro "?" (Fig. 7), das für jedes codierte Steuerzeichen einen Schleifenbefehl ausführt. Jedes im Text gefundene Steuerzeichen wird dabei in die uncodierte Drucker-Steuersequenz umgewandelt.

Da das Makro "?" innerhalb von Befehlsketten verwendet wird, die durch die Funktionstasten 5, 6 oder 7 aufgerufen werden, merkt der Benutzer von alledem nichts. Er hat lediglich den Text mit Hilfe der codierten Steuerzeichen zu formatieren, kann ihn in dieser Form als Datei auf Diskette abspeichern, bei Bedarf in den Texteditor laden, mit Hilfe der Funktionstasten drucken, usw.

Der Vorteil der Methode wird durch Fig. 6 im Vergleich mit **Fig. 8** veranschaulicht. Als Beispiel wurde

```
     Beispiel für Texterstellung auf dem PMAT-Bildschirm:


     Polynom n-ten Grades:

     a) Unter Verwendung der Sonderzeichen im Zeichensatz PM-EPS.CHR:

         y = a₀·x⁰ + a₁·x¹ + a₂·x² + ... + aₙ·xⁿ

     b) Unter Verwendung der codierten Text-Steuerzeichen:

         y = a₀·x⁰ + a₁·x¹ + a₂·x² + ... + aₙ·xⁿ

     c) Unter Verwendung der uncodierten Drucker-Steuerzeichen:

         y = a₀·x⁰ + a₁·x¹ + a₂·x² +
                                   ... + aₙ·xⁿ
```

Fig. 8 Beispiele für Druckbild des Beispieltextes nach Fig. 6

16

der aus der Algebra bekannte Polynomausdruck gewählt, bei dem ohne Verwendung der Sonderzeichen ständig zwischen Index-, Normal- und Potenzmodus umgeschaltet werden muß.

Der Vorteil der Sonderzeichen wird durch a) deutlich: Das Aussehen der Gleichung auf dem Bildschirm ist identisch mit dem Druckbild.

Die codierten Steuerzeichen nach b) erlauben noch eine begrenzte Lesbarkeit der Gleichung.

Durch die Drucker-Steuerzeichen nach c) geht die Lesbarkeit der Gleichung fast vollständig verloren.

Die zweizeilige Wiedergabe der Gleichung nach c) ist allerdings nicht dem Texteditor anzulasten, sondern dem Umstand zuzuschreiben, daß zur Darstellung der Steuerzeichen die Fig. 6 als Bildschirmgraphik erstellt werden mußte. Dabei ist die Zeilenlänge auf 80 Zeichen begrenzt. Der Texteditor kennt diese Begrenzung nicht. Die Zeilen dürfen bis zu 250 Zeichen lang sein. Man kann also den Text entsprechend dem gewünschten Druckbild auf dem Bildschirm zunächst ohne Steuerzeichen formatieren und diese anschließend im *Insert Mode* einfügen.

Ein Nachteil bei der Verwendung der codierten Text-Steuerzeichen soll nicht verschwiegen werden: Bei längeren Texten kann die Umwandlung der Steuerzeichen vor Druckbeginn erhebliche Zeit beanspruchen (ca. 35 Sekunden bei dem hier vorliegenden Text). Damit beim Drucken einzelner Seiten nicht jedesmal der gesamte Text abgesucht werden muß, wird mit Funktionstaste 5 folgende Befehlsfolge ausgelöst:

Eine Textseite ab Cursor wird in einen anderen Puffer geladen, die Umwandlung der Steuerzeichen nur innerhalb dieses Puffers durchgeführt, und der gesamte Pufferinhalt auf den Drucker ausgegeben. Anschließend erscheint der Cursor wieder im ursprünglichen Textpuffer an der neuen Position.

Ein Makro auf Funktionstaste 6 erweitert vorstehendes Druckprogramm auf die Ausgabe des gesamten Textes.

4 Schlußbetrachtung

Dem aufmerksamen Leser wird nicht entgangen sein, daß die Zeichensätze Fig. 1 und Fig. 2 einige Ungereimtheiten aufweisen. Manche Zeichen sind doppelt vorhanden, andere Positionen sind leer. Dies ist sowohl auf Besonderheiten des Druckers als auch des Texteditors bzw. anderer Betriebssoftware zurückzuführen, in der die Zeichensätze verwendet werden.

Der Drucker verdoppelt die ASCII-Zeichen 144, und 151—156 auf die Positionen 192, 219—221 und 251—253. Diese können folglich nicht mit Sonderzeichen besetzt werden. Die Nummern 241—247 werden von Hilfsprogrammen des MS-DOS-Betriebssystems zur Belegung der Funktionstasten benutzt. Sie wurden deshalb im Druckerzeichensatz nicht besetzt, werden aber im Texteditor als Steuerzeichen bzw. Makros verwendet. ASCII 241 ist übrigens durch das vorerwähnte ESC-$ belegt. Andere im Druckerzeichensatz freie Positionen verwalten die 14 Schriftarten und die Index-Umschaltung.

Der Texteditor akzeptiert auf ASCII 141 sowie 224—229 keine Druckzeichen. Auch die unter MS-DOS arbeitenden BASIC-Interpreter erlegen die eine oder andere Beschränkung auf, so daß die Zeichensätze im Zuge eines Optimierungsprozesses mehrmals geändert werden mußten.

Obwohl in der hier beschriebenen Konfiguration über 80 druckbare Sonderzeichen zusätzlich zum Standard-Zeichensatz vorliegen, dürften für besondere Anwendungen weitere Sonderzeichen benötigt werden. Das Programm EPS-LSYS bietet die Voraussetzungen, um durch Überschreiben der Spaltensummen nicht benötigte Zeichen durch andere zu ersetzen oder durch Einfügen von Programmzeilen weitere Zeichen zu generieren. Damit ist die Anpassung an alle denkbaren Erfordernisse der Praxis möglich.

Hinweis: Interessenten, die die Originalversion PMATE.COM und einen geeigneten Drucker besitzen, können die Anpassungsprogramme vom Autor beziehen (über Verlag oder Herausgeber).

<u>Auszug aus dem Programm EPS-LSYS</u>

Von den in Zeilen 128-249 definierten Zeichen sind aus Platzgründen nur einige
Beispiele wiedergegeben, u.a. ASCII 210 und ASCII 211 zum Vergleich mit Fig. 4

```
0 ESC$=CHR$(27):WIDTH LPRINT 250 ' Programm EPS-LSYS zum Laden des Zeichensat-
  zes  SYS.CHR in den FX 80      ------------------
1 '------------------------------------------------------------------------------
2 'Copyright  Wolfgang Oldenburg, März 1985
3 '------------------------------------------------------------------------------
5 'String-Definitionen
6 '--------------------
10 EPS$=ESC$+"!":EPS2$=EPS$+CHR$(1):EPS8$=EPS$+CHR$(17)
15 AN$=CHR$(139):REM Zeichenmatrix 8 Zeilen,11 Spalten,keine Unterlängen
20 AU$=CHR$(11): REM Zeichenmatrix 8 Zeilen,11 Spalten, mit  Unterlängen
25 DF$=ESC$+"&"+CHR$(0):REM Vorspann zum Definieren einzelner Zeichen
29 '--------------------------------------------------------------------------
30 'Original-Zeichensatz als Download laden und ASCII 128-255 löschen
35 '--------------------------------------------------------------------
40 LPRINT ESC$":"CHR$(0)CHR$(0)CHR$(0);:REM Original-Zeichensatz als Download
   laden
50 LPRINT ESC$"%"CHR$(1)CHR$(0);:REM Download-Zeichensatz auswählen
60 FOR I=128 TO 255:LPRINT DF$CHR$(I)CHR$(I)AN$CHR$(0)CHR$(0)CHR$(0)CHR$(0)
   CHR$(0)CHR$(0)CHR$(0)CHR$(0)CHR$(0)CHR$(0)CHR$(0);:NEXT I:
   REM ASCII 128-255 im Original-Zeichensatz gelöscht
89 '-------------------------------
90 'Sonderzeichen definieren
91 '-------------------------
92 'Zeilen-Nr. ist ASCII-Code des in der Zeile definierten Zeichens
93 '--------------------------------------------------------------------
128 LPRINT DF$"°°"AN$CHR$(112)CHR$(136)CHR$(0  )CHR$(136)CHR$(0  )
                  CHR$(136)CHR$(112)CHR$(0  )CHR$(0  )       CHR$(0)CHR$(0);
129 LPRINT DF$"''"AN$CHR$(0  )CHR$(0  )CHR$(64 )CHR$(0  )CHR$(248)
                  CHR$(0  )CHR$(0  )CHR$(0  )CHR$(0  )       CHR$(0)CHR$(0);

210 LPRINT DF$"çç"AU$CHR$(0  )CHR$(48 )CHR$(64 )CHR$(8  )CHR$(64)
                  CHR$(13 )CHR$(66 )CHR$(48 )CHR$(0  )       CHR$(0)CHR$(0);
211 LPRINT DF$"ΣΣ"AN$CHR$(130)CHR$(68 )CHR$(170)CHR$(16 )CHR$(130)
                  CHR$(0  )CHR$(130)CHR$(0  )CHR$(198)       CHR$(0)CHR$(0)

248 LPRINT DF$"&&"AN$CHR$(0  )CHR$(12 )CHR$(66 )CHR$(176)CHR$(2  )
                  CHR$(144)CHR$(2  )CHR$(12 )CHR$(0  )       CHR$(0)CHR$(0);
249 LPRINT DF$"εε"AN$CHR$(0  )CHR$(108)CHR$(16 )CHR$(130)CHR$(16 )
                  CHR$(130)CHR$(0  )CHR$(0  )CHR$(0  )       CHR$(0)CHR$(0);
259 '---------------------------------------------------------------------
260 LPRINT EPS2$ESC$"1"CHR$(10);'Drucker auf Schriftart 2 und LRD 10 einstellen
270 LPRINT ESC$"6";:REM Setzen der wählbaren Schriftzeichen
280 LPRINT ESC$"9";:REM Papierende-Erkennung einschalten
300 WIDTH LPRINT 80:END
301 '--------------------------------------------------------------------------
990 'Probedruck der Sonderzeichen
999 '-----------------------------
1000 FOR I=128 TO 255:LPRINT I;CHR$(I);:NEXT I
1010 '-------------------------------------------------------------------------
```

J. Uwe Varchmin und Reinhard Nielsen

Meßtechnische Instrumentierung von Personal-Computern

1 Entwicklung der Anwendungsbereiche von Personal-Computern

Die allgemein bekannten Personal-Computer — kurz PC — haben zunächst ihre Anwendung als persönliches Arbeitsplatzwerkzeug im Büro- und Verwaltungsbereich gefunden. Dies ist auch an den zahlreichen Programmen zur Textverarbeitung, Graphikpräsentation und Buchhaltung und anderen Software-Hilfsmitteln zur Betriebsführung zu erkennen (**Fig. 1**).

Nach einer Marktanalyse [1] beträgt der Einsatz von Personal-Computern im technisch-wissenschaftlichen Bereich z. Zt. nur ca. 15 % vom weltweiten PC-Umsatz (**Fig. 2**). Das Schwergewicht der PC-Anwendungen liegt in diesem Bereich auf dem Gebiet „Messen und Testen". Dieses in Fig. 1 hervorgehobene Segment läßt sich in folgende wichtige Teilbereiche gliedern:

a) Hardware- und Softwareentwicklung für Mikroprozessoren mit den wichtigsten Werkzeugen: Logikanalysator und Emulator

b) Analoge Meßtechnik mit den wichtigsten Modulen: Analog-Digital-Umsetzer; Meßstellenumschalter

c) Steuerungstechnik mit analogen und digitalen Ausgängen.

Zwei Entwicklungen unterstützen den zunehmenden PC-Einsatz in der Meßtechnik:

a) Immer mehr PCs sind mit der *IEC-Bus-Schnittstelle* nachrüstbar bzw. mit dafür geeigneter Hardware und Software ausgestattet.

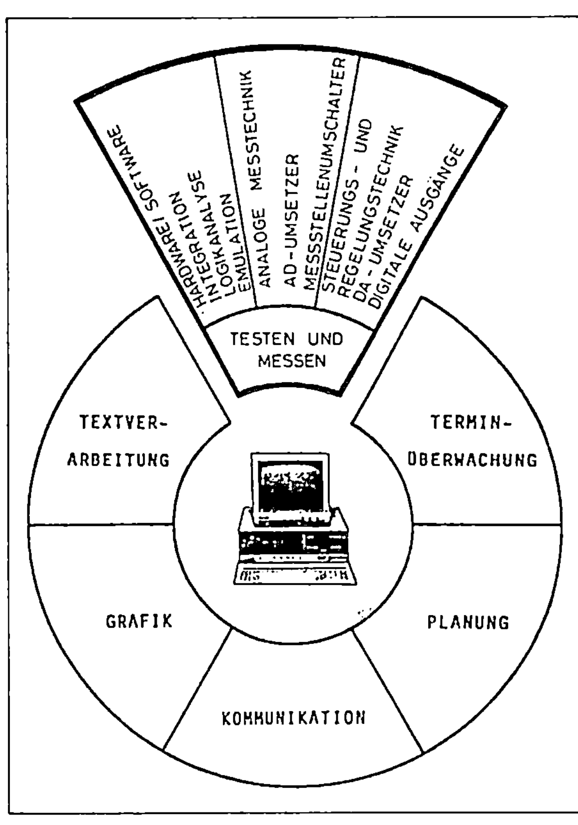

Fig. 1 Die wichtigsten Aufgaben der Personal-Computer im kommerziellen und technisch-wissenschaftlichen Bereich

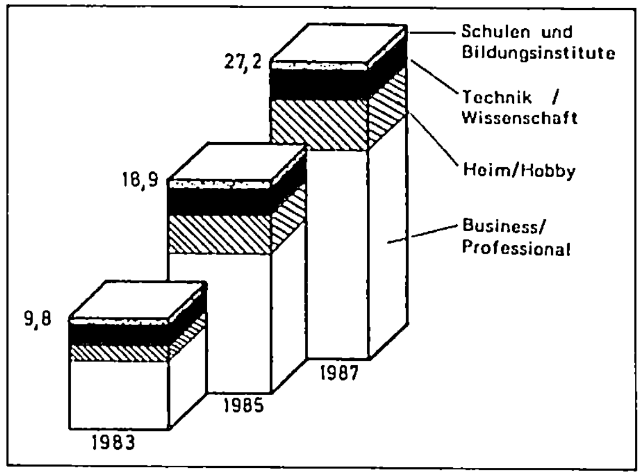

Fig. 2 Weltweiter PC-Umsatz in Milliarden US$

b) Sogenannte *Personal Instruments* (PI), die als Baugruppen in freie Steckplätze des PC eingesetzt werden, machen den PC direkt zum Meßinstrument.

2 Das Konzept der „Personal-Instrumentation" (PI)

Die Nutzung der Mikroprozessoren zur Verbesserung der Eigenschaften von elektronischen Meßgeräten hat zur Entwicklung der sogenannten intelligenten Meßgeräte geführt.

- Vereinfachte Handhabung (automatischer und digitaler Nullpunktabgleich bzw. Kalibrierung, zusätzliche Rechenfunktionen),
- Systemfähigkeit (IEC-Bus) und
- erweiterte Anwendungsmöglichkeiten (eingebaute Speicher und „Timer" für Datalogger-Betrieb)

sind die wichtigsten Stichworte dieser Entwicklung.

Jedes dieser intelligenten Meßgeräte enthält ein eigenes, ganz spezielles Mikrocomputersystem mit CPU, I/O, RAM/ROM und systemeigener Software. Diese Baugruppen vergrößern die Komplexität des Gerätes und beim Aufbau von Meßsystemen die *Redundanz*. In **Fig. 3** ist dies am Beispiel der IEC-Bus-Architektur dargestellt. Im „System-Controller" und Meßinstrument sind verschiedene redundante Funktionen enthalten, die das Meßsystem u. U. unnötig verteuern. Innerhalb eines automatischen Test- und Meßsystems sind häufig die manuellen Bedienelemente und Anzeigen der einzelnen Geräte überflüssig, da alle Einstellungen und Ergebnisausgaben über den prozeßkontrollierenden Rechner erfolgen.

Es liegt also nahe, spezielle Meß- und Testgeräte zu schaffen, die durch Vermeidung der oben genannten Redundanz ein ähnlich günstiges Preis-Leistungsverhältnis erreichen, wie es für die Personal-Computer bekannt ist. **Fig. 4** zeigt die Architektur der *Personal-Instrumentation* (PI). Das Meßinstrument ist dabei direkt an den Systembus des PC angeschlossen. Das Gerät besitzt keine Anzeigen oder manuelle Bedienelemente. Über ein PC-Interface wird der Daten- und Informationsaustausch mit dem PC abgewickelt. Die funktionsgerechte Arbeitsweise der PIs kann über den PC im Direktmodus oder mit Hilfe einfacher Testprogramme erfolgen; dabei ersetzen die PC-Tastatur und der Monitor die Bedienelemente und die Anzeigen für alle möglichen PIs in gleicher Weise. *Personal-Instrumentation* läßt sich auf zwei Arten realisieren, die in **Fig. 5** dargestellt sind:

a) Die freien Steckplätze eines PC, die normalerweise für Speichererweiterungen bzw. zusätzliche Schnittstellen vorgesehen sind, nehmen die erforderlichen PIs (Digital-Oszilloskop, Wortgenerator u. a.) direkt auf oder aber Interfacebaugruppen, die

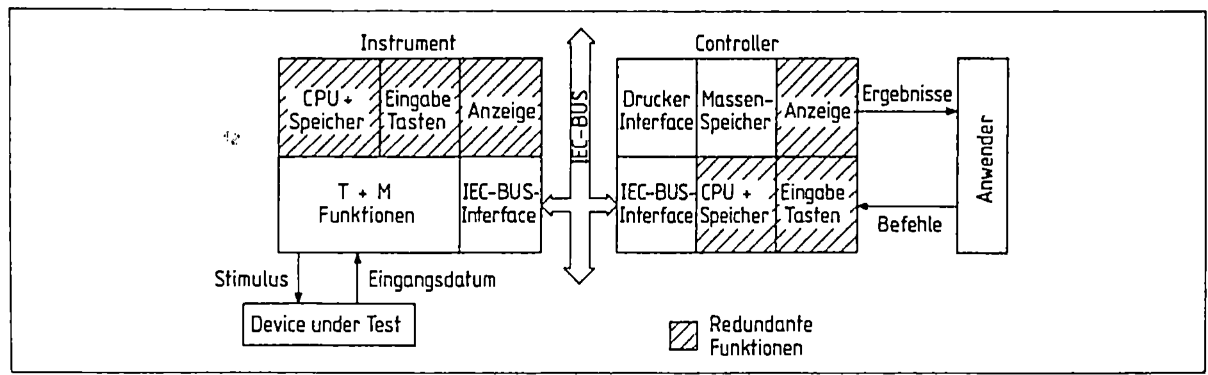

Fig. 3 IEC-Bus-Architektur

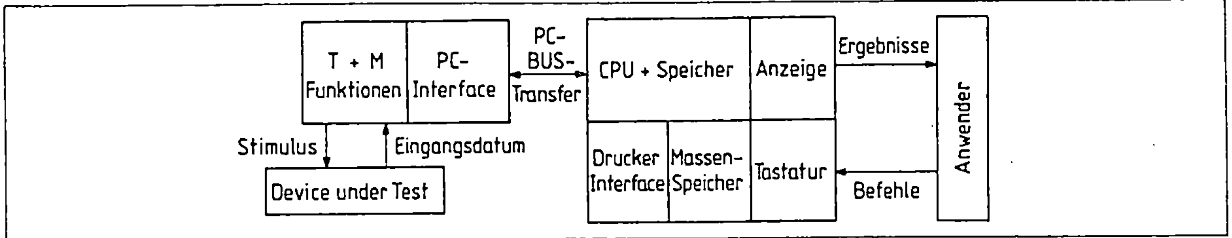

Fig. 4 Architektur des Personal-Instruments

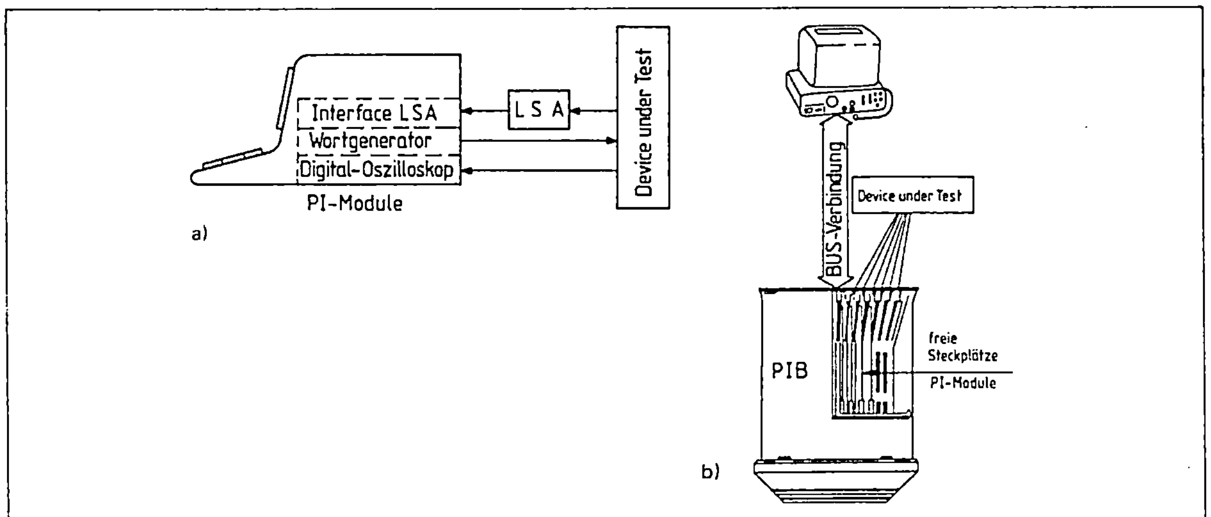

Fig. 5 Realisierung von Systemen mit Personal-Instrumentation.
a) freie Steckplätze im PC nehmen die PI-Module auf
b) ein externer Baugruppenträger (Personal-Instrumentation-Box, PIB) mit Busankopplung nimmt die PI-Module auf. Die Zahl der freien Steckplätze ist größer als im PC

dann mit dem Instrument (Logik-Analysator in Fig. 5a) verbunden sind.

Nachteilig an diesem Konzept ist, daß im PC freie Steckplätze verloren gehen. Weitere zusätzliche Steckplätze würden den PC aber für andere Anwendungen ungebührlich verteuern.

b) Die für eine Meßaufgabe notwendigen PIs werden von einem eigenen Baugruppenträger (*Personal-Instrumentation-Box*, PIB) aufgenommen, der mit dem System-Bus des PC gekoppelt ist.

Im PC wird nur ein Steckplatz für die Busankopplung benötigt. Die übrigen Plätze im PC stehen weiterhin für Speichererweiterungen, Graphikmodule, Schnittstellen u. a. zur Verfügung. Der Baugruppenträger (PIB) für die PC-Instrumentierung besitzt eine eigene Stromversorgung und eine größere Anzahl freier Steckplätze als der PC selber.

3 PI-Realisierungen

PI-Systeme, wie oben beschrieben, werden z. Zt. vorwiegend für IBM PCs und kompatible Rechner von verschiedenen Herstellern angeboten. Im folgenden werden zwei Beispiele für die analoge und digitale Meßtechnik kurz vorgestellt.

3.1 Logikanalysator

Logikanalysatoren wurden als Hilfsmittel bei der Hardware-Software-Integration entwickelt. Aus den anfänglichen Geräten mit der simplen binären Darstellung der Logikzustände und deren zeitlichen Beziehungen entstanden komplexe, computerähnliche Systeme, die den Fluß einer Software aufzeichnen und verfolgen.

Die meiste Software wird heute in Hochsprachen (FORTRAN, Pascal, C) geschrieben und mit Hilfe von

Compilern in den Code für den Zielprozessor umgesetzt. Neben speziellen Mikroprozessor-Entwicklungssystemen werden zur Programmentwicklung auch immer mehr die preisgünstigen PCs eingesetzt. Besonders augenfällig und teuer wird die oben erwähnte Redundanz jedoch, wenn an einem solchen Arbeitsplatz neben dem PC z. B. ein computerähnlicher Logikanalysator mit Tastatur, Monitor, u. U. sogar Floppy-Disk-Laufwerken (häufig nicht kompatibel zum PC) vorhanden ist.

Einen Weg zur Realisierung von Personal-Instrumentation hat die Firma *North-West-Instrument* mit ihrem Logikanalysator μANALYST 2000 in Verbindung mit dem IBM PC beschritten. Der prinzipielle Aufbau ist in Fig. 5b schon dargestellt. Der Baugruppenträger mit der Busankopplung an den PC besitzt 6 freie Steckplätze, diese können Module für die

Statusanalyse:
16–80 Kanäle, 10 MHz Abtastfrequenz, Speichertiefe bis 4096 bit pro Kanal

Timinganalyse:
16 Kanäle, 100 MHz Abtastfrequenz, Speichertiefe 508 bit pro Kanal, 5 ns *minimum pulse detection*

aufnehmen. Zukünftig werden auch Wortgeneratoren und Emulationsmodule zur Verfügung stehen.

Der Logikanalysator benötigt keine speziellen Tastköpfe für jeden Mikroprozessor. Die Zuordnung der Kanäle zu den Signalleitungen der Prozessoren ist programmierbar und wird von der Analysesoftware für den jeweiligen Prozessor automatisch vorgegeben. Derartige Analyseprogramme mit Disassemblern sind für nahezu alle bedeutenden 8- und 16-Bit-Mikroprozessoren erhältlich.

Mit dieser Ausstattung eines PI-Systems steht dem Entwickler von Mikroprozessor-Hardware und -Software ein Arbeitsplatz zur Verfügung, der mit einem PC — und damit nur einer Art von Bedienungselementen — alle Möglichkeiten von der Programmentwicklung bis zur Hardware/Software-Integration bietet und zusätzlich alle Hilfsmittel zur Dokumentation und Präsentation der Ergebnisse bereitstellt.

3.2 Vielstellen-Meßsystem

Ein besonders leistungsfähiges System zur Meßdatenerfassung stellt die Kombination von IBM PC-AT, Keithley DAS 500 und ASYST Software dar. Das *Data Acquisition System* 500 von *Keithly* ist eine oben beschriebene Personal-Instrumentation-Box (Fig. 5b), die an den Systembus des PC angeschlossen wird und 10 freie Steckplätze für die Aufnehmer von PI-Modulen bietet. Damit lassen sich u. a. für komplexe Meß- und Steueraufgaben maximal

272 Analogeingänge
160 Digital-Ein- oder -Ausgänge
 50 Analogausgänge

realisieren.

Das Softwarepaket ASYST (auch für andere Datenerfassungssysteme anwendbar) besteht aus drei Modulen:

Modul 1: System, Graphik, Statistik
Modul 2: Analyse
Modul 3: Meßdatenerfassung

Durch die Unterstützung der Mathematik-Koprozessoren 8087 bzw. 80287 steht dem Anwender hiermit ein leistungsfähiges System zur Meßdatenerfassung, Auswertung, Präsentation und Dokumentation zur Verfügung.

Literatur

[1] Der PC-Markt wächst und wächst. Markt und Technik, Nr. 23, 8. Juni 1984

[2] *Reichel, H.:* Personal Computer im Industrieeinsatz. Der Elektroniker, Heft 9/1983, S. 20–24

[3] The μANALYST 2000 System. Druckschrift der Firma Instrumatic Electronic GmbH, Lochhamer Schlag 5a, 8032 Gräfelfing

[4] Die Keithley-DAS-Serie 500. Druckschrift der Firma Keithley Instruments GmbH, Heiglhofstraße 5, 8000 München 70

Die Marktentwicklung im Bereich der Personalcomputer (PC) hat heute einen Standard erreicht, den man mit dem Wort „kompatibel" beschreiben kann, um nicht gleich einleitend einen Firmennamen anzuführen. Hätte man vor einigen Jahren die Frage gestellt, ob CAD auf Mikrocomputer einsetzbar ist, wäre diese mit nein zu beantworten gewesen. Mittlerweile sind mit PCs jedoch Rechenleistungen verfügbar, mit denen CAD-Prozesse vernünftig realisierbar sind.

Günter Pomaska

Leistungsfähige CAD-Software für Personalcomputer

Bisher hatten sich auf dem CAD-Sektor hauptsächlich zwei Betriebsarten durchgesetzt: einerseits ein spezieller CAD-Rechner auf der Basis eines **Minicomputers** mit Mehrplatznutzung, andererseits ein universell eingesetzter Großrechner eines Rechenzentrums. Die zweite Lösung wird häufig von den CAD-Nutzern als unbefriedigend angesehen weil sich der Konstruktionsablauf in den allgemeinen Rechenzentrumsbetrieb eingliedern muß und dadurch die Verfügbarkeit des Systems eingeschränkt wird. Der weitverbreitete Einsatz eines dedizierten CAD-Systems auf **Prozeßrechnerbasis** in Mittel- oder Kleinbetrieben scheitert häufig an den zu hohen Systemkosten und einem nicht zu unterschätzenden Einarbeitungsaufwand. Aufgrund der Mikrocomputerentwicklung und der bereits erreichten hohen Effizienz von CAD-Einzelplatzsystemen für Personalcomputer ist der wirtschaftliche Einsatz von CAD auf PCs ohne Frage konkurrenzfähig zu den konventionellen Systemen geworden.

1 Komponenten eines CAD-Systems für PCs

Von kleineren Systemhäusern werden heute schlüsselfertige CAD-Systeme angeboten, deren Vorteil darin besteht, daß Gerät und Software aus einem Hause kommen und das System sofort produktiv einsetzbar ist.

Geeignete Rechner sind die oben schon erwähnten **kompatiblen** mit 8088/8086-Prozessor, unterstützt durch einen 8087-Arithmetikprozessor.

Wichtigste Hardwarekomponente dürfte der graphische Bildschirm sein. Der Anwender verlangt Farbe und hohe Auflösung. Hinsichtlich der Auflösung bleiben bei den üblichen PC-Monitoren vielfach noch Wünsche offen. Wir finden daher Systeme, die mit zwei Schirmen arbeiten, einen für alphanumerische Darstellungen und einen für die Graphik, oder auch spezielle Adaptionen von Graphikmonitoren. Hier

---

Minicomputer: Computerklasse im Preisbereich von etwa 100.000,— bis 500.000,— DM. Aber auch in der Leistungsfähigkeit deutlich oberhalb der „stärksten" Mikrocomputer angesiedelt.

Prozeßrechner: Computer aus der „Minicomputerklasse", aber mit speziellen Ausrüstungen (Hard- und Software) für die Steuerung, Überwachung usw. von Experimenten und industriellen Fertigungsabläufen. Typisch sind: Echtzeit-Betriebssystem und viele Schnittstellen zum Anschluß der Prozeßperipherie.

Kompatibel: Häufige Übersetzungen sind: vereinbar, zusammenpassend, verträglich, austauschbar. Ein Datenträger (z. B. Diskette) ist also „kompatibel", wenn er von verschiedenen Computersystemen lesbar ist. Ein PC wird als kompatibel (mit anderen) bezeichnet, wenn Hardware- und Software-Komponenten austauschbar sind.

---

liegt jedoch ein Kostenfaktor in der Peripherie, der die Größenordnung der Rechnerhardware erreicht.

Zur Befehlseingabe ist ein graphisches Tablett, das im "Low-cost"-Bereich anzusiedeln ist, unumgänglich. Einerseits dient es der Befehlseingabe und **Cursorsteuerung**, ist aber bei entsprechender Größe auch zum Digitalisieren geeignet. Vergleichbare Geräte wie **Lichtgriffel** oder **Maus** haben sich ergonomisch nicht durchgesetzt.

Hardcopygeräte, die eine schnelle Ausgabe des graphischen Bildschirminhalts ermöglichen, sind geeignet durch graphikfähige Drucker zu ersetzen, da wir es im allgemeinen mit **Rastergraphik**-Monitoren zu tun haben. Auch für die qualitativ hochwertige Zeichnungsausgabe bietet der Markt kostengünstige A4/A3-Plotter an. DIN-A0-Plotter mit hoher Auflösung und entsprechender Zeichnungsqualität werden auch in Zukunft aufgrund aufwendiger Mechanik ihren Preis halten.

2 Aufgabe des Zeichnungseditors in einem CAD-System

Der Anwendungsbereich von CAD-Systemen deckt ein breites Spektrum über die Bearbeitung von Unterlagen der Angebotserstellung, der Entwurfskonzeption und -gestaltung, Zeichnungs- und Stücklistenerstellung, Berechnung der Arbeitsplanung, **NC**-Programmierung bis zur Qualitätssicherung ab. Da eine technische Zeichnung innerhalb eines Fertigungsprozesses das gebräuchlichste Kommunikationshilfsmittel darstellt, kommt der rechnergestützten Zeichnungserstellung eine besondere Bedeutung zu, wenngleich diese nicht isoliert zu betrachten ist. Schnittstellen zu weiterverarbeitenden Programmen sind unerläßlich.

Aus den *geometrischen Primitiven* — das sind in einem 2D-System im allgemeinen Punkt, Gerade und Kreis, die auch mit *Operanden* bezeichnet werden — ist die geometrische Objektbeschreibung technischer Objekte mit den Operationen durchzuführen, die zum Befehlsumfang des Zeichnungseditors gehören. Ein einfaches Beispiel ist der Befehl "Einfügen einer Strecke". Dieser einfache Befehl muß mit Modifikationen kombinierbar sein. Aus dem Befehl "Einfügen einer Strecke" wird dann z. B. "Einfügen einer Strecke parallel zu einer anderen durch einen zu identifizierenden Punkt".

Die Leistungsfähigkeit einer Software ist wesentlich zu beurteilen nach dem Umfang der Befehlselemente, den Manipulationsfunktionen und den Kombinations-

möglichkeiten mit den jeweiligen Schachtelungstiefen. Als weiteres wichtiges Kriterium des Leistungsumfangs ist die Beschreibungssystematik für technische Objekte anzusehen. In der ersten Stufe werden aus geometrischen Primitiven benutzerdefinierte Figuren generiert. Diese Figuren können in Graphikbibliotheken abgelegt werden, die dann vom System als individuelle Benutzerelemente weiterverwaltet werden.

Die im **interaktiven** graphischen Dialog am CAD-Arbeitsplatz eingegebene Bauteilgeometrie muß in eine rechnerinterne Darstellungsform transferiert werden. Aus dieser Modellierung entsteht eine Datenstruktur, die hohen Anforderungen unterliegt. Zugriffszeiten müssen auch bei großen Datenmengen für den Dialog akzeptabel bleiben. Assoziation einander abhängiger

> **Cursorsteuerung:** Cursor ist der Fachausdruck für die Markierung auf dem Bildschirm, die die Stelle für die nächste Eingabe anzeigt. Der Cursor bewegt sich beim Schreiben mit oder kann mit den Cursortasten (Pfeiltasten) bewegt werden. Aber auch mit Hilfe eines Graphiktabletts, eines Lichtgriffels oder einer Maus kann der Cursor bewegt werden.
>
> **Lichtgriffel:** Ein mit dem Rechner verbundener Stift, der durch Aufsetzen auf den Computer-Bildschirm eine Eingabe- oder Bezugsposition fixiert.
>
> **Maus:** Gerät zur Markierung auf dem Bildschirm. In der Regel ein kleines Kästchen, das mit Rollen oder Kugeln auf einer glatten Oberfläche bewegt wird und per Knopfdruck das Positionssignal an den Rechner gibt. Manche Mäuse benötigen als Unterlage eine spezielle Rasterplatte.
>
> **Hardcopygeräte:** Als Hardcopy bezeichnet man allgemein Direktkopien vom Computer-Bildschirm. Auch z. B. Fotografien oder Ausgaben des Bildschirm-Speicherinhalts auf einen graphikfähigen Matrixdrucker werden als Hardcopies bezeichnet. Im engeren Sinn sind Spezialgeräte gemeint, die von Speicherbildschirmen (Tektronix) kopieren.
>
> **Rastergraphik:** Die meisten Computer-Bildschirme (Monitore) schreiben alle Informationen (Text und Graphik) in Form von Punktrastern (z. B. Buchstaben aus 8 X 10 Punkten, ganzer Bildschirm 640 X 400 Punkte). Auch Linien und Kreise sind mithin derart „gerastert". Jeder Rasterpunkt ist programmier- bzw. änderbar. Das ist anders bei Speicherbildschirmen (Fa. Tektronix), auf denen wirkliche Linien sehr schnell geschrieben werden. Allerdings können dabei nicht Teilbilder (bzw. einzelne Punkte) gelöscht bzw. geändert werden.
>
> **NC:** *Numerical Control*, numerische Steuerung. Das ist die Rechnersteuerung von Werkzeugmaschinen.
>
> **Interaktiv:** Dies ist eine andere Bezeichnung für eine Betriebsart, die oft als Dialog zwischen Mensch und Maschine benannt wird.

Daten muß möglich sein. Das bedeutet, für eine Zeichnung, in der eine Änderung vorgenommen wird, müssen alle die Änderung betreffenden Daten entsprechend manipuliert werden. Das gilt z. B. für die Schraffur oder Bemaßung.

3 Datenstrukturen in CAD-Systemen

Weiteres wichtiges Kriterium für die Leistungsfähigkeit von CAD-Software ist die Datenstruktur. Die folgenden Ausführungen beziehen sich auf das CAD-System MEMOPLOT.[*] Das Paket ist mit deutschem Dialog auf einem SIRIUS-Rechner installiert. Die hohe Auflösung des SIRIUS-Monitors von 800 X 400 Punkten kommt dabei generell Graphikanwendungen entgegen und gestattet ggf. den Verzicht auf einen speziellen Graphikmonitor.

Am Ende eines Arbeitsabschnittes mit dem Zeichnungseditor steht eine Zeichnung, die digital gespeichert ist und auf einem graphischen Endgerät (Plotter) ausgegeben werden kann. Diese Zeichnung besteht aus mehreren Zeichnungsteilen. Das sind z. B. die Randgestaltung, eine aus mehreren Figuren zusammengesetzte komplexe Zeichnung und der vergrößerte Ausschnitt einer der Figuren.

Bei der Arbeit mit dem MEMOPLOT-Zeichnungseditor wird jeweils ein Zeichnungsteil bearbeitet, der unter einem Namen im Dateiverzeichnis verwaltet wird. Dieser Zeichnungsteil ist die oberste Einheit der Datenstruktur. Unter dem Begriff **Layout** wird das Zusammenfügen verschiedener Zeichnungsteile zu einer Zeichnung verstanden.

Hinlänglich bekannt ist die Datenstrukturierung mittels Schichtenkonzept. Linienelemente einer Figur können unterschiedlichen Schichten angehören. Schichten sind in Zeichnungen beliebig kombinierbar. Die Attributsparameter einer Zeichnung, das sind z. B. Linienart, Strichstärke oder Farbe, können schichtenweise neu definiert werden. Wird ein Zeichnungsteil bearbeitet, dann erfolgt die Identifizierung von geometrischen Elementen nur in den als aktiv deklarierten Schichten.

MEMOPLOT kennt darüberhinaus noch ein schichtenübergreifendes Konzept der Datenstruktur, die Figur. Figuren können jederzeit aus der bestehenden Datenbasis oder dem aktiven Zeichnungsteil deklariert werden. Durch das Prinzip der aktiven Figur sind Manipulationsfunktionen vielfältig variierbar. Auch bei

sehr großen Datenmengen wird durch das Figurenkonzept eine Struktur definiert, die die Antwortzeiten des Systems in jedem Fall akzeptabel hält. **Fig. 1** verdeutlicht an einem Konstruktionsbeispiel die Arbeitsweise des Figurenkonzepts.

4 Definition geometrischer Elemente und Manipulationsfunktionen

Die Befehlseingabe ist bei MEMOPLOT gleichermaßen über die Tastatur wie auch über das graphische Tablett möglich. Alle Befehlselemente sind in einer Baumstruktur abgelegt. Dadurch steht in jeder Bearbeitungsebene nur eine geringe aber übersichtliche Menge an Kommandos zur Verfügung. Besondere Bedeutung hat das Menü zur Punkteingabe, das in beliebiger Schachtelungstiefe anwendbar ist. Funktionen wie Punkt identifizieren, Mittelpunkt eines Linienelements, direkter Anschluß an ein Linienelement oder auch die verschiedenen Koordinatendefinitionen sind über die Tastatur einer 16-Tasten-Fadenkreuzlupe (**Fig. 2**) aufrufbar. Soll z. B. beim "Trimmen" von Linienelementen ein Schnittpunkt in ein Element eingefügt werden, dann ist der *Cursor* in die Nähe des Schnittpunktes zu positionieren und lediglich die Taste "S" der Fadenkreuzlupe zu betätigen. Der Schnittpunkt der angewählten Linienelemente ist dann eingefügt, und Teile des Elements können gesondert behandelt, z. B. gelöscht werden.

Zu den Manipulationsfunktionen gehören Transformation und Wiederholungstransformation. Figuren können durch Angabe von Referenzpunkten auf der Figur selbst und entsprechenden Punkten des Zeichnungsteils, in den die Figur eingefügt werden soll, beliebig transformiert werden. Hierzu gehören u. a. Translation, Rotation, ähnliche, affine und projektive Transformation sowie Spiegelung. Soll eine einzeln konstruierte Figur mehrfach gezeichnet werden, dann bedient man sich einer Wiederholungstransformation, die geschachtelt als Translation, Rotation oder Spiegelung durchführbar ist. Getrennte Manipulationen an Figurenteilen können später nach Auflösung der Wiederholungstransformation vorgenommen werden.

---

[*] Digital Computer Systeme GmbH, D-8229 Mittelfelden

Layout: Wörtliche Übersetzungen sind ausbreiten, ausgeben, gestalten. Layout wird substantiviert verwendet für z. B. die Anordnung von Leiterbahnen und/oder Chips auf einer Platine.

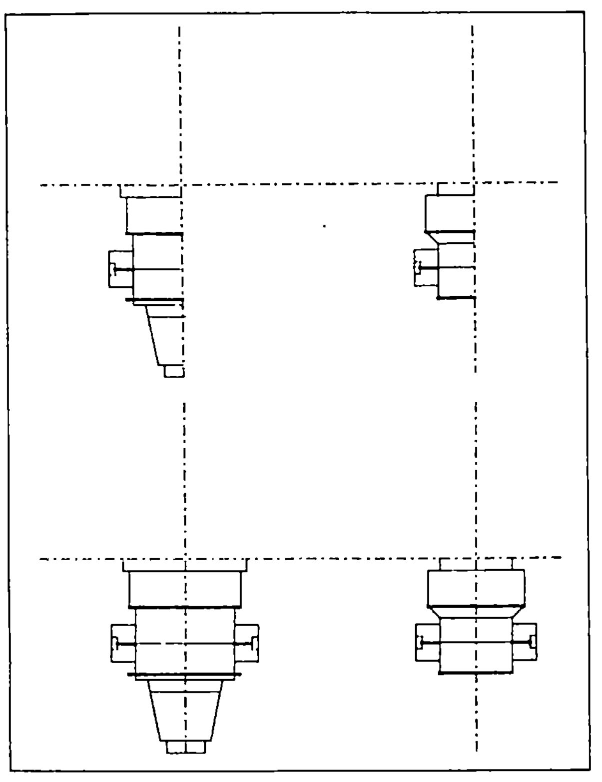

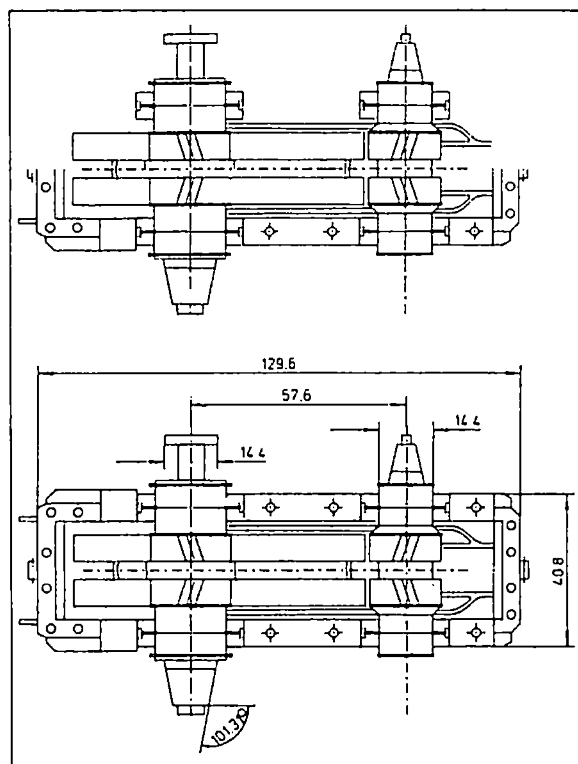

a)   c)

b)

Fig. 1 Konstruktionsbeispiel unter Ausnutzung des MEMO-PLOT-Figurenkonzeptes.

a) Konstruktion zweier symmetrischer Teile in separaten Figuren mit anschließender Spiegelung. Die Spiegelungsachsen sind nicht in den Teilefiguren enthalten

b) Weiterentwicklung der Konstruktion, Zusammenfassung der symmetrischen Teile innerhalb eines Rechtecks zu einer neuen Figur und Spiegelung an der Symmetrieachse

c) Nach Auflösung der Wiederholungstransformation von 1b wird die Fertigstellung der Konstruktion in einer neuen Figur durchgeführt, die wiederum symmetrische Teile enthält, die gespiegelt werden. Abschließende automatische Bemaßung führt zur fertigen Werkstattzeichnung

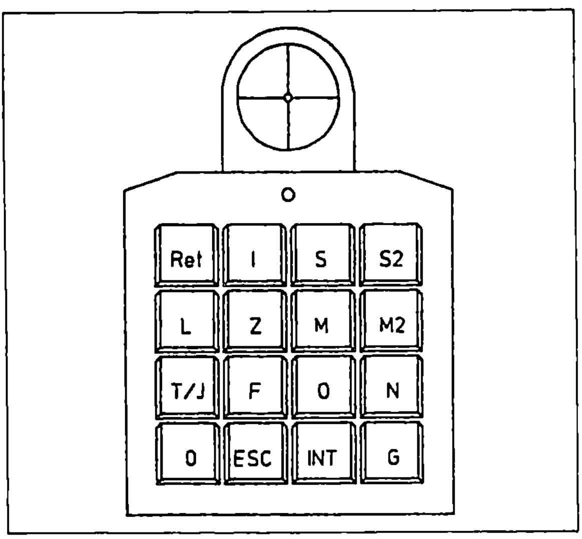

Digitizer Lupe

RET	Cursorposition übernehmen	T/J	Tangentialpunkt / JA
I	Punkt identifizieren	F	Fußpunkt
S	Schnittpunkt	O	On-Punkt auf Linien-element
S2	Schnittpunkt von 2 LE	N	Benannter Punkt / NEIN
L·	Letzter Punkt	O	Nicht belegt
Z	Mittelpunkt eines Kreises	ESC	ESCAPE
M	Mittelpunkt eines LE	INT	INTERRUPT
M2	Mittelpunkt von 2 Punkten	G	Gespiegelter Punkt

Fig. 2 Die 16 Tasten der Fadenkreuzlupe sind bei MEMO-PLOT mit den Funktionen zur Punkteingabe belegt. Hierdurch wird die Bedienungsfreundlichkeit wesentlich erhöht

Glatte Kurven sind durch approximierende oder interpolierende **Splines** darstellbar. Die Linienzüge mit den Stützstellen der Funktion dürfen dabei Unstetigkeitsstellen bzw. Unterbrechungen aufweisen. Voraussetzung für die Glättung eines Linienzuges ist aber die sinnvolle Zusammenfassung der Daten in einer eigenen Figur. Entsprechend der Glättung von Linienzügen müssen auch geschlossene Polygone, die schraffiert werden sollen, in einer separaten Figur definiert

werden. Dabei ist das Inselproblem durch die Anlage von Subfiguren gelöst. Über einen Schraffurcode wird die Art der Schraffur, Richtung, Abstand der Schraffurlinien usw., definiert.

Nicht zuletzt ist die Beschriftung und Bemaßung wichtiges Gestaltungs- und Informationsmerkmal einer technischen Zeichnung. Von einem CAD-System wird daher verlangt, daß die Bemaßung nach den jeweils gültigen Normen weitgehend automatisch durchgeführt werden kann. Manipulation frei positionierbarer Texte mit DIN-Schriften bei Voreinstellung der Textparameter wie Schriftart, Schrifthöhe, Lage der Schrift zum Bezugspunkt u. a. wird von CAD-Paketen auf Personalcomputern ebenfalls erwartet.

Als Konstruktionshilfsmittel bei CAD-Systemen können Gitter mit wählbaren Abständen in x- und y-Richtung eingestellt werden, auf deren Schnittpunkte eingegebene Punktkoordinaten transformiert werden. Auch Rechtwinkelraster bezüglich der Achsen oder beliebiger Linien sind vorzusehen.

Bedeutung für den allgemeinen Bedienungsablauf haben Systemfunktionen wie Zoom (Lupenfunktion), Verschieben eines Fensters über das Benutzerkoordinatensystem, Möglichkeiten der zwischenzeitlichen *Hardcopy* oder Plotterausgabe. Hilfreich sind Informationsfunktionen, die Hinweise auf den aktuellen Systemzustand geben. Auch Bedienungsinformationen sollten über *Help*-Funktionen während des Programmablaufs abrufbar sein.

Wir können zusammenfassend feststellen, daß der Einstieg in CAD jedem potentiellen Anwender mit Personalcomputern heute risikolos möglich ist. Hard- und Software lassen kaum noch Wünsche offen. Die Weiterentwicklung der Technologie könnte dazu führen, daß Anwender, die zu diesem Zeitpunkt den Einstieg nicht finden, den Anschluß an die Leistungsfähigkeit der Mitbewerber verlieren.

> **Spline:** Bezeichnung für eine Ausgleichskurve, auch: Interpolationsspline.

Der Computer als mathematisches Werkzeug

Reinhard Kamitz, Wolfgang Mathis, Martin Kahmann

Die Kulisch-Arithmetik für hochgenaue Lösungseinschließungen

Die Verbreitung von programmierbaren Taschen- und Tischcomputern hat in den letzten Jahren stark zugenommen. Damit ist es einem wachsenden Kreis von Anwendern möglich geworden, immer komplexere mathematische Aufgaben zu lösen. Nur zu leicht wird dabei vergessen, daß es sich bei den verwendeten arithmetischen Operationen um *Näherungsoperationen* in einer vom Speicherplatz begrenzten Zahlenmenge handelt, und blind an die Zuverlässigkeit der vom Arbeit soll gezeigt werden, daß diese völlig falsch sein können, und es wird ein Weg beschrieben, wie der Computer zu einem zuverlässigen Arbeitsmittel werden kann. Mit Hilfe eines Demonstrationsprogramms in UCSD-Pascal kann sich der Leser von der Leistungsfähigkeit dieser Methoden überzeugen.

1 Einleitung

In den letzten Jahren haben Dank der großen Fortschritte, insbesondere bei der Herstellung integrierter MOS-Schaltungen, die Personal-Computer (PC) eine starke Verbreitung gefunden. Aufgrund der wachsenden Speicherkapazitäten moderner PCs können immer umfangreichere mathematische Probleme angegangen werden. Dabei werden Algorithmen verwendet, die in den reellen Zahlen formuliert werden; im Rechner können die arithmetischen Operationen nur in einer endlichen Teilmenge der reellen Zahlen, üblicherweise die Gleitkommazahlen, ausgeführt werden. Das führt zu den bekannten Rundungsfehlerproblemen. *Rump* [1] demonstriert dies sehr ein-

drucksvoll an scheinbar unproblematischen Beispielen. So errechnet sich der Wert des Polynoms

$$p(x) = 170{,}4 \cdot x^3 - 356{,}41 \cdot x^2 + 168{,}97 \cdot x + 18{,}601$$

an der Stelle $x_0 = 1.091608$ exakt zu $p(x_0) = 8{,}21248 \cdot 10^{-14}$; ein weit verbreiter PC (CBM 3032) errechnet zum Beispiel $p(x_0) = -2{,}21654773 \cdot 10^{-7}$ — nicht einmal das Vorzeichen ist korrekt. Bei vielen tausend Operationen sind die Auswirkungen solcher Fehler kaum einschätzbar. Zur Beurteilung der numerischen Resultate eines Algorithmus wurden Methoden zur Rundungsfehleranalyse entwickelt. Sie basieren jedoch auf Annahmen über die Fehlerformeln der Grundoperationen $\{+, -, \cdot, :\}$, die bei keinem auf dem Markt befindlichen PC oder Großrechner streng erfüllt sind (*Kulisch* [2]).

Daher besitzen die Resultate von Rundungsfehleranalysen nur begrenzten Wert. Außerdem sind neben den Kenntnissen über den verwendeten Algorithmus zur endgültigen Beurteilung eines numerischen Ergebnisses zusätzliche Informationen über seine Empfindlichkeit bezüglich kleiner Änderungen der Eingangsdaten erforderlich; man spricht von der Kondition eines numerischen Problems [3]. Dies führte zu dem Wunsch nach einer vom Rechner selbst gelieferten Fehleranalyse. Erste Ansätze dazu erbrachte die Intervall-Arithmetik [4], die während der Rechnung statt Zahlen ganze Intervalle bearbeitet. Eine naive Anwendung ergibt richtige aber unbrauchbar pessimistische Einschließungen der korrekten Lösungen.

Nach intensiven Arbeiten auf diesem Gebiet unterzog *Kulisch* [5] das numerische Rechnen einer eingehenden mathematischen Analyse und stellte die notwendigen *mathematischen Forderungen* an eine Computer-Arithmetik auf, damit ein Computer mehr als ein Zufallsgenerator ist, der gelegentlich auch „Treffer" anzeigt. Er wird somit zum echten *mathematischen Werkzeug*. In den folgenden Jahren entwickelte er ein Gesamtkonzept für das numerische Rechnen [6], innerhalb dessen er auch Algorithmen vorstellte, die an die neue Arithmetik angepaßt sind. Dabei wurden auch Resultate aus dem Bereich der klassischen Intervall-Arithmetik herangezogen. In dieser Arbeit sollen die wesentlichen Grundgedanken des Kulischen Konzepts vorgestellt und seine Vorzüge anhand eines von uns entwickelten Demonstrationsprogramms (in USCD-Pascal) diskutiert werden.

2 Die Kulisch-Arithmetik

Wie im 1. Abschnitt angedeutet, ist ein Hauptproblem der Gleitkomma-Arithmethik, daß die Grundoperationen $\{\oplus, \ominus, \odot, /\}$ (entsprechend den exakten Operationen $\{+, -, \cdot, :\}$) nicht nach festen Vorschriften von allen Rechnerherstellern implementiert sind. Das Ergebnis einer solchen Operation ist daher nicht exakt vorhersagbar, wenn die Implementierungsvorschrift unbekannt ist. Weiterhin gibt es neben den reellen Zahlen $\mathbb{R}$, die im Rechner durch Gleitkommazahlen (Mantisse + Exponent) $\mathbb{R}_G$ dargestellt werden, weitere Variablen wie komplexe Zahlen $\mathbb{C}$ und Matrizen mit reellen oder komplexen Koeffizienten ($M\mathbb{R}$ oder $M\mathbb{C}$), deren Operationen vom Anwender auf Operationen zwischen reellen Zahlen bzw. Gleitkommazahlen zurückgeführt werden müssen.

So wird die Matrizenmultiplikation von zwei 2 × 2-Matrizen nach

$$\begin{pmatrix} a_1 & b_1 \\ c_1 & d_1 \end{pmatrix} \begin{pmatrix} a_2 & b_2 \\ c_2 & d_2 \end{pmatrix} = \begin{pmatrix} a_1\,a_2 + b_1\,c_2 & a_1\,b_2 + b_1\,d_2 \\ c_1\,a_2 + d_1\,c_2 & c_1\,b_2 + d_1\,d_2 \end{pmatrix}$$

auf 8 reelle Multiplikationen und 4 reelle Additionen bzw. auf die entsprechende Anzahl von Gleitkommaoperationen zurückgeführt. Die letzteren gehorchen jedoch nicht mehr den Rechengesetzen, wie dem assoziativen oder dem distributiven Gesetz, d. h. es gilt z. B. *nicht* $a\odot (b \ominus c) = a\odot b \ominus a\odot c$ [6]. Da beispielsweise bereits die Addition zweier Gleitkommazahlen nicht wieder auf eine Gleitkommazahl gleichen Typs führen muß, ist $\mathbb{R}_G$ bezüglich $\{\oplus, \ominus, \odot, /\}$ nicht abgeschlossen; es muß gerundet werden. Eine unklare Implementierung der Operationen in $\mathbb{R}_G$ führt bei der *vertikalen* Definition höherer arithmetischer Ver-

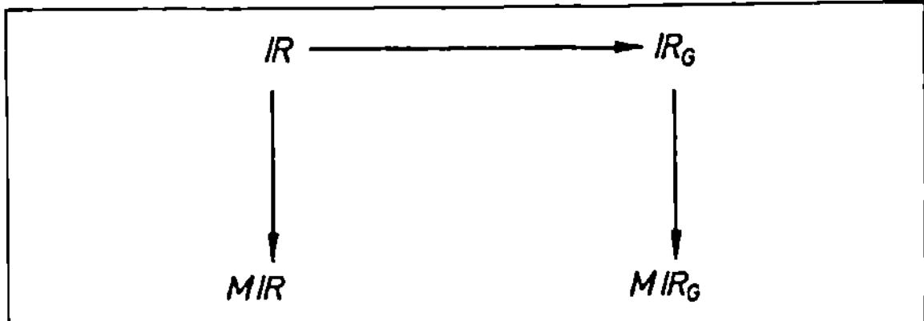

Fig. 1 Vertikale Definition von Matrizenoperationen

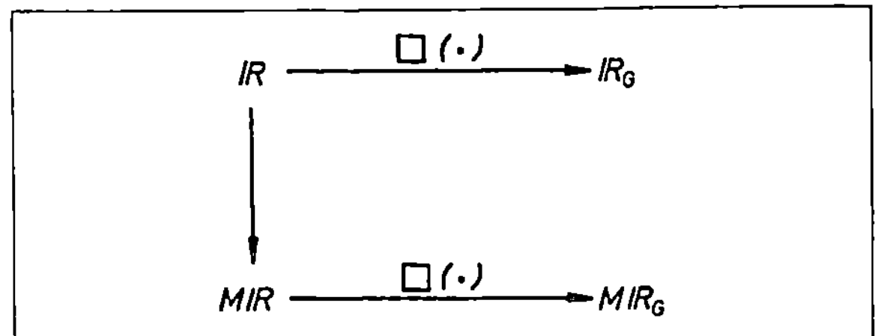

Fig. 2 Horizontale Definition von Matrizenoperationen

knüpfungen wie der Matrizenmultiplikation (siehe **Fig. 1**), zu weiteren Unwägbarkeiten. Daher schlug *Kulisch* eine gesonderte Implementierung der Operationen für jede Klasse von Variablen vor, wobei eine mathematisch definierte Rundungsvorschrift vorausgesetzt wird. Sie muß im Rechner so dargestellt werden, daß bei einer Operation in *jedem* Fall nur Abweichungen in der letzten Gleitkommastelle auftreten. Die „optimale" Rundung wird mit einem größeren Aufwand des Rechenwerkes erkauft, was jedoch im Zeitalter billiger Hardware unbedeutend ist. Es gilt für je zwei Variablen (aus $\mathbb{R}_G$, $M\mathbb{R}_G$ usw.)

$$a \;\boxed{*}\; b = \square(a * b),$$

wobei $* = \{+, -, \cdot, :\}$, $\boxed{*}$ die gerundete Operation und $\square(\cdot)$ die Rundungsoperation ist. Die auf dem Rechner nicht exakt ausführbaren Operationen $*$ werden durch Näherungsoperationen ersetzt, ohne daß sie das gerundete Ergebnis beeinflussen. Das führt zur horizontalen Definition der Arithmetiken (siehe **Fig. 2**).

In gleicher Weise werden die komplexen Operationen definiert. Wie im folgenden Abschnitt ausgeführt, werden zur Erzeugung zuverlässiger numerischer Resultate „Intervall-Variablen" benötigt. Operationen zwischen Intervallen von Zahlen $I\mathbb{R}$ und Matrizen von Intervallen $MI\mathbb{R}$ können ebenfalls horizontal definiert werden.

Allerdings werden die Operationen nicht in $MI\mathbb{R}$ selbst, sondern in der gleichstrukturierten Menge der Intervalle von Matrizen $IM\mathbb{R}$ definiert, da sich nur diese Größen im Rechner darstellen lassen. In gleicher Weise werden Operationen zwischen Intervall-Vektoren festgelegt. Weiterhin benötigt man noch *exakte* Auf- und Abrundungsoperationen, auf die wir jedoch nicht näher eingehen. Die theoretischen Grundlagen und Vorschläge für eine Implementierung der zahlreichen Operationen wurden von *Kulisch* und seinen Mitarbeitern erarbeitet [2].

3 Prinzipien des numerischen Rechnens nach Kulisch

Aufgrund seiner Erfahrungen mit der Intervall-Arithmetik, die nach anfänglich auftretenden Schwierigkeiten brauchbare Ansätze entwickelte, änderte *Kulisch* auch die Vorgehensweise bei der algorithmischen Berechnung numerischer Ergebnisse ab. Während die bis heute üblichen Verfahren eine Gleitkomma-Näherung des gewünschten Resultats ermitteln, das i. a. mit großem Aufwand (zumeist von Hand) auf seine Genauigkeit untersucht werden muß, wird nun gefordert, daß das numerische Ergebnis in Form eines Intervalls vorliegt, welches insofern als exakt anzusehen ist, als das gewünschte Resultat *bewiesenermaßen* in diesem Intervall liegt. Andernfalls muß angezeigt werden, daß sich ein solches Intervall aus bestimmten Gründen nicht berechnen läßt. Es soll also niemals ein falsches Ergebnis ausgegeben werden (siehe Abschnitt 1: Polynomauswertung), sondern immer ein mathematisch bewiesenes, von dem man nicht mehr *glauben* muß sondern *weiß*, daß es richtig ist. Der Rechner wird somit zum *mathematischen Werkzeug*. Dies zieht allerdings eine erhebliche Verkomplizierung des Entwurfs numerischer Algorithmen nach sich, denn die Absicherung solcher Resultate gelingt nicht mehr mit dem „Abschreiben" mathematischer Formeln.

Statt dessen geht man in zwei Schritten vor:

1. Berechnung geeigneter Gleitkomma-Näherungen mit einem beliebigen Gleitkomma-Algorithmus,
2. Konstruktion einer Folge von Intervallen, um das gewünschte Ergebnis, welches in $\mathbb{R}$, oder $M\mathbb{R}$ liegt, bewiesenermaßen und hochgenau einzuschließen. Dazu verwendet man sogenannte Intervall-Iterationsverfahren, bei denen die Näherungen aus 1 zur Wahl des Startintervalls und ihre Güte zur Konvergenzverbesserung dienen.

Diese Vorgehensweise verbindet demzufolge die Schnelligkeit der herkömmlichen Gleitkomma-Algorithmen mit dem Grundgedanken der Intervall-Arithmetik.

Es sei noch angemerkt, daß auch andere Numeriker, wie *Falk* [7], seit Jahren ein derartiges Grundkonzept vertreten und entsprechende Algorithmen entworfen haben, ohne sich allerdings der Kulisch-Arithmetik zu bedienen.

In den Arbeiten von *Rump* [8], *Rump-Kaucher* [9] und *Kaucher* [10] kann man sich von den eindrucksvollen Ergebnissen überzeugen lassen, die mit hochgenauen Einschließungsalgorithmen erzielt worden sind. Für folgende numerische Aufgabenstellungen wurden bereits entsprechende Algorithmen entwickelt: Lineare Gleichungssysteme, Matrixinversion, Eigenwertaufgaben, Nullstellen von Polynomen, lineare Optimierungsaufgaben etc..

Im nächsten Abschnitt gehen wir auf einige Einzelheiten für die hochgenaue und exakte Einschließung linearer Gleichungssysteme genauer ein und stellen ein Demonstrationsprogramm in Pascal vor, mit Hilfe dessen sich der Leser an seinem eigenen PC von der Leistungsfähigkeit eines solchen Algorithmus überzeugen kann.

4 Lösungseinschließung für lineare Gleichungssysteme

Die Lösung eines linearen Gleichungssystems

$$A \cdot x = b \tag{1}$$

kann auch als Nullstellensuche der Funktion **f**, die definiert ist durch

$$f(x) := b - A \cdot x, \tag{2}$$

angesehen werden. Diese Interpretation des Problems ist Ausgangspunkt für einen Einschließungsalgorithmus [11]. Die Nullstellensuche erfolgt dabei wie im 1-dimensionalen Fall durch ein Newton-Verfahren (f' : Ableitung von f)

$$x_{n+1} = x_n + (f'(x_n))^{-1} \cdot f(x_n), \, n = 0, 1, 2, \ldots \tag{3}$$

für das Problem f(x) = 0, wobei man von einem Startwert x_0 ausgehend eine Folge von Näherungen x_n erzeugt, die für großes n gegen eine Nullstelle von f konvergiert. Ist **f** die Vektorfunktion (2), so erhalten wir die Ableitung zu **A**, so daß sich entsprechend (3) die Rekursionsvorschrift

$$x_{n+1} = x_n + A^{-1} \cdot (b - A \cdot x_n) =: g(x_n), \, n = 0, 1, 2, \ldots \tag{4}$$

ergibt. Da A^{-1} nicht bekannt ist ($A^{-1} \cdot b$ ist gerade die Lösung von (1)), verwenden wir eine Näherung **R**, und es ergibt sich das vereinfachte Newton-Verfahren. Sind x_{n+1} und x_n hinreichend „gleich", so ist $\tilde{x} = x_{n+1}$ Lösung von (1), wenn **R** invertierbar ist. Die exakte

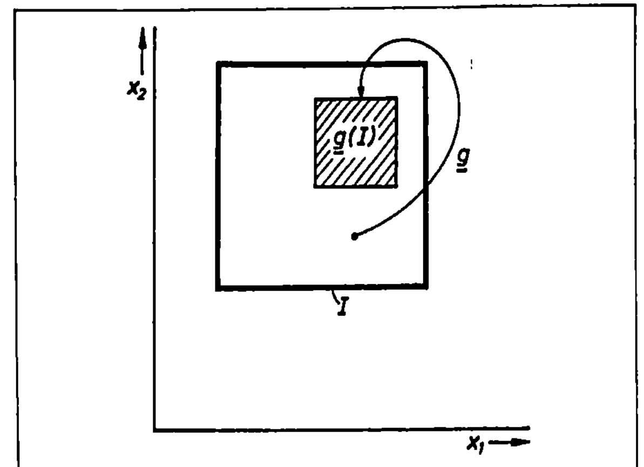

Fig. 3 Zum Fixpunktsatz für n = 2

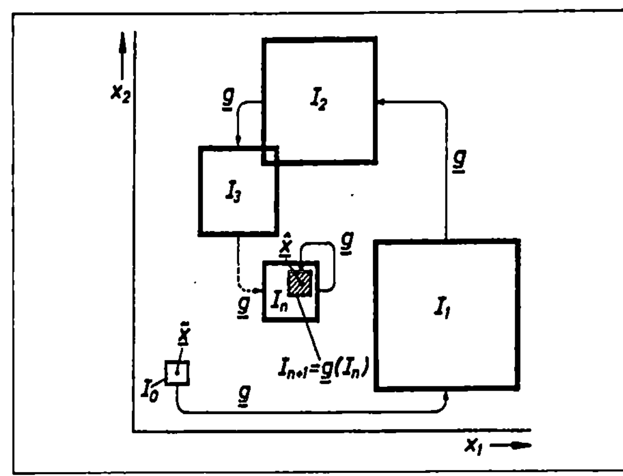

Fig. 4 Erzeugung einer Folge von Intervallen ausgehend von I_0 für n = 2

Lösung $\hat{x}$ von (1) wird auch Fixpunkt von g genannt, da sie die Gleichung $\hat{x} = g(\hat{x})$ mit g aus (4) erfüllt.

Ausgehend von einem „guten" Startwert x_0 und einer „guten" Näherungsinversen R von A^{-1} kann man auf diese Weise brauchbare Gleitkomma-Näherungen $\tilde{x}$ für die gewünschte Lösung $\hat{x}$ bekommen, so daß Punkt 1 erfüllt ist.

Um Aufschluß über die Genauigkeit dieser Näherung zu gewinnen, benötigen wir ein Einschließungsintervall für den Fixpunkt $\hat{x}$ von g. Dazu geht man von einem mathematischen Satz (Schauderscher Fixpunktsatz) aus, der die Existenz eines solchen Fixpunkts gewährleistet [12].

Er sagt (etwas vereinfacht) aus, daß ein gegebenes Intervall I beliebiger Dimension einen Fixpunkt $\hat{x}$ enthält, wenn die Menge der Bildpunkte $g(I)$ der Funktion g ganz in I liegt. Für den Fall n = 2 wird dies in **Fig. 3** veranschaulicht. Ausgehend von einem Startintervall I_0 um die Näherungslösung $\tilde{x}$ konstruiert man nun eine Folge von Intervallen I_n, bis $g(I_n) = I_{n+1}$ innerhalb von I_n liegt und damit der Fixpunkt $\hat{x}$ in I_n liegen muß. Für den Fall n = 2 ist dies in **Fig. 4** gezeigt.

Eine solche „Intervall-Iteration" kann mit den Intervall-Variablen der Kulisch-Arithmetik ausgeführt werden, wobei wir jedoch auf ausführlichere Details verzichten müssen, da sie den Rahmen dieser Aufsatz-Reihe überschreiten [11].

In dem von uns entwickelten Demonstrationsprogramm werden diejenigen Elemente der Kulisch-Arithmetik in Pascal simuliert, die für die Berechnung und Einschließung der Lösung $\hat{x}$ eines linearen Gleichungssystems (1) notwendig sind. Dabei haben wir auf eine möglichst schnelle Ausführung zugunsten der Programm-Kürze verzichtet. Das folgende Beispiel wurde auf einem Alphatronic P2U Rechner mit einer etwa 6stelligen Gleitkomma-Arithmetik gerechnet und demzufolge eine ebenfalls 6stellige Kulisch-Arithmetik verwendet.

Beispiel:

$$A = \begin{pmatrix} 403 & 296 \\ 516 & 379 \end{pmatrix}, \quad b = \begin{pmatrix} 107 \\ 137 \end{pmatrix}$$

mit der exakten Lösung $\hat{x} = \begin{pmatrix} 1 \\ -1 \end{pmatrix}$

Programm-Eingabe:

```
Dimension ? 2

A(1,1) ? 4.03e2
A(1,2) ? 2.96e2
A(2,1) ? 5.16e2
A(2,2) ? 3.79e2

b(1)   ? 1.07e2
b(2)   ? 1.37e2
```

Programm-Ausgabe:

```
gewöhnliche Gleitkomma-Rechnung ergibt:

x(1) =   9.76562E-1
x(2) =  -9.76562E-1


Intervall-Iteration nach Kulisch :


Iteration: 1

x(1) = (   9.81938e-1,   9.81954e-1 )
x(2) = (  -9.99406e-1,  -9.99404e-1 )
                .
                .
                .
Iteration: 10

x(1) = (   9.99997e-1,   1.00001e+0 )
x(2) = (  -1.00001e+0,  -9.99999e-1 )

Lösungseinschließung gefunden
```

Bemerkenswert an den Resultaten ist nicht so sehr,
daß die Lösung des Kulisch-Algorithmus viel genauer
ist als die der gewöhnlichen Gleitkomma-Rechnung,
sondern vor allem daß er eine Einschließung liefert,
die erwiesenermaßen die exakte Lösung enthält. Wäre
die Bestimmung einer solchen Lösungseinschließung
nicht möglich, so hätte das Programm die Meldung

```
Matrix A singulaer oder Rechengenauigkeit nicht ausreichend
```

ausgegeben und keinesfalls irgendein falsches Ergebnis.

5 Zusammenfassung und Implementierungshinweise

In dieser Arbeit haben wir die Grundzüge des Konzepts von *Kulisch* für ein sachgerechtes numerisches Rechnen vorgestellt, ohne auf die zum Teil recht komplizierten Details einzugehen. Sie würden zeigen, daß die Entwicklung von hochgenauen Algorithmen im Sinne von *Kulisch* dem mathematischen Spezialisten überlassen werden muß. Der Anwender erhält jedoch numerische Ergebnisse, die mathematisch abgesichert sind — ein entscheidender Fortschritt ohne Zweifel. Mit Hilfe unseres Demonstrationsprogramms kann man sich von den Vorzügen solcher Programme überzeugen. Für die praktische Anwendung ist von *Kulisch* in Zusammenarbeit mit *Wippermann* (Universität Kaiserslautern) die Pascal-Version SC (*Scientific Computation*) [13] entwickelt worden, die das neue Arithmetik-Konzept beinhaltet. Pascal-SC läuft nach Messe-Informationen von *Kulisch* und *Wippermann* (1984) auf vielen Z80-Rechnern mit den Betriebssystemen RIO oder CP/M, sowie auf dem IBM-PC und 68000-Rechnern EXOMACS und SAM mit den Betriebssystemen VERSADOS bzw. SUSY. Wenn ein IBM-System/370 zur Verfügung steht, so bietet IBM seit 1984 eine Software-Simulation der *High Accuracy-Arithmetic* (ACRITH genannt) an [14].

Wir danken Frau Dipl.-Math. *S. Kluge* für die sorgfältige Korrektur des Manuskripts und unserer *Rita Jurgeleit* für die Geduld bei seiner Erstellung.

```
program demo;
const g    = 6; gp1 = 7; g2   = 12;
      l    = 10;
type  float         = record s : integer;
                             m : array [1..g] of integer;
                             r : boolean;
                             e : integer
                      end;
      double        = record s : integer;
                             m : array [1..g2] of integer;
                             e : integer
                      end;
      interval      = record low,up : float end;
      dinterval     = record low,up  : double end;
      fix           = array [1..100] of integer;
      accu          = record p,n : fix end;
      vector        = array [1..l] of float;
      ivector       = array [1..l] of interval;
```

```
        matrix          = array [1..l] of vector;
        imatrix         = array [1..l] of ivector;
        realmatrix      = array [1..l,1..l] of real;
var     i,j,k,n,s       : integer;
        cr              : real;
        ar              : realmatrix;
        br              : array [1..l] of real;
        a,r             : matrix;
        b,z             : vector;
        h               : float;
        hd              : double;
        hi              : interval;
        hdi             : dinterval;
        x,x0            : ivector;
        bi              : imatrix;
        acclow,accup    : accu;
function float_to_real (x : float):real;
var xp : integer;  h  :   real;
begin
  h := x.m[g];
  for xp:=g-1 downto g-5 do h := h*10 + x.m[xp];
  float_to_real := x.s*h*exp((x.e-5)*ln(10))
end (* of float_to_real *);
procedure real_to_float (xr : real; var x : float);
var xp,h : integer;
begin
  if xr=0 then begin
    x.s:=0; x.e:=0;
    for xp:=g downto 1 do x.m[xp]:=0;
    exit(real_to_float) end;
  if xr < 0 then x.s := -1 else x.s := 1;
  xr := abs(xr); x.e := trunc(log(xr));
  xr := xr*exp(-x.e*ln(10));
  h:=trunc(xr); if h=0 then begin xr:=xr*10; x.e:=x.e-1 end;
  for xp:=g downto g-5 do begin
    h := trunc(xr); x.m[xp] := h; xr := (xr-h)*10 end;
  for xp:=xp downto 1 do x.m[xp] := 0;
  x.r := (xr<>0)
end (* of real_to_float *);
procedure float_to_interval (x : float; var ix : interval);
var carry,h,i : integer;
begin
  ix.low := x; ix.up := x;
  if x.r then begin
    carry := 1;
    for i:=1 to g do begin
      h := x.m[i] + carry; carry := h div 10;
      if carry = 0 then x.m[i] := h else x.m[i] := h-10 end;
    if carry =1 then begin
      for i:=2 to g do x.m[i-1] := x.m[i];
      x.m[g] := 1; x.e := x.e+1 end;
    if x.s<0 then ix.low := x else ix.up := x
  end
end (* of float_to_interval *);
procedure acc_to_interval (var ix : interval);
var a,e,h,i,carry : integer;  ih : interval;
procedure sub (var p,n : fix; var sign : integer);
var i : integer;
```

```
begin
  carry := 0;
  for i:=1 to 100 do begin
    h := p[i] - n[i] - carry;
    if h<0 then begin p[i]:=h+10; carry:=1 end
           else begin p[i]:=h;    carry:=0 end
  end;
  if carry=0 then sign:=1
             else begin sign:=-1;
                  e:=1; while (p[e]=0) and (e<100) do e:=e+1;
                  p[e]:=10-p[e];for i:=e+1 to 100 do p[i]:=9-p[i] end
end (* of sub *);
begin
  sub (acclow.p,acclow.n,ih.low.s);
  a:=101; repeat a:=a-1 until (acclow.p[a]<>0) or (a=g);
  ih.low.e:=a-58;
  for i:=g downto 1 do begin ih.low.m[i]:=acclow.p[a]; a:=a-1 end;
  if (ih.low.s<0) and (a>0) then begin
    repeat ih.low.r:=(acclow.p[a]<>0); a:=a-1
    until (ih.low.r) or (a=0);
    if ih.low.r then float_to_interval(ih.low,ih) end;
  ix.low:=ih.low;
  sub (accup.p,accup.n,ih.up.s);
  a:=101; repeat a:=a-1 until (accup.p[a]<>0) or (a=g);
  ih.up.e:=a-58;
  for i:=g downto 1 do begin ih.up.m[i]:=accup.p[a];a:=a-1 end;
  if (ih.up.s>0) and (a>0) then begin
    repeat ih.up.r:=(accup.p[a]<>0); a:=a-1
    until (ih.up.r) or (a=0);
    if ih.up.r then float_to_interval(ih.up,ih) end;
  ix.up:=ih.up
end (* of acc_to_interval *);
procedure input (var x : float);
var error : boolean;
procedure readfloat;forward;
procedure err;
begin error := true; exit(readfloat)
end (* of err *);
procedure readfloat;
var e,es,bp,xp,blen  : integer;  buffer : string[40];
begin
  error := false;
  x.s := 1; x.e := 0; x.r := false;
  for xp:=g downto 1 do x.m[xp] := 0;
  readln(buffer);
  blen := length(buffer); bp := 1; if bp > blen then err;
  case buffer[bp] of
    '+': bp := 2;
    '-': begin x.s := -1; bp := 2 end
  end;
  if bp > blen then err;
  if not(buffer[bp] in ['0'..'9']) then err;
  x.m[g] := ord(buffer[bp]) - 48;
  bp := bp+1; if bp > blen then exit(readfloat);
if buffer[bp] <> '.' then err;
bp := bp+1; if bp > blen then exit(err);
xp := g-1;
while (buffer[bp] in ['0'..'9']) and (xp > 0) do begin
  x.m[xp] := ord(buffer[bp]) - 48;
  bp := bp+1; if bp > blen then exit(readfloat);
  xp := xp-1 end;
```

```pascal
    while (buffer[bp] in ['0'..'9']) do begin
      bp := bp+1; if bp > blen then exit(readfloat) end;
    if (buffer[bp] <> 'e') and (buffer[bp] <> 'E') then err;
    bp := bp+1; if bp > blen then exit(readfloat);
    es := 1;
    case buffer[bp] of
      '+': begin bp := bp+1; end;
      '-': begin es := -1; bp := bp+1; end
    end;
    if bp > blen then err;
    e := 0;
    while (buffer[bp] in ['0'..'9']) do begin
      e := e*10+(ord(buffer[bp]) - 48);
      x.e := es*e; if abs(x.e)>38 then err;
      bp := bp+1; if bp > blen then exit(readfloat) end;
    err
end (* of readfloat *);
begin
    repeat begin write('? '); readfloat end until not error
end (* of input *);
procedure matinv (var r : realmatrix);
var w : array [1..l] of integer;  x : real;  i,j,k : integer;
begin
    for i:=1 to n do w[i]:=i;
    for j:=1 to n do begin
      if j<>n then begin
        i := j;
        for k:=j+1 to n do if abs(r[k,j]) > abs(r[i,j]) then i:=k;
        if j<>i then begin
          for k:=1 to n do begin
            x:=r[j,k]; r[j,k]:=r[i,k]; r[i,k]:=x end;
          k:=w[j]; w[j]:=w[i]; w[i]:=k end
      end;
      if r[j,j]=0 then begin
        writeln('A singulaer oder Rechengenauigkeit nicht ausreichend');
        exit(demo) end;
      x:=1/r[j,j]; for k:=1 to n do r[j,k] := x*r[j,k]; r[j,j] := x;
      for i:=1 to n do if i<>j then begin
        x := r[i,j];
        for k:=1 to n do if k<>j then
          r[i,k] := r[i,k]-x*r[j,k];
        r[i,j] := -x*r[j,j] end
    end;
    for k:=1 to n do begin
      j := w[k];
      while j<>k do begin
        for i:=1 to n do begin
          x := r[i,j]; r[i,j]:=r[i,k]; r[i,k]:=x end;
        w[k]:=w[j]; w[j]:=j; j:=w[k] end
    end
end (* of matinv *);
procedure dmult (var accu : double; x,y : float);
var i,j,h,carry,tp,ap : integer;  zero : boolean;
    multab        : array [1..9,1..gpi] of integer;
begin
    accu.s := x.s * y.s; accu.e := x.e + y.e + 1;
    for i:=1 to g do multab[i,i] := x.m[i]; multab[i,gpi] := 0;
    for j:=2 to 9 do begin
```

```
      carry := 0;
      for i:= 1 to g do begin
        h := multtab[j-1,i] + x.m[i] + carry; carry := h div 10;
        if carry = 0 then multtab[j,i] := h else multtab[j,i] := h-10 end;
      multtab[j,gp1] := multtab[j-1,i] + carry end;
    for i:=1 to g2 do accu.m[i] := 0;
    for j:=1 to g do begin
      carry := 0; tp := y.m[j];
      if tp <> 0 then for i:=1 to gp1 do begin
        ap := i+j-1;
        h := accu.m[ap] + multtab[tp,i] + carry; carry := h div 10;
        if carry = 0 then accu.m[ap] := h else accu.m[ap] := h-10 end
    end;
    zero:=true; for i:=1 to g2 do if accu.m[i]<>0 then zero:=false;
    if zero then accu.e:=0 else
      while accu.m[g2] = 0 do begin
        for i:=g2 downto 2 do accu.m[i] := accu.m[i-1];
        accu.e := accu.e - 1 end
end (* of dmult *);
procedure imult (var c : dinterval; a,b : interval);
var code : integer;   u,v,w  : double;
procedure min (var u : double; v,w : double);
var i : integer;
begin
  if v.s<>w.s then begin
    if v.s<0 then u:=v else u:=w; exit(min); end;
  if v.e<>w.e then begin
    if v.e<0 then u:=v else u:=w; exit(min); end;
  for i:=g2 downto 1 do begin
    if u.m[i]<v.m[i] then begin u:=v;exit(min);end
      else if v.m[i]>w.m[i] then begin u:=w;exit(min) end
  end; u:=v
end (* of min *);
procedure max (var u : double; v,w : double);
var i : integer;
begin
  if v.s<>w.s then begin
    if v.s>0 then u:=v else u:=w; exit(max); end;
  if v.e<>w.e then begin
    if v.e>0 then u:=v else u:=w; exit(max); end;
  for i:=g2 downto 1 do begin
    if u.m[i]>v.m[i] then begin u:=v;exit(max);end
      else if v.m[i]>w.m[i] then begin u:=w;exit(max) end
  end; u:=v
end (* of max *);
begin
  case (a.low.s + a.up.s*2 + b.low.s*4 + b.up.s*8) of
    -15: begin dmult(c.low,a.up ,b.up ); dmult(c.up,a.low,b.low) end;
    -11: begin dmult(c.low,a.up ,b.low); dmult(c.up,a.low,b.low) end;
     -9: begin dmult(c.low,a.up ,b.low); dmult(c.up,a.low,b.up ) end;
      1: begin dmult(c.low,a.low,b.up ); dmult(c.up,a.low,b.low) end;
      5: begin
           dmult(v,a.low,b.up); dmult(w,a.up,b.low) ;min(c.low,v,w);
           dmult(v,a.low,b.up); dmult(w,a.up,b.low) ;max(c.low,v,w);
         end;
      7: begin dmult(c.low,a.up ,b.low); dmult(c.up,a.up ,b.up ) end;
      9: begin dmult(c.low,a.low,b.up ); dmult(c.up,a.up ,b.low) end;
     13: begin dmult(c.low,a.low,b.up ); dmult(c.up,a.up ,b.up ) end;
     15: begin dmult(c.low,a.low,b.low); dmult(c.up,a.up ,b.up ) end
  end
end
```

```
end (* of imult *);
procedure add (var a : fix; x : double);
var carry,h,i,j : integer;
begin
   carry := 0; j:=x.e+58-g2+1;
   if j>80 then
       begin writeln('=== overflow ===='); exit(demo) end;
   for i:=1 to g2 do begin
     h := a[j] + x.m[i] + carry; carry := h div 10;
     if carry = 0 then a[j] := h else a[j] := h-10;
     j:=j+1 end;
   while carry<>0 do begin
     if j>100 then
       begin writeln('=== overflow ===='); exit(demo) end;
     h := a[j] + carry; carry := h div 10;
     if carry = 0 then a[j] := h else a[j] := h-10;
     j:=j+1 end;
end (* of add *);
procedure addi (x : dinterval);
begin
   if x.low.s<0 then add(acclow.n,x.low) else add(acclow.p,x.low);
   if x.up.s <0 then add(accup.n, x.up)  else add(accup.p, x.up)
end (* of addi *);
procedure accu_zero;
var i : integer;
begin for i:=1 to 100 do begin
 acclow.n[i]:=0; acclow.p[i]:=0; accup.n[i]:=0; accup.p[i]:=0; end
end (* of accu_zero *);
procedure print (x : float);
var xp : integer;
begin
   if x.s<0 then write (' -',x.m[g],'.') else write ('  ',x.m[g],'.');
   for xp:=g-1 downto 1 do write(x.m[xp]);
   if x.e<0 then write('e',x.e) else write('e+',x.e);
end (* of print *);
function inclusion (x,x0 : ivector):boolean;
var i : integer;
function compare (a,b : float):boolean;
var i : integer;  h : float;
begin
   compare := true;
   if a.s>b.s then exit(compare);
   if a.s=b.s then begin
     if a.s<0 then begin h:=a; a:=b; b:=h end;
     if a.e>b.e then exit(compare);
     if a.e=b.e then begin
       i:=g; while (i>1) and (a.m[i]=b.m[i]) do i:=i-1 ;
       if a.m[i]>b.m[i] then exit(compare) end;
   end;
   compare := false
end (* of compare *);
begin
   inclusion := false;
   for i:=1 to n do
     if compare(x0[i].low, x[i].low) or compare(x[i].up,    x0[i].up)
       then exit(inclusion);
   inclusion := true
end (* of inclusion *);
```

```
begin
 l)repeat begin write('Dimension ? '); readln(n) end until (n>0) and (n<=
   writeln;
   for i:=1 to n do
     for j:=1 to n do begin
        write ('A(',i,',',j,') '); input(a[i,j]);
        ar[i,j] := float_to_real(a[i,j]) end;
   writeln;
   for i:=1 to n do begin
     write ('b(',i,')    '); input(b[i]); br[i]:=float_to_real(b[i]) end;
   writeln;
   matinv(ar);
   real_to_float(0.99999,hi.low); real_to_float(1.00001,hi.up);
   writeln; writeln('gewlhnliche Gleitkomma-Rechnung ergibt :'); writeln;
   for i:=1 to n do begin
     cr:=0; accu_zero;
     for j:=1 to n do begin
       cr := cr + ar[i,j]*br[j];
       real_to_float(ar[i,j], r[i,j]);
       dmult(hd,r[i,j],b[j]);
       if hd.s>0 then add(accup.p,hd) else add(accup.n,hd) end;
     acclow:=accup; acc_to_interval(x[i]);z[i]:=x[i].low;
     accu_zero; imult(hdi,x[i],hi); addi(hdi); acc_to_interval(x[i]);
     writeln('x(',i,') = ',cr) end;
   writeln;
   writeln('Intervall-Iteration nach Kulisch :'); writeln;
   for i:=1 to n do
     for j:=1 to n do begin
       accu_zero;
       if j=i then accup.p[58]:=1;
       for k:=1 to n do begin
          dmult(hd,r[i,k],a[k,j]);
          if hd.s>0 then add(accup.n,hd) else add(accup.p,hd) end;
       acclow:=accup; acc_to_interval(bi[i,j]) end;
   k:=0;
   repeat
     k:=k+1; x0:=x;
     writeln; writeln('Iteration: ',k);writeln;
     for i:=1 to n do begin
       accu_zero;
       hd.s:=z[i].s; hd.e:=z[i].e;
       for j:=g2 downto g+1 do hd.m[j]:=z[i].m[j-g];
       for j:=1 to g do hd.m[j]:=0;
       hdi.low:=hd; hdi.up:=hd; addi(hdi);
       for j:=1 to n do begin
          imult(hdi,bi[i,j],x[j]);
          addi(hdi) end;
       acc_to_interval(x[i]);
       write  ('x(',i,') = (');
       print(x[i].low);write(',');print(x[i].up);writeln(' )');
       end
   until (k>19) or (inclusion(x,x0));
   writeln;
   if inclusion(x,x0) then writeln('Llsungseinschlie"ung gefunden')
     else writeln
      ('Matrix A singulaer oder Rechengenauigkeit nicht ausreichend')
end.
```

Literatur

[1] *Rump, S. M.:* Wie zuverlässig sind die Ergebnisse unserer Rechenanlagen? In: Jahrbuch Überblicke Mathematik 1983, S. 163—168, Bibliographisches Institut, Mannheim 1963

[2] *Kulisch, U.:* Numerisches Rechnen — wie es ist und wie es sein könnte. Elektron. Rechenanlagen 23 (1981) 1955—163

[3] *Wilkinson, J. H.:* Rundungsfehler. Springer-Verlag, Berlin-Heidelberg-New York 1969

[4] *Moore, R. E.:* Intervallanalyse. Oldenbourg Verlag, München, Wien 1969

[5] *Kulisch, U.:* Grundzüge der Intervallrechnung. In: Jahrbuch Überblick Mathematik 1969, S. 51—98, Bibliographisches Institut, Mannheim 1969

[6] *Kulisch, U.:* Grundlagen des numerischen Rechnens. Bibliographisches Institut, Mannheim 1976

[7] *Zurmühl, R.; S. Falk:* Matrizen und ihre Anwendung, Teil 2. In Vorbereitung: Springer-Verlag, Berlin-Heidelberg-New York-Tokyo 1985

[8] *Rump, S. M.:* Rechnervorführung, Pakete für Standardprobleme der Numerik. In: Kulisch, U.; C. Ullrich (Hrsg.): Wissenschaftliches Rechnen und Programmiersprachen, S. 29—50 B. G. Teubner, Stuttgart 1982

[9] *Rump, S. M., E. Kaucher:* Small Bounds for the Solution of Systems of Linear Equations. In: Alefeld, G.; R. D. Grigorieff (Ed.): Fundamentals of Numerical Computation (Computing Supplementum 2), S. 157—164. Springer-Verlag, Wien, New York 1980

[10] *Kaucher, E.:* Lösung von Funktionalgleichungen mit garantierten und genauen Schranken. In: Kulisch, U.; C. Ullrich (Hrsg.): siehe [8], S. 185—205

[11] *Rump, S. M.:* Kleine Fehlerschranken bei Matrizenproblemen. Dissertation, Karlsruhe 1980

[12] *Döring, B.:* Das Fixpunktprinzip in der Analysis. In: Jahrbuch Überblicke der Mathematik 1969, S. 155—210, Bibliographisches Institut, Mannheim 1969

[13] *Kulisch, U., Wippermann:* Pascal-SC. Universität Karlsruhe 1984

[14] *IBM-Programminformation:* High Accuracy Arithmetic. Programm-Nummer 566, 4—185, Dezember 1983

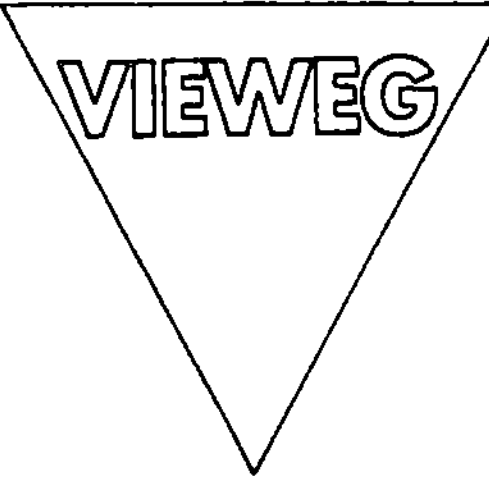

Wolfgang Böhm, Günther Gose und Jürgen Kahmann
Methoden der Numerischen Mathematik
1985. XII, 173 S. mit 78 Abb. 16,2 X 22,9 cm. Kart.

Jürgen Kahmann
BASIC-Programme zur Numerischen Mathematik
37 Programme mit ausführlicher Beschreibung. 1985. VIII, 77 S. 16,2 X 22,9 cm. Kart.

Die „Methoden der Numerischen Mathematik" sind eine wesentlich erweiterte Neubearbeitung der „Einführung in die Methoden der Numerischen Mathematik" von Böhm/Gose aus dem Jahr 1977.

Der Gegenstand des Buches reicht von Grundaufgaben der linearen Algebra über Iteration, Interpolation und Approximation bis zur Numerischen Differentiation und Integration. Neuaufgenommen wurde u.a. ein Abschnitt über die Flächen von Coons und zwei Kapitel über die Methode der finiten Elemente. Allerdings handelt es sich nicht nur um eine Sammlung von Algorithmen der Numerischen Mathematik. In erster Linie geht es den Autoren darum, dem Leser allgemeingültige Prinzipien für die Entwicklung und Analyse konstruktiver Verfahren nahezubringen. Dabei stehen hohe Anschaulichkeit und klare Darstellung der Grundlagen im Vordergrund, bevor die Algorithmen selbst in einer einer Programmiersprache sehr ähnlichen Notation formuliert werden.

Direkt daraus abgeleitet sind die „BASIC-Programme zur Numerischen Mathematik" von Jürgen Kahmann. Der Band enthält 37 BASIC-Programme, jeweils mit der Erläuterung des Verfahrens, der Programmliste, der Dateneingabe und einem Beispiel. Dabei sind Gliederung und Bezeichnungsweise aus den „Methoden der Numerischen Mathematik" übernommen. Es werden keine BASIC-Spezialbefehle und -Spezialfunktionen benutzt, so daß die Programme (evtl. mit geringen Änderungen) auf allen mit BASIC ausgerüsteten Mikro- und Homecomputern laufen.

Wolfgang J. Weber

Baumstruktur von Rechenausdrücken

Es ist nicht schwierig, ein Programm zu schreiben, das eine *feste* Funktion auswertet, um z. B. eine Wertetabelle, einen Graphen oder ein bestimmtes Integral zu produzieren. Formeln und Rechenausdrücke sind aber in der Regel integraler Bestandteil des Programmtextes; sie müssen also vorab definiert sein und können während des Programmlaufs nicht mehr frei verändert werden; allenfalls können im voraus festgelegte Parameter variiert werden. Will man eine andere Funktion auswerten, so muß dann das definierende Programmstück umgeschrieben werden. Besonders bei kompilierten Sprachen ist dieses Vorgehen mühsam.

Das folgende Programm zeigt eine Alternative. Ein Rechenausdruck wird als Text eingegeben und intern so umgewandelt, daß er numerisch ausgewertet werden kann. In diesem konkreten Fall wird eine Wertetabelle erzeugt. Bevor die Funktionsweise des Programms näher beschrieben wird, betrachten wir in **Fig. 1** zwei Beispielläufe (die Eingaben sind unterstrichen).

Es versteht sich von selbst, daß die hier dargestellte Technik auch bei verwandten Problemen benutzt werden kann, also z. B. bei der Suche nach Nullstellen, beim Zeichnen von Graphen, bei numerischer Integration etc. Zudem kann die Technik einerseits in vereinfachter Form (ohne Benutzung einer Variablen) für die komfortable Eingabe numerischer Werte verwandt werden, so daß z. B. neben Dezimalzahlen wie 0.5 auch Brüche wie 1/2 akzeptiert werden. Andererseits kann sie in ausgefeilterer Form für symbolische Manipulationen eingesetzt werden, etwa zur Bestimmung der Ableitung eines Funktionsterms (symbolische Differentiation).

Um das für Veränderungen und Anpassungen des gezeigten Programms erforderliche Verständnis zu erleichtern, sollen nun die Struktur und die Funktion der Unterprogramme besprochen werden.

1. Die Funktion *gegenklammer* sucht in einem Text zu einer schließenden Klammer die entsprechende öffnende Klammer.

2. Die Prozedur *formatiere* löscht in einem Text alle Leerzeichen, fügt fehlende Multiplikationszeichen ein und ersetzt ggf. die Konstante e (Eulersche Zahl) durch die Zahl 2.71828.

3. Die Prozedur *reduziere* löscht Klammerpaare, die den gesamten übergebenen Text einschließen. *reduziere* könnte auch als lokale Prozedur der folgenden Funktion *zerlegung* definiert werden. Weil diese jedoch rekursiv ist, empfiehlt sich die globale Definition.

Während die ersten drei Unterprogramme deutlichen Hilfscharakter haben, enthalten die folgenden zwei Funktionen den Kern des Programms.

4. Die Funktion *zerlegung* erzeugt aus dem gegebenen Formeltext einen sog. Rechenbaum. Sie enthält die Prozedur *suche_und_teile,* die u. U. die Funktion *zerlegung* rekursiv aufruft. Für die in Fig. 1 gezeigten Rechenausdrücke sind die zugehörigen Bäume in **Fig. 2** gezeigt.

```
          Wertetabelle einer beliebigen rationalen Funktion

          Eingabe der Formel: f(x) = x^(1/2)
          ------------------------------------------------------
          von x =  1.0  bis x = 10.0  Schrittweite =  1.0
          ------------------------------------------------------
                      x =    1.000   y =    1.000
                      x =    2.000   y =    1.414
                      x =    3.000   y =    1.732
                      x =    4.000   y =    2.000
                      x =    5.000   y =    2.236
                      x =    6.000   y =    2.449
                      x =    7.000   y =    2.646
                      x =    8.000   y =    2.828
                      x =    9.000   y =    3.000
                      x =   10.000   y =    3.162

          N=Neuer Lauf    F=andere Formel    W=andere Werte    E=Ende        n


          Eingabe der Formel: f(x) = e^x-.5x^2-x-1
          ------------------------------------------------------
          von x = -1.0  bis x =  1.0  Schrittweite =  0.2
          ------------------------------------------------------
                      x =   -1.000   y =   -0.132
                      x =   -0.800   y =   -0.071
                      x =   -0.600   y =   -0.031
                      x =   -0.400   y =   -0.010
                      x =   -0.200   y =   -0.001
                      x =   -0.000   y =    0.000
                      x =    0.200   y =    0.001
                      x =    0.400   y =    0.012
                      x =    0.600   y =    0.042
                      x =    0.800   y =    0.106
                      x =    1.000   y =    0.218

          N=Neuer Lauf    F=andere Formel    W=andere Werte    E=Ende        e
```

Fig. 1 Zwei Beispielläufe des Programms. Im ersten Lauf werden die Quadratwurzeln der Zahlen 1 ... 1Ø erzeugt, im zweiten wird die Exponentialfunktion e^x mit der rationalen Approximation $\frac{x^2}{2} + x + 1$ verglichen.

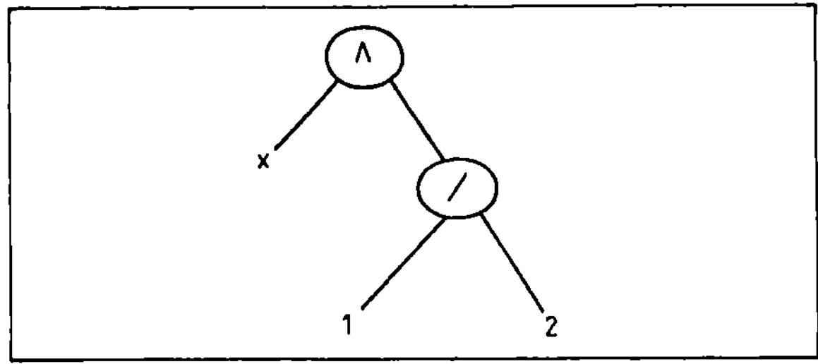

Fig. 2a Rechenbaum für den Term $x^{1/2}$ $(= \sqrt[2]{x})$

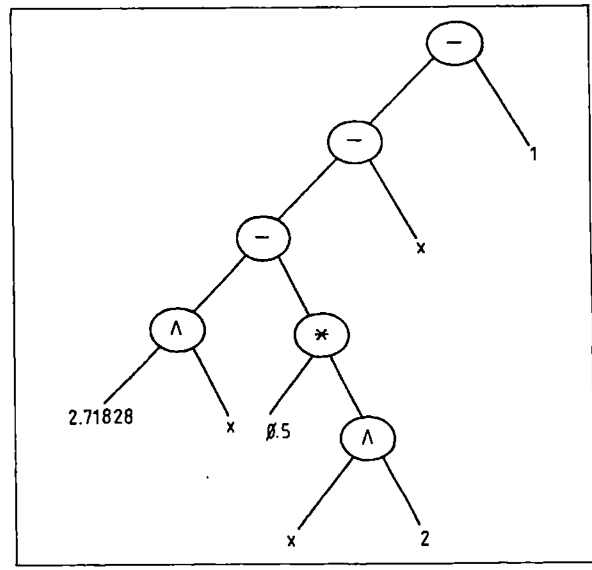

Fig. 2b Rechenbaum für den Term $e^x - \emptyset.5 * x^2 - x - 1$.

Die Rechenbäume sind spezielle binäre Bäume, weil alle hier zugelassenen Operatoren zweistellig sind, d. h. sie verknüpfen immer zwei Zahlen, oder allgemein: Rechenausdrücke. (Das Vorzeichen „−" ist eigentlich ein einstelliger Operator. Es wird durch Einfügen einer $\emptyset$ in einen zweistelligen Operator uminterpretiert, d. h. beispielsweise aus $(-x)^3$ wird $(\emptyset-x)^3$. Das Vorzeichen „+" ist hier nicht gestattet.) Bekanntlich werden algebraische Ausdrücke von links nach rechts unter Beachtung von „Vorfahrtsregeln" (Potenz- vor Punkt- vor Strichrechnung) ausgewertet. Man muß sich klarmachen, daß beim Aufbau von Rechenbäumen in scheinbar paradoxer Umkehrung die Analyse von rechts nach links und in der Reihenfolge Strichrechnung, Punktrechnung, Potenzrechnung abläuft!

5. Die Funktion *auswertung* liefert zu einem gegebenen x-Wert den Wert des Rechenausdrucks. Der Binärbaum wird dabei rekursiv nach dem sog. „Inorder"-Verfahren durchlaufen. Der größte Teil der Funktionsdefinition ist eine Fallunterscheidung für das Potenzieren. Eine wichtige Rolle spielt die String-Prozedur VAL. Sie ist in Standard-Pascal nach DIN 66256 (das keine Strings kennt) natürlich nicht vorhanden, aber auch nicht in UCSD-Pascal. Die Parameterliste von VAL lautet (s: STRING; VAR r: REAL; VAR i: INTEGER). Es wird versucht, den Text s als Zahl zu interpretieren; ist dies erfolgreich, dann erhält r den entsprechenden Wert, und i wird auf $\emptyset$ gesetzt. Anderenfalls ist i positiv. Soll das vorliegende Programm etwa unter dem UCSD-System laufen, so muß die Prozedur VAL zusätzlich definiert werden.

6. Die Funktion *formel_eingabe* liest den Test des Rechenausdrucks ein und ruft die Funktion *zerlegung* auf, die den Rechenbaum erzeugt. Der Funktionswert ist der Zeiger auf den Hauptknoten (den sog. Wurzelknoten) des Rechenbaums.

7. Die Prozedur *intervall_einlesen* ist eine Hilfsroutine zum Einlesen numerischer Werte.

8. Im Hauptprogramm wird in einer Schleife die Wertetabelle erzeugt und danach ein Menü geboten, das eine Wiederholung des Programms mit veränderten Parametern und verändertem Rechenausdruck gestattet. Es ist anzumerken, daß die Überschrift „Wertetabelle einer beliebigen rationalen Funktion" eine Untertreibung ist, weil zusätzlich auch gebrochene Exponenten und damit Wurzelausdrücke (z. B. $x^{\wedge}\emptyset.5 = \sqrt{x}$) und weil Exponentialfunktionen (z. B. $e^{\wedge}x = e^x$) zugelassen sind. Noch nicht vorgesehen sind hier allerdings Funktionen wie log, sin, cos usw. Nach einer Analyse des vorgelegten Programms sollte es aber nicht schwerfallen, solche Erweiterungen bei Bedarf selbst vorzunehmen.

Der zentrale Punkt in diesem Programm ist die Verwendung des Datentyps *Zeiger* zur Erzeugung dynamischer Datenstrukturen. (Hier handelt es sich um binäre Bäume.)

Zeiger gibt es nur in modernen Programmiersprachen, wie Ada, C, Modula und Pascal, aber nicht in BASIC, FORTRAN oder COBOL.

Spezielle Hinweise zum Programm: Abgesehen von der Verwendung der Prozedur VAL wird sparsamer Gebrauch von Eigenarten des Turbo-Dialekts gemacht. Die Prozeduren CLRSCR bzw. CLREOL löschen den Bildschirm bzw. eine Zeile ab Cursorposition, GOTOXY positioniert den Cursor. Der Datentyp BYTE kann ohne Schaden durch INTEGER ersetzt werden. Die Compileroption $A−$ ist bei dem hier verwendeten Betriebssystem CP/M-80 nötig, um Rekursion zu ermöglichen. Die Compileroption $U+$ ermöglicht dem Benutzer den Eingriff in ein laufendes Programm, so daß mit CTRL-C die Ausführung abgebrochen werden kann.

Mögliche Fehlerquellen: Die maximale Länge aller Textvariablen wurde hier auf 20 festgesetzt, was für viele Formeln nicht ausreicht. Insbesondere werden längere Eingaben ohne Warnung abgeschnitten, und das Programm endet dann entweder mit einem Laufzeitfehler, oder − noch schlimmer − es läuft scheinbar störungsfrei, zeigt aber absurde Resultate an. Eine subtile Fehlerquelle liegt in der programminternen Ersetzung des Symbols e (1 Stelle) durch die Zahlenkonstante 2.71828 (7 Stellen) und das automatische Einfügen ausgelassener Multiplikationszeichen. Auch eine Eingabe, die weniger als 20 Stellen umfaßt, kann daher zu lang sein. Beispiel: $e^{\wedge}x−x^{\wedge}3/6−x^{\wedge}2/2−x−1$ benötigt nicht 19, sondern 25 Stellen. Die Formel des zweiten in Fig. 1 gezeigten Beispiellaufs schöpft bereits alle 20 verfügbaren Stellen aus!

Der praktischen Nutzung dieses Programms sollten daher Eingabeprüfungen der Textstrings vorangehen. Dabei ist auch an einfache Syntaxprüfungen zu denken. (Z. B.: Besitzt jede Klammer eine Entsprechung? Treten unerlaubte Symbole auf? Haben alle Operatoren zwei Operanden?)

```pascal
{$A-, U+}
                          PROGRAM rechenbaum;
{

 ┌──────────────────────────────────────────────────────────────────┐
 │                                                                    │
 │  Eingabe: Textstring, der einen gueltigen Rechenausdruck darstellt,│
 │           z.B.        3*x^3 - 5*x^2 + 2.                            │
 │  Ausgabe: Wertetabelle fuer den Rechenausdruck in einem Intervall. │
 │                                                                    │
 │  Bei der Eingabe duerfen auftreten:                                │
 │  die Rechenzeichen  +  -  *  /  ^,  alle Zahlen,  die Variable x,   │
 │  das Symbol e fuer die Eulerzahl,  Klammern () und  Leerzeichen.    │
 │  Gebrochene Exponenten, wie z.B. 0.5, sind erlaubt, so dass auch    │
 │  Wurzelausdruecke moeglich sind. - Wie in der Mathematik ueblich,   │
 │  darf das Multiplikationszeichen meist weggelassen werden.          │
 │  Richtig ist also auch       3x^3 -  5x^2 + 2.                      │
 │                                                                    │
 │  Das Programm analysiert den eingegebenen Text und erzeugt einen    │
 │  Rechenbaum, der fuer verschiedene Werte von x ausgewertet wird.    │
 │                                                                    │
 │  Stichworte zur Programmiertechnik: Zerlegung in Teilaufgaben, d.h. │
 │  Benutzen von Prozeduren und Funktionen mit lokalen Variablen, Auf- │
 │  bau und Auswertung der binaeren Baumstruktur auf rekursive Weise.  │
 │                                                                    │
 │  Programmiersprache: Turbo-Pascal,    Autor: Wolfgang J.Weber, 1985 │
 │                                                                    │
 └──────────────────────────────────────────────────────────────────┘

                                                                      }

CONST n = 20; nplus1 = 21;   { Formel darf bis zu n Stellen lang sein }
TYPE zeiger = ^knoten;
     knoten = RECORD
                 inhalt: STRING[7];
                 lterm,rterm: zeiger
              END;
     stringn= STRING[n];

VAR x,y,xanfang,xende,dx: REAL;
    wahl: CHAR;
    i,j,k: BYTE;
    wurzel: zeiger;
{-------------------------------------------------------------------------}

FUNCTION gegenklammer(formel:stringn; stelle:BYTE): BYTE;
VAR k: 0..n; summe: -n..n;
BEGIN
  k := stelle; summe := -1;
  REPEAT
    k := k-1;
    IF formel[k] = '(' THEN summe := summe+1;
    IF formel[k] = ')' THEN summe := summe-1
  UNTIL (summe=0) OR (k=255);
  IF k=255 THEN gegenklammer := 0              { Formel ist fehlerhaft }
           ELSE gegenklammer := k
END { gegenklammer };
{-------------------------------------------------------------------------}
```

```pascal
PROCEDURE formatiere(VAR formel:stringn);
VAR k: 0..n;
BEGIN
  k := POS(' ',formel);
  WHILE k<>0 DO                        { Loeschen aller Leerstellen }
    BEGIN
      DELETE (formel,k,1);
      k := POS(' ',formel)
    END;
  IF LENGTH(formel)>1 THEN
    BEGIN
      k := 1;
      REPEAT
        k := k+1;
        IF (formel[k] IN ['x','X','(']) AND
                    NOT(formel[k-1] IN ['+','-','*','/','^','('])
          THEN INSERT('*',formel,k)          { Fehlenden * einfuegen }
      UNTIL k=LENGTH(formel);
      k := POS('e^',formel);
      IF k>0 THEN
        REPEAT
          IF k>1 THEN
            IF NOT(formel[k-1] IN ['+','-','*','/','^','(']) THEN
              BEGIN
                INSERT('*',formel,k);         { Fehlenden * einfuegen }
                k := k+1
              END { IF };
          DELETE(formel,k,1);
          INSERT('2.71828',formel,k);   { e als Konstante schreiben }
          k := POS('e^',formel)
        UNTIL k=0
    END { IF }
END { formatiere };
{----------------------------------------------------------------------}

PROCEDURE reduziere(VAR formel:stringn);
VAR k: 1..n;
BEGIN
  k := LENGTH(formel);
  IF formel[k]=')' THEN
    WHILE (gegenklammer(formel,k)=1) AND (formel[k]=')') DO
    BEGIN
      formel := COPY(formel,2,k-2);       { Loesche aeussere Klammern }
      k := LENGTH(formel)
    END { WHILE }
END { reduziere };
{----------------------------------------------------------------------}

FUNCTION zerlegung(ausdruck:stringn): zeiger;
VAR k: 0..nplus1;
    wurzel: zeiger;
    erledigt: BOOLEAN;
```

```pascal
PROCEDURE suche_und_teile(operator:CHAR);
VAR j: 1..nplus1;
BEGIN
  k := LENGTH(ausdruck);
  j := k+1;                                { Suche von rechts nach links! }
  REPEAT
    j := j-1;
    IF ausdruck[j]=')' THEN j := gegenklammer(ausdruck,j);
    IF ausdruck[j] = operator THEN            { Operator gefunden }
      BEGIN
        erledigt := TRUE;
        WITH wurzel^ DO
          BEGIN                                        { Rekursion ! }
            inhalt := ausdruck[j];
            IF (operator='-') AND (j=1) THEN lterm := zerlegung('0')
            ELSE lterm := zerlegung(COPY(ausdruck,1,j-1));
            rterm := zerlegung(COPY(ausdruck,j+1,k-j))
          END { WITH }
      END { IF }
  UNTIL (j=1) OR erledigt
END { suche_und_teile };

BEGIN
  reduziere(ausdruck);
  k := LENGTH(ausdruck);
  IF k>0 THEN
    BEGIN
      erledigt := FALSE;
      NEW(wurzel);
      suche_und_teile('+');
      IF NOT erledigt THEN suche_und_teile('-');
      IF NOT erledigt THEN suche_und_teile('*');
      IF NOT erledigt THEN suche_und_teile('/');
      IF NOT erledigt THEN suche_und_teile('^');
      IF NOT erledigt THEN                 { Ausdruck ohne Rechenzeichen }
        WITH wurzel^ DO
          BEGIN
            inhalt := ausdruck;
            lterm := NIL; rterm := NIL
          END { WITH };
      zerlegung := wurzel
    END { IF }
END { zerlegung };
{----------------------------------------------------------------------------}


FUNCTION auswertung(rechenbaum:zeiger; x:REAL): REAL;
VAR links,rechts,wert,produkt: REAL;
    test: INTEGER; zaehler: BYTE;
BEGIN
  WITH rechenbaum^ DO
    IF (lterm=NIL) AND (rterm=NIL) THEN
      BEGIN                                { 1. Fall: Baum ist trivial }
        VAL(inhalt,wert,test);
        IF test<>0 THEN wert := x;
        auswertung := wert
      END { IF }
```

```pascal
    ELSE                             { 2. Fall: Baum enthaelt noch Zweige }
      BEGIN
        links := auswertung(lterm,x);                       { Rekursion ! }
        rechts := auswertung(rterm,x);                      { Rekursion ! }
        CASE inhalt[1] OF
          '^': IF rechts=TRUNC(rechts) THEN
                 BEGIN                               { Exponent ganzzahlig }
                   IF rechts=0 THEN auswertung := 1
                   ELSE
                     BEGIN
                       produkt := 1;
                       FOR zaehler := 1 TO ABS(TRUNC(rechts)) DO
                                       produkt := produkt*links;
                       IF rechts<0 THEN produkt := 1/produkt;
                       auswertung := produkt
                     END { ELSE }
                 END { IF }
               ELSE IF links=0 THEN auswertung:=0         { Basis Null }
               ELSE IF links<0 THEN
                 BEGIN                                     { Basis negativ }
                   auswertung := 0;
                   WRITE('FEHLER: BASIS KLEINER ALS')
                 END { IF }
               ELSE IF ABS(rechts*LN(links))>85 THEN
                 BEGIN                         { Wert zu gross oder zu klein }
                   auswertung := 0;
                   WRITE('ZAHL UNERLAUBT ')
                 END { IF }
               ELSE                  { gebrochener Exponent (Normalfall) }
                 auswertung := EXP(rechts*LN(links));
          '*': auswertung := links*rechts;
          '/': IF rechts<>0 THEN auswertung := links/rechts
               ELSE
                 BEGIN                                      { Nenner Null }
                   auswertung := 0;
                   WRITE('FEHLER: DIVISION DURCH')
                 END { ELSE };
          '+': auswertung := links+rechts;
          '-': auswertung := links-rechts
        END { CASE }
      END { ELSE }
END { auswertung };
{--------------------------------------------------------------------------}


FUNCTION formel_eingabe: zeiger;
VAR eingabe: stringn; i: BYTE;
BEGIN
  GOTOXY(1,3);
  WRITE('Eingabe der Formel: f(x) = '); CLREOL;
  READLN(eingabe);
  formatiere(eingabe);
  formel_eingabe := zerlegung(eingabe);
  GOTOXY(1,4);
  FOR i := 1 TO 50 DO WRITE('-'); WRITELN
END { formel_eingabe };
{--------------------------------------------------------------------------}
```

```pascal
PROCEDURE intervall_einlesen(VAR xanfang,xende,dx: REAL);
VAR i: BYTE;
BEGIN
  GOTOXY( 1,5); CLREOL;
  WRITE('von x = '); READLN(xanfang);
  GOTOXY(15,5); WRITE('bis x = '); READLN(xende);
  REPEAT
    GOTOXY(30,5); CLREOL;
    WRITE('Schrittweite = '); READLN(dx)
  UNTIL dx>0;
  FOR i := 1 TO 50 DO WRITE('-'); WRITELN
END { intervall_einlesen };
{------------------------------------------------------------------}

BEGIN { Hauptprogramm }
  CLRSCR; GOTOXY(1,1);
  WRITELN('Wertetabelle einer beliebigen rationalen Funktion');
  wahl := 'N';
  REPEAT
    CASE wahl OF
      'N','n': BEGIN GOTOXY( 1,5); CLREOL;
                wurzel := formel_eingabe;
                intervall_einlesen(xanfang,xende,dx)
              END;
      'F','f': wurzel := formel_eingabe;
      'W','w': intervall_einlesen(xanfang,xende,dx)
    END { CASE };
    x := xanfang; i := 8;
    WHILE x<=xende DO
      BEGIN
        i := i+1;
        GOTOXY(10,i); WRITE('x = ',x:8:3,'    y = ');
        y := auswertung(wurzel,x);
        WRITELN(y:8:3);
        x := x+dx;
        IF (i=21) AND (x<xende-dx) THEN
          BEGIN
            i := 8; GOTOXY(5,23);
            WRITE('Druecken Sie die <RETURN>-Taste '); READLN;
            FOR j := 8 TO 23 DO BEGIN GOTOXY(1,j); CLREOL END
          END { IF }
      END { WHILE };
    GOTOXY(1,24);
    WRITE('N=Neuer Lauf   F=andere Formel   W=andere Werte   E=Ende');
    REPEAT READ(KBD,wahl)
    UNTIL wahl IN ['E','F','N','W','e','f','n','w'];
    FOR j := 24 DOWNTO 8 DO BEGIN GOTOXY(1,j); CLREOL END
  UNTIL wahl IN ['E','e'];
  CLRSCR
END.
```

Literatur

[1] *Aaron Tenenbaum, Moshe, J. Augenstein:* Data Structures Using Pascal. Englewood Cliffs, N.J.: Prentice Hall 1981.

[2] *Wolfgang J. Weber, Michael Mrowka:* Grundkenntnisse Pascal, Essen: Girardet 1984.

[3] *Niklaus Wirth:* Algorithmen und Datenstrukturen. Stuttgart: Teubner 1983.

Franz Sonntag

Numerisches Glätten, Interpolieren und Differenzieren (C 64)

Als Ergebnis naturwissenschaftlicher Experimente erhält man zumeist eine Wertetabelle, in welcher neben den vom Experimentator tunlichst äquidistant gewählten Einflußgrößen die mit einer gewissen Streuung behafteten Resultate aufgelistet sind. Da in der Regel der funktionale Zusammenhang zwischen den wählbaren Größen und den Resultaten nicht bekannt ist, müssen zum Zwecke des Interpolierens, Extrapolierens, Differenzierens und Integrierens numerische Methoden angewandt werden. Dies ist aber nur möglich, wenn zuvor eine sorgfältige Glättung des Datenmaterials erfolgt.

1 Grundlegendes

1.1 Funktionen und Funktionale

Eine Beziehung zwischen einer unabhängig Veränderlichen (x) und einer abhängig Veränderlichen (y), welche zumindest in dem Intervall $x_1 \ldots x_m$ stetig und mehrfach differenzierbar ist, ist die Funktion $y = f(x)$. Innerhalb des genannten Intervalls läßt sich jeder gewünschte Einzelwert $y_i = f(x_i)$ genau berechnen.

Dies kann mitunter sehr aufwendig sein, so daß sich eine Tabellierung vorausberechneter Einzelwerte y_i zu einer Reihe von äquidistanten Werten x_i empfiehlt, zwischen denen mit Hilfe eines einfachen numerischen Verfahrens interpoliert werden kann.

Als *Funktional* bezeichnet man eine ausschließlich in Tabellenform vorliegende, also nur punktweise gegebene funktionale Beziehung $y = F(x)$ zwischen einer Reihe von Stützstellen (x_i) und den entsprechenden Stützwerten (y_i) [4]. Zwischenwerte des Arguments x zwischen den Stützstellen können nur mit Hilfe numerischer oder graphischer Verfahren zu den entsprechenden Stützwerten (y_i) hin ausgewertet werden. Das gilt auch für das Extrapolieren, Differenzieren und Integrieren. In dieser Arbeit wollen wir uns mit dem Interpolieren und Differenzieren an Hand einer *Differenzentafel* befassen. Zuvor aber müssen die Daten geglättet werden.

1.2 Glättung von Tabellenwerten

Oft kann die unabhängig Veränderliche (z. B. die Zeit bei zeitabhängigen Vorgängen) durch den Experimentator exakt und in gleichen Abständen, d. h. äquidistant, erfaßt werden. Die experimentellen Antwortwerte hingegen streuen mehr oder weniger stark. Zu deren numerischer Auswahl müssen die Ergebnisse so verändert werden, daß bei graphischer Darstellung die Verbindungslinie zwischen den einzelnen Punkten des Funktionals nicht mehr im „Zick-Zack" (**Fig. 1**) sondern „geglättet" (**Fig. 2**) verläuft. Der in den Antwortwerten enthaltene — oft nicht sichtbare — Trend soll hierbei erkennbar aber nicht verfälscht werden.

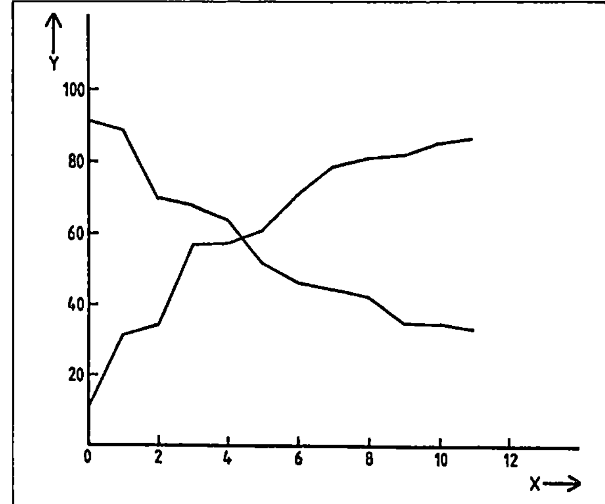

Fig. 1 Darstellung der Originaldaten

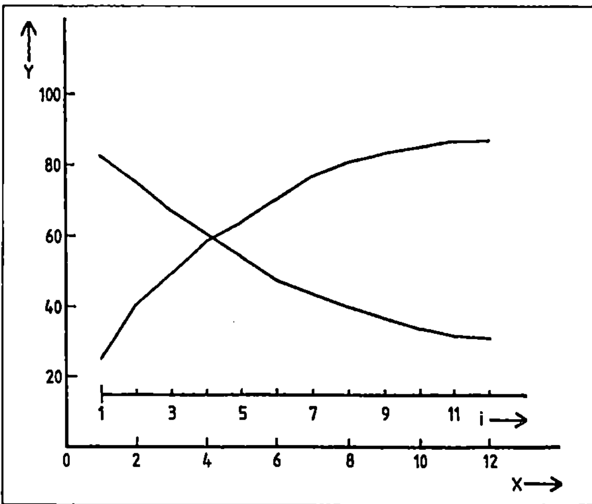

Fig. 2 Daten von Fig. 1 nach einmaliger Glättung (Glättungsgrad N = 2)

Als einfache Glättungsmethode ist in neuerer Zeit die Methode des *"Moving Average"* (zu deutsch etwa: „Methode des wandernden Mittelwertes") [2] angewandt worden. Diese stellt den linearen Spezialfall dessen dar, was unter der Bezeichnung *"Polynomial Smoothing"* [1] vor allem zur Unterdrückung des „Grundrauschens" verwendet wird.

Index i	Argument x_i	F (x) y_i	Ordnung der Differenzen				
			1	2	3	4	5 ... 0
1	x_1	y_1	D_{11}	D_{12}	D_{13}	D_{14}	D_{15}
2	x_2	y_2	D_{21}	D_{22}	D_{23}	D_{24}	
3	x_3	y_3	D_{31}	D_{32}	D_{33}		$D_{m-5,5}$
4	x_4	y_4	D_{41}	D_{42}		$D_{m-4,4}$	
5	x_5	y_5	D_{51}		$D_{m-3,3}$		
				$D_{m-2,2}$			
			$D_{m-1,1}$				
m	x_m	y_m					

Unter der "Moving Average"-Technik versteht man eine von Einzelwert zu Einzelwert fortschreitende arithmetische Mittelwertbildung, welche sich über einige (zwei oder mehr) aufeinanderfolgende Funktionswerte (y_i) erstreckt. Betrachtet man nun die Mittelwerte als neue Funktionswerte und stellt man diese graphisch dar, so ist der Glättungseffekt eindeutig erkennbar (Fig. 2). Der Glättungseffekt ist abhängig vom Glättungsgrad N bzw. von der Zahl (N+1) der in einem Einzelschritt zur Mittelwertbildung herangezogenen Funktionswerte y_i sowie von der Zahl L der Wiederholungen.

Betrachten wir zur Erläuterung ein Beispiel:

Es seien 10 auf äquidistanten Stützstellen (x_i) fußende Funktionswerte (y_i)

$$y_1, y_2, y_3, y_4, y_5, y_6, y_7, y_8, y_9, y_{10} \tag{1}$$

gegeben. Bei Wahl des Glättungsgrades N=2 wird nun über jeweils N+1=3 Funktionswerte gemittelt, und an die Stelle der gegebenen 10 Funktionswerte treten die nachstehenden 8 Mittelwerte:

$$y_{11} = (y_1 + y_2 + y_3)/3$$
$$y_{12} = (y_2 + y_3 + y_4)/3$$
$$y_{13} = (y_3 + y_4 + y_5)/3 \tag{2}$$
$$\cdots$$
$$y_{18} = (y_8 + y_9 + y_{10})/3$$

Wird die Glättungsoperation mit den bereits einmal geglätteten Werten nach dem gleichen Glättungsgrad N=2 wiederholt, so verbleiben die nachstehenden 6 Mittelwerte als neue Funktionswerte:

$$y_{21} = (y_{11} + y_{12} + y_{13})/3$$
$$y_{22} = (y_{12} + y_{13} + y_{14})/3$$
$$y_{23} = (y_{13} + y_{14} + y_{15})/3 \tag{3}$$
$$\cdots$$
$$y_{26} = (y_{16} + y_{17} + y_{18})/3$$

Dem Wiederholen des Glättens sind also Grenzen gesetzt, wenn — wie hier — nur eine geringe Zahl von Funktionswerten (y_i) zur Verfügung steht. Den größten Glättungseffekt erzielt man ohnehin beim ersten Durchlauf. Bei einmaligem Durchlauf wird der Glättungseffekt allein vom Glättungsgrad N bestimmt. Dieser aber kann auch nicht beliebig vergrößert werden, denn ein Glättungsgrad N bedeutet eine um N Einzelwerte kürzere Liste geglätteter Funktionswerte.

1.3 Differenzentafeln

Ein recht brauchbares Hilfsmittel zur Untersuchung von Funktionalen sind erweiterte Wertetabellen, welche zusätzlich die Differenzen aufeinander folgender y_i-Werte und die Differenzen der Differenzen — genannt Differenzen erster, zweiter, dritter ... Ordnung — enthalten. Definiert man die Differenzen in der folgenden Weise

$$D_{i,1} = y_{i+1} - y_i$$
$$D_{i,2} = D_{i+1,1} \quad - D_{i,1} \tag{4}$$
$$D_{i,3} = D_{i+1,2} \quad - D_{i,2}$$
$$D_{i,j} = D_{i+1,j+1} - D_{i,j-1}$$

so hat die Differenzentafel etwa die Form der **Tabelle 1**.

An Hand der Differenzentafeln ist zunächst ein qualitatives Urteil über eine Liste von Meßwerten möglich. Unregelmäßige Schwankungen schon in den Differenzen der ersten und zweiten Ordnung treten auf, wenn die Meßwerte fehlerhaft sind. Sind die Differenzen der zweiten, dritten ... Ordnung konstant und die Differenzen der höheren Ordnungen gleich Null, so genügt ein Polynom des zweiten, dritten ... Grades als Ersatzfunktion um den funktionalen Zusammenhang F(x) hinreichend genau wiederzugeben.

1.4 Interpolation nach Newton-Gregory

Ein speziell zum Zwecke der Interpolation und Extrapolation geeigneter Polynomansatz, in welchen die Differenzen aus der Differenzentafel unmittelbar eingesetzt werden können, ist die Interpolationsformel von *Newton-Gregory*. Diese lautet für sogenannte vorwärts genommene Differenzen, wie wir sie in den Gleichungen zu (4) definiert haben [3]:

$$y = y_k + t \cdot D_{k,1} + \frac{t \cdot (t-1)}{2} \cdot D_{k,2} + \frac{t \cdot (t-1) \cdot (t-2)}{6} \cdot D_{K,3} \cdots \tag{5}$$

mit $t = (x - x_k)/h$ und $h = x_{i+1} - x_i$.

Darin bedeuten x_k und y_k die Koordinaten eines Punktes, von dem aus der zu x gehörende Funktionswert interpolatorisch berechnet werden soll. h ist die Distanz (Schrittweite) zwischen zwei aufeinanderfolgenden Werten des Arguments x. Vorwärtsdifferenzen eignen sich besonders zur Interpolation am Tabellenanfang. Am Tabellenende verwendet man Rückwärtsdifferenzen, welche in der nachstehenden Weise definiert sind:

$$D_{i-1,1} = y_i - y_{i-1}$$
$$D_{i-2,2} = D_{i-1,1} - D_{i-2,1}$$
$$D_{i-j,j} = D_{i-j+1,j-1} - D_{i-j,j-1}$$

Die für Rückwärtsdifferenzen zuständige Version der Newton-Gregory-Formel lautet:

$$y = y_k + t \cdot D_{k-1,1} + \frac{t \cdot (t+1)}{2} \cdot D_{k-2,2} +$$
$$+ \frac{t \cdot (t+1) \cdot (t+2)}{6} \cdot D_{k-3,3} \cdots \tag{6}$$

Die in diese Formel einzusetzenden Differenzen entnimmt man der gleichen Differenzentafel. In die Vorwärtsformel werden die Differenzen der ersten Zeile und in die Rückwärtsformel die Differenzen der unteren Diagonale eingesetzt.

1.5 Differentiation

Wenn eine Differenzentafel vorliegt, ist die Berechnung des Differentialquotienten nicht schwieriger als das Interpolieren. Zunächst sind dazu die Interpolationsformeln von Newton-Gregory nach t abzuleiten und dann durch h zu dividieren. Eingedenk dessen, daß $y = f(t)$ und $t = f(x)$ $(x - x_k)/h$, folgt nach der Kettenregel

$$\frac{dy}{dx} = \frac{dy}{dt}\frac{dt}{dx} \quad \text{und mit} \quad \frac{dt}{dx} = \frac{1}{h} \quad :$$

$$\frac{dy}{dx} = \frac{1}{h}\frac{dy}{dt} \qquad .$$

Die Vorwärtsformel (5) ergibt hiermit:

$$\frac{dy}{dx} = \frac{1}{h}\left[D_{k,1} + \frac{2t-1}{2} \cdot D_{k,2} + \frac{3t^2 - 6t + 2}{6} \cdot D_{k,3} \cdots\right] \tag{8}$$

und die Rückwärtsformel (7) wird zu

$$\frac{dy}{dx} = \frac{1}{h}\left[D_{k-1,1} + \frac{2t+1}{2} \cdot D_{k-2,2} + \frac{3t^2 + 6t + 2}{6} \cdot D_{k-3,3} \cdots\right] \tag{9}$$

Die Formeln benötigen die gleichen Daten (t und $D_{i,j}$) wie die Interpolationsformeln aus denen sie hervorgegangen sind. Man kann sie deshalb zusammen mit den Interpolationsformeln im gleichen Programmteil unterbringen.

2 Programmbeschreibungen

Die Umsetzung der voranstehenden allgemeinen Ausführungen in BASIC-Programme erfolgte für den Commodore C64 nebst Drucker MPS 802. Für den letzteren waren eine Reihe spezieller Steueranweisungen (alle eingeleitet mit PRINT#1 bzw. PRINT#2) notwendig.

Die nachfolgend beschriebenen Programmteile können nach kleinen Änderungen auch separat benutzt werden.

In **Tabelle 2** findet man die Anweisungsliste, die nachstehend noch näher erläutert wird. **Tabelle 3** zeigt die Wirksamkeit aller vorgeschlagenen Verfahren an Hand einer Meßreihe aus der chemischen Reaktionskinetik, die wir aus [5] zum Test entnahmen. In **Fig. 3**, **Fig. 4** und **Fig. 5** findet der Leser Programmablaufpläne, welche zusammen mit der nachstehenden Programmbeschreibung studiert werden sollten.

Tabelle 2

```
10 REM GLAETTUNG, INTERPOLATION
15 REM UND DIFFERENTIATION BEI
20 REM KONSTANTER SCHRITTWEITE
25 REM F.SONNTAG (3/85)
30 REM ---------------------------
35 REM
40 REM +++VEREINBARUNGEN+++
45 REM
50 INPUT "DATEN EINGEGEBEN ? (J/N)";Z$
55 IF Z$<>"J" THEN END
60 INPUT "SCHRITTWEITE H= ";H
65 INPUT "ZAHL DER STUETZPUNKTE ";M
70 OPEN1,4,1: OPEN2,4,2
75 PRINT#2," 999      999.99    999.9999";
80 PRINT#2,"    999.99    999.9999"
85 DIM B(M+10),X(M+10),Y(M+10)
90 DIM D(M+10,6),T(M)
95 REM
100 REM +++EINLESEN DER DATEN+++
105 REM
110 FOR I= 1 TO M
115 ::READ B(I)
120 NEXT I
125 REM
130 REM +++LINEARE GLAETTUNG+++
135 REM
140 INPUT "GLAETTUNGSGRAD N= ";N
145 LET L=0 :PRINT#1," ":PRINT#1," "
150 PRINT#1,"GLEICHGEWICHTIGE ";
155 PRINT#1,"LINEARE GLAETTUNG"
160 PRINT#1," "
165 PRINT#1,"GRAD N=";N: GOTO 180
170 PRINT#1,"GRAD N=";N;
175 PRINT#1,"     WIEDERHOLUNG";L
180 LET L=L+1: LET Q=L+1
185 PRINT#1," INDEX I   X(";L;")      ";
190 PRINT#1,"Y(";L;")        ";
195 PRINT#1,"X(";Q;")       ";
200 PRINT#1,"Y(";Q;")"
205 FOR I=1 TO M
210 ::LET C=0
215 ::FOR J= I TO I+N
220 ::::IF J< M+1 THEN 230
225 ::::LET B(J)=(N+1)*B(M)-N*B(M-1)
230 ::::LET C=C+B(J)
235 :::::IF J<N+1 THEN 245
240 ::::LET E=C/(N+1)
245 ::NEXT J
250 ::LET X(I)=H*(I-1+L*N/2)
255 ::LET Y(I)=E
260 ::PRINT#1,I,(I-1)*H,B(I),X(I),Y(I)
265 NEXT I
270 INPUT "WIEDERHOLUNG ? (J/N)";W$
275 IF W$<>"J" THEN 305
280 PRINT#1," "
285 FOR I= 1 TO M
290 ::LET B(I)=Y(I)
295 NEXT I
300 GOTO 170
```

```
305 INPUT"ANDERER GRAD ? (J/N)";G$
310 IF G$<> "J" THEN 350
315 RESTORE
320 GOTO 110
350 PRINT#1," "
355 REM
360 REM+++DIFFERENZENTAFELN ERSTELLEN+++
365 PRINT#1," "
370 PRINT#1,"DIFFERENZENTAFEL"
375 PRINT#1," ":LET O=5
380 INPUT"HOECHSTE ORDNUNG ";O
385 PRINT#2,"99    S99.999    S99.999    ";
390 PRINT#2,"S99.999    S99.999   ";
395 PRINT#2,"S99.999    S99.999"
400 FOR J=1 TO 1
405 ::FOR I=1 TO M-J
410 ::::LET D(I,J)=Y(I+1)-Y(I)
415 ::NEXT I
420 NEXT J
425 FOR J=2 TO O
430 ::FOR I=1 TO M-J
435 ::::LET D(I,J)=D(I+1,J-1)-D(I,J-1)
440 ::NEXT I
445 NEXT J
450 PRINT#1," I      Y(I)        D(I,1)";
455 PRINT#1,"   D(I,2)     D(I,3)     ";
460 PRINT#1,"D(I,4)    D(I,5)"
465 FOR I=1TO M
470 ::PRINT#1,I,Y(I),
475 ::FOR J=1TO O
480 ::::PRINT#1,D(I,J),
485 ::NEXT J
490 ::PRINT#1,CHR$(141)
495 NEXT I
500 PRINT#2 :CLOSE2
505 REM
510 REM +++INTERPOLATION NACH NEWTON+++
515 REM
520 OPEN2,4,2: LET U=H*(1+L*N/2)
525 INPUT"STARTWERT X=";U
530 PRINT#2,"99    S99.999    S999.999    ";
535 PRINT#2,"S999.999    S999.999   ";
540 PRINT#2,"S999.999    S9.99999"
545 LET K=INT(U/H-L*N/2)
550 IF K<1 THEN 525
555 PRINT#1," ":PRINT#1," "
560 PRINT#1,"INTERPOLATION UND DIFFE";
565 PRINT#1,"RENTIATION (VORWAERTS)"
570 PRINT#1," "
575 PRINT#1,"I       T(I)        X(I)   ";
580 PRINT#1,"       Y(I)         X  ";
585 PRINT#1,"       Y          DY/DX"
590 LET X=U:LET O=3
595 FOR I=K TO M-(O+1)
600 ::LET T(I)=(X-X(I))/H
605 ::LET U0=Y(I)+T(I)*D(I,1)
610 ::LET U1=T(I)*(T(I)-1)/2
615 ::LET U2=T(I)*(T(I)-1)*(T(I)-2)/6
620 ::LET Y1=U0+U1*D(I,2)+U2*D(I,3)
625 ::LET U3=D(I,2)*(2*T(I)-1)/2
630 ::LET U4=(3*T(I)*T(I)-6*T(I)+2)/6
635 ::LET Y3=(D(I,1)+U3+U4*D(I,3))/H
640 ::PRINT#1,I,T(I),X(I),Y(I),X,Y1,Y3,
645 ::PRINT#1,CHR$(141)
650 ::LET X=X+H
655 NEXT I
660 PRINT#1," ":PRINT#1," "
665 PRINT#1,"INTERPOLATION UND DIFFE";
670 PRINT#1,"RENTIATION (RUECKWAERTS)"
675 PRINT#1," "
680 PRINT#1,"I       T(I)        X(I)   ";
685 PRINT#1,"       Y(I)         X  ";
690 PRINT#1,"       Y          DY/DX"
695 LET X=U+O*H
700 FOR I=K+(O+1)TO M
705 ::LET T(I)=(X-X(I))/H
710 ::LET U5=Y(I)+T(I)*D(I-1,1)
715 ::LET U6=T(I)*(T(I)+1)/2
720 ::LET U7=T(I)*(T(I)+1)*(T(I)+2)/6
725 ::LET Y2=U5+U6*D(I-2,2)+U7*D(I-3,3)
730 ::LET U8=D(I-2,2)*(2*T(I)+1)/2
735 ::LET U9=(3*T(I)*T(I)+6*T(I)+2)/6
740 ::LET Y4=(D(I-1,1)+U8+U9*D(I-3,3))/H
745 ::PRINT#1,I,T(I),X(I),Y(I),X,Y2,Y4,
750 ::PRINT#1,CHR$(141)
755 ::LET X=X+H
760 NEXT I
765 PRINT#2:CLOSE1:CLOSE2
800 DATA 51.0,46.4,42.5,39.2,36.4,34.0
805 DATA 31.9,30.0,28.3,26.8,25.5
999 END
READY.
```

Tabelle 2a Gleichgewichtige lineare Glättung

GRAD N= 2				
INDEX I	X(1)	Y(1)	X(2)	Y(2)
1	.00	51.0000	10.00	46.6333
2	10.00	46.4000	20.00	42.7000
3	20.00	42.5000	30.00	39.3666
4	30.00	39.2000	40.00	36.5333
5	40.00	36.4000	50.00	34.1000
6	50.00	34.0000	60.00	31.9666
7	60.00	31.9000	70.00	30.0666
8	70.00	30.0000	80.00	28.3666
9	80.00	28.3000	90.00	26.8666
10	90.00	26.8000	100.00	25.0666
11	100.00	25.5000	110.00	23.7666

Tabelle 3b Differenzentafel

I	Y(I)	D(I,1)	D(I,2)	D(I,3)	D(I,4)	D(I,5)
1	+46.633	− 3.933	+ .600	− .100	+ .000	+ .000
2	+42.700	− 3.333	+ .500	− .100	+ .000	+ .033
3	+39.366	− 2.833	+ .399	− .099	+ .033	− .000
4	+36.533	− 2.433	+ .299	− .066	+ .033	+ .000.
5	+34.100	− 2.133	+ .233	− .033	+ .033	− .533
6	+31.966	− 1.900	+ .199	+ .000	− .500	+ 1.800
7	+30.066	− 1.700	+ .200	− .500	+ 1.300	+ .000
8	+28.366	− 1.500	− .299	+ .799	+ .000	+ .000
9	+26.866	− 1.800	+ .500	+ .000	+ .000	+ .000
10	+25.066	− 1.300	+ .000	+ .000	+ .000	+ .000
11	+23.766	+ .000	+ .000	+ .000	+ .000	+ .000

Tabelle 3c Interpolation und Differentiation (vorwärts)

I	T(I)	X(I)	Y(I)	X	Y	DY/DX
1	+ 1.000	+ 10.000	+ 46.633	+ 20.000	+ 42.700	− .36166
2	+ 1.000	+ 20.000	+ 42.700	+ 30.000	+ 39.366	− .30666
3	+ 1.000	+ 30.000	+ 39.366	+ 40.000	+ 36.533	− .26166
4	+ 1.000	+ 40.000	+ 36.533	+ 50.000	+ 34.100	− .22722
5	+ 1.000	+ 50.000	+ 34.100	+ 60.000	+ 31.966	− .20111
6	+ 1.000	+ 60.000	+ 31.966	+ 70.000	+ 30.066	− .18000
7	+ 1.000	+ 70.000	+ 30.066	+ 80.000	+ 28.366	− .15166

Tabelle 3d Interpolation und Differentiation (rückwärts)

I	T(I)	X(I)	Y(I)	X	Y	DY/DX
5	+ .000	+ 50.000	+ 34.100	+ 50.000	+ 34.100	− .22666
6	+ .000	+ 60.000	+ 31.966	+ 60.000	+ 31.966	− .20166
7	+ .000	+ 70.000	+ 30.066	+ 70.000	+ 30.066	− .18055
8	+ .000	+ 80.000	+ 28.366	+ 80.000	+ 28.366	− .16111
9	+ .000	+ 90.000	+ 26.866	+ 90.000	+ 26.866	− .14000
10	+ .000	+100.000	+ 25.066	+100.000	+ 25.066	− .21166
11	+ .000	+110.000	+ 23.766	+110.000	+ 23.766	− .07833

2.1 Lineare Glättung

Vor dem Start des Gesamtprogramms, der wie üblich mit RUN erfolgt, sind die zu den äquidistanten x_i-Werten gehörigen Funktionswerte y_i in eine der DATA-Zeilen am Programmende (Zeilen 800 ...) einzugeben. Im Vereinbarungsteil (Zeilen 40 ... 95) werden nach dem Abfragen der Schrittweite und der Zahl der Stützpunkte die Druckerkanäle erstmals geöffnet und das Druckformat (Zeilen 75, 80) sowie der Platz für die indizierten Variablen festgelegt. Im Anschluß daran (Zeilen 100 ... 120) werden die Daten in die Liste B(I) eingelesen.

Die lineare Glättung durch gleichgewichtige wandernde Mittelwertbildung erfolgt ab Zeile 130. Der Benutzer wird hier zunächst nach dem Grad der Glättung (N) befragt. Letzterer bestimmt die Zahl (N+1) der jeweils zur Mittelung herangezogenen Daten (Fensterbreite). Darauf folgt der Ausdruck des Tabellenkopfes der Tabelle 2a, in welcher die Rohdaten und die geglätteten Daten zusammengestellt sind.

Die Glättung erfolgt in zwei geschachtelten Schleifen. In der inneren Schleife (Zeilen 215 ... 245) erfolgt bei jedem Durchlauf die Mittelwertbildung. Die äußere Schleife (Zeilen 205 ... 265) bewegt das Datenfenster über insgesamt M Daten. Dies ist möglich, weil der Datensatz nach Bedarf (Zeilen 220, 225) durch lineare Extrapolation am Ende der Werteliste erweitert wird. Der Ausdruck der Daten erfolgt zeilenweise innerhalb der äußeren Schleife. In Zeile 270 wird nach einer Wiederholung der Glättungsprozedur gefragt. Wird die Frage bejaht, werden die geglätteten Werte Y(I) zu neuen B(I)-Werten (Zeilen 285 ... 295) und als solche einer erneuten Glättung (Zeile 300) zugewiesen.

2.2 Differenzentafeln erstellen

Im Anschluß an das Ausdrucken der Überschrift für Tabelle 23 fragt das Programm, bis zu welcher höchsten Ordnung Differenzen gebildet werden sollen. Wird hier (Zeile 380) keine Antwort gegeben, werden vom Programm automatisch

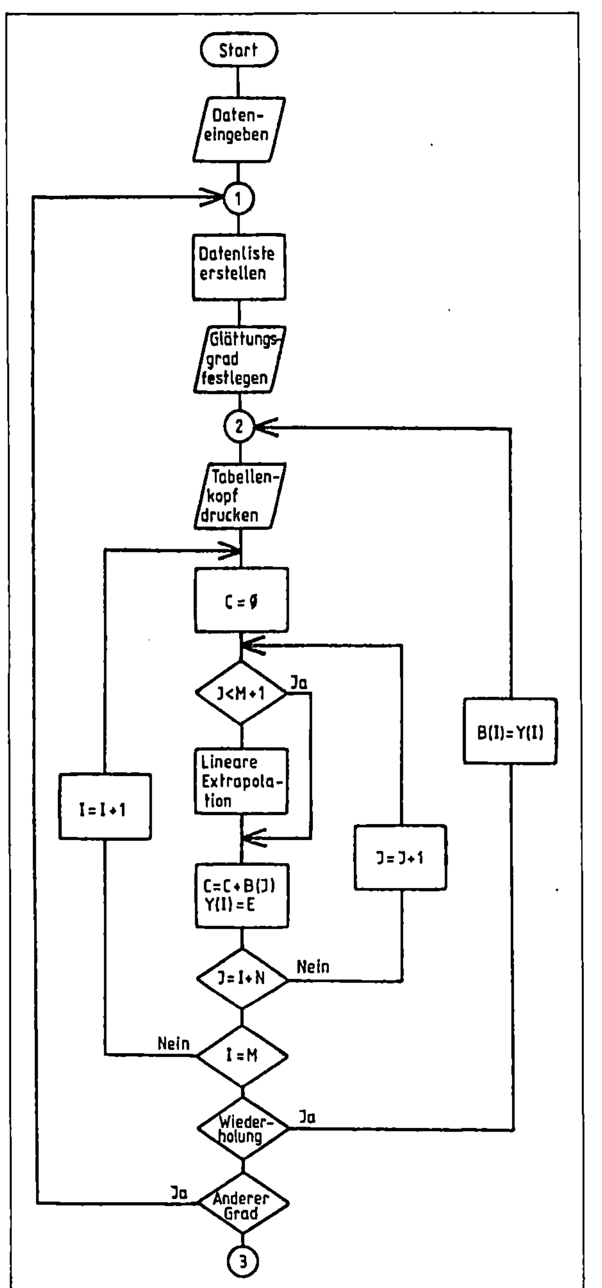

Fig. 3 Programmablaufplan zur Dateneingabe und Glättung

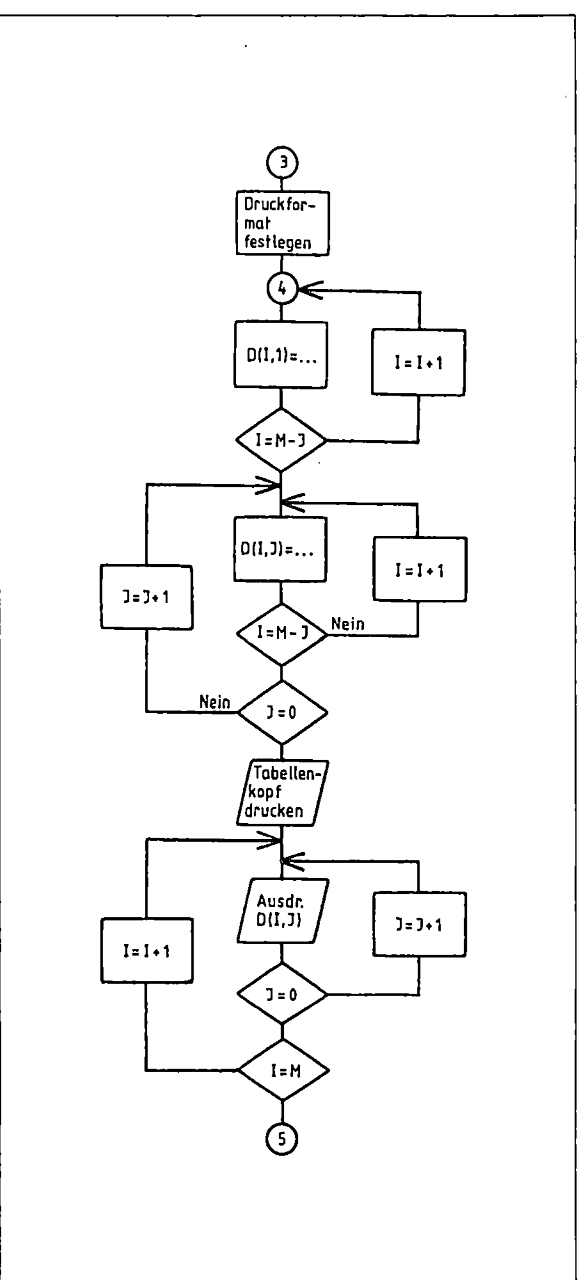

Fig. 4 Programmablaufplan Differenzentafel

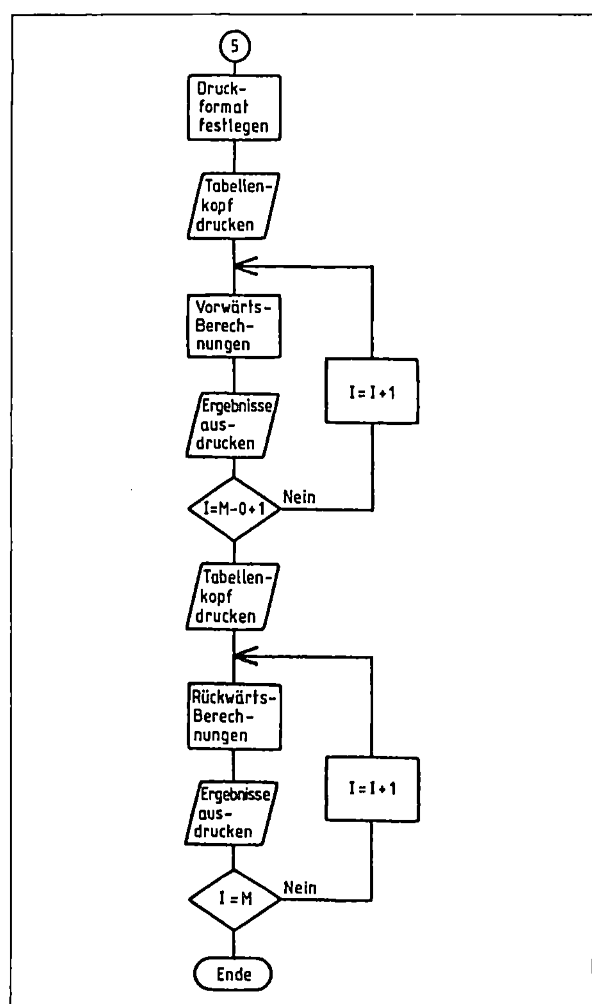

Fig. 5 Programmablaufplan zur Interpolation und Differentiation

die Differenzen bis zur fünften Ordnung als notwendig angesehen. Die Differenzen werden mittels verschachtelter FOR ... TO ... NEXT-Schleifen als Matrixelemente $D(I, J)$ zunächst spaltenweise (Zeilen 400 ... 445) berechnet und dann zeilenweise (Zeilen 465 ... 495) ausgedruckt. Die Zeilen 450 ... 460 erzeugen die Kopfzeile der Tabelle 3b. Die Tabelle enthält in der ersten Spalte den Index I, in der zweiten Spalte die diesem Index zuletzt zugeordneten geglätteten Funktionswerte $X(I)$ und daran anschließend die Differenzen $D(I, J)$ in steigender Ordnung.

2.3 Interpolation und Differentiation

Das Programm wünscht zunächst die Angabe eines Startwertes (Zeile 525) für das Argument X, zu welchem der interpolierte Funktionswert Y sowie der zugehörige Differentialquotient DY/DX zu errechnen sind. Darüber hinaus errechnet das Programm anschließend eine ganze Liste weiterer Funktionswerte nebst zugehörigen Differentialquotienten. Erfolgt die Eingabe eines zu kleinen Startwertes für X, wird die Frage nach dem Startwert wiederholt. Wird die Frage nicht beantwortet, errechnet das Programm (Zeile 520) einen möglichst niedrigen Startwert. Danach folgt die Festlegung des Druckformats (Zeilen 530 ... 540) nebst Druckanweisung für Überschrift und Tabellenkopf und zwar zunächst für die Vorwärtsformeln (Zeilen 560 ... 585).

Innerhalb einer Schleife (Zeilen 595 ... 655) erfolgt dann die zeilenweise Berechnung der interpolierten Funktionswerte Y (Zeile 620), der zugehörigen Differentialquotienten sowie der zeilenweise Ausdruck des Index, des zugehörigen Wertes der Hilfsvariablen $T(I)=(X-X(I))/H$, der geglätteten Tabellenwerte $X(I)$ und $Y(I)$, der Interpolationswerte X und Y sowie des Differentialquotienten DY/DX (Zeile 640). Dies alles geschieht für $M-(O+1)$ Zeilen (Tabelle 3c). Für die Ordnung O wurde in diesem Programmteil der Festwert $O=3$ (Zeile 590) eingesetzt. Dem entspricht der Grad der hier angewandten Newton-Gregory-Polynome. Die benötigten Differenzen entnimmt das Programm der Differenzentafel.

An die Vorwärtstabelle schließt das Programm sogleich die passende Rückwärtstabelle an. Der dazu benötigte Startwert für X wird vom Programm (Zeile 695) berechnet. Die weiteren Berechnungen und der zeilenweise Ausdruck (Zeile 700 ... 760) ergeben schließlich die Tabelle 3d.

Literatur

[1] *C. G. Enke, T. A. Niemann:* Signal-to-Noise Ratio Enhancement by Least-Squares Polynomial Smoothing. Analytical Chemistry 48, No. 8, p. 705A/712A (1976)

[2] *F. Ruckdeschel, J. A. Krinsky:* A Simple Approach to Data Smoothing. Byte Vol. 6, No. 3, p. 262/298 (1981)

[3] *D. Oelschlägel, W. G. Matthäus:* Numerische Methoden. Thun/Frankfurt 1982, S. 26/30

[4] H. Selder: Einf. in die numerische Mathematik für Ingenieure. München 1979, S. 154 ff.

[5] *E. S. Swinbourne:* Analysis of Kinetic Data. London 1971

Karl Hackenberg

Darstellung von Funktionswerten (HP-41)

1 Zweck des Programms

Wie häufig mag es vorkommen, daß Funktionen nach verschiedenen Gesichtspunkten zu untersuchen sind, die hierzu erforderlichen Routinen aber erst aus separat gehaltenen Aufzeichnungen zusammengestellt werden müssen. Hierdurch können verwirrende Doppelbelegungen von Datenspeichern und Tastenzuordnungen entstehen. Ein weiteres Übel betrifft die meist sparsam gehaltenen Rechenanweisungen, deren exakte Anwendung — insbesondere nach längerer Pause — oft erst mühsamer Rückerinnerung bedarf.

Diesen nachteiligen Begleitumständen will die vorliegende Routine mit einer kompakten Anordnung der einzelnen Operationen begegnen. Die darin enthaltenen, mehr oder weniger bekannten elementaren Algorithmen können wahlweise zur Berechnung von Einzel- oder Serienwerten bzw. Aufzeichnungen von Graphen vorgegebener Funktionen abgerufen werden. Das Programm bietet nicht nur eine schnelle Übersicht bei Kurvendiskussionen, sondern erweist sich auch vorteilhaft bei infinitesimalen Übungen, um analytische Lösungen auf Fehlerhaftigkeit zu überprüfen. Die häufigen Fragestellungen — vom Routinier leicht umgehbar — sollen dem Anwender, insbesondere dem Anfänger, zur erfolgreichen Arbeit verhelfen.

2 Programmbeschreibung

Die einzelnen Rechenvorgänge sind den Tasten A bis J und a bis c zugeordnet. Der nach dem Start des Programms ausgedruckten Legende entsprechend, können folgende Operationen ausgeführt werden:

A	$f(x) = F'(x)$	H	$f(x)$
B	$f'(x)$	I	$f'(x)$
C	$f''(x)$	J	$f''(x)$
D	$\int f(x)dx = F(x)$	a	$E(\%)$ für B und C
E	Extrem	b	$E(\%)$ für D
F	Nullstelle	c	Graph
G	Wendepunkt		

Hierbei steht $\int f(x)dx$ für ein bestimmtes Integral mit den Grenzwerten UG und OG, $E(\%)$ für den relativen Fehler ϵ in Prozent. Unter A bis G resultieren Einzel-, unter H bis J, hinsichtlich Bereich und Intervall wählbar, Serienwerte.

Zweckmäßigerweise sollten die am Ende des Programms stehenden Testfunktionen (LBL OA bis OD) für gelegentliche Prüfungen belassen werden. Die Winkelmodi RAD und DEG für trigonometrische Funktionen liegen auf den „geshifteten" Tasten 51 und 52 bereit.

14 CLA	25 102	28 ·A ·	38 AVIEW
15 102	26 XTOA	29 ARCL 00	39 ·B ·
16 XTOA	27 39	30 ·⊢ = ·	40 ·⊢·
17 91	28 XTOA	31 ·⊢·	41 ARCL 01
18 XTOA	29 91	32 ARCL 04	42 ·⊢
19 120	30 XTOA	33 ·⊢ LBL ·	43 ·⊢LBL ·
20 XTOA	31 120	34 ·⊢·	44 ·⊢·
21 93	32 XTOA	35 105	45 105
22 XTOA	33 93	36 XTOA	46 XTOA
23 ASTO 00	34 XTOA	37 ·⊢A·	47 ·⊢B·
24 CLA	35 ASTO 01		48 AVIEW
	36 CLA		

Fig. 1 Teil-Ersatzprogramm   Fig. 2 Teil-Ersatzprogramm

Konfiguration:

HP-41, XF-Modul, Thermodrucker (MAN), SIZE 025, 218 Register.

Option:

CCD-Modul für Kleinschreibung und Sonderzeichen(1), Barcode-Leser.

Das CCD-Modul*) enthält eine Vielzahl neuartiger Funktionen. Da es z. Zt. noch wenig verbreitet ist, wurde auf synthetische Befehle zur Einsparung von Bytes bewußt verzichtet. Somit müssen bei Eingabe des Programms ohne Barcode-Leser Kleinbuchstaben und Sonderzeichen in den Datenregistern 00 bis 05 auf etwas umständliche Art erzeugt werden. Z. B. für f(x) und f'(x) ab Programm-Zeile 13/STO 15 nach **Fig. 1**. Dasselbe gilt auch für die Legende, deren beide ersten Zeilen A und B ab Programm-Zeile 27/PROMPT — wiederum abweichend von der Programmliste — in **Fig. 2** dargestellt sind.

3 Programmdurchführung

Nach Eingabe des Programms und Start durch XEQ DFW sind mit der Anzeige RECHENOPERAT.: die Tasten A bis J in Bereitstellung. R/S bewirkt den Ausdruck der Legende (**Fig. 3**). Die Terme der zu untersuchenden Funktionen können nunmehr in alphanumerischer Folge den Testfunktionen angegliedert werden. Hierbei ist zu beachten, daß für die Argumente — mit Ausnahme des jeweils ersten — RCL 06 zu

---

*) CCD-Modul, W & W GmbH, Postfach 800 133, 5060 Bergisch-Gladbach. Preis: ca. DM 400,— incl. MwSt.

```
                    CAT 1
LBL'DFW
LBL'0A
LBL'0B
LBL'0C
LBL'0D
END          1525 BYTES
.END.          08 BYTES
                 XEQ "DFW"
RECHENOPERAT.:
                     RUN
A f[x] = F'[x]    LBL iA
B f'[x]           LBL iB
C f"[x]           LBL iC
D If[x]dx = F[x]  LBL iD
E EXTREM
  ORDINATE
F NULLSTELLE
G WENDEPUNKT
  ORDINATE
  STEIG. <GRAD>
H ORDIN. f[x]  <KONTIN.>
I   "     f'[x]      "
J   "     f"[x]      "
a E<%> von f'[x], f"[x]
b   "        If[x]dx
c GRAPH


WENN MEHR ALS 1 X-FAKTOR
IN iA-iD VORHANDEN, IST
HIERF. RCL 06 ZU SETZEN.
```

Fig. 3 Katalog, Legende

```
                    XEQ A
NAME ?
0A                   RUN
ARGUM.?
             -.500    RUN
* f[x] = -0,471

                    XEQ B
NAME ?
0A                   RUN
ARGUM.?
            1,500     RUN
* f'[x] = 0,100
FUNKT. f'[x] VORHD.? >a
                    XEQ a
NAME ?
0B                   RUN
ARGUM.?
            1,500     RUN
* E<%> = 1,55E-4

                    XEQ C
NAME ?
0A                   RUN
ARGUM.?
             -.500    RUN
* f"[x] = -0,052
FUNKT.f"[x] VORHD.? >a

                    XEQ D
NAME ?
0A                   RUN
SW, UG, OG, ?
            30,000 ENTER↑
             -.500 ENTER↑
            1,500     RUN
*If[x]dx = -0,096
FUNKT. F[x] VORHD.? >b
                    XEQ b
NAME ?
0D                   RUN
* E<%> = -9,26E-2
```

Fig. 4 Einzel-Ordinate, Integral

```
                    XEQ H
NAME ?
0A                   RUN
SCHLF. KTR. NR?
          -5,00701   RUN
MODULT. FAKT.?
            .500     RUN
x= -2,500  f[x]= -0,960
x= -2,000  f[x]= -1,000
x= -1,500  f[x]= -0,941
x= -1,000  f[x]= -0,750
x= -0,500  f[x]= -0,471
x= 0,000  f[x]= -0,200
x= 0,500  f[x]= 0,000
x= 1,000  f[x]= 0,125
x= 1,500  f[x]= 0,195
x= 2,000  f[x]= 0,231
x= 2,500  f[x]= 0,246
x= 3,000  f[x]= 0,250
x= 3,500  f[x]= 0,247

      PLOT OF 0A
   X <UNITS= 1> ↓
   Y <UNITS= 1> →
     -1,05            0,26
                      0,00
        |---------------|---|
-2,50 x                 ¦
-2,00 x                 ¦
-1,50  x                ¦
-1,00      x            ¦
-0,50         x         ¦
 0,00            x  ¦
 0,50               x
 1,00               ¦  x
 1,50               ¦   x
 2,00               ¦   x
 2,50               ¦   x
 3,00               ¦   x
 3,50               ¦   x
```

Fig. 5 Serien-Ordinate, f (x)

setzen ist (übereinstimmend mit dem gleichen Register im ROM-Programm PRPLOT).

Im allgemeinen ist anzunehmen, daß jeweils nur f(x) unter LBL iA vorliegt. Um aber die folgenden Anwendungen erschöpfend beschreiben zu können, soll die Testfunktion f(x) durch ihre zugehörigen Terme für f'(x), f"(x) und F(x) ergänzt werden:

$$\text{LBL 0A} \quad f(x) = \frac{2x-1}{x^2+2x+5} = \frac{1}{z}(2x-1)$$

$$\text{LBL 0B} \quad f'(x) = \frac{2}{z^2}(x-x^2+6)$$

$$\text{LBL 0C} \quad f''(x) = \frac{2}{z^3}[(1-2x)-4(7x-x^3+6)]$$

$$\text{LBL 0D} \quad F(x) = \ln z - \frac{3}{2}\,\text{arc tg}\,\frac{x+1}{2} + c$$

Zu A bis C (Fig. 4)

Fehlerbedingungen, z. B. Division duruch 0 u. a., verursachen bei Einzelfunktionswerten eine Unterbrechung der Programmdurchführung. Nach Ausgabe des Ergebnisses ist eine Wiederholung des Rechenvorganges durch Betätigung von R/S vorgesehen. Hierdurch entfällt die nochmalige Eingabe des Funktionsnamens.

```
                     XEQ E
HAME ?
0A                   RUN
SCHAETZBER.?
            -2,500 ENTER↑
            -1,500   RUN
* X-EXTR. = -2,00000
* Y-EXTR. = -1,000
REPET.? >R/S
                     RUN
SCHAETZBER.?
             2,000 ENTER↑
             4,000   RUN
* X-EXTR. = 3,00000
* Y-EXTR. = 0,250
REPET.? >R/S


                     XEQ F
NAME ?
0A                   RUN
SCHAETZWERT?
             1,000   RUN
* NULLSTELLE = 0,50000
REPET.? >R/S


                     XEQ G
NAME ?
0A                   RUN
SCHAETZBER.?
            -1,000 ENTER↑
             0,000   RUN
* WENDEPUNKT
   x = -0,56500
   y = -0,508
   ∠ = 30,242
```

Fig. 6 Signifikante Abszissen-Werte

```
                     XEQ I
NAME ?
0A                   RUN
SCHLF. KTR. NR?
            -5,00701   RUN
MODULT. FAKT.?
               .500    RUN
x= -2,500  f'[x]= -0,141
x= -2,000  f'[x]= 0,000
x= -1,500  f'[x]= 0,249
x= -1,000  f'[x]= 0,500
x= -0,500  f'[x]= 0,581
x= 0,000   f'[x]= 0,480
x= 0,500   f'[x]= 0,320
x= 1,000   f'[x]= 0,188
x= 1,500   f'[x]= 0,100
x= 2,000   f'[x]= 0,047
x= 2,500   f'[x]= 0,017
= 3,000    f'[x]= 3,333E-7
x= 3,500   f'[x]= -0,009


        PLOT OF 0B
     X <UNITS= 1> ↓
     Y <UNITS= E-1> →
       -1,50          6,00
            0,00
         |---|------------|
 -2,50 ∗   |
 -2,00    ∗
 -1,50    |      ∗
 -1,00    |          ∗
 -0,50    |             ∗
  0,00    |           ∗
  0,50    |         ∗
  1,00    |  ∗
  1,50    | ∗
  2,00    |∗
  2,50      ∗
  3,00    ∗
  3,50    ∗
```

Fig. 7 Serien-Ordinaten, f (x)

```
                     XEQ J
NAME ?
0A                   RUN
SCHLF. KTR. NR?
            -5,00701   RUN
MODULT. FAKT.?
               .500    RUN
x= -2,500  f"[x]= 0,172
x= -2,000  f"[x]= 0,400
x= -1,500  f"[x]= 0,560
x= -1,000  f"[x]= 0,375
x= -0,500  f"[x]= -0,052
x= 0,000   f"[x]= 0,000
x= 0,500   f"[x]= -0,307
x= 1,000   f"[x]= -0,219
x= 1,500   f"[x]= -0,136
x= 2,000   f"[x]= -0,079
x= 2,500   f"[x]= -0,045
x= 3,000   f"[x]= -0,025
x= 3,500   f"[x]= -0,013


        PLOT OF 0C
     X <UNITS= 1> ↓
     Y <UNITS= E-1> →
       -3,50          5,70
            0,00
         |------|-----------|
 -2,50       |    ∗
 -2,00       |      ∗
 -1,50       |         ∗
 -1,00       |      ∗
 -0,50     ∗|
  0,00   ∗   |
  0,50   ∗   |
  1,00    ∗  |
  1,50     ∗ |
  2,00      ∗|
  2,50      ∗|
  3,00      ∗
  3,50      ∗
```

Fig. 8 Serien-Ordinaten, f (x)

Zu D (Fig. 4)

Zur Integrierung verlangt der Rechner außer den Grenzwerten UG und OG die Schrittweite SW. Für mittlere Verhältnisse bezüglich Integrationsintervall, Rechendauer und Fehler (< 0,1 %) dürfte SW = 15 bis 30 ausreichen (Rechendauer des Testintegrals ca. 45 s). Sind die Terme von $\int$ f(x)dx in LBL iD gespeichert, so ergibt XEQ b den prozentualen Unterschied zwischen analtyischer und numerischer Lösung.

Zu E bis H (Fig. 5 u. 6)

Zur numerischen Bestimmung eines Extremwertes, Wendepunktes oder einer Nullstelle verlangt der Rechner einen Schätzbereich oder Schätzwert. Es empfiehlt sich daher, für den gewünschten Abszissenbereich vorab durch H eine konti-nuierliche Folge von Funktionswerten aufzustellen. Mit den daraus resultierenden Maxi- bzw. Minimalordinaten ist der Abschnitt durch c zu plotten. Der nunmehr vorhandene Graph erleichtert die Bestimmung von Schätz-Bereich oder -Wert. Nach Beendigung des PLOT-Vorgangs initialisiert der Rechner erneut das Hauptprogramm und ist mit der Anzeige RECHENOPERAT.: für weitere Ausführungen bereit.

Wird anfänglich oder während des Rechenvorgangs (letztlich nach STOP durch R/S) SF 00 gesetzt, so können bei E und F die sich ständig ändernden Abszissenwerte, bei G die gegen Null konvergierenden Ordinaten der zweiten Ableitung laufend oder zwischenzeitlich beobachtet werden. Eine Wiederholung der Rechenvorgänge für Extremwerte und Nullstellen mit ggf. eingeengten Argumenten ist, wie unter A bis C, durch Betätigung von R/S möglich.

Vollständiges Flußdiagramm

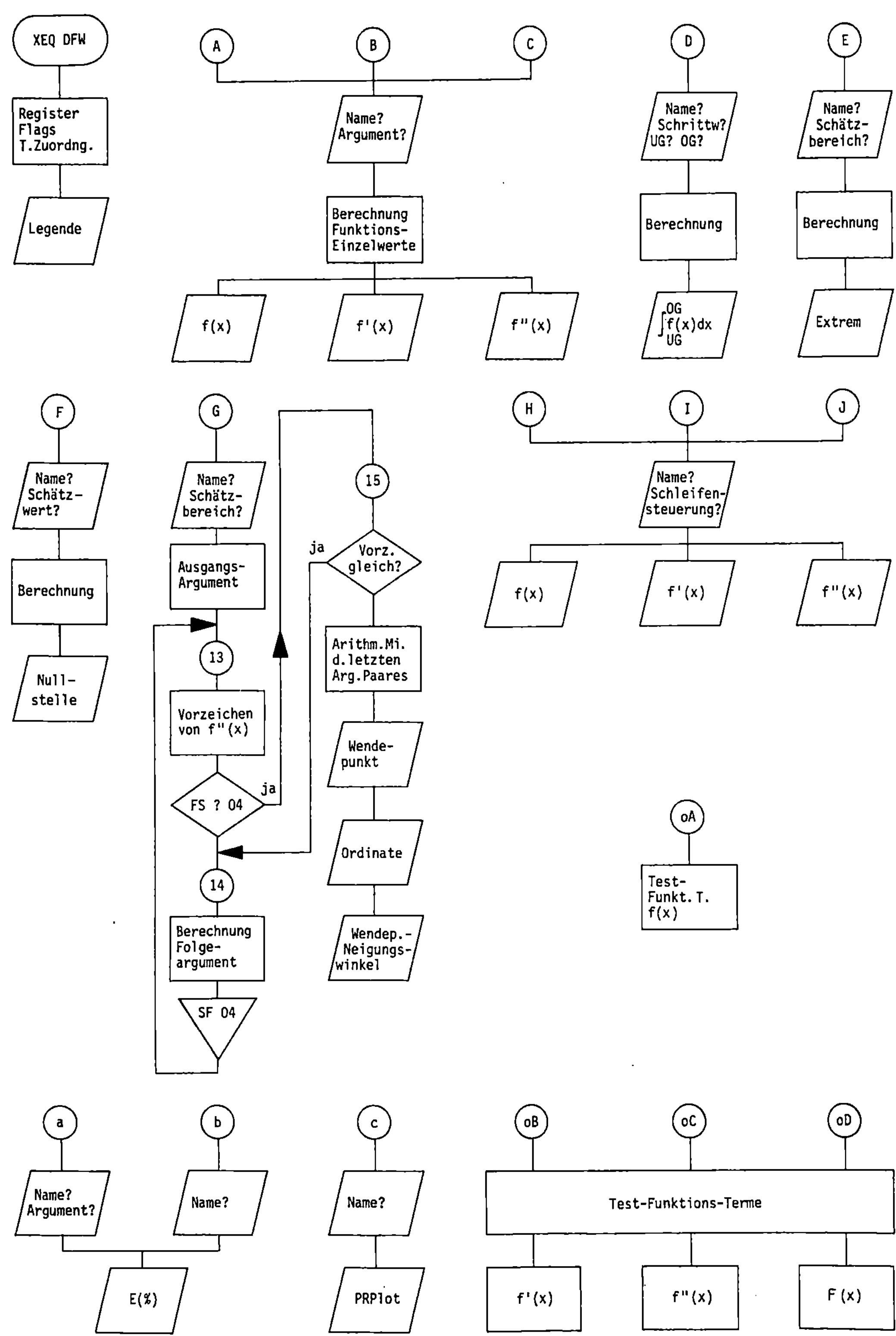

Tabelle 1 Schema signifikanter Abszissen
N = Nullstelle E = Extrem W = Wendepunkt

Test-Name	OD	OA	OB	OC
Funktion \ Abszisse	F (x)	f (x)	f′ (x)	f″ (x)
0,500	E	N		
− 2,000 \ 3,000	W	E	N	
− 0,565		W	E	N
(− 1,473) \ (0,237)			W	E
(− 0,740) \ (0,811)				W

Der Graph f(x) läßt im Bereich − 2,5x bis 3,5x zwei Extrema, eine Nullstelle und einen Wendepunkt erkennen, deren Werte mit meist ausreichender Genauigkeit durch E, F und G ermittelt werden können. An dieser Stelle sei an den Zusammenhang zwischen unbestimmtem Integral und der ersten Ableitung stetiger Funktionen erinnert, wie in horizontaler Folge der **Tabelle 1** unter OD, OA und OB dargestellt.

Da allgemein in f(x) ein Extrem durch f′(x) = 0, ein Wendepunkt durch f″(x) = 0 gegeben ist, gelten die für f(x) numerisch erhaltenen Werte signifikanter Punkte sinngemäß auch für die unbekannten Stamm- und Ableitungsfunktionen. Somit entspricht z. B. die Abszisse − 0,565 nicht nur dem Wendepunkt in f(x), sondern auch einem Extrem in f′(x) und einer Nullstelle in f″(x).

Die Schätzungen erfordern einige Übung, insbesondere die von Wendepunkten. Für Extrema ist die vom gewählten Schätzbereich der zur negativen Seite gelegene Wert zuerst einzusetzen (z. B. −3↑−1 oder 2↑4). Für Wendepunkte dagegen ist die Reihenfolge der Eingabe bedeutungslos, da aus beiden Werten das arithmetische Mittel gebildet wird. Anschließend vermindert sich der resultierende Abszissenpunkt um 15 %. Von hier aus wird das Argument in Intervallen von 0,5 % in positiver Richtung wiederum erhöht und jeweils f″(x) errechnet. Das Kriterium für den Wendepunkt liefert letztlich das arithmetische Mittel jener beiden Abszissen, deren aufeinanderfolgende Ordinaten entgegengesetzte Vorzeichen aufweisen. Wenn die Neigung der Wendepunkttangente negativ ausfällt, wird durch Addition von 360° der positive Winkel angegeben. Ist f″(x) unter LBL iC vorhanden, kann der erhaltene Wendepunkt als Schätzwert zur Berechnung der Nullstelle in F eingesetzt werden, was einen genaueren Wert (im Testfall − 0,56430) ergibt.

Zu I und J (Fig. 7 u. 8)

Für die automatische Folge von Funktionswerten, wie auch unter H, wird außer der Schleifenkontrollnummer noch ein Modulationsfaktor gefordert. Erst das Produkt beider Zahlen ergibt die gewünschte Stufung der Abszissenwerte. Auch bei Einteilung der Abszisse in k-fache von Pi, e u. a., erweist sich der Faktor vorteilhaft. Würde im Testbeispiel der Faktor 0,5 durch Pi/12 ersetzt, so resultierte für x die Folge −6Pi/12, −5Pi/12 usw.

Um bei Fehlerbedingungen, z. B. In 0 u. a., die kontinuierliche Folge nicht zu unterbrechen, sind in den zugehörigen Routinen 4 Fehlerignorierflags SF 25 enthalten. Daher kommt man nicht umhin, bei einem 0-Argument eine resultierende 0-Ordinate auf ihre Echtheit zu überprüfen. Im Testbeispiel tritt dieser Fall bei Folgen der zweiten Ableitung unter J auf. Einen Näherungswert erhält man durch das arithmetische Mittel benachbarter Ordinaten, z. B. für x = ± 0,05 : f″ (x) = −0,303. Der wahre Wert der Ordinate läßt sich nur bei Kenntnis der betreffenden Funktion oder ggf. durch Grenzwertbestimmung ermitteln. Demzufolge ergäbe beispielsweise die Funktion tan x/x (in H für x = 0 auch y = 0) den Grenzwert $\lim_{x \to 0} f(x) = \lim_{x \to 0} g'(x)/h'(x) = \lim_{x \to 0} 1/\cos^2 x = 1$.

Die in der Tabelle 1 enthaltenen 4 Abszissenpunkte (ohne Klammern) sind den Funktionen F(x), f′(x) und f″(x) − dem Schema entsprechend − nur dann zugehörig, wenn sie in f(x) vorkommen. Ungewiß dagegen ist das Vorhandensein von Wendepunkten in f′(x) oder von Extrema und Wendepunkten in f″(x). Da aber im Testbeispiel die fraglichen Funktionsterme vorliegen, sei übungshalber die Tabelle durch die in Klammern gesetzten Argumente für noch vorhandene Extrema und Wendepunkte der Ableitungsfunktionen ergänzt.

4 Anweisungsliste

```
                    PRP "DFW"

 01◆LBL "DFW"
CF 28  CF 29  "RAD"  -51
PASN  "DEG"  -61  PASN
6  STO 13  7  STO 15
"f[x]"  ASTO 00  "f'[x]"
ASTO 01  "f"[x]"
ASTO 02  "F[x]"  ASTO 03
"F'[x]"  ASTO 04
"f[x]dx"  ASTO 05
"RECHENOPERAT.:"  PROMPT
"A f[x] = F'["
"⊢x]    LBL iA"  AVIEW
"B f'[x]        "
"⊢     LBL iB"  AVIEW
"C f"[x]        "
"⊢     LBL iC"  AVIEW
"D If[x]dx = "
"⊢F[x]  LBL iD"  AVIEW
"E EXTREM"  AVIEW
"  ORDINATE"  AVIEW
"F NULLSTELLE"  AVIEW
"G WENDEPUNKT"  AVIEW
"  ORDINATE"  AVIEW
"  STEIG. <GRAD>"  AVIEW
"H ORDIN. f[x"
"⊢] <KONTIN.>"  AVIEW
"I  "  f'["
"⊢x]     ""  AVIEW
"J  "   f"["
"⊢x]     ""  AVIEW
"a E<%> von f"
"⊢'[x], f"[x]"  AVIEW
"b  "      I"
"⊢f[x]dx"  AVIEW
"c GRAPH"  AVIEW  ADV
"WENN MEHR AL"
"⊢S 1 X-FAKTOR"  AVIEW
"IN iA-iD VOR"
"⊢HANDEN, IST"  AVIEW
"HIERF. RCL 0"
"⊢6 ZU SETZEN."  AVIEW
RTN

 80◆LBL A
XEQ 03  XEQ IND 16
FS?C 00  RTN  "◆ "
ARCL 00  XEQ IND 13  RTN

 89◆LBL B
XEQ 03

 91◆LBL 00
1 E-2  %  X=0?  LASTX
STO 23  2  /  -  STO 10
STO 06  XEQ IND 16
STO 12  RCL 10  RCL 23
```

```
+ STO 06  XEQ IND 16
STO 11  RCL 12  -
RCL 23  /  STO 14
FS? 02  RTN  "* "
ARCL 01  XEQ IND 13  CLA
"FUNKT. "  ARCL 01
"⊦ VORHD.? )a"  AVIEW
RTN

126♦LBL C
XEQ 03

128♦LBL 01
1 %  STO 20  RCL 06
XEQ IND 16  30 *  CHS
STO 19  XEQ 02  16 *
ST+ 19  XEQ 02  ST- 19
RCL 20  4 *  ST- 06
RCL 06  SF 25
XEQ IND 16  ST- 19
XEQ 02  16 *  RCL 19 +
RCL 20  X↑2  12 *
SF 25  /  STO 14  FS? 03
RTN  "* "  ARCL 02
XEQ IND 13  "FUNKT."
ARCL 02  "⊦ VORHD.? )a"
AVIEW  RTN

174♦LBL 02
RCL 20  ST+ 06  RCL 06
SF 25  XEQ IND 16  RTN

181♦LBL 03
XEQ IND 15  "ARGUM.?"
PROMPT  STO 06  RTN

187♦LBL a
SF 00  XEQ A

190♦LBL 04
RCL 14  %CH  SCI 2
"* E(%)"  XEQ IND 13
RTN

197♦LBL D
XEQ IND 15
"SW, UG, OG, ?"  PROMPT
STO 09  X<>Y  STO 06
STO 08  -  X<>Y  STO 11
/  STO 23  2 /  ST+ 06
,  STO 10  RCL 11
RCL 07  X<>Y  STO 07
X<>Y

220♦LBL 05
RCL 07  X<>Y  STO 07
X<>Y  STO 11  RCL 06
XEQ IND 16  RCL 23
ST+ 06  *  ST+ 10
RCL 11  RCL 07  X<>Y
STO 07  X<>Y  DSE 07
GTO 05  STO 07  RCL 10


STO 14  BEEP  "*I"
ARCL 05  XEQ IND 13
"FUNKT. "  ARCL 03
"⊦ VORHD.? )b"  AVIEW
RTN

251♦LBL b
XEQ IND 15  RCL 08
STO 06  XEQ IND 16
STO 11  RCL 09  STO 06
XEQ IND 16  RCL 11  -
GTO 04

263♦LBL 06
"⊦ = "  ARCL X  AVIEW
FIX 3  CF 00  RTN

270♦LBL 07
AON  "NAME ?"  PROMPT
ASTO 16  AOFF  FIX 3
RTN

278♦LBL E
FC?C 05  XEQ IND 15
"SCHAETZBER.?"  PROMPT
X<>Y  STO 23  -  ABS
1 E2  /  ABS  STO 08
RCL 23  STO 06
XEQ IND 16  STO 09
RCL 08  ST+ 23  RCL 23
STO 06  XEQ IND 16
STO 24  RCL 09  X<>Y
X>Y?  GTO 09  SF 01
X<>Y  X>Y?  GTO 09

309♦LBL 08
CF 01  RCL 23  RCL 08  -
STO 06  FIX 5  BEEP
"* X-EXTR."  XEQ IND 13
XEQ IND 16  "* Y-EXTR."
XEQ 12  GTO E

323♦LBL 09
RCL 24  STO 09  RCL 08
ST+ 23  RCL 23  FS? 00
PSE  STO 06  XEQ IND 16
STO 24  RCL 09  RCL 24
FS? 01  X<>Y  X>Y?
GTO 09  GTO 08

341♦LBL F
FC?C 05  XEQ IND 15
"SCHAETZWERT?"  PROMPT
SF 02  XEQ 00  RCL 11
GTO 11

350♦LBL 10
RCL 06  XEQ IND 16
STO 11


354♦LBL 11
RCL 10  RCL 06  FS? 00
PSE  STO 10  -  RCL 12
RCL 11  STO 12  -  /  *
ST- 06  RCL 06  /  FIX 7
RND  X≠0?  GTO 10
RCL 06  FIX 5  CF 02
BEEP  "* NULLSTELLE"
XEQ 12  GTO F

381♦LBL 12
XEQ IND 13
"REPET.? )R/S"  PROMPT
SF 05  RTN

387♦LBL G
SF 03  CF 04  XEQ IND 15
"SCHAETZBER.?"  PROMPT
+ 2 /  X=0?  GTO G
ENTER↑  SIGN  15 *  %
-

404♦LBL 13
STO 06  STO 17  XEQ 01
FS? 00  PSE  SIGN
FS? 04  GTO 15  STO 18

414♦LBL 14
RCL 17  STO 21  ,5 %
ENTER↑  SIGN *  +
SF 04  GTO 13

425♦LBL 15
X<> 18  RCL 18  X=Y?
GTO 14  FIX 5  BEEP
"* WENDEPUNKT"  AVIEW
RCL 21  RCL 17 + 2 /
STO 06  " x"
XEQ IND 13  XEQ IND 16
" y"  XEQ IND 13  SF 02
RCL 06  XEQ 00  ATAN
X<0?  XEQ 16  " ∡"
XEQ IND 13  ,  X<>F  CLX
RTN

457♦LBL 16
360 +  RTN

461♦LBL H
XEQ IND 15
"SCHLF. KTR. NR?"
PROMPT  STO 21
"MODULT. FAKT.?"  PROMPT
STO 22


469♦LBL 17
SF 25  RCL 21  INT
RCL 22 *  STO 06
STO 18  "x= "  ARCL X
FS? 02  GTO 18  FS? 03
GTO 19  XEQ IND 16
"⊦ "  ARCL 00  GTO 20

487♦LBL I
SF 02  GTO H

490♦LBL 18
XEQ 00  "⊦ "  ARCL 01
GTO 20

495♦LBL J
SF 03  GTO H

498♦LBL 19
XEQ 01  "⊦ "  ARCL 02

502♦LBL 20
"⊦= "  ARCL X  AVIEW
ISG 21  GTO 17  CF 02
CF 03  RTN

511♦LBL c
,  STO 03  XROM "PRPLOT"
XEQ "DFW"  RTN

517♦LBL "0A"
2 *  1  -  XEQ 21  /
RTN

525♦LBL "0B"
RCL 06  X↑2  -  6 + 2
*  XEQ 21  X↑2  /  RTN

537♦LBL "0C"
2 *  CHS  1 + 2 *
XEQ 21 *  RCL 06  7 *
RCL 06  3  Y↑X  -  6 +
8 *  -  XEQ 21  3  Y↑X
/  RTN

564♦LBL "0D"
RAD  XEQ 21  LN  RCL 06
1 + 2 /  ATAN  1,5 *
-  DEG  RTN

579♦LBL 21
RCL 06  X↑2  RCL 06  2
* + 5 + RTN  END
```

Peter F. Orlowski

Regelkreis-Optimierung mit dem Taschenrechner HP-41 CV/CX im Bode-Diagramm

Einleitung

In diesem Beitrag wird ein Taschenrechnerprogramm vorgestellt, mit dem sich eine Vielzahl technischer Regelkreise optimieren läßt. Als Grundlage dient das vereinfachte Stabilitätskriterium nach *Nyquist* und seine Darstellung im Bode-Diagramm. Vergleichbare Literatur ist in [2] angegeben.

Stabilitätsbegriff

Ist von einer Regelung das Übertragungsverhalten von Regler und Strecke bekannt, läßt sie sich auf Stabilität untersuchen bzw. optimieren [1]. Besonders anschaulich ist dabei die Darstellung des Übertragungsverhaltens im Bode-Diagramm. Dort werden der Frequenzgangbetrag $|F_0|$ des offenen Regelkreises und sein Phasenwinkel φ_0 im logarithmischen Maßstab aufgezeichnet. Dabei wird $|F_0|$ als logarithmische Summe des Reglerfrequenzgangs $|F_R|$ und Streckenfrequenzgangs $|F_S|$ aufgetragen, also

$$\frac{|F_0|}{dB} = 20\lg|F_R| + 20\lg|F_S|$$

und

$$\varphi_0 = \varphi_R + \varphi_S.$$

Ein so definierter Regelkreis ist stabil, wenn der Frequenzgangbetrag $|F_0|$ bei der Frequenz ω_D (dort ist $|F_0| = 1$) einen Phasenwinkel $\varphi_0 > -180°$ aufweist. Dieses Stabilitätskriterium nach Nyquist liegt auch dem folgenden Taschenrechnerprogramm zugrunde.

Programmbeschreibung

Entsprechend dem vereinfachten Stabilitätskriterium nach Nyquist wird im Programm folgender Formelsatz angewendet:

$$|F_0| \overset{!}{=} 1 \qquad \longrightarrow \qquad \text{Durchtrittsfrequenz } \omega_D$$

$$\alpha_R = 180° + \varphi_0(\omega_D) \overset{!}{>} 0 \qquad \longrightarrow \qquad \text{Phasenreserve } \alpha_R$$

$$0 \overset{!}{=} 180° + \varphi_0(\omega_z) \qquad \longrightarrow \qquad \omega_z$$

$$A_R = 10^{-\frac{|F_0|(\omega_z)}{20 \cdot dB}} \qquad \longrightarrow \qquad \text{Amplitudenreserve } A_R$$

Mit dem in **Fig. 1** abgedruckten Programm lassen sich, je nach Wahl der Parameter, folgende Regler realisieren:

P-Regler	$T_N = 10^{50}$ s,	$T_V = 0$
PI-Regler	$T_N = T_{N_0}$	$T_V = 0$
PD-Regler	$T_N = 10^{50}$ s,	$T_V = T_V$
PID-Regler	$T_N = T_N$,	$T_V = T_V$

Als Regelstrecke lassen sich aus einer Liste von acht typischen Strecken jeweils zwei auswählen. Dazu erscheint mit dem Start des Programms ein Vorspann auf dem Drucker, der die Kennbuchstaben und ihre zugehörige Regelstrecke angibt. Auf diese Weise lassen sich mehr als 80 verschiedene Regelkreise zusammenstellen und optimieren.

Der in **Fig. 2** dargestellte Rechnerstatus zeigt die Anzahl der notwendigen Programm- und Datenspeicher sowie die verwendeten Unterprogramme. Es ist darauf zu achten, daß der Rechner wegen der Länge des gesamten Programms auf SIZE 072 gestellt werden muß. Zum besseren Verständnis des Programms ist in **Fig. 3** ein Flußdiagramm abgebildet, das den Programmablauf verdeutlichen soll.

Mit dem Eintippen des Programmnamens "BODE-SY" erscheint zunächst der Textvorspann zur Auswahl der Regelstrecken. Dann erfolgt die Eingabe der Reglerparameter (Reglerverstärkung V_R, Nachstellzeit T_N und Vorhaltzeit T_V). Anschließend fragt der Rechner nach dem Kennbuchstaben der ersten Regelstrecke. Nach Eintippen des Buchstabens drückt man "RUN", und es kommt die Abfrage der zugehörigen Streckenparameter. Wenn weitere Strecken gewünscht sind, ist nun "1" einzugeben (sonst "0"). Danach ist wieder der Streckenname gefragt. Mit Eintippen des gewählten Kennbuchstabens werden die Parameter abgefragt. Damit ist die Regelung definiert, und der Rechner fragt nun nach dem ersten Frequenzwert ω (bzw. w). Mit diesem Wert werden der Frequenzbetrag $|F_0|/dB$ und sein Phasenwinkel φ_0/Grad berechnet und ausgedruckt. Es können nun beliebige Werte von $\omega \approx 0$ bis 10^6 Hz eingegeben werden. Dabei ist es sinnvoll, für die später erforderliche Eingabe von Frequenzwerten des Nullstellen-Unterprogramms solche ω-Werte zu wählen, bei denen zum einen $|F_0|/dB = 0$ wird und zum anderen der Phasenwinkel $\varphi_0/\text{Grad} = -180°$ erreicht wird.

Wird eine Frequenz $\omega \geq 10^6$ Hz eingetippt, springt der Rechner in das Unterprogramm zur Bestimmung der Durchtrittsfrequenz ω_D. Es sind zwei ω-Werte einzugeben, zwischen denen der Nulldurchgang von $|F_0|/dB$ liegen muß. Nach einigen Sekunden druckt der Rechner das Ergebnis aus und setzt die „Flag" 10.

Nach der Berechnung des Frequenzbetrags und Phasenwinkels für die Frequenz ω_D wird die Phasenreserve α_R/Grad ermittelt, Flag 10 gelöscht und Flag 00 gesetzt. Ist die Phasenreserve $\alpha_R > 0$ (stabile Regelung), erfolgt die Berechnung von ω_z mit dem Nullstellen-Unterprogramm. Ist $\alpha_R < 0$, liegt eine instabile Regelung vor, und das Programm wird beendet. Es kann für eine geänderte Parameter-Eingabe mit den Befehlen "GTO.001" und "RUN" neu gestartet werden. Erfolgt die Berechnung von ω_z, erhält man nach einigen Sekunden das Ergebnis und anschließend die Angabe der Amplitudenreserve A_R. Sie gibt den Abstand der Verstärkung der Regelung bis zum Erreichen der Stabilitätsgrenze an.

Optimierungsbeispiele

Für eine gut optimierte Regelung läßt sich folgende Vorschrift bezüglich der Phasen- und Amplitudenreserve angeben:

$$\left.\begin{array}{l} \alpha_R = 40° \dots 60° \\ A_R = 4 \dots 10 \end{array}\right\} \quad \text{bei Sollwertänderungen}$$

$$\left.\begin{array}{l} \alpha_R = 20° \dots 50° \\ A_R = 1 \dots 3 \end{array}\right\} \quad \text{bei Störgrößenänderungen}$$

Außerdem sollte die Durchtrittsfrequenz ω_D möglichst groß sein, da sie ein Maß für die Reaktionsfähigkeit der Regelung auf Sollwert- bzw. Störgrößenänderungen ist.

Fig. 4 zeigt den Ausdruck, wie ihn der Drucker produziert, wenn man eine Regelung aus PD-Regler und PT_1-PT_1-PT_t-Strecke wählt. Dazu ist bei den Regler-Parametern $T_N = 10^{50}$ s vorzugeben sowie die Strecken-Namen N und R einzutippen.

Mit den eingegebenen Parametern für Regler und Strecke erhält man die ausgedruckten Ergebnisse:

ω_D = 44.052 Hz
α_R = 10,502°
ω_z = 51,85 Hz
A_R = 1,303

Die Regelung ist zwar stabil, jedoch reicht die Phasenreserve nicht aus. Dies zeigt auch das in **Fig.** 5 dargestellte Bode-Diagramm.

In einem zweiten Rechnerlauf wird die Reglerverstärkung von $V_R = 10$ auf $V_R = 5$ reduziert, alle anderen Parameter bleiben unverändert. Dann erhält man die optimierte Regelung mit

ω_D = 28,284 Hz
α_R = 38,117°
ω_z = 51,84 Hz
A_R = 2,605

Die Regelung ist für Störgrößenänderungen bis zu einer Frequenz von $\omega = \omega_D = 28,284$ Hz geeignet und besitzt eine gute Phasen- und Amplitudenreserve (siehe Optimierungsvorschrift).

Als Hilfsmittel zur Regelkreisoptimierung ist das Bode-Diagramm besonders gut geeignet, da es sich aus den ausgedruckten Werten zeichnen läßt. Meist reicht eine Änderung der Reglerverstärkung jedoch aus, um die günstigsten Parameter zu erreichen.

In **Fig.** 6 ist ein Ausdruck dargestellt, wie er sich für eine Regelung aus PI-Regler und PT_2-I-Strecke ergibt. Es ist $T_V = 0$ zu setzen und für die Strecken-Namen K und P einzugeben. Nach Abfrage der einzelnen Parameter erhält man einen stabilen Regelkreis mit folgenden Werten:

ω_D = 12,342 Hz
α_R = 23,042°
ω_z = 17,32 Hz
A_R = 1,5

Ist man bestrebt, die Regelung auf Sollwertänderungen zu optimieren, zeigt sich im Bode-Diagramm (**Fig.** 7), daß eine Verstärkungsänderung des Reglers nicht ausreicht, da der Phasenwinkelverlauf davon unberührt bleibt. Soll also eine Phasenreserve von $\alpha_R = 40° \dots 60°$ erreicht werden, muß zusätzlich die Nachstellzeit T_N des Reglers verändert werden.

Für die geänderten Parameter des Reglers ergibt sich eine stabile Regelung mit den optimierten Werten:

ω_D = 3.076 Hz
α_R = 71,815°
ω_z = 19,747 Hz
A_R = 6,499

Die Phasenreserve beträgt zwar mehr als 60°, das kann jedoch nur von Vorteil sein. Allerdings hat sich bei der Optimierung eine verkleinerte Durchtrittsfrequenz ergeben. Dies ist immer dann der Fall, wenn die Verstärkung des Reglers reduziert wird.

Zusammenfassung

Das vorliegende Taschenrechner-Programm ist in der Lage Regelkreise optimal einzustellen, wenn die Parameter der Regelstrecke bekannt sind. Es ermittelt die zugehörigen Werte zur Darstellung des Bode-Diagramms und druckt die für eine Stabilitätsaussage wichtigen Werte ω_D, α_R, ω_z und A_R aus. Haupteinsatzgebiet dürfte die Anwendung als Lernhilfe für Studenten der Regeltechnik sein.

Literatur

[1] *Orlowski, P. F.:* Praktische Regeltechnik. München: Oldenbourg 1985

[2] *Martin, P.:* Mathematische Verfahren der Regelungstechnik. Verfahren gezeigt mit dem HP 41. München: Oldenbourg 1984

```
01*LBL "BODE-SY"        57 AVIEW            112 0               162*LBL 13          211 RCL 44
   02 CF 00             58 ADV              113 STO 25          163 FS? 04          212 RCL 06
   03 CF 01          59 "STRECKEN-NAME ?"   114 0               164 XEQ IND 58       213 *
   04 CF 02             60 AON              115 STO 26                              214 ATAN
   05 CF 03             61 PROMPT           116 0               165*LBL 14          215 CHS
   06 CF 04             62 ASTO 03          117 STO 27          166 FS? 05          216 STO 22
   07 CF 05             63 AOFF                                 167 XEQ IND 59      217 GTO 13
   08 CF 06             64 XEQ IND 03       118*LBL 01
   09 CF 07          65 "WEITERE STRECKE"   119 ADV             168*LBL 15          218*LBL "HH"
   10 CF 08             66 AVIEW            120 "W/HZ=?"         169 FS? 06          219 RCL 06
   11 CF 09          67 "GEWUENSCHT ?"      121 PROMPT          170 XEQ IND 60      220 RCL 46
   12 CF 10             68 AVIEW            122 STO 06                              221 *
   13 CF 11          69 "WENN JA, TASTE1"   123 RCL 06          171*LBL 16          222 X↑2
14 "EIN PID-REGLER"     70 AVIEW           124 1 E6            172 FS? 07          223 1
   15 AVIEW          71 "WENN NEIN, 0"      125 X<=Y?           173 XEQ IND 61      224 +
16 "KANN MIT ZWEI"      72 PROMPT       126 GTO "NULLST"                           225 RCL 06
   17 AVIEW             73 STO 04                               174*LBL 17          226 RCL 47
18 "STRECKEN MULTI-"    74 RCL 04        127*LBL 07            175 FS? 08          227 *
   19 AVIEW             75 X=0?           128 RCL 06           176 XEQ IND 62       228 X↑2
20 "PLIZ. WERDEN."      76 GTO 02         129 RCL 02           177 GTO 10          229 1
   21 AVIEW          77 "STRECKEN-NAME ?"  130 *               178*LBL "KK"        230 +
   22 "K. I"             78 AON            131 RCL 06          179 RCL 40          231 *
   23 AVIEW             79 PROMPT          132 RCL 01          180 RCL 06          232 SQRT
   24 "L. I2"            80 ASTO 05        133 *               181 *              233 1/X
   25 AVIEW             81 AOFF            134 1/X             182 1/X            234 RCL 45
   26 "M. PT1"          82 XEQ IND 05      135 -               183 STO 10         235 *
   27 AVIEW                                136 X↑2             184 -90            236 STO 13
28 "N. PT1-PT1"         83*LBL 02          137 1               185 STO 20         237 RCL 06
   29 AVIEW          84 "--------------"   138 +               186 GTO 11
30 "O. PT1-PT1-PT1"     85 AVIEW           139 SQRT
   31 AVIEW             86 1               140 RCL 00          187*LBL "LL"
   32 "P. PT2"          87 STO 10          141 *               188 RCL 41
   33 AVIEW             88 1               142 STO 07          189 RCL 42
34 "Q. PT1-PT1-PT2"     89 STO 11                              190 *
   35 AVIEW             90 1              143*LBL 18          191 RCL 06
   36 "R. PTT"          91 STO 12          144 RCL 06          192 X↑2
   37 AVIEW             92 1               145 RCL 02          193 *
   38 ADV               93 STO 13          146 *               194 1/X
39 "--------------"     94 1               147 RCL 06          195 STO 11
   40 AVIEW             95 STO 14          148 RCL 01          196 -180
   41 ADV               96 1               149 *               197 STO 21
42 "REGLER-PARAM."      97 STO 15          150 1/X             198 GTO 12
   43 AVIEW             98 1               151 -
   44 ADV               99 STO 16          152 ATAN            199*LBL "MM"
   45 FIX 3            100 1               153 STO 08          200 RCL 44
   46 "VR=?"           101 STO 17          154 FS? 01          201 RCL 06
   47 PROMPT           102 0             155 XEQ IND 55        202 *
   48 STO 00           103 STO 20                              203 X↑2
   49 "TN/S=?"         104 0             156*LBL 11            204 1
   50 PROMPT           105 STO 21          157 FS? 02          205 +
   51 STO 01           106 0             158 XEQ IND 56        206 SQRT
   52 "TV/S=?"         107 STO 22                              207 1/X
   53 PROMPT           108 0             159*LBL 12            208 RCL 43
   54 STO 02           109 STO 23          160 FS? 03          209 *
   55 ADV              110 0             161 XEQ IND 57        210 STO 12
56 "STRECK.-PARAM."    111 STO 24
```

Fig. 1 HP-41-CV-Taschenrechnerprogramm für das Bode-Diagramm

Fortsetzung Fig. 1

```
238 RCL 46        290 STO 24        342♦LBL "QQ"       395 RCL 06        444♦LBL "L"        494 "OO"
239 *             291 GTO 15        343 RCL 06         396 *             445 SF 02          495 ASTO 59
240 ATAN                            344 RCL 64         397 RCL 66        446 "TI1/S=?"      496 RTN
241 CHS           292♦LBL "PP"      345 *             398 *             447 PROMPT
242 RCL 06        293 RCL 06        346 X↑2            399 ATAN          448 STO 41         497♦LBL "P"
243 RCL 47        294 RCL 53        347 1             400 CHS           449 "TI2/S=?"      498 SF 06
244 *             295 *             348 +             401 STO 26        450 PROMPT         499 "VS=?"
245 ATAN          296 X↑2           349 RCL 06        402 RCL 26        451 STO 42         500 PROMPT
246 -             297 CHS           350 RCL 65        403 X<0?          452 "LL"           501 STO 52
247 STO 23        298 1             351 *             404 GTO 08        453 ASTO 56        502 "T2/S=?"
248 GTO 14        299 +             352 X↑2           405 RCL 26        454 RTN            503 PROMPT
                  300 X↑2           353 1             406 100                              504 STO 53
249♦LBL "OO"      301 RCL 06        354 +             407 -             455♦LBL "M"        505 "d=?"
250 RCL 06        302 RCL 53        355 *             408 STO 26        456 SF 03          506 PROMPT
251 RCL 49        303 *             356 SQRT                            457 "VS=?"         507 STO 54
252 *             304 2             357 1/X           409♦LBL 08        458 PROMPT         508 "PP"
253 X↑2           305 *             358 RCL 63        410 RCL 26        459 STO 43         509 ASTO 60
254 1             306 RCL 54        359 *             411 RCL 06        460 "TI/S=?"       510 RTN
255 +             307 *             360 STO 16        412 RCL 64        461 PROMPT
256 RCL 06        308 X↑2           361 RCL 06        413 *             462 STO 44         511♦LBL "Q"
257 RCL 50        309 +             362 RCL 66        414 ATAN          463 "MM"           512 SF 07
258 *             310 SQRT          363 *             415 -             464 ASTO 57        513 "VS=?"
259 X↑2           311 1/X           364 X↑2           416 RCL 06        465 RTN            514 PROMPT
260 1             312 RCL 52        365 CHS           417 RCL 65                           515 STO 63
261 +             313 *             366 1             418 *             466♦LBL "N"         516 "TI1/S=?"
262 *             314 STO 15        367 +             419 ATAN          467 SF 04          517 PROMPT
263 RCL 06        315 RCL 06        368 X↑2           420 -             468 "VS=?"         518 STO 64
264 RCL 51        316 RCL 53        369 RCL 06        421 STO 26        469 PROMPT         519 "TI2/S=?"
265 *             317 *             370 RCL 66        422 GTO 17        470 STO 45         520 PROMPT
266 X↑2           318 X↑2           371 *                              471 "TI1/S=?"      521 STO 65
267 1             319 CHS           372 RCL 67        423♦LBL "RR"      472 PROMPT         522 "T2/S=?"
268 +             320 1             373 *             424 RCL 68        473 STO 46         523 PROMPT
269 *             321 +             374 X↑2           425 STO 17        474 "TI2/S=?"      524 STO 66
270 SQRT          322 1/X           375 4             426 RCL 69        475 PROMPT         525 "d=?"
271 1/X           323 2             376 *             427 RCL 06        476 STO 47         526 PROMPT
272 RCL 48        324 *             377 +             428 *             477 "NN"           527 STO 67
273 *             325 RCL 54        378 SQRT          429 180           478 ASTO 58        528 "QQ"
274 STO 14        326 *             379 1/X           430 *             479 RTN            529 ASTO 61
275 RCL 06        327 RCL 06        380 RCL 16        431 PI                               530 RTN
276 RCL 49        328 *             381 *             432 /             480♦LBL "O"
277 *             329 RCL 53        382 STO 16        433 CHS           481 SF 05          531♦LBL "R"
278 ATAN          330 *             383 RCL 06        434 STO 27        482 "VS=?"         532 SF 08
279 CHS           331 ATAN          384 RCL 66        435 GTO 10        483 PROMPT         533 "VS=?"
280 RCL 06        332 CHS           385 *                              484 STO 48         534 PROMPT
281 RCL 50        333 STO 25        386 X↑2           436♦LBL "K"       485 "TI1/S=?"      535 STO 68
282 *             334 RCL 25        387 CHS           437 SF 01         486 PROMPT         536 "TT/S=?"
283 ATAN          335 X<0?          388 1             438 "TI/S=?"      487 STO 49         537 PROMPT
284 -             336 GTO 16        389 +             439 PROMPT        488 "TI2/S=?"      538 STO 69
285 RCL 06        337 RCL 25        390 1/X           440 STO 40        489 PROMPT         539 "RR"
286 RCL 51        338 180           391 2             441 "KK"          490 STO 50         540 ASTO 62
287 *             339 -             392 *             442 ASTO 55       491 "TI3/S=?"      541 RTN
288 ATAN          340 STO 25        393 RCL 67        443 RTN           492 PROMPT
289 -             341 GTO 16        394 *                              493 STO 51         542♦LBL 10
                                                                                          543 FS? 10
```

Fortsetzung Fig. 1

```
544 GTO 09       582 +            619 RCL 39       653♦LBL A        688 RCL 36       723♦LBL 34
545 RCL 07       583 RCL 24       620 X<0?          654 "WD1/HZ=?"    689 RCL 35       724 FS? 09
546 RCL 10       584 +            621 STOP          655 PROMPT        690 -            725 GTO 39
547 *            585 RCL 25       622 GTO B         656 STO 31        691 /            726 GTO 40
548 RCL 11       586 +                              657 "WD2/HZ=?"    692 RCL 36
549 *            587 RCL 26       623♦LBL "WZ"      658 PROMPT        693 *            727♦LBL 39
550 RCL 12       588 +            624 RCL 34        659 STO 32        694 -            728 "WD/HZ="
551 *            589 RCL 27       625 STO 06        660 GTO 38        695 STO 34       729 ARCL 34
552 RCL 13       590 +            626 SF 10                          696 XEQ IND 33    730 AVIEW
553 *            591 STO 71       627 CF 11         661♦LBL B         697 STO 37       731 RCL 34
554 RCL 14       592 FS? 10       628 GTO 18        662 "WZ"          698 X=0?         732 STO 06
555 *            593 GTO 19                         663 ASTO 33       699 GTO 34       733 CF 09
556 RCL 15       594 "PHI 0/GRAD="  629♦LBL 19      664 "WZ1/HZ=?"    700 ABS          734 SF 11
557 *            595 ARCL 71       630 RCL 71       665 PROMPT        701 1 E-4        735 ADV
558 RCL 16       596 AVIEW        631 179,99        666 STO 31        702 X>Y?         736 GTO 07
559 *            597 FS? 11       632 +            667 "WZ2/HZ=?"     703 GTO 34
560 RCL 17       598 GTO "aR"     633 STO 71        668 PROMPT        704 RCL 37       737♦LBL 40
561 *            599 FS? 10       634 RTN          669 STO 32        705 RCL 36        738 "WZ/HZ="
562 LOG          600 GTO "AR"                                        706 *            739 ARCL 34
563 20           601 GTO 01       635♦LBL "AR"     670♦LBL 38        707 X>0?         740 AVIEW
564 *                             636 RCL 70       671 RCL 31        708 GTO 31       741 RCL 34
565 FS? 09       602♦LBL "WD"     637 CHS          672 STO 34        709 RCL 32       742 STO 06
566 GTO 06       603 RCL 34       638 20           673 XEQ IND 33    710 STO 31       743 CF 10
567 STO 70       604 STO 06       639 /            674 STO 35        711 RCL 36       744 SF 00
568 "/F0/ IN dB="  605 GTO 07     640 10           675 RCL 32        712 STO 35       745 ADV
569 ARCL 70      606♦LBL 06       641 X<>Y         676 STO 34                         746 GTO 07
570 AVIEW        607 RTN          642 Y↑X          677 XEQ IND 33    713♦LBL 32
571 FS? 00                        643 STO 38       678 STO 36        714 RCL 34       747♦LBL 35
572 GTO "AR"     608♦LBL "aR"     644 "AR="        679 RCL 35        715 STO 32       748 "KEINE NULLST."
                 609 RCL 71       645 ARCL 38      680 *            716 RCL 37        749 AVIEW
573♦LBL 09       610 180          646 AVIEW        681 X>0?          717 STO 36       750 FS? 09
574 RCL 08       611 +            647 STOP          682 GTO 35       718 GTO 30        751 GTO A
575 RCL 20       612 STO 39                                                           752 GTO B
576 +            613 "aR/GRAD="   648♦LBL "NULLST"  683♦LBL 30       719♦LBL 31        753 END
577 RCL 21       614 ARCL 39      649 FIX 3        684 RCL 32        720 2
578 +            615 AVIEW        650 "WD"          685 RCL 32        721 ST/ 35
579 RCL 22       616 CF 09        651 ASTO 33      686 RCL 31        722 GTO 32
580 +            617 CF 11        652 SF 09        687 -
581 RCL 23       618 ADV
```

<u>Rechner-Status</u>

SIZE 072

Unterprogramme:

```
LBL'BODE-SY   LBL'PP   LBL'M   LBL'WD
LBL'KK        LBL'QQ   LBL'N   LBL'aR
LBL'LL        LBL'RR   LBL'O   LBL'WZ
LBL'MM        LBL'K    LBL'P   LBL'AR
LBL'NN        LBL'L    LBL'Q   LBL'NULLST
LBL'OO                 LBL'R
```

Benutzte Speicher:

STO 00 — 08	Parameter-Eingaben
StO 10 — 17	Werte für $\lvert F_S \rvert$
StO 20 — 27	Werte für φ_S
StO 30 — 37	Nullstellenwerte
StO 38 — 39	Werte für A_R und α_R
StO 40 — 54	Streckenparameter
StO 63 — 69	
StO 70 — 71	Werte für $\lvert F_0 \rvert$ und φ_0
ASTO 55 — 62	Streckenprogramme

Belegte Flags:

FS 00 - 11

Fig. 2 Rechner-Status und belegte Speicher

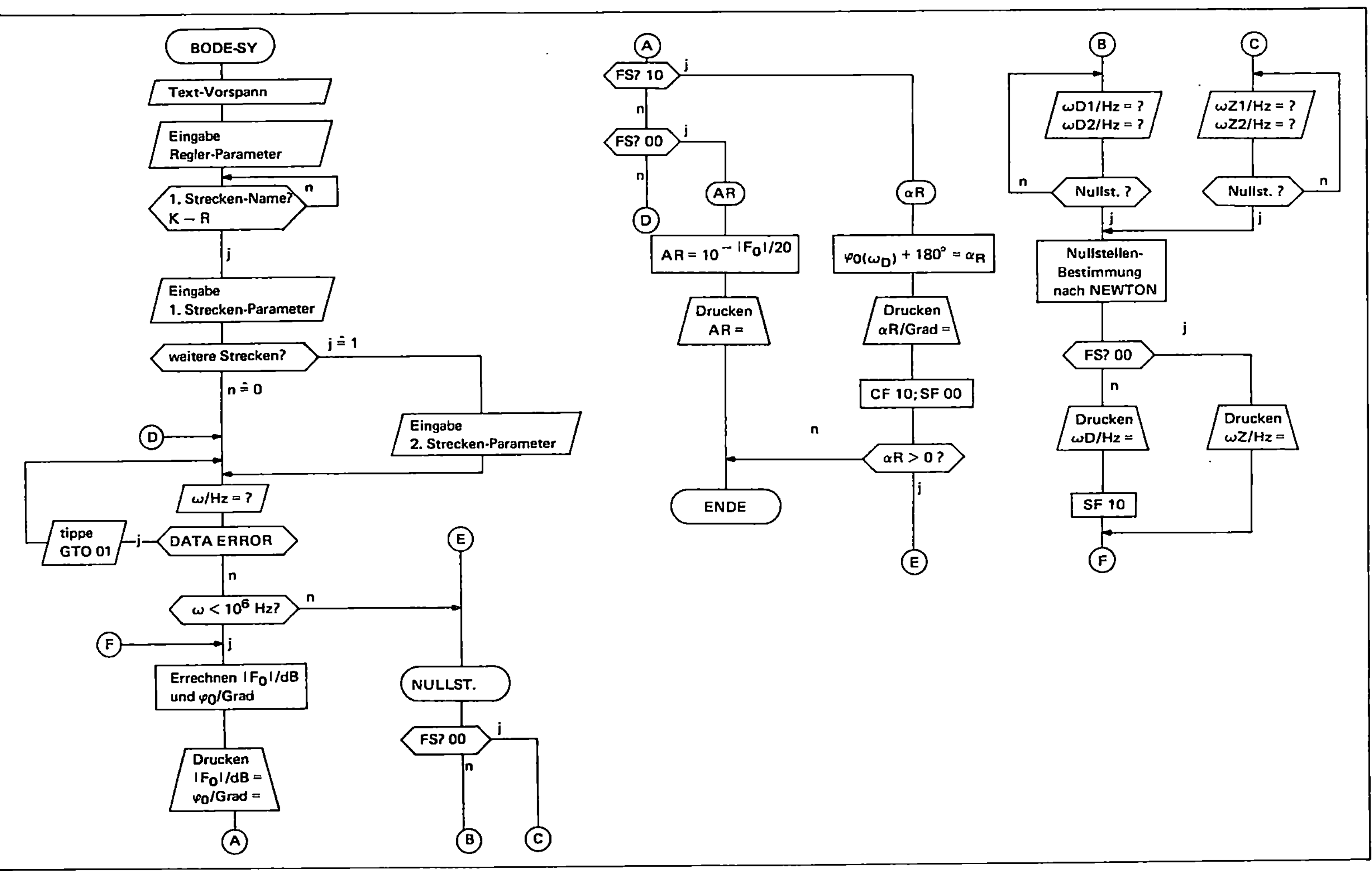

Fig. 3 Flußdiagramm des Bode-Programms

1. Rechnerlauf

```
        XEQ "BODE-SY"
EIN PID-REGLER
KANN MIT ZWEI
STRECKEN MULTI-
PLIZ. WERDEN.
K. I
L. I2
M. PT1
N. PT1-PT1
O. PT1-PT1-PT1
P. PT2
Q. PT1-PT1-PT2
R. PTT

---------------


REGLER-PARAM.

VR=?
            10,000    RUN
TN/S=?
            1+50      RUN
TV/S=?
            0,010     RUN


STRECK.-PARAM.

STRECKEN-NAME ?
N                     RUN
VS=?
            1,000     RUN
T11/S=?
            0,100     RUN
T12/S=?
            0,050     RUN
WEITERE STRECKE
GEWUENSCHT ?
WENN JA, TASTE1
WENN NEIN, 0
            1,000     RUN
STRECKEN-NAME ?
R                     RUN
VS=?
            1,000     RUN
TT/S=?
            0,020     RUN
---------------


W/HZ=?
            1,000     RUN
/F0/ IN dB=19,946
PHI 0/GRAD=-9,146


W/HZ=?
            10,000    RUN
/F0/ IN dB=16,064
PHI 0/GRAD=-77,314
```

```
W/HZ=?
            20,000    RUN
/F0/ IN dB=10,170
PHI 0/GRAD=-120,043

W/HZ=?
            30,000    RUN
/F0/ IN dB=5,255
PHI 0/GRAD=-145,553

W/HZ=?
            50,000    RUN
/F0/ IN dB=-1,784
PHI 0/GRAD=-177,619

W/HZ=?
            70,000    RUN
/F0/ IN dB=-6,480
PHI 0/GRAD=-201,147

W/HZ=?
            100,000   RUN
/F0/ IN dB=-11,183
PHI 0/GRAD=-232,571

W/HZ=?
            1+06      RUN
WD1/HZ=?
            30,000    RUN
WD2/HZ=?
            50,000    RUN
WD/HZ=44,052

/F0/ IN dB=-9,499E-6
PHI 0/GRAD=-169,498
aR/GRAD=10,502

WZ1/HZ=?
            50,000    RUN
WZ2/HZ=?
            60,000    RUN
WZ/HZ=51,850

/F0/ IN dB=-2,296
AR=1,303
```

2. Rechnerlauf

```
REGLER-PARAM.

VR=?
            5,000     RUN
TN/S=?
            1+50      RUN
TV/S=?
            0,010     RUN


STRECK.-PARAM.

STRECKEN-NAME ?
N                     RUN
VS=?
            1,000     RUN
T11/S=?
            0,100     RUN
T12/S=?
            0,050     RUN
WEITERE STRECKE
GEWUENSCHT ?
WENN JA, TASTE1
WENN NEIN, 0
            1,000     RUN
STRECKEN-NAME ?
R                     RUN
VS=?
            1,000     RUN
TT/S=?
            0,020     RUN
---------------


W/HZ=?
            1+06      RUN
WD1/HZ=?
            25,000    RUN
WD2/HZ=?
            30,000    RUN
WD/HZ=28,284

/F0/ IN dB=-2,000E-5
PHI 0/GRAD=-141,883
aR/GRAD=38,117

WZ1/HZ=?
            50,000    RUN
WZ2/HZ=?
            60,000    RUN
WZ/HZ=51,842

/F0/ IN dB=-8,315
AR=2,605
```

Fig 4 Ausdruck der Parameter und Ergebnisse für eine Regelung aus PD-Reglern und PT_1-PT_1-PT_t-Strecke

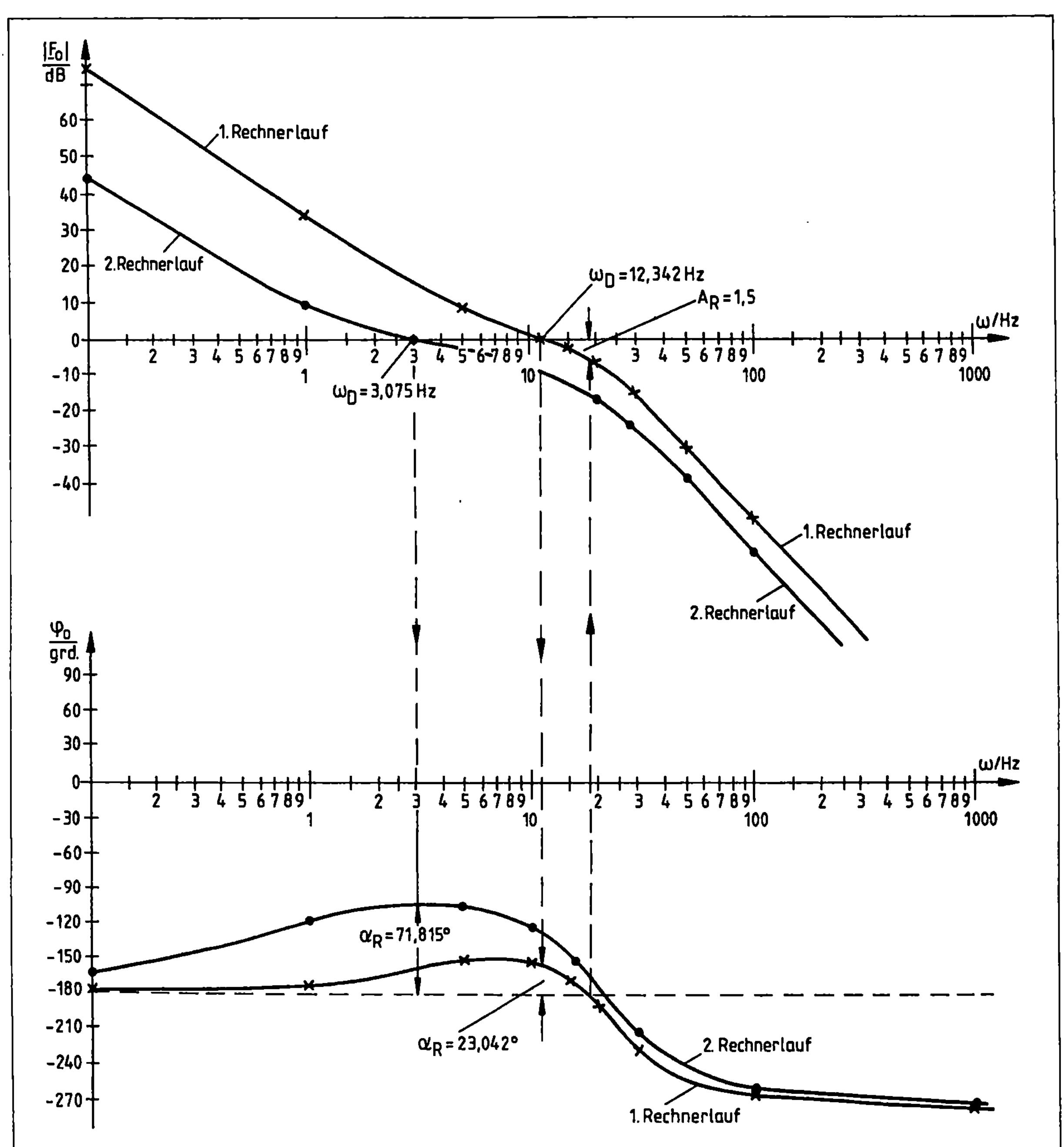

Fig. 5 Bode-Diagramm des Regelkreises aus PD-Regler und PT_1-PT_1-PT_t-Strecke

1. Rechnerlauf

```
        XEQ "BODE-SY"    W/HZ=?                         W/HZ=?
EIN PID-REGLER                    0,100    RUN                   100,000   RUN
KANN MIT ZWEI            /F0/ IN dB=73,981              /F0/ IN dB=-47,778
STRECKEN MULTI-         PHI 0/GRAD=-179,141             PHI 0/GRAD=-261,094
PLIZ. WERDEN.
K. I                    W/HZ=?                          W/HZ=?
L. I2                             5,000    RUN                 1.000,000   RUN
M. PT1                  /F0/ IN dB=9,293               /F0/ IN dB=-107,957
N. PT1-PT1              PHI 0/GRAD=-149,931             PHI 0/GRAD=-269,148
O. PT1-PT1-PT1
P. PT2                  W/HZ=?                          W/HZ=?
Q. PT1-PT1-PT2                   10,000    RUN                     1+06    RUN
R. PTT                  /F0/ IN dB=1,871               WD1/HZ=?
                        PHI 0/GRAD=-150,255                     12,000    RUN
                                                       WD2/HZ=?
---------------         W/HZ=?                                  15,000    RUN
                                12,000    RUN          WD/HZ=12,342
REGLER-PARAM.           /F0/ IN dB=0,249
                        PHI 0/GRAD=-155,772
VR=?                                                   /F0/ IN dB=-4,875E-6
             10,000   RUN   W/HZ=?                      PHI 0/GRAD=-156,958
TN/S=?                           15,000    RUN         aR/GRAD=23,042
              0,200   RUN   /F0/ IN dB=-1,837
TV/S=?                      PHI 0/GRAD=-168,179
              0,000   RUN                             WZ1/HZ=?
                            W/HZ=?                             15,000    RUN
                                     20,000    RUN    WZ2/HZ=?
STRECK.-PARAM.              DATA ERROR                         21,000    RUN
                                             GTO 01    WZ/HZ=17,321
STRECKEN-NAME ?                                RUN
K                   RUN                               /F0/ IN dR=-3,522
TI/S=?                      W/HZ=?                     AR=1,500
              1,000   RUN            21,000    RUN
WEITERE STRECKE            /F0/ IN dB=-6,670
GEWUENSCHT ?              PHI 0/GRAD=-198,968
WENN JA, TASTE1
WENN NEIN, 0               W/HZ=?
              1,000   RUN            30,000    RUN
STRECKEN-NAME ?           /F0/ IN dB=-15,236
P                   RUN   PHI 0/GRAD=-229,268
VS=?
              1,000   RUN  W/HZ=?
T2/S=?                              50,000    RUN
              0,050   RUN  /F0/ IN dB=-29,227
d=?                       PHI 0/GRAD=-250,247
              0,500   RUN
---------------
```

2. Rechnerlauf

```
REGLER-PARAM.

VR=?
                3,000    RUN
TN/S=?
                2,000    RUN
TV/S=?
                0,000    RUN


STRECK.-PARAM.

STRECKEN-NAME ?
K                        RUN
TI/S=?
                1,000    RUN
WEITERE STRECKE
GEWUENSCHT ?
WENN JA, TASTE1
WENN NEIN, 0
                1,000    RUN
STRECKEN-NAME ?
P                        RUN
VS=?
                1,000    RUN
T2/S=?
                0,050    RUN
d=?
                0,500    RUN
---------------
WD1/HZ=?
                1,000    RUN
WD2/HZ=?
                5,000    RUN
WD/HZ=3,075

/F0/ IN dB=-6,399E-5
PHI 0/GRAD=-108,185
aR/GRAD=71,815

WZ1/HZ=?
                15,000   RUN
WZ2/HZ=?
                21,000   RUN
WZ/HZ=19,747

/F0/ IN dB=-16,257
AR=6,499
```

Fig. 6 Ausdruck der Parameter und Ergebnisse für eine Regelung aus PI-Regler und PT_2-I-Strecke

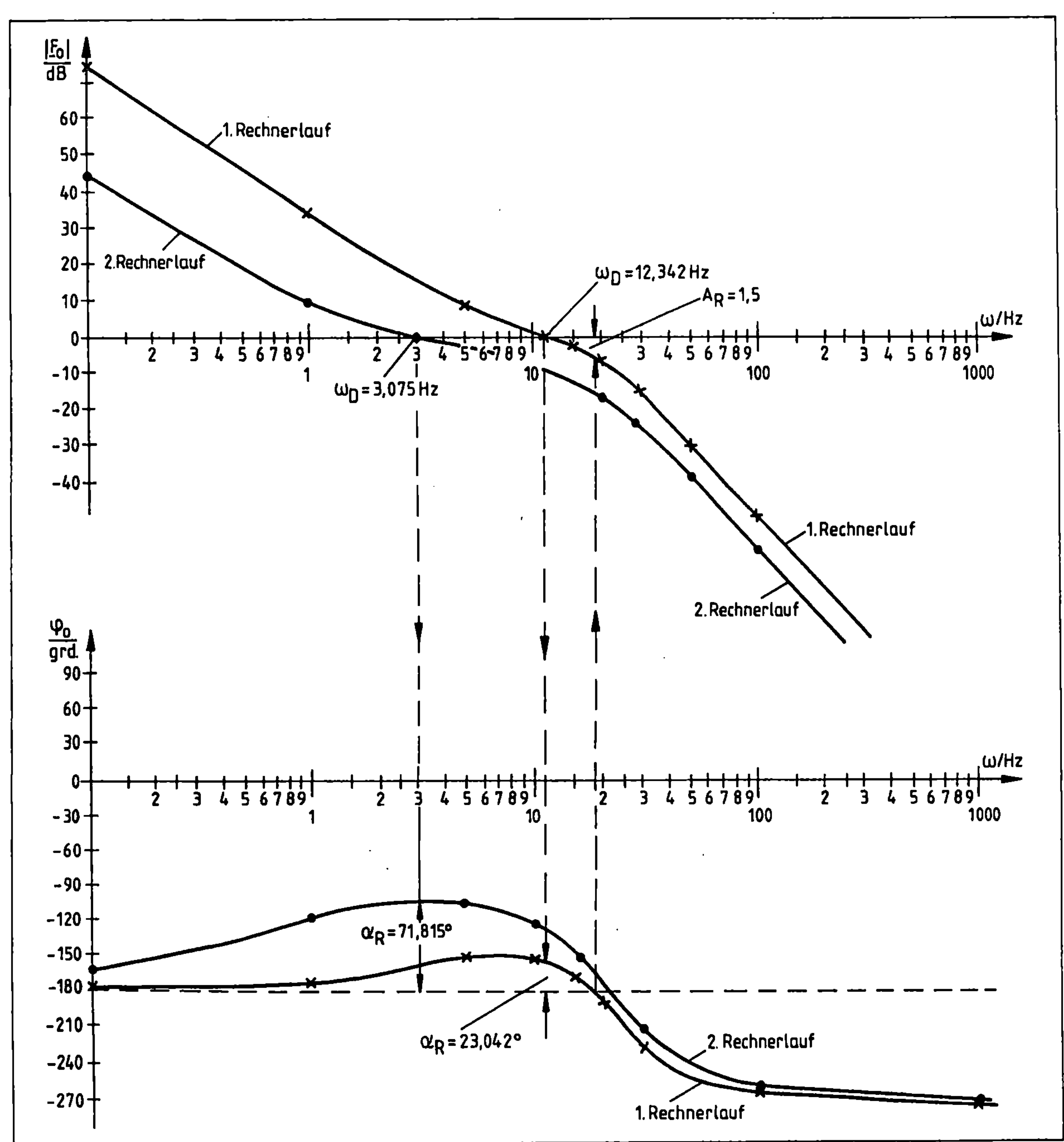

Fig. 7 Bode-Diagramm des Regelkreises aus PI-Regler und PT_2-I-Strecke

70

Erfahrungsbericht – SHARP-Plotter CE-515P

Manfred Schmidt

Erste Erfahrungen mit dem neuen DIN-A 4-Plotter CE-515P von SHARP

Seit Anfang 1985 ist der neue SHARP-Plotter CE-515P auf dem deutschen Markt erhältlich. Es handelt sich um einen sehr handlichen und preiswerten DIN-A4-Plotter, der eine ideale Ergänzung zum SHARP-Pocketcomputer PC-1500 (A) darstellt. Erste Erfahrungen mit der neuen Peripherie werden geschildert. Abschließend wird das für den CE-515P umgeschriebene Perspektiveprogramm aus dem Jahrbuch '84 erläutert.

1 Anschluß des Plotters

Zum Anschluß des Plotters an den PC-1500(A) ist das *Interface* CE-158 erforderlich, wobei sowohl die serielle als auch die Parallelschnittstelle verwendet werden kann, da der Plotter beide Anschlußmöglichkeiten besitzt. Versuche haben ergeben, daß der Betrieb über die serielle Schnittstelle (RS-232-C, 1200 bit/s) um 5 bis 20 % langsamer ist als über die Parallelschnittstelle. Der Anschluß an verschiedene Computer mit Kabelanschlüssen (auch für den IBM-PC!) und Kommandos ist in der Bedienungsanleitung ausführlich beschrieben. Mit einem DIP-Schalter auf der Rückseite läßt sich der Plotter an die unterschiedlichen Übertragungsparameter anpassen.

Die Stromversorgung erfolgt über ein 9,8-V-/1,2-A-Netzteil. Bei einem Stromverbrauch von 130 mA (Ruhe) bis zu 1,1 A (Druckermodus) ist für mindestens eine halbe Stunde der Betrieb aus einem Akku-block von 8 Mignonzellen (500 mAh) möglich, so daß die gesamte Einheit PC-1500/CE-158/CE-515P auch netzunabhängig betrieben werden kann.

2 Druckprinzip, Bedienung

Es handelt sich um einen XY-Achsen-Plotter, dessen Zeichenprinzip dem des CE-150 entspricht. Der Farbpatronenrevolver steht hier allerdings senkrecht und muß zum Farbwechsel nicht an den linken Rand gefahren werden. Der neue Plotter verwendet die gleichen Farbstifte wie der CE-150.

Das Papier läuft nicht über eine Gummiwalze, sondern wird rechts und links am Rand durch Friktionsrollen angetrieben, die eine feine Perforation hinterlassen. Das Papier wird immer links angelegt; der rechte Antrieb läßt sich auf die jeweilige Papierbreite einstellen (Rollenpapier 114 mm oder Einzelblatt DIN A6 bis DIN A4 hoch), wobei über elektrische Kontakte der Bewegungsbereich von Papier und Zeichenstiften entsprechend begrenzt wird.

Vorn am Plotter befinden sich die Tasten für die Handbedienung des Papiervor- und Rücktransports und des Farbwechsels. Durch gleichzeitiges Drücken zweier Tasten läßt sich die schon vom CE-150 her bekannte TEST-Funktion auslösen. Mit der RESET-Taste an der Rückseite des Gerätes wird der Plotter nach Störungen in den Grundzustand zurückgestellt (Text-Modus, Schriftgröße 2, Farbe schwarz, Patronenhalter am linken Rand). Derartige Störungen, verbunden mit unerwartetem Verhalten des Plotters, können auftreten durch Programmunterbrechungen, statische Aufladungen, Störimpulse, Formatüberschreitungen sowie durch unbeabsichtigte Steuerkommandos im Bereich CHR$(Ø) bis CHR$(&1F). Da solche irregulären Betriebszustände insbesondere beim Austesten von Programmen verhältnismäßig oft vorkommen, empfiehlt es sich, anfangs vor jedem Programmstart die Resettaste zu drücken bzw. den Computer aus- und wieder einzuschalten. Die damit ausgelöste Initialisierung des Plotters ist ja schon vom CE-150 her bekannt. Der RESET-Impuls wird automatisch ausgelöst beim Einschalten des Plotters und des Computers.

3 Zeichensatz

Fig. 1 zeigt den Zeichensatz des Plotters/Druckers. Dabei fallen sofort die japanischen Schriftzeichen im Bereich CHR$(&AØ) bis CHR$(&DF) ins Auge. Hiervon lassen sich im europäischen Sprachraum eventuell einige geometrische Figuren zusätzlich verwenden, z. B. als Grad-Zeichen. Verbessert gegenüber dem Schriftbild des CE-150 hat sich die 1 (eins), die jetzt nicht mehr so leicht mit dem I (großes i) verwechselt werden kann. Ein Rückschritt gegenüber dem viel kleineren CE-150 und daher völlig unverständlich ist die Darstellung der Kleinbuchstaben g, j, p, q und y, bei denen auf die Unterlängen verzichtet wurde. Da die Zeichenmatrix hier nicht von nicht vorhandenen Nadeln eingeschränkt wird, sondern wegen des frei über das gesamte Format beweglichen Druckkopfes praktisch keiner Begrenzung unterliegt, ist diese primitive Darstellung kein Ruhmesblatt für die sonst so findigen japanischen Ingenieure. Daß Unterlängen möglich sind, zeigt weiter unten der Entwurfsvorschlag für ein „Eszet".

```
ZEICHENSATZ   DES   SHARP-PLOTTERS    CE-515P:

&20-&3F:     !"#$%&'()*+,-./0123456789:;<=>?
&40-&5F:     @ABCDEFGHIJKLMNOPQRSTUVWXYZ[¥]^_
&60-&7F:     `abcdefghijklmnopqrstuvwxyz{|}‾⊠
&80-&9F:
&A0-&BF:     ｡｢｣､･ｦｧｨｩｪｫｬｭｮｯｰｱｲｳｴｵｶｷｸｹｺｻｼｽｾｿ
&C0-&DF:     ﾀﾁﾂﾃﾄﾅﾆﾇﾈﾉﾊﾋﾌﾍﾎﾏﾐﾑﾒﾓﾔﾕﾖﾗﾘﾙﾚﾛﾜﾝﾞﾟ
&E0-&FF:
```

Fig. 1 Der Zeichensatz des Plotters CE-515P

4 Steuerung des Plotters

Im Gegensatz zu den sonst bei SHARP üblichen ausführlichen Bedienungsanleitungen ist der Abschnitt über die Steuerkommandos etwas zu kurz und unvollständig geraten. So wird z. B. mit keinem Wort erwähnt, daß allen genannten Kommandos der BASIC-Befehl "LPRINT" voranzustellen ist. Ebenso fehlen Hinweise auf die Verwendung von mathematischen Ausdrücken, Variablen, Semikolon, Komma und Vorzeichen innerhalb der Anweisungen. Diese Einzelheiten muß man sich selbst mühsam erarbeiten, wobei das in der Bedienungsanleitung aufgeführte Beispiel von Nutzen ist.

Die *Steuerkommandos* lassen sich ihrem Aufbau entsprechend in 3 Gruppen einteilen:

1. CONTROL H ... 0 = LPRINT CHR$(&Ø8) ... CHR$ (&ØF): Hiermit werden — wie bei Druckern allgemein üblich — Wagenrücklauf, Zeilenvorschub usw. gesteuert.

2. ESCAPE + "ZUSATZ" = LPRINT CHR$(&1B) + "Zusatz": Mit diesem Befehl werden Textmodus (Zusatz "a"), Graphmodus ("b"), Zeichengröße ("?a" bis "?0") und Farbe ("Ø" bis "3") eingestellt.

3. LPRINT "Buchstabe" oder LPRINT "Buchstabe, Zahl, Zahl, ...": Diese Kommandos können nur im Graphmodus angewendet werden und steuern die Linienart ("LØ" bis "L15"), die Druckrichtung ("QØ" bis "Q3"), die Definition des Ursprungs ("I"), das Rückkehren des Zeichenstiftes zum Ursprung ("H"), das Ausdrucken von Text ("PTEXT") sowie die verschiedenen Zeichenstiftbewegungen (absolut, relativ, mit oder ohne Strich).

Leider weichen sowohl die Steuerzeichen als auch die Kommandoketten so weit von denen des CE-150 ab, daß Plotprogramme, die auf dem CE-150 laufen, für den CE-515P völlig neu geschrieben werden müssen. **Fig. 2** verdeutlicht dies. Wie die Bilder zeigen, sind beide Programme in ihrer Wirkung identisch. Alle sich entsprechenden Befehle stehen sich gegenüber, so daß sie direkt miteinander verglichen werden können. Die einzige Übereinstimmung besteht in der Schrittweite der Plotter von 0,2 mm, so daß wenigstens die Zahlenwerte übernommen werden können. Die Bewegungsbefehle für den Zeichenstift sind „M" (absolute Koordinaten, ohne Strich), „R" (relative Koordinaten, ohne Strich), „D" (abs., mit) und „J" (rel., mit). Die angehängten Koordinaten können dabei einen Bereich von ± 2047 (= &7FF) Drucker-

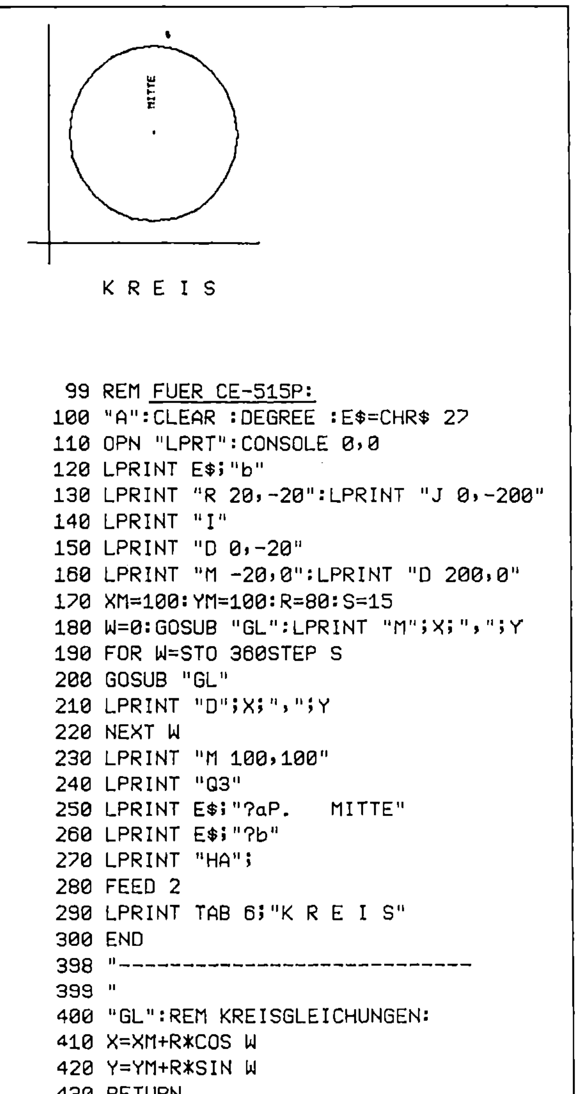


```
 99 REM FUER CE-515P:
100 "A":CLEAR :DEGREE :E$=CHR$ 27
110 OPN "LPRT":CONSOLE 0,0
120 LPRINT E$;"b"
130 LPRINT "R 20,-20":LPRINT "J 0,-200"
140 LPRINT "I"
150 LPRINT "D 0,-20"
160 LPRINT "M -20,0":LPRINT "D 200,0"
170 XM=100:YM=100:R=80:S=15
180 W=0:GOSUB "GL":LPRINT "M";X;",";Y
190 FOR W=STO 360STEP S
200 GOSUB "GL"
210 LPRINT "D";X;",";Y
220 NEXT W
230 LPRINT "M 100,100"
240 LPRINT "Q3"
250 LPRINT E$;"?aP.    MITTE"
260 LPRINT E$;"?b"
270 LPRINT "HA";
280 FEED 2
290 LPRINT TAB 6;"K R E I S"
300 END
398 "----------------------------
399 "
400 "GL":REM KREISGLEICHUNGEN:
410 X=XM+R*COS W
420 Y=YM+R*SIN W
430 RETURN
```

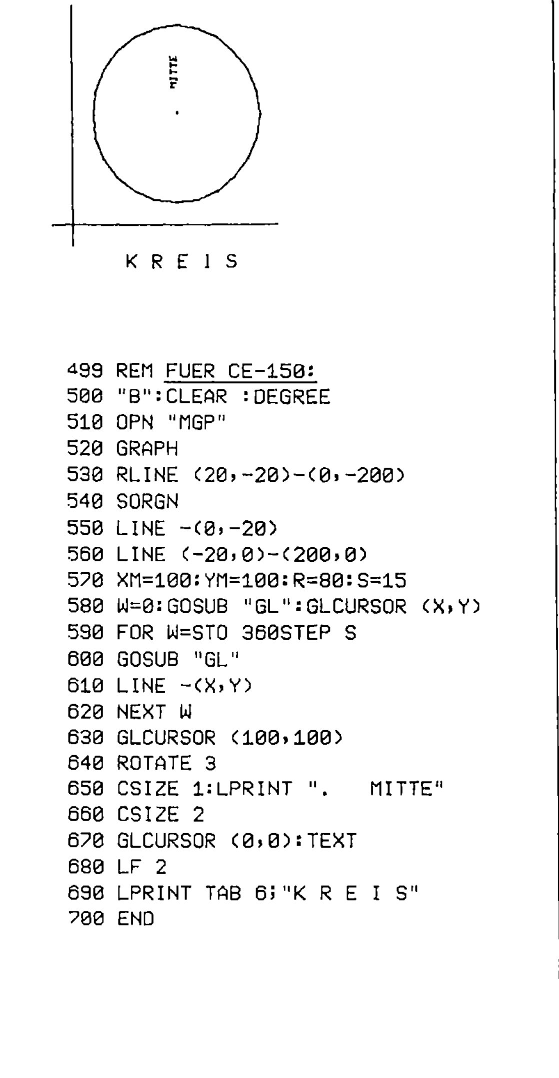


```
499 REM FUER CE-150:
500 "B":CLEAR :DEGREE
510 OPN "MGP"
520 GRAPH
530 RLINE (20,-20)-(0,-200)
540 SORGN
550 LINE -(0,-20)
560 LINE (-20,0)-(200,0)
570 XM=100:YM=100:R=80:S=15
580 W=0:GOSUB "GL":GLCURSOR (X,Y)
590 FOR W=STO 360STEP S
600 GOSUB "GL"
610 LINE -(X,Y)
620 NEXT W
630 GLCURSOR (100,100)
640 ROTATE 3
650 CSIZE 1:LPRINT ".    MITTE"
660 CSIZE 2
670 GLCURSOR (0,0):TEXT
680 LF 2
690 LPRINT TAB 6;"K R E I S"
700 END
```

Fig. 2 Vergleich der Zeichenbefehle des CE-515P und des CE-150

einheiten überstreichen, das sind etwa ± 41 cm. Man kann also innerhalb eines Programms aus 8 Teilblättern im DIN-A4-Format eine DIN-A1-Zeichnung zusammensetzen.

Liegen die Koordinaten als Zahlen vor, so können sie fortlaufend, durch Kommas getrennt, hinter den Steuerbuchstaben eingegeben werden (Zeilen 130, 230). Ein Pluszeichen darf auf gar keinen Fall mit eingegeben werden, es verursacht Störungen! Liegen die Koordinaten dagegen indirekt vor als sogenannte „mathematische Ausdrücke" oder in Variablen (auch

hierüber schweigt sich die Bedienungsanleitung aus), dann ist die Programmierung sehr umständlich (Zeilen 180, 210): Die Variablen und die Kommas müssen durch Semikolon voneinander getrennt werden, wobei die Kommas in Anführungsstriche zu setzen sind. Nur in dieser Schreibweise entsteht dann beim LPRINT-Befehl die Zeichenkette, die der Plotter versteht. Ein sehr anschauliches Beispiel hierfür findet sich weiter unten in Fig. 5. Damit im Graph-Modus ein String wörtlich ausgedruckt und nicht als Steuerkommando verstanden wird, ist dem Ausdruck ein

"P" voranzustellen (Zeile 250). TAB und USING können wie gewohnt verwendet werden (Zeile 290).

Unterschiedliche Steuerzeichen wie Farbe, Zeichengröße oder Modus-Umschaltung lassen sich auch in einer Zeichenkette zusammenfassen (Zeile 250) bzw. in einer Stringvariablen ablegen (Zeile 100). Dagegen muß vor jedem neuen Bewegungsbefehl (M, R, D, J) ein eigenes, neues LPRINT stehen (Zeilen 130, 160).

Abschließend noch ein wichtiger Hinweis, den man ebenfalls in der Bedienungsanleitung vermißt: Wie beim Ausdrucken von Texten im Textmodus bekannt, erfolgt am Ende jeder LPRINT-Anweisung ein Wagenrücklauf mit Zeilenvorschub, wenn dieser Anweisung bzw. dem String kein Semikolon folgt. Dies gilt auch für sämtliche Steueranweisungen (!), die ja alle mit LPRINT eingeleitet werden. Vergißt man nach der Steueranweisung "LPRINT CHR$(&ØB);" (d. h. eine Zeile zurück) das Semikolon, dann ist dieses Kommando unwirksam. Bei Beachtung dieser Regel ist es jedoch möglich, mitten im Text die Farbe oder die Schriftgröße zu ändern.

```
 1 REM PLOTTERLISTING MIT HEFTRAND:
 2 "L":OPN "LPRT":CONSOLE 0,0
 3 INPUT "CSIZE (1 oder 2) = ";C
 4 INPUT "Randabstand(cm, >1) = ";R
 5 T=(R-1)/C/0.12
 6 INPUT "von Zeile ";B
 7 INPUT "bis Zeile ";E
 8 WAIT 0:PRINT "PLLIST";B;-E
 9 C$="?b":IF C=1LET C$="?a"
10 LPRINT CHR$ 27+C$
11 A=256*PEEK &7865+PEEK &7866
12 "L1":IF PEEK A=&FFTHEN END
13 Z=256*PEEK A+PEEK (A+1)
14 IF Z<BTHEN "L2"
15 IF Z>ETHEN END
16 LPRINT TAB T:LLIST Z
17 "L2":A=A+PEEK (A+2)+3
18 GOTO "L1"
19 "Z":LPRINT CHR$ 11;:END
```

Fig. 3 Programm zum Ausdrucken eines „Listings" mit Heftrand

5 Eigenhilfen

Mit dem neuen Plotter lassen sich nun auch Programmausdrucke unmittelbar im DIN-A4-Format herstellen; alle Programmbeispiele dieses Beitrages wurden so mittels LLIST ausgedruckt. Leider hat dieses Verfahren zwei Schönheitsfehler: Erstens kann man den Heftrand nicht frei wählen, er ist mit 1 cm zu klein. Zweitens werden BASIC-Zeilen, die länger als die eingestellte Papierbreite sind, in der nächsten Druckzeile nicht eingerückt (wie beim CE-150), sondern am Rand zwischen die Zeilennummern geschrieben, was sehr unübersichtlich ist. **Fig. 3** zeigt ein Programm, mit dem man bei einem „Listing" den Heftrand selbst bestimmen kann. Es kann Bestandteil des auszudruckenden Programms sein (dieses bleibt dann redigierbar), oder es wird mit MERGE zu diesem hinzugeladen. Das Programm wird mit "DEF L" gestartet, dann können Schriftgröße (1 oder 2), Randbreite (in cm) und die auszudruckenden Zeilen eingegeben werden. Mit "DEF Z" kann man den letzten Zeilenvorschub rückgängig machen, um z. B. nach einer Unterbrechung den weiteren Ausdruck unmittelbar anzuschließen. Der zweite geschilderte Schönheitsfehler läßt sich dadurch vermeiden, daß man die BASIC-Zeilen nicht zu lang werden läßt.

Deutsche Zeichen sind im Zeichensatz nicht enthalten; die Umlaute lassen sich jedoch, wie **Fig. 4** zeigt, sehr leicht erzeugen, indem man an dem Vokal einen

```
100 "A":REM UMLAUT
110 OPN "LPRT":CONSOLE 0,0
120 U$=CHR$ 8+CHR$ 34
130 E$="Mu"+U$+"ller, "
140 LPRINT E$;"0";U$;"sterreich "
150 END


Ausdruck CE-515P:
Müller, Österreich


Ausdruck CE-150:
Mu"ller, O "sterreich


SPEICHERINHALT E$:

    7650:  4D   M    77
    7651:  75   u    117
    7652:  08        8
    7653:  22   "    34
    7654:  6C   l    108
    7655:  6C   l    108
    7656:  65   e    101
    7657:  72   r    114
    7658:  2C   ,    44
    7659:  20        32
    765A:  00        0
```

Fig. 4 Erzeugen und Abspeichern von Umlauten

```
100 REM ESZET-PLOT
110 "A":OPN "LPRT":CONSOLE 0,0
120 S=2:LPRINT CHR$ 27+"?"+CHR$ (&60+S)
121 REM FUER "SZ1" NUR S=2!
130 LPRINT "Ma";:GOSUB "SZ2":LPRINT "stab";
140 END
199 "-------------------------------------------
700 REM ESZET DIREKT, NUR CSIZE 2
710 "SZ1":LPRINT CHR$ 27+"b"
720 LPRINT "R 0,-6"
730 LPRINT "J 0,18,2,2,2,0,2,-2,0,-2,-2,-2,-2,0"
740 LPRINT "J 4,0,2,-2,0,-2,-2,-2,-2,0,-2,0"
750 LPRINT "R 2,0,8,0"
760 LPRINT CHR$ 27+"a";
770 RETURN
799 "-------------------------------------------
800 REM ESZET INDIREKT OHNE DATA
810 "SZ2":LPRINT CHR$ 27+"b"
820 LPRINT "R 0,";-3*S
830 LPRINT "J 0,";8*S;",";S;",";S;",";S;",";0
840 LPRINT "J";S;",";-S;",";0;",";-S;",";-S;",";-S
845 LPRINT "J";-S;",";0;",";2*S;",";0;",";S;",";-S
850 LPRINT "J 0,";-S;",";-S;",";-S;",";-S;",";0
860 LPRINT "J";-S;",";0
870 LPRINT "R";S;",";0;",";4*S;",";0
880 LPRINT CHR$ 27+"a";
890 RETURN
899 "-------------------------------------------
900 REM ESZET INDIREKT MIT DATA
910 "SZ3":LPRINT CHR$ 27+"b":RESTORE "SZ3"
920 DATA 0,8,1,1,1,0,1,-1,0,-1,-1,-1,-1,0
930 DATA 2,0,1,-1,0,-1,-1,-1,-1,0,-1,0
940 LPRINT "R 0,";-3*S
950 FOR I=1TO 13
960 READ X,Y:LPRINT "J";S*X;",";S*Y
970 NEXT I
980 LPRINT "R";S;",";0;",";4*S;",";0
990 LPRINT CHR$ 27+"a";
999 RETURN


AUSDRUCK:

Maßstab
Maßstab
Maßstab
```

Fig. 5 Verschiedene Möglichkeiten zum Erzeugen eines „ß"

Rückwärtsschritt und die Anführungsstriche anhängt.
Diese Steuerzeichen lassen sich sogar in Stringvariablen mit dem Text abspeichern (siehe Speicherinhalt
von E$ in Fig. 4). Beim CE-150 war diese Technik
nicht möglich, weil er auf CONTROL H (Code &08)
mit einem Zwischenraum reagiert.

Fig. 5 zeigt verschiedene Möglichkeiten, ein „Eszet"
(ß) zu erzeugen, der Ausdruck erfolgt mit "DEF A".
Für eine echte Textverarbeitung ist dieses Verfahren
natürlich nicht anwendbar, für das Beschriften von

Zeichnungen z. B. ist es aber durchaus brauchbar. Am
einfachsten ist das Programmieren der Koordinaten
mit Zahlenwerten (Unterprogramm "SZ1"), dies hat
jedoch den Nachteil, daß das Programm nur für
jeweils eine Schriftgröße verwendbar ist. Unterprogramm "SZ2" ist für alle Schriftgrößen geeignet,
läßt aber sehr deutlich die schon oben erwähnte
komplizierte Programmierung von Variablen als
Koordinaten erkennen. Man kann dieses Verfahren
jedoch etwas vereinfachen, indem man die Koordi-
naten-Grundwerte in DATA-Zeilen eingibt, die dann
genau so kompakt wie in "SZ1" angeordnet sind, und
sie in einer FOR-NEXT-Schleife abfragt (siehe Unterprogramm "SZ3"). Der eigentliche Zeichenbefehl
beschränkt sich hier auf den zweiten Teil von Zeile
960. Das Semikolon hinter dem Steuerbefehl in der
letzten Zeile vor RETURN darf auf gar keinen Fall
vergessen werden, weil der Plotter sonst nach dem
„ß" mit einer neuen Zeile beginnt. Auffallend gegenüber dem CE-150 ist, daß der Zeichenstift nicht nach
jedem Teilstrich vom Papier abhebt, sondern so lange
gesenkt bleibt, bis der gesamte zusammenhängende
Linienzug gezeichnet ist.

6 Das Programm „Zentralperspektive" für den Plotter CE-515P

Da sich CE-150-Programme, wie schon erwähnt, nicht
einfach durch Austausch von Befehlen an den CE-515P
anpassen lassen, soll hier abschließend das für den
neuen Plotter umgearbeitete Programm „Zentralperspektive" aus dem Mikrocomputer Jahrbuch '84 vorgestellt werden (Fig. 6). Die Zeilennummern wurden
so weit wie möglich beibehalten. Durch Herausnahme
der Sinus- und Cosinusberechnungen aus der Schleife
(Zeilen 134 bis 136) konnte der Programmablauf so
beschleunigt werden, daß auf das Abspeichern der
gedrehten Koordinaten in Feldern verzichtet werden
kann, wodurch erheblicher Speicherplatz eingespart
wird.

Das Programm wird mit "DEF A" gestartet. Die
Eingrenzung des Formats in den Zeilen 430 bis 451
bezieht sich auf die DIN-A4-Seite, sie muß an andere
Formate entsprechend angepaßt werden. Mit "DEF C"
kann der errechnete Ausdruck wiederholt werden,
solange die Projektionskoordinaten noch gespeichert
sind.

Für das Eingeben eigener Gebilde (Zeilen ab 3000) ist
folgendes zu beachten: Unter „Koordinaten" wird als
erstes der Wert der gesamten Punktezahl (Zeile 3110),

```
10 REM ZENTRALPERSPEKTIVE
15 REM MIT SHARP-PLOTTER CE-515P
20 REM M.SCHMIDT, HAMBURG
98 "------------------------------
99 "
100 REM PARAMETEREINGABE:
110 "A":CLEAR :CLS :DEGREE
120 INPUT "X-DREHUNG? ";WX
121 INPUT "Y-DREHUNG? ";WY
122 INPUT "Z-DREHUNG? ";WZ
123 INPUT "ENTFERNUNG? ";E
124 INPUT "SEITENABSTAND? ";S
125 INPUT "AUGENHOEHE? ";H
126 INPUT "MASSSTAB? ";M
127 INPUT "X-VERSCHIEBUNG? ";UX
128 INPUT "Y-VERSCHIEBUNG? ";UY
130 WAIT 0:PRINT "BITTE WARTEN!"
131 "------------------------------
132 "
133 REM PROJEKTIONSBERECHNUNG:
134 SX=SIN WX:CX=COS WX
135 SY=SIN WY:CY=COS WY
136 SZ=SIN WZ:CZ=COS WZ
140 RESTORE "KOORDINATEN 3"
150 READ PMAX
170 DIM X(PM),Y(PM)
180 FOR P=1TO PMAX
190 READ X,Y,Z
200 REM KOERPERDREHUNG:
210 REM DREHEN UM X-ACHSE:
212 X1=X
214 Y1=Y*CX+Z*SX
216 Z1=Z*CX-Y*SX
220 REM DREHEN UM Y-ACHSE:
222 X2=X1*CY-Z1*SY
224 Y2=Y1
226 Z2=Z1*CY+X1*SY
230 REM DREHEN UM Z-ACHSE:
232 X3=X2*CZ+Y2*SZ
234 Y3=Y2*CZ-X2*SZ
236 Z3=Z2
400 REM PROJEKTIONSGLEICHUNGEN:
401 REM   (ZENTRALPROJEKTION)
420 X(P)=(X3-S)/(E-Z3)*M
421 REM X-ZENTRIERUNG/-VERSCHIEBUNG:
422 X(P)=X(P)+S/E*M+UX
430 IF X(P)>+500GOSUB "RECHTS":GOTO "A"
431 IF X(P)<-500GOSUB "LINKS":GOTO "A"
440 Y(P)=(Y3-H)/(E-Z3)*M
441 REM Y-ZENTRIERUNG/-VERSCHIEBUNG:
442 Y(P)=Y(P)+H/E*M+UY
450 IF Y(P)>+600GOSUB "OBEN":GOTO "A"
451 IF Y(P)<-600GOSUB "UNTEN":GOTO "A"
460 NEXT P:BEEP 3:CLS
498 "------------------------------

500 REM      PLOT MIT SHARP CE-515P UEBER
501 REM      INTERFACE CE-158/PARALLEL:
505 "C":OPN "LPRT":CONSOLE 0,0:E$=CHR$ 27
510 LPRINT E$;"b";E$;"0"
515 REM NULLPUNKT:
520 LPRINT "R 500,-600":LPRINT "I"
530 LPRINT "M -10,0":LPRINT "D 10,0"
531 LPRINT "M 0,10":LPRINT "D 0,-10"
600 REM FIGUR:
620 RESTORE "LINIEN 3"
625 FOR J=0TO 1:J=J-1
630 READ S$:IF S$="ENDE"THEN "ende"
635 IF S$="L"OR S$=E$THEN GOSUB "TYP":NEXT J
640 FOR I=0TO 1:I=I-1
650 READ P:IF P=0THEN NEXT J
660 LPRINT S$;X(P);",";Y(P)
670 NEXT I:NEXT J
680 "ende":LPRINT "H":LPRINT "R 0,-600"
698 "------------------------------
699 "
700 REM PARAMETERAUSDRUCK:
710 "D":E$=CHR$ 27:ZONE 31
711 LPRINT CHR$ 13;E$;"a";E$;"?a";E$;"2"
720 LPRINT " ","X-DREHUNG    = ";WX;CHR$ &DF,
721 LPRINT "ENTFERNUNG     = ";E,
722 LPRINT "MASSSTAB       = ";M
730 LPRINT " ","Y-DREHUNG    = ";WY;CHR$ &DF,
731 LPRINT "SEITENABSTAND  = ";S,
732 LPRINT "X-VERSCHIEBUNG = ";UX
740 LPRINT " ","Z-DREHUNG    = ";WZ;CHR$ &DF,
741 LPRINT "AUGENHOEHE     = ";H,
742 LPRINT "Y-VERSCHIEBUNG = ";UY
743 LPRINT :LPRINT :LPRINT :LPRINT :LPRINT
750 END
798 "------------------------------
799 "
800 REM FORMATUEBERSCHREITUNG:
810 "RECHTS":BEEP 5:WAIT
815 PRINT "BILD ZU WEIT RECHTS!":RETURN
820 "LINKS":BEEP 5:WAIT
825 PRINT "BILD ZU WEIT LINKS!":RETURN
830 "OBEN":BEEP 5:WAIT
835 PRINT "BILD ZU HOCH!":RETURN
840 "UNTEN":BEEP 5:WAIT
845 PRINT "BILD ZU TIEF!":RETURN
898 "------------------------------
899 "
900 REM FARB- UND STRICHTYP:
910 "TYP":READ L
920 LPRINT S$;STR$ L
930 RETURN
998 "------------------------------
999 "
```

Fig. 6 Programm „Zentralperspektive" für den CE-515P

```
3000 REM KIRCHE (3):
3001 REM
3100 "KOORDINATEN 3":REM JE (X,Y,Z)
3110 DATA 41:REM GESAMTPUNKTEZAHL:
3120 DATA -30,0,20,35,0,20,50,0,10,50,0,-10,35,0,-20,-30,0,-20
3130 DATA -30,25,20,35,25,20,50,25,10,50,25,-10,35,25,-20,-30,25,-20
3140 DATA -30,50,0,30,50,0,-50,0,10,-30,0,10,-30,0,-10,-50,0,-10
3150 DATA -50,70,10,-30,70,10,-30,70,-10,-50,70,-10,-40,100,0
3160 DATA -40,110,0,-40,107,3,-40,107,-3
3169 REM UHR:
3170 DATA -38,63.5,10,-36.5,62,10,-36,60,10,-36.5,58,10,-38,56.5,10
3180 DATA -40,56,10,-42,56.5,10,-43.5,58,10,-44,60,10,-43.5,62,10
3190 DATA -42,63.5,10,-40,64,10,-40,63,10,-40,60,10,-38,60,10
3199 "------------------------------------------------------------"
3200 "LINIEN 3":REM (MIT STEUERKOMMAMDOS)
3210 DATA "L",0,E$,0:REM DURCHGEHENDE LINIE, FARBE SCHWARZ
3220 DATA "M",1,0,"D",2,3,4,5,6,1,7,13,12,6,0,"M",7,0
3230 DATA "D",8,9,10,11,12,0,"M",13,0,"D",14,8,2,0,"M",3,0
3240 DATA "D",9,14,10,4,0,"M",5,0,"D",11,14,0,"M",16,0
3250 DATA "D",15,18,17,21,22,19,20,21,23,20,0,"M",19,0
3260 DATA "D",23,24,0,"M",25,0,"D",26,0,"M",23,0
3270 DATA "L",4,"D",22,18,0,"L",0,"M",16,0,"D",20,0,E$,3
3280 DATA "M",27,0,"D",28,29,30,31,32,33,34,35,36,37,38,27,0
3290 DATA "M",39,0,"D",40,41,0,E$,0,"M",19,0,"D",15,0
3299 DATA "ENDE"
```

Fig. 6 (Fortsetzung)

sodann die Punktkoordinaten in der Reihenfolge X1, Y1, Z1, X2, Y2, Z2, X3 ... angegeben. Unter „Linien" folgen auf die Bewegungsbefehle „M" (ohne Strich) und „D" (mit Strich) jeweils die Ordnungsnummern der angesteuerten (zu verbindenden) Punkte. Auch die Steuerbefehle für die Linienart und die Farbe werden hier untergebracht. Ein Linienzug muß vor jedem neuen Zeichen- oder Steuerbuchstaben mit einer Ø (Null) abgeschlossen werden. Auf die Steuerbefehle "L" (Linienart) und E$ (für Farbe, siehe Zeile 505) folgt nur jeweils der entsprechende Zahlenwert ohne angehängte Null, der im Unterprogramm "TYP" (Zeilen 900 ... 930) in den entsprechenden Steuerbefehl umgewandelt wird. Nach dem letzten numerischen Wert im DATA-Feld muß der String "ENDE" stehen (Zeile 3299). Zur äußeren Programmgestaltung sei bemerkt, daß die Trennzeilen 98, 99, 131, 132 usw. bis 698, 699 so nur auf dem PC-1500 A lauffähig sind; auf dem PC-1500 muß statt des Anführungszeichens ein REM programmiert werden.

Fig. 7 zeigt den perspektivischen Ausdruck der Kirche aus dem Jahrbuch '84 auf einem DIN-A4-Blatt. Zur Demonstration der Anwendung von Steuerbefehlen in den DATA-Zeilen sind hier die Linienzüge 23-22-18 (Zeile 3270: Befehl "L4") gestrichelt und die Uhr (Ende Zeile 3270: Befehl CHR$ 27 + "3") rot gezeichnet.

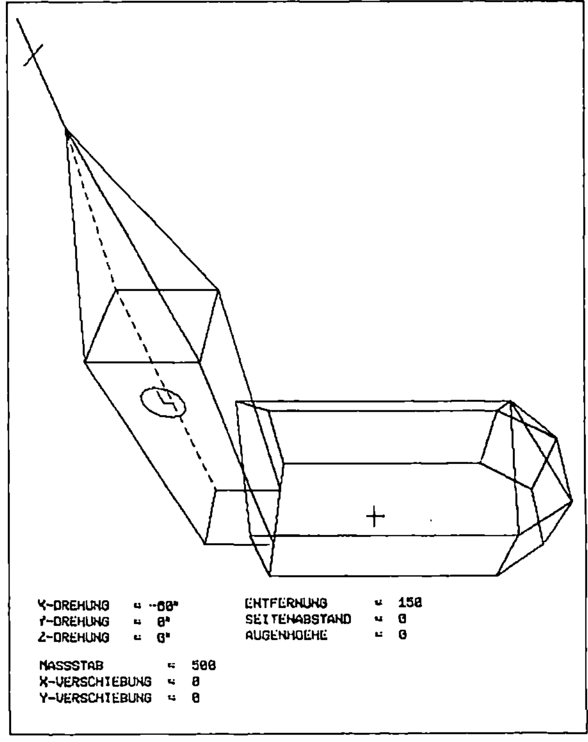

Fig. 7 Perspektivische Darstellung der Kirche im DIN-A4-Format

Computer in der Ausbildung

Eine sinnvolle Verwendung finden Computer auch darin, den Unterricht zu unterstutzen. In diesem Zusammenhang trifft man auf Bezeichnungen bzw. Methoden wie CAI (Computer Assisted Instruction), CAL (Computer Assisted Learning), CAT (Computer Aided Tutor). Ein weiteres wichtiges Anwendungsfeld ist die Verwaltung der Ausbildung. Und natürlich sind Computer selbst das Thema der Ausbildung.

Es gehört sozusagen zur Tradition des Mikrocomputer-Jahrbuchs, nicht nur der technischen Weiterentwicklung und nützlichen Anwendungen Raum zu geben, sondern auch den Einfluß bzw. die Veränderungen zu diskutieren, die Computer für den Unterricht und die Weiterbildung bringen.

Im ersten Jahrbuch (1980) wurden für die damals so dringend gefragten µP- und µC-Kurse Lern- und Lehrsysteme vorgestellt und Grundausbildung sowie Erwachsenenbildung geschildert. Im darauffolgenden Jahr war der Computereinsatz in den Sekundarstufen I und II das Thema. Ab Jahrbuch 1982 gab es dann eine eigene Rubrik „Rechner in der Schule" mit „klassischen" Schulthemen, allgemeineren Betrachtungen (EDV-Bildungsdefizit) und speziellen Fachlehrgängen.

Im Mikrocomputer-Jahrbuch '84 haben wir unter der Überschrift „Computer in der Ausbildung" den Mathematikunterricht allgemein und an einem speziellen Beispiel (Parabeln) behandelt und den „Aufbau einer Schülerdatei aus Strukturelementen" vorgestellt. Damit ist das Thema „Computer in der Ausbildung" natürlich nicht erledigt. Auch in diesem Fachbuch haben wir darum Pädagogen den Raum für Beiträge zugestanden, die einmal ganz neue Aspekte einbringen (Sprache LOGO), dann konventionell vorgehen (Berechnung von Winkelfunktionen über Näherungsformeln), danach die statistische Auswertung von Schülerdaten vorstellen und schließlich den Maschinenelemente-Unterricht in Techniker- und Hochschulen „modernisieren".

LOGO wird von Karl Achilles nicht als „Schildkrötensprache für kleine Kinder" aufgefaßt. Vielmehr ist es das Ziel des Autors, eine vorteilhafte Alternative zur sonst allgemein üblichen Sprache BASIC darzustellen. Der Blick auf Pascal wird dabei nicht vergessen. Die Nachteile von LOGO im Vergleich zu Pascal sind genannt. Dieser Beitrag macht deutlich, daß LOGO nicht nur in der Schule zu gebrauchen ist.

Gunter Alle kennt und diskutiert den Computereinsatz im Mathematikunterricht seit Jahren. Sein diesjähriger Beitrag ist so ausgelegt, daß „der Mathematiklehrer mit einem einfachen Computerprogramm dem Schüler der Mittelstufe einen ersten Einstieg in das Rechnen mit infinitesimalen Größen geben kann. „Deflation" und „Inflation" sind bei dieser Arbeit keine wirtschaftlichen Begriffe, sondern Mathematik-methodische Verfahren.

Peter Frahm geht davon aus, daß das Bundesland (hier Schleswig-Holstein) als Aufsichtsbehörde statistische Erhebungen in den öffentlichen Schulen durchführen kann, wobei die erfaßten Tatbestände natürlich schulbezogen sein müssen. Die Erhebungskomplexe sind aufgelistet, zur Datenanalyse werden Angaben gemacht. Alle Programme sind ausgedruckt, Beispiele werden diskutiert.

Alfred Böge beginnt seinen Beitrag mit folgender Feststellung: „Bisher mußten sich die Lehrer an Technikerschulen, Fachhochschulen und Hochschulen im Fach „Maschinenelemente" damit begnügen, das Profil eines Stirnradzahnes rechnerisch zu ermitteln... Stehen im Unterricht geeignete Rechner zur Verfügung, reicht es aus, das Verfahren skizzenhaft zu erläutern. Die maßstäbliche Aufzeichnung übernimmt die EDV". Mehrere Beispiele mit Lernzielen machen die Absichten des Autors deutlich.

Wir erwarten, daß die vier Arbeiten Anregungen, Diskussionsstoff und Argumentationshilfen geben.

Harald Schumny

Karl Achilles

Algorithmen in der Sekundarstufe 1 – programmiert in LOGO

Vorbemerkungen

In den allgemeinbildenden Schulen setzt sich immer mehr die Erkenntnis durch, daß BASIC als Programmiersprache für die Ausbildung nicht so sehr geeignet ist. Die Gründe dafür sind vor allem in oftmals fehlenden Strukturierungsmöglichkeiten zu suchen (Stichwort: „Spaghetti-Code"). Ferner sind Datentypen nur in beschränktem Maße vorhanden.

Eine Alternative wäre Pascal, jedoch ist diese Sprache schwieriger erlernbar als BASIC, außerdem lassen Erfolgserlebnisse wegen der notwendigen Kompilierung der Programmtexte lange auf sich warten (Ausnahme: Turbo-Pascal). Hinzu kommt noch, daß der Umgang mit allen zur Verfügung stehenden Pascal-Betriebssystemen nicht gerade leicht zu erlernen ist. Pascal eignet sich daher vor allem zur Ausbildung der Schüler der Sekundarstufe 2, vom Einsatz in der Sekundarstufe 1 ist jedoch eher abzuraten, zumal dort nicht sehr viel Zeit für den Computereinsatz zur Verfügung steht.

Seit einiger Zeit ist nun eine Alternative auf Mikrocomputern verfügbar, die Sprache LOGO. LOGO wurde am MIT in Boston entwickelt und liegt inzwischen auch in einer eingedeutschten Fassung vor. Es handelt sich um eine interaktive, prozedurale, rekursive und strukturierte Sprache. LOGO wird im Gegensatz zu Pascal interpretiert, was zu einer ziemlich langsamen Ausführungsgeschwindigkeit führt. Dafür kann jedoch der Schüler interaktiv arbeiten, das heißt, er gibt seinen Programmtext mit Hilfe des LOGO-Editors ein und kann anschließend das Programm durch Aufruf des Programmnamens sofort ablaufen lassen.

Ein LOGO-Programm setzt sich üblicherweise aus kleinen Unterprogrammen zusammen, wodurch in der Regel eine gute Strukturierung gewährleistet ist.

Wer die Sprache LOGO nur aus kurzen Zeitschriftenartikeln kennt, hat oft den Eindruck, es handele sich hier lediglich um eine hübsche „Schildkrötensprache" für kleine Kinder. LOGO ist aber eine „komplette" Programmiersprache, das heißt, man kann mit ihr auch ernsthafte Probleme bearbeiten, zum Beispiel Dateiverwaltung. Dafür sorgt das für LOGO typische Listenkonzept.

Leider fehlen in LOGO die von Pascal her bekannten Kontrollstrukturen REPEAT ... UNTIL, WHILE .. DO und FOR ... TO ... DO.

Sie lassen sich aber mittels *Prozeduren* leicht simulieren.

Im folgenden soll an einigen kleineren Algorithmen aus dem Bereich der Sekundarstufe 1 aufgezeigt werden, daß mit LOGO relativ rasch Erfolgserlebnisse erzielt werden können.

Bereitstellen der Kontrollstrukturen

Da zu jedem Problem zunächst ein umgangssprachlich formulierter *Algorithmus* angegeben wird, erscheint es didaktisch sinnvoll zu sein, die in diesen Algorithmen verwendeten Kontrollstrukturen in LOGO zu simulieren. Hierbei ist es nicht notwendig, dem Schüler den Aufbau dieser Kontrollstrukturen zu erläutern, sondern es genügt eine Verwendung als "Black Box". Die als Prozeduren geschriebenen Kontrollstrukturen sollten zu Beginn der Sitzung in den Arbeitsspeicher geladen werden, wo sie dann von den Programmen so benutzt werden können, als seien sie schon immer Bestandteil des Systems gewesen.

Es werden folgende Kontrollstrukturen gebraucht:

— SOLANGE (Bedingung erfüllt) WIEDERHOLE (Anweisung).
— WIEDERHOLE (Anweisung) BIS (Bedingung erfüllt).
— Für K VON (Anfangswert) BIS (Endwert) WIEDERHOLE (Anweisung)

Die entsprechenden LOGO-Prozeduren sind rekursiv aufgebaut:

```
PR  SOLANGE  :BEDINGUNG  :ANWEISUNG
      WENN  NICHT  (TUE  :BEDINGUNG)  DANN  RUECKKEHR
      TUE  :ANWEISUNG
      SOLANGE  :BEDINGUNG  :ANWEISUNG
ENDE


PR  WDHOLE  :ANWEISUNG  :BEDINGUNG
      TUE  :ANWEISUNG
      WENN  TUE  :BEDINGUNG  DANN  RUECKKEHR
      WDHOLE  :ANWEISUNG  :BEDINGUNG
ENDE


PR  ZAEHLE  :K  :N  :ANWEISUNG
      WENN  :K > :N  DANN  RUECKKEHR
      TUE  :ANWEISUNG
      ZAEHLE  :K + 1  :N  :ANWEISUNG
ENDE
```

Anmerkungen:
LOGO-Grundwörter sind unterstrichen. Da LOGO schon eine WIEDERHOLE-Schleife mit für unsere Zwecke nicht relevanter Bedeutung kennt, muß unsere Schleife mit einem anderen (selbstgewählten) Wort realisiert werden, hier: WDHOLE. Die Parameter :BEDINGUNG und :ANWEISUNG sind jeweils als *Liste* einzugeben. Listen stehen zwischen eckigen Klammern.

Algorithmen und LOGO-Programme

Die folgenden Algorithmen werden lediglich vorgegeben, da eine Herleitung den Rahmen dieses Artikels sprengen würde. Es sei jedoch auf die am Schluß angegebene Literatur hingewiesen.

Einige Algorithmen lassen sich sicherlich mittels Rekursion eleganter lösen (z. B. GGT), jedoch soll im folgenden auf das Hilfsmittel der Rekursion zugunsten der Kontrollstrukturen verzichtet werden. Meines Erachtens verstehen Schüler die in der Umgangssprache formulierten Strukturen besser als eine entsprechende rekursive Fassung. Somit ist Rekursion nur noch in den Kontrollstrukturen selbst, allerdings für den Anwender nicht zugänglich, enthalten.

1 Algorithmus GGT (Euklidischer Divisionsalgorithmus).

```
ANFANG
    LIES (A,B)
    SOLANGE A*B <> 0 WIEDERHOLE
        FALLS A<B DANN  B <--- B MOD A
                  SONST A <--- A MOD B
    SCHREIB (A+B)
ENDE


PR  GGT  :A  :B
    SOLANGE  [NICHT  :A * :B = 0] ___
             [WENN  :A < :B  DANN  SETZE  "B  REST  :B  :A ___
              SONST  SETZE  "A  REST  :A  :B]
    DRUCKEZEILE  (:A + :B)
ENDE
```

Anmerkung:
___ bedeutet, daß die Zeile *nicht* mit RETURN abgeschlossen werden darf!

2 Algorithmus HERON (Berechnung der Quadratwurzel von a)

```
ANFANG
    LIES (Radikand)
    Mittel <--- Radikand
    WIEDERHOLE
        X <--- Radikand / Mittel
        Mittel <--- (X+Mittel) / 2
        SCHREIB (Mittel)
    BIS  Mittel - X < 0.00001
ENDE
```

```
PR  HERON  :RADIKAND
    SETZE  "MITTEL  :RADIKAND
    WDHOLE  [SETZE  "X  :RADIKAND  /  :MITTEL ___
            SETZE  "MITTEL  (:X+:MITTEL) / 2 ___
            DRUCKEZEILE  :MITTEL] ___
            [:MITTEL - :X < 0.00001]
ENDE
```

3 Approximation der Kreiszahl π nach der Monte-Carlo-Methode

```
ANFANG
    LIES (Anzahl)
    Zaehler <--- 0
    FüR I VON 1 BIS Anzahl WIEDERHOLE
        ANFANG
            X <--- ZUFALLSZAHL
            Y <--- ZUFALLSZAHL
            FALLS  X * X + Y * Y < 1  DANN  Zaehler <--- Zaehler + 1
        ENDE
    SCHREIB (4 * Zaehler / Anzahl)
ENDE
```

Anmerkungen:

STARTEZUFALL „mischt" den Zufallsgenerator. Die Funktion ZUFALLSZAHL 100 erzeugt, abweichend vom Algorithmus, eine ganzzahlige Zufallszahl zwischen 0 und 99. Der im Algorithmus betrachtete Bereich zwischen 0 und 1 ist also entsprechend zu spreizen.

```
PR  MONTE.PI  :ANZAHL
    SETZE  "ZAEHLER  0
    SETZE  "K  1
    STARTEZUFALL
    ZAEHLE  :K  :ANZAHL ___
            [SETZE  "X  ZUFALLSZAHL  100 ___
             SETZE  "Y  ZUFALLSZAHL  100 ___
             WENN  (:X * :X + :Y * :Y < 10000) ___
             DANN  SETZE  "ZAEHLER  :ZAEHLER + 1]
    (DRUCKEZEILE  "NAEHERUNGSWERT= 4 * :ZAEHLER / :ANZAHL )
ENDE
```

4 Approximation der Kreiszahl π nach ARCHIMEDES

```
ANFANG
    Seitenlaenge <--- 1
    Eckenzahl <--- 6
    WIEDERHOLE
        Innen <--- Eckenzahl * Seitenlaenge / 2
        Aussen <--- 2 * Innen / WURZEL (4 - Seitenlaenge²)
        SCHREIB (Eckenzahl,Seitenlaenge,Innen,Aussen)
        Eckenzahl <--- 2 * Eckenzahl
        Seitenlaenge <--- WURZEL (2 - WURZEL (4 - Seitenlaenge²))
    BIS  Eckenzahl > 10000
ENDE
```

Anmerkung:

Bei diesem Algorithmus kommt es aufgrund von Rundungsfehlern zu einer „Subtraktionskatastrophe". Abhilfe schafft eine Ersetzung der drittletzten Zeile durch die äquivalente Vorschrift:

```
Seitenlaenge <---
Seitenlaenge / WURZEL (2 + WURZEL (4 - Seitenlaenge²))
```

```
PR   ARCHIMEDES.PI
    SETZE  "Q  1
    SETZE  "N  6
    SETZE  "ZEILE  2
    LOESCHESCHIRM
    BLINKER  0   0   DRUCKE  "ECKENZAHL
    BLINKER  10  0   DRUCKE  "S-LAENGE
    BLINKER  20  0   DRUCKE  "INNEN
    BLINKER  30  0   DRUCKE  "AUSSEN
    WDHOLE  [SETZE   "INNEN   :N * :Q / 2 ___
             SETZE   "AUSSEN  2 * :INNEN / QW  4 - :Q * :Q ___
             BLINKER  0   :ZEILE  DRUCKE  :N ___
             BLINKER  10  :ZEILE  DRUCKE  :Q ___
             BLINKER  20  :ZEILE  DRUCKE  :INNEN ___
             BLINKER  30  :ZEILE  DRUCKE  :AUSSEN ___
             SETZE   "ZEILE  :ZEILE + 1 ___
             SETZE   "N  2 * :N ___
             SETZE   "Q  QW  2 - QW  (4 - :Q * :Q) ] ___
            [:N > 10000]
    ENDE
```

Anmerkungen:

Dieses LOGO-Programm ist schon etwas komfortabler als die vorherigen, denn es gibt die Ergebnisse in Tabellenform aus (BLINKER x y positioniert den Cursor in einem gedachten Koordinatensystem auf dem Punkt mit den Koordinaten x und y).
Für die Variablen wurden hier, anders als im Algorithmus, Abkürzungen verwendet, um das Programm nicht zu groß werden zu lassen.
Das LOGO-Wort QW bildet die Quadratwurzel des nachfolgenden Terms.

Schlußbemerkungen

Die Programmiersprache LOGO scheint für Ausbildungszwecke wesentlich besser geeignet zu sein als BASIC, da sie die Strukturierung von Programmen in hohem Maße unterstützt. Allerdings ist die LOGO-Grammatik nicht gerade als einfach zu bezeichnen. Es gibt strukturierte Sprachen, zum Beispiel Pascal, deren Syntax verständlicher ist. Die Darstellung von Anweisungen in einer Liste führt bei größeren Listen zu einer recht unübersichtlichen Zusammenballung von Termen. Dies ist andeutungsweise beim Programm ARCHIMEDES.PI zu erkennen. Im Vergleich zu den üblichen BASIC-Programmen ist die Darstellung jedoch immerhin noch als überschaubar zu bezeichnen.

Folgende Eigenschaften sind bei LOGO neben der Strukturiertheit hervorzuheben:

— Die Interaktivität,
— der eingebaute Editor, der aber sicher nicht überragend ist,
— das Listenkonzept, das in diesem Artikel nicht genauer behandelt werden konnte,
— und die Erweiterbarkeit.

Obgleich LOGO nicht *die ideale* Programmiersprache ist, stellt sie doch einen erheblichen Fortschritt im Vergleich zu anderen Sprachen dar. Ob LOGO sich wegen der zunehmenden Verbreitung auf Mikrocomputern in der Schule durchsetzen wird, erscheint dennoch fraglich.

Literatur

Harold Abelson: Einführung in LOGO. IWT-Verlag 1983.

Seymour Papert: Mindstorms-Kinder, Computer und neues Lernen. Birkhäuser-Verlag 1982.

Karl Achilles: In „Taschenrechner + Mikrocomputer Jahrbuch 1982". Vieweg-Verlag 1981.

Karl Achilles: In „Programmierung mathematischer Algorithmen". Vieweg-Verlag 1982.

Karl Achilles: In „BASIC und Pascal im Vergleich". Vieweg-Verlag 1983.

Gunter Alle

Berechnen von Winkelfunktionen über Näherungsformeln

1 Zielsetzung

Aus mathematischen Formelsammlungen entnimmt man für sehr kleine x:

$$\sin x \approx x \qquad \tan x \approx x$$

Die Winkel x werden im Bogenmaß gemessen.

An Hand einer Zeichnung ist dieser Zusammenhang unmittelbar einsichtig: Je kleiner der Winkel x, desto genauer ist die Näherung an sin x und tan x (**Fig. 1**).

Deflation und Inflation

Der Mathematiklehrer kann mit einem einfachen Computerprogramm dem Schüler der Mittelstufe einen

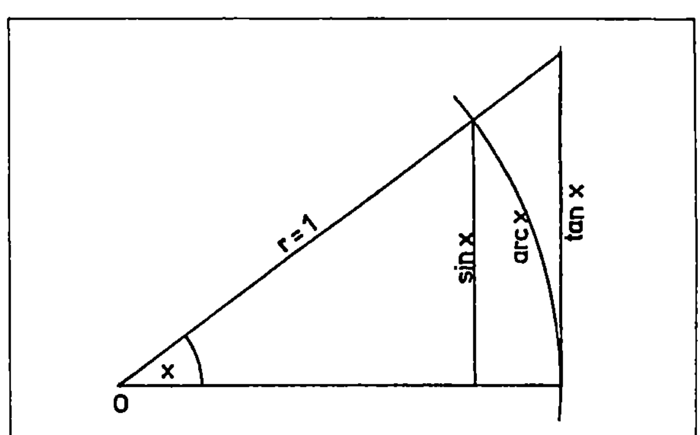

Fig. 1 Winkelfunktionen

ersten Einstieg in das Rechnen mit infinitesimalen Größen geben. Mit dem „mathematischen Trick" der fortwährenden Verkleinerung eines gegebenen Winkels x im Bogenmaß unter ein vorgegebenes Epsilon, der Substituion sin x für x und der darauffolgenden Vergrößerung nach den trigonometrischen Additionstheoremen kann man tatsächlich jeden beliebigen Winkel sehr genau berechnen. *Gilde* und *Altrichter* nennen dieses Verfahren plakativ „Deflation und Inflation" [1].

2 Das Computerprogramm zur Berechnung der Winkelfunktionen

Der Bequemlichkeit halber geben wir die Winkel ω in Grad in den Computer ein; mit der bekannten Formel

$$x = \frac{\pi \cdot \omega}{180}$$

erhalten wir den Winkel x im Bogenmaß, was für die Berechnung unerläßlich ist. In einem ersten Lernabschnitt halbieren wir den Winkel x so lange, bis er genügend klein ist; z. B.

$$x \leqslant \frac{1}{1000}$$

Mit einer IF-Abfrage überprüft der Computer nach jedem Halbieren, ob diese Bedingung schon erfüllt ist. Gleichzeitig zählt er die Anzahl der Halbierungen, weil ja die spätere Inflation genau der Deflation entsprechen muß. Wenn x genügend klein ist, wird es als sin x aufgefaßt und der Inflation unterzogen. Dabei taucht für den Schüler ein Problem auf: Der Sinus eines Winkels kann nicht einfach verdoppelt werden, indem man mit 2 multipliziert. Aus der Formelsammlung entnimmt man die Verdoppelungsformel für den Sinus:

$$\sin 2x = 2 \sin x \cdot \cos x$$

Nach dem pythagoräischen Lehrsatz der Trigonometrie ersetzt man in der Formel cos x durch:

$$\sqrt{1 - \sin^2 x}$$

und erhält durch Einsetzen:

$$\sin 2x = 2 \cdot \sin x \cdot \sqrt{1 - \sin^2 x}$$

Um diese Berechnung dem Computer anzupassen, genügen minimale BASIC-Kenntnisse. Das hat den Vorteil, daß der Schüler leicht selbst Programme ähnlicher Art schreiben kann.

In **Fig. 2** habe ich den Programmablauf in einem ausführlichen Flußdiagramm dokumentiert und das BASIC-Programm synchron dazu notiert.

2.1 Austesten des Programms

Zunächst testen wir das Programm mit den bekannten Funktionswerten für 0°, 30°, 45°, 60° und 90 Grad. Der Computer liefert Ergebnisse, die sich sehen lassen können! Sin 45° ist erst ab der 7. Dezimalen falsch, sin 30° und sin 60° sogar erst ab der 8. Stelle nach dem Komma. Die Funktionswerte für 0 Grad und 90 Grad sind exakt 0 und 1. Wir lassen die Schüler nun weitere Winkel testen; die Vergleichsergebnisse beschaffen wir uns von einem Taschenrechner. Bis 180 Grad stimmen die Werte bis auf mindestens 6 Nachkommastellen überein.

Beim Eingeben von negativen Winkeln erleben wir eine bittere Enttäuschung: Die Funktionswerte werden rasch ungenau. Sin $(-30)°$ ist ab der dritten Stelle falsch, sin (-60) Grad ab der 2. Stelle, sin (-100) Grad ist bereits ganz falsch und für den Winkel -170 gibt der Computer einen "Illegal-quantity"-Fehler aus, d. h., unter der Wurzel in Zeile 60 steht ein negativer Wert. Vielleicht kommen programmiererfahrene Schüler selbst auf den Fehler: Die Abfrage in Zeile 40 verhindert bei negativen Winkeln die Deflation, da jeder negative Wert kleiner als 0.001 ist. Abhilfe bringt die ABS-Funktion; wir verwenden in der IF-Abfrage in Zeile 40 den Betrag von x.

Verbesserte Fassung der Zeile 40 unseres Programms (Fig. 2):

```
40 IF ABS (X) > .001 THEN N = N + 1 : GOTO 30
```

Auf Grund dieser kleinen Änderung bearbeitet das Programm alle positiven Winkel bis 180 Grad und alle negativen Winkel von 0 bis -180 Grad auf mindestens 6 Dezimalstellen genau. Es ist anzunehmen, daß aufgeweckte Schüler auch diese Grenze überschreiten wollen und z. B. den Winkel -210 Grad eintippen. Der Computer gibt den richtigen Zahlenwert mit dem falschen Vorzeichen aus $(-.5)$. Je nach dem Kenntnisstand der Klasse oder einzelner Schüler könnte es sich hier lohnen, etwas tiefer in die mathematischen Grundlagen vorzudringen. Offensichtlich ist der Wurzelausdruck in Zeile 60 für die Schwierigkeiten verantwortlich. Bekanntlich hat die Quadratwurzel ein positives oder ein negatives Vorzeichen; für Winkel bis 180 Grad gilt das positive Vorzeichen, von 180 bis 360 Grad der negative Wert der Wurzel. Wir lösen das Problem mit einer weiteren IF-Abfrage:

```
75 IF ABS (W) > 180 THEN X = - X
```

Mit der Betragsfunktion erhalten wir auch die Lösung für negative Winkel zwischen -180 Grad und -360 Grad.

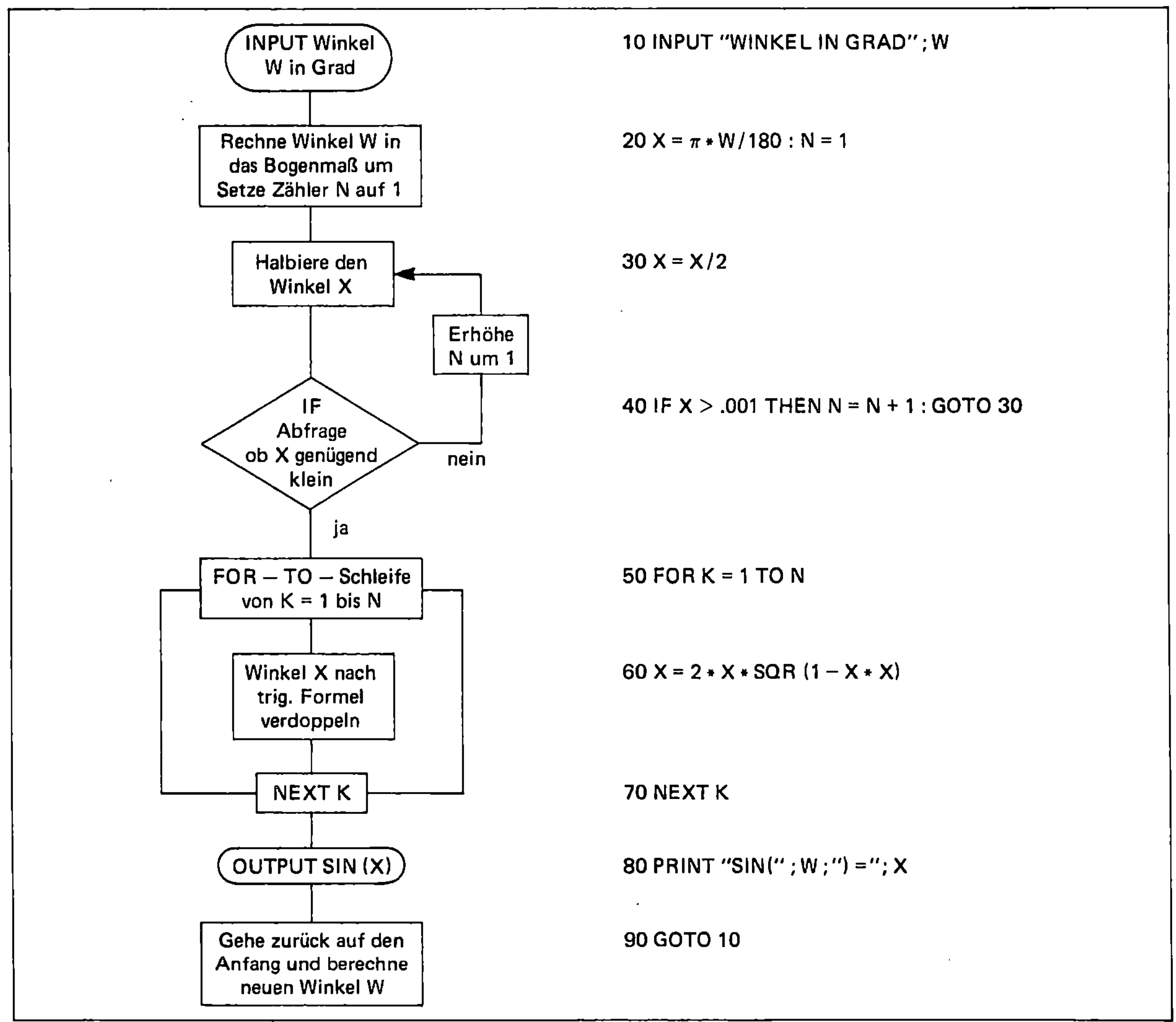

Fig. 2 Flußdiagramm zur Berechnung der Winkelfunktionen

2.2 Modifikation des Programms

Eine andere Lösungsmöglichkeit, alle positiven und negativen Winkel in den Computer einzugeben und den richtigen Sinus zu erhalten können begabte Schüler selbst mit Hilfe einer Formelsammlung finden.

Zur Verdreifachung des Sinus benötigt man keinen Wurzelausdruck:

$$\sin 3x = 3\sin x - 4\sin^3 x$$

Wir übersetzen diese Formel in BASIC, denken daran, daß der Verdreifachung eine Drittelung vorangehen

muß, tilgen die Zeile 75 und erhalten die neue Version unseres Programms, indem wir die Zeilen 30 und 60 wie folgt ändern:

30 X = X/3
60 X = 3 * X — 4 * X * X * X

Wie schon in der ursprünglichen Fassung verwenden wir die Multiplikation, um X zu potenzieren.

In jeder Formelsammlung kann man nachschlagen, wie mit Hilfe der Sinus-Funktion der Cosinus, der Tangens und der Cotangens eines Winkels berechnet

85

werden können. Die Umsetzung dieser Formeln in BASIC sollte den Schülern nun nicht mehr schwer fallen. Da in allen Formeln Quadratwurzeln vorkommen, können die Schüler zeigen, ob sie in der Lage sind, Falluntersuchungen durchzuführen, was ja auch ein wichtiges mathematisches Lernziel ist. Man kann den Tangens eines Winkels auch direkt mit dem Verfahren der Deflation und der Inflation berechnen. Nach Fig. 1 gilt für kleine Winkel x im Bogenmaß: $\tan x \approx x.$

Da für den Tangens des doppelten Winkels keine Wurzelberechnung erforderlich ist, können wir durch Halbieren und Verdoppeln zum Ziel gelangen. Die Formel für den Tangens des doppelten Winkels entnehmen wir wiederum einer Formelsammlung:

$$\tan 2x = \frac{2 \cdot \tan x}{1 - \tan^2 x}$$

Die geänderten Zeilen im BASIC-Programm:

```
30 X = X/2
60 X = 2 * X/(1 - X * X)
80 PRINT "TAN(" ; W ; ") =" ; X
```

Beim Austesten dieses Programms gibt der Rechner für tan 90 Grad eine Fehlermeldung aus und zeigt für tan 45 Grad genau 1 an, wenn der Vergleichswert Epsilon in Zeile 40 .00001 ist.

3 Ausblick

Man kann mit dem Verfahren der *Deflation* und der *Inflation* auch Hyperbelfunktionen berechnen, da $\sinh x \approx x$, wobei x sehr klein sein muß. Für die Inflation braucht man die Funktion des doppelten Argumentes; sie heißt:

$$\sinh 2x = 2 \cdot \sinh x \cdot \cosh x$$

Der $\cosh x$ kann durch $\sqrt{\sinh^2 x + 1}$ ersetzt werden. In BASIC übersetzt, würden wir fast das gleiche Programm wie unser ursprüngliches Sinus-Programm erhalten.

Zum Schluß geben wir noch eine andere Anwendung des Verfahrens an. Wir zeigen, wie man Potenzen von e berechnen kann.

Wir verwenden nur die ersten drei Glieder der bekannten Potenzreihe

$$e^x = 1 + x + \frac{x^2}{2!} + \frac{x^3}{3!} + \frac{x^4}{4!} + \ldots$$

Wenige Änderungen genügen, um e^x recht genau für positive und negative Exponenten zu berechnen. Wir erläutern nur die geänderten Zeilen des Programms.

```
10 INPUT "EXPONENT"; X
20 A = X : N = 1
30 A = Y/2
40 IF ABS (A) >.0001 THEN N = N + 1: GOTO 30
45 A = 1 + A + A * A/2
50 FOR K = 1 TO N
60 A = A * A
70 NEXT K
80 PRINT "EXP ("X") =" ; A
90 GOTO 10
```

Zeile 20: Um den Exponenten nicht zu löschen, rechnen wir mit der Variablen A, der wir den Wert X zuweisen.

Zeile 45: In dieser Zeile berechnen wir die dreigliedrige Potenzsumme für den sehr kleinen Wert A.

Zeile 60: Wenn der Exponent einer Potenz halbiert wird, so entspricht das dem Ziehen der Quadratwurzel. Die Umkehrung davon ist das Quadrieren.

Die Umkehrfunktion der e-Funktion ist die ln-Funktion. Um das Verfahren der Deflation und der Inflation auf diese Funktion zu übertragen, muß man genau das Gegenteil programmieren: Aus Halbieren und Quadrieren wird Wurzelziehen und Verdoppeln. In Zeile 45 verwenden wir die ersten drei Glieder der logarithmischen Reihe:

$$\ln x = \frac{x - 1}{1} - \frac{(x - 1)^2}{2} + \frac{(x - 1)^3}{3} - + \ldots$$

```
10 INPUT "X =" ; X
20 A = X : N = 1
30 A = SQR (A)
40 IF A > 1.01 THEN N = N + 1 : GOTO 30
45 A = A - 1 - (A - 1) ↑ 2/2 + (A - 1) ↑ 3/3
50 FOR K = 1 TO N
60 A = A * 2
70 NEXT K
80 PRINT "LN" ; X "=" ; A
90 GOTO 10
```

Das ln x-Programm gilt für alle $x \geqslant 1$, da der Vergleichswert in Zeile 40 größer als 1 sein muß.

4 Literaturhinweise

Computerprogramme zur Berechnung von Winkelfunktionen: *A. Engel* gibt in [2], Seite 65 ff., verschiedene Computerprogramme (BASIC) an, die er aus der Elementargeometrie ableitet. Einen ähnlichen Weg beschreibt auch *D. Herrmann* in [3]. Eine andere Möglichkeit zeigt *Holland* in [4] Seite 46 ff. Er verwendet Dualbrüche und die Additionstheoreme. *N. Wirth* approximiert $\sin x$ mit der Potenzreihe für $\sin x$ in [5], Seite 65.

[1] *Gilde/Altrichter:* Mehr Spaß mit dem Taschenrechner. Frankfurt am Main: Verlag Harri Deutsch 1980.

[2] *Engel, A.:* Elementarmathematik vom algorithmischen Standpunkt. Stuttgart: Ernst Klett Verlag 1977.

[3] *Herrmann, D.:* Mathematikprogramme in BASIC. Köln: Aulis Verlag Deubner & Co KG 1982.

[4] *Holland, G.:* Geometrie für Lehrer und Studenten, Band 2. Hannover: Hermann Schroedel Verlag 1977.

[5] *Wirth, N.:* Systematisches Programmieren. Stuttgart: B. G. Teubner 1975.

[6] *Bartsch, H.-J.:* Mathematische Formeln. Leipzig: VEB Fachbuchverlag 1974.

Peter Frahm

Statistische Auswertung von Schülerdaten

1 Voraussetzungen

Nach § 125 des Schleswig-Holsteinischen Schulgesetzes kann das Land als Aufsichtsbehörde statistische Erhebungen in den öffentlichen Schulen durchführen. Dabei müssen die erfaßten Tatbestände schulbezogen sein. Die Erhebungen beziehen sich auf drei verschiedene Teilbereiche:

1. Schülerbezogene Daten,
2. Daten die Unterrichtsversorgung betreffend,
3. Daten zum Wahlverhalten in der reformierten Oberstufe.

Die statistische Auswertung läßt sich mit dem Computer vornehmen, wenn alle benötigten Daten erfaßt und auf dem aktuellen Stand gehalten werden. Dies bedeutet für eine Schule, daß sie vor der Erfassung von Schülerdaten eine Analyse der zu erstellenden Statistik vornimmt, um in den Schülerdatensatz alle benötigten Daten aufnehmen zu können. Die für die Statistik benötigten Informationen beziehen sich auf folgende Erhebungskomplexe:

A) Daten am Erhebungsstichtag

1. Gesamtschülerzahl und Anzahl der Klassen,
2. Schülerzahlen, aufgeschlüsselt nach Wohnsitzgemeinde,
3. Schülerzahlen in der Orientierungsstufe, aufgeschüsselt nach Grundschulgutachten mit Empfehlung für:
   a) Hauptschule,
   b) Realschule,
   c) Gymnasium.
4. Schülerzahlen, aufgeschlüsselt nach
   a) Klassenstufe/Jahrgangsstufe,
   b) Geburtsjahr,
   c) Geschlecht,
   d) Deutscher/Ausländer.
5. Schülerzahlen der Klassenstufen 5—10, aufgeschlüsselt nach
   a) Einzelklassen,
   b) Fremdsprachenfolge.

6. Anzahl der ausländischen Schüler, aufgeschlüsselt nach
   a) Staatsangehörigkeit, b) Geschlecht.
7. Schüler, die die Abiturprüfung bestanden haben, aufgeschlüsselt nach
   a) Geburtsjahr, b) Geschlecht.

B) Veränderungen der Schülerzahlen während des Schuljahres

1. Anzahl der Schüler, die am Ende des Schuljahres
   a) in die nächsthöhere Klassenstufe/Jahrgangsstufe aufsteigen,
   b) nicht in die nächsthöhere Klassenstufe/Jahrgangsstufe aufsteigen,
   aufgeschlüsselt nach Klassenstufe/Jahrgangsstufe.
2. Anzahl der Zugänge, aufgeschlüsselt nach
   a) Herkunftsschule,
   b) Klassenstufe/Jahrgangsstufe.
3. Anzahl der Abgänge, aufgeschlüsselt nach
   a) Abgangsschule oder Schulabschluß,
   b) Klassenstufe/Jahrgangsstufe.

2 Datenanalyse

Eine Analyse der oben aufgeführten Einzelstatistiken liefert die für die Gesamtstatistik erforderlichen Einzeldaten eines jeden Schülers. Das Ergebnis ist in **Tabelle 1** zusammengestellt:

Tabelle 1 Analyse der Einzelstatistiken

Einzelstatistik	Klassenbezeichnung	Geschlecht	Geburtsdatum	Wohnsitz	Fremdsprachenfolge	Übergangsempfehlung	Versetzungsschlüssel	Übergangsschlüssel	Abgangsschlüssel	Staatsangehörigkeit
A 1	X									
A 2				X						
A 3	X				X					
A 4	X	X	X							X
A 5	X				X					
A 6		X								X
A 7	X	X	X							
B 1							X			
B 2	X							X		
B 3	X								X	

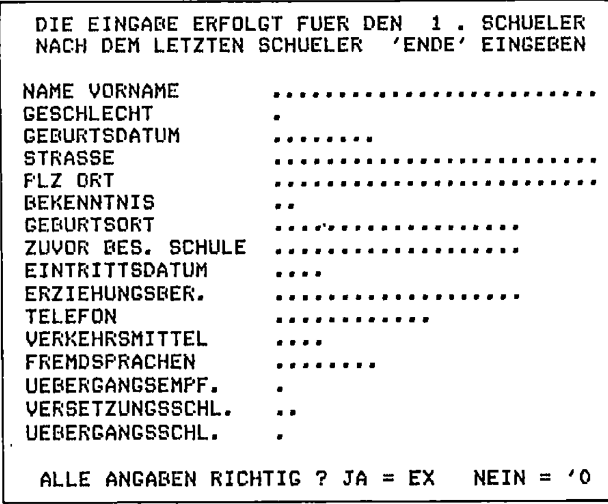

Fig. 1 Eingabemaske für Schülerdaten

Die für die Statistik erforderlichen Daten werden um die schulintern benötigten Daten ergänzt und ergeben den vollständigen Schülerdatensatz, der in der Eingabemaske (**Fig. 1**) dargestellt ist.

3 Festlegung der Datenstruktur

Die Organisation der Schule in Klassenform legt es nahe, daß jede Klasse für sich eine Datei bildet. Die Klassenbezeichnung legt den Dateinamen fest. Die Datei besteht aus einem einzigen Datensatz, dessen Felder aus Arrays gebildet werden. Die einzelnen Arrays enthalten als Komponenten die Schülerdaten gleichen Typs, z. B. das *Array „Nachname"* enthält die Nachnamen aller Schüler einer Klasse.

Die tabellarische Übersicht in der Datenanalyse (Tabelle 1) zeigt, daß bei fast jeder Einzelstatistik die Klassenbezeichnung benötigt wird. Das bedeutet, daß die Klasse statistisch als Einheit behandelt und ausgewertet wird. Deshalb erscheint es sinnvoll, die gesamten Schülerdaten einer Klasse in Form von Arrays in den Zentralspeicher zu laden, um die Verarbeitungszeiten herabzusetzen.

4 Plausibilitätskontrollen

Daten, die statistischen Zwecken dienen, müssen ein festes Eingabeformat haben. Zur Überprüfung der Eingaben auf das vorgegebene Format dienen die Plausibilitätskontrollen, die in die Eingaberoutine eingebaut werden und bei Nichtübereinstimmung einen Hinweis für den Bediener am unteren Bildschirmrand ausgeben und zur erneuten Eingabe auffordern.

5 Beispiele für eine statistische Auswertung

Es sollen zwei Programme beschrieben werden, die die benötigten Daten für die Statistiken A 1, A 2 (**Fig. 2**) und A 4 (**Fig. 3**) liefern.

Das Programm M 15 (**Fig. 4**) zählt Schüler aufgeschlüsselt nach Klassenstufe, Geburtsjahr und Geschlecht in den Klassen 5–10. Für die Oberstufe existiert wegen der Jahrgangsstruktur der Dateien und einiger verzichtbarer Daten ein leicht abgewandeltes Programm. Der Ausdruck (**Fig. 5** und **Fig. 6**) liefert die Unterlagen für die Statistiken A 1 und A 4.

Das Programm M 25 (**Fig. 7**) sucht aus den Klassendateien der Klassenstufen 5–10 sämtliche auftretenden Wohnorte heraus, sortiert diese alphabetisch und zählt in einem zweiten Klassendurchlauf die in den verschiedenen Orten wohnenden Schüler. Der Ausdruck (**Fig. 8**) dient als Unterlage für die Statistik A 2. Ordnet man den verschiedenen Orten die Entfernung zur Schule zu, so läßt sich hieraus für den kommunalen Schulträger die Anzahl der Schüler ermitteln, die Anspruch auf kostenlose Schülerbeförderung haben.

6 Programmbeschreibung: Jahrgangsstatistik (M 15)

10	Dimensionierung der Arrays A$( ), B$( ) ... M$( ) Schülerdaten N$( ) Klassenbezeichnungen P$( ) Klassenlehrer M ( ) Klassenzähler für die Anzahl der Jungen in 10 verschiedenen Geburtsjahrgängen. W ( ) Klassenzähler für die Anzahl der Mädchen in 10 verschiedenen Geburtsjahrgängen A ( ) Klassenstufenzähler für die Anzahl der Jungen in 10 verschiedenen Geburtsjahrgängen B ( ) Klassenstufenzähler für die Anzahl der Mädchen in 10 verschiedenen Geburtsjahrgängen
	G ( ), H ( ) Zähler für 6 verschiedene Klassenstufen 5–10, der die Ergebnisse der Einzelklassenstufen als zweidimensionales Array vom eindimensionalen Array A ( ) bzw. B ( ) übernimmt, um den Ausdruck der Zusammenstellung (Figur 6) zu ermöglichen.
70	Eingabe des in Klasse 5 auftretenden jüngsten Geburtsjahrganges
80	Generierung des ältesten in der Mittelstufe auftretenden Geburtsjahrganges
100–120	Laden der Klassenverzeichnisdateien
140	Aufruf des Unterprogramms zum Druck des Seitenkopfes
160	Rücksetzen der Klassenzähler vor Aufruf einer neuen Klassendatei
170–250	Laden der Klassendatei
270	Umwandlung einer alphanumerischen Variablen in eine numerische Variable. Hier wird der aus dem Geburtsdatum abgespaltene Geburtsjahrgang umgewandelt.
280	Geschlechtsabfrage
290–390	Verzweigung in 10 verschiedene Geburtsjahrgangszähler für Jungen
400–500	... entsprechend für Mädchen
530	Abfrage, ob Klassendatei noch zur gleichen Klassenstufe gehört
550	Die Schülerzahlen aus den Klassenstufenzählern werden bei Wechsel der Klassenstufe in den Klassenstufenzähler für alle 6 Klassenstufen überschrieben.
560	Rücksetzen der Klassenstufenzähler bei Übergang in eine neue Klassenstufe
570	Überschreiben der Klassenzähler in die Klassenstufenzähler
580–630	Ausdruck der Schülerzahlen einer Klasse, aufgeschlüsselt nach Geschlecht und Geburtsjahrgang
650	Abfrage auf Seitenvorschub nach jeweils 10 Klassen
660	Aufruf des Unterprogramms für Seitenvorschub mit Ausdruck des Seitenkopfes
690	Überschreiben der Schülerzahlen der Klassenstufe 10 in den Gesamtklassenstufenzähler
730–910	Ausdruck der Jahrgangszusammenstellung (Fig. 6)

7 Programmbeschreibung: Schülerzahlen aus Wohnsitzgemeinden (M 25)

10	Dimensionierung der Arrays
	A$( ) Array für alle auftretenden Wohnsitzgemeinden
	C$( ) Wohnsitzarray einer Klasse
	N$( ) Klassenbezeichnungen
	W$( ) Hilfsarrays für Macroanweisung MAT SORT und
	L$( ) MAT MOVE (siehe Referenzliste der BASIC-Anweisungen)
	O$( )
	O ( ) Zähler für Schülerzahlen aus verschiedenen Wohnsitzgemeinden
80–90	Laden der Klassenverzeichnisdatei
110	Array zu Sortierzwecken mit ASCII-Zeichen 255 füllen
130–150	Laden des Wohnsitzarrays einer Klasse
140	Überspringen von 2 Feldern eines Datensatzes
170	Wohnsitz des ersten Schülers der ersten Klasse an die erste Stelle des Arrays für Wohnsitzgemeinden schreiben
200	Abfrage, ob Wohnort des Schülers bereits erfaßt
220	Noch nicht erfaßten Wohnort in Array A$( ) schreiben
270–280	Alphabetisches Sortieren des Wohnsitzarrays A$( ) in das Array O$( )
290–390	Zählen der den Wohnsitzen zugeordneten Schülerzahlen im Array O ( ). Dabei wird jeder im vorausgehenden Programmteil ermittelte Wohnsitz mit den Wohnorten aller Schüler aller Klassen verglichen.
	I: Schleifenvariable für Wohnsitzgemeinden
	K: Schleifenvariable für Klassen
	N: Schleifenvariable für Schüler
350	Abfrage, ob Wohnort eines Schülers gleich dem vorgegebenen Wohnsitz ist.
430–480	Ausdruck aller Wohnsitzgemeinden mit zugehörigen Schülerzahlen (Fig. 8)
490–510	Ausdruck der Gesamtschülerzahl

8 Referenzliste der BASIC-Macroanweisungen

Die Programme wurden auf einem Rechner Wang 2200 geschrieben, dessen BASIC-Anweisungen teilweise von denen gängiger Personalcomputer abweichen. Hierzu gehören einige Makrobefehle, die sich aber mit Hilfe mehrerer Programmschritte auch auf anderen Computern realisieren lassen:

```
10 INIT (FF) A$( )
```

```
10 FOR N = 1 TO A
20 A$(N) = CHR$(255)
30 NEXT N
```

```
10 DATA LOAD DC OPEN F V$
20 DATA LOAD DC N$( )
```

```
10 OPEN 1,8,1,"1:" + V$+ "S,R"
20 FOR N = 1 TO A
30 INPUT #1, N$(N)
40 NEXT N
```

```
10 MAT SORT A$( ) TO W$( ), L$( )
20 MAT MOVE A$( ), L$(1) TO O$( )
```

Beide Makroanweisungen zusammen dienen dem Sortieren eines Arrays. Die Anweisungen lassen sich hilfsweise durch ein Sortierprogramm (z. B. Quicksort) realisieren. Die Anweisung MAT SORT hat die allgemeine Form:

MAT SORT Sortfeld A$( ) TO Arbeitsfeld W$( ), Locatorfeld L$( )

Sie untersucht das Sortfeld und schreibt die Indizes der in aufsteigender Folge geordneten Werte des Sortfeldes in das Locatorfeld. Mit Hilfe des Locatorfeldes und der Anweisung MAT MOVE können die Daten beliebiger Arrays (Felder) sortiert in ein neues Array übertragen werden. Die Anweisung MAT MOVE hat die allgemeine Form:

MAT MOVE Quellfeld A$( ), Startelement des Locatorfeldes L$(1), Zielfeld O$( )

Statistisches Landesamt
Schleswig-Holstein
510a - 0792

Schulstatistik 1984/85
Stichtag 1. 11. 1984

Erhebungsbogen für Gymnasium

nach § 125 des Schulgesetzes (SchulG) in Verbindung mit dem jährlichen Durchführungserlaß
des Kultusministers des Landes Schleswig-Holstein - X 170 b - 0792.10-2 -

Name und Anschrift der Schule: _______________________________________

Name des Schulleiters: [   ]

[   ]
Telefon-Nr. m. Vorwahl

[0 | 7 | | | | |]
Dienststellen-Nr.

4. Schüler mit gewöhnlichem Aufenthalt (Wohnsitzgemeinde) in:

PLZ	Gemeindename	Anzahl der Schüler	PLZ	Gemeindename	Anzahl der Schüler
				Schüler insgesamt	

Fig. 2 Statistikbogen für Wohnsitzgemeinden

Schulstatistik 1984/85

Schulstempel | 0 | 7 | | | | | |

Dienststellen-Nr.

5. Schüler nach Geburtsjahren und Klassenstufen/Jahrgangsstufen

Geburts-Jahr		Schüler in ... Klassenstufe/Jahrgangsstufe									Insgesamt	
		5.	6.	7.	8.	9.	10.	11.	12.	13.	Deut-sche	Aus-länder
1975 und später	m											
	w											
1974	m											
	w											
1973	m											
	w											
1972	m											
	w											
1971	m											
	w											
1970	m											
	w											
1969	m											
	w											
1968	m											
	w											
1967	m											
	w											
1966	m											
	w											
1965	m											
	w											
1964	m											
	w											
1963 und früher	m											
	w											
Deutsche	m											✕
	w											
Ausländer	m										✕	
	w											
Insgesamt												

Fig. 3 Statistikbogen für Jahrgangsstatistik

```
5 REM *** PROGRAMMNAME "M15" ***
6 REM *** STATISTIK.AUFGESCHLUESSELT NACH KLASSE,GESCHLECHT,GEBURTSJAHRGANG ***
10 DIM A$(36)25,B$(36)25,C$(36)25,D$(36)19,E$(36)19,F$(36)19,G$(36)12,H$(36)8,I$
(36)4,K$(36)4,L$(36)2,M$(36)1,N$(35)4,P$(35)20,M(10),W(10),A(10),B(10),G(6,10),H
(6,10)
15 REM *** BILDSCHIRM ALS AUSGABEEINHEIT ***
20 SELECT PRINT 005:PRINT HEX(030A0A0A0A)
30 PRINT TAB(12);"DATENPLATTE EINLEGEN UND   EX  DRUECKEN"
40 KEYIN P$,50,50:GOTO 40
50 PRINT HEX(030A0A0A)
60 INPUT "DATUM.....................",T$:PRINT
70 INPUT "JUENGSTER JAHRGANG.........",G2:PRINT
80 G1=G2-9
90 INPUT "KLASSENVERZEICHNISDATEI....",V$
95 REM *** LADEN DER KLASSENVERZEICHNISDATEI ***
100 DATA LOAD DC OPEN F V$
110 DATA LOAD DC N$(),B
120 DATA LOAD DC P$(),B
125 REM *** DRUCKER MIT SCHREIBBREITE VON 80 ZEICHEN ALS AUSGABEEINHEIT ***
130 SELECT PRINT 215(80)
140 GOSUB 940
145 REM *** SCHLEIFE ZUM AUFRUF ALLER KLASSENDATEIN ***
150 FOR K=1 TO B
155 REM *** RUECKSETZEN DER ZAEHLER AUF NULL ***
160 FOR R=1 TO 10:M(R)=0:W(R)=0:NEXT R:M=0:W=0
165 REM *** LADEN DER KLASSENDATEI ***
170 DATA LOAD DC OPEN F N$(K)
180 DATA LOAD DC A$(),A
190 DATA LOAD DC B$(),A
200 DATA LOAD DC C$(),A
210 DATA LOAD DC D$(),A
220 DATA LOAD DC E$(),A
230 DATA LOAD DC F$(),A
240 DATA LOAD DC G$(),A
250 DATA LOAD DC H$(),I$(),K$(),L$(),M$(),A
255 REM *** SCHLEIFE ZUM AUFRUF ALLER SCHUELER EINER KLASSE ***
260 FOR N=1 TO A
270 CONVERT STR(H$(N),7,2) TO J
280 IF M$(N)="2" THEN 400
285 REM *** VERZEIGUNG IN 10 GEBURTSJAHRGANGSZAEHLER FUER JUNGEN ***
290 ON G2-J+1 GOTO 300,310,320,330,340,350,360,370,380,390
300 M(1)=M(1)+1:GOTO 510
310 M(2)=M(2)+1:GOTO 510
320 M(3)=M(3)+1:GOTO 510
330 M(4)=M(4)+1:GOTO 510
340 M(5)=M(5)+1:GOTO 510
350 M(6)=M(6)+1:GOTO 510
360 M(7)=M(7)+1:GOTO 510
370 M(8)=M(8)+1:GOTO 510
380 M(9)=M(9)+1:GOTO 510
390 M(10)=M(10)+1:GOTO 510
395 REM *** VERZEIGUNG IN 10 GEBURTSJAHRGANGSZAEHLER FUER MAEDCHEN ***
400 ON G2-J+1 GOTO 410,420,430,440,450,460,470,480,490,500
410 W(1)=W(1)+1:GOTO 510
420 W(2)=W(2)+1:GOTO 510
430 W(3)=W(3)+1:GOTO 510
440 W(4)=W(4)+1:GOTO 510
450 W(5)=W(5)+1:GOTO 510
460 W(6)=W(6)+1:GOTO 510
470 W(7)=W(7)+1:GOTO 510
480 W(8)=W(8)+1:GOTO 510
490 W(9)=W(9)+1:GOTO 510
500 W(10)=W(10)+1
510 NEXT N
520 IF K=1 THEN 570
525 REM *** ABFRAGE DER KLASSENDATEI AUF GLEICHE KLASSENSTUFE ***
```

Fig. 4 Programm für Jahrgangsstatistik

```
530 IF STR(N$(K),1,NUM(N$(K)))=STR(N$(K-1),1,NUM(N$(K))) THEN 570
540 L=L+1
550 FOR R=1 TO 10:G(L,R)=A(R):H(L,R)=B(R):NEXT R
560 FOR R=1 TO 10:A(R)=0:B(R)=0:NEXT R
570 FOR R=1 TO 10:A(R)=A(R)+M(R):B(R)=B(R)+W(R):M=M+M(R):W=W+W(R):NEXT R
575 REM *** AUSDRUCK DER SCHUELERZAHLEN EINZELNER KLASSEN ***
580 PRINTUSING 590,N$(K),M(1),M(2),M(3),M(4),M(5),M(6),M(7),M(8),M(9),M(10),M
590 %###   JUNGEN        ##  ##  ##  ##  ##  ##  ##  ##  ##  ##        ##
600 PRINT TAB(70):A
610 PRINTUSING 620,W(1),W(2),W(3),W(4),W(5),W(6),W(7),W(8),W(9),W(10),W
620 %       MAEDCHEN     ##  ##  ##  ##  ##  ##  ##  ##  ##  ##        ##
630 PRINT :PRINT
640 IF K=B THEN 670
650 IF K/10-INT(K/10)<>0 THEN 670
660 GOSUB 930
670 NEXT K
680 L=L+1
690 FOR R=1 TO 10:G(L,R)=A(R):H(L,R)=B(R):NEXT R
700 Y=1
710 GOSUB 930
720 FOR R=1 TO 6:M(R)=0:W(R)=0:NEXT R
725 REM *** SCHLEIFE ZUM AUFRUF DER KLASSENSTUFEN 5-10 ***
730 FOR K=1 TO 6
740 FOR R=1 TO 10:M(K)=M(K)+G(K,R):W(K)=W(K)+H(K,R):NEXT R
745 REM *** AUSDRUCK DER SCHUELERZAHLEN EINZELNER KLASSENSTUFEN ***
750 PRINTUSING 760,K+4,G(K,1),G(K,2),G(K,3),G(K,4),G(K,5),G(K,6),G(K,7),G(K,8),G
(K,9),G(K,10),M(K)
760 %KLASSE ###   JUNGEN        ##  ##  ##  ##  ##  ##  ##  ##  ##  ##        ##
770 PRINT TAB(77):M(K)+W(K)
780 PRINTUSING 790,H(K,1),H(K,2),H(K,3),H(K,4),H(K,5),H(K,6),H(K,7),H(K,8),H(K,9
),H(K,10),W(K)
790 %             MAEDCHEN     ##  ##  ##  ##  ##  ##  ##  ##  ##  ##        ##
800 PRINT :PRINT :PRINT :PRINT
810 NEXT K
820 M=0:W=0:FOR K=1 TO 6:M=M+M(K):W=W+W(K):NEXT K
825 REM *** AUSDRUCK DER GESAMTSCHUELERZAHLEN ***
830 PRINTUSING 840,M
840 %             JUNGEN     GESAMT    ###
850 PRINT
860 PRINTUSING 870,W
870 %             MAEDCHEN   GESAMT    ###
880 PRINT
890 PRINTUSING 900,M+W
900 %             SCHUELER   GESAMT    ###
910 PRINT HEX(0C)
920 END
925 REM *** UNTERPROGRAMM ZUM SEITENVORSCHUBS MIT SEITENKOPF ***
930 PRINT HEX(0C)
940 S=S+1
950 PRINT TAB(35):"BLATT ":S:PRINT
960 PRINT "DOMSCHULE SCHLESWIG"::PRINT TAB(60):T$
970 PRINT HEX(0A0A0A)
980 PRINT HEX(0E):PRINT TAB(10):"JAHRGANGSSTATISTIK":PRINT
990 IF Y=0 THEN 1010
1000 GOSUB 1110
1010 PRINT :PRINT
1020 FOR X=G2 TO G1 STEP -1
1030 IF Y<>1 THEN 1050
1040 PRINT TAB(25+I):X::GOTO 1060
1050 PRINT TAB(18+I):X:
1060 I=I+4
1070 NEXT X
1080 I=0
1090 PRINT "          GESAMT":PRINT
1100 RETURN
1110 PRINT HEX(0E):PRINT TAB(11):"ZUSAMMENSTELLUNG":PRINT
1120 RETURN
```

Fig. 4 (Fortsetzung)

```
                              BLATT   1

DOMSCHULE  SCHLESWIG                                    15.03.85

                JAHRGANGSSTATISTIK
```

		74	73	72	71	70	69	68	67	66	65	GESAMT	
5A	JUNGEN	6	9	0	0	0	0	0	0	0	0	15	
	MAEDCHEN	5	6	0	0	0	0	0	0	0	0	11	26
5B	JUNGEN	4	12	0	0	0	0	0	0	0	0	16	
	MAEDCHEN	5	7	0	0	0	0	0	0	0	0	12	28
5CG	JUNGEN	7	7	0	0	0	0	0	0	0	0	14	
	MAEDCHEN	6	8	0	0	0	0	0	0	0	0	14	28
6A	JUNGEN	0	10	3	0	0	0	0	0	0	0	13	
	MAEDCHEN	0	7	5	1	0	0	0	0	0	0	13	26
6B	JUNGEN	0	9	4	0	0	0	0	0	0	0	13	
	MAEDCHEN	0	2	9	0	0	0	0	0	0	0	11	24
6C	JUNGEN	0	4	9	0	0	0	0	0	0	0	13	
	MAEDCHEN	0	5	6	0	0	0	0	0	0	0	11	24
7A	JUNGEN	0	0	6	7	3	0	0	0	0	0	16	
	MAEDCHEN	0	0	3	6	0	0	0	0	0	0	9	25
7B	JUNGEN	0	0	5	8	0	0	0	0	0	0	13	
	MAEDCHEN	0	0	9	4	1	0	0	0	0	0	14	27
7C	JUNGEN	0	0	5	6	1	0	0	0	0	0	12	
	MAEDCHEN	0	0	3	9	1	0	0	0	0	0	13	25
7G	JUNGEN	0	0	8	3	0	0	0	0	0	0	11	
	MAEDCHEN	0	0	3	4	0	0	0	0	0	0	7	18

Fig. 5 Statistische Auswertung für Einzelklassen

```
                              BLATT   4

DOMSCHULE SCHLESWIG                                    15.03.85


                  JAHRGANGSSTATISTIK

                  ZUSAMMENSTELLUNG


                  74  73  72  71  70  69  68  67  66  65      GESAMT
KLASSE   5  JUNGEN    17  28   0   0   0   0   0   0   0   0      45
                                                                       82
            MAEDCHEN  16  21   0   0   0   0   0   0   0   0      37


KLASSE   6  JUNGEN     0  23  16   0   0   0   0   0   0   0      39
                                                                       74
            MAEDCHEN   0  14  20   1   0   0   0   0   0   0      35


KLASSE   7  JUNGEN     0   0  24  24   4   0   0   0   0   0      52
                                                                       95
            MAEDCHEN   0   0  18  23   2   0   0   0   0   0      43


KLASSE   8  JUNGEN     0   0   0  18  23   9   0   0   0   0      50
                                                                       99
            MAEDCHEN   0   0   0  20  25   4   0   0   0   0      49


KLASSE   9  JUNGEN     0   0   0   0  21  25   6   0   0   0      52
                                                                       108
            MAEDCHEN   0   0   0   0  18  33   5   0   0   0      56


KLASSE  10  JUNGEN     0   0   0   0   0  16  26   9   1   0      52
                                                                       103
            MAEDCHEN   0   0   0   0   0  21  21   6   3   0      51


            JUNGEN    GESAMT    290

            MAEDCHEN  GESAMT    271

            SCHUELER  GESAMT    561
```

Fig. 6 Statistische Auswertung für Jahrgangsstufen

```
5 REM *** PROGRAMMNAME "M25" ***
6 REM *** SCHUELERZAHLEN AUFGESCHLUESSELT NACH WOHNSITZGEMEINDEN ***
10 DIM A$(100)20,B$(100)4,C$(36)25,N$(35)4,W$(100)2,L$(100)2,O$(100)20,O(100)
15 REM *** BILDSCHIRM ALS AUSGABEEINHEIT ***
20 SELECT PRINT 005:PRINT HEX(030A0A0A0A)
30 PRINT TAB(12);"DATENPLATTE EINLEGEN UND  EX  DRUECKEN"
40 KEYIN P$,50,50:GOTO 40
50 PRINT HEX(030A0A0A)
60 INPUT "DATUM......................",T$:PRINT
70 INPUT "KLASSENVERZEICHNISDATEI....",V$
75 REM *** LADEN DER KLASSENVERZEICHNISDATEI ***
80 DATA LOAD DC OPEN F V$
90 DATA LOAD DC N$(),B
95 REM *** DRUCKER MIT SCHREIBBREITE VON 80 ZEICHEN ALS AUSGABEEINHEIT ***
100 SELECT PRINT 215(80)
105 REM *** ARRAY ZU SORTIERZWECKEN MIT GROESSTEN ASCII-ZEICHEN FUELLEN ***
110 INIT(FF)A$()
115 REM *** SCHLEIFE ZUM AUFRUF SAEMTLICHER KLASSENDATEIEN ***
120 FOR K=1 TO B
130 DATA LOAD DC OPEN F N$(K)
140 DSKIP 2
145 REM *** LADEN DES FELDES WOHNORT AUS DEM SCHUELERDATENSATZ ***
150 DATA LOAD DC C$(),A
160 IF X=1 THEN 180
170 A$(1)=STR(C$(1),5):B$(1)=STR(C$(1),1,4):P=1
175 REM *** SCHLEIFE ZUM AUFRUF ALLER SCHUELER EINER KLASSE ***
180 FOR N=1 TO A
185 REM *** SCHLEIFE ZUM AUFRUF ALLER BISHER ERMITTELTEN WOHNSITZE ***
190 FOR J=1 TO P
200 IF STR(C$(N),5)=A$(J) THEN 230
210 NEXT J
220 A$(P+1)=STR(C$(N),5):B$(P+1)=STR(C$(N),1,4):P=P+1
230 NEXT N
240 IF X=1 THEN 260
250 X=1
260 NEXT K
265 REM *** ALPHABETISCHES SORTIEREN DES WOHNSITZARRAYS A$() ***
270 MAT SORT A$() TO W$(),L$()
280 MAT MOVE A$(),L$(1) TO O$(1):MAT MOVE B$(),L$(1) TO A$(1)
285 REM *** ZAEHLEN DER SCHUELERZAHLEN AUS DEN IM O$() ERMITTELTEN WOHNORTEN ***
290 FOR J=1 TO P
300 FOR K=1 TO B
310 DATA LOAD DC OPEN F N$(K)
320 DSKIP 2
330 DATA LOAD DC C$(),A
340 FOR N=1 TO A
350 IF O$(J)<>STR(C$(N),5) THEN 370
360 O(J)=O(J)+1
370 NEXT N
380 NEXT K
390 NEXT J
400 PRINT "DOMSCHULE SCHLESWIG";:PRINT TAB(60);T$
410 PRINT :PRINT :PRINT
420 PRINT HEX(0E)
430 PRINT TAB(3);"SCHUELER MIT WOHNSITZGEMEINDE IN :":PRINT :PRINT
440 PRINT "               PLZ          O R T             A N Z A H L":PRINT
445 REM *** SCHLEIFE ZUM AUFRUF ALLER ERMITTELTEN WOHNSITZE ***
450 FOR J=1 TO P
455 REM *** AUSDRUCK DER WOHNORTE MIT ZUGEHOERIGEN SCHUELERZAHLEN ***
460 PRINTUSING 470,A$(J),O$(J),O(J)
470 %             #### #######################     ###
480 NEXT J
485 REM *** ERMITTLUNG DER GESAMTSCHUELERZAHL ***
490 FOR J=1 TO P:O=O+O(J):NEXT J
500 PRINT :PRINT "                                         --------":PRINT
510 PRINT "                                 SUMME     ";O
520 PRINT HEX(0C)
530 END
```

Fig. 7 Programm für Wohnsitzgemeinden

```
DOMSCHULE SCHLESWIG                                    15.03.85


         SCHUELER  MIT  WOHNSITZGEMEINDE  IN :


         PLZ        O R T              A N Z A H L

         2382   ALT-BENNEBEK              1
         2381   BERGENHUSEN               3
         2381   BOCKHOEFT                 1
         2387   BOEKLUND                  2
         2381   BOERM                     5
         2386   BORGWEDEL                 3
         2381   BRODERSBY                 2
         2381   BUSDORF                  21
         2381   DANNEWERK                17
         2381   DOERPSTEDT                6
         2330   ECKERNFOERDE              1
         2384   EGGEBEK                   3
         2381   ELLINGSTEDT               1
         2386   FAHRDORF                 77
         2334   FLECKEBY                  5
         2383   GAMMELLUND                2
         2381   GELTORF                   6
         2381   GOLTOFT                   1
         2381   GR. RHEIDE               11
         2385   HUESBY                    4
         2385   HUESBY GAARD              1
         2381   JAGEL                    12
         2382   JUEBEK                    3
         2383   JUEBEKFELD                1
         2382   KL. BENNEBEK              3
         2381   KL. BRODERSBY             1
         2382   KL. RHEIDE                2
         2381   KLAPPHOLZ                 1
         2332   KOSEL                     1
         2382   KROPP                    89
         2381   KURBURG                   1
         2386   LOOPSTEDT                 2
         2381   LOTTORF                   1
         2385   LUERSCHAU                 1
         2381   LUERSCHAU-HOLPUST         1
         2371   MEGGERDORF                4
         2381   NEUBEREND                 3
         2381   NEUBOERM                  3
         2381   NUEBEL                    1
         2381 , SCHAALBY                  1
         2380   SCHLESWIG               210
         2385   SCHUBY                    6
         2381   SELK                     24
         2381   SELK ALTMUEHL             1
         2386   STEXWIG                   3
         2381   TAARSTEDT                 2
         2381   TOLK                      2
         2381   TREIA                     2
         2381   TWEDT                     4
         2381   WEDELSPANG                1
         2381   WOHLDE                    2

                                     --------

                           SUMME        561
```

Fig. 8 Statistische Auswertung der Wohnsitzgemeinden

Alfred Böge

Rechnerische Ermittlung der Zahnfußkurve am Stirnrad (Epson QX-10)

Problembeschreibung

Bisher mußten sich die Lehrer an Technikerschulen, Fachhochschulen und Hochschulen im Fach „Maschinenelemente" damit begnügen, das Profil eines Stirnradzahnes zeichnerisch zu ermitteln [1], eine fachdidaktisch unerläßliche aber zeitraubende Arbeit.

Stehen im Unterricht geeignete Rechner zur Verfügung, reicht es aus, das Verfahren skizzenhaft zu erläutern. Die maßstäbliche Aufzeichnung übernimmt die EDV.

Bestimmungsgleichungen zum Erstellen eines Programms, mit dem das Zahnprofil zwischen Grund- und Kopfkreis konstruiert wird, sind Themen des Unterrichts über Zahnräder [2]. Das ist (noch) anders mit den Beziehungen, die zur Konstruktion der Anschlußkurve zum Fußkreis führen. Lerngegenstand hierzu ist die „relative Kopfbahn" des Kopfpunktes am Verzahnungswerkzeug.

Die in den Maschinenelemente-Lehrbüchern noch nicht enthaltenen Bestimmungsgleichungen werden hier hergeleitet (**Fig. 1** und **Fig. 2**).

Bei der Abwälzbewegung zwischen Zahnstangenwerkzeug und Zahnradzylinder kommen nacheinander die Punkte 1, 2, 3, 4 ... der Wälzgeraden mit den Umfangspunkten 1′, 2′, 3′, 4′ ... auf dem Teilkreis zur Deckung. Der Winkel AN ist der Herstellereingriffswinkel. DIN 867 empfiehlt für den Maschinenbau AN = 20°.

Der Winkel α ist die Differenz pi/2-AN als Komplementwinkel, und wegen AN = konstant ist im Dreieck ABP_n auch α = konstant, unabhängig von der jeweiligen Lage der Wälzgeraden auf dem Teilkreisumfang.

Die veränderliche Seitenlänge LW ist die zugehörige Strecke $\overline{C1}, \overline{C2}, \overline{C3}, \overline{C4}$ ... mit LW = 0 in der Ausgangslage der Wälzgeraden, und im Dreieck BMP_n ist die Seitenlänge D 1/2 = konstant (Teilkreisradius).

Damit lassen sich die erforderlichen Bestimmungsgleichungen aufstellen (**Fig. 3**).

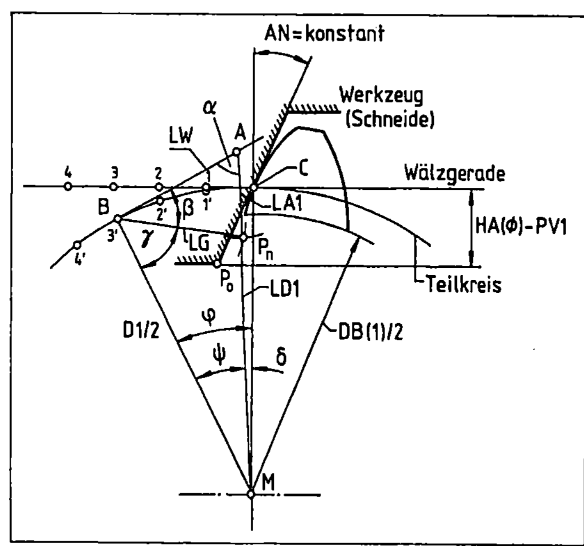

Fig. 1 Skizze zur Ermittlung von Zwischenwerten der relativen Kopfbahn des Verzahnungswerkzeugs (Zahnstange)

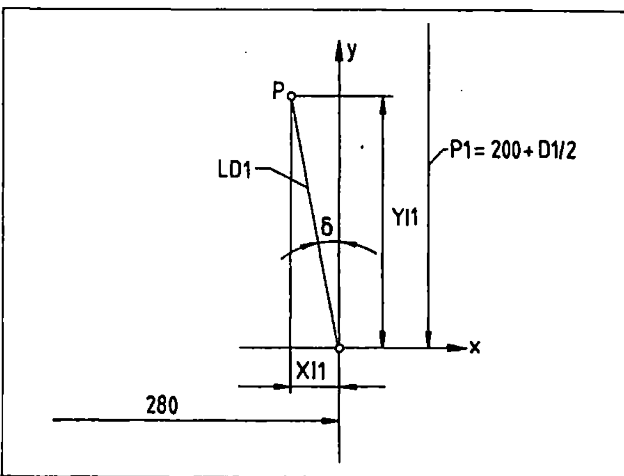

Fig. 2 Skizze zu den Bildschirmkoordinaten

Nr.	Beziehungen nach Fig. 1 und 2	BASIC-Anweisungen
1	$\alpha = \dfrac{\pi}{2} - AN$	ALFA = (PI/2) — AN
2	LA1 = HA (∅) — PV1	LA1 = HA (∅) — PV1
3	$LG = \sqrt{(LA1)^2 + (LW)^2 - 2 \cdot LA1 \cdot LW \cdot \cos\alpha}$	LG = SQR (LA1 ^ 2 + LW ^ 2 − 2 * LA1 * LW * COS (ALFA))
4	$\sin\beta = \dfrac{LA1 \cdot \sin\alpha}{LG}$	XG = LA1 * SIN (ALFA)/LG
5	$\beta = \arcsin \dfrac{LA1 \cdot \sin\alpha}{LG}$	BETA = ATN (XG/SQR (1 − XG ^ 2))
6	$\gamma = \dfrac{\pi}{2} - \beta$	GAMMA = (PI/2) − BETA
7	$LD1 = \sqrt{(LG)^2 + (D1/2)^2 - 2 \cdot LG \cdot \dfrac{D1}{2} \cdot \cos\gamma}$	LD1 = SQR (LG ^ 2 + (D1/2) ^ 2 − 2 * LG * (D1/2) * COS (GAMMA))
8	$\sin\psi = \dfrac{LG \cdot \sin\gamma}{LD1}$	YG = LG * SIN (GAMMA)/LD1
9	$\psi = \arcsin \dfrac{LG \cdot \sin\gamma}{LD1}$	PSI = ATN (YG/SQR (1 − YG ^ 2))
10	$\varphi = \dfrac{LW}{D1/2}$	PHI = LW/(D1 (2)
11	$\delta = \varphi - \psi$	DELTA = PHI − PSI
12	$XI1 = LD1 \cdot \cos\left(\dfrac{\pi}{2} + \delta\right)$	XI1 = LD1 * COS ((PI/2) + DELTA)
13	$YI1 = LD1 \cdot \sin\left(\dfrac{\pi}{2} + \delta\right)$	YI1 = LD1 * SIN ((PI/2) + DELTA)
14	X = 280 + XI1	X = 280 + XI1
15	Y = P1 − YI1	Y = P1 − YI1

Fig. 3 Bestimmungsgleichungen zur Ermittlung von Zwischenwerten der gesuchten Kurve

Die Anweisungsliste (**Fig. 4**) stellt den vereinfachten Teil eines Unterprogramms zur Konstruktion des aktuellen Zahnprofils im Stirnschnitt eines Stirnrades vor. Dies wiederum gehört zu einem Unterprogramm zur Ermittlung der geometrischen Größen an Stirnrädergetrieben.

Der gelistete Unterprogrammteil (Fig. 4) kann getestet werden, etwa mit folgenden Größen:

Zähnezahl	z1 = 5
Modul	m = 2
Profilverschiebung	x1 = 0
Vergrößerungsfaktor 1	v = 20

Einige Druckerausgaben zeigt **Fig. 5**. Darin ist bereits die zunehmende Streckung der Kurve bei zunehmender Zähnezahl zu erkennen.

Fördern und Vertiefen im Unterricht möglich

Das angesprochene Unterprogramm zur Konstruktion des aktuellen Zahnprofils kann wegen des Umfangs und der Einbindung in das Gesamtprogramm nicht vorgestellt werden. Die abschließend dargestellten Zahnprofile sind damit gezeichnet worden. Sie geben für das Lernen viel her und erfüllen eine für den Verfasser wesentliche Forderung für den sinnvollen Einsatz von Rechnern im Fachunterricht:

Für einen bestimmten Lerngegenstand kann Zeit eingespart werden, die dann zur Förderung, zur Vertiefung oder zur Erweiterung zur Verfügung steht.

Im günstigsten Falle kann der Schüler unter bestimmten Lernzielvorgaben durch den Lehrer selbst am Rechner arbeiten.

```
10 CLS
20 LOCATE 5,2:INPUT"Zähnezahl des Stirnrades        z1=";Z1
30 LOCATE 5,3:INPUT"Modul in mm                     m=";M
40 LOCATE 5,4:INPUT"Profilverschiebungsfaktor       x1=";X1
50 LOCATE 5,5:INPUT"Vergrößerungszahl               v=";V
60 '
70 PI=3.1415926#:U=PI/180:AN=20:M=V*M:D1=M*Z1:HA(0)=1.25*M
80 '
45950 'UP für die Zahnfußkurve (relative Kopfbahn)
45960 CLS
45970 AN=U*AN:AT=U*AT:ALFA=(PI/2)-AN
45980 PV1=X1*M:LA1=(HA(0)-PV1)/COS(AN)
45990 FOR N=20 TO 250
45992 IF N=250 THEN 46300
46000 GOSUB 46190
46010 XI1=LD1*COS((PI/2)+DELTA)
46020 YI1=LD1*SIN((PI/2)+DELTA)
46030 P1=200+(D1/2)
46040 X=280+XI1
46050 Y=P1-YI1
46060 PSET(X,Y)
46070 NEXT N
46080 '
46190 LW=N
46200 LG=SQR(LA1^2+LW^2-2*LW*LA*COS(ALFA))
46210 XG=LA1*SIN(ALFA)/LG
46220 BETA=ATN(XG/SQR(1-XG^2))
46230 GAMMA=(PI/2)-BETA
46240 LD1=SQR(LG^2+(D1/2)^2-2*LG*(D1/2)*COS(GAMMA))
46250 YG=LG*SIN(GAMMA)/LD1
46260 PSI=ATN(YG/SQR(1-YG^2))
46270 PHI=LW/(D1/2)
46280 DELTA=PHI-PSI
46290 RETURN
46300 END
```

Fig. 4 Anweisungsliste

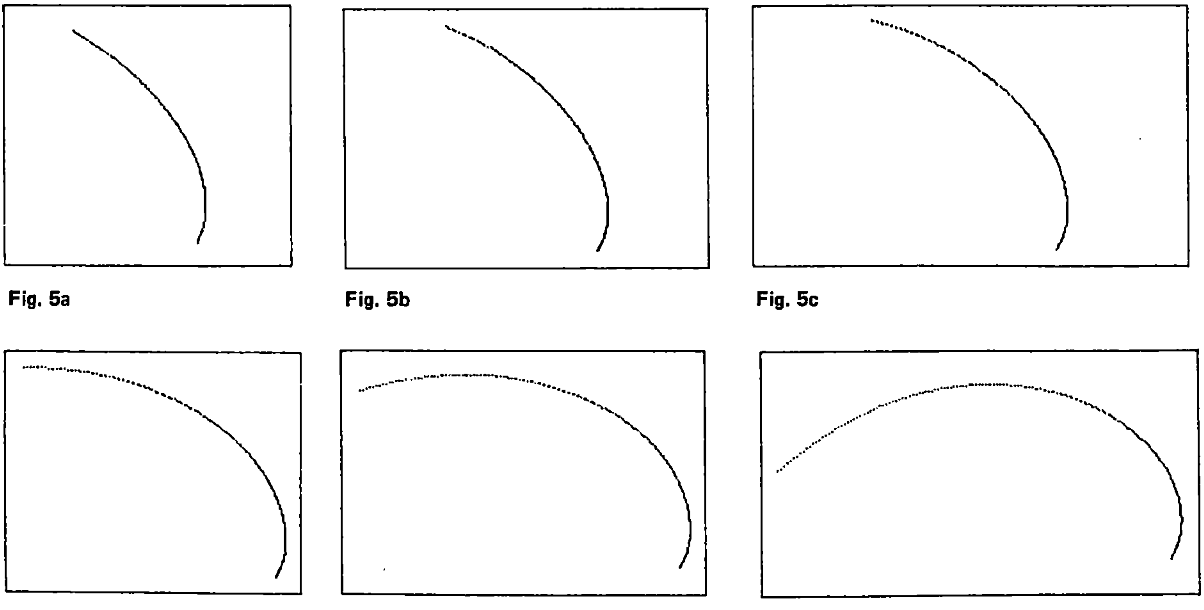

Fig. 5a **Fig. 5b** **Fig. 5c**

Fig. 5d **Fig. 5e** **Fig. 5f**

Fig. 5 Druckerausgaben der relativen Kopfbahn nach der Anweisungsliste

Beispiele

Lernziel: Mit zunehmender Zähnezahl wird die Kreisevolvente zwischen Grund- und Kopfkreis gestreckt (**Fig. 6**), im Extremfall bis zur Geraden (Zahnstange mit $z = \infty$).

Lernziel: Bei Zähnezahlen, die *kleiner* als die Grenzzähnezahl sind, tritt herstellungsbedingt „Unterschneidung" auf: **Fig. 7** zeigt das Profil eines Stirnrades mit der Zähnezahl $z1 = 7$, hergestellt ohne Profilverschiebung ($x1 = 0$). Die Zähnezahl liegt weit unter der Grenzzähnezahl zg (im Normalfall 14 Zähne). Das Werkzeug mit geraden Zähnen (Zahnstange) schneidet sogar ein Stück der Kreisevolvente oberhalb des Grundkreises ab. Neben den festigkeitstechnischen Folgen kann die Profilüberdeckung kleiner als Eins werden. Das Zahnrad ist dann unbrauchbar.

Lernziel: Bei sonst gleichbleibenden Größen, z. B. $z = 7$, Schrägungswinkel be=0°, Herstelleingriffswinkel AN=20°, wird die Unterschneidung mit zunehmender Profilverschiebung x *kleiner,* der Zahnfuß *dicker* (**Fig. 7** bis **Fig. 14**).

Lernziel: Mit zunehmender Profilverschiebung x wird der Zahn spitzer.

Die Profilverschiebung wird dann unzulässig groß, wenn der Zahn spitz (und „überspitz") wird (**Fig. 13** und **Fig. 14**).

Lernziel: Der Herstelleingriffswinkel AN (nach Norm 20°) beeinflußt die Zahnform (**Fig. 15** bis **Fig. 19**).

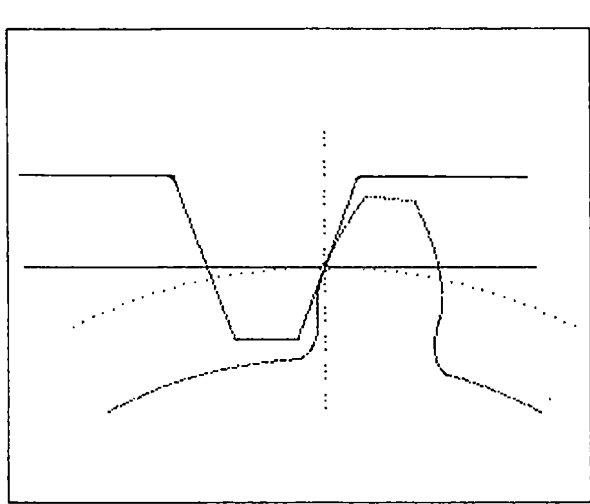

Fig. 6 Z1=15; z2=600; m=2mm; AN=20°

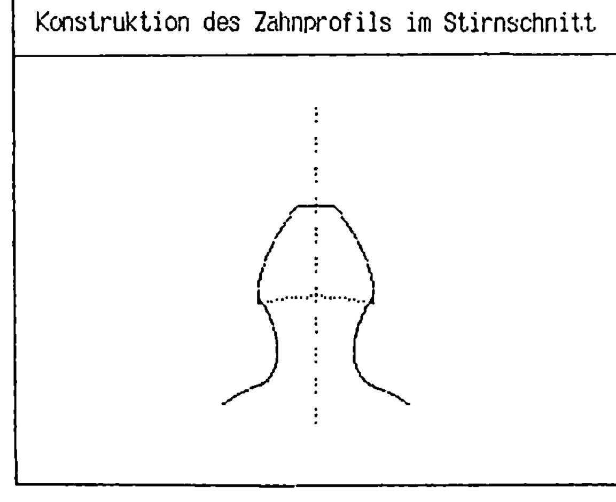

Fig. 7 z1=7; x1=2; AN=20°

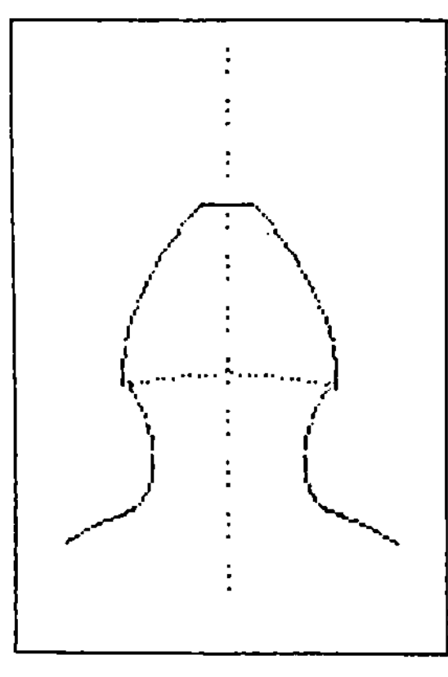

Fig. 8
z1=7; x1=0; AN=20°

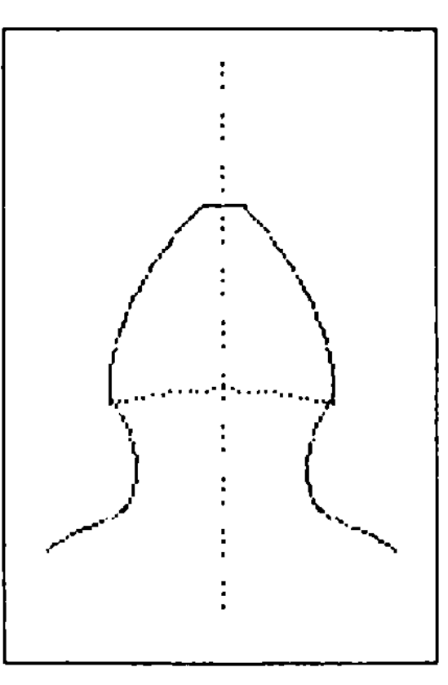

Fig. 9
z1=7; x1=0.2; AN=20°

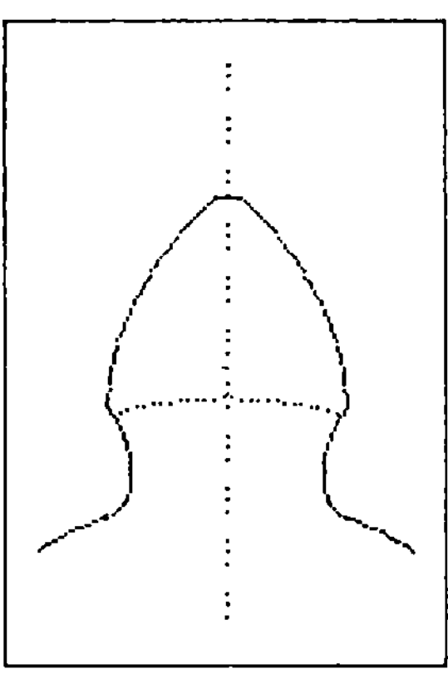

Fig. 10
z1=7; x1=0.3; AN=20°

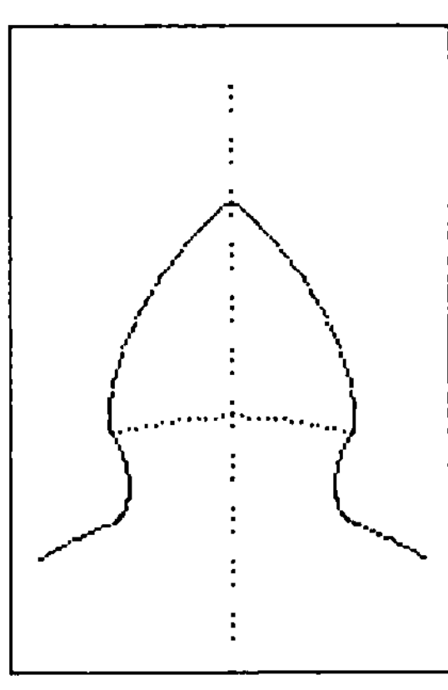

Fig. 11
z1=7; x1=0.4; AN=20°

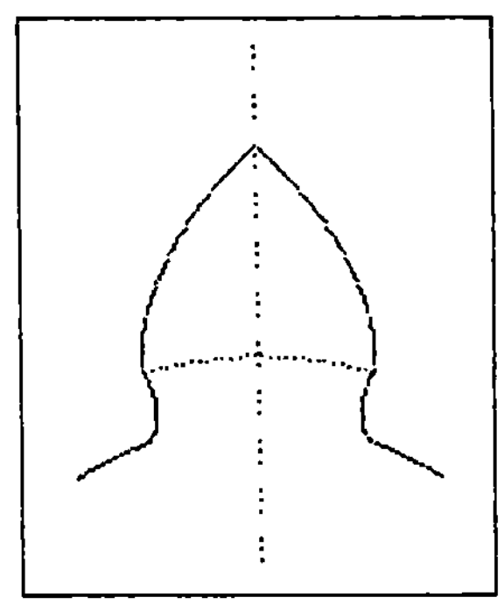

Fig. 12
z1=7; x1=0.5; AN=20°

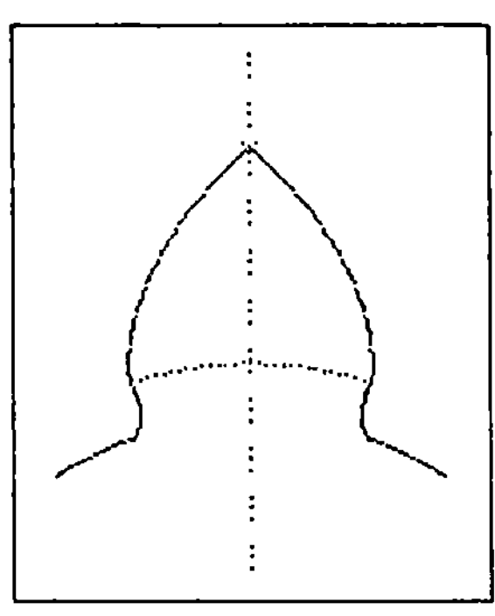

Fig. 13
z1=7; x1=0.6; AN=20°

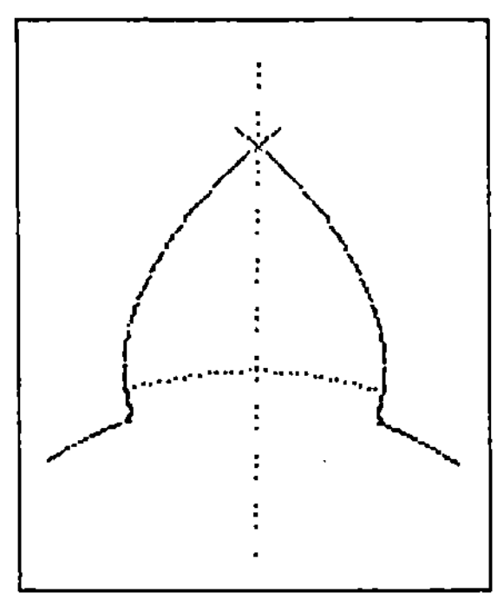

Fig. 14
z1=7; x1=0.8; AN=20°

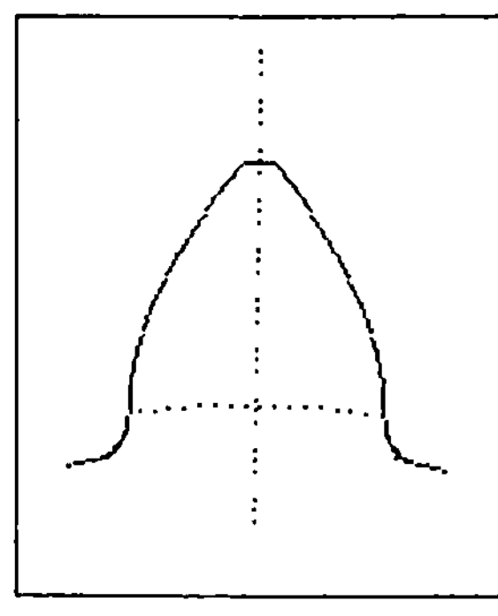

Fig. 15
z1=14; x1=0; AN=30°

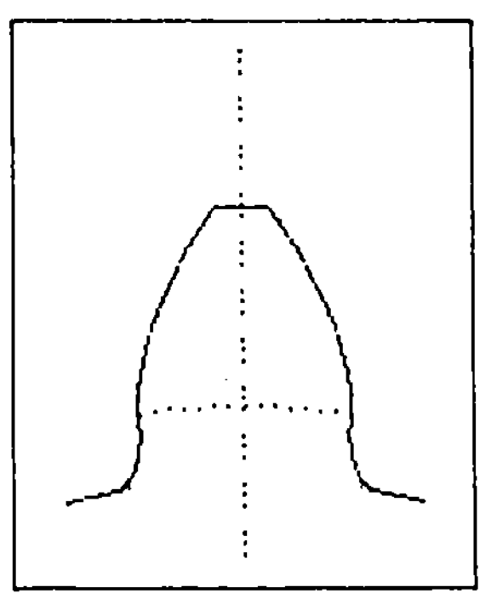

Fig. 16
z1=14; x1=0; AN=25°

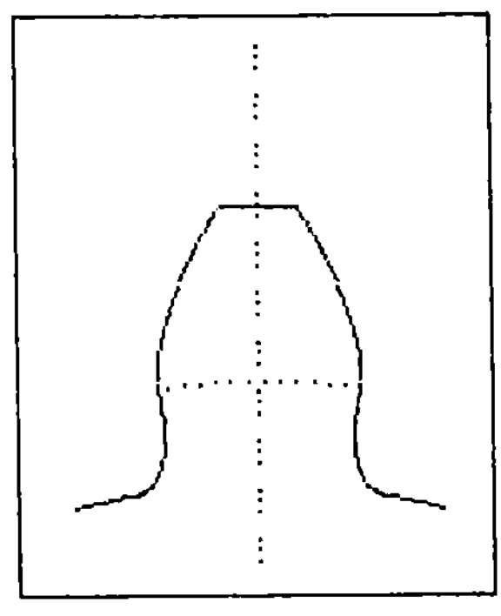

Fig. 17
z1=14; x1=0; AN=20°

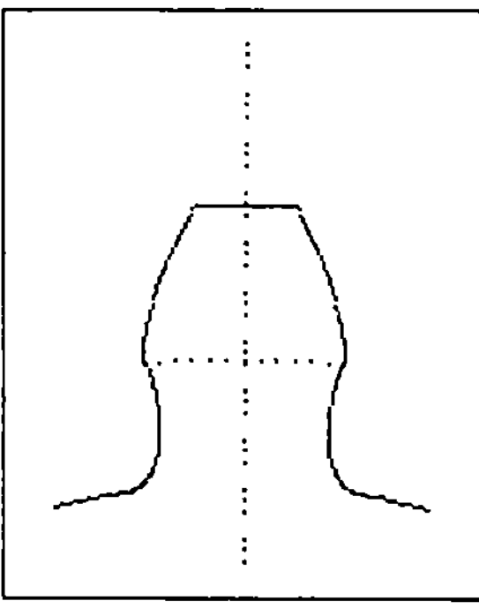

Fig. 18
z1=14; x1=0; AN=15°

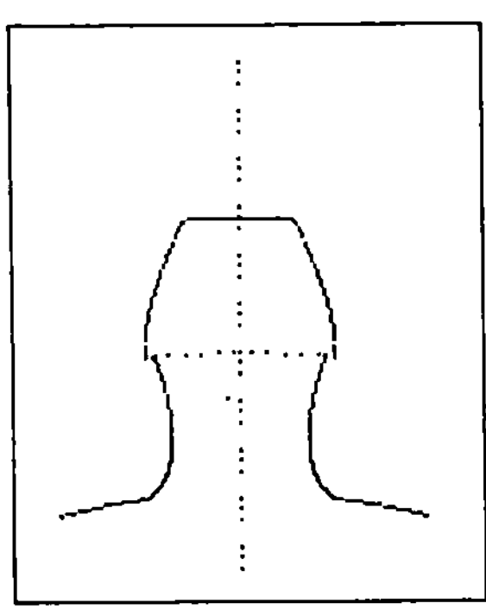

Fig. 19
z1=14; x1=0; AN=10°

Abschlußüberlegung

Mit dem Einsatz graphikfähiger Rechner im Unterricht werden auch die Bestimmungsgleichungen zur rechnerischen Ermittlung der Unterschneidungskurven an Stirnrädern gebraucht. Sie sollten in die Bücher für den Maschinenelemente-Unterricht aufgenommen werden.

Wichtige Bedingungen für die Verwendung von Rechnern im Fachunterricht sind im vorliegenden Falle erfüllt.

Gerätenachweis:

Rechner: EPSON QX-10
Drucker: EPSON FX-100

Literatur

[1] *Roloff/Matek:* Maschinenelemente, 8. Auflage. Braunschweig: Vieweg 1983.

[2] *Alfred Böge:* Arbeitshilfen und Formeln für das technische Studium, Bd. 2 Konstruktion, 2. Auflage. Braunschweig: Vieweg 1983.

Betriebswirtschaftliche Praxis

Inhaltsübersicht

Geschäftsgraphik, Geldanlage, Management

Nicht immer lassen sich Bearbeitungen und Problemlösungen Kategorien eindeutig zuordnen. Entweder sind die Probleme übergreifend (interdisziplinär) relevant, oder die Methoden sind in den verschiedenen Bereichen ähnlich oder gar die gleichen. Beispielsweise trifft letzteres zu auf die im Beitrag „Effizientes Arbeiten mit Chart-Software" erläuterten graphischen Möglichkeiten, die nicht nur „normierte" Geschäftsgraphiken einfach machen, sondern ebenso in technisch-wissenschaftlichen Anwendungen vorzügliche Dienste leisten.

Auf den folgenden Seiten sind Aufsätze zusammengefaßt, in denen es sich überwiegend um Finanzen und Management handelt. Vor allem auch Privatanwender werden mit Hilfe ihres „Privat-Computers" (PC?) ihre Finanzen ordnen können, wenn die Anregungen zur computergestützten Geldanlage, zur Baufinanzierung und zur Einkommensteuerberechnung aufgegriffen werden. Das Programm zur Baufinanzierung ist ein professionelles Produkt, das problemlos auf MS-DOS-Computern läuft.

Die innerbetriebliche Leistungsverrechnung wird anhand von Beispielen systematisch untersucht und auf die Lösung des entstehenden Gleichungssystems nach dem Gauß-Jordan-Verfahren zurückgeführt. Ein BASIC-Programm ist angegeben und diskutiert.

In einem weiteren Beitrag faßt der Autor die Informationsversorgung der Unternehmensführung als Herausforderung auf. Managementaufgaben behandelt auch der letzte Aufsatz mit dem Titel Einsatz von Planungs- und Entscheidungssoftware unter dem Aspekt der Rationalisierung.

Verwaltungen und Konzernzentralen werden Personalcomputer in zunehmendem Maße einsetzen, und zwar nicht nur als isolierte Arbeitsplatzcomputer für z. B. Schreibkräfte oder Sachbearbeiter. Die einzelnen PCs werden mit einem lokalen Netz (LAN) zusammengeschaltet und an die vorhandenen Großrechner angeschlossen. Der Zugang zu regionalen oder weltweit gespannten Kommunikationsnetzen ist keine Utopie.

Ob aber diese Möglichkeiten genutzt werden, hängt nicht zuletzt von der „Einsicht" und „Weitsicht" der Entscheidungsträger ab. Mangelnde Einsicht kann bekanntlich zu Fehlentscheidungen führen, fehlende Weitsicht verhindert unter Umständen notwendige Entscheidungen.

In der Hauswirtschaft sind absolut natürlich andere Maßstäbe anzulegen. Relativ zum üblicherweise verfügbaren Finanzvolumen gelten jedoch vergleichbare Gesetze wie in gewerblichen und großindustriellen Bereichen: die Kosten für das Hilfsmittel dürfen die zu erwartende Einsparung nicht übersteigen. So hat es in der Regel keinen Sinn, einen Zehntausend-Mark-PC vor allem deshalb anzuschaffen, um eventuell 1000,— Mark Steuern einzusparen. Mit einem Gerät der Preisklasse unter 1000,— Mark wird das jedoch wieder sinnvoll.

Harald Schumny

Normierung von Geschäftsgraphiken

Heiner Abels und Horst Degen

Effizientes Arbeiten mit Chart-Software

1 Software-Voraussetzungen

Der derzeitige Entwicklungsstand von Hard- und Software für Mikrocomputer erlaubt heute einen vielseitigen und rationellen Einsatz von *Geschäftsgraphiken* im kommerziellen und technischen Bereich. Mit Programmpaketen wie z. B. Open Access, Symphony, Framework und ContextMBA wird in erster Linie eine Integration der Bereiche Textverarbeitung, Tabellenkalkulation, Datenbankverwaltung u. a. mit der Produktion von Geschäftsgraphiken angestrebt. Der Nachteil solcher *Multifunktionspakete* liegt darin, daß sie sehr arbeitsspeicherintensiv sind und die jeweiligen Teilbereiche i. d. R. nicht optimal ausgebaut werden können. Für den Bereich der Geschäftsgraphiken bedeutet dies, daß in der Mehrzahl der Fälle nur stark eingeschränkte Möglichkeiten zur statistisch richtigen und graphisch vertretbaren Gestaltung von Schaubildern zur Verfügung stehen.

Parallel zum steigenden Einsatz von leistungsfähigeren Mikrocomputern und „Hardcopy"-Geräten ist eine wachsende Nachfrage nach computererstellten Geschäftsgraphiken zu beobachten. Deshalb werden neben den integrierten Softwarepaketen bzw. den Multifunktionspaketen zunehmend Einzelprodukte in der Form von „Nur"-Geschäftsgraphikprogrammen (*Stand alone graphics packages*) angeboten. Für die Benutzerfreundlichkeit sind dabei Schnittstellen zur Textverarbeitung und/oder Tabellenkalkulation eine entscheidende Voraussetzung. Typische Geschäftsgraphikprogramme sind z. B. BPS Business Graphics, DR Graph oder MS Chart.

2 Zielsetzung: Normierte Erstellung von Geschäftsgraphiken

Unter dem Gesichtspunkt der betrieblichen Verwendung von Geschäftsgraphiken kann zwischen Arbeits-, Analyse-, Entscheidungs- und reinen Präsentationsgraphiken unterschieden werden. Die konkreten Anwendungsbereiche sind dabei in erster Linie den täglichen Informations- und Entscheidungsabläufen zuzuordnen (etwa in den Bereichen Marketing, Finanzierung, Management-Information, Planung, Entwicklung und Buchhaltung). Hierbei ist die Arbeit am Bildschirm der Regelfall, wobei in dem einzelnen Schaubild eine möglichst objektive und schnell erfaßbare Informationsbasis zur Verfügung stehen muß. Zum anderen ist aber auch an den „Hardcopy"-Bedarf (Papier, Film, Folie) zu denken, etwa für Planungs- und Arbeitspapiere, für Vorträge und Diskussionen, für Geschäftsberichte, Kataloge und Werbebroschüren.

Die Grundvoraussetzungen für einen rationellen Einsatz von Geschäftsgraphiken in den abgesteckten Bereichen sind die schnelle Verfügbarkeit des jeweiligen Schaubilds und seine Qualitäten hinsichtlich der statistisch korrekten Diagrammform und eines zweckmäßigen und wirkungsvollen Layouts.

Ein statistisch nicht ausreichend geschulter Benutzer ist jedoch bereits mit der Auswahl der für den jeweiligen Datensatz in Frage kommenden Diagrammform überfordert. Hardcopy-Gesichtspunkte schränken darüber hinaus den Entscheidungsspielraum für Formatierungen, Raster, Linien und Farben deutlich ein. Geht man zudem davon aus, daß kommerzielle Schaubilder mit geringstmöglichem Aufwand produziert

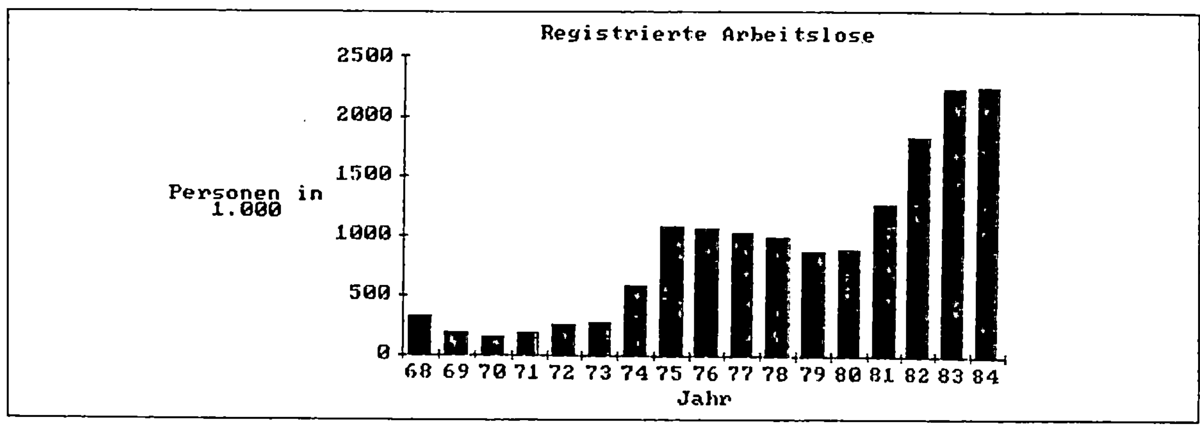

Fig. 1

werden müssen, dann erscheint eine normierte oder (weitgehend) automatisierte Schaubilderstellung zweckmäßig zu sein.

Neben den durch die Zeitersparnis zu erzielenden Kostensenkungen wird zusätzlich nach einer Einführungs- und Eingewöhnungszeit der betriebliche Informationsfluß beschleunigt und durch eine bewußt angestrebte Kontinuität in der Schaubildgestaltung die Akzeptanz auf der Seite der Anwender erhöht.

Bei der Normierung von Geschäftsgraphiken sind zwei Phasen deutlich voneinander zu unterscheiden:

1. die *Auswahl der Diagrammform* für unterschiedliche und typische betriebliche Datensätze, wie etwa

   — absolute Zahlen (z. B. Umsätze oder Kosten),
   — Prozentzahlen (z. B. Produktgruppenanteile oder Gewinnspannen von Einzelprodukten) oder
   — Zeitreihen (z. B. Dividendenentwicklung oder Entwicklung der Forschungsausgaben) und

2. die Entscheidung für das *Layout,* dem (zumindest beim innerbetrieblichen Einsatz von Geschäftsgraphiken) in erster Linie eine statistisch-informative Funktion zukommt.

Bei der Auswahl der Diagrammform ist eine Beschränkung auf einige wenige Typen angebracht, wobei eine möglichst „einfache" Diagrammform auszuwählen ist. Dies bedeutet insbesondere, daß eine dreidimensionale oder räumliche Darstellung bei Geschäftsgraphiken vermieden werden sollte.

3 Beispiele zur Normierung auf der Basis von Microsoft-Chart

Im folgenden werden ausgewählte Beispiele zur Normierung von Geschäftsgraphiken vorgestellt. Die einzelnen Datensätze wurden dabei der amtlichen Arbeitsmarktstatistik entnommen. Die jeweilige Normierung erfolgte auf der Basis von MS Chart, weil dieses Programmpaket mit einer Vielzahl von interaktiven Möglichkeiten zur individuellen Ausgestaltung von acht Schaubildgrundtypen (bei insgesamt 45 Varianten) u. E. derzeit optimale Voraussetzungen für die Erstellung von Geschäftsgraphiken bietet.

Der erste Datensatz umfaßt 17 Zeitreihenwerte, die die Entwicklung der „Zahl der registrierten Arbeitslosen" in der Bundesrepublik Deutschland in den Jahren 1968 bis 1984 beschreiben. Nach Eingabe oder Übernahme der Daten und der Beschriftungen bietet MS Chart zunächst die Standardversion einer Geschäftsgraphik (Säulendiagramm oder *Column-chart*) an (**Fig. 1**).

Bei insgesamt 17 Zeitreihenwerten ist es jedoch aus statistisch-methodischer Sicht erforderlich, auf den Diagrammtyp des Zeitreihendiagramms (*Line-chart*) zurückzugreifen. Diese Schaubildform kann mittels einer kurzen Kommandofolge aus 6 Unterformen (*Options*) ausgewählt und erstellt werden. Eine dieser Unterformen liefert dann das Schaubild **Fig. 2.**

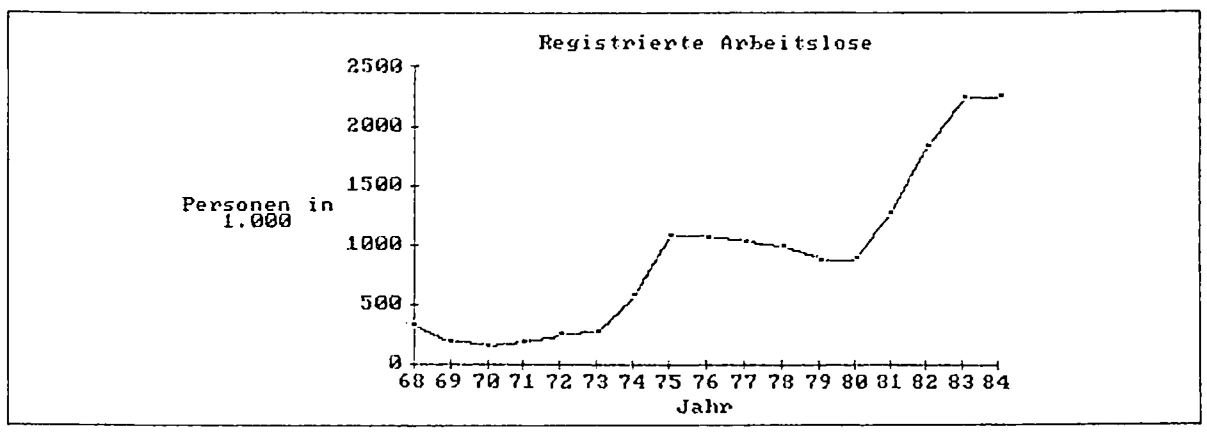

Fig. 2

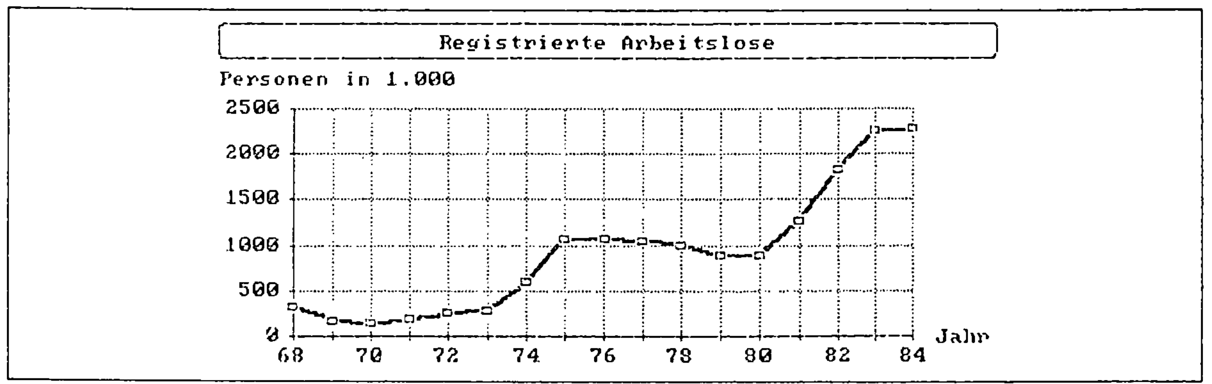

Fig. 3

Die formale und statistische Ausgestaltung dieses Schaubilds erfordert eine Reihe von Kommandofolgen etwa zur

— besseren Plazierung der Achsenbeschriftung,
— Hervorhebung der Überschrift bzw. der Datensatzbezeichnung,
— Wahl der Strichstärke für Haupt- und Nebenlinien,
— Bestimmung der Art und Stärke der Zeitreihenkurven,
— Skalierung und Form der senkrechten und der waagrechten Achse,
— Auswahl der Schrift- und Rahmentypen.

Auf Grund der Tatsache, daß die angeführten Eingriffsmöglichkeiten auch miteinander kombiniert werden können, ergibt sich eine kaum überschaubare Fülle von möglichen Endprodukten. Die Mehrzahl dieser Schaubilder ist allerdings in gestalterischer Hinsicht und in informationeller Hinsicht unbrauch-

bar. Aus den verbleibenden zweckmäßigen Darstellungen ist unter Berücksichtigung des individuellen Einsatzes eine endgültige Auswahl zu treffen. Zusätzlich sollte der Gesichtspunkt der Systematisierung oder Vereinheitlichung mit Blick auf die vereinfachte Reproduzierbarkeit von Geschäftsgraphiken beachtet werden. Diese Überlegungen führten zu der in **Fig. 3** vorgestellten Lösung.

Eine entsprechende Formatierung ist getrennt für die Bildschirmausgabe und für die jeweils gewünschte „Hardcopy" vorzunehmen. Sie erfordert je nach statistischen Vorkenntnissen und nach Kenntnis der Möglichkeiten sowie der Kommandofolgen von MS Chart einen Zeitaufwand von etwa 10 bis 20 Minuten pro Schaubild. Daher ist es angebracht, das Einzelergebnis z. B. auf einer Diskette festzuhalten. Aus Speicherplatzgesichtspunkten sollte man sich allerdings auf das Ablegen der Formatierung ohne den zugehörigen Datensatz, der in der Praxis ohnehin

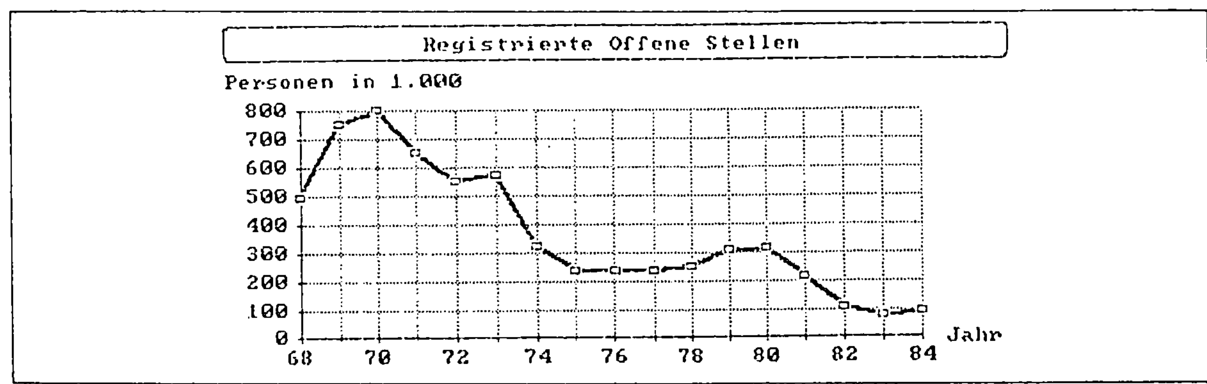

Fig. 4

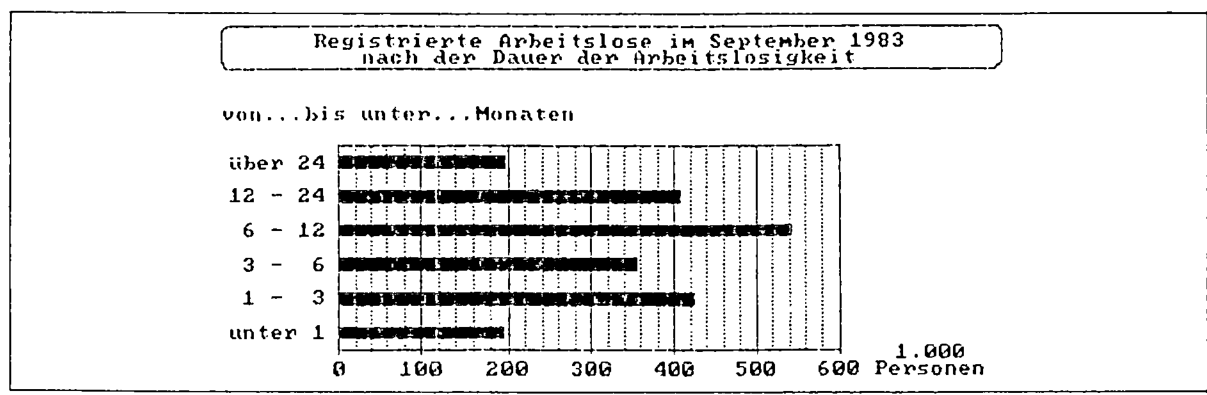

Fig. 5

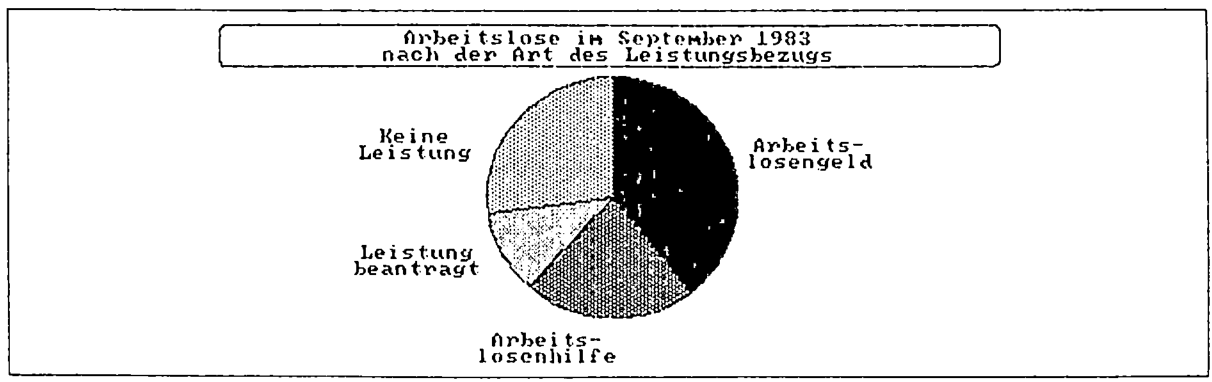

Fig. 6

datenbankmäßig zur Verfügung steht, beschränken. Ist es zu einem späteren Zeitpunkt dann erforderlich, die aktualisierte Zeitreihe oder aber eine ähnlich aufgebaute Zeitreihe graphisch darzustellen, dann ist lediglich diese Vorformatierung abzurufen. In diesem Sinn ist somit eine automatische Erstellung von Geschäftsgraphiken möglich.

Mit dem folgenden Beispiel wird diese Automatisierung veranschaulicht. Nach Dateneingabe (oder Datenübernahme) erhält man z. B. für die „Zahl der registrierten offenen Stellen" eine vergleichbare graphische Darstellung (**Fig. 4**).

Sind in Abhängigkeit vom jeweiligen Datensatz andere Diagrammtypen zu verwenden, dann können

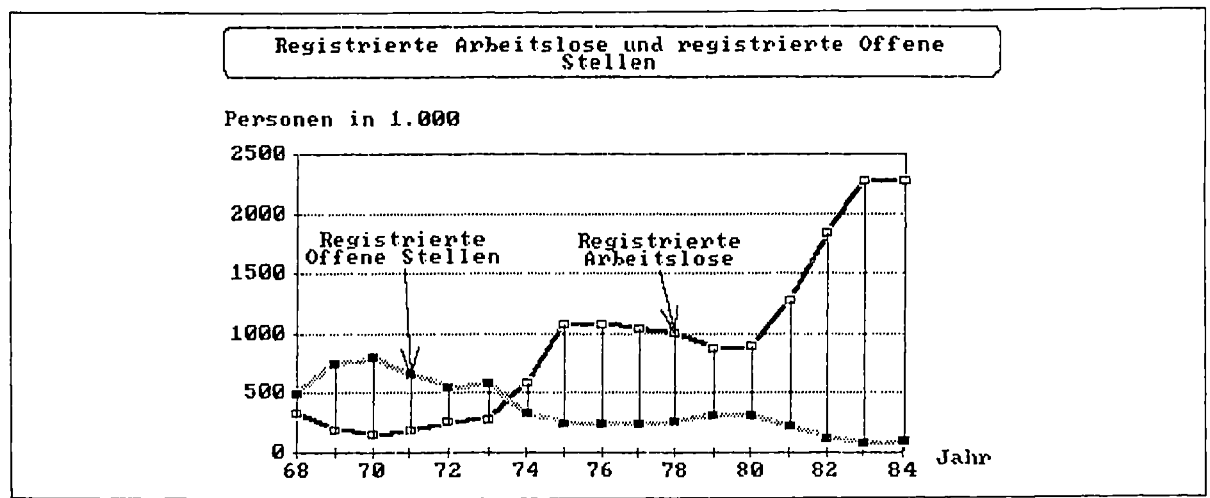

Fig. 7

diese (wie die beiden folgenden Beispiele **Fig. 5** und **Fig. 6** zeigen) analog normiert werden.

Bei der gleichzeitigen Betrachtung von zwei (oder mehr) Datensätzen ist einmal eine automatische Schaubilderstellung mit Hilfe der „Window"-Technik möglich, wobei in sich nicht überlappenden Fenstern oder Masken die einzelnen Datensätze bei identischen Diagrammtypen jeweils getrennt graphisch dargestellt werden. Unter statistischen Gesichtspunkten ist jedoch i. d. R. eine gemeinsame Erfassung in nur einem Schaubild vorteilhafter. Dies gilt insbesondere dann,

wenn ein direkter Vergleich angestrebt wird. Das Beispiel **Fig. 7** veranschaulicht dieses Vorgehen.

Für eine Aktualisierung der Datensätze ist auch hier eine automatische Diagrammerstellung möglich, wenn die Formatierung gespeichert worden ist. Bei neuen (aber hinsichtlich der Periodizität und der Datensatzlänge vergleichbaren) Datensätzen kann die Vorformatierung ebenfalls übernommen werden, wobei lediglich die Schaubildbezeichnung zu ändern bzw. neu einzulesen ist.

Ohne Zuhilfenahme des Computers ist der Anleger bei der rationalen Bewertung spekulativer Geldanlagen wie Optionen oder Optionsscheinen überfordert. In diesem Beitrag werden wichtige in Theorie und Praxis benutzte Bewertungsansätze vorgestellt und an Beispielen illustriert. Es wird aufgezeigt, wie sich die Methoden in ein Mikrocomputer-Programm einarbeiten lassen. Ein wesentlicher Aspekt bei der Benutzung eines „persönlichen" Computers ist, daß ein Ergebnis zu jeder Zeit, schnell und auf einfache Weise im Dialog erzielbar ist.

Ulrich Abel, Rainer Eiermann und Heimo Reich

Microcomputerunterstützte Geldanlage: Die Bewertung von Optionen und Optionsscheinen

1 Einleitung: Optionen und Optionsscheine

Optionen (hier verstanden als Aktienoptionen) sind Kontrakte, die dem Besitzer das zeitlich befristete Recht verleihen, Aktien eines bestimmten Unternehmens zu einem festgesetzten Preis, dem sogenannten Basispreis, zu kaufen (Kaufoption, engl. *Call*) oder zu verkaufen (Verkaufoption, engl. *Put*). Optionsgeschäfte sind seit geraumer Zeit an den meisten Weltbörsen zugelassen (in Deutschland seit 1970). Ein funktionsfähiger Markt konnte sich jedoch nur dort entwickeln, wo — wie in den USA 1973 und in der Bundesrepublik 1983 — die möglichen Konditionen der Optionen (Verfallstermine, Basispreise) reglementiert wurden. Derzeit können an deutschen und US-amerikanischen Börsen für jede optionsfähige Aktie Optionskontrakte mit jeweils drei um drei Monate auseinanderliegenden Verfallsdaten geschlossen werden, und die möglichen Basispreise sind nach einem festgelegten Muster gestaffelt.

Tabelle 1 zeigt einen Ausschnitt aus dem Optionszettel des *Wall Street Journal* vom 22. Oktober 1984. Für Einzelheiten des Marktes und des Handels verweisen wir auf die Literatur [4].

Von jeher sind Optionsmärkte das Eldorado für wagemutige Spekulanten gewesen, doch ziehen sie in letzter Zeit zunehmend auch fachkundige konservative Anleger an. Die Spekulanten trachten danach, von der enormen den Optionen innewohnenden *He-*

Tabelle 1 Ausschnitt aus dem Optionszettel des *Wall Street Journal:* Optionspreise von *Occidental Petroleum* am 19. Okt. 1984

	Call			Put		
Basis	Nov	Feb	Mai	Nov	Feb	Mai
25	4 1/2	4 3/4	—	3/16	5/8	3/4
30	11/16	1 3/4	2 1/8	1 3/16	2 1/8	2 7/8
35	1/8	9/16	1	—	—	5 1/2

Tabelle 2 Konditionen einiger der an der deutschen Börse gehandelten Optionsscheine (Feb. 1984)

Gesellschaft	Ausgabejahr	Verfall	9	Basis
BASF	1974	31. 5.86	1.05	112
Bayer	1979	28. 2.89	1	136
Hoechst	1975	30. 6.90	5	132.50
Deutsche Bank	1977	31. 5.87	1	116.19(*)
Veba	1984	15.12.93	1	166

(*) in Dollar

belwirkung zu profitieren. Dies sei an einem Beispiel illustriert.

Am 4. Juni 1982 kostete eine Aktie des Unternehmens *Eli Lilly* $ 61 1/2, und der *Put* zur Basis 55, Verfall Oktober 1982 wurde zu $1,– gehandelt. Zwei Monate später, am 5. August notierte die Aktie bei 49 1/4, der *Put* bei 6 3/4. Einer Aktienkursänderung um 19,9 % stand hier eine Steigerung des Optionspreises um 575 % gegenüber.

In ähnlicher Weise wie man im Beispiel mit Verkaufoptionen von einem Kursverfall begünstigt wurde, hätte man mit Kaufoptionen im Falle von Kurssteigerungen Gewinne erzielt. Dem großen Gewinnpotential steht andererseits das Risiko des Totalverlustes des eingesetzten Kapitals gegenüber, wenn der *Call (Put)* am Verfallsdatum wertlos wird, weil die Aktie unter (über) dem Basispreis notiert.

Konservative Anleger haben umgekehrt die Möglichkeit, als Stillhalter aufzutreten, d. h. Optionen zu verkaufen („schreiben"). Besonders in ruhigen Börsenphasen verspricht das Stillhalten überdurchschnittliche Gewinne.

Optionsscheine (engl. *Warrants*) entsprechen Kaufoptionen mit extrem langer Laufzeit. Sie sind Wertpapiere, die von Unternehmen zusammen mit Anleihen („Optionsanleihen") verausgabt werden und die als Kaufanreiz für diese meist niedrigverzinslichen Anleihen dienen. **Tabelle 2** zeigt einen Teil der Anfang 1984 an der deutschen Börse gehandelten Optionsscheine mit ihren Konditionen. Zu den Konditionen zählen das Verfallsdatum, die Zahl q der Aktien, zu deren Bezug ein Optionsschein berechtigt (q kann nach Veränderungen des Grundkapitals der Gesellschaft durchaus nichtganzzahlige Werte annehmen), der Basispreis B sowie die Währungen, in denen der Basispreis und der Optionsschein notiert sind.

Die Bewertung von Optionen und Optionsscheinen ist ein schwieriges Problem von hoher Praxisrelevanz, das seit rund drei Dekaden das Interesse von Finanzwissenschaftlern auf sich gezogen hat. Wir werden im folgenden auf einige Bewertungsansätze eingehen und

erörtern, wie Mikrocomputer in diesem Zusammenhang nutzbringend eingesetzt werden können. Da die üblichen Modellannahmen bei der Bewertung von Optionen über die lange Laufzeit von Optionsscheinen nicht als erfüllt angesehen werden können, werden wir die beiden Anlageformen getrennt behandeln.

2 Die Bewertung von Optionen

2.1 Theoretische Modelle

Die Frage, die die Theoretiker zu beantworten suchten, war der Preis, der sich für eine Option unter gewissen idealisierenden Annahmen über den Markt und den Handel herausbilden müßte. Aus den verschiedenen Preismodellen, die im Laufe der Zeit entwickelt wurden, greifen wir die Formel von *Black* und *Scholes* [3] heraus, fraglos das bekannteste und für alle späteren Arbeiten maßgebende Resultat auf diesem Gebiet. Ohne auf die Einzelheiten der Herleitung einzugehen, geben wir die Formel für die Preise C bzw. P von *Calls* bzw. *Puts* auf dividendenlose Pàpiere an.

Es bezeichnen S, B, t den Aktienpreis, den Basispreis und die Restlaufzeit, r die Marktverzinsung für risikolose Geldanlagen sowie v^2 die (als konstant über die Restlaufzeit vorausgesetzte) Varianzrate der momentanen relativen Kursänderung der Aktie. Sie repräsentiert mathematisch, was man umgangssprachlich als Volatilität bezeichnen würde. N (d) stehe für den Wert der kumulativen Standardnormalverteilung für x = d. Dann gilt nach Black und Scholes für Optionen auf dividendenlose Aktien:

$$C = S \cdot N(d_1) - B \cdot e^{-rt} N(d_2)$$
$$P = -S \cdot N(-d_1) + B \cdot e^{-rt} N(-d_2) \tag{1}$$

mit

$$d_1 = \frac{\log(S/B) + (r + v^2/2)\, t}{\sqrt{v^2 t}}$$
$$d_2 = d_1 - \sqrt{v^2 t}$$

Allerdings gilt die Formel für P nur unter der Voraussetzung, daß der *Put* nicht vor dem Verfall ausgeübt werden kann. Der Wert von *Puts* an der amerikanischen und seit 1983 auch an der deutschen Börse ist geringfügig höher anzusetzen. Für beliebige *Puts* hat *Parkinson* [7] eine Formel angegeben.

Dividenden lassen sich z. B. folgendermaßen berücksichtigen: Wird der Basispreis bei Dividendenzahlungen nicht um den Betrag der Ausschüttung vermindert, so kann man in (1) den Aktienpreis um den diskontierten Wert der bei Ausschüttung zu erwartenden Kursminderung korrigieren.

Die Varianzrate v^2 ist eine ziemlich abstrakte Größe, die nicht unmittelbar bekannt ist. In der Literatur sind verschiedene Methoden zu ihrer Bestimmung angegeben worden [6], jedoch sind die Verfahren zur praktischen Bewertung von Optionen mit Mikrocomputern ungeeignet. Statt dessen sollte u. E. v^2 aus der mittleren wöchentlichen Kursschwankung Δs (in Prozent) der Aktie geschätzt werden:

$$v^2 \approx 26\pi.(\Delta s/100)^2$$

Tabelle 3 gibt für $\Delta s = 3\,\%$ und $r = 0,1$ das Ergebnis der Auswertung von (1) für eine bei S = \$50 notierende Aktie wieder.

Tabelle 3 Optionspreise, wie sie sich nach dem Modell von *Black* und *Scholes* ergeben ($\Delta s = 3\,\%$, $r = 0.1$, S = 50);t (Restlaufzeit) in Wochen

	Calls			Puts		
		t			t	
Basis	4	8	12	4	8	12
45	5.44	6.0	6.55	0.1	0.32	0.52
50	1.69	2.51	3.18	1.31	1.74	2.04
55	0.24	0.72	1.22	4.81	4.88	4.97

2.2 Ein empirisches Preisgesetz

Wie in [1] dargelegt ist, gilt für den Zusammenhang zwischen den Marktpreisen von Optionen, die nicht im Geld sind[1], und der Differenz $\Delta = B - S$ für konstantes S in hoher Näherung eine loglineare Beziehung, d. h. (z. B. für *Calls*)

$$\log (C) = a + b\Delta \tag{2}$$

Die Beziehung (2) wird in **Fig. 1** illustriert.

---

[1] *Calls (Puts)* sind im Geld, wenn S > B (S < B). Sie besitzen dann einen positiven Mindestwert

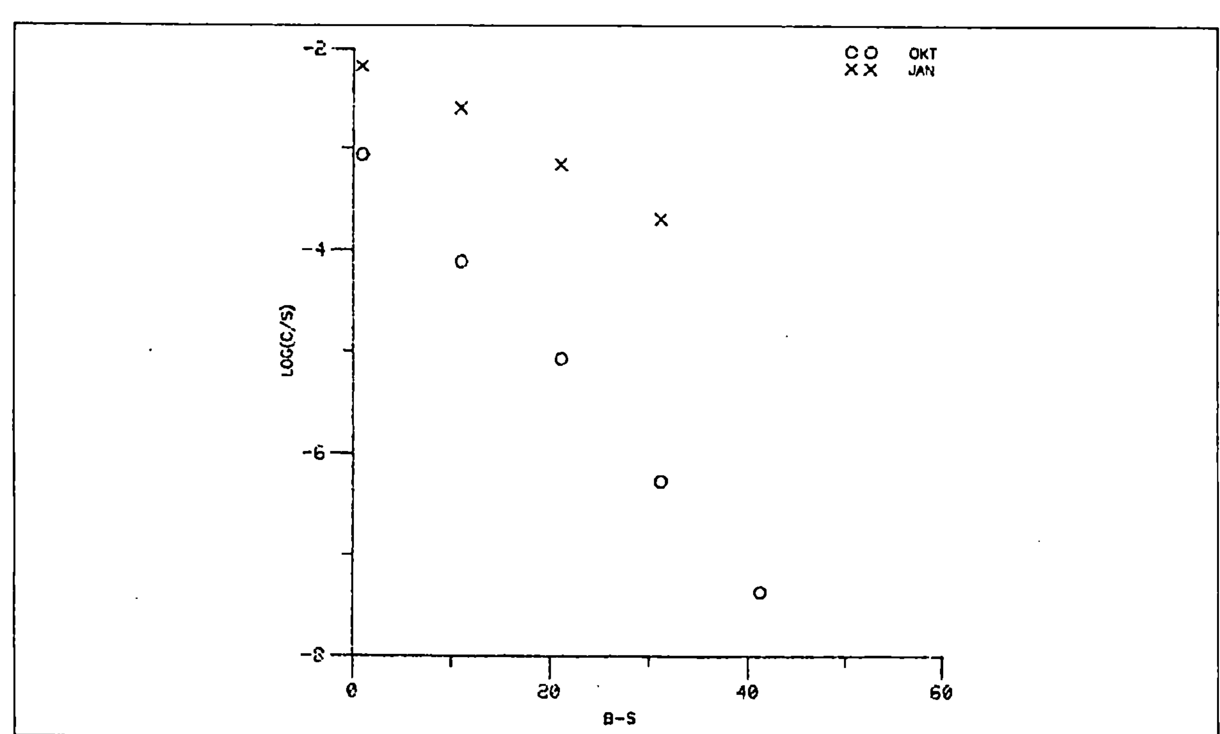

Fig. 1 Zusammenhang zwischen den logarithmierten Preisen von Optionen (hier normiert) und der Differenz zwischen Basis und Aktienpreis. Bsp.: *Teledyne,* 21. Sept. 1982

Dieses empirische Gesetz besitzt gegenüber den theoretischen Modellen den Vorzug, daß es weder stringente Annahmen macht noch irgendwelche schwer zu schätzenden Parameter enthält. Liegen zu einer Aktie mindestens drei *Calls (Puts)* mit gleicher Restlaufzeit vor, so kann (2) für eine relative Bewertung dieser Optionen im Vergleich zueinander benutzt werden. Darüberhinaus gelingt es mit (2) beispielsweise, den günstigsten Kaufpreis eines *Spraddles* (der Summe eines *Calls* und *Puts* mit gleichen Laufzeiten) zu ermitteln.

3 Die Bewertung von Optionsscheinen

Für die Bewertung von Optionsscheinen (OS) sind eine ganze Reihe von Verfahren gebräuchlich bzw. vorgeschlagen worden. Wirtschaftszeitschriften geben zumeist nur die prozentuale Höhe des sogenannten Aufgelds A an. A ist gleich dem Preis, den man gegenüber dem einfachen Aktienkauf zusätzlich zu entrichten hätte, würde man die Aktie durch Ausübung des OS erwerben:

$$A = B + W/q - S \tag{3}$$

(W: Preis des OS).

Das Aufgeld ist trotz seiner Beliebtheit ein naives und wenig effizientes Bewertungsinstrument, das i. a. nur solche Scheine als günstig einstuft, die im Geld sind. Interessant ist zu beobachten, daß der Markt sich nicht nach dieser unzulänglichen Einstufung richtet, wie die enormen Unterschiede in den Aufgeldern beweisen.

Wir werden drei Bewertungsmodelle vorstellen, die von den Autoren *Giguère, Kassouf* und *Shelton* [4] zur Beschreibung des Zusammenhangs zwischen S, B und W aufgestellt wurden. Die Modelle entstammen der Erfahrung, der Betrachtung und Analyse von Marktpreisen über längere Zeiträume. Die Formeln lauten

$$W_G = qS^2/4B \tag{4}$$

$$W_K = q(\sqrt{S^2 + B^2} - B) \tag{5}$$

$$W_S = q\left\{ \sqrt[4]{\frac{t}{72}}\ (0.64 - 4.25\ D/S)\ (Max - Min) + Min \right. \tag{6}$$

(D: Dividende, t: Restlaufzeit in Monaten, Min: innerer Wert (= 0, falls S < B, und = S − B, falls S > B), Max: 0,75 S)

Naturgemäß kommt man aufgrund der drei Modelle zu höchst unterschiedlichen Normwerten für OS. Die Formel (5) stellt eine von *Kassouf* selbst benutzte [5] Approximation einer komplizierten Gleichung mit zahlreichen Modellparametern dar.

Der **Tabelle 4** kann man für die in Tabelle 2 aufgeführten Scheine das Aufgeld und die nach (4) − (6) berechneten Normwerte entnehmen. Wie *Thorp* und *Kassouf* [8] dargelegt haben, läßt sich aus der Identifikation unter- bzw. überbewerteter OS durchaus Profit ziehen.

4 Unterstützung durch Mikrocomputer

In der Praxis kommt es bei der Bewertung von OS und − mehr noch − Optionen darauf an, das Ergebnis schnell und auf einfache Weise zu erhalten, um rasch auf die sich am Markt bietenden Gelegenheiten reagieren zu können. Der Einsatz von Mikrocomputern ist hierfür unentbehrlich. (Taschenrechner kommen wegen der unkomfortablen Ein- und Ausgabe in diesem Zusammenhang derzeit kaum in Frage.) **Fig. 2** zeigt den Aufbau eines benutzerfreundlichen Programms, das dem Anwender die Bewertungsinstrumente (1) bis (6) zur Verfügung stellt.

Die Formel (1) benötigt die Berechnung der kumulativen Standardnormalverteilung

$$N(d) = \frac{1}{\sqrt{2\pi}} \int_{-\infty}^{d} \exp(-x^2/2)\ dx$$

Dies kann nur mit numerischen Approximationen geschehen. In [2] sind Näherungen unterschiedlicher und für die vorliegenden Zwecke jedenfalls ausreichender Güte angegeben.

Tabelle 4 Preise, Aufgelder und Normwerte der in Tabelle 2 aufgeführten Optionsscheine

Gesellschaft	S	W	A (5)	W_G	W_K	W_S
BASF	167	77.2	11.1	65.4	93.5	84.4
Bayer	169.5	74	23.9	52.8	81.3	74.9
Hoechst	182	396	16.3	312.5	463.1	456.6
Dt. Bank	376.5	164.5	28.2	110.1	174.8	153.1
Veba	171.9	62.5	32.9	44.9	73	68.2

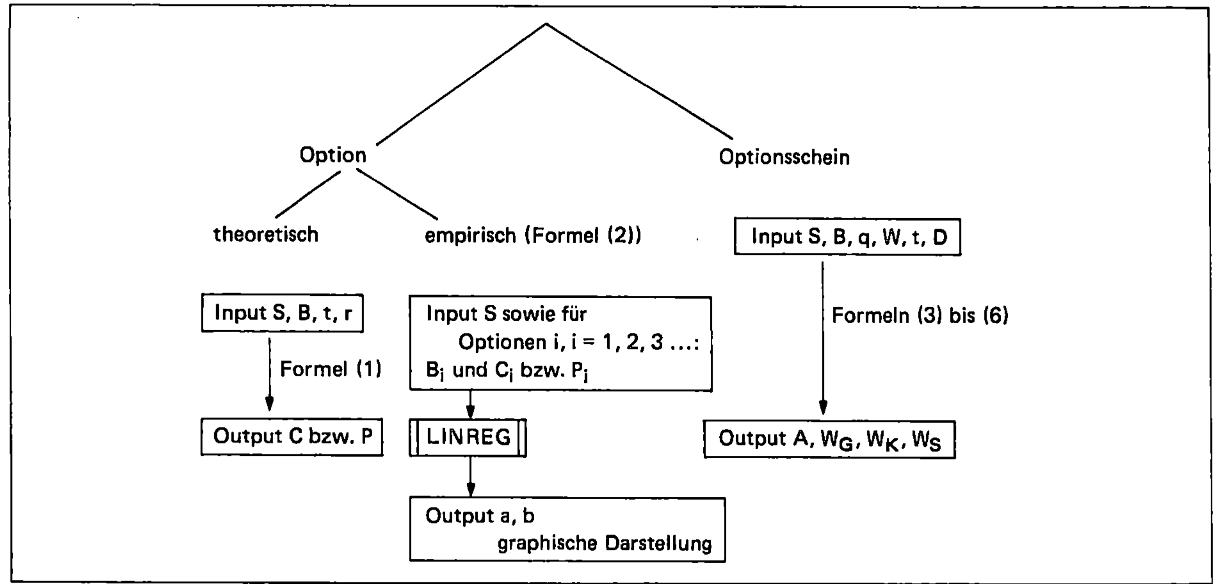

Fig. 2 Aufbau des Programms zur Bewertung von Optionen und Optionsscheinen

Die Auswertung der Gleichung (2) greift auf das Unterprogramm LINREG zurück, das die Parameter a, b des Modells berechnet. Der *Input* sollte im Dialog erfolgen; er besteht in jedem Programmzweig aus „harten", leicht zu ermittelnden Daten, sieht man einmal von der Varianzrate v^2 in (1) ab. Zu ihrer Berechnung muß der Benutzer einen Schätzwert für die wöchentliche Schwankung Δs eingeben. Ist er in diesem Punkt unschlüssig, so hilft ein Blick auf die *Aktiencharts* weiter.

Literatur

[1] *Abel, U., Boing, G.:* An empirical law of the stock options market. Erscheint in Zt. f. Wirtsch. u. Sozialwiss. (1985)

[2] *Abramowitz, M., Stegun, I.A.:* Handbook of mathematical functions. New York: Dover Publ. 1965

[3] *Black, F., Scholes, M.:* The pricing of options and corporate liabilities. J. Polit. Econ. 81, (1973), 637—54

[4] *Gastineau, G. L.:* The stock options manual. New York: McGraw Hill 1979

[5] *Kassouf, S. T.:* Evaluation of convertible securities. New York: Analytical Publishers 1969

[6] *Latané, H., Rendleman, R. J.:* Standard deviation of stock price ratios implied by option prices. J. Finance 31, (1976), 369—82

[7] *Parkinson, M.:* Option pricing: The american put. J. Business (1977), 21—26

[8] *Thorp, E.O., Kassouf, S. T.:* Beat the market. New York: Random House Inc. 1967

PC als Finanz-Arbeitsinstrument

Heinrich Bockholt und Harold D. Kraemer

Baufinanzierung per Personal-Computer

1 Allgemeine Anforderungen an eine qualifizierte Baufinanzierungsberatung per PC

Wie viele andere Bereiche des Wirtschaftslebens wird auch eine qualifizierte Beratung in der Baufinanzierung, die optimal auf den Bauherrn zugeschnitten ist, durch eine Vielzahl von Gesetzen, behördlichen Verordnungen, von verschiedensten Angeboten am Markt, durch Fachleute, angebliche Experten und durch Bauherrn, die sich in der Regel ohne Kenntnis an ein Bauabenteuer wagen, bestimmt.

Voraussetzungen für eine solide Beratung ist neben der laufenden Kenntnis der einschlägigen gesetzlichen Bestimmungen und der Marktverhältnisse ein Instrument, mit dem die Vorgaben des Bauherrn analysiert, die entsprechenden Verordnungen angewendet und die besten Konditionen des Marktes ausgesucht werden können.

Weil das Gebiet der Baufinanzierung so umfangreich ist, bietet sich der Einsatz von entsprechend programmierten Rechnern geradezu an. Der PC ist prädestiniert für solche Anwendungen, unabhängig vom Großrechner werden ausgesprochen rechenintensive Aufgaben gelöst.

Erfolgreich auf lange Sicht ist aber nur ein Baufinanzierungsprogramm, wenn es nicht einseitig auf einen bestimmten Marktanbieter ausgerichtet ist. Diesen Vorwurf müssen sich eine Reihe von Programmen gefallen lassen.

Programmiert müssen folgende große Blöcke sein:

a) Erfassung und Analyse der gesamten Kosten für den Bau eines Hauses und der gegebenen finanziellen Daten des Bauherrn

b) Berücksichtigung sämtlicher staatlichen Verordnungen und Fördermaßnahmen

c) Analyse der jeweiligen Marktkonditionen

d) Kompletter, nachprüfbarer, verständlicher und lesbarer Finanzierungsvorschlag für den Bauherrn.

Vom Anwender solcher Programme werden ausgesprochene solide Fachkenntnisse der gesamten Baufinanzierung verlangt.

2 Technische Beschreibung des Programms FINPLAN (c)

FINPLAN (c) wurde in mehrjähriger professioneller Entwicklung aus der Baufinanzierungspraxis heraus bei laufender Kontrolle von Baufinanzierungsberatern und wissenschaftlichen Experten entwickelt und fertiggestellt. Es ist in BASIC von *Microsoft* geschrieben und läuft z. Zt. auf folgenden PCs:

a) Tandy Model IV, Standgerät oder Portable, 64 Kbyte, 2 Laufwerke, L-DOS-Betriebssystem

b) Tandy Model 2000, 256 Kbyte, 2 Laufwerke, Color-Graphik, MS-DOS-Version 2.1.

c) IBM PC XT und AT-Rechner, 256 Kbyte, 2 Laufwerke, Color-Graphik, MS-DOS-Version 2.2.2.

d) Nixdorf PC, 256 Kbyte, 2 Laufwerke, Color-Graphik, Betriebssystem MS-DOS 2.1.1

Für DOS-Versionen auf anderen PCs können die Programme auf Wunsch abgestimmt werden.

3 Programmbeschreibung von FINPLAN

3.1 Programmübersicht (Gesamtmenü)

In dem Menü werden die einzelnen Programme vorgestellt. FINPLAN (c) zeichnet sich dadurch aus, daß der Anwender weder ein Handbuch noch EDV-Kenntnisse, sondern Sachkenntnisse der Baufinanzierung benötigt.

Die Programmübersicht wird wie folgt dargestellt:

```
P R O G R A M M Ü B E R S I C H T

( 1) GESAMT-KOSTENSCHÄTZUNG
( 2) WERTGUTACHTEN
( 3) FINANZIERUNG: erfassen / ändern
( 4)    "          : auswerten
( 5)    "          : ausdrucken
( 6) ZINS- UND TILGUNGSPLAN
( 7) EFFEKTIVZINSPROGRAMME nach PAngV + AIBD-METHODE
( 8) BILDSCHIRM-KURZANGEBOT
( 9) WOHNUNGSBAUFÖRDERUNG für alle Bundesländer
(10) KAP.VERS.TARIFE
(11) KONDITIONSTABLEAU
(12) KONFIGURATIONSPROGRAMM (Farbe und Drucker)
(13) PROGRAMMENDE

     Bitte wählen Sie: ---
```

Bei Wahl des 1. Programms erscheint als weiteres Menü:

```
     ERFASSEN DER BAU-GESAMTKOSTEN

( 1) Objektbearbeitung
( 2) Kosten des Baugrundstücks
( 3) Baukosten
( 4) Innenausbau / Garagen
( 5) Bausonderwünsche
( 6) Außenanlagen
( 7) Innere Erschließung
( 8) Baunebenkosten
(10) Rückkehr zur PROGRAMMÜBERSICHT

     Bitte wählen Sie: 2
```

Die Kosten z. B. des Baugrundstücks (2) werden wie folgt ermittelt:

```
KOSTEN DES BAUGRUNDSTÜCKS

(1) Kaufpreis/Zeitwert      656,00 qm x 135,00 DM/qm  88.560,00 DM
(3) Anlieger/Erschließung 320,00 qm x  15,00 DM/qm   4.800,00 DM  93.360,00 DM
(5) Grunderwerbsteuer
    (Grundstücksanteil) 2 % von    93.360,00 DM       1.867,20 DM
(6) Notarkosten für Grunderwerb                         950,00 DM
(7) Maklerkosten f. Grundstück incl. MwSt.            3.192,90 DM
(8) Wasserentsorgung/Sonstige Erwerbs-Nebenkosten
    (Grundstücksanteil)                                  0,00 DM   6.010,10 DM

    Eingabe:    ENTER,  F1 - Anwahl,  F2 - löschen
-------------------------------------------------------------------------------
    FINANZIERUNGS-NEBENKOSTEN: (kalkulatorisch)

(1) Zwischenfinanzierung 3 % von DM 315.000,00        9.450,00 DM
(2) Bereitstellungszinsen/Zinsen in der Bauzeit      3.200,00 DM
(3) Kredit-Nebenkosten gem. Darlehnsbestimmungen       200,00 DM
(4) Berater-Honorar nach Vereinbarung                1.000,00 DM
(5) Notarkosten (Finanzierung)                       1.700,00 DM
(6) Wertgutachten/Sonstiges                            693,00 DM

    Finanzierungs-Nebenkosten                       16.243,00 DM

    Eingabe:    ENTER,  F1 - Anwahl,  F2 - löschen
```

Im Detail werden folgende Kosten ermittelt:

— Kosten des Baugrundstücks und der Erwerbsnebenkosten

— Baukosten — detailliert nach der Angabe des umbauten Raumes (in m^3) und seinen zusätzlich anfallenden Kosten

— Kosten des Innenausbaues

— Bausonderwünsche

— Kosten der Garage und der zusätzlichen beantragten Baukosten

— Außenanlagen, massive Baumaßnahmen

— Kosten der inneren Erschließung

— Baunebenkosten mit allen anfallenden Gebühren nicht beleihungsfähige Nebenkosten und sonstige Kosten

— Zwischenfinanzierung und Anschaffungskosten

— Vorermittlung des Disagios oder Damnums

Durch diese detaillierte Kostenaufnahme werden selbstverständlich die abschreibungsfähigen und beleihungsfähigen Herstellungskosten exakt ermittelt.

3.2 Wertgutachten des Bauobjektes

Im zweiten Programm des Hauptmenüs wird das Wertgutachten des Bauobjektes erstellt. Der oder die Geldgeber benötigen für die Absicherung ihrer Kredite eine Bewertung des Bauprojektes. Das Wertgutachten wird nach heute üblichen Verfahren erstellt, die Kreditinstitute lassen zum Teil noch andere Kriterien in ihre Wertermittlung einfließen.

Menü:

```
W E R T G U T A C H T E N
(1) Kundendaten und Verwaltung
(2) Ändern der Festwerte
(3) Angaben zur Bodenwertberechnung
(4) Angaben zur Bauwertberechnung
(5) Angaben zu Sonderbauteilen
(6) Angabe der Erträge aus Vermietung
(7) Ausgabe Wertgutachten (Bildschirm)
(8) Drucken Wertgutachten
(9) Rückkehr zur PROGRAMMÜBERSICHT

    Bitte wählen Sie: 6
```

Bei dem Unterprogramm (6) werden die Mieterträge abgerufen:

```
W E R T G U T A C H T E N
    Erträge aus Vermietung:
(1) Wohnung / Hauptwohnung       qm:  129,84
(2)                          DM / qm:    7,50
(3) Wohnung/Einliegerwohnung     qm:   46,00
(4)                          DM / qm:    7,50
(5) Wohnung 3                    qm:    0,00
(6)                          DM / qm:    0,00
(7) Wohnung 4/Gewerbefläche      qm:    0,00
(8)                          DM / qm:    0,00

    Eingabe:    ENTER,  F1 - Anwahl,  F2 - löschen
```

Das Wertgutachten (Liste über Drucker) gibt aus:

Werte des Bodenwertes

Werte des Bauwertes

Werte des Sachwertes

Werte der Beleihungsgrenzen
hierin detailliert die Höhe der Ia-Hypothek
                    die Höhe der Ib-Hypothek

und der evtl. nachrangigen Hypotheken.

Weiterhin werden die Nachtragswerte, die Mittelwerte und die Werte nach dem Gewichtungsverfahren nach den geltenden Vorschriften des Niederstwertprinzips ermittelt.

3.3 Baufinanzierungsberechnungen

Die Baufinanzierungsberechnungen werden durch folgende Programme abgefragt:

```
K U R Z A N G E B O T
(1) Konditionen
(2) Netto-Hypotheken-Summen
(3) Angebots-Ergebnis
(4) Rückkehr zur PROGRAMMÜBERSICHT

    Bitte wählen Sie:  1
```

Baufinanzierungsberechnungen sind möglich für den Bereich:

— Neubau

— Kauf-Finanzierung

— Umfinanzierung, einschl. der steuerlichen Vorschriften und Nutzungsarten, integrierte Zins- und Konditions-Programme, die in der Berechnung die für den Kunden günstigsten Konditionen berücksichtigen.

— integrierte Tilgungs-Konditions-Programme für alle Lebensversicherungs-Tarife

— Kurz-Angebots-Programm nach dem sogenannten Schnellschußverfahren

— Zins- und Tilgungsplan-Berechnungen für:
    a) Annuitäten-Darlehen
    b) Kapital-Versicherungs-Darlehen
    c) Bausparkassen-Darlehen
    d) sonstige Darlehen.

Mit den integrierten Zins- und Tilgungsplan-Programmen werden auf Basis der Effektiv-Verzinsung Finanzierungs-Analysen und Finanzierungsberechnungen ermöglicht. Hierunter fallen im einzelnen die Berechnungen von Bausparkassen-Verträgen und sogenannten Schachtelverträgen, Finanzierungs- und Liquiditätsplanberechnungen einschl. der Steuerersparnis aufgrund des zu versteuernden Einkommens, Verträge mit Tilgungsaussetzung und Finanzierungs-Möglichkeiten mit unterschiedlichen Konditionsvorgaben, Ratenhöhen und Tilgungsleistungen. Dazu gehören Disagio-Finanzierungen etc.

Durch die FINPLAN (c) Zins- und Tilgungs-Programme kann der Experte Darlehnsrestwerte zu jedem gewünschten Zeitpunkt ermitteln, ebenfalls die angefallenen Zins- und Tilgungsbeträge zu jedem beliebigen Datum unter Berücksichtigung aller vom Kredit-Institut vorgegebenen oder tatsächlich anfallenden Kreditnebenkosten. (Was im kleingedruckten Vertragstext oft verschwiegen wird.)

Ebenso sind Verträge nach dem Bonus- und Prämien-Spar-System konkret zu berechnen. Als weitere Möglichkeit können mit FINPLAN (c) Geldanlagen mit Wiederanlage-Verzinsung und Rendite vor und nach Steuern ermittelt und berechnet werden.

3.4 Programme zur Ermittlung der öffentlichen und nichtöffentlichen Mittel im Rahmen der Baumaßnahmen für den Kunden

Dieses Programm ist so aufgebaut worden, daß es für alle Bundesländer angewendet werden kann. Es wer-

```
NEUBAU-FINANZIERUNGSBERECHNUNG für Eheleute Clevver     vom 6.5.1985
2-Familienhaus * teilabvermietet * Bauherr

GRUNDLAGE  DER  STEUERLICHEN  BERECHNUNG

1. Abschreibung:  2-Familienhaus * teilabvermietet * Bauherr

erhöhte AfA nach 7 b ESTG pauschal (nach 29.7.81)       JÄHRLICH  DM
Baubeginn: 15.4.1985                                    ___________
Gerwerblich genutzte Fläche: qm   0,00
Summe abschreibungsfähige Kosten DM  293.300,75
Sonderabschreibung               DM    7.500,00
lt. Paragraph 82 abs. i.             10,00 %


                              Summe AfA            14.116,02


Werbungskosten / Sonderausgaben:
                                        monatlich
-------------------------------------------------------------------
2. A U F W A N D

Zinsaufwand                                             17.325,53
Pauschaler Zinsaufwand (für maximal 3 Jahre)      0,00
nicht umlagefähige Kosten  46,00 qm x 0,90 DM/qm  41,40
Bei Abvermietung:eig.Uml. 129,84 qm x 1,35 DM/qm 175,28

NOCH FREIE SONDERAUSGABENPAUSCHALE                      2.400,00

für Beamte u.d.gl.


                              Summe Aufwand         36.441,75


3. E R T R Ä G E
Fremdmieterträge für          46,00 qm         6.087,60
Anzurechnende Miete bei Eigennutzung  7,50 DM 11.685,60
Sonstige anzurechnende  Eigennutzung            480,00

                              Summe Erträge        18.253,20
-------------------------------------------------------------------

4. ABZUGSFÄHIGE WERBUNGSKOSTEN GESAMT           DM    18.188,55
                                                =================

5. STEUER-BERECHNUNG
lt. EST. Splitting-TABELLE   4,50 % Kirchensteuer
Altes zu verst.Einkommen vor V+V DM 51.314,00 Steuer hierfür DM 10.640,19
Abzugsfähige Werbungskosten +/./.DM 18.188,55
                                    ___________

Neues zu versteuerndes Einkommen DM 33.125,45 Neue Steuer ./.DM  5.661,81
                                      Steuerergebnis =   4.978,38
   (lt.B34f ESTG) - ab 2. Kind - Kinder-Komponente      +    1.200,00

6. JÄHRLICHE GES. NETTO-STEUERERGEBNIS               DM  6.178,38
          monatliche Ges. Netto-Steuerergebnis       DM    514,87

HINWEIS:
Bei 7b Afa wird der Freibetrag auf der Steuerkarte sofort berücksichtigt!
V+V wird durch Ihr FINANZAMT bei degressiver oder linearer Abschreibung
jährlich nachträglich vorgenommen!
Die exakte steuerl. Berechnung sollten Sie in jedem Falle durch Ihren Steuer-
berater vornehmen lassen.Vorstehende Berechnung erfolgte unverbindlich nach
Ihren Angaben!

F I N P L A N  von Experten für Experten   (C) copyright by HAROLD D.KRAEMER
```

den durch das vorgeschaltete Festwert-Programm die unterschiedlichen Berechnungsmaßnahmen der einzelnen Bundesländer konkret berücksichtigt. Alle durchgeführten Programm-Teile und Berechnungen können gespeichert werden, stehen jederzeit wieder zur Verfügung und sind im einzelnen abrufbar.

Weiterhin bietet der Programm-Autor für den Baufinanzierungs-Fachmann ein besonders auf die Branche zugeschnittenes Finanzbuchhaltungs- und Bilanz-Programm an, das durch seine voll integrierte und menügesteuerte Anwendung beispielhaft ist. Der Musterausdruck zeigte die steuerlichen Berechnungsgrundlagen.

4 Auswirkungen im Finanz-Marketing

Qualifizierter Einsatz von PC-Finanzprogrammen zwingt schon heute Banken, Sparkassen, Lebensversicherungen, Bausparkassen und freie Finanzberater dazu, den Markt laufend zu analysieren und von liebgewordenen und häufig einseitig orientierten Angeboten Abstand zu nehmen. Die verabschiedete Preisangabenverordnung bringt nun durch die Angabe des Effektivzinses weitere Aufklärung in die Kundschaft. Der Kunde läßt sich nicht mehr durch unverständliche Computerberechnungen und -ausdrücke beeindrucken.

Beratungen und Vorschläge in allen Fragen von Finanzierungen insbesondere der Baufinanzierung müssen kundenorientiert aufgebaut, lesbar und vom Laien ohne Probleme nachvollziehbar sein. Dabei ist der PC ein unersetzbares Arbeitsinstrument.

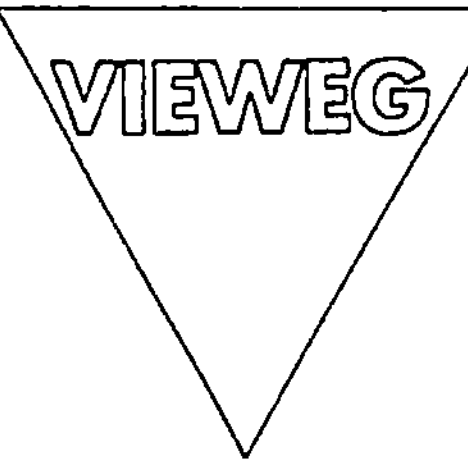

E. G. Brehmer

Baukosten senken

Sparkonzepte für Bauherren

1985. IV, 307 S. 15,5 X 22,9 cm. Gbd.

Wir bauen! Der Entschluß ist endgültig. Man zieht zum letzten Mal im Leben um. Und für immer wird man Vermieter aller Art los sein. Die Finanzierung ist klar. Man weiß, wo das Haus stehen wird und wie es aussehen soll.

Träume — denn viele, die so angefangen haben, beschließen das Abenteuer Bauen mit dem Stoßseufzer: Nie wieder! Und das nicht, weil man sich ohnehin nur einmal im Leben ein eigenes Haus baut. Die vielen kleinen Ärgernisse, die Unbekannten, mit denen man angeblich nicht rechnen konnte — Terminverschiebungen, unzuverlässige Handwerker, Bauschäden, die sich bereits vor dem Einzug zeigen, Kosten, die einem davonrennen und vieles andere mehr —, lassen den Entschluß, in die eigenen vier Wände zu ziehen, oft zur Katastrophe werden.

Das muß nicht sein. Wenn nur jeder mit der gleichen Umsicht den Hausbau beginnen und über alle Etappen mit dem gleichen Kostenbewußtsein kontrollieren würde, das ihm bei Erwerb von Waschmaschine und Rasenmäher selbstverständlich ist, dann wäre auch der Eigenheimbau die nüchternste, sicherste, problemloseste Sache der Welt.

Baukosten senken. Sparkonzepte für Bauherren zeigt dem, der vom ersten bis zum letzten Schritt wirklich kostenbewußt planen und bauen will, wann, wo und wie man Geld sparen und dabei ohne Einschränkungen nach den eigenen Wünschen bauen kann.

Baukosten senken. Sparkonzepte für den Bauherren: Nachprüfbare Tips, wie man beim Neubau, beim Umbau eines Altbaus, bei Eigentumswohnungen und Fertighäusern, beim Grundstückskauf, bei der Wahl der Fachleute — vom Architekten bis zum Kostenberater — und der Handwerker bis zu dreißig Prozent einsparen kann.

Baukosten senken. Sparkonzepte für Bauherren: Lesebuch, Nachschlagewerk, Ratgeber in einem.

Baukosten senken. Sparkonzepte für Bauherren: Sparbuch für Bauherren, die sparen wollen und sparen müssen.

Aktualisierung „Einkommensteuer"

Helmut Alt und Alfred Ponten

Einkommensteuerberechnung mit dem UPN-Rechner HP-41 C

Neufassung 1985

Der im Jahrbuch 1982 erschienene und 1983 aktualisierte Aufsatz zur Einkommensteuer-Berechnung mit dem UPN-Rechner HP-41C und das zugehörige Programm sind für das Steuerjahr 1985 dem derzeitigen Stand des Steuergesetzes anzupassen:

1. Der Tariffreibetrag entfällt ab 1982.
2. Der Kinderfreibetrag von 432,– DM/Kind wurde ab 1983 eingeführt.
3. Die Beitragsbemesssungsgrenze in der gesetzlichen Rentenversicherung der Angestellten erhöht sich von 62.400,– DM in 1984 auf 64.800,– DM in 1985.

Die Speicherplatzbelegung für 1985 ist im folgenden als Speicherauszug ausgedruckt:

R00= 1.985,00	R16= -5,45	R32= 480,00
R01= 0,22	R17= 88,13	R33= 2.115,00
R02= 926,00	R18= 5.040,00	R34= 1.473,00
R03= 60.000,00	R19= 20.018,00	R35= 8.694,00
R04= 18.000,00	R20= 54,00	R36= 864,00
R05= 3,05	R21= 600,00	R37= 21.726,00
R06= -73,76	R22= 480,00	R38= 43.274,00
R07= 695,00	R23= 564,00	R39= 7.824,00
R08= 2.200,00	R24= 270,00	R40= 18,08
R09= 3.034,00	R25= 2.340,00	R41= 26,72
R10= 54,00	R26= 432,00	R42= 563,76
R11= 0,56	R27= 64.800,00	R43= 56.612,24
R12= 14.837,00	R28= 65.000,00	R44= 0,36
R13= 129.999,00	R29= 2,00	R45= 0,13
R14= 5.424,00	R30= 1,00	R46= 0,00
R15= 0,09	R31= 600,00	

Testbeispiele

```
              XEQ "PAU85"
          STEUER
        BERECHNUNG
           1985

BRUTTO ?
        65.000,00    RUN
VERH.   ? JA=1
            1,00     RUN
ANZ. KINDER ?
            2,00     RUN
ANZ. ARB-N  ?
            1,00     RUN


       PAUSCHALEN

WEIHN.-FRB      :  600,00
ARB.-N-FRB      :  480,00
WERB.-KOSTEN    :  564,00
SONDERAUSG.     :  540,00
VORSORGEPAUSCH:8.694,00
KINDER FRB      :  864,00

      XXXXXXXXXX


       WERB.-KOSTEN    ?
                22,00 ENTER↑
               224,00      *
                  ,36      *
             1.774,08    ***
             1.775,00 ENTER↑
               120,00      +
               220,00      +
             2.115,00    ***
                         RUN
       SONDERAUSG.     ?
               873,00 ENTER↑
               600,00      +
             1.473,00    ***
                         RUN
       SONST. ABZUEGE ?
           150.000,00 ENTER↑
                 5,00      %
             7.500,00    ***
                         RUN


       ABZUEGE       :21.726,00
       Z. VERST. EINK:43.274,00

       SP-STEUER     :  26,72 %
       DURCHS-STEUER :  18,08 %

       STEUER   DM : 7.824,00

       K-STEUER DM :   563,76

       NETTO    DM :56.612,24
```

```
        XEQ "ZVE85"
      STEUER
   BERECHNUNG
      1985

Z.VERST. EINK.?
      80.000,00    RUN
VERH.  ? JA=1
         1,00      RUN
ANZ. KINDER ?
         0,00      RUN


SP-STEUER    : 43,15 %
DURCHS-STEUER :  26,27 %


STEUER   DM : 21.012,00

K-STEUER DM :  1.891,08

NETTO    DM :57.096,92
```

Anweisungsliste

```
                 PRP ""

01*LBL "ZVE85"
XEQ "UE" SF 04 RCL 38
"Z.VERST. EINK.?"
PROMPT STO 38 GTO "VK"

09*LBL "PAU85"
XEQ "UE" SF 00 RCL 28
"BRUTTO ?" PROMPT
STO 28

16*LBL "VK"
0 "VERH.  ? JA=1"
PROMPT X=0? GTO 00
SF 01

23*LBL 00
RCL 29 "ANZ. KINDER ?"
PROMPT STO 29 X>0?
SF 02 FS? 04 GTO "TA"
GTO 00 RTN

34*LBL "UE"
XEQ F SF 12 CF 29
FIX 0 " STEUER" AVIEW
"BERECHNUNG" AVIEW
"  " ARCL 00 AVIEW
CF 12 SF 29 FIX 2 ADV
RTN
```

```
        XEQ "ZVE85"
      STEUER
   BERECHNUNG
      1985

Z.VERST. EINK.?
      80.000,00    RUN
VERH.  ? JA=1
         0,00      RUN
ANZ. KINDER ?
         0,00      RUN


SP-STEUER    : 53,30 %
DURCHS-STEUER :  37,99 %


STEUER   DM : 30.394,00

K-STEUER DM :   2.735,46

NETTO    DM :46.870,54
```

```
51*LBL F
CF 00  CF 01  CF 02
CF 03  CF 04  RTN

58*LBL 00
FS? 01 GTO 00 1
STO 38 GTO "PA"

64*LBL 00
RCL 38 "ANZ. ARB-N ?"
PROMPT STO 30 2 -
X=0? SF 03

73*LBL "PA"
ADV SF 12
" PAUSCHALEN" AVIEW
CF 12 ADV RCL 30
RCL 21 * STO 31
"WEIHN.-FRB     :"
FC? 03 "+ " ARCL 31
AVIEW RCL 30 RCL 22 *
STO 32
"ARB.-N-FRB     :" "+ "
ARCL 32 AVIEW RCL 30
RCL 23 * STO 33
"WERB.-KOSTEN  :"
FC? 03 "+ " ARCL 33
AVIEW FS? 01 GTO 00
RCL 24 STO 34 RCL 26
RCL 29 * STO 36
GTO 01
```

```
115*LBL 00
RCL 24 2 * STO 34
RCL 26 RCL 29 *
STO 36

124*LBL 01
"SONDERAUSG.  :" "+ "
ARCL 34 AVIEW RCL 28
RCL 21 - RCL 27 X>Y?
GTO 00 FS? 03 GTO 01

137*LBL 00
RCL 28 FC? 03 GTO 00
RCL 21 -

143*LBL 00
XEQ "V" STO 41
GTO "VO"

147*LBL 01
BEEP "BRUTTO A ?"
PROMPT XEQ "V" STO 41
"BRUTTO B ?" PROMPT
XEQ "V" ST+ 41
GTO "VO"

158*LBL "V"
RCL 21 - RCL 27 X<=Y?
GTO 00 RDN GTO 01

166*LBL 00
RCL 27

168*LBL 01
,09 * RTN

172*LBL "VO"
FS? 01 GTO 02 RCL 29
600 * RCL 25 +
STO 40 RCL 41 X>Y?
GTO 00 RCL 41 STO 35
GTO 01

187*LBL 00
RCL 40 STO 35

190*LBL 01
RCL 29 300 * RCL 25
2 / + STO 42 RCL 41
X>Y? GTO 00 RCL 41
ST+ 35 GTO 03

205*LBL 00
RCL 42 ST+ 35 GTO 03

209*LBL 02
RCL 29 600 * RCL 25
2 * + STO 40 RCL 41
X>Y? GTO 00 RCL 41
STO 35 GTO 01
```

```
224*LBL 00
RCL 40 STO 35

227*LBL 01
RCL 29 300 * RCL 25
+ STO 42 RCL 41 X>Y?
GTO 00 RCL 41 ST+ 35
GTO 01

240*LBL 00
RCL 42 ST+ 35

243*LBL 01
244*LBL 03
RCL 35 RCL 10 / INT
RCL 10 * STO 35
"VORSORGEPAUSCH:"
ARCL 35 AVIEW
"KINDER FRB    :" "+ "
ARCL 36 AVIEW ADV
SF 12 " XXXXXXXXXX"
AVIEW CF 12 BEEP ADV
RCL 33 "WERB.-KOSTEN "
"+ ?" PROMPT RCL 33
X<Y? GTO 00 GTO 01

274*LBL 00
RDN STO 33

277*LBL 01
RCL 34 "SONDERAUSG."
"+  ?" PROMPT RCL 34
X<Y? GTO 00 GTO 01

286*LBL 00
RDN STO 34

289*LBL 01
0 "SONST. ABZUEGE"
"+ ?" PROMPT ADV
RCL 31 + RCL 32 +
RCL 33 + RCL 34 +
RCL 35 + RCL 36 +
STO 37
"ABZUEGE       :"
ARCL 37 AVIEW CHS
RCL 28 + STO 38
"Z. VERST. EINK:"
ARCL 38 AVIEW

318*LBL "TA"
ADV RCL 38 STO 41
RCL 10 STO 45 1
FS? 01 2 STO 39
RCL 41 RCL 39 / INT
STO 44 RCL 03 X>Y?
GTO 00 RCL 20 STO 45
```

```
338*LBL 00
RCL 04  RCL 44  RCL 45
/  INT  RCL 45  *
STO 42  X<=Y?  GTO 06
RCL 03  X<=Y?  GTO 03
RCL 42  RCL 04  XEQ 11
GTO 02

356*LBL 03
XEQ 11  RCL 13  RCL 42
X>Y?  GTO 04  RCL 44
RCL 15  XEQ 09  RCL 16
XEQ 05  RCL 17  XEQ 05
RCL 18  XEQ 05  RCL 19
+  XEQ 10  RCL 15  4  *
RCL 44  X↑2  STO 46
RCL 44  *  *  RCL 16  3
*  RCL 46  *  +  RCL 17
2  *  RCL 44  *  +
RCL 18  +  GTO 08

398*LBL 02
RCL 05  XEQ 09  RCL 06
XEQ 05  RCL 07  XEQ 05
RCL 08  XEQ 05  RCL 09
+  XEQ 10  RCL 05  4  *
RCL 44 . X↑2  STO 45
RCL 44  *  *  RCL 06  3
*  RCL 45  *  +  RCL 07
2  *  RCL 44  *  +
RCL 08  +  GTO 08

434*LBL 05
+  RCL 44

437*LBL 09
*  1 E3  *  INT  1 E3  /
RTN

445*LBL 10
INT  RCL 39  *  STO 39
RCL 41  /  1 E2  *
STO 40  RTN

456*LBL 11
-  1 E4  /  STO 44  RTN

462*LBL 04
RCL 11  *  RCL 12  -
X>0?  GTO 01  0  STO 39
STO 40  GTO 08

473*LBL 06
RCL 01  *  RCL 02  -
X>0?  GTO 02  0  STO 39
STO 40  GTO 08

484*LBL 01
XEQ 10  RCL 11  1 E4  *
GTO 08

490*LBL 02
XEQ 10  RCL 01  1 E4  *

495*LBL 08
1 E2  /  STO 41
"SP-STEUER    :"  "⊦  "
ARCL 41  "⊦ %"  AVIEW
"DURCHS-STEUER :"  "⊦  "
ARCL 40  "⊦ %"  AVIEW
ADV  "STEUER   DM :"
"⊦ "  ARCL 39  AVIEW
ADV

515*LBL "KI"
RCL 29  X=0?  GTO 00  1
-  X=0?  GTO 01  1  -
X=0?  GTO 02  1800  *
1560  +  GTO 03

532*LBL 00
0  GTO 03

535*LBL 01
600  GTO 03

538*LBL 02
1560

540*LBL 03
STO 42  RCL 39  RCL 42
-  9  %  X>0?  GTO 00  0

550*LBL 00
STO 42  "K-STEUER DM :"
"⊦  "  ARCL 42  AVIEW
ADV  RCL 28  FS? 04
RCL 38  RCL 39  -
RCL 42  -  STO 43
"NETTO    DM :"  ARCL 43
AVIEW  BEEP  ADV  XEQ F
RTN  END
```

```
                    CAT 1
LBL'ZVE85
LBL'PAU85
LBL'VK
LBL'UE
LBL'PA
LBL'V
LBL'VO
LBL'TA
LBL'KI
END          1346 BYTES
.END.        05 BYTES
```

HP-41-Titel im Verlag Vieweg
— eine Auswahl —

Helmut Alt
Finanzmathematik — Programme zum HP-41
1985. Ca. 300 S. 16,2 X 22,9 cm. Kart.

Gerhard Kruse
Optimales Programmieren mit dem HP-41 C
Mit 51 vollst. Programmen und Routinen. 1984. VIII, 100 S. 16,2 X 22,9 cm. Kart.

Harald Schumny (Hrsg.)
Probleme der Festigkeitslehre
Berechnung der Querschnittswerte und der Spannungen. Ein modulares, ausbaufähiges System mit 12 Subprogrammen, 10 Hauptprogrammen und 1 Hilfsprogramm. Erklärt durch 15 Anwendungen aus der Praxis eines statischen Büros. Programme für HP-41 CX, HP-41 CV sowie für HP-41 C mit 3 Speichererweiterungsmodulen von Pietro Labranca. 1985. VIII, 110 S. (Vieweg Programmbibliothek Mikrocomputer, Bd. 18.) Spiralheftung

Dieter Lange
Algorithmen der Netzwerkanalyse für programmierbare Taschenrechner (HP-41 C)
1982. VIII, 116 S. mit 52 Beisp. 16,2 X 22,9 cm. (Anwendung programmierbarer Taschenrechner, Bd. 12.) Kart.

Harald Schumny (Hrsg.)
Dienstprogramme (Tool Kit) für den HP-41
Kopieren, Editieren, Umwandeln, Sortieren, Strings, Bar-Codes. 8 Programme von Frank Altensen. 1984. VI, 45 S. 16,2 X 22,9 cm. (Vieweg Programmbibliothek Mikrocomputer, Bd. 15.) Kart.

Harald Schumny (Hrsg.)
HP-41 — Hilfen und Anwendungen
Speichern, Sortieren, Mischen, Verwalten, Rechnen. 14 Programme von Peter Reiter. 1985. VIII, 100 S. 16,2 X 22,9 cm. (Vieweg Programmbibliothek Mikrocomputer, Bd. 28.) Spiralheftung

Friedr. Vieweg & Sohn Verlagsgesellschaft mbH · Braunschweig/Wiesbaden

Johann Weilharter

Innerbetriebliche Leistungsverrechnung

Praxisgerechte Anwendungsprobleme der EDV setzen meistens profunde Kenntnisse des Anwendungsgebietes voraus. Für eine Methode der innerbetrieblichen Leistungsverrechnung genügen einige Mathematikkenntnisse.

1 Einleitung

1.1 Begriffe und Aufgaben

Unter innerbetrieblichen Leistungen versteht man betriebliche Hilfsleistungen, die der Hauptleistung wegen erbracht werden und nicht für den Markt bestimmt sind. Aufgabe der innerbetrieblichen Leistungsverrechnung ist es, die Kosten der nicht aktivierbaren Leistungen auf die Kostenstellen zu verteilen, in denen sie eingesetzt werden. Dabei ist zwischen „leistenden Kostenstellen" und „empfangenden Kostenstellen" zu unterscheiden.

1.2 Entwicklung des Gleichungsverfahrens

Wir gehen von einem *Beispiel* aus:

Ein Betrieb hat 3 Kostenstellen. In diesen Kostenstellen entstehen Primärkosten (durch den eigentlichen Zweck der Kostenstelle) sowie Sekundärkosten (aufgrund von Leistungsabgaben an andere Kostenstellen innerhalb des Betriebes). Die Sekundärkosten sind auf die Gesamtkosten umzulegen.

Die Daten für den letzten Rechnungsabschnitt sind den folgenden Tabellen zu entnehmen:

Kostenstelle Nr.	Leistung	Primärkosten
1	400	2900
2	600	3100
3	700	600

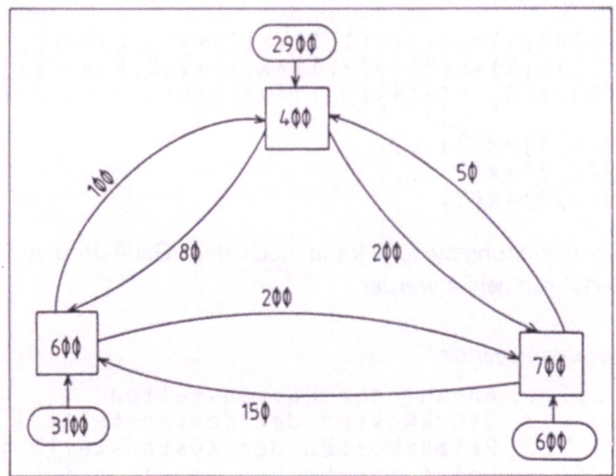

Fig. 1 Graphische Problemdarstellung

Leistungsabgaben:

		empfangende Kostenstelle		
		1	2	3
abgebende	1	0	80	200
Kosten-	2	100	0	200
stelle	3	50	150	0

$p(i)$ ... Einheitskosten (Stückkosten, Durchschnittskosten) des Produkts von Kostenstelle Nr. i

Wir stellen unser Problem in einem Diagramm (**Fig. 1**) dar.

Es ergibt sich der folgende Gleichungsansatz:

$$400\,p(1) = 2900 + 100\,p(2) + 50\,p(3)$$
$$600\,p(2) = 3100 + 80\,p(1) + 150\,p(3)$$
$$700\,p(3) = 600 + 200\,p(1) + 200\,p(2)$$

Die Gleichungen lassen sich leicht erklären:

- Die Gesamtkosten der Kostenstelle sind das Produkt aus Leistung der Kostenstelle X Einheitskosten dieser Kostenstelle.
Das sind die linken Seiten der Gleichungen.

- Die Gesamtkosten der Kostenstelle sind aber auch die Summe aus Primärkosten + Kosten durch Inanspruchnahme anderer Kostenstellen. Das findet in den rechten Gleichungsseiten seinen Niederschlag.

2 Problembeschreibung

Der allgemeine Ansatz der innerbetrieblichen Leistungsverrechnung ist das Gleichungssystem:

```
z(1)*x(1)=b(1)+y(1,1)*x(1)+y(1,2)*x(2)
z(2)*x(2)=b(2)+y(2,1)*x(1)+y(2,2)*x(2)
z(3)*x(3)=b(3)+y(3,1)*x(1)+y(3,2)*x(2)

+y(1,3)*x(3) ...
+y(2,3)*x(3) ...
+y(3,3)*x(3) ...
```

Das Gleichungssystem kann nach dem Gauß-Jordan-Verfahren gelöst werden.

Variablenlegende:

```
n ........ Anzahl der Kostenstellen
x(i) ..... Stückkosten der Kostenstelle i
b(i) ..... Primärkosten der Kostenstelle i
y(i,j) ... Leistungsabgaben von j an i
z(i) ..... Leistungen der Kostenstelle i
```

Es ist ein BASIC-Programm zur Lösung von Gleichungssystemen nach dem Gauß-Jordan-Verfahren mit integriertem Datenerfassungsteil für die innerbetriebliche Leistungsverrechnung zu erstellen.

3 Gewünschte Ausgabe

Lösungsvektor:

```
x(1) =    10.000
x(2) =     8.000
x(3) =     6.000
```

(Das sind die Stückkosten pro Kostenstelle!)

4 Problemanalyse

Durch Umformung des Gleichungssystems erhält man die nötige Koeffizientenmatrix:

$$
\begin{pmatrix}
(z(1)-y(1,1)) & -y(1,2) & -y(1,3) \ldots -y(1,n) \\
-y(2,1) & (z(2)-y(2,2)) & -y(2,3) \ldots -y(2,n) \\
\vdots & & \\
-y(n,1) & -y(n,2) & -y(n,3) \ldots (z(n)-y(n,n))
\end{pmatrix}
$$

Für die Berechnung der Koeffizientenmatrix ergibt sich daher nach geeigneter Datenerfassung die Regel:

```
IF i = j  THEN a(i,j) = z(i) - y(i,j)
          ELSE a(i,j) = - y(i,j)
```

5 Programmschritte

```
(1) Eingabe der Anzahl der Kostenstellen
(2) Eingabe der Leistungsverflechtungsmatrix
(3) Eingabe der Primärkosten ( für alle Kostenstellen)
(4) Eingabe der Leistungen (für alle Kostenstellen)
(5) Ermittlung der Koeffizientenmatrix
(6) Ermittlung der inversen Matrix
(7) Ausgabe der inversen Matrix ( kann weggelassen werden!)
(8) Ermittlung des Lösungsvektors
(9) Ausgabe des Lösungsvektors
```

Literatur

[1] *Weilharter, Johann:* Spaß mit Algorithmen: Einf. in d. strukturierte Programmieren mit 42 BASIC-Programmen. Braunschweig: Vieweg 1984

[2] *Bernhart, G., Deutscher, H. und Tucheslau, H.:* Buchhaltung, Bilanz- und Steuerlehre 4. Wien: 1978. Manzsche Verlags- und Universitätsbuchhandlung

6 Anweisungsliste

```
100 CLS
110 PRINT "Innerbetriebliche Leistungsverrechnung"
120 PRINT "-----------------------------------------"
130 '
140 '       Datenerfassung:
150 '       --------------
160 '
170 INPUT "Anzahl der Kostenstellen";N
180 DIM A(N,N),B(N),Y(N,N),Z(N),K(N):' variable Reservierung von
                                        Speicherplatz
190 '
200 FOR I = 1 TO N
210   FOR J = 1 TO N
220     PRINT "Leistungsabgabe von ";J;" an ";I;:INPUT Y(I,J)
230   NEXT J
240 NEXT I
250 '
260 FOR I = 1 TO N
270   PRINT "Primärkosten ";I;:INPUT B(I)
280 NEXT I
290 '
300 FOR I = 1 TO N
310   PRINT "Leistung ";I;:INPUT Z(I)
320 NEXT I
330 '
340 FOR I = 1 TO N
350   FOR J = 1 TO N
360     IF I = J THEN A(I,J) = Z(I) - Y(I,J)
                  ELSE A(I,J) = - Y(I,J)
370   NEXT J
380 NEXT I
390 '
400 '          Lösung des Gleichungssystems:
410 '          -----------------------------
420 '
430 FOR H = 1 TO N
440   A(H,H) = 1/A(H,H):'Bildung des neuen Kreuzungselements
450   FOR I = 1 TO N
460     FOR J = 1 TO N
470       IF J = H THEN 500
480       IF I = H THEN 510
490       A(I,J) = A(I,J) - A(I,H)*A(H,J)*A(H,H):'Transformation
                                                  der restlichen
                                                  Elemente
500     NEXT J
510   NEXT I
520   FOR J = 1 TO N
530     IF J = H THEN 550
540     A(H,J) = A(H,J)*A(H,H):'Berechnung der neuen Ausgangszeile
550   NEXT J
560   FOR I = 1 TO N
570     IF I = H THEN 590
580     A(I,H) = - A(I,H)*A(H,H):'Berechnung der neuen
                                  Eingangsspalte
590   NEXT I
600 NEXT H
610 '
```

```
620 '              Ausgabe:
630 '              -------
640 '
650 PRINT "I n v e r s e   M a t r i x "
660 PRINT "------------------------------- "
670 PRINT
680 '
690 FOR I = 1 TO N
700   FOR J = 1 TO N
710     PRINT USING "#######.## ";A(I,J);
720   NEXT J
730   PRINT
740 NEXT I
750 '
760 '              Berechnung des Lösungsvektors:
770 '              -------------------------------
780 '
790 FOR I = 1 TO N
800   X(I) = 0:' Initialisieren
810   FOR J = 1 TO N
820     X(I) = X(I) + A(I,J)*B(J):' Multiplikation Matrix*Vektor
830   NEXT J
840 NEXT I
850 '
860 '              Ausgabe des Lösungsvektors:
870 '              ---------------------------
880 '
885 PRINT
890 PRINT "L ö s u n g s v e k t o r :"
900 PRINT "------------------------------"
910 PRINT
920 '
930 FOR I = 1 TO N
940   PRINT "x(";I;")=";  using "#######.####";X(I)
950 NEXT I
960 '
970 ' END
```

7 Testlauf mit Eingabeprotokoll

```
Innerbetriebliche Leistungsverrechnung        Primärkosten 1 ? 2900
---------------------------------------        Primärkosten 2 ? 3100
Anzahl der Kostenstellen? 3                    Primärkosten 3 ? 600
Leistungsabgabe von 1 an 1 ? 0                 Leistung 1 ? 400
Leistungsabgabe von 2 an 1 ? 100               Leistung 2 ? 600
Leistungsabgabe von 3 an 1 ? 50                Leistung 3 ? 700
Leistungsabgabe von 1 an 2 ? 80
Leistungsabgabe von 2 an 2 ? 0           bewirkt die gewünschte Ausgabe.
Leistungsabgabe von 3 an 2 ? 150
Leistungsabgabe von 1 an 3 ? 200         Zunächst wird auch die inverse Matrix
Leistungsabgabe von 2 an 3 ? 200         ausgegeben:
Leistungsabgabe von 3 an 3 ? 0
                                         I n v e r s e   M a t r i x
                                         -----------------------------
                                             0.0028      0.0006      0.0003
                                             0.0006      0.0019      0.0005
                                             0.0010      0.0007      0.0017
```

Planungsanwendungen von Mikros in Versicherungen

Wilhelm Kirchner

Die Informationsversorgung der Unternehmensführung als Herausforderung

Die wirtschaftliche Situation der Deutschen Versicherungswirtschaft verlangt nach modernen und leistungsfähigen Steuerungsinstrumenten, da oft die besseren Führungsinformationen über den Erfolg oder Mißerfolg einer Maßnahme entscheiden. Die Entwicklung geeigneter Werkzeuge zur Informationsversorgung der Unternehmensführung auf allen Ebenen erfordert ein intensives Zusammenwirken von Fachwissen aus der Branche, Betriebswirtschaftlichem Methodenwissen und Kenntnisse in moderner Informationstechnik. Sie setzt ein leistungsfähiges innerbetriebliches Rechnungswesen voraus und erfordert organisatorisch eine auf die Steuerungsbedürfnisse des einzelnen Versicherungsunternehmens abgestellte Unternehmensstruktur und Bearbeitung aller Geschäftsvorgänge.

Richtige, zutreffende und aktuelle Informationen auf allen Führungsebenen des Versicherungsunternehmens sind die Voraussetzung dafür, daß Entscheidungen schnell und wirksam getroffen werden können. Durch die Vielfalt der in einem Unternehmen — und mehr noch in einem Konzern — benötigten und vorhandenen Informationen und die große Zahl der am Arbeitsprozeß insgesamt beteiligten Organisationseinheiten im Innen- und Außendienst wird der Entscheidungsprozeß immer schwieriger. Die Unternehmensspitze kennt zwar die *Großwetterlage* in der Regel gut, aber weniger die *Tagesprobleme* der produzierenden Einheiten. Diese wiederum haben die besten Informationen über die gegenwärtige Lage im Straßenverkehr, wissen aber ihrerseits meist relativ wenig über die mittel- und langfristigen Absichten der Unternehmensspitze. Dieses grundsätzliche Kommunikations- und Koordinationsproblem will das *Controlling* mit seinen Instrumenten angehen, indem es Steuerungs-, Planungs- und Überwachungshilfen für alle Führungsebenen schafft.

Betriebswirtschaftliche Aufgabenstellungen

Als eine wichtige Stelle im Versicherungsunternehmen, die mit der Informationsversorgung der Unternehmensführung betraut ist, kann der betriebswirtschaftliche Aufgabenbereich genannt werden. Hier finden sich häufig Funktionen wieder wie z. B. Unternehmensplanung, Kosten-Leistungs-Rechnung, Betriebsstatistik, Wirtschaftlichkeits- und Investitionsrechnungen. Art und Umfang des Informationsbedarfs und der dafür notwendigen Computerunterstützung bei der Erledigung der betriebswirtschaftlichen Aufgaben unterscheiden sich erheblich von denen der Versicherungsfachabteilungen.

Bei den betriebswirtschaftlichen Tätigkeiten handelt es sich nur zu einem geringen Teil um regelmäßig wiederkehrende Routineaufgaben, wie die Erstellung monatlicher Kostenberichte oder Statistiken, die laufende Beobachtung der Entwicklung von Unternehmenskennzahlen und ähnliches. Ein großer Teil der Aufgaben ist meist nicht alltäglich, oft nicht vorhersehbar, nicht delegierbar und meist unaufschiebbar, wie beispielsweise

— Ad-hoc-Problemstellungen mit rechenintensiven Lösungsverfahren, wie Barwertberechnungen zu Investitionen, Hilfsrechnungen für Entscheidungen über Miete, Leasing oder Kauf eines Sachmittels und andere;

— kurzfristig benötigte Entscheidungsalternativen in Form von „Was wäre, wenn ...‟-Simulationsrechnungen;

— mathematisch-statistische Methoden, wie Bereitstellung von geeigneten Prognoserechnungen als Planungshilfen;

— Einmaligkeit oder Komplexität einer Aufgabe, beispielsweise bei Wirtschaftlichkeitsschätzungen für größere Organisationsprojekte;

— besondere Vertraulichkeit in der Informationsbehandlung, wie sie bei der Erarbeitung von Planungsalternativen vor dem Entscheidungszeitpunkt zu beachten ist.

Eine weitere Besonderheit bei der Informationsversorgung der Unternehmensführung liegt außerdem in der Tatsache begründet, daß der Informationsbedarf nur schwer vorhersehbar ist und sich mit der Entwicklung des Geschäftsverlaufes das Steuerungsinteresse kurzfristig und grundlegend ändern kann. So können einmal notleidende Versicherungszweige zu analysieren sein, ein anderes Mal die Entwicklung der Vermögensanlagerenditen oder die Strukturveränderung bestimmter Kostenarten als Folge durchgeführter Organisationsänderungen. Zunehmende Bedeutung erlangen darüber hinaus sogenannte *Frühwarnsignale*, also solche Informationen, durch die die Unternehmensleitung bereits frühzeitig über bestimmte Tendenzen unterrichtet und in die Lage versetzt wird, über geeignete Gegensteuerungsmaßnahmen zu entscheiden. Hierzu gehören z. B. Trendanalysen, Vorjahres- oder Mehrjahresvergleiche, die Ermittlung von Steigerungsraten oder Hochrechnungen erkennbarer Trends im Vergleich mit dem ursprünglichen Planwert und zur Ermittlung der voraussichtlich zu erwartenden Abweichungen hiervon, wenn keine Maßnahmen ergriffen werden.

Bei allen diesen Tätigkeiten kommt neben der tabellarischen Darstellung von Entwicklungsreihen und Trendverläufen auch einer Visualisierung der Untersuchungsergebnisse in graphischer Form eine besondere Bedeutung zu, da der Unternehmensführung in aller Regel für die Aufnahme und Verarbeitung von Informationen nur ein begrenzter Zeitrahmen zur Verfügung steht. Diese Tatsache ist auch mit ein

Grund dafür, daß Führungsinformationen sinnvollerweise je nachdem, für welche Ebene des Unternehmens sie bestimmt sind, verdichtet (aggregiert und akkumuliert) oder aufgefächert (differenziert) verfügbar gemacht werden müssen. Das wiederum erfordert eine einfache und wirksame Rechnerunterstützung.

Die bisherigen Möglichkeiten der Computerunterstützung

Bei der Entwicklung des EDV-Einsatzes in Unternehmen lassen sich allgemein drei Wendepunkte in der Bereitstellung und Nutzung von Rechnerleistung erkennen (**Fig. 1**), wobei die ständige Weiterentwicklung der Digitaltechnik eine entscheidende Rolle gespielt hat: Durch verbesserte Hardware wurde die Nutzungs- und Bereitstellungsmöglichkeit des *Time-Shared-Computing* Realität. So konnten Abteilungen von Versicherungsunternehmen, die mit mengenmäßig kleinen, aber qualitativ und rechenmäßig anspruchsvollen Aufgaben betraut waren, die verschiedenen „Time-Sharing‟-Dienste fast aller namhaften Computeranbieter wahrnehmen. Die unverkennbaren Vorteile dieser „Time-Sharing‟-Anwendungen waren hauptsächlich die theoretisch unbegrenzte Kapazitätsverfügbarkeit eines Großrechners mit seiner hohen Rechengeschwindigkeit und seiner großen Speicherkapazität über eine Wählleitung sowie relativ einfach erlernbare Systembefehle, meist recht gute Benutzerführung und die Möglichkeit, einfache *Programmiersprachen* — wie z. B. BASIC — oder *Interpreter* — wie z. B. BUSTER — nutzen zu können.

Problematisch war und ist die „Time-Sharing‟-Nutzung jedoch durch die relativ hohe Kostenbelastung für Speicher- und Rechenkapazitäten, die begrenzten Servicezeiten und die recht langsamen Übertragungsgeschwindigkeiten über die Telefonleitungen. All das hat zwar den durchaus positiven Effekt einer Selbstbeschränkung bei der Entwicklung von Programmen und der Speicherung größerer Datenvolumina, steht aber gleichzeitig einer intensiveren Nutzung — gerade z. B. in Form von Iterations- und Simulationsrechnungen bei unsicheren Daten — entgegen.

Zeitgleich mit der Phase intensiver „Time-Sharing‟-Anwendungen war für die Benutzer auch die Einsicht in die unbestreitbare Tatsache, daß als Lieferant aller Grunddaten aus dem Unternehmen immer auch nur die eigene EDV in Frage kommt. Nur sie hat über die Speicherung aller Einzeldaten aus der Tagesarbeit die Möglichkeit, erforderliche und benötigte

1980
Personal Computing

1965
Time-shared Computing

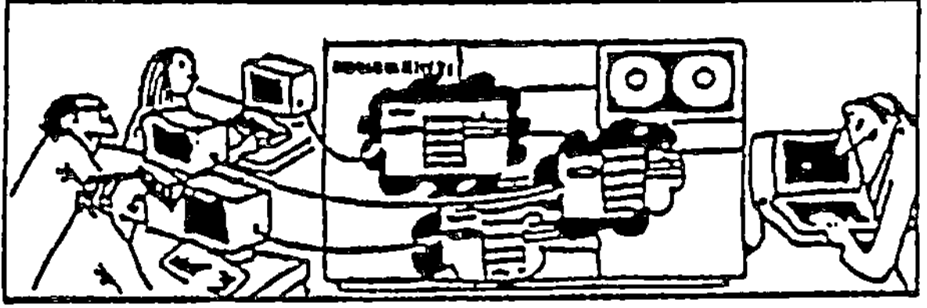

1950
Batch Computing

Fig. 1 Wendepunkte in der Bereitstellung und Nutzung von Rechnerleistung. Die ständige Fortentwicklung der Digitaltechnik führt zu Dezentralisierung und Dezidierung

Summendaten bereitzustellen, woran sich dann weitergehende Analysen und Berechnungen anschließen müssen, für die keine Standardprogramme im Rechenzentrum verfügbar sind. Lieferanten für Branchenvergleichsdaten und allgemeine Wirtschaftsdaten sind dagegen aus Rationalisierungsgründen nach wie vor Service-Rechenzentren, wenn diese Daten nicht im Datenträgeraustausch in der eigenen EDV-Anlage gespeichert werden können oder sollen. Diesem Aspekt kommt auch in Zukunft beim Datenträgeraustausch innerhalb der Versicherungswirtschaft und ihrer Fachverbände mit Sicherheit eine zunehmende Bedeutung zu. So lassen sich beispielsweise alle statistischen Daten der Branche mit denen des eigenen Unternehmens vergleichen. Auch könnte an ein Branchen-Modell gedacht werden, indem sich die Daten des jährlich erscheinenden Versicherungsreports für Planungsüberlegungen nutzen ließen. Es dürfte

durchaus interessant sein zu untersuchen, wie sich Zweige oder Vermögensrenditen des eigenen Unternehmens, der wichtigsten Konkurrenten und der Gesamtbranche entwickelt haben.

Die Einführung EDV-unterstützter Finanzbuchhaltungssysteme und darauf aufbauender Kostenrechnungsprogramme war ein weiterer grundlegender Schritt zur Verbesserung der Informationsversorgung der Unternehmensführung. Erst dadurch konnten die auf die externe Rechnungslegung ausgerichteten Buchhaltungsdaten auch einer umfassenden innerbetrieblichen Analyse erschlossen werden.

Die gegenwärtigen Möglichkeiten der Computerunterstützung

Zur Zeit zeichnen sich zwei Richtungen ab, aus denen für die betriebswirtschaftlichen Aufgaben eine wirksame EDV-Unterstützung möglich und machbar ist: Die Einrichtung hauseigener Benutzer-Servicezentren mit der Möglichkeit, wie bisher im „Time-Sharing"-Betrieb mit dem eigenen Rechenzentrum über einfache Programmier- oder Interpretiersprachen zu arbeiten und — als zweite Möglichkeit —, ergänzend oder alternativ, sich die moderne Mikrocomputer-Technologie nutzbar zu machen (**Fig. 2**).

Neue Technologien eröffnen neue Möglichkeiten

Eine leistungsfähige und interessante Ergänzung der bisherigen Computerunterstützung zeichnet sich jedoch mit aller Deutlichkeit seit einigen Jahren ab: das *Personal-Computing*. Dabei steht dieser Begriff weniger für ein technisches Konzept als vielmehr für eine veränderte Sicht von Datenverarbeitung. An die Stelle des Computers als Automat tritt zunehmend der Computer als Werkzeug: Die eigentliche Zielvorstellung ist nicht mehr die Ersetzung menschlicher Fähigkeiten, sondern ihre Verstärkung. Zeitpunkt und Entstehung von Personal-Computing sind eng verknüpft mit Fortschritten bei der Integration digitaler Schaltkreise. Die Hochintegrationstechnik wirkt sich direkt aus bei den programmierbaren Bausteinen und bei Speicherbausteinen. So sind die heute oft genannten Mikroprozessoren programmgesteuerte Universalbausteine, die sich beliebig umwidmen, also verwenden lassen. Die Arbeitsspeicher als dynamische Direktzugriffsspeicher (sogenannte RAM) verfügen über eine recht hohe Kapazität und schnelle Zugriffszeiten.

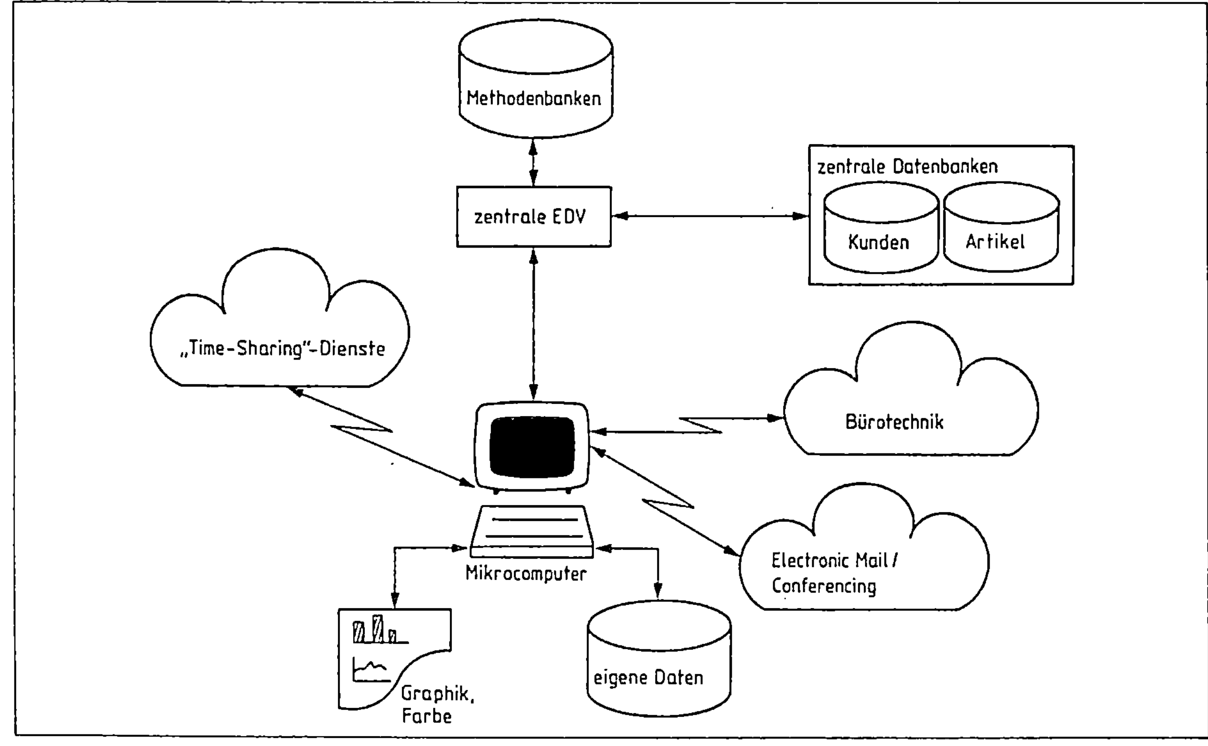

Fig. 2 „Zukunfts"-Informationssysteme

Durch die Entwicklung der Mikroelektronik werden besonders für Arbeiten im Rahmen der Informationsversorgung des Managements neue Datenverarbeitungsmöglichkeiten direkt an den Arbeitsplatz gebracht. Die Mikrocomputer oder Personal-Computer entwickelten sich zu preisgünstigen, leistungsfähigen und benutzergerechten elektronischen Hilfsmitteln — vor allem auch für die Unterstützung komplexer Analyse- und Planungsaufgaben. Unter Mikrocomputer sind heute bildschirmorientierte, mikroprozessorgesteuerte Rechner in Schreibmaschinengröße zu verstehen, die über interne wie auch externe Speichermöglichkeiten verfügen. Es sind Arbeitsplatzcomputer, die sowohl unabhängig als auch im Verbund mit anderen Rechnersystemen, z. B. als Datenstation für die eigene EDV oder für den „Time-Sharing"-Service eines externen Anbieters, eingesetzt werden können, da sie in der Regel über die notwendigen Standardschnittstellen verfügen — oft auch schon zum neuen Medium *Bildschirmtext*. Sie haben ein Speichervolumen und eine Verarbeitungsgeschwindigkeit, über die vor wenigen Jahren nur Großrechner verfügten.

Im Verbund mit der Schaffung dieser technologischen Voraussetzungen ist die Entwicklung benutzerorientierter Makrosprachen zu nennen, die dem Benutzer unmittelbar eine umfassende Unterstützung bei der Computernutzung gewähren. Meist handelt es sich um sogenannte *Interpretative Sprachen*, die dem Entscheidungsverhalten des Benutzers weitgehend angepaßt sind. Sie erlauben nach dem bekannten Verfahren *Versuch und Irrtum* gewissermaßen ein Ausprobieren verschiedener Lösungsvarianten für einzelne Probleme. Mit Hilfe von *Was-wäre-wenn-Simulationen* können unsichere Daten auf ihren Gewinneinfluß hin ausgelotet werden. Über Kennzahlen lassen sich nach dem Frühwarnprinzip bei Über- oder Unterschreiten bestimmter Toleranzgrenzen Warnsignale für die Unternehmensleitung gewinnen — kurz: das gesamte betriebswirtschaftliche Aufgabenspektrum wirkungsvoll unterstützen. Für die Verwaltung der Daten, die Abwicklung des Bildschirmdialogs, die Erzeugung von schriftlichen Berichten oder Graphiken sowie die Eingabe und Speicherung von Daten und Programmen halten diese Makrosprachen einfach zu handhabende, oft auch schon deutschsprachige Befehle vor, die dem Benutzer eine detaillierte Programmierung weitgehend abnehmen.

Die Aufgaben bestimmen den Lösungsweg

Die Informationen für die mit Hilfe der Datenverarbeitung zu lösenden betriebswirtschaftlichen Analyse- und Planungsaufgaben lassen sich in der Regel tabellarisch anordnen. Dabei enthalten die Zeilen beispielsweise die Werte der Erfolgsrechnung (Beiträge, Schäden, Kosten) und die Spalten die Entwicklung dieser Werte in den einzelnen Monaten oder Jahren des Analyse- oder Beobachtungszeitraumes. Meist ist auch von besonderem Interesse, die Entwicklung einzelner solcher Zeitreihen in absoluten Zahlen oder in Veränderungsraten zu berechnen. Wichtig sind oft auch die Anteile einzelner Positionen an der Gesamtsumme (z. B. bei der Kostenstruktur) oder das Verhältnis einzelner Werte zu bestimmten Grundwerten (z. B. Schadenquote oder Kostenquote). Um Trendentwicklungen besser beurteilen zu können, ist es wichtig, die absoluten Zahlen in Indexreihen umzurechnen, damit die unterschiedliche Steigerungsgeschwindigkeit der einzelnen Werte unabhängig von den absoluten Größen gemessen werden kann.

Einen weiteren Aufgabenbereich stellen produkt- und organisationsabhängige Verdichtungsrechnungen dar, z. B. das Verdichten von Einzelbudgets entsprechend den hierarchischen Ebenen des Versicherungsunternehmens oder die Ergebnisse der Versicherungszweige des direkten und des indirekten Geschäftes mit und ohne die Wirkungen der passiven Rückversicherung und der Retrozession.

Eine Lösung dieser Aufgaben mit einer der konventionellen Programmiersprachen (z. B. auch BASIC) erfordert eine Umsetzung des kaufmännischen Problems in eine EDV-gerechte Logik und Schreibweise. Die auf die besonderen Bedürfnisse von betriebswirtschaftlichen Planungs- und Controllingaufgaben zugeschnittene Makrosprache TOPSY (**T**abellenorientierte **P**lanungs- und **Sy**stemsprache) der Firma ConPlan, Berlin, bietet demgegenüber dem kaufmännischen Benutzer eine einfache und umfassende Unterstützung bei der Computernutzung. Grundgedanke der Sprache TOPSY ist die Abhandlung von Problemen in Tabellenform — ähnlich wie Kontenblätter aus einem Kontenkasten. Alle Daten werden mit den *Layoutbefehlen* als Tabellen gespeichert. Die Programme setzen sich zusammen aus einfachen deutschen Befehlen, die interpretiert und ausgeführt werden. So bewirkt z. B. der Befehl ZEIGE das Lesen einer Tabelle aus dem Arbeits- oder Tabellenspeicher und die Anzeige auf dem Bildschirm oder den Druck über den beigeschalteten Drucker. Eine solche Makrosprache ist kaum gewöhnungsbedürftig, personenunabhängig und für den kaufmännischen Sachbearbeiter unmittelbar anzuwenden.

Ein Anwendungsbeispiel: Planungs- und Kontrollrechnungen

Als Beispiel für die mit den neuen Technologien und Makrosprachen mögliche Unterstützung des betriebswirtschaftlichen Aufgabenbereichs bei der Anwenderprogrammierung im Verbund mit den Summendaten aus der EDV-Anlage soll eine Anwendung im Rahmen eines computergestützten Planungsrechnungsmodells beschrieben werden. Voraussetzung für die Anwendung ist die Verknüpfung zum eigenen Rechenzentrum und zu externen Servicerechenzentren.

Im Rahmen der innerbetrieblichen Planungs- und Kontrollrechnung sind verschiedene Objekte zu bearbeiten:

— die *Produkte* (Versicherungszweige und Kapitalanlagearten) mit ihren Mengen, Zeiten, Preisen und Werten, diese wiederum beispielsweise in Form einer Deckungsbeitragsrechnung

— die *Organisationseinheiten* (z. B. alle Stellen des Innen- und des Außendienstes) mit ihren Mengen, Zeiten, Preisen und Werten

— die *betrieblichen Funktionsbereiche* (also Aufgabenbereiche) und

— die *betriebswirtschaftlichen Produktionsfaktoren* (vor allem also Personal, Raum, Sachmittel und Dienstleistungen).

Wie sich die Planungssprache TOPSY zur Generierung von Tabellen, zum Berechnen von Daten und Kennzahlen, für die Erstellung graphischer Darstellungen sowie zum Editieren für die Dokumentation der Tabellen und Programme nutzen läßt, zeigen **Fig. 3** und **Fig. 4**.

Durch die Beispiele wird das Prinzip der Planungssprache TOPSY erkennbar: Möglichst einfache, selbst erklärende Befehle in einer Syntax, die kaum gewöhnungsbedürftig ist und darüber hinaus den großen Vorteil hat, auch nach einer — besonders bei Anwendungen, die nur einmal jährlich anstehen, wie es die Planungsrechnung ist, üblichen — Pausenzeit sich kurzzeitig wieder in die einmal erstellten Programme einarbeiten zu können. Die Erfahrungen bei der Dialogverarbeitung haben gezeigt, daß die Systemunterstützung bei der Fehlerbereinigung auch für den EDV-ungeübten Anwender keine wesentlichen Probleme ergibt. Die gleichzeitige Verarbeitung mehre-

```
PROGRAMM VZRECH1
********************************************************************************
                              P r o g r a m m - B e s c h r e i b u n g
********************************************************************************
           Programmtyp:        Tabellengenerierungsprogramm

   Programmfunktionen:         Erzeugen einer Mustertabelle in Form einer Deckungs-
                               beitragsrechnung fuer Versicherungszweige einschliess-
                               lich der (fiktiven) Grunddaten zur Demonstration
                               einer VIPAS-Anwendung

   Einsatzbedingungen:         Keine

        Verknuepfungen:        Das Programm ist Unterprogramm von VZDEMO

             Hinweise:         Das Programm kann einzeln oder im Rahmen von VZDEMO
                               eingesetzt werden
********************************************************************************
                              P r o g r a m m - A b l a u f
********************************************************************************
LISTE L1 Z1 Z2 Z3 Z4 Z5 Z6 Z7 Z8 Z9 Z10
LISTE L2 S1 S2 S3 S4 S5 S6 S7 S8
LISTE L3 'ERFOLGSRECHNUNG' 'FUER DIE' 'VERSICHERUNGSZWEIGE'
TABELLE VZ2
ZEI L1                                       ~ ZEILEN ANLEGEN
SPA L2                                       ~ SPALTEN ANLEGEN
          TITEL 1 [L3]                       ~ TABELLENUEBERSCHRIFT FESTLEGEN
ZEI Z1 TEXT BEITRAEGE
ZEI Z2 TEXT SCHAEDEN
ZEI Z3 TEXT 'DB 1' MARKIERE US
ZEI Z4 TEXT PROVISION
ZEI Z5 TEXT 'DB 2' MARKIERE US
ZEI Z6 TEXT BETRIEBSKOSTEN                    Z e i l e n
ZEI Z7 TEXT SCHADENSKOSTEN
ZEI Z8 TEXT 'DB 3' MARKIERE US
ZEI Z9 TEXT 'PERIODENFREMD'
ZEI Z10 TEXT 'ERGEBNIS' MARKIERE ZS
SPA S1 TEXT '1974'
SPA S2 TEXT '1975'
SPA S3 TEXT '1976'
SPA S4 TEXT '1977'                            S p a l t e n
SPA S5 TEXT '1978'
SPA S6 TEXT '1979'
S   S7 TEXT '1980'
SP  S8 TEXT '1981'
TITEL 2 '-----     GESCHAEFTSJAHRE     -----'
OTEXT O UTEXT 2                               L a y o u t
LTEXT O RTEXT 15

ZEI Z1 SPA S1 = 1000      D a t e n
ZEI Z2 SPA S1 = 600                  ~ BERECHNUNG DER SPALTEN 2 BIS 8
                                     ~ AUS DER SPALTE 1
SPA S2 BIS S8 ZEI Z1 = 11/10 * S1 BIS S7.Z1
SPA S2 BIS S8 ZEI Z2 = 105/100 * S1 BIS S7.Z2    B e r e c h n u n g
ZEIGE
ERSETZE

:
```

Fig. 3 Die Tabellenerzeugung für einen Versicherungszweig in Form einer vierstufigen Deckungsbeitragsrechnung

rer hundert Tabellen (beispielsweise für die Konsolidierung der Organisationseinheiten-Budgets nach Abteilungen, Bereichen, Ressorts und für den Gesamtkonzern) erfordert keinerlei längere Wartezeiten.

Insgesamt läßt sich feststellen, daß die neue Mikrocomputertechnologie im Verbund mit einer leistungsfähigen Makrosprache, die Vernetzungen des Mikrocomputers mit dem eigenen Rechenzentrum und über Wählleitung mit verschiedenen Servicerechenzentren zu einer für betriebswirtschaftliche Anwendungen zufriedenstellenden Gesamtlösung führen kann. Der Herausforderung, die Unternehmensführung mit den notwendigen Informationen zu versorgen, kann damit wirkungsvoll begegnet werden.

Welche weiteren Entwicklungen im Hardware- und Softwarebereich noch möglich sind, bleibt zu beobachten, „In-Haus-Netze" und Bildschirmtext-Rechnerverbund dürften hier noch einige interessante Entwicklungen ermöglichen.

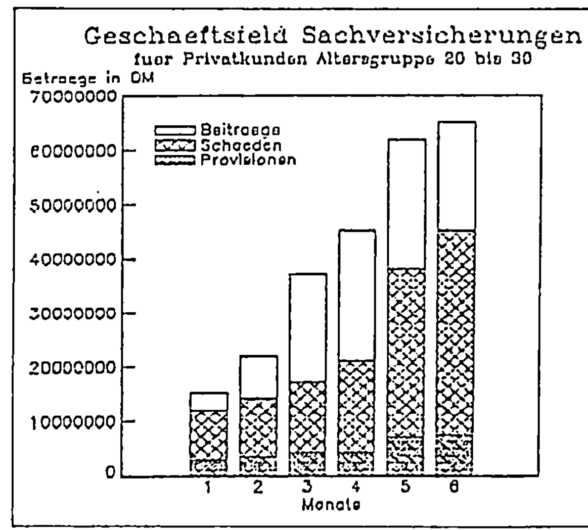

Fig. 4 Beispiel

Unter "Decision Support"-Software versteht man die Software zur Planung und Entscheidungsunterstützung. Diese Software reicht von der Anwendung auf Großrechnern bis zu heutigen "Spread Sheet"-Programmen auf Mikrocomputern. Planungs- und Entscheidungsprobleme lassen sich leicht in Tabellen- oder Matrixform formulieren. Deshalb nennt man fälschlicherweise solche Programme auch Tabellen-Prozessoren.

Günther A. Mohr

Einsatz von „Decision Support"-Software

1 Vorwort

Der Einsatz von *Decision Support Software* (DSS) ist bisher nur in Großfirmen mit entsprechender EDV-Ausrüstung möglich oder als Dienstleistung der kommerziellen "Time-Sharing"-Anbieter erhältlich. Mittlerweile bieten viele Hersteller von DSS entsprechende Lösungen für den PC an. Dadurch ist es für einen erweiterten Benutzerkreis möglich, die Vorteile aus diesen Programmen zu ziehen.

Als Zielgruppe für den PC-gestützten Einsatz von *Decision Support Software* kommen in Frage:

- Unternehmen, für die eine Lösung auf dem hauseigenen Großrechner nicht möglich ist, da dessen Kapazität erschöpft ist.

- Fachabteilungen, für die DSS auf Großrechnern mangels ausreichenden Nutzungspotentials noch nicht wirtschaftlich ist. Hier schafft eine PC-Lösung einen Anfang. Später kann die Summe der bis dahin gewonnenen Anwendungen auf ein Großsystem übertragen werden.

- Fachabteilungen, die aus wirtschaftlichen Gründen auf keinen Großrechner zurückgreifen können.

Ein wesentliches Einsatzgebiet von DSS liegt im Finanzbereich und besonders innerhalb dessen im Aufgabenfeld der Planung und Kontrolle. Es ist heute möglich, mit DSS das gesamte Spektrum der Planung und Unternehmenskontrolle auf Mikrocomputern abzudecken. Der damit verbundene Erfolg in Hinsicht auf Informationsbeschaffung, Qualitätserhöhung der Informationen und innerbetrieblicher Rationalisierung ist enorm. Dieser Effekt wird ansatzweise am Ende dieses Beitrages angeschnitten.

2 Planung auf Mikrocomputern

2.1 Der integrierte Planungsprozeß als PC-Lösung

Im allgemeinen besitzen Großfirmen einen wohldurchdachten, rechnergestützten Planungsprozeß, der alle Unternehmensteile in Teilplänen berührt und vom Detail zur Konsolidierung zu komplexen Finanz-Resultaten reicht. Diesem "Bottom-Up-Approach" steht der Zustand der Nicht-Planung in der im Vorwort angeschnittenen Zielgruppe gegenüber, oder diese Unternehmen planen mangels besserem Können manuell, d. h. unwirtschaftlich, nicht flexibel und zeitaufwendig. Im Falle der manuellen Planerstellung beschränkt man sich i. A. auf die Bildung von Teilplänen, die durch ihre inhaltliche und ergebnismäßige Unabgestimmtheit keine Konsistenz bilden.

Dadurch fehlt diesen Plänen die Qualifikation, den Unternehmen "Benchmarks" zur Eigenpositionierung und zur Erfolgskontrolle anzubieten.

Der manuelle Plan erlaubt aus Zeit- und Kostengründen keine mehrmalige Planung in verschiedenen Versionen. Die Endresultate sind nicht qualitativ durch mehrmaliges Durchlaufen von Zwischenschritten beeinflußbar. Diese Pläne sind deshalb häufig nach der Fertigstellung unrealistisch.

Erst die Einführung von dialogorientierten Planungssystemen bringt eine Verbesserung. Der PC-gestützte Planungsprozeß erlaubt es, immer den letzten Kenntnisstand in die Planung einfließen zu lassen. Ein Planungssystem auf PCs unterstützt auch den Dialog der planenden Personen mit dem System im Hinblick auf Vollständigkeit und Konsistenz des Planes, so daß eine effiziente Möglichkeit geschaffen ist, spätere Abweichungen des Ist-Ergebnisses zum Plan in seiner Gesamtheit sinnvoll zu kommentieren und ein maßnahmenorientiertes Management durchzuführen.

2.2 Bausteine einer integrierten Planung

Die Erstellung eines Planes bedarf der Definition des Inhaltes, des Prozesses und der verwendeten Technik. Hierüber gibt es zahllose Beiträge in zahllosen Büchern und Management-Seminaren. Bezogen auf die Zielgruppe, für die Planung auf PCs in Frage kommt, heißt dies, einen Plan zu erstellen, der als PC-Lösung dem entspricht, was heute Industrie-Standard ist, und gleichzeitig auf die Begrenzungen der Mitarbeiterqualifikationen, des Datenvolumens, Zeitbedarfs etc. Rücksicht zu nehmen.

Ein Plan für den Einsatz in vergleichsweise mittleren bis kleinen Unternehmen muß einfach und robust, aber dennoch professionell sein.

Die nachfolgende Konzeption eines vereinfachten, integrierten Planungssystems geht von der Methodik des "Gap-Planning" [1] aus, wobei nur wenige innerbetriebliche Regelkreise bzw. „Management-Checkpoints" vorausgesetzt werden. Die Konzeption beschreibt die essentiell notwendigen Teilpläne und die Methodik zu ihrer Verknüpfung.

Folgende Teilpläne sind anzulegen:

Teilplan 1 — Umsatz-Ziele der Verkaufsmannschaft, genauer gesagt der Auftragseingangsplan.

Teilplan 2 — Produktiv-Plan, d.h. Pläne der produktiven Einheiten, wie z.B. Fertigung und Service, logistische Einheiten etc.

Hier wird die Zahl der volumenabhängigen Mitarbeiter und Aggregate sowie der Materialbedarf festgelegt.

Teilplan 3 — Umsatzplan, d.h. der mit den Preisen bewertete Produktiv-Plan in seiner Aufteilung auf vertriebsgerechte Größen.

Teilplan 4 — Budgets aller Kostenstellen unter Einbeziehung der volumenabhängigen Größen und Anzahl der indirekten Mitarbeiter und zugehöriger Kosten.

Teilplan 5 — Finanzplan, d.h. Gewinn- und Verlustrechnung, Bilanz, Kennzahlen-System und sonstige notwendige Begleitinformationen.

Diese fünf Teilpläne sind untereinander *korreliert*. Es gilt, einen Mechanismus zu finden, der die Teilpläne *synchronisiert* und *konsistent* macht. Generell wird davon ausgegangen, daß die Fachabteilung, die für Teilplan 5 verantwortlich zeichnet, die Beschaffung der Daten zu den Plänen 1—4 delegieren kann. Die numerische Verarbeitung aller Teilpläne erfolgt dann PC-gestützt.

"Management-Checkpoints" im Integrationsprozeß sind:

1. Die möglichst frühzeitige Vorgabe eines *Umsatzziels* kommt aus der Kenntnis des Marktpotentials im Rahmen einer zumindest ansatzweise strategischen Ausrichtung sowie aus der Bekanntgabe aller Maßnahmen, die ein Abweichen des geplanten Umsatzes vom Ist begründen.

2. Genehmigung eines *Stellenplanes* auf der Basis des Ziel-Umsatzes. Die Fachabteilungen begründen die Veränderung der Mitarbeiterzahl aufgrund der geplanten Umsatzänderung zum Ist-Zustand.

3. Formulierung der *Politik* in bezug auf Produktivität, Investitionen, Wettbewerb etc.

Diese drei Punkte reichen aus, um den im nachfolgenden näher beschriebenen Planprozeß einzuleiten. Es wird auf die Realisierung der PC-gestützten Teilpläne eingegangen.

2.2.1 Auftragseingangsplan

Der Teilplan Auftragseingang tabelliert Stückgrößen und -werte auf Kunden, Produkt- oder Produktgruppenbasis in der Gliederung der Verkaufsorganisation (Verkäufer, Gebiet, Land etc.) und auf der Grundlage der Planperioden (Monate, Quartale, Jahre). Die entsprechende Programmgestaltung ist einfach, da nur Standard-Tabellenfunktionen und Konsolidierungsfunktionen erforderlich sind.

Schema eines integrierten Planungsprozesses nach dem „Gap-Planungs-Verfahren"

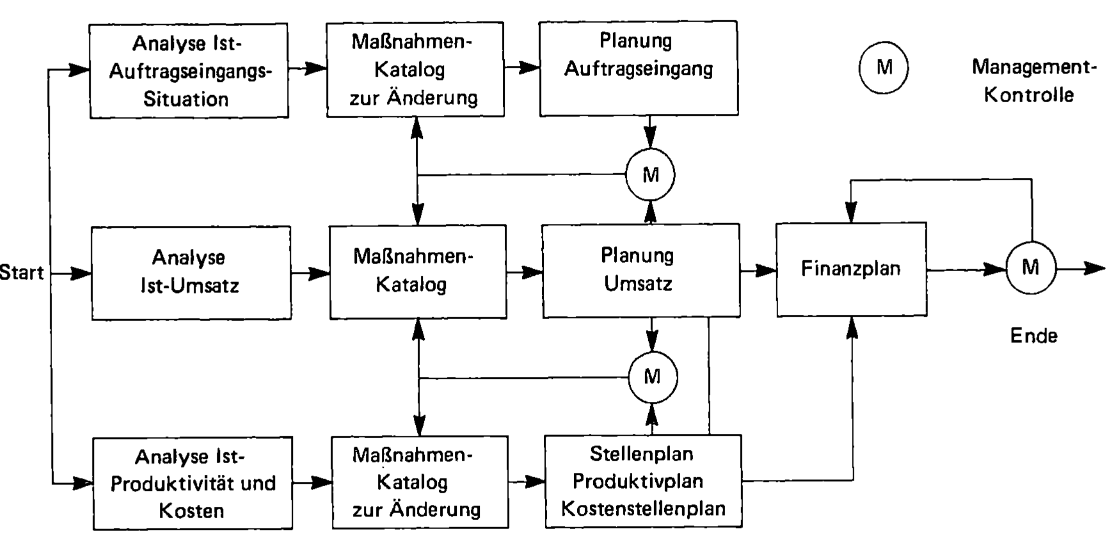

Die Rückkopplung der Zielvorgabe Umsatz auf den Teilplan Auftragseingang geschieht über den Auftragsbestand. Sinkt dieser unter einen repräsentativen Wert, so ist das von der Unternehmensleitung vorgegebene Ziel zu hoch oder die geplanten Verkaufsaktivitäten sind nicht ausreichend. Steigt der geplante Auftragsbestand nicht begründbar an, so ist der Verkaufsplan zu ehrgeizig oder der Umsatzplan aus Gründen vertretbarer Kapazitäten oder sonstiger Politik limitiert. Die übliche Praxis, daß der Auftragseingang gleich dem Umsatz zu entsprechen hat, ist unrealistisch und läßt saisonale Schwankungen, Zyklen der Branchenkonjunktur, Liefertermine etc. sowie innerbetriebliche Faktoren außer Betracht.

2.2.2 Produktivplan

Der Produktivplan wird auf der Basis des Ist-Umsatzes fortgeschrieben und linear um die geplante Umsatzerhöhung geändert (Bestandsveränderungen werden hier ohne Beschränkungen der Allgemeinheit ausgeklammert). Die daraus nachgefragte Verrechnungsleistung der Beschäftigten-Einheiten entspricht dem geplanten Volumen. Geplante Produktivitätsänderungen durch Investitionen, geänderte Verfahren etc. werden berücksichtigt. Das Mengengerüst legt den Materialbedarf fest. Ein geänderter Produkt-Mix durch auslaufende oder neue Produkte wird eingearbeitet. Die nachgefragte Verrechnungsleistung legt die Zahl der direkten Mitarbeiter fest und ist in der Basis für Teilplan 4 enthalten. Die erforderlichen Programm-Operationen im Planungssystem sind mit Standard-Tabellenfunktionen lösbar.

2.2.3 Umsatzplan

Die aus dem Produktivplan entnommenen Stückgrößen werden mit dem Verkaufspreis bewertet und auf die dem Auftragseingangsplan entsprechenden Gebiete aufgeteilt. Die Aufteilung kann statistisch, d.h. prozentual, oder in Einzelschritten erfolgen und erfordert lediglich Standardfunktionen eines Planungssystems.

2.2.4 Budgets der Kostenstellen

Die Zahl der direkten, d.h. volumenabhängigen Mitarbeiter wird um die indirekten Mitarbeiter ergänzt. Es werden die Kosten der verschiedenen Kostenarten geplant, wobei die "Decision Support"-Software wesentliche Arbeit durch Zugriff auf Zentraldaten wie Durchschnittseinkommen pro Kostenstelle, Sozialversicherungsbeiträge, Pensionskosten etc. übernehmen kann. Die innerbetriebliche Leistungsverrechnung und das Umlagensystem für Hilfskostenstellen ist zu durchlaufen. Kostenstellen werden zu größeren Einheiten konsolidiert. Stunden- und Zuschlagsätze werden unter Einbeziehung des Produktivplanes errechnet.

Die Festlegung von Verrechnungssätzen definiert die Kostenüber-/unterdeckung, falls Standardkostenrechnung vorliegt. Der Produktivplan wird um die Lohn- bzw. Verrechnungssatz-Komponenten ergänzt und neu gerechnet. Das Endresultat ist die Errechnung der Kosten der Verkäufe. Neben den Standard-Tabellenfunktionen erfordert das Kostenstellenbudget eine starke Konsolidierungsfähigkeit sowie die Möglichkeit von automatisierten Abläufen verschiedener Art.

2.2.5 Finanzplan

Der Finanzplan faßt die Teilpläne 1—4 in der Gewinn- und Verlustrechnung (GuV) zusammen. Umsatz, Kosten der Verkäufe, Bestandsänderungen, Kostenberichtigungen, Gemeinkosten für Entwicklung, Vertrieb und Verwaltung können direkt aus den konsolidierten vorgelagerten Teilplänen entnommen werden. Die Gewinn- und Verlustrechnung wird ergänzt um sonstige Positionen. Hierbei werden Zinskosten bzw. Erträge aus der Bilanz abgeleitet. Die Bilanzpositionen für Kundenforderungen, Bestände und Lieferantenverbindlichkeiten ergeben sich aus in die Bilanzplanung integrierten Kennzahlenmodellen interaktiv.

Die Planung des Anlagevermögens geschieht anhand des Investitionsplanes und der Abschreibung aus den Kostenstellenbudgets, welche ebenfalls den Betrag der Pensionsrückstellungen zur Verfügung stellen. Sonstige Abgrenzungsposten sind ebenfalls aus den vorgelagerten Teilplänen zu entnehmen. Auch Steuerverbindlichkeiten und -zahlungen können sich innerhalb des Finanzplanes in einem Planungssystem rechnen. Die Angleichung der Passiv- an die Aktivseite geschieht über Bankverbindlichkeiten. Neben Standard-Tabellenfunktionen benötigt das Programmsystem für die Finanzplanung ein automatisches Aufsetzen eines simultanen Gleichungssystems, wenn GuV und Bilanzpositionen gekoppelt werden, wie z. B. Zinsen als Funktion von Bankverbindlichkeiten, wobei Zinsen selbst in die Bankverbindlichkeiten eingehen.

3 Anforderungen an ein PC-gestütztes Planungssystem

3.1 Anforderungen aus fachlicher Sicht

Die Vorgehensweise nach dem "Gap-Planning"-Verfahren ist die, daß der Plan dem Ist-Zustand plus durch konkrete Maßnahmen bekannten Veränderungen entspricht. Zur Schaffung einer brauchbaren Zahlenbasis sowie als Trend sind den Plandaten ausreichend Ist-Daten gegenüberzustellen. Dies kann z. B. bei einer 12-Monatsplanung unter Einschluß des Vorjahres, laufenden Jahres (*Ist, Forecast, Budget*) und Budget des Folgejahres sowie entsprechender Varianzen und Quartals- und Jahressummen leicht 100 Spalten einer Datenmatrix erfordern. Die Realisierung der Teilpläne kommt i. A. mit jeweils unter 1000 Zeilen aus. Daraus ergibt sich, daß das Planungssystem auf dem PC ca. 100 Tausend Zahlen in

einer Datenmatrix vorhalten muß, entsprechend ca. 400 Kbyte in der Filebasis.

Aufgrund der Komplexität von Teilplänen und deren Vernetzung ist eine geschlossene Benutzeroberfläche des Planungssystems unerläßlich, d. h., sämtliche Funktionen sind im Planungssystem selbst abzuwickeln. Modularität des Planungssystems unterstützt diese Zielsetzung beachtlich und schafft die notwendige logische Transparenz. So ist es z. B. unbedingt erforderlich, Datenbestände von Rechenregeln, Text sowie vom optischen Erscheinungsbild der geforderten Berichte zu trennen.

Der Änderungsdienst in den einzelnen Modulen hat systemgestützt und interaktiv zu erfolgen. "Full Screen Edit" muß gefordert werden.

Da zahllose Files z. B. bei der Budgetierung von Kostenstellen abzuarbeiten sind, muß eine Möglichkeit vorhanden sein, diese Abfolge durch Schaffung von Kommando- oder Job-Files zu automatisieren.

Die Komplexität des Gesamtsystems erfordert dialogunterstützende Funktionen.

Großer Wert muß auf Flexibilität im Planungssystem für Änderungen jeglicher Art gelegt werden, d. h., ein Planungssystem muß sich schnell geänderten Anforderungen anpassen lassen.

Graphische Ausgabe von Daten als weitere Verdichtung ist anzustreben.

3.2 Technische Anforderungen an Software und Hardware

Der Umfang des Datenmaterials in einer Matrix macht die Überprüfung der Belegbarkeit des Matrix-Formats unumgänglich. Je nach Anwendung muß eine belegbare Mindestzeilenzahl von 1000 und minimum 60 Spalten gefordert werden. Dieses bedeutet entweder einen sehr großen Speicher oder virtuelle Dateiverwaltung.

Die gewünschten Konsolidierungs-Schritte — wie z. B. Umsätze in Länder zum Gesamtumsatz, Bilanzen mehrerer Organisationen oder Produktgruppen etc. zu Gesamtbilanz — erfordern folgende Lese- oder Schreiboperationen:

addierend, subtrahierend, dividierend, multiplizierend.

Eine gewünschte Optimierungseigenschaft des Planungssystems erfordert, daß das System erkennt, wann ein simultanes Gleichungssystem vom Benutzer formuliert wurde und entsprechend zu lösen ist.

Die Datenmanipulation schließt eine Vielzahl von Tabellen- und Finanzfunktionen ein, die in Punkt 4 dieses Beitrages näher spezifiziert sind. So muß es z. B. möglich sein, Rechenregeln auf Zeilen- oder Spaltenkombinationen zu beschränken. Bildschirmfunktionen, logische Operationen, "File-Handling"-Funktionen und Dialog- und Menü-Funktionen sind ebenfalls erforderlich. Zur Unterstützung der Interaktionen Mensch-Maschine sind ebenfalls Ad-hoc-Abfragefunktionen dem Benutzer anzubieten.

Das System muß durch eine geschickte Architektur den von der fachlichen Seite erforderlichen Änderungsdienst erleichtern. Die Editoren müssen maximalen Benutzerkomfort bieten (z. B. *Echtzeit-Syntax-Check*). Dokumentation muß im Programm erfolgen können, und möglichst viele Maßnahmen des Benutzers müssen durch definierte "System-Defaults" gesteuert werden etc.

4 Schema zum Vergleich von "Decision Support"-Software-Produkten

4.1 Übersicht und Zusammenfassung

Dieser Paragraph vergleicht drei der gebräuchlichsten "Decision Support"-Software-Pakete. Die zum Vergleich herangezogenen Kriterien enthalten nach Ansicht des Verfassers die wesentlichsten zur effizienten Planerstellung notwendigen Strukturen.

In der tabellarischen Vergleichsübersicht stehen sich gegenüber:

— IFPS/Personal der Firma Execucom, Darmstadt
— Micro-FCS der Firma EPS/FCS, Köln
— System W der Firma Comshare AG, Köln.

4.1.1 IFPS/Personal

Das IFPS/Personal ist ein "non-prozedurales" Planungssystem mit sehr umfangreichem Befehlsvorrat. Das System ist nahezu Kurz-Code-gesteuert. Die technische Ausstattung mit *Split-Screen* und *Windows* entspricht dem neuesten Stand. Die Editoren sind hervorragend. Das System verwaltet die Daten im Speicher, was es sehr schnell macht. Für den ungeübten Benutzer nachteilig ist die weniger strenge Modularität des Systems sowie die Programmierung mit Platzhalter-Variablen und die Ausgabe-Formatsteuerung. Die Graphik entspricht Standard-Anforderungen und ist nahezu automatisch.

4.1.2 Micro-FCS

Micro-FCS ist ein Planungssystem mit einer in sich geschlossenen Planungssprache und sehr umfang-reichem Befehlsvorrat. Das System ist streng modular aufgebaut. Es unterstützt stark eigene Menü-Erstellungen und Dialoge. Die Editoren unterstützen weder *Split-Screen* noch *Windows*, verfügen jedoch über *Echtzeit-Syntax-Check*. Das System verwaltet die Daten virtuell teilweise zu Lasten der Rechengeschwindigkeit. Micro-FCS besitzt umfangreiche Konsolidierungseigenschaften durch vielfältige Lese-/Schreiboperationen. Das System verfügt über einen hohen Anforderungen genügenden Graphik-Teil.

4.1.3 System W

Das System W ist ein Planungssystem, welches systematisch zwischen Vergangenheit und Zukunftsdaten unterscheidet. Es ist durch umfangreiche Menüs gesteuert, was es für weniger erfahrene Benutzer attraktiv macht. Der Befehlsvorrat ist weniger umfangreich als bei den vorherigen Systemen. Es besitzt eine sehr einfache Möglichkeit, hierarchische Konsolidierungen durchzuführen. Das System ist für größere Anwendungen durch seine relativ kleine Datenmatrix begrenzt, wenn diese nicht hierarchisch strukturiert sind. Das System verfügt über keine Graphik-Möglichkeit.

5 Entscheiden mit Mikrocomputern

Über die reine Planungsfunktion hinaus besitzen die "Decision-Software"-Pakete Zusatzfunktionen zur Beschleunigung von Analysen und der Entscheidungsvorbereitung.

Dazu gehören die vorher erwähnte Möglichkeit der automatischen Lösung von simultanen Gleichungen. Weitere Optionen sind:

- *Forward Referencing*, d. h. die ungeordnete Eingabe von Variablen bzw. Operationen. Der PC bringt diese Operationen von sich aus in die richtige Reihenfolge und arbeitet sie dann sequentiell ab.

- *What-if-Analysis*, d. h. Beantwortung der Frage, was passiert mit der Größe Y, wenn die Variablen X1 bis XN sich ändern. Diese Anfrage löst der PC mit Hilfe einer internen "Cross-Reference"-Liste relativ schnell.

- *Target-Seeking*, d. h. die Umkehrung der "What-if"-Analysis. Es wird eine Zielgröße, z. B. *Cash-Flow*, vorgegeben, und das System berechnet, welchen Wert eine vom Benutzer vorgegebene Einflußvariable, z. B. Stückzahl, annehmen muß, um die Zielvorgabe zu erfüllen.

Die drei vorgestellten DSS-Systeme besitzen in dieser Hinsicht folgende Eigenschaften:

	IFPS/Personal	Micro-FCS	System-W
Lösung Simultane Gleichung	ja	ja	nein
Forward Referencing	ja	ja	ja
What-if-Analysis			
— Änderungsparameter			
absolut	ja	nein	ja
prozentual	ja	ja	nein
Target-Seeking	ja	ja	nein

6 Wirtschaftlichkeitsaspekte und Rationalisierungspotentiale von DSS-Paketen

Das Rationalisierungspotential von DSS-Produkten ist unumstritten. Es beträgt näherungsweise 50 % der Grund-Arbeitsbelastung einer manuell, d. h. nicht PC-gestützten Organisation [2]. Mit der Zunahme der Anwendungen solcher Software wird allerdings ein erhöhter Informationsbedarf derjenigen geweckt, denen diese Systeme dienen, so daß Zusatzaufgaben relativ zum alten Zustand erwachsen werden.

Es läßt sich nachweisen, daß die Kostenfaktoren Hardware und Software angesichts der enormen Wirtschaftlichkeit unbedeutend sind. Selbst unter negativsten Prämissen ist das Kosten-Nutzen-Verhältnis etwa 1:4. Dies schließt auch ein, daß in der Regel das "Know-how", welches der mit DSS-Produkten vertraute Personenkreis erwirbt, mit überdurchschnittlichen Gehaltssteigerungen honoriert werden muß, da die Nachfrage des Stellenmarktes nach diesen qualifizierten Mitarbeitern hoch ist.

Hier zeichnet sich ein Problem ab, da die Absolventen der Institute nicht auf diese neue Arbeitstechniken mit PC hinreichend vorbereitet werden.

Schema zum Vergleich von "Decision Software"-Produkten

Tabellarischer Vergleich von repräsentativen DSS-Produkten

Kriterien	IFPS/ Release 2.0	Micro-FCS Vers. 2.25l	System W Version 6.2
1. Zusammenfassende Kriterien			
1.1 Modularer Aufbau	in umfangreichen Details analysiert		
1.2 Arbeitsweise File-Basis			
1.3 Charakteristik Benutzerführung			
1.4 Umfang Decision-Support-Funkt.	umfangreich	umfangreich	wenig umfr.

Kriterien	IFPS/ Release 2.0	Micro-FCS Vers. 2.25l	System W Version 6.2
1.5 Graphik-Fähigkeit	Standard	komfortabel	keine
1.6 Programmiersprache	Pascal	C	Pascal
2. Modularer Aufbau			
2.1 Trennung Modell in			
— Daten	ja	ja	ja
— Bericht	ja	ja	ja
— Rechenregeln	ja	ja	ja
— Text Matrix-Zeilen	jeweils mit Funktionen		ja
— Text Matrix-Spalten	Zeilen/Spalten zusammen		ja
— PC-Host Kopplung	ja	ja	ja
— Graphik	ja	ja	nein
— Kommando-Files	ja	ja	ja
2.2 Oberste Ebene der Module	Top-Level Command-Line	System-Ebene	Main-Menue
2.3 Arbeitsweise File-Basis	Workspace Memory	Workspace virtuell	Daten in Orig. File
2.4 Interaktionsfähigkeit Modul			
— Full Screen Edit	ja	ja	ja
— Listing auf Drucker	ja	ja	nur Daten
— Modul sichern	ja	ja	ja
— Echtzeit-Syntax-Check	nein	ja	nein
2.5 Kommentierung möglich in			
— Dateneingabe	teilweise	nein	nein
— Berichtsanweisung	ja	nein	ja
— Rechenregeln	ja	ja	ja
— Zeilen/Spalten-Texte	ja	ja	ja
— Kommando-Files	ja	ja	nein
— Graphik-Anweisungen	ja	nein	—
3. Arbeitsweise File-Basis			
3.1 Physisch maximal belegbare			
— Zeilen	beliebig	2000	255
— Spalten	8000	120	64
3.2 Anzahl Datenzeilen gesamt	Abhängig von Speicher	120 000	255 • 64
3.3 Speichertechnik Daten	Memory	virtuell	Origin.File
3.4 Editieren von Files möglich außerhalb des Modells	ja	nein	nein
3.5 Eigene Datei-Qualifier	ja	ja	ja
3.6 Automat. Unterscheidung permanente/temporäre Files	nein	ja	nein

Kriterien	IFPS/ Release 2.0	Micro-FCS Vers. 2.251	System W Version 6.2
3.7 File-Funktionen			
– Kopieren	ja	ja	nein
– Löschen	ja	ja	nein
– Sortieren	nein	nein	nein
– Vergleichen	nein	nein	nein
– eigenes Directory	ja	ja	nein
+ sortiert	ja	nein	–
+ selektiv	ja	nein	–
– Einbinden anderes File	ja	ja	ja
– Umbenennen (rename)	ja	ja	nein
3.8 File-Namen im Programm konstruierbar	ja	ja	nein
3.9 Daten-Verlust bei löschen von Rechenregeln oder Variablen Namen	nein	nein	ja
4. Charakteristik Benutzerführung			
4.1 Menue-Steuerung	Command-Lines	möglich	ja
4.2 Reservierte Ganzwort-Codes	ja	ja	nein
4.3 Reservierte Kurzwort-Codes	ja	ja	ja
4.4 PF-Tasten steuerbar	ja	ja	ja
4.5 Definierbare Makros/ Funktionen	ja	ja	ja
4.6 mehrere Kommand. in einer Zeile (höchste Ebene)	ja	ja	nein
4.7 Dialogfunktionen vorhanden			
– Ja/Nein abfragen	nein	ja	nein
– integrierbare eigene Help-Funktionen	nein	ja	nein
– Zahl abfragen	ja	ja	nein
– Text abfragbar	ja	ja	nein
– Datum abfragbar	ja	ja	nein
– Message-Funktionen	ja	ja	ja
4.8 Bildschirmfunktionen			
– Bildschirm löschen	ja	ja	nein
– Text/Daten positionieren	ja	ja	nein
– Windows möglich ·	ja	nein	nein
– Split-Screen möglich	ja	nein	nein
– Maus-Steuerung	nein	nein	nein
4.9 Beep-Funktion vorhanden	nein	nein	nein
4.10 Modus scrolling			
– Textfiles	Soft, Seitenw.	Row-Range	Soft u. Seitenweise
– Datenfiles	seitenweise	seitenweise	Soft
5. Umfang Decision support Funktionen			
5.1 Tabellenfunktion			
5.1.1 Konsolidierung (Read/Write)	nur read	beides	nur read
– addierend	ja	ja	ja
– subtrahierend	nein	ja	nein
– multiplizierend	nein	ja	nein
– dividierend	nur Faktor	ja	nein
– begrenzbar auf Zeilen/ Spalten	ja	ja	nein
– Text lesen/schreiben	nein	ja	ja

Kriterien	IFPS/ Release 2.0	Micro-FCS Vers. 2.251	System W Version 6.2
5.1.2 Rechenregeln auf Zeilen und Spalten begrenzbar	ja	ja	ja
5.1.3 Modulares Rechnen	nein	ja	nein
5.1.4 Indirekte Adressierung von Zeilen/Spalten	ja	ja	nein
5.1.5 Ansteuerung von Zeilen durch			
– Name	ja	ja	ja
– lfd. Nummer	ja	ja	nein
5.1.6 Ansteuerung von Spalten durch			
– Name	ja	nein	ja
– lfd. Nummer	ja	ja	ja
5.1.7 Gleicher Name in mehreren Zeilen	nein	ja	nein
5.1.8 Logische Operationen vorhanden	ja	ja	ja
5.1.9 Operationen für			
– Zeilen-/Spaltensummen	ja	ja	ja
– Zeilen-/Spaltendifferenz.	nein	ja	ja
– kumulative Summen	nein	ja	ja
– Lag-Funktion	ja	ja	ja
– Ledd-Funktion	ja	ja	ja
– Prozent-Abweichung	nein	ja	ja
– Multiplikation mit %-Wert	nein	ja	ja
– Ermittlung %-Wert	nein	ja	ja
– Funktionswert Vorperiode	ja	nein	ja
– Funktionswert Nachperiode	ja	nein	
5.2 Finanzfunktionen			
5.2.1 Eingebaute Funktionen			
– DCF-Funktionen	ja	ja	ja
– Diskont-Funktion	nein	ja	ja.
– Gegenwartswert-Funktion	ja	ja	ja.
– Payback-Funktion	nein	ja	ja.
– Continous Rate of Return	ja	nein	nein
– Growthrate-Funktion	ja	ja	nein
– Mid-Year-Return	ja	nein	nein
– Net Terminal Value	ja	ja	nein
– Amortisation	ja	nein	nein
– Degressive Abschreibung	ja	nein	nein
– Lineare Abschreibung	ja	nein	nein
– Benefit/Cost Ratios	nein	ja	nein
– Zins-Funktion	nein	ja	nein
– Steuern mit Verlustvortrag	nein	ja	nein
5.3 Mathematische Funktionen			
5.3.1 Eingebaute Funktionen			
– Absolutwert	ja	ja	ja
– Exponentialwert	ja	nein	ja
– Log/Ln-Funktion	Log ja	nein	ja
– Maximalwert	ja	ja	ja
– Minimalwert	ja	ja	ja
– Gleitender Durchschnitt	ja	ja	ja
– Abfrage Vorzeichen	nein	nein	ja
– Mittelwert	ja	ja	nein
– Media	ja	ja	nein
– Exponentialfunktion	ja	nein	nein

Decision Support

Kriterien	IFPS/ Release 2.0	Micro-FCS Vers. 2.251	System W Version 6.2
— Potenzfunktion	ja	ja	nein
— Interpolations-Funktion	ja	ja	nein
— Polynomialfunktion	ja	nein	nein
— Standard-Abweichung	ja	nein	nein
— Stufen-Funktion	ja	ja	nein
— Linear-Trend	ja	ja	nein
— Aufteilung nach %-Sätzen	nein	ja	nein
— Extrapolations-Funktion	nein	ja	nein
— Änderung Periodizität	nein	ja	nein
— Matrix-Arithmetik	nein	ja	nein
— Loops	nein	ja	nein
— Rundungsfunktionen			
+ Wandlung Real nach Integ.	ja	ja	ja
+ Runden auf/ab	ja	ja	ja

5.4 Berichts-Funktion

Kriterien	IFPS/ Release 2.0	Micro-FCS Vers. 2.251	System W Version 6.2
5.4.1 Titel abfragen	ja	ja	ja
5.4.2 Spaltenbezeichnung interaktiv abfragen	ja	ja	ja
5.4.3 Berichterstelldatum	ja	ja	ja
5.4.4 Automatische Perioden-angabe			
— Jahre	ja	ja	ja
— Monate	ja	ja	ja
5.4.5 Maximale Länge Text			
— Zeilen	255	63	40
5.4.6 Unterdrückung Leerzeile	ja	ja	ja
5.4.7 Default Print Operation vorh.	ja	ja	ja
5.4.8 Multiple Texte für			
— Zeilen	ja	ja	ja
— Spalten	ja	ja	ja
5.4.9 Texte im Programm austausch.	nein	ja	nein
5.4.10 Formatsteuerung vorhanden			
— Seitenbreite	ja	ja	ja
— Seitenlänge	nein	ja	nein
— Zeilen-/Spalten invertierb.	ja	nein	nein
5.4.11 Druck-Funktionen vorhanden			
— Negative Werte in Klammern	ja	ja	ja
— Nicht existierende Zahlen als N/A	nein	nein	ja
— Nullen als '—'	ja	ja	ja
— Text vor Zahlen stellen	ja	ja	ja
— Text nach Zahlen stellen	ja	ja	ja

Kriterien	IFPS/ Release 2.0	Micro-FCS Vers. 2.251	System W Version 6.2
— Skalierung möglich	ja	ja	ja
— Einfügen Kommas und Punkte in Zahlen	ja	ja	ja
— Seitennumerierung	ja	ja	ja

5.6 Graphik-Funktionen

Kriterien	IFPS/ Release 2.0	Micro-FCS Vers. 2.251	System W Version 6.2
5.6.1 Mehrere Fonts vorhanden	nein	ja	
5.6.2 Texte			
— aus anderen Modulen übernehmbar	ja	ja	
— frei positionierbar	nein	ja	
— rotierbar	nein	ja	
— Größe variierbar	nein	ja	
— Aspekt-Verh. variierbar	nein	ja	
— Elongation möglich	nein	ja	
— Legende automatisch	ja	ja	
5.6.3 Farb-Graphik	2 Farben	4 Farben	
5.6.4 Skalen			
— Tick-Marks steuerbar	nein	ja	
— frei beschriftbar	ja	ja	
— frei positionierbar	nein	ja	
— doppelte X/Y-Achsen	nein	ja	
— doppelte Skala verschiedenen Maßstab	nein	ja	
5.6.5 Linien			
— mit Symbolen versehbar	ja	ja	
— fette Linien möglich	nein	nein	
5.6. Kreise			
— mehrere Kreise pro Plot	nein	ja	
— Segmente herausnehmbar	nein	ja	
— Segmente beschriftbar			
— innen	nein	ja	
— außen	ja	ja	
— in % innen/außen	innen	innen	
5.6.7 Säulen			
— Schraffur-Dichte steuerbar	nein	ja	
— Schraffur-Steigung steuerbar	nein	ja	
— Mehrfach-Säulen unterschiedl. Anzahl möglich	nein	ja	
5.6.9 Sonstiges			
— automatische Rahmung			
— außen	nein	ja	
— innen in Chart	ja	ja	
— Multiple Plots	nein	ja	
— 3D-Graphic	ja	nein	
— Anzahl Variable begrenzt	6	nein	
— Anzahl Perioden begrenzt	12	nein	

Literatur

[1] *M. Kami, B. Martz:* Corporate Planning Process Manual sowie Managing the uncertain '80s. Aboard the Kay V. 2456 N.E. 26th Street, Lighthouse Pt, FL 33064, Florida/USA

[2] PC-Betriebl. Anwendung und Praxis. Beiträge des 2. deutschen PC-Kongresses 1984, Vieweg & Sohn, Wiesbaden, S. 63—71

Software-Themen

Betriebssysteme, Sprachen, Praxis

Die Hardware der Mikrocomputer ist nun weitgehend unproblematisch, genauer: man kennt etwa die Leistungsfähigkeit, Ausbaumöglichkeiten, Grenzen und Preise; die Weiterentwicklung scheint auch vorgezeichnet: vom PC zum AT, vom Portable zum wirklich mitnehmbaren Computer, vom Einzelplatz zum Computernetz. Die aktuellen Nutzungsmöglichkeiten und erwarteten Verbesserungen hängen natürlich unmittelbar vom „Zustand" der Software ab.

Software gibt es aus sehr verschiedenen Quellen und in höchst unterschiedlicher Ausführung. Erworben wird Software entweder zum Nulltarif als „Raubkopie" (dann in der Regel ohne jede Beschreibung) oder für ein paar Mark (z. B. als Programmsammlung; dann meist gut beschrieben), manchmal als professionelles Produkt mit Preisen bis zu mehreren tausend Mark. Am stärksten verbreitet ist vermutlich die „kostenlose" Software, am häufigsten angewendet werden wahrscheinlich die professionellen Programme.

Welche Software jeweils adäquat ist, hängt von sehr vielen Umständen ab. Für den Tüftler sind ein paar gerade passende Tips und Tricks Gold wert. Bei so manchem beruflichen Problem kann schon die richtige Idee weiterhelfen. Zur konsequenten Nutzung von Mikrocomputern werden aber vollständige und sichere Systeme benötigt, die keine Spezialkenntnisse voraussetzen. Eine in diesem Sinne brauchbare Software kann eine Einzellösung sein für einen bestimmten Computer oder Kunden. Es gibt aber kaum noch Zweifel daran, daß im allgemeinen Fall weit verbreitete Standardsoftware günstiger ist, also solche, die unter einem „Standard-Betriebssystem" lauffähig ist. Diese Software ist billiger und kann leicht ergänzt oder ersetzt werden.

Für Personalcomputer aller Klassen vom „echten Portable" bis zum „Supermikro" ist die „Standardsituation" weitgehend hergestellt: Betriebssysteme auf der Grundlage CP/M, MS-DOS oder UNIX sind akzeptiert, Software dafür ist in großer Zahl verfügbar bzw. — bei UNIX — allmählich erhältlich. Das sind in der Regel fertig konfektionierte Programme auf 5 1/4"-Diskette mit meist brauchbarer Benutzungsanleitung, die nach Installierung als tägliches Werkzeug verwendet werden.

Nicht mehr so häufig wie in den Pionierzeiten des „Microcomputing" wird selbst programmiert, kaum noch in Assembler (außer natürlich bei Entwicklern), am meisten in BASIC, häufiger in Pascal. Auch werden nicht selten die in manche Standard-Software eingebetteten Programmiersprachen benutzt, um den eigenen Vorstellungen eher gerecht zu werden. Mit dem Beitrag „WORDSTAR unterstützt dBASE II" wird dies verdeutlicht. Aber auch wer nicht mehr selber programmiert, wird möglicherweise den Horizont erweitern können mit den Beiträgen zu Turbo-, UCSD- und Standard-Pascal, zu Modula-2 und zur Programmiersprache C.

Eine wichtige und interessante Diskussion geht um die Frage, ob integrierte Software oder Einzelpakete mehr Vorteile bringen. Dazu wird nachfolgend in mehreren Beiträgen argumentiert, die sich mit Text- und Graphiksoftware, Tabellenkalkulation, dBASE III, Framework und Symphony befassen.

Harald Schumny

Werner Hürlimann

Text- und Graphiksoftware

Beim Einsatz des Mikrocomputers im Bürobereich waren bisher häufig Insellösungen zu beobachten. Nicht selten sind im gleichen Raum drei verschiedene PC zu sehen: einer für die Datenverarbeitung, einer für die Textverarbeitung und der dritte für graphische Auswertungen. Arbeitet die Unternehmung mit der Programmiersprache APL, dann kommt noch ein viertes Gerät dazu.

Ein effizienter Einsatz wird aber erst dann möglich sein, wenn Daten, Text und Graphik „integriert" auf dem gleichen Gerät verarbeitet werden können. Das ist aber mit dem herkömmlichen, auf Datenverarbeitung ausgerichteten PC nur sehr bedingt und unter einschneidenden Kompromissen möglich. Wir wollen im folgenden darlegen, welche Voraussetzungen zu erfüllen sind, damit zunächst einmal Daten und Text auf dem gleichen Gerät gefahren werden können. Sodann gehen wir auf die Möglichkeiten und Anforderungen der sogenannten *Busineßgraphik* ein.

1 Was bedeutet Integration von Daten und Text?

Textsoftware wird heute in vielfältiger Form und in allen Preislagen angeboten. Dazu gibt es bereits zahlreiche Mikrocomputer, deren Betriebssystem bereits eine Textedition in einfachster Form erlaubt. Deshalb ist mancher Benutzer enttäuscht, weil er die Werbe-

sprüche von der „integrierten Daten- und Textverarbeitung" ernst genommen hat. Nur weil man mit einem Tischcomputer mühevoll einigen Text zu Papier bringen kann oder weil man mit einer elektronischen Schreibmaschine auch rechnen kann, sind wir noch weit von einer echten, kompromißlosen Lösung dieses Integrationsproblems entfernt. Diese setzt vor allem voraus:

- daß auf dem System die Datenverarbeitung mit voller Leistungsfähigkeit gefahren werden kann;
- daß für die Textverarbeitung der gleiche Benutzerkomfort und Zeichensatz zur Verfügung steht, wie auf einem Textsystem oder einer elektronischen Schreibmaschine;
- daß sich sowohl Datenverarbeitung als auch Textverarbeitung auf das gleiche Betriebssystem stützen und die Verarbeitung gemischt erfolgen kann — sofern dies nötig ist.

Zudem wird es nützlich sein, wenn dieses integrierte System gleich auch noch graphikfähig ist. Wir werden in Abschnitt 2 noch einige entsprechende Anforderungen kennenlernen.

In der folgenden *Checkliste* haben wir nun einige Anforderungen zusammengestellt, die zu einer echten Integration von Daten- und Textverarbeitung auf dem gleichen Gerät gehören. Erst wenn diese erfüllt sind, wird man die Textsoftware ausnutzen können.

Checkliste

1. Sämtliche Operationen für Erfassung, Verarbeitung, Speicherung und Ausgabe von Daten, Text und Graphik müssen gemeinsam und gleichzeitig auf dem gleichen Gerät abgewickelt werden können. ☐
   → „Gemeinsam" bedeutet, daß es sich nicht bloß um zwei lediglich funktionell gekoppelte Geräte handelt. „Gleichzeitig" will heißen, daß Daten und Texte nicht bloß abwechslungsweise gefahren werden können. Voraussetzungen hierzu sind ferner ein gemeinsames Betriebssystem und gegenseitig voll kompatible Daten- und Textsoftware.

2. Text- und Datenverarbeitung (sowie Graphik) müssen vollwertig und anwendungsbezogen abgespielt und koordiniert werden können. ☐
   → Keine Kompromisse und unechten Lösungen: Es müssen alle Möglichkeiten einer vollwertigen Textverarbeitung und eines vollwertigen Mikrocomputers der entsprechenden Leistungskategorie gegeben sein.

3. Für Routinearbeiten darf das Gerät nicht schwieriger zu bedienen sein als eine der herkömmlichen Schreib- und Rechenmaschinen. ☐
   → Nichtautomatischer Schreibmodus für den Textautomaten bzw. Tischrechnermodus für den Computer müssen vorhanden sein.

4. Für anspruchsvollere Arbeiten müssen benutzerfreundliche Textsoftware sowie eine einfache höhere Programmiersprache (z. B. BASIC) zur Verfügung stehen. ☐
   → Für den Einsatz durch Laien mit entsprechenden Benutzerhilfen, wie Menüführung, Dialog, Maus und dergleichen.

5. Die volle Kommunikationsfähigkeit mit anderen Arbeitsplätzen, mit dem zentralen Computer oder mit externen Stellen muß gewährleistet sein (Inkl. Bürofernschreiber) ☐
   → Insellösungen unbedingt vermeiden!

6. Das Gerät muß mit bereits vorhandenen DV- und TV-Anlagen kompatibel sein — auch softwaremäßig. ☐

7. Das Gerät muß technisch und leistungsmäßig zukunftssicher sein ☐
   → Ausbaufähige interne und externe Speicher, Übernahme neuer Funktionen, Anschluß weiterer Peripheriegeräte, Zusammenschluß mit neuen Medien (Videotext, Telex, Teletex, Lichtsatz und dergleichen).

8. Das Gerät in vollem Lieferumfang und mit der ganzen angekündigten Software muß tatsächlich und sofort lieferbar sein ☐
   → Nicht bloße Ankündigung oder Prototyp mit unbestimmten Lieferfristen. Lassen Sie sich nicht zum Versuchskaninchen und „Entwicklungshelfer" machen!

9. Der Anbieter muß in der Lage sein, jetzt und heute vollwertige Problemlösungen sowie Betriebs- und Anwendersoftware anzubieten. ☐

10. Die Integration von Daten, Text und Graphik muß im Gerät bereits hardwaremäßig vorbereitet sein ☐
    → Dazu gehören folgende Bedingungen:
    - DV-Programme müssen auch im Textmodus ausreichend schnell laufen können.
    - Drucker und Bildschirm müssen graphikfähig sein.
    - Die Textsoftware muß mit dem vollen, bei Textautomaten selbstverständlichen Benutzerkomfort laufen können.
    Bloße Integration über die Software genügt nur in Behelfsfällen oder für einfache Lösungen und erlaubt zudem nur einen zwischen Daten und Text alternierenden Betrieb.

11. Der Hersteller muß auch dann volle Benutzerunterstützung gewährleisten, wenn er entwicklungstechnisch gesehen einseitig von der DV oder der TV herkommt. ☐

12. Das System muß einen für Daten, Text und Graphik integrierten Bildschirm aufweisen ☐
    → Hier dürfen keine Kompromisse geduldet werden, wie
    - Datenbildschirm ohne vollen Zeichensatz, nur Großbuchstaben, keine Umlaute, keine Unterlängen, schlechte Randschärfe, ungenügendes Auflösungsvermögen für Text und Graphik.
    - Textbildschirm ohne volle Möglichkeiten für die Programmredaktion, Tabellengestaltung und dergleichen.

13. Die Tastatur muß sich gleichermaßen für die Daten- und Texteingabe eignen ☐
    → Voller Zeichensatz (inkl. Sonderzeichen, Umlaute, Einteilung), separate Funktionstasten, Zehnerfeld für arithmetische Eingaben.

14. Ausreichende Kapazität des Arbeitsspeichers für eine komfortable Textverarbeitung ☐
    → Mindestens 64 Kbyte RAM. Der Arbeitsvorgang soll nicht durch Ausweichen auf externe Speicher verzögert und kompliziert werden. Besonders komfortable Textsoftware erfordert allein für das Programm bis zu 256 Kbyte. Dazu kommen rund 4 Kbyte pro Textseite.

15. Der Drucker soll bei hoher Druckqualität ausreichend schnell sein ☐
    → Typenraddrucker, Schönschreib-Matrixdrucker.

16. Das Gerät muß sich einerseits für schnelles Rechnen (DV) und andererseits für schnelles Formatieren und Mischen (TV) eignen ☐

17. Das Gerät muß sowohl dem nichtfachmännischen Benutzer als auch dem Profi volle Möglichkeiten bieten ☐
    → Benutzerführung ohne Programmierkenntnisse und zugleich volle Programmiermöglichkeiten (inkl. Assembler).

Könnten Sie oder Ihr Lieferant alle Fragen positiv und ohne Vorbehalte beantworten? Wenn nicht, dann ist leider das Ziel der Integration von Daten, Text und Graphik noch nicht erreicht worden.

2 Busineßgraphik

Business Graphics oder Geschäftsgraphik ist das Veranschaulichen der im Computer aufbereiteten betriebswirtschaftlichen Daten durch graphische Ausgabe.

Zwischen den ausdrucksvollen Graphikmustern in farbigen Hochglanzprospekten und den Möglichkeiten der eigenen Datenverarbeitung liegen oft Welten. Der Benutzer muß sich dabei drei Fragen stellen:

1. Welche Möglichkeiten liegen hinsichtlich Busineßgraphik in der bereits vorhandenen Ausrüstung
   (EDV-Anlage, Personalcomputer, Software)? Da
   reicht es bisweilen gerade noch für einfache Punkt-
   und Balkendiagramme in Schwaz-Weiß.
2. Welche Beträge können allenfalls in die Nachrüstung
   der vorhandenen Hardware und Software investiert
   werden, um hoheren Ansprüchen zu genügen?
3. Lohnt sich gegebenenfalls die Anschaffung einer
   neuen, hochwertigen Anlage für integrierte Daten-,
   Text- und Graphikverarbeitung? Man bedenke, daß
   jeweils für die Zentraleinheit, den Graphikbildschirm, den Farbplotter und die leistungsfähige
   Software in diesem Falle mit je einem fünfstelligen
   Betrag zu rechnen ist.

Wozu Busineßgraphik?

Busineßgraphik bietet auf maschinellem Wege die gleichen Darstellungsmöglichkeiten, wie sie bereits in der
manuellen Graphik bekannt und bewährt sind: Linien-
und Kurvendiagramme, Balkendiagramme, Kreis- und
Kuchendiagramme, Flußdiagramme, Organigramme
und dergleichen mehr. Graphiken sind im Geschäftsbereich seit jeher beliebt, weil im Prinzip die Akzeptanz von Datenempfängern für Graphiken wesentlich
größer ist als für bloße Zahlentabellen.

Worin bestehen nun die grundsätzlichen Nutzen- und
Wirkungsfaktoren der graphischen Darstellung von
Daten?

Im Prinzip werden visuell aufbereitete Informationen
von Auge und Gehirn schneller und nachhaltiger erfaßt als Texte, Tabellen oder Sprache. Die Graphik
läßt uns große Informationsmengen auf einen Blick
erkennen. Darüber hinaus werden Entwicklungstendenzen, Unterschiede, Strukturen und verwickelte
Zusammenhänge rascher und besser — weil „augenfällig" — erkennbar. Die graphische Darstellung erlaubt es ferner, Wichtiges intensiv hervorzuheben und
vom Unwichtigen besser zu trennen sowie Beziehungen zwischen Informationen zu verdeutlichen und Ergänzungen durch zeit- und zielbezogene Informationen (Vergleichsdaten, Bandbreiten aus Varianten) auf
einfache Weise einzubringen. Weitere Einzelheiten
siehe **Tabelle 1.**

An Konferenzen und Besprechungen läßt sich viel
Zeit und Leerlauf ersparen, wenn den Teilnehmern direkt erstellte, aktuelle Präsentationsgraphiken bzw.
Overheadfolien vorgeführt werden können. Diese
können auch im Verkaufsgespräch oder bei persön-
licher Tätigkeit am Arbeitsplatz dienlich sein.

Tabelle 1 Anwendungsmöglichkeiten der Busineßgraphik

1. Praktische Möglichkeiten allgemein:
- Finanzanalysen
- Analyse des Verkaufserfolgs je Verkäufer bzw. Pro-
  dukt
- Erkennen von Entwicklungstendenzen
- Laufende Projektüberwachung
- Verbesserte Verkaufspräsentation
- Diskussionshilfe an Konferenzen
- Darstellen von Prognosen und Varianten

2. Beispiele aus dem Bankbereich:
- Bilanzanalysen (Entwicklung, Vergleich)
- Untersuchung der Filialstruktur
- Marketing (allg. Trend, einzelne Leistungsarten,
  Kenndaten) und Kapitalmarktanalysen
- Unternehmungsplan, Personalplan, Terminplanung,
  Statistik, Branchenvergleich, Wirtschaftsdaten

3. Einige besondere Anwendungsformen:
- Mehrdimensionale Darstellung von Diagrammen
  und Körpern sowie perspektivische Darstellungen.
- Übersichtliche farbige Darstellung von Prozeßdaten
  und -abläufen auf dem Graphikbildschirm.
- Verdeutlichen von Abläufen und Vorgängen durch
  bewegte Graphiken oder sogar bewegte Bild-
  elemente.
- Generieren von realistischen Hintergrundbildern
  durch den Computer (Computer-Animation).
- Unterstützung bei kunstgewerblichen Entwürfen:
  Erzeugen von Farb- und Formvarianten.
- Generieren von beliebigen Schriftformen — auch
  solchen mit fremden Schriftzeichen (sogar Hiero-
  glyphen und assyrische Keilschrift, doch auch
  arabische, hebräische, chinesische und japanische
  Zeichensätze für ausländische Korrespondenz).
- Konstruieren am Bildschirm (CAD).
- Herstellen von Busineßgraphiken im Service durch
  Rechenzentren.
- Übertragen von Graphiken auf Diapositive oder
  großformatiges Filmmaterial.

Schließlich bietet die Computerhilfe beim Erstellen
der Graphiken eine Reihe von technischen Vorteilen,
zum Beispiel:

— Anfertigung der visuellen Hilfsmittel „nach Maß",
  d. h. der Situation oder dem Benutzerbedürfnis angepaßt.
— Beeinflussung von Gestaltung und Varianten direkt
  durch den Ersteller oder sogar durch den Benutzer
  selbst. Schwierige Zusammenhänge können durch
  geeignete Wahl der Darstellung verdeutlicht werden, wobei sich auch verschiedene Darstellungsfor-
  men (inkl. Farbwahl) kombinieren lassen.

- Möglichkeit der direkten Ableitung der benötigten Daten aus bereits vorhandenen Dateien bzw. Datenbanken, ohne daß Zwischenaufstellung und *Inputvorgänge* „von Hand" nötig wären.
- Bei Einsatz spezieller Graphiksysteme (mit Graphikbildschirm und Großplotter) nähert sich die Darstellungsqualität derjenigen von herkömmlichen professionellen Darstellungen an.

An speziellen Graphikformen für den Geschäftsbereich seien erwähnt:

Präsentationsgraphik nach Computervorlage oder direkt aus einem großformatigen Plotter.

Führungsgraphiken in wichtigen Berichten und Entscheidungsgrundlagen sowie zur Verstärkung der Aussagen von Variantenrechnungen.

Overheadfolien direkt aus dem Plotter unterstützen mit aktuellen Darstellungen das Diskutieren und Entscheiden in Konferenzen und Gruppengesprächen.

Integrierte Graphiken in Texten und Computerauswertungen verstärken deren Aussagefähigkeit wesentlich.

Entscheidend für den Vorteil der Busineßgraphik ist in allen Fällen, daß sich diese auf vorhandenes Datenmaterial stützt und daß sie sehr rasch und oft sogar tagfertig präsentiert werden kann. In Tabelle 1 sind einige praktische Anwendungsmöglichkeiten aus dem Geschäftsbereich zusammengestellt.

Von der Hardware ...

Die Herstellung von Busineßgraphik erfolgt zwar automatisch und rasch — aber zuerst müssen die erforderlichen Daten und Auswertungsbefehle eingegeben werden. Für diese *Eingabe (Input)* stehen verschiedene Möglichkeiten zur Verfügung; vgl. **Tabelle 2**. Auch die Techniken der *Ausgabe (Output)* auf Papier sind recht vielfältig (Tabelle 2). Dazwischen bietet sich als Arbeitshilfe *und* für die eigentliche Präsentation der *Bildschirm* an, bei welchem das Auflösungsvermögen von großer Bedeutung ist: Je feiner das Raster, desto besser die Darstellungsqualität von Graphik und Zeichen auf dem Bildschirm — oder gegebenenfalls auf dem papierenen Ausdruck.

Schöne Graphik läßt sich nicht vereinbaren mit häßlichen Treppenformen bei schrägen oder gekrümmten Linien, oder mit undeutlichen Zeichen. Wo der herkömmliche Personalcomputer-Bildschirm oder TV-Monitor nicht ausreicht, muß mit einem Graphikbildschirm gearbeitet werden. Dieser ist nicht billig, bietet aber hohes Auflösungsvermögen auch bei Farbdar-

Tabelle 2 Techniken des *Input* und *Output* für Busnineßgraphik

Möglichkeiten der Engabe (Input)
• Direkte Eingabe über die Tastatur, einschließlich direkter Graphikbefehle (Mikroprogramme für bestimmte Graphikarten).
• Dateneingabe und Programmierung über die Tastatur sowie Einsatz von ROM-Moduln mit Graphiksoftware bzw. von Graphiksoftware auf Disketten, Bandkassetten u. ä.
• Positionieren von Texten, Diagrammen und Skizzen mittels Lichtstift (*Light Pen*) direkt auf den Bildschirm, oder in ähnlicher Weise durch Steuerung des Positionsanzeigers (*Cursor*) auf den Bildschirm mittels Maus oder Steuerknüppel (*Joy Stick*).
• Koordinatenabtastung auf einer Vorlage mit Hilfe des Digitalisiergeräts (*Digitizer*), besonders geeignet für Graphiken mit unregelmäßigen Konturen.
• Antippen von Graphikfunktionen oder Vorzeichen von Konturen auf einem Graphiktablett.
Techniken der Graphikausgabe auf Papier (Output)
• Schreibmaschine ist mit ihrem festen beschränkten Zeichensatz nur sehr bedingt graphikfähig ('*', '.', '—' u.ä.).
• Matrixdrucker unterliegen ähnlicher Beschränkung, doch sind durch programmierbare Graphikzeichen feinere Darstellungen möglich.
• Matrix-Printer-Plotter mit durchgehender Zeilenmatrix erlauben das Programmieren und Ansteuern einzelner Matrixpunkte und dadurch echte Graphik — je feiner der Punktraster, desto besser die Darstellung.
• Matrix- und Zeilenmatrixdrucker erreichen jedoch (noch) nicht die Korrespondenzqualität von Schreibmaschinen.
• Neue Rasterdrucktechniken erreichen einerseits Korrespondenzqualität und erlauben andererseits perfekte Graphik — z. T. auch mehrfarbig: Laser-Printer, Ink-Jet, Thermotransferdruck, elektrooptischer Druck u. ä.

stellung, eine Reduktion des Flimmerns und einen guten Kontrast auch bei kleinen Farbflächen. Hardwareseitig ist für die Verbesserung der Darstellung auf Bildschirm oder im Druck, sowie zur Unterstützung von hochwertiger Graphiksoftware ein gewisser Ausbau erforderlich, was meistens durch erweiternde Graphikkarten (hochauflösende Platinen für den Schwarzweiß-Monitor bzw. Karten für Farbgraphik) bewerkstelligt werden kann. Zugleich muß auch die Speicherkapazität erhöht werden.

Der herkömmliche Personalcomputer kann zwar meist Busineßgraphik erzeugen, die aber wesentlichen Einschränkungen unterworfen ist — zum Beispiel

— oft nur Schwarzweiß-Darstellung, keine Farbgraphik.

— Geringes Auflösungsvermögen von Bildschirm und Drucker.

— Drucker mit beschränkten Graphikmöglichkeiten und fehlenden Graphiksymbolen im Zeichensatz bzw. fehlenden Graphikbefehlen.

— Geringe Speicherkapazität, deshalb nur Einsatz von stark vereinfachter Software und geringen Datenmengen.

Einige Verbesserungen sind — wie erwähnt — möglich durch gezielten Ausbau von Hardware (Graphikprozessor, Speichererweiterung), Software und Peripherieausrüstung.

Wer sich aber für eine perfekte und leistungsfähige Busineßgraphik entschließt, muß seine Ansprüche an die Hardware und Software noch wesentlich höher ansetzen (vgl. **Tabelle 3**), denn dann ist es mit Kompromissen und bloßen Ausbaumaßnahmen nicht mehr getan.

Tabelle 3 Ansprüche einer hochwertigen Busineßgraphik an die Hardware- und Softwareausrüstung

---

1. Vorteile der Integration Text/Graphik ausschöpfen:
- Direktes Kommentieren der Graphik ohne nachträgliche manuelle Bearbeitung.
- Einbeziehen von Graphiken und Tabellen in den Text, sowie Vorbereitung druckfertiger Vorlagen.
- Vorbereiten von Demonstrations- und Lernunterlagen aus Text- und Bildbausteinen.
- Mustereinblendungen in schriftliche Angebote.
- Ausfertigen von Schriftstücken mit handschriftlichen Ergänzungen (Unterschrift, Notizen).

Noch schwach entwickelt ist die Software für kombinierte Text- und Graphikverarbeitung.

2. Kombination von Graphik und (kommentierenden) Texten und Daten muß problemlos möglich sein. Manuelles Ergänzen ist umständlich.

3. Insellösung vermeiden: Zwischen Datenbanken, Kalkulationsprogrammen (z. B. Visicalc) und Graphikprogrammen müssen Schnittstellen vorliegen: Einmalerfassung der Daten, Übergabe von Ergebnissen direkt ans Graphikprogramm, Neueingabe von Daten vermeiden. Wenn möglich, kombinierte DV- und Graphikprogramme verwenden.

---

4. Ansprüche an die Software:
- Herstellung aller gängigen Graphikformen in ausreichender Qualität und Farbgebung
- Wahl zwischen verschiedenen Schriftgrößen und -arten
- Vielfältige Überarbeitungsmöglichkeit für die im ersten Schritt erzeugten Bilder: Vergrößern, Verkleinern, räumliches Drehen, andere Anordnung von Texten und Daten, andere Farbgebung, andere Schraffur, anderer Hintergrund, veränderte Ausgangsdaten
- Problemloses Verarbeiten auch von negativen Zahlen.

5. Ansprüche an komfortable und leistungsfähige Computergraphik
- Systeme mit 16-Bit- oder noch besser 32-Bit-Struktur
- Interne Speicherkapazität von mindestens 3 Mbyte
- Graphikbildschirm für hochauflösende Farbgraphik, sowie graphikfähige Ausgabegeräte in verschiedenen Varianten.
- Leistungsfähige Software sowohl für Selbstprogrammierung als auch fertige Anwendungsprogramme für Dialog mit dem Benutzer, ferner benutzerfreundliche Lösungen für die gelegentlichen Benutzer (Sekretärin, Sachbearbeiter, Chef), und vorkonfektionierte Graphiken für Geschäftsleitung und Berichtswesen.
- Hohe Flexibilität der Software, um rasch auf neue Ansprüche bezüglich Ausführung, Qualität, Schnelligkeit, Hardware und Peripheriegeräte umsteigen zu können. Dazu gehört auch die Forderung nach Geräteunabhängigkeit der Software sowie nach vollem Durchgriff auf vorhandene Datenbestände.
- Volle Unterstützung bei Einführung und Betrieb durch die Hersteller bzw. Lieferanten von Hardware und Software.

6. Professioneller Einsatz von Busineßgraphik: Wer als Benutzer mit einem Personalcomputer zu Rande kommt, wird bei entsprechender Ausstattung und Softwareunterstützung auch passable Graphik produzieren können. Wenn es aber darum geht
- die Basisdaten aus den Beständen des Zentralcomputers oder aus Datenbanken herzuleiten,
- leistungsfähige Graphiksoftware (Graphikfunktionen und Graphikeditor) voll auszuschöpfen,
- mit speziellen mathematischen Funktionen für Bildschirmgraphik zu arbeiten,

dann muß das System durch erfahrene Fachleute bedient werden.

... zur Software

Softwareseitig haben wir im Prinzip drei Möglichkeiten vor uns:

- Die Graphiksoftware ist bereits fest im Programmspeicher (ROM) des Geräts integriert d. h. „resident" und jederzeit auf Tastendruck verfügbar. Auf diese Weise entstanden bereits einige interessante, direkt benutzbare Graphikgeräte (Tischrechner oder Schreibmaschinen mit Graphikausgabe) oder Tischcomputer mit direktem Graphikeinsatz.

- Die Graphiksoftware wird für bestimmte Geräte bzw. Betriebssysteme als Programmpaket auf Disketten oder in Festkörperspeicher-Moduln angeboten. Vgl. hierzu **Tabelle 4** und **Tabelle 5**.

- Die Graphiksoftware ist in ein umfassendes Paket von integrierter Software eingebaut, meist zusammen mit Tabellenkalkulation und Dateiverwaltung, wobei ein direkter Datenübergang zwischen allen drei Programmen gewährleistet ist. Recht häufig ist übrigens die Kombination von Tabellenkalkulation (*Spread-sheet*) und Graphiksoftware.

Um den Selbstprogrammierern das Arbeiten zu erleichtern, verfügen im übrigen fast alle Programmiersprachen über gewisse Graphikbefehle. Andererseits hat auch der Benutzer je nach Kenntnisstand und Ansprüchen verschiedenartige Beziehungen über die Software zur Busineßgraphik. Im einfachsten Falle läßt er sich am Bildschirm im Dialog durch ein *Menü* auf problemlose Weise führen. Weil diese Menüführung aber ohne große Schwierigkeiten rasch zum gewünschten Ziele führen muß, kann sie nicht auf allzu viele Wünsche und Besonderheiten eintreten.

Interessant und wirksam sind jedoch die *Ad-hoc-Graphiken*, welche von Fall zu Fall nach Bedarf abgerufen werden können. Dieser Einsatz erfordert aber vom Benutzer wesentliche Programmierkenntnisse oder zumindest ein Arbeiten nach Benutzerhandbuch. Andernfalls muß ein versierter Sachbearbeiter dazwischengeschaltet werden.

Etwas schwieriger wird es freilich, wenn die Busineßgraphik auf einer herkömmlichen EDV-Anlage erstellt werden soll. All die schönen Graphik-Softwarepakete sind fast ausschließlich für Personalcomputer und deren Betriebssysteme erstellt worden oder beziehen sich sogar auf ganz bestimmte Gerätetypen. Solche Software muß für den Einsatz auf dem Großrechner unter erheblichem Programmierereinsatz angepaßt werden. Andererseits bieten aber die meisten

Tabelle 4 Marktübersicht zur Textsoftware

Name	Hersteller, Lieferant	Hardware	Preis (DM)
ABCtext	Altos, Ozalid AG	Altos 586, 986	2040
AES-Textv.	AES AG	IBM-PC, AES PC	3500
AFS-Text	SM München	CBM	1100
AFS-Text	AFS Düsseldorf	IBM-PC	1200
Apple Writer II	Industrade AG	Apple IIe	650
Apple Works	Apple Computer	Apple IIe	800
Apple Works	Industrade AG	Apple IIe	800
Apple Writer II	Apple Computer	Apple IIe	627
Applewriter	Basis Microcomp.	Alle II	670
ASTI	Orgasoft	Apple II	1500
Atari Schreiber	Atari-Händler	Atari	199
Atari Textverarbeitung	Atari-Händler	Atari	494
Benchmark	Benchmark USA	IBM-PC	.
Blitztext	Hofacker	C64	199
BL-Text	Buchmeier	Epson HX-20	298
Brief	ICS Dortmund	BASF 7	2200
CEO	Data General	Eclipse	.
Comtext/mba	Hewlett Packard	HP-150	9980
Context	Commodore	Commodore 8032	1168
DECmate TV	Digital Equipm.	DECmate	3200
DECtext-11	Digital Equipm.	MicroPDP, PDP-11	9300
DEC-Text300	Digital Equipm.	PC 350	2280
DECtext-300	Digital Equipm.	Professional 390	2000
Die BESOND.TV	Meier-Vogt	Commodore 8032	1250
Digitext	ATS	DEC-PC 350, PDP 11	2082
Displaywrite 2	IBM	IBM-PC	1060
Dracula	Moser	Sirius	3990
EasyWriter I	Information	IBM-PC	684
EasyWriter I	Information u.IBM	IBM-PC	670
EasyWriter II	Information	IBM-PC	1020
EasyWriter II	Information	IBM-PC	1300
Easywriter	Apple-Händler	Apple II	800
Edit+T	Rudolph	CBM, VC64, SX64	990
Epsitex	Epsilon	IBM-PC, NCR-DM-V	969
Eumel	GMD	Olivetti; Altos	1000
Exxon 500	Exxon	Exxon 500	13224
Fortune Word	Fortune Systems	PS10, PS20, XP20, 30	2209
Fortune Word Extended	Fortune Systems	PS10, PS20, XP20, 30	4503
Futura-Text	Futura Lugano	IBM-PC u. a.	2050
Genie Text 3.0	MCS Zender	Genie I.II.III	495
Genie-Text	Trommeschläger	Videogenie	400
Getext	Gerdts	diverse	444
Homeword (D)	Langenscheidt	Apple II, C64	.
HX-20 Text	EIM AG Biel	Epson HX20	450
IBS	Intersoft	Apple II	965
Intesy-250	Jencik Greifensee	HP-250	
Kitext	Kienzle	Kinezle 9000	.
Kitext	Kienzle		5400
Lex-86	Novotec AG	IBM-PC	3150
LTEX	Langer Elektronik	LE 80	2492
MacWrite	Apple	MacIntosh	480
Magic-Wand	Intersoft	alle CPM	.
Maxitext	SLS	Canon AS100	1650
Memo Maker	Hewlett Packard	HP-150	489
Memo Maker	Hewlett Packard	HP-150, HP-110	510
Micro-Text	..	Alphatronic PC	.
Micro-Text/Adress	SLS	TA-P3, Rainbow100	1660
Microscript	Coradi-Ziehme	MS-DOS, CP/M	2160
MIDOK	Siemens	7500, 7700, 4004	.
Mikro-Script	Intelligence	diverse	2168
Multi-Tool-Word	Microsoft	diverse	.
Multimate	Softword	IBM-PC	1330
NCR tv	NCR, Bongartz	NCR-DM5	2350
Offsys	Minibit	IBM-PC, u. diverse	1800
Oliword	Olivetti	M-20	.
Papyros	Gesmarco Zürich	alle MS-DOS	1350
Papyros	MIS Berlin	MS/PC-DOS	1180
PC-Write 2.3	Abele Winterthur	IBM-PC	400
PC-text	proCom	IBM-PC, HP-150, Sirius	1459
Peach Text	Peach Tree	IBM-PC, diverse	843
Peachtext 5000	MSA (USA)	IBM-PC, diverse	1350

Tabelle 4 (Fortsetzung)

Name	Hersteller, Lieferant	Hardware	Preis (DM)
Perfect Writer	Software Grenchen	alle MS-DOS	900
Perfekt-Writer	Perfect Software	Columbia MPC	750
PRO	Goebke Hildesheim	MS-DOS	180
PIM-MText	PIM Schaffhausen	Commodore 8000er	4200
PIM-Text	PIM Schaffhausen	Commodore	1980
Prosa	Offenhäuser	Colour Genie	180
Prosa 2	Offenhäuser	IBM-PC, CBM 8032	480
Protex	Pro-Computer	CBM 8032	
Protext	Interplan	CBM 8032	980
PS-Text	Steller Münsingen	Commodore 8000er, 9000er	1300
QX-10 Text+	EIM AG Biel	Epson QX-10	820
RECHENTEXT MIS	MIS Berlin	diverse; IBM-PC	.
Rechentext	MIS Berlin	MS-DOS, CP/M80	2267
Rechentext	Gesmarco Zürich	MS-DOS-Computer	2200
Rundschreiben	Azam Hamburg	HP-83, HP-85	2200
Samna Word III	Samna USA	IBM-PC, diverse	2500
Scientex	Scientex GB	IBM-PC, Sirius	.
Scripsit	Tandy-Händler	TRS80-II	720
Select 86	Digital Equipm.	Rainbow-100	1150
SM-C-Text	SM Software	IBM-PC, diverse	.
SM-Text 2.0	SM Software	Commod. 8096, 8296	.
SM-Text/64	SM Software	Commod. 64	.
Superwriter	Sorcim	Osborne Polo	.
TBS	Burkhardt Ulm	CMB	890
Tex-Ass	Data-Unit; Bongartz	MS-DOS, CP/M-86	1600
Text	..	Commod. VC20, C64	298
Text 2000	Dalog	Sirius 1	1710
Text 2001	Boldt	diverse	1060
Text 80	DOCOS	alle CP/M	4800
Text-100	Digital Equipm.	Rainbow 100	2850
Text-M	FCT	Epson HX-20	198
TextMaker	..	IBM-PC	..
Textor	ZH Computer (F)	Victor S1, Sirius	1200
Textos	MIS	T-100, T-300	2827
Textstar (D)	Omnitex	diverse	2223
Textverarbeitung	dino computer	Sharp, Panasonic	2100
Textverarb.	Zschaler	Apple II	645
Textverar.4Plus	Datronic	CBM	998
TV	Wibeag	Data General	1500
TopTip	SVAI Informatik	IBM-PC	540
TopTip	mm-computer	IBM-PC, diverse	1368
Trendtext/2	Microtrend	IBM-PC, diverse	1900
Trendtext/2			
TOP	DACOS	alle CP/M	499
TOPTIP	mm-computer	IBM-PC, diverse	1368
Venus TV II	Le Baron Zürich	IBM-PC	1080
Videoscript	Severit Berlin	alle CP/M	1950
VisiOnWord			
Vision-Word	Visicorp	IBM-PC	1311
Visiword	M&T Software Haar	IBM-PC	1174
Visiword 1.1	Visicorp	IBM-PC	900
Volkswriter	Lifetree	alle MS-DOS	595
Volkswriter	Lifetree	alle MS-DOS	640
Witchpen	Keller Zürich	IBM-PC/XT/AT	1500
WORD	Microsoft	IBM-PC, diverse	1495
Word 11	Humm Brugg	DEC-Prof, PDP-11	2450
Word 21	MDS	MDS-21/XX	2033
Word 6.3	RCO	Gemini I-III	.
Word 80	Hewlett-Packard	HP-86B	820
Wordcraft	Commodore-Händler	CBM	1450
Wordcraft	NCS	IBM-PC, diverse	2390
Word Juggler III	Quark	Apple III	849
Word Juggler IIe	Quark	Apple IIe	706
Word Perfect	Software Post	IBM-PC, diverse	1550
Word ms			
Word ms (D)	Microsoft	IBM-PC	1900
WordPerfect	Satellite USA	IBM-PC, diverse	1680
WordPro 3 Plus	Professional USA	Commodore 64	340
Word Pro 4 Plus	Gesmarco Genf	CBM	.
Word Processor	MDS	HEPO 3300	.
Word Ready	NCR	WorkSaver	230
Word Star	Intersoft	alle CP/M	1300

Tabelle 4 (Fortsetzung)

Name	Hersteller, Lieferant	Hardware	Preis (DM)
Word Result			
Wordstar	MicroPro	CP/M-80, CP/M-86 MS-DOS, PC-DOS	1470
Wordstar 2000	Intersoft	diverse	2050
Wordstar 3.3	Intersoft	diverse	.
Wordstar 3.4 (D)	Intersoft	diverse	1290
Wordstar HP-150	Hewlett-Packard	HP-150	1700
WP-4+	Commodore Basel	Commodore 8000er	950
WordVision	Bruce & James	Mad-1	220
Writemaster	Cromenco	..	.
XED	CML	Kontron Psi9068	5130

Tabelle 5 Marktübersicht zur Graphiksoftware.

Bemerkungen: „IBM-PC" bedeutet jeweils „IBM und Kompatible". Bei den Preisen — soweit überhaupt bekannt — ist jeweils der höchste Ausrüstungsgrad berücksichtigt

Name	Anbieter	Hardware	Preis (DM)
3-D Graphics Package	Sublogic (USA)	Apple II	.
3-D Kurvenscharen	Springmann	Apple II	.
AGOS	Jenzer (CH)	geräteunabhängig	.
Alphaplot	Beagle Brother	Apple II	.
Analogdaten	Micro-FCS (Köln)	IBM-PC	.
Applemechanik	Beagle Brother	Apple II	.
Apple-Plot	Apple-Händler	Apple II	.
Apple-World	Lutus (USA)	Apple II	.
APP-L-Plotter	Weber (D)	Apple II	.
AutoCAD	Künzli (CH)	PC-DOS, MS-DOS, CP/M	10000
BGS	Peachtree	...	.
BUGRAF	Siemens	...	.
Business-Grafics	Microsoft (USA)	IBM-PC	.
Business-Graphics	BPS (USA)	...	.
CADdy	Ziegler (D)	PC-DOS, Sirius	12000
CAPPLAN	p-cad (USA), Instrumatic (D)	MS-DOS	
Chart	Microsoft	IBM-PC, MacIntosh	.
Chartman II	GSI	...	1425
Chartmaster	PCM (D), Multitec (CH)	auf MS-DOS, IBM-PC	3990
Chart-Master	Telecomputer (D)	IBM-PC	3500
CHART-PAK	...	C-64	100
Chart Star	MicroPro	...	.
ColorCam	LPKF (D)	PC-DOS	10000
COMLAY	MESAC (D)	Commodore, PC-DOS	35000
Complete Graphic Sys.	Penguin	Apple II	228
Cubicomp	Techex (CH)	IBM-PC	
CUECHART	ISSCO (D)	32-Bit-Rechner	.
Cullinet	ADV/ORGA (CH)	...	.
DASH-1	Wavetek (D)	PC-DOS	
DECgraph-300	Digital Equipment	Professional 300	1650
Dialog	IDV (D)	IBM-PC	3400
DIALOG	IDV (D)	IBM-PC	3400
DICOMED MICRO 2	Computer Grafik (D)	IBM-PC	20000
DIKA	Orgasoft (D)	Apple II	500
DISSPLA	Multitec (CH)	Großrechner, Mini	.
DR Draw	Digital Research	auf MS-DOS, CP/M86	974

Tabelle 5 (Fortsetzung)

Name	Anbieter	Hardware	Preis (DM)
DR Graph	Digital Research	auf MS-DOS, CP/M86	643
Energraphics	Computer Praphix	IBM-PC, diverse	1300
EQINOX/NC GRAPHICS	MDSI (USA?)	TI Professional	
ESSPLOT 2	Ess Consult. (GB)	IBM-PC, diverse	1300
Eumel-Grafik	Olivetti	M20, M24	.
ExecuVision	VCN (USA)	IBM-PC, diverse	1300
Fast Graphs	Innov. Software, PCM	IBM-PC, diverse	1134
Filevision	Telos (USA)	MacIntosh	.
Fontrix	D-Transfer	Apple II+, IIe, IIc	279
Genigraphics S1000	Genigraphics (D)	PC-DOS	30000
GOSY	Jenzer (CH)	geräteunabhängig	.
GRAFIX-DESIGN 2D	CID (D)	Sirius I	3400
Grafik-100	Digital Equipment	CP/M-80/86, Rainbow	.
Grafix-Design	CID (D)	...	.
GraForth	Insoft	Apple II	135
GraForth II	Insoft	Apple	.
GrafTalk	Redding (USA)	...	1500
Graph	IDV (D), SAS (USA)	IBM-PC, diverse	.
GRAPH	IDV (D)	PC-DOS, MS-DOS, CP/M	3900
GRAPHIK-100	Digital Equipment	CP/M-80/86, Rainbow	.
GraphPlan	Chang Labs (D)	IBM-PC, diverse	.
Graphic I	Konz (D)	CBM 30xx, 40xx	.
Graphic Magician	Penguin Software	Apple IIx, IBM-PC, diverse	198
Graphos	Bruns (D)	Apple II+	.
Graphwriter	Redding (USA)	...	2700
HI-EDDI	Haberl (D)	C-64	.
IMAGE	Micro Art (USA)	...	1000
INDIGO	TCAE (D)	Sirius I	7350
IVISS MANAGER	Issco (D)	IBM-PC	.
Lisa Draw	Apple-Händler	Apple Lisa	.
LOGICAD	ICS (D)	IBM-PC	3000
LOGIGRAPH	Software Prod. (D)	MS-DOS, UCSD-Pascal	1300
LisaGraph	Apple-Händler	Apple Lisa	.
Logi Tool Set	Software Products	IBM-PC, MS-DOS	.
Logicad ICS	Computer St.Ingbert	IBM-PC	.
Mac Draw	Apple/Microsoft	MacIntosh	.
Mac Paint	Apple/Microsoft	MacIntosh	.
Manager Display	IDV (D)	CP/M, PC-DOS, MS-DOS	.
Maxi Graf	Buschek (D)	CBM	.

Tabelle 5 (Fortsetzung)

Name	Anbieter	Hardware	Preis (DM)
Medegraf	ICS (D)	IBM-PC, CP/M, MS-DOS	.
MICAL	Watenahe (D)	MS-DOS	.
Micro-Plott	Telecomputer (D)	Apple II, IIe, III	.
MIPLOT I	Data Service (D)	CBM, Apple II	.
MIPLOT II	Data Service (D)	CBM, Apple II	.
MIRAGE GDSS	Comp. Graphix (CH)	IBM-PC, diverse	.
Mouse-Paint	Apple, Microsoft	Apple II+, MacIntosh	.
MOVIE	Softlab (CH)	PDP-11, VAX u. a.	17500
MULTIGRAF GISA	Midas (D)	Sirius I	600
Multigraf	Reh (D)	Sirius u. a.?	2500
Normplot	Kimmig (D)	Apple II, ITT-2020	.
Paint Magic	Happy Software	C-64	80
PASCAL Animation	...	Apple II	.
PC-Paint	Visi-Corp	IBM-PC	.
Picture Grafics	Ying (USA)	IBM-PC	.
Picture Perfect	Hewlett Packard?	HP-1500	.
Picture by PC	Schaft Systeme (D)	PC-DOS, CP/M-81	.
Pilot Animation	...	Apple II	.
Plotdat	Dr. Slabik (D)	CBM 3032, 4032, 8032	.
Plus.Eins	ACOS (D)	IBM-PC, PC-DOS	.
Q*bert	Parker Bros. (USA)	diverse Heimcomp.	.
Reportmaker	Krepec (Canada)	IBM-PC, diverse	450
Shape Tablet	infokom-studio (D)	Apple II	.
smARTWORK	Wintek (D)	MS-DOS	3000
Statis-Plot	ICS (D)	PC-DOS, CP/M-81	.
STATIS PLOT	ICS (D)	Apple II	.
STG	Kimmig (D)	Apple II, ITT-2020	.
Superdraft	Marcus Comp. (D)	PC-DOS, FORTRAN	.
Superplot	Staudenmaier	Apple II, ITT-2020	.
Synthavision	Magi Synthavis. (USA)	IBM, Control Data	.
TELL-A-GRAF	Issco (D)	diverse	.
Textronix Plot	Tektronix (CH)	diverse, CP/M-86	3060
Topographic Mapping	...	Apple II	.
Uni-Plot	Meuer (D)	Apple II+, IIe	.
Unitgraph	Unit Computer	Apple II, IIe, III	.
VersaCAD	Kettler (D)	MS-DOS, HP, Apple	10000
Videoshow	General Parametrics	IBM-PC	.
VisiPlot	Markt & Technik (D)	IBM-PC, Apple II, DEC	.
VisiTrend/Plot	Markt & Technik, + Adcomp (CH)	Apple II, IIe	820
Zeichenknecht-A	EMT Gauting (D)	diverse	.

Hersteller von Systemen der großen oder mittleren Datenverarbeitung (*Minicomputer*) für ihre Geräte auch Graphiksoftware an, wenn auch nicht immer mit dem für Personalcomputer heute zu erwartenden Bedienungskomfort.

Hinweise über Text- und Graphiksoftware im Rahmen von integrierter Software siehe in der Zusammenstellung im Beitrag „Von der Tabellenkalkulation zur integrierten Software" auf Seite 153.

Werner Hürlimann

Von der Tabellenkalkulation zur integrierten Software

Der Mikrocomputer gilt heute als nützliches und leistungsfähiges Führungs- und Arbeitshilfsmittel. Damit dieser Anspruch auch praktisch verwirklicht werden kann, braucht es entsprechend leistungsfähige Software, welche auch mit den zur Verfügung stehenden Geräten harmonisiert. Wir wollen im folgenden auf zwei besonders leistungsstarke Softwarebereiche eingehen, nämlich die *Tabellenkalkulation* und die *Integrierte Software.*

Zusammen mit den beiden weiteren Aufsätzen des Verfassers, „Text- und Graphiksoftware" (Seite 144) sowie „Drucker für den Mikrocomputer" (Seite 144) wird ein großer Teil des praktischen Anwendungsfeldes für Mikrocomputer vor allem im administrativen Bereich abgesteckt.

1 Tabellenkalkulation

1.1 Was ist Tabellenkalkulation?

Die Grundidee der Tabellenkalkulation besteht darin, das Entwerfen, Ausfüllen, Totalisieren und Ändern einer Tabelle — wie sie bisher auf Papier und Rechenmaschine bearbeitet wurde — elektronisch auf dem Computer nachzuvollziehen. Dabei tritt an Stelle des Zeichenblattes der Bildschirm, die Rechenarbeit wird vom Computer übernommen, und die Zeichnerische Gestaltung wird mittels Funktionsbefehlen besorgt. Schließlich lassen sich die Tabellen auf dem *Printer* oder *Plotter* ausdrucken.

Zur Hardware läßt sich sagen, daß das Handhaben von Tabellen-Software an gewisse Voraussetzungen gebunden ist — die wichtigsten davon sind:

- Ausreichend großer *Bildschirm* mit hohem Auflösungsvermögen, damit ein hinreichend großer Teil der Tabelle direkt überblickt werden kann.
- *Scrolling-Funktion* zum Verschieben der Gesamttabelle innerhalb des Bildschirmformats in allen vier Richtungen.
- Ausreichend große *Speicherkapazität* für Programm und Tabelleninhalte (mindestens 75 Kbyte ROM für Programm, 128 ... 256 Kbyte für Tabelleninhalte).
- Ein für Tabellenausgabe geeigneter Drucker mit vollem Zeichensatz, breiter Walze und guter Druckqualität.

1.2 Möglichkeiten der Tabellenkalkulations-Programme

Durch die Wahl der Software legt man sich zunächst auf das maximal mögliche Tabellenformat fest. Dieses kann beispielsweise von 26 Spalten und 23 Zeilen (*Hand-Held-Computer*) bis zu 225 Spalten und 999 Zeilen betragen, wobei natürlich die verfügbare Speicherkapazität für Daten (RAM) Grenzen setzt.

Die Programme erlauben nun, diese Tabellen in vielfältiger Weise zu formatieren und zu verarbeiten. In **Tabelle 1** ist eine Anzahl dieser Möglichkeiten zusammengestellt — sie werden in Richtung Benutzerfreundlichkeit immer wieder erweitert.

Hervorzuheben ist, daß diese Möglichkeiten in keiner Anwendersoftware gesamthaft vorhanden sind, sondern nach Bedarf bei den verschiedenen angebotenen Softwarepaketen gesucht oder durch Programmanpassungen angefügt werden müssen.

Tabelle 1 Was bieten die Tabellenkalkulationsprogramme?

- Formatieren der Tabelle am Bildschirm mit Menüführung oder mit Hilfe einer „Maus". Ferner Unterstützung durch Eingaben im Dialogverfahren. Evtl. programmierbare Befehlstasten.
- Automatisches Berechnen von Subtotalen, Totalen, Durchschnitt, Postenzahl, Maximalwert, Minimalwert, Kennzahlen, Indizes.
- Suchen, Ändern, Einschieben oder Löschen einzelner Posten.
- Herstellen von Beziehungen zwischen einzelnen Feldern mittels Konstanten, Formeln oder Kommentartexten bzw. Rechenprogrammen.
- Außer den Grundoperationen sind auch technischwissenschaftliche oder statistische Funktionen verwendbar.
- Möglichkeit der Verknüpfung zwischen verschiedenen Formularen.
- Automatisches Formatieren und Herstellen von Ausdrucken über Printer und Plotter.
- Automatisches Formatieren und Herstellen von Graphiken über den Plotter (evtl. auch in Farbe und in vorprogrammierbaren Formen).
- Schutzfunktionen gegen unabsichtliches Löschen von Daten und Formeln sowie gegen schwerwiegende Fehleingaben.
- Zusammenführen von Tabellenvarianten zu einer einzigen Vergleichsgraphik.
- Erleichterung des Arbeitens am Bildschirm durch Bildung von Ausschnitten (*Windows*), auf welchen simultan verschiedene Anwenderprogramme gefahren werden können — oder auch für bloßes Suchen und Vergleichen.
- Automatisches Neuberechnen der ganzen Tabelle bei Änderung einzelner Eingabedaten (Variantenrechnung).
- Kompatibilität der Tabellensoftware mit Textprogramm, Dateiverwaltung bzw. Datenbank, Kalkulationsprogrammen sowie Graphikprogramm.
- Alphabetische und numerische Such- und Sortierfunktionen.
- Erweiterung der Variantenrechnungen auf
  - Versuche mit verschiedenen Lösungsvarianten
  - Änderung von Formeln
  - Simulation mit Hilfe von Zufallszahlen.

- Besonders benutzerfreundliche Hilfe beim Redigieren:
  - Direkte Benennung von Variablen.
  - Änderungsautomatik bei Erweiterung oder Einengung des Datenfeldes.
  - softwaremäßige Anpassung an verschiedene Bildschirmarten.
  - Einstellung von verschiedenen Varianten der Stellenzahl.
  - Individuelles Skalieren (evtl. Anpassungsautomatik) von Tabellen und Graphiken) und Gestalten derselben auf verschiedene graphische Arten.
  - Automatisches Einfügen von Kalenderdaten und Ergebnissen von Kalenderoperationen.
  - Möglichkeiten zur spaltenüberschreitenden Textgestaltung.
  - Automatisches Zufügen von Spaltennummern, Zeilennummern, Währungszeichen u. ä.
  - Hervorheben von Negativwerten (Vorzeichen, Klammer, Rotdruck).
  - Nachschlagefunktion (elektronisches „Blättern").
  - Automatisches Einfügen von Textkonstanten.
  - Unsichtbarmachen (leer oder schwarz) von bestimmten Zellen zwecks Datenschutz.
  - Umschaltmöglichkeit von der Menüführung auf individuelles Programmieren in BASIC oder Assembler (Expert-Schaltung).
  - Änderung der Anordnung von Subtotalen, Gruppenwechsel, Definieren von *Batch-Dateien*.
  - Umstellen von Spalten.
  - Zentrieren, Tausendergruppierung, automatisches Anpassen der Spaltenbreite an Größe der Zahlen, Druckeransteuerung, positionsgerechtes Ausfüllen von Formularen.
  - Speichererweiterung (Expander) bei Überschreitung der ordentlichen Formulargröße.
- Selektionsautomatik beim Herstellen von Ausdrucken über Printer oder Plotter; auch für Graphiken:
  - Wahl zwischen vollem und selektivem Ausdruck
  - Beschneidung der Stellenzahl bei Kontennummern
  - Auswahl bestimmter Felder, Spalten und/oder Zeilen
- Einfacher Zugriff auf Dateien, Sätze und Felder mittels sogenanntem *Data Dictionary* (USERTAB)
- Handhaben von Sonderfunktionen bei Bedarf:
  - Simultanes Arbeiten mit mehreren Anwendungsprogrammen
  - Vergleich von Dateien, Mischen von Dateien
  - Logische Vergleichsoperationen
  - Statistische Analysen, Trendberechnungen

2 Integrierte Software

2.1 Wozu Integration?

Der Softwaremarkt bietet eigentlich im Bereich der Mikrocomputer keineswegs das Bild einer Integration. Das beginnt schon mit der Basis, wo noch viele Gerätehersteller auf ihre eigenen Betriebssysteme schwören, welche keine „fremde" Software dulden. Normierte Betriebssysteme wie z. B. CP/M oder MS-DOS sind noch keineswegs allgemein verbreitet, und so muß noch gar mancher Interessent mit jenen Softwarepaketen vorlieb nehmen, die ihm sein Gerätehersteller anbietet. Im Interesse einer effizienten und flexiblen Nutzung der betrieblichen Daten sind aber solche Zwangsjacken wenig erwünscht. Hier gilt es vor allem:

- technische und organisatorische *Insellösungen zu vermeiden,*
- inkompatible Einzellösungen später nicht auf kostspielige Weise in ein Gesamtsystem integrieren zu müssen,
- nicht mit einem Sammelsurium von unzusammenhängenden Softwarepaketen arbeiten zu müssen.

2.2 Was bedeutet Softwareintegration?

In den meisten Fällen bietet sich dem Benutzer folgende Situation: Für die in Frage kommende Gerätekonfiguration (*Hardware*) stehen ihm eine Reihe von *Softwarepaketen* zur Verfügung — zum Beispiel für Finanzbuchhaltung (FIBU), Lagerbewirtschaftung, Tabellenkalkulation, Textbearbeitung, etc. Jedes dieser Pakete ist von den anderen unabhängig und muß separat geladen und abgearbeitet werden.

Aufgabe der Softwareintegration ist es, diese Teilgebiete zu einem Ganzen zusammenzufassen, ohne daß die Vorteile der Spezialisierung verlorengehen.

Die *Schwierigkeiten* auf dem Wege zu dieser Integration sind jedoch vielfältig und kumulieren zum Teil:

- Die durch einzelne Pakete abgedeckten Aufgabenbereiche werden sich häufig überlappen.
- Die Schnittstellen zwischen den verschiedenen Softwarekomplexen sind in den seltensten Fällen normiert.
- Die Datenstrukturen von Datenbank, Tabellenkalkulation, Textbearbeitung, Graphikverarbeitung usw. stimmen ganz selten überein.

Hier gilt es einen „gemeinsamen Nenner" zu suchen, ohne daß unnötig viel Effizienz und Speicherplatz verloren gehen.

Integrieren heißt in erster Linie *Verknüpfen*, und dazu gehören eine ganze Reihe von Vorkehrungen — zum Beispiel:

- Es muß ein ungehemmter Datenaustausch zwischen den verschiedenen Softwarebereichen möglich sein.
- Es müssen Funktionsbereiche von unterschiedlicher Effizienz zusammenwirken — namentlich bei Datenerfassung und Ausgabe.
- Es müssen spezialisierte Programme gemeinsam auf bestimmte Lösungen hin arbeiten.
- Es wird ein gemeinsam verwalteter Datenbestand eingesetzt, statt mehrerer Dateien.
- Eine gemeinsame Kommandosprache führt nicht nur den Benutzer (Menü, *Windowsystem*, Funktionstasten), sondern ruft auch die einzelnen Programme auf und überwacht den Datenaustausch.
- Die Ausbaufähigkeit, Anpassungsfähigkeit und Änderungsmöglichkeit müssen gewährleistet sein.
- Materiell müssen alle vom Benutzer geforderten Arbeitsbereiche (Moduln), alle Schnittstellen für Datenaustausch, sowie alle Ausbaumöglichkeiten (Systemausbau, Netzbildung) vorhanden sein.

Auch die *Benutzerfreundlichkeit* gehört zu einer echten Integration der Software:

- sie muß den gewohnten Arbeitsgängen und -abläufen weitgehend entsprechen und darf diese nicht „auseinanderreißen";
- sie muß auf einem modularen Aufbau der Programme beruhen;
- sie muß eine einheitliche Präsentation am Bildschirm und gegebenenfalls auch Drucker bzw. Plotter gestatten;
- sie muß einfach zu bedienen sein und keine Programmierkenntnisse erfordern;
- sie muß auf den meisten im Unternehmen eingesetzten Geräten problemlos laufen können, evtl. unter CP/M oder MS-DOS.

Diese Vielzahl und Vielfalt von Anforderungen hat dazu geführt, daß einerseits verschiedene Konzepte und Ausbauvarianten entwickelt wurden (**Tabelle 2**) und der integrierten Software andererseits ein hoher Nutzwert zukommt (**Tabelle 3**). Zu Tabellenformaten vgl. **Tabelle 4**.

Tabelle 2 Konzepte und Ausbauvarianten bei der integrierten Software

Die *Entwicklung der Softwareintegration* aus verschiedenen Wurzeln hat entsprechend zu verschiedenen Konzepten der Softwareintegration geführt, welche hier kurz erwähnt seien:

- Integration aus einzelnen Softwarepaketen zu Paaren und schließlich zu ganzen Gruppen.
- Verknüpfung mehrerer Tabellen aus dem Konzept der Tabellenkalkulation zu mehrdimensionalen Lösungen.
- Integration eines Betriebssystems mit Anwendungsprogrammen (vgl. Lisa mit Maus u. ä.)
- Integration des Betriebssystems mit einer Datenbank (vgl. Pich, BOS, MUMPS).
- Ausgestaltung eines Betriebssystems für simultanen Betrieb mehrerer Programme.

Integrierte Software ist somit ein vielfältiges und mächtiges Instrument. Es will sachgerecht eingesetzt sein, weshalb je nach Bedarf verschiedene *Varianten zur Verfügung stehen. Es seien erwähnt:*

- nach dem *Grade der Integration:*
  - - Teilintegration
  - - Vollintegration
- nach dem *Grade der Flächendeckung:*
  - - Software für bestimmte Großbereiche (z. B. Planungsmodelle)
  - - Software aus benachbarten Bereichen — z. B.:
    - Tabellenkalkulation + Textverarbeitung
    - Tabellenkalkulation + Text + Graphik
    - Datenverarbeitung und Textverarbeitung
    - Finanzbuchhaltung + Wertschriftenverwaltung
    - Fertigungsplanung + Lagerwirtschaft. — usw.
  - - eigentliche integrierte Software mit weitgehender bis voller Flächendeckung.

Die Daten in Tabelle 4 stellen freilich ein Maximalprogramm dar, dessen Ausschöpfung durch die Stellenzahl je Feld und die Speicherkapazität jeweils mehr oder weniger empfindlich eingeschränkt ist. Bei voller Ausschöpfung der Zeilenzahl muß dann mit entsprechend reduzierter Spaltenzahl operiert werden — und umgekehrt. Wie ärgerlich, wenn man diesen Mangel erst mitten in der Verarbeitung bemerkt und nicht auf einen Reservespeicher ausweichen kann. ...

Tabelle 3 Vom Nutzen der integrierten Software

Integrierte Software, welche ihren Namen auch verdient, ist kostspielig und stellt hohe Anforderungen an die Hardware. Wir müssen deshalb auch die Frage nach dem *Nutzen* stellen. Er besteht darin, daß integrierte Software

- die Effizienz der Hardware und die Benutzerfreundlichkeit wesentlich erhöht;
- die Folgekosten für nötige Softwareerweiterungen und -anpassungen vermindert, indem sie gewissermaßen „Maßkonfektion" bietet;
- den Bestrebungen nach integrierter Informationsverarbeitung im Unternehmen weitgehend entgegenkommt;
- das Bereitstellen, Aufarbeiten, Verknüpfen und Bearbeiten der unterschiedlichsten Datenbestände gestattet. Diese können sogar aus verschiedenen Bereichen des Rechnungswesens (Buchhaltung, Kostenrechnung, Kalkulation, Statistik), aus verschiedenen zeitlichen Ebenen (Rechnungsjahr, Budgetjahr, Planjahren) oder aus Sonderrechnungen (Anlagenrechnung, Materialrechnung, Lohn- und Gehaltsrechnung) stammen;
- das Verknüpfen unterschiedlicher Informatikbereiche erlaubt:
  Datenverarbeitung, Dateiverwaltung, Tabellenkalkulation, Graphik, oder sogar branchenspezifische Teillösungen.

Tabelle 4 Formularformate in der Tabellenkalkulation
Beispiele für mögliche Formate des „Formulars"

Software	Spalten	Zeilen
Calc Result	64	254
Format Calc	100	100
Lisa	225	255
MBA (HP)	95	999
Multiplan	63	255
Omnicalc	99	250
Super Calc	63	253

3 Softwareübersicht zu Tabellenkalkulation und integrierter Software

Bezeichnung und Charakteristik *: integrierte Software mit Tabellenkalkulation, sonst nur Tabellenkalkulation.	Anforderungen an Hauptspeicher	Hardware-Konfiguration
APL Programmiersprache mit eigenem Zeichensatz. Besonders effiziente Programmformulierungen und Manipulation von Tabellen. Setzt Anschluß an einen Großcomputer voraus, neustens auch für PC verfügbar.	3000 Kbyte	Verbund mit EDV-System
BASICALC Tabellenorientiertes Rechenprogramm in BASIC. Kann zwischen den einzelnen Feldern der auf Bildschirm sichtbaren Tabelle mit Formeln, Werten und Kommentartexten arithmetische Querbeziehungen herstellen. Für einfachere Ansprüche geeignet.	...	.
BISM Informationssystem "Management" der IBM, mit verschiedenen Benutzerpaketen (ADRS, APLDI, SQL). Es lassen sich individuelle Lösungen entwickeln.	.	.
CALC RESULT* Kalkulationsprogramm mit 32 Seiten à 64 Spalten à 254 Zeilen (dreidimensional), Seiten verknüpfbar. Ableiten von Balkendiagrammen und formatierten Ausdrucken, Formelschutz, schnelle Neuberechnungen, Bedienungshilfe durch eingeblendete Hilfsbildschirme oder Menüführung. Für Commodore 64 und 8032, sowie IBM-PC.	64—256 Kbyte	1—2 Diskettenlaufwerk
CalcStar Ähnlich Visicalc, kann aber problemlos in das Textsystem WordStar übernommen werden, wenn darin nicht mehr gerechnet werden soll. 12stellig, Regressionsanalyse möglich, keine Graphikausgabe, automatisches Formatieren von Ausdrucken. f. CP/M.	48—160 Kbyte	2 Diskettenlaufwerke oder Laufwerk + 1 Festplatte
Chang Labs* Integriertes Softwarepaket mit Tabellenkalkulation, TV, D.bank und Graphik	...	IBM-PC
Corporate MBA* Integriertes Softwarepaket (6 Programme) mit Tabellenkalkulation, für IBM-PC und Kompatible, hohe Benutzerfreundlichkeit, graphikfähig, Unterstützung durch Formulargenerator und umfangreiche Macro-Funktionen.	min. 384 Kbyte	2 Diskettenlaufwerke
DataBase 8820* Kartei- und Listenprogramm kombiniert, Steuerung durch programmierte Befehlstasten, Listen frei parametrierbar, Eingabenänderungen im Dialog, vollautomatischer Output möglich. Für IBM-PC u. a. 16-Bit-Rechner.	min. 128 Kbyte	2 Diskettenlaufwerke
DataEase Vollständige Betriebssoftware mit Menüführung, Funktionstasten und Farbe. Mit Tabellenprogramm: Listenformatieren mit Text, Daten, Graphiken und Tabellenkalkulation.	.	.
DEC* Integriertes Paket mit Buchhaltung, Adreßverwaltung, Auftragsbearbeitung, Einkauf und Personalinformation.	.	VAX-Computer
DTC Calc Formatieren am Bildschirm mit Menüführung. Volle Tabellenkalkulation mit Subtotalen und Varianten, bewegliches "Fenster" für Redaktion (unterteilbar). Voller oder selektiver Ausdruck, sowie Graphik, Kompatibel mit Dateiverwaltung und Textprogramm. Für Facit DTC.	64—256 Kbyte	1—2 Diskettenlaufwerke
Dynacalc Ähnlich wie Visicalc, aber Zusatzbefehle wie: Rechenprogramm mit mathematischen und statistischen Funktionen (Genauigkeit 16 Stellen). Such- und Sortierfunktionen für Einsatz als Datenbank bis 256 Records.	.	.
Elmi Office Integrierbare Softwarepakete. Betriebssystem OASIS.	.	.
FlashCalc Ähnlich wie Visicalc, aber verbesserte Leistung und Benutzerfreundlichkeit. Arbeitsblätter mit 254 Zeilen und 63 Spalten für Daten, Berechnungsformeln und Text. Scrolling des Blattes auf dem Bildschirm. Schneller Datentransfer. Für verschiedene Apple geeignet.	64—512 Kbyte	Diskettenlaufwerke oder Festplatte
FCS-EBS* Integriertes Paket einschließlich Tabellenkalkulation, für Buchhaltung, Kostenrechnung, Busineßgraphik, Datenbankverwaltung usw. Auch als Planungsmodell auf EDV-Systemen eingesetzt (SBB). Für IBM-PC und Kompatible, sowie Großcomputer. MULTI: Erweiterung auf Arbeit mit 12 Dimensionen mit flexibler Strukturierung. Betriebssysteme: MS-DOS und UNIX.	.	.
Fenner Orion 2000 Integrierte Software aus versch. Geschäftsbereichen. Für FDS-2000.	.	.

FMS* IBM Financial Management System der IBM für Aufbau von Anwendungssystemen mit vorgefertigten Funktionen und Eigenprogrammierung (BOS). Enthält Listengenerator für Tabellenrechnung und "FDS" für Redaktion am Bildschirm (Auswahl der Daten, Verdichtung, Operationen, Darstellungsform, Erzeugen von Kennzahlen/Indizes/Trends, Rechnen von Varianten).

Format-Calc Programm für Tabellenkalkulation mit 100 Zeilen und 100 Spalten auf Grund eines Berechnungsschemas (Modells). Spaltenbreite bis zu 73 Zeichen. Varianten mit veränderten Daten. Für Betriebssysteme Digital Equipment.

Framework* Integriertes Paket inkl. Tabellenkalkulation, mit Datenbankverwaltung, Textverarbeitung, DOS-Access, Outlining und Busineßgraphik. Ausgefeilte Menüführung. Für IBM-PC und Kompatible. Zugriff auf Großcomputer-Datenbanken. — min. 256–640 Kbyte — 2 Diskettenlaufwerke oder Festplatte

Graph'n'calc Kombiniert Tabellenkalkulation mit Graphikausgabe und Variantengraphik.

Graphplan Tabellenkalkulation mit Graphikausgabe, Menüführung, unabhängug vom Graphikbildschirm, individuelle Skalierung, statistische Analysen möglich.

Hewlett-Packard PC-Software*: Softwarepaket MBA für Tabellenkalkulation, Graphik, Textverarbeitung und Datenbank. Für HP 200.

IKOS* Integrierte Kostenrechnungs- und Erfolgssteuerung-Software, inkl. Simulation von Planzuständen. Integrierbar mit Finanzbuchhaltung und Anlagenrechnung. In hohem Maße systemunabhängig.

Incredible Jack* Preisgünstiges integriertes Paket inkl Tabellenkalkulation, Textbearbeitung und Datenbank. Betriebssysteme DOS 3.3. — min. 64 Kbyte — 2 Diskettenlaufwerke

Infplan Siemens* Integriertes Softwarepaket für kurzfristige Planungsaufgaben (auch ad hoc), inkl. Datenanalyse, Graphik, Datenbank und Tabellenkalkulation. Umschaltbar von Benutzerführung auf Expertenmodus. Für Siemens 7.500 und 7.700. — min. 500 Kbyte

Intecalc* Dreidimensionale Tabellenkalkulation, auch Graphik, mehrdimensionaler Suchprozeß, EXEC-Funktion für Eingabe bei laufendem Programm. — min. 128 Kbyte — 2 Diskettenlaufwerke

Integrated 7* Integriertes Paket mit Tabellenkalkulation, Adreßverwaltung, Textverarbeitung (auch farbig) usw. Blatt mit 256 Spalten und 2048 Zeilen, hohe Benutzerfreundlichkeit, viele Graphikfunktionen. Betriebssystem MS-DOS. — min. 320 Kbyte — Festplatte

Jane Arktronics* Integriertes Paket mit Tabellenkalkulation, Textbearbeitung, Dateiverwaltung. Für Apple IIe, IBM-PC, Commodore 64, Atari, Apple IIe. Bei Interface-Nachrüstung auch Steuerung mittels Maus. Besonders benutzerfreundlich. DOS 3.3 — min. 64 Kbyte — 1 Diskettenlaufwerk

Jelmoli* Integriertes Softwarepaket für Finanz- und Rechnungswesen, FIDESgeprüft, weitgehend geräteunabhängig (laufen auf den meisten PC).

Kalkumat Erstmals eine „deutsche" Tabellenkalkulation. 255 Zeilen mit 63 Spalten. Ansteuerung wahlweise über Codes oder Cursor. Mit Graphik. Für Commodore 64. — — 1 Diskettenstation

Knowledge Man* Datenbankkonzept mit angegliederter integrierter Software inkl. Tabellenkalkulation. Nicht ausgesprochen einfach zu bedienen, dafür sehr effizient sowie erweiterungsfähig. Betriebssysteme MS-DOS, PC-DOS, CP/M-86. — min. 192 Kbyte

Kontor 100* Programmpaket für Finanz- und Rechnungswesen, branchenunabhängig, für Digital-Equipment-Computer. Korrekturdialog vorgesehen. — min. 256 Kbyte — 2 Diskettenlaufwerke oder Festplatte

Kicalc Tabellenorientierte Problemlösung durch Sachbearbeiter im Dialog. Es können alle Grundoperationen sowie technisch-wiss. Funktionen einbezogen werden.

Lisa (Apple) Die „Maus" führt im Bildschirmdialog durch das schreibtischförmig angeordnete Menü. Tabellenkalkulationssoftware LisaCalc mit 225 Spalten und 255 Zeilen, Graphik- und Listenausgabe. — 285 Kbyte– 1 Mbyte — 1 Diskettenlaufwerk

Softwareübersicht

Lotus 1-2-3* Softwarepaket mit mehrdimensionaler Tabellenkalkulation, Graphik und Datenmanagement. Variantenrechnung auch mit tech.-wiss. Funktionen und Logikoperationen. Für IBM-PC, TI-Professional, Wang-Professional, DEC-Rainbow, Apple-MacIntosh u.ä. Durch Nachrüstung auch Maus-Steuerung möglich.	min. 128 Kbyte–640 Kbyte	2 Diskettenlaufwerke
Management by Fritz* Softwarepaket mit sechs Programmbereichen, menügesteuert und mit Fenstertechnik: Datenbank, Tabellenkalkulation, Textverarbeitung, Graphik, Terminplanung, Kommunikation. Für Alphatronic P30.	.	.
Mapper* Applikationsgenerator im Dialog, inkl. Lösungsvarianten sowie Tabellen- und Variantenrechnung möglich. Für Computersysteme Sperry	min. 1 Mbyte	1–2 Festplatten und 1 Magnetbandkassette
**Marketing Beratung & Software AG ***Standardsoftwarepaket in sechs Moduln für Unternehmungsplanung und -analysen.	.	.
MBA Tabellenkalkulation in 95 Kolonnen und 999 Zeilen, alle Arten von Funktionen zu verarbeiten, Graphik, kompatibel mit Textverarbeitung. Für HP-Systeme.	.	.
MEB Finanz* Softwarepaket in Form einer Methodenbank-Bibliothek aus normierten Unterprogrammen für Wirtschaft und Wissenschaft (Ein- und Ausgabe, Statistik, Optimierung, Simulation, Berichtswesen, Planung, Finanzen, Versicherung. Für Siemens 7.500, 7.700 und 4004.	.	.
Megos Office 2000 Plus* Programmsortiment aus mehreren Softwarepaketen mit einem vom Benutzer bestimmbaren Integrationsgrad. Finanz- und Rechnungswesen.	.	.
MicroFCS* Softwarepaket für Planung, Analyse, Kontrolle und Berichtswesen, mit besonderer Modellsprache. Basismodul ergänzbar mit Farbgraphik, Full-Screen-Management, Kommunikation, benutzerdefinierte Funktionen. Über MS-DOS, UNIX u.a.	.	.
Minerva FIBU* Softwarepaket für Finanz- und Rechnungswesen, erweiterungsfähig in Richtung Lagerhaltung und Fertigungsplanung. Für EDV-Systeme und PC, läuft mit CP/M, MS/DOS, UNIX, XENIX und RM/COS.	.	.
Modulator SA Verschiedene Softwarepakete für UNIX, VMS und MS-DOS.	.	.
Multibase Hilfsprogramm für Datenaustausch zwischen dBASE (Datenbank) und der Tabellenkalkulation Multiplan (s.d.).	.	.
Multiplan* Dreidimensionale Tabellenkalkulation mit Verknüpfungsmöglichkeiten, Cursorführung auf dem Bildschirm, besonders benutzerfreundlich. Auf Graphik erweiterbar, an 30 Bildschirmarten anpaßbar. Direkte Variablenbenennung, Änderungsautomatik bei Erweiterung des Datenfeldes. Anwendbar für CP/M und MS-DOS, auf IBM-PC, Apple IIe, Apple III, Commodore 6. 124 Blatt, 63 Spalten und 255 Zeilen.	56–128 Kbyte–1 Mbyte	1 Diskettenlaufwerk
Olivetii BCS 2025 und 2030* Integrierte Software mit Finanz- und Rechnungswesen sowie Textverarbeitung. Auf Olivetti 2020 und 3030.	.	.
Omnicalc Tabellenkalkulation in 99 Spalten und 250 Zeilen, Variieren von Input und Formeln, variierbare Genauigkeit, Simulation mit Zufallszahlen.	.	.
Open Access* Integriertes Softwarepaket auf Datenbankbasis: Tabellenkalkulation, Graphik, Textverarbeitung, Terminplanung und Kommunikation. Verfügbar in Deutsch. Für IBM-PC, IBM-XT und Kompatible.	min. 196 Kbyte	2 Diskettenlaufwerke oder 1 Disk. + 1 Festplatte
Opus Online-Projektunterstützungssoftware IBM für Dialog am Bildschirm.	.	.
Orbiter* Integrierte Software für Finanz- und Rechnungswesen. Für Nanotronic 7001.	.	.
Oxycalc Tabellenkalkulation IBM, Benutzerführung durch Menü, Graphik. Für IBM-Systeme. Ferner von IBM: Interactive System Productivity Facility ISPF.	2–3.3 Mbyte	Magnetbandstation
OZ Tabellenkalkulation mit Graphik, speziell für Führungsaufgaben.	.	.
Peachtext 5000* Textorientiertes Softwarepaket mit Wortprüfer, Kommunikation, List-Manager und Tabellenkalkulation. Für IBM-PC, Compaq Portable, TI-Professional, Zenith Z-100.	min. 128 Kbyte	.

Personal & Finanz* Programmpaket aus Basisversionen und Ergängzungsbausteinen nach Bedarf, aus allen Bereichen des Finanz- und Rechnungswesens. Für TRS-80, Genie, Rair, IBM-PC, IBM-XT und Kompatible.		
Philips PHIDAS* Integriertes Softwarepaket mit Dialog-Führung: alle Bereiche des Finanz- und Rechnungswesens, inkl. Kostenrechnung und Auftragsabwicklung. Für Philips P 4200.		
Plancode I* Softwarepaket für Planung, Controlling und Kalkulation. Für IBM-Systeme.		
Planstar Dreistufiger Programmgenerator für besonders schwierige und große Kalkulationsmodelle. Einsatz von vielen mathematischen und kaufmännischen Funktionen, Hilfsprogramm für Datenaustausch, Reportgenerator, Graphik usw.		
Profiranch* Integrietes Softwarepaket mit Textverarbeitung, Serienbriefen, Datenbank, Kommunikation, Tabellenkalkulation und Zugriff auf Großcomputer.	min. 128 Kbyte	
Report Manager* Tabellenkalkulation und Graphik, dreidimensional. 255 Seiten, 255 Spalten, 255 Zeilen. Für IBM-PC und Kompatible. EXEC-Programmiersprache.	192–320 Kbyte	2 Diskettenlaufwerke
SideKick* Das Programm installiert einige Hilfsfunktionen, auf die von jedem anderen Programm zugegriffen werden kann: Notizblock, Kalkulation, Telefonregister, ASCII-Tabelle, Information, Setup. Sehr preisgünstig. Für IBM-PC und Kompatible. Keine eigentliche integr. Software, sondern Arbeitshilfe für den Benutzer.		
SoftOffice* Integriertes Softwarepaket mit Textbearbeitung, Tabellenkalkulation und Datenbank. Für IBM-PC, IBM-XT, IBM-PCjr und Kompatible.		
Softorg* Integriertes Paket für Systementwicklung auf großen EDV-Anlagen.		
Supercalc* Besonders komfortable Tabellenkalkulation: Einfaches Sortieren, Kalenderfunktion, flexible Textdispisitionen, wählbare Dezimalstellenzahl, frei wählbare Spaltenbreite, Negativwerte in ( ), Farbgraphik, viele Darstellungsvarianten und -formate, Nachschlagefunktion, Textkonstanten, Datenschutz. 63 Spalten und 253 Zeilen.	min. 48 Kbyte	
Supercalc 2* Komfortable mehrdimensionale Tabellenkalkulation für CP/M, sowie auf IBM-PC, Apple II und IIe und Kompatible, auch MS-DOS, offenes System, Kalenderfunktion, sonst analog Supercalc	min. 64 Kbyte	2 Diskettenlaufw. o. 1 Disk. + 1 Festplatte
Supercalc 3* Wie 1 und 2, dazu Farbgraphik, Datenmanagement und Makrobefehle.	128–500 Kbyte	1–2 Diskettenlaufwerke
Symphony* Integriertes Softwarepaket mit Tabellenkalkulation, Textverarbeitung, Datenbank, Graphik und Kommunikation. Arbeitsblatt mit 256 Spalten und 8129 Zeilen. Für IBM-PC und Kompatible, später auch für andere. Offenes System.	min. 320 Kbyte	2 Diskettenlaufwerke oder 1 Disk. + 1 Festplatte
T/MAKER III* Integriertes Softwaresystem auf Basis der Tabellenkalkulation, mit Textbearbeitung, Filemanagement, Graphik und Kommunikation. Auf CP/M-80, CP/M-86 und MS-DOS.	36–48 Kbyte	1 Diskettenlaufwerk
Textplus Textsoftware mit integrierter einfacher Tabellenkalkulation als Sonderfunktion, dazu Graphik (ohne direkte Datenableitung). Einbinden von Abschnitten aus Kalkulationsprogrammen möglich.		
Unis Sperry* Integriertes Softwarepaket für Produktionsdatenverwaltung (Vorkalkulation, Auftragswesen, Bestellwesen, Lagerhaltung, Planung und Analysen). Besonders geeignet für „Was-wenn?"-Abfragen. Für Sperry 1100 und 80.		
Usertab Abfrage- und Reportgenerator im Dialog, Tabellenkalkulation, einfaches Formieren und Redigieren der Listen. Varianten durch Änderung von Eingabedaten, Subtotalen oder der Gruppierung. Vergleich von Dateien; einfacher Zugriff auf Dateien, Sätze und Felder mittels Daten-Dictionary. Kompatibel zu Filetab (Dateiverwaltung).		
Vax Profi* Softwarepaket unter Integration von Materialwirtschaft, Zeitwirtschaft, Auftragsbearbeitung, Kalkulation, Lohnabrechnung, Buchhaltung, Anlagenrechnung, Kostenrechnung u. a. Auf Digital Equipment VAX-11.		

Softwareübersicht

Programm	Speicher	Laufwerke
Visicalc Das „klassische" Programm für Tabellenkalkulation, mit dem die meisten anderen verwandt sind. Möglichkeiten: Totale, Mittelwerte, Postenzählung, Minimal- und Maximalwert, Suchen, Ändern/Einschieben/ Löschen einzelner Posten mit Änderungsautomatik für die gesamte Tabelle, Graphik ableiten — alles durch bestimmte Funktionsbefehle. Spätere Erweiterungen: Sortieren, Spalten umstellen, Batchdateien definieren, Auswählen einzelner Bereiche für Graphik, Vergleichsgraphik, Investitionsrechnen, arithmetische Verknüpfung, Redigierfunktionen (wie Tabellieren, Zentrieren, Spaltenbreite und Dezimalen variieren, Drucker ansteuern, Positionieren in Formularen, Verwendung von komplizierten Formeln, Expander für erweitertes Format. Praktisch für alle PC anwendbare Versionen. Weitere Formen: Visicalc II, III, IV.	128—256 Kbyte	1—2 Diskettenlaufwerke
Visicalc Advanced Version* Weiterentwicklung des Visicalc zur mehrdimensionalen Tabellenkalkulation. Für Apple III, Apple IIe, IBM-PC und Kompatible.	.	.
VisiON* Integriertes Softwarepaket mit Steuerung durch Menü, Maus und Windowtechnik. Mit Tabellenkalkulation, Textbearbeitung, Datenbank und Graphik. Für Compaq, Honeywell 7900, IBM-PC und Kompatible. Kompatibel mit Visicalc. Gleichzeitiges Arbeiten mit mehreren Anwendungsprogrammen.	512 Kbyte	Festplatte und 1 Diskettenlaufwerk
Windows Sammelbegriff für Software zur Aufteilung des Bildschirminhalts in verschiedene „Fenster", auf welchen gleichzeitig verschiedene Anwenderprogramme fahren können. Zu Vergleichs- und Suchzwecken können beispielsweise verschiedene Tabellenausschnitte gezeigt werden.	.	.
Vista* Integriertes Softwarepaket für die Büroautomation: Menüsteuerungen, elektronische Post, Windowtechnik, Tabellenkalkulation (siehe Multiplan), Kommunikation, und Farbgraphik. Für Datapoint-Systeme.	.	.
Vizastar Tabellenkalkulation aus 64 Spalten und 1000 Zeilen, mit Dateiverwaltung und Graphik. Für Commodore 64.	.	1 Diskettenlaufwerk
Xchange* Tabellenkalkulation, integriert mit Dateiverwaltung, Graphik und Textbearbeitung, auch Windowtechnik. Für Sirius, Apricot, IBM-PC und Kompatible.	min. 256 Kbyte	Diskettenlaufwerk (e)
Z-Software* Integriertes Softwarepaket mit Finanzbuchhaltung, Dateiverwaltung, sowie Interface zu Textverarbeitung, Tabellenkalkulation und anderen Mehrfunktionspaketen. Auf MS-DOS laufend, Versionen für verschiedene PC, inkl. IBM-PC und Kompatible, Wang, HP, NCR, DEC, Olivetti usw.	.	Festplatte oder Diskettenlaufwerke

---

Bemerkung: Angesichts des äußerst turbulenten Softwaremarktes werden auf Preisangaben und Lieferantenadressen verzichtet. Die Preise liegen — je nach Ausstattung — zwischen 250 und 2500 DM (vereinzelt bis 12000 DM), wobei integrierte Software im oberen Bereich liegt.

Martin Kahmann

WORDSTAR unterstützt dBASE II

Dem Datenbanksystem dBASE II liegt das sogenannte „Relationale Datenmodell" zugrunde. Bei diesem Konzept wird die Information in matrixförmigen Dateien abgelegt. Bedingt durch deren zeilen- und spaltenorientierte Struktur ist das Speichern von zusammenhängenden Texten mit u. U. vorgegebener äußerer Gestalt in dBASE II-Dateien nur unter Schwierigkeiten möglich. Zur Verarbeitung derartiger Daten eignet sich ein Textverarbeitungsprogramm wie WORDSTAR mit seinen komfortablen Editiermöglichkeiten weitaus besser. Ein kombinierter Einsatz beider Systeme ist möglich, wenn es gelingt, die WORDSTAR-Files dBASE II-kompatibel zu machen.

dBASE II

Soll das Datenbanksystem auch Texte verwalten können, so müssen diese in *DBF-Files* gespeichert werden. Am einfachsten geschieht das durch Generieren von Dateien, deren Struktur nur ein einziges Feld besitzt. Die Feldlänge ist so festzulegen, daß jeder *Record* gerade einer Textzeile entspricht. Die dBASE II-Kommandos APPEND, EDIT und BROWSE gestatten dann die Eingabe bzw. in bescheidenem Rahmen die Editierung der Texte. Zusätzlich können mit der Befehlsvariante APPEND FROM ... SDF Daten aus dBASE II-fremden Dateien unter der Voraussetzung übernommen werden, daß deren Zeilen eindeutig durch Abschluß mit einer CR-LF-Sequenz gekennzeichnet sind. (CR: *Carriage Return;* LF: *Line Feed*) Diese Option eröffnet die Möglichkeit, mit komfortablen Texteditorprogrammen erstellte Dateien unter dBASE II zu nutzen.

WORDSTAR

WORDSTAR bietet zur Generierung von *Files* die Auswahl zwischen zwei Betriebsarten, die sich in den Grundeinstellungen wichtiger Formatierungsfunktionen unterscheiden:

Der *N-Modus* für "Non-Document-Files" ist vor allem zum Einsatz als Editor für das Schreiben von Quellprogrammen, die später kompiliert werden sollen, geeignet (z. B. dBASE II-CMD-Files). Funtionen wie automatischer Zeilenumbruch, Randausgleich, variabler Tabulator usw., die bei derartigen Anwendungen nicht gebraucht werden oder sogar stören, sind ausgeschaltet. Blocktransferbefehle, Such- und Austauschbefehle sowie zahlreiche Steuerkommandos für den *Cursor* gehören zu den Eigenschaften von WORDSTAR, die auch beim Schreiben von Programmen nützlich sein können und deshalb auch im N-Modus zur Verfügung stehen. Die "Non-Document-Files" besitzen die Eigenschaft, sich mit Hilfe der dBASE II-Option SDF direkt und ohne zusätzlichen Aufwand in Datenbank-Files umwandeln zu lassen, vorausgesetzt, daß bei ihrer Generierung die Grundeinstellungen nicht umgeschaltet wurden.

Der *D-Modus* für "Document-Files" ist bei Anwendungen mit der in der Einleitung genannten Zielsetzung die interessantere Betriebsart. In ihr können alle Formatierungsoptionen von WORDSTAR genutzt werden. Dieses jedoch nur, weil der D-Modus das 8. Bit (MSB, *Most Significant Bit*) in den ASCII-Zeichen als sogenanntes "Flag-Bit" nutzt. Mit ihm kennzeichnet WORDSTAR das Ende eines Wortes, einer Zeile oder Seite. **Fig. 1** zeigt den Ausdruck

```
1234 123456789 1234567 1234567891234567890 1234567

890 12345678 1234567890123456789O 123456789012 123

456789   12345678901234567890   1234567890123   12345

678901234567B9 1234567890123456? 1234567890123 123

45678901
```

Fig. 1 WORDSTAR-Document-File

```
0100  2E 6F 70 0D  0A 2E 70 6C  32 30 0D 0A  31 32 33 B4  .op...p120..1234
0110  20 31 32 33  34 35 36 37  38 B9 20 31  32 33 34 35   123456789 12345
0120  36 B7 20 31  32 33 34 35  36 37 38 39  31 32 33 34  67 1234567891234
0130  35 36 37 38  39 B0 20 31  32 33 34 35  36 B7 20 8D  567890 1234567 .
0140  0A 8D 0A 38  39 B0 20 31  32 33 34 35  36 37 B8 20  ...890 12345678
0150  31 32 33 34  35 36 37 38  39 30 31 32  33 34 35 36  1234567890123456
0160  37 38 39 B0  20 31 32 33  34 35 36 37  38 39 30 31  7890 12345678901
0170  B2 20 31 32  B3 20 8D 0A  8D 0A 34 35  36 37 38 B9  2 123 ....456789
0180  A0 20 31 32  33 34 35 36  37 38 39 30  31 32 33 34   12345678901234
0190  35 36 37 38  39 B0 A0 20  31 32 33 34  35 36 37 38  567890  12345678
01A0  39 30 31 32  B3 A0 20 31  32 33 34 B5  20 8D 0A 8D  90123  12345 ...
01B0  0A 36 37 38  39 30 31 32  33 34 35 36  37 38 B9 20  .67890123456789
01C0  31 32 33 34  35 36 37 38  39 30 31 32  33 34 35 36  1234567890123456
01D0  B7 20 31 32  33 34 35 36  37 38 39 30  31 32 B3 20  7 1234567890123
01E0  31 32 B3 20  8D 0A 8D 0A  34 35 36 37  38 39 30 31  123 ....45678901
01F0  0D 8A 20 20  20 20 20 20  20 20 20 20  20 20 20 20  ..
>>
```

Fig. 2 Hex-Dump des Document-File

eines "Document-Files" und **Fig. 2** einen "Hex-Dump" dieses "Textes". Das gesetzte Flag-Bit ist in den Bytes erkennbar, deren höherwertiges *Nibble* einen Wert größer als 7 aufweist. Das ist bei Wortenden, zusätzlichen Leerstellen, Zeilenenden und dem Seitenumbruch der Fall. Eine derartige Verschlüsselung der Umbruchstellen ermöglicht die beliebige Formatierung und Reformatierung von Zeilen, Absätzen und Seiten. Das System dBASEII verwendet keine Flag-Bits. Aus diesem Grund ist es nicht möglich, mit der SDF-Option "Document-Files" ohne zusätzliche Maßnahmen in Datenbank-Files zu transformieren.

CP/M

Das Betriebssystem CP/M erlaubt verschiedene Lösungen des Problems mit dem Flag-Bit (auch "Parity Bit" genannt). Das nächstliegende Verfahren ist der Einsatz des PIP-Kommandos (eine CP/M-Grundfunk-tion) mit [Z]-Option. Folgende CP/M-Befehlssequenz erzeugt z. B. aus der Textdatei GESETZ.TXT eine dBASEII-verträgliche Datei GESETZ0.TXT:

A>PIP A:GESETZ0.TXT=A:GESETZ.TXT [Z]

Die Formatierung des Inhaltes von GESETZ.TXT bleibt erhalten, lediglich sämtliche Flag-Bits werden durch den Zusatz [Z] bei der Übertragung zu Null gesetzt. Dieses Verfahren hat jedoch nicht nur die Schwäche, daß neben dBASEII und WORDSTAR ein weiteres Programmsystem bemüht werden muß, sondern kostet durch die Generierung eines zusätzlichen Files außerdem Zeit und Speicherplatz. Mit dem PIP-Kommando direkt aus TXT-Files DBF-Files zu erzeugen, ist nicht möglich, da diese im Unterschied zu den TXT-Files einen *Header* mit der Filesstruktur (Anzahl, Typ und Länge der Felder) enthalten müssen.

Eine andere Methode vermeidet die genannten Nachteile, erfordert allerdings Grundkenntnisse über die Z80/8080-Maschinensprache sowie eine etwas intensivere Beschäftigung mit der Arbeitsweise von CP/M.

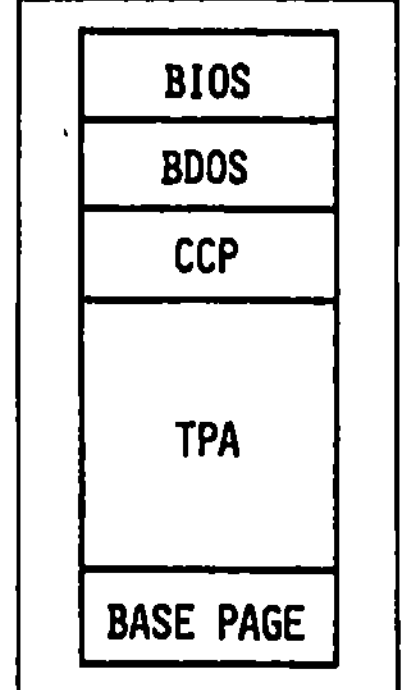

Fig. 3 Memory-Map CP/M

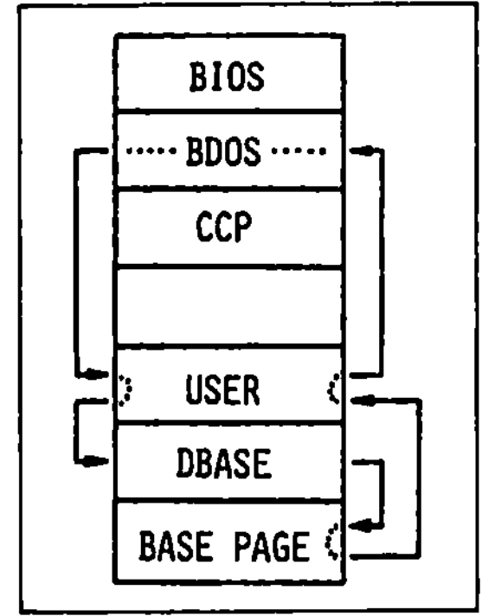

Fig. 4 Memory-Map mit User-Programm und Programmfluß

Dazu ist in **Fig. 3** die Speicheraufteilung eines CP/M-Computers dargestellt. Das BIOS (*Basic Input/Output System*) enthält für die Bedienung der Ein-/Ausgabeperipherie nötige Maschinenprogramme, die für jeden Computer individuell verschieden sind. Identisch für alle CP/M-Rechner (mit wenigen Ausnahmen) ist dagegen der Aufbau des BDOS (*Basic Disc Operation System*), dessen Teilfunktionen für die Bedienung und Verwaltung der Massenspeichereinheiten zuständig sind. Der dritte Bereich im oberen Teil des Speichers ist das CCP (*Console Command Program*). Das CCP bildet mit seiner Aufgabe, die Eingaben bei Anzeige des *Prompts* A> zu interpretieren, die eigentliche Schnittstelle zwischen Betriebssystem und Benutzer. Der TPA-Bereich (*Transient Program Area*) steht für die Anwenderprogramme zur Verfügung. Die sogenannte *"Base Page"* ist ebenfalls ein fester Bestandteil vom CP/M. In diesem Bereich des Speichers sind bei allen CP/M-Computern Informationen mit derselben Bedeutung unter derselben Adresse abgelegt. Dabei handelt es sich in der Hauptsache um Sprunganweisungen zu anderen Programmteilen des Betriebssystems und um Pufferbereiche. Im folgenden wird auf die Teile des CP/M näher eingegangen, die im Zusammenhang mit der Aufgabe, die Flag-Bits in Dateien zu beeinflussen, unmittelbar betroffen sind.

Die gewünschte Einflußnahme ist dadurch erreichbar, daß während eines Datenübertragungsvorgangs, den dBASEII durch das Kommando APPEND FROM ... SDF einleitet, die Funktion des Betriebssystems geändert wird. Eine solche Modifikation ist aus zwei Gründen ohne größere Schwierigkeiten möglich:

1. dBASEII besitzt eine sehr komfortable Programmiersprache, die Befehle für das Zusammenwirken mit Maschinenspracheprogramme einschließt (PEEK, POKE, CALL).

2. Jeder Zugriff auf in den Massenspeichern abgelegte Dateien durch ein dBASEII-Kommando erfolgt über den Aufruf von Teilfunktionen des BDOS.

Punkt 2 erfordert etwas ausführlichere Angaben zu BDOS. Es besteht aus durchlaufend numerierten Subroutinen, die durch ein Anwenderprogramm über folgende Assemblersequenz aufgerufen werden können:

LD C,n
LD DE,mm
CALL 0005H

Dem Z80-Register C wird hier die Nummer (n) der gewünschten Subroutine und dem Registerpaar DE ein gegebenenfalls erforderlicher Eingangswert (mm) zugewiesen. Unter der Adresse 0005H in der *Base Page* steht der Befehl

JMP dd

Dabei steht dd für die Anfangsadresse des BDOS. Dieser „Umweg" ist nötig, da zwar der Inhalt des BDOS, nicht aber der RAM-Bereich, wohin es geladen wird, bei allen CP/M-Rechnern gleich ist.

Für den APPEND FROM ... SDF-Befehl sind bei der Übernahme von Daten aus dBASEII-fremden Dateien 2 Subroutinen von besonderer Bedeutung:

1. Funktion Nr. 26 (set DMA address)

Daten, die ein Anwenderprogramm wie dBASEII im Massenspeicher ablegen soll, werden zunächst in einen sogenannten DMA-Pufferbereich des RAM geschrieben und von dort durch den Aufruf einer BDOS-Funktion in den Massenspeicher übertragen. Das Lesen von Daten aus dem Massenspeicher geschieht ebenfalls über den Aufruf einer BDOS-Subroutine und Zwischenspeicherung der Information im DMA-Puffer. Die Festlegung seiner Anfangsadresse im RAM ist Aufgabe der Funktion Nr. 26.

2. Funktion Nr. 33 (read random)

Dieses BDOS-Unterprogramm liest einen *Record* (128 byte) aus dem Massenspeicher und legt ihn im DMA-Puffer (s. o.) ab. Der Eingangsparameter für diese Funktion ist die Anfangsadresse des sogenannten *"File Control Block* (FCB)"*, der Informationen über Name, Typ, Länge usw. eines geöffneten Files enthält.

Fig. 4 zeigt den zeitlichen Ablauf der Zusammenarbeit zwischen dBASEII und BDOS, wenn ein vom Anwender geschriebenes Maschinenprogramm in den standardmäßigen Programmfluß eingeschaltet wird. Erkennt dBASEII den Befehl APPEND FROM ... SDF, weist es dem Register C die Nummer der gewünschten Funktion und dem Registerpaar DE einen entsprechenden Eingangsparameter zu, verzweigt zur

```
BAUER      GARTEN      21
MUELLER    SPORT       25
SCHULZE    SPORT       23
SCHMITT    KREDIT      23
SCHMIED    KL-TIER     22
WAGNER     GARTEN      21
NEUMANN    KARNEVAL    25
ALTMANN    KOCHEN      23


STRUCTURE FOR FILE:    E:KLIENTEN.DBF
NUMBER OF RECORDS:     00008
DATE OF LAST UPDATE:   00/00/00
PRIMARY USE DATABASE
FLD     ·    NAME        TYPE  WIDTH    DEC
001          VORSITZ      C     008
002          VEREIN       C     008
003          PARA         C     003
** TOTAL **                    00020
```

Fig. 5 KLIENTEN.DBF, Inhalt und Struktur

Base Page und von dort nicht zum BDOS, sondern zum Anwenderprogramm USER. Dieses erst ruft BDOS auf und lenkt den Programmfluß anschließend zurück nach dBASE II.

Beispiel

Das folgende Beispiel einer Klienten-Datenbank (getestet auf einem HP-86A mit CP/M-Einschub), hat allein die Aufgabe, die Möglichkeiten eines kombinierten Einsatzes von WORDSTAR und dBASE II zu zeigen. Der grundsätzliche Aufbau ist aber für in der Praxis vorliegende Anwendungsfälle einfach übertragbar bzw. ausbaufähig. Hier umfaßt das System insgesamt 5 Dateien:

1. KLIENTEN.DBF (Fig. 5)

Die Datei enthält die Namen von Vereinsvorsitzenden (Feld:VORSITZ), die Art des zugehörigen Vereins

```
*pa 21
(Nichtwirtschaftlicher Verein) Ein Verein,   dessen
Zweck   nicht auf einen wirtschaftlichen Geschäfts-
betrieb  gerichtet  ist,  erlangt  Rechtsfähigkeit
durch  Eintragung in das Vereinsregister  des  zu-
ständigen Amtsgerichts.
*pa 22
(Wirtschaftlicher Verein) Ein Verein, dessen Zweck
auf   einen   wirtschaftlichen   Betrieb   gerichtet
ist,erlangt in Ermangelung...
*pa 23
(Ausländischer  Verein) Einem Vereine,  der seinen
Sitz nicht in einem Bundesstaate hat,  kann in Er-
mangelung ...
*pa 24
(Sitz) Als Sitz eines Vereins gilt, wenn nicht ein
anderes bestimmt ist, der Ort, an welchem die Ver-
waltung geführt wird.
*pa 25
(Verfassung)  Die Verfassung  eines  rechtsfähigen
Vereins wird, soweit sie nicht auf den nachfolgen-
den Vorschriften beruht,  durch die Vereinssatzung
bestimmt.
*pa

STRUCTURE FOR FILE:    E:GESETZ   .DBF
NUMBER OF RECORDS:     00024
DATE OF LAST UPDATE:   00/00/00
PRIMARY USE DATABASE
FLD         NAME        TYPE  WIDTH    DEC
001         Z            C     075
** TOTAL **                    00076
```

Fig. 6 GESETZ.DBF, Inhalt und Struktur

(Feld:VEREIN) sowie jeweils einen mit dem Verein in Zusammenhang stehenden Paragraphen des BGB (Feld:PARA). Bei Suchoperationen mit dieser Datei soll als Paragraph nicht nur eine Zahl, sondern – für weniger BGB-Kundige – der Wortlaut des entsprechenden Gesetzesabschnitts ausgegeben werden.

2. GESETZ.DBF (Fig. 6)

Die Datei mit den Paragraphen des BGB enthält nur ein einziges, 75 Zeichen langes Feld (Feld:Z). Sie ist die mit Hilfe des Programms TRANS.CMD (s. u.) erzeugte Kopie der Textdatei GESETZ.TXT (s. u.). Jeder Record von GESETZ.DBF entspricht einer Zeile von GESETZ.TXT. Weil das §-Zeichen für dBASEII eine Sonderfunktion besitzt, sind die einzelnen Paragraphen durch eine Zeile mit führendem *-Zeichen getrennt.

3. GESETZ.TXT

Die Datei enthält den Gesetzestext. Sie wird mit WORDSTAR erzeugt und dient als Quellfile für GESETZ.DBF.

4. TRANS.CMD (Fig. 7)

Das Programm hat die Aufgabe, ein TXT-File in ein DBF-File zu übernehmen. Dazu löscht es zunächst alle Datensätze und lädt das Maschinenprogramm (**Fig. 8**) zur Manipulation der Flag-Bits in den RAM-Bereich ab der Adresse A400H. Auf diesen Teil des Speichers greift dBASEII nur mit dem SORT-Kommando zu. Er kann daher für die Unterbringung nur

kurzzeitig benötigter Maschinenprogramme genutzt werden. TRANS.CMD kopiert dann die BDOS-Anfangsadresse in das Maschinenprogramm, ändert die Sprungadresse in der *Base Page* und startet durch Ausführung des "APPEND FROM ... SDF"-Befehls die Datenübertragung. Nach deren Abschluß wird die BDOS-Adresse wieder in die *Base Page* geschrieben.

5. KLIENTEN.CMD (Fig. 9)

Das Programm ermöglicht die gemeinsame Darstellung von Informationen aus den Dateien GESETZ.DBF und KLIENTEN.DBF. Mit dem LOCATE-Befehl werden solche Datensätze von KLIENTEN.DBF bestimmt, die eine vom Benutzer eingegebene Suchbedingung erfüllen. Ist ein Satz gefunden, ermittelt KLIENTEN.CMD den zugehörigen Gesetzestext in dem als Sekundärdatei definierten File GESETZ.DBF. Von ihm werden so lange Zeilen ausgegeben, bis ein neuer Paragraph – erkennbar an dem *-Zeichen – beginnt. Aktion und Reaktion von KLIENTEN.CMD zeigt **Fig. 10** am Beispiel der Suchbedingung VEREIN= "SPORT".

Einrichtung (Punkt 1 bis 4) und Anwendung der Klienten-Datenbank faßt abschließend das folgende „Kochrezept" zusammen:

1. Erzeugen einer Leerdatei GESETZ.DBF mit einem Feld, das eine Länge von 75 Zeichen und den Namen "Z" hat.
2. Erzeugen einer Datei GESETZ.TXT mit WORDSTAR, die die Paragraphen des BGB enthält.

```
SET TALK OFF
USE E:GESETZ
DELETE ALL
PACK
POKE 41984,121,237,67,0,166,221,34,2,166,34,4,166,237,83,6,166
POKE 42000,254,26,32,4,237,83,52,164,205,0,0,245,58,0,166,254,33
POKE 42017,32,31,221,42,6,166,221,126,10,230,223,254,88,32,18
POKE 42032,6,128,221,33,128,0,221,78,0,203,185,221,113,0
POKE 42046,221,35,16,244,241,42,4,166,221,42,2,166,237,75,0,166,201
STORE PEEK(6) TO P1
STORE PEEK(7) TO P2
POKE 42009,P1,P2
POKE 6,0,164
APPEND  FROM I:GESETZ.TXT SDF
POKE 6,P1,P2
SET TALK ON
RETURN
```

Fig. 7 TRANS.CMD-Befehlsdatei

```
A400   LD     A,C              REGISTERINHALTE RETTEN
A401   LD     (A600),BC
A405   LD     (A602),IX
A409   LD     (A604),HL
A40C   LD     (A606),DE
A410   CP     1A               FUNKTION NR.26?
A412   JR     NZ, A418         SPRINGE, WENN NICHT
A414   LD     (A434),DE        BEGINN DES DMA-BUFFER  RETTEN
A418   CALL   0000             RUFE BDOS
A41B   PUSH   AF               ANTWORT VON BDOS RETTEN
A41C   LD     A,(A600)         FUNKTIONSNUMMER LADEN
A41F   CP     21               FUNKTION NR. 33
A421   JR     NZ,A442          SPRINGE, WENN NICHT
A423   LD     IX,(A606)        BEGINN DES FCB LADEN
A427   LD     A,(IX+0A)        11. ZEICHEN AUS FCB LADEN
A42A   AND    DF               GROSSBUCHSTABE
A42C   CP     58               11. ZEICHEN="X"
A42E   JR     NZ,A442          SPRINGE, WENN NICHT
A430   LD     B,80             DMA-BUFFERLAENGE
A432   LD     IX,0080          BEGINN DES DMA-BUFFER LADEN
A436   LD     C,(IX+00)        ZEICHEN AUS DMA-BUFFER LADEN
A439   RES    7,C              FLAG BIT RUECKSETZEN
A43A   LD     (IX+00),C        ZEICHEN IN DMA-BUFFER LADEN
A43E   INC    IX               X ERHOEHEN
A440   DJNZ   A437             RUECKSPRUNG
A442   POP    AF               BDOS-ANTWORT ZURUECKHOLEN
A443   LD     HL,(A604)        REGISTERNHALTE ZURUECKHOLEN
A446   LD     IX,(A602)
A44A   LD     BC,(A600)
A44E   RET                     RUECKKEHR NACH DBASE
```

Fig. 8 Maschinenprogramm

```
SUCHBEDINGUNG    :verein="SPORT"
VORSITZENDER:              MUELLER
VEREINSART:                SPORT
BETRIFFT PARAGRAPH    25 MIT DEM WORTLAUT:

(Verfassung) Die Verfassung eines rechtsfähigen
Vereins wird, soweit sie nicht auf den nachfolgen-
den Vorschriften beruht,  durch die Vereinssatzung
bestimmt.

------- ZUR FORTSETZUNG SPACE-TASTE TIPPEN -------
WAITING
VORSITZENDER:              SCHULZE
VEREINSART:                SPORT
BETRIFFT PARAGRAPH    23 MIT DEM WORTLAUT:

(Ausländischer Verein) Einem Vereine, der seinen
Sitz nicht in einem Bundesstaate hat, kann in Er-
mangelung ...

------- ZUR FORTSETZUNG SPACE-TASTE TIPPEN -------
WAITING
```

Fig. 10 Beispiel

```
        ERASE
        SET TALK OFF
        SET INTENSITY OFF
        SELECT PRIMARY
        USE E:KLIENTEN
        SELECT SECONDARY
        USE E:GESETZ
        SELECT PRIMARY
        ACCEPT "SUCHBEDINGUNG  " TO SB
        LOCATE FOR &SB
        DO WHILE .NOT. EOF
              ERASE
              ?"VORSITZENDER:            "+VORSITZ
              ?"VEREINSART               "+VEREIN
              ?"BETRIFFT PARAGRAPH  "+PARA+" MIT DEM WORTLAUT:"
              ?" "
              STORE PARA TO PAR
              CONTINUE
              SELECT SECONDARY
              LOCATE FOR Z="*pa"+PAR
              SKIP
              DO WHILE .NOT. Z="*pa"
                 ? Z
                   SKIP
              ENDDO
              SELECT PRIMARY
              ?"        "
              ?"------- ZUR FORTSETZUNG SPACE-TASTE TIPPEN -------"
              WAIT
        ENDDO
        SET INTENSITY ON
        SET TALK ON
        RETURN
```

Fig. 9 KLIENTEN.CMD-Befehlsdatei

3. Erzeugen der CMD-Files TRANS.CMD und KLIEN-TIEN.CMD
4. Aktualisieren der Datei GESETZ.DBF durch Aufruf des Programms TRANS.CMD nach der Erstgenerierung und jeder Änderung von GESETZ.TXT mit WORDSTAR.
5. Suchen mit Hilfe von KLIENTEN.CMD

Literatur

[1] *Albrecht, P.:* Das Datenbanksystem dBASE II, München: Markt & Technik 1983

[2] *OSBORNE Computer Corporation:* User's Reference Guide OSBORNE 1, 1982

[3] *Hewlett Packard:* HP82900A CP/M-System Reference Manual, 1983

[4] *Ashton Tate:* dBASE II Manual, 1983

Jürgen Schaumann

dBASE III – Ein Instrument für Programmierer und Endanwender

1 Datenbanksysteme auf Personalcomputern

Das heutige Anwendungsspektrum für Personalcomputer weist neben der Tabellenkalkulation als dominierendes Einsatzgebiet die Datenbankanwendung auf. Betrachtet man die begrenzte Speicherkapazität in Tabellenkalkulationssystemen, aber auch die recht aufwendige Programmierung für die Datenverwaltung in BASIC, so ist die Notwendigkeit von leistungsfähigen Datenbanksystemen für Personalcomputer zu verstehen.

Die Anforderungen an ein Datenbanksystem sollen in folgender Weise gestellt werden:

- Strukturieren von Daten
- Speichern, Ändern und Löschen von Daten
- Auffinden von Informationen
- Programmiermodus für
  - Plausibilitätsprüfungen
  - Benutzerführung
  - Verarbeitungslogik
- Sortieren bzw. Indizieren.

An dieser Stelle sollte angemerkt werden, daß ein Datenbanksystem für die zur Zeit eingesetzten Personalcomputer auch in dieses Umfeld integriert ist, das bedeutet:

- flexible, leicht erlernbare Handhabung
- schnelle Antwortzeiten
  aber auch
- nur ein Anwender zur gleichen Zeit.

Datenbanksystemen kommt auf den Personalcomputern die Aufgabe zu, Informationen zu speichern und zu verwalten. Außerdem muß das Datenbanksystem die Information den Benutzern zur Verfügung stellen, und hierbei muß es auch möglich sein, dem Benutzer die Informationen für eine Weiterverarbeitung in einem Tabellenkalkulationssystem oder der Textverarbeitung bereitzustellen.

2 dBASE III für Personalcomputer

Seit Mitte 1984 wird dBASE III von der Firma *Ashton-Tate* angeboten. dBASE III ist mehr als eine überarbeitete Version von dBASE II, dem bisherigen Bestseller für Datenbanksysteme.

Mit dBASE III wurden folgende Ziele erreichbar:

- konsequente Überarbeitung der dBASE II-Konzeption
- Weiterentwicklung für die 16-Bit-Technik
- Weiterentwicklung der Konzeption
  - als vollständige Programmiersprache für EDV-Profis
  - der einfachen Handhabung für den Endanwender.

Für die Zukunft deutet sich an:

> dBASE III als Datenbanksystem für 16-Bit-Rechner
> dBASE II als Datenbanksystem für 8-Bit-Rechner

Tabelle 1 Gegenüberstellung von dBASE III und dBASE II

	dBASE III	dBASE II
Anzahl Felder	1.000.000.000	64 K
Felder pro Satz	128	32
Anzahl geöffneter Dateien	10	2
max. Satzlänge	4.000 Zeichen	1.000 Zeichen
numerische Genauigkeit	15–16 Stellen	10 Stellen
Anzahl Memoryvariable	256	64
Datentypen	Numerisch	Numerisch
	Zeilenkette	Zeilenkette
	logische Variable	logische Variable
	Datum	
	Memo	
RAM-Bedarf	256 Kbyte und mehr	128 Kbyte
geschrieben in	C	Assembler
Hilfe — Möglichkeiten	erweitertes *Online Help;* sehr gutes Handbuch in englisch oder deutsch	*Online Help;* oft kritisiertes Handbuch

Tabelle 1 zeigt den Unterschied beider Systeme. Diese Tabelle bedarf noch folgender Erklärungen:

- Die Anzahl von 1.000.000.000 Sätzen sollte als theoretische Grenze verstanden werden. Die Prozessorgeschwindigkeit und die Kapazität der externen Speicher (hier: Festplatte) ziehen die Grenze beträchtlich nach unten.

- Die höhere Genauigkeit erfüllt eine Notwendigkeit für den professionellen Einsatz.

- Der neue Variablentyp "Datum" bringt nicht nur den Vorteil, daß die Formalprüfung bei der Datumseingabe dem System überlassen wird; des weiteren wird eine ganze Reihe von Umwandlungsroutinen angeboten wie:
  - Wochentag oder Monat des entsprechenden Datums (in der deutschen Version von dBASE III natürlich identisch) ermitteln.
  - Rechenmöglichkeiten wie: welches Datum hat das momentane Datum + 100 Tage?

- dBASE III benötigt mindestens 256 Kbyte. Wenn das Antwortzeitverhalten verbessert werden soll, aber auch Möglichkeiten eingesetzt werden sollen,

wie Aufruf eines Tabellenkalkulationssystems oder einer Textverarbeitung aus dBASE III heraus, dann sollte man den internen Speicher in Richtung 512 Kbyte oder 640 Kbyte erweitern.

- dBASE III selbst wurde in der Programmiersprache C geschrieben. Ein Indiz oder Tend für diese leistungsfähige Sprache.

3 dBASE III aus der Sicht des Programmiers

Für den erfahrenen dBASE-Anwender und -Programmierer sind einige Restriktionen und Probleme weggefallen. Die Anzahl der Datenfelder pro Datenbank wurde von 32 auf 128 angehoben; gerade diese Beschränkung in dBASE II hat den Einsatz bei Praxisaufgaben erschwert bzw. zu einer weitgehenden Änderung der Einsatzkonzeption geführt.

dBASE ist nicht nur ein Anwendungssystem, sondern ein Entwicklungssystem für allgemeine DV-Probleme. Hieraus ist die Notwendigkeit einer vollständigen, mächtigen Programmiersprache ersichtlich. Diese Programmiersprache ist Bestandteil von dBASE und weist Ähnlichkeiten zu den Programmiersprachen BASIC und Pascal auf. Für den begeisterten BASIC-Programmierer wird allerdings das Fehlen einer Sprunganweisung (GO TO) die größte Umgewöhnung in dieser neuen Sprache darstellen.

Mit dieser Sprache wurden konsequent die Ideen der GOTO-freien Programmierung von *Dijkstra* und die Methode der strukturierten Programmierung realisiert.

Beispielhaft sollen an dieser Stelle einige der Programmbausteine, die die strukturierte Programmierung ermöglichen, vorgestellt werden:

DO WHILE ... ENDDO	für den Einbau strukturierter Schleifen
IF ... ELSE ... ENDIF	die Ausführung von Befehlen wird an eine Bedingung gebunden (zwei Alternativen)
DO CASE	Mehrere Alternativen werden vorbereitet
CASE	Einer der Fälle, für die weiteren Fälle wiederholen
OTHERWISE	alle Fälle, die nicht über eine CASE-Bedingung abgefangen werden

Die vollständige Sprache, die interpretativ abläuft, und das Vorhandensein umfangreicher Testmöglichkeiten machen dBASE III zu einem leistungsstarken Instrument in den Händen eines erfahrenen Anwenders oder Programmierers. Die Sprachelemente bringen dBASE III in eine Linie zu höheren Programmiersprachen wie FORTRAN, COBOL oder Pascal. Der eingebaute Maskengenerator für das Bildschirmlayout und die komfortablen Datenzugriffe eröffnen ein weites Einsatzfeld dieses Instruments.

4 dBASE III aus der Sicht des Endanwenders

Zu den wichtigsten Erweiterungen gehört der *Assistant*, eine Benutzerschnittstelle, die eine einfache Handhabung und nur geringe Kenntnisse von dBASE III verlangt. Der Endanwender erreicht den *Assistant-Modus*, indem er

Assist

eingibt. Ab jetzt besteht die Möglichkeit, Befehle und Funktionen über *Cursorauswahl* durch das System erstellen zu lassen. Diese Benutzerführung und die angebotenen Auswahlpunkte sind in deutscher Version abgefaßt, so daß der Einsatz nicht durch eine Sprachhürde erschwert wird. Der *Assistant* unterstützt beim Aufbau einer Datenbank die Dateneingabe und das Finden von Daten. Die durch die Cursorauswahl erstellten Befehle werden angezeigt, so daß sich das System auch sehr gut als Lerninstrument für die dBASE-Sprache eignet.

In dBASE III besteht die Möglichkeit, für die Programmerstellung den im System eingeschlossenen Texteditor durch einen eigenen zu ersetzen. Hierdurch ist es möglich, einen Texteditor wie WORD-STAR für die Programmierung zu nutzen und so auch das gewohnte Programmierumfeld zu schaffen.

Die Qualität des Handbuchs — und das gilt auch für die deutschsprachige Version — wurde erheblich verbessert. Dies gilt sowohl für die Möglichkeit, das Handbuch als Nachschlagewerk zu benutzen, wie auch für das individuelle Einarbeiten in bestimmte Befehle. Die im Handbuch beschriebenen Beispiele und Programme werden auf Diskette zu dBASE III mitgeliefert.

5 Ausblick

Die technische Entwicklung der Mikroprozessoren zieht auch eine starke Weiterentwicklung im Softwarebereich nach sich. Hierbei ist nicht nur ein Trend zu leistungsfähigeren Softwareprodukten für größere Datenbestände festzustellen, sondern auch ein Trend, die Produkte benutzerfreundlicher zu machen.

Dazu gehört eine ausgereifte Benutzerführung unter Zuhilfenahme von Cursortaste und Funktionstasten. Des weiteren sollten Hilfestellungen vom System angeboten werden, die ein Durchsuchen des Handbuches überflüssig machen. Nicht zuletzt sollte ein solches Produkt den Anwender beim Lernen am Gerät unterstützen und weitgehende Hilfestellungen anbieten.

6 Beispiel

Die oben ausgeführten Möglichkeiten sollen an dieser Stelle mit einem kurzen Beispiel vertieft werden.

1. Schritt:

Definition einer Datenbank, in unserem Fall eine Adressendatei

```
                    Befehl:  CREATE  adresse
A: adresse.dbf                                Restliche BYTES :  3937
                                              Felder definiert:     6
---------------------------------------------------------------------
---------------------------------------------------------------------
   CURSOR:    <-- -->        EINFÜGEN              LöSCHEN            FELD AUF   ↑
    Zeich.:   <-  ->         ZEICH.     : INS      Zeich.:  Del       FELD AB    ↓
    Wort:     Home End       Feld       : ^N       Wort:    ^Y        ENDE/SICHERN: ^END
    SPALTE:   ^<- ^->        HILFE      : F1       Feld:    ^U        ABBRUCH    : ESC
---------------------------------------------------------------------
---------------------------------------------------------------------
    Feld Name   Typ       Länge  Dez          Feld Name   Typ       Länge  Dez
    -----------------------------------       -----------------------------------
 1  NAME        Zeich_Fld   12
 2  VORNAME     Zeich_Fld   12
 3  PLZ         Numerisch    4    0
 4  ORT         Zeich_Fld   12
 5  STRASSE     Zeich_Fld   15
 6  GEBDAT      Datum        8
```

2. Schritt:

Eingeben, Ändern und Löschen von Werten. Durch die Definition von PLZ als numerisches Feld wird von dBASE III automatisch auf numerische Eingabe geprüft. Für das Datumsfeld GEBDAT wird außerdem auf eine zulässige Datumseingabe geprüft.

```
          Befehl: BROWSE


Satz Nr.              1        adresse


--------------------------------------------------------------------------
--------------------------------------------------------------------------
   CURSOR:   <-- -->      EINFÜGEN              LöSCHEN          FELD AUF   ↑
   Zeich.:   <- ->        ZEICH.    : INS       Zeich.: Del      FELD AB    ↓
   Wort:     Home End     Feld      : ^N        Wort:   ^Y       ENDE/SICHERN: ^END
   SPALTE:   ^<- ^->      HILFE     : F1        Feld:   ^U       ABBRUCH    : ESC
--------------------------------------------------------------------------
--------------------------------------------------------------------------


NAME-------- VORNAME----- PLZ- ORT--------- STRASSE-------- GEBDAT--
Grün         Adam         2000 Hamburg      Obere Str. 4    28.03.54
Esser        Paul         4300 Essen        Hauptstr. 12    04.01.51
Schwarz      Peter        4630 Bochum       Poststr. 33     24.12.51
Schwarz      Anton        5000 Köln         Landstr. 4      12.07.49
Maier        Wolfgang     4000 Düsseldorf   Kasseler Str.   23.04.46
Mandel       Bernd        4600 Dortmund     Hohe Str. 5     08.02.52
Bauer        Richard      5000 Köln         Rathausplatz    09.03.48
Holtkamp     Michael      5000 Köln         Andenstr. 7     28.05.50
```

3. Schritt:

Suchen nach bestimmten Informationen; in unserem Beispiel

```
    Zeige alle Personen an, die als Ortsangabe
    "Köln" haben

Befehl: LIST FOR ort = "Köln"

    Zeige alle Personen an, deren Name mit einem
    "M" beginnt

Befehl: LIST FOR NAME = "M"

LIST FOR ort  = "Köln"
    4  Schwarz      Anton      5000 Köln       Landstr. 4      12.07.49
    7  Bauer        Richard    5000 Köln       Rathausplatz    09.03.48
    8  Holtkamp     Michael    5000 Köln       Andenstr. 7     28.05.50


LIST FOR name = "M"
    5  Meier        Wolfgang   4000 Düsseldorf Kasseler Str.   23.04.46
    6  Mandel       Bernd      4600 Dortmund   Hohe Str. 5     08.02.52
```

4. Schritt:

Da die Sätze in der Reihenfolge ihrer Eingabe abgespeichert sind, sollen die
Werte umgeordnet werden, und zwar aufsteigend nach Name und Vorname.

```
Befehl: INDEX ON name + vorname TO adresse1
        LIST          (alle Sätze anzeigen)
```

```
INDEX ON name + vorname TO ADRESSE1
LIST
      7  Bauer      Richard    5000 Köln        Rathausplatz    09.03.48
      2  Esser      Paul       4300 Essen       Hauptstr. 12    04.01.51
      1  Grün       Adam       2000 Hamburg     Obere Str. 4    28.03.54
      8  Holtkamp   Michael    5000 Köln        Andenstr. 7     28.05.50
      5  Maier      Wolfgang   4000 Düsseldorf  Kasseler Str.   23.04.46
      6  Mandel     Bernd      4600 Dortmund    Hohe Str. 5     28.02.52
      4  Schwarz    Anton      5000 Köln        Landstr. 4      12.07.49
      3  Schwarz    Peter      4630 Bochum      Poststr. 33     24.12.51
```

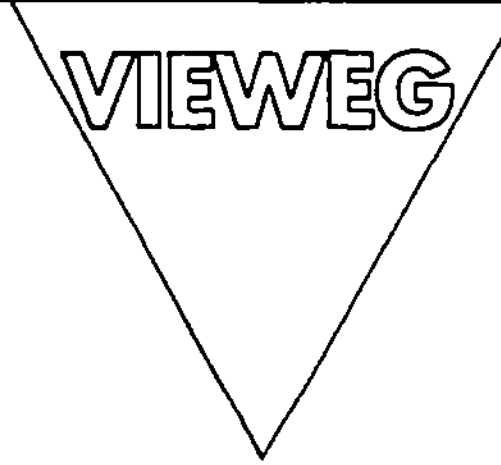

Robert A. Byers

dBASE III — Eine anwenderorientierte Einführung

Übers. und bearb. von Gerhard Renner

1985. VI, 206 S. 16,2 X 22,9 cm. (Software Trainer Grundstufe.) Kart.

Datenbanken sind im Alltag bereits so bekannt, daß man sich kaum ihrer Anwesenheit bewußt ist. Deshalb beschäftigt sich der Autor, Robert A. Byers, mit dem Einsatz eines anwenderfreundlichen Datenbanksystems, nämlich mit dBASE III aus dem Softwarehaus Ashton Tate.

Im ersten Teil seines Buches untersucht und erklärt Byers dem noch ungeübten Anwender die einzelnen Komponenten eines Datenbanksystems.

Über den wichtigen Teil der Datenpflege, angefangen von der Planung einer Datenbank, über Erstellung und Änderung bis zum ersten Arbeitseinsatz der Datenbank, zeigt der Autor dann die Besonderheiten und Leistungsmerkmale unterschiedlicher Datenbanksysteme auf (Teil 2 und 3).

Teil 4 beschäftigt sich mit der Leistungsfähigkeit, Geschwindigkeit und der Programmierung von dBASE III und erklärt den nutzbringenden Einsatz von Prozeduren zur Minderung des Arbeitsaufwands im Alltag.

Der letzte Teil stellt dem Leser dBASE III in der Praxis vor und beschreibt leicht nachvollziehbar den Einsatz des Datenbanksystems im Geschäftsleben.

Diese Einführung stellt mikrocomputergestützte Datenbanksysteme als leicht zu handhabende und leistungsfähige Werkzeuge vor, mit denen einfach und schnell Datenbestände ausgewertet werden können. dBASE III hilft dem noch unkundigen Computerbenutzer, den sinnvollen Einsatz seines Mikrocomputers im Alltag zu erkennen und gibt ihm die Möglichkeit, schon in kurzer Zeit effektiv mit seinem Mikrocomputer zu arbeiten.

Management-Software im Vergleich

Gerhard Karl

Framework und Symphony

1 Was sind Managementprogramme?

Um die komplexen Aufgaben zu lösen, die sich heutzutage an einem Arbeitsplatz stellen, reicht ein Programm allein meist nicht mehr aus: es sind z. B. umfangreiche finanztechnische Berechnungen und deren Umsetzung in Graphiken, die Verwaltung von mittleren Datenbeständen, die Erstellung von Texten und die Übermittlung von Daten über Telefon nötig.

Eine Lösung hierfür ist, mehrere Programmpakete nebeneinander einzusetzen, z. B. dBase III für die Datenverwaltung, Lotus 1-2-3 für die Tabellenkalkulation und WordStar für die Textverarbeitung. Diese Programme sind zwar in der Lage, ohne allzu großen Aufwand untereinander Daten auszutauschen, dafür muß sich der Benutzer in jedem Programm auf eine andere Benutzerführung einstellen: mal werden Kommandos aus Menüs ausgewählt, mal werden sie durch Drücken von „Control"-Tasten gebildet. Der Anwender muß selbst also dafür sorgen, daß Daten immer in der Form bereitgestellt werden, in der sie von dem nachfolgenden Programm verarbeitet werden können, und er muß sich immer wieder neu auf die wechselnden Programme einstellen. Das erfordert nicht wenig „Know-How" und Flexibilität.

Managementprogramme versuchen, dieses Dilemma zu lösen, indem sie mehrere Funktionen unter einer gemeinsamen **Benutzeroberfläche** zusammenfassen: Alle Funktionen, egal ob Textverarbeitung, Dateiverwaltung oder Tabellenkalkulation, werden auf ein und dieselbe Art und Weise bedient, eine Umsattelung entfällt also, und alle Daten stehen allen Funktionen gleichermaßen leicht zur Verfügung. Es bereitet also keine Schwierigkeit, berechnete Werte in eine Graphik zu verwandeln und gleichzeitig in einen schriftlichen Bericht zu übernehmen.

2 Symphony

Symphony integriert in einem großen Arbeitsblatt die Tabellenkalkulation, Textverarbeitung, Dateiverwaltung, Graphik und Telekommunikation. Das Arbeitsblatt besteht aus 256 Spalten und 8192 Zeilen, das sind rund 2 Millionen Zellen. Diese Zahl ist allerdings rein hypothetisch, da sich alle Zellen im internen Speicher des Computers befinden müssen. Da Symphony bereits rund 270 Kbyte lang ist, bleiben noch maximal 370 Kbyte für Daten übrig, wenn man von dem häufig möglichen Speicherausbau bis 640 Kbyte ausgeht. Diese Zahl liest sich zwar recht beeindruckend, wenn man aber bedenkt, daß sich wirklich alles in Symphony in diesen Zellen abspielt, so kann man den zur Verfügung stehenden Platz doch sehr schnell füllen. Da der Vorgänger von Symphony — Lotus 1-2-3 — nur ca. 120 Kbyte beanspruchte, ist es durchaus möglich, daß man unter 1-2-3 erstellte Arbeitsblätter unter Symphony nicht mehr laden kann, weil sie zu groß sind. Ansonsten bereitet es fast keine Probleme, alte 1-2-3-Arbeitsblätter unter Symphony zu verwenden: die Daten sind kompatibel, und Symphony übernimmt sogar die Übersetzung der englischen Funktionsnamen ins Deutsche. Lediglich einige **Makro-Befehle** sind nicht verträglich und müssen von Hand angepaßt werden.

> **Benutzeroberfläche:** Damit bezeichnet man die Art und Weise, wie sich ein Computer bzw. ein gestartetes Programm dem Benutzer oder Bediener darstellt. In diesen Zusammenhang gehören spezielle Kürzel, Tastensequenzen, Funktionstasten (*Soft keys*), Menüs, Maus, berührungsempfindlicher Bildschirm.
>
> **Makro-Befehle:** Allgemein ist ein *Makro* eine Anweisung an den Computer, die durch eine Folge anderer Anweisungen definiert ist. Die Bedeutung von Makros für Symphony ist in Abschnitt 2.7 erläutert.

2.1 Die Tabellenkalkulation

Da das Arbeitsblatt die Grundlage von Symphony darstellt, befindet sich der Benutzer nach dem Aufruf des Programms auch im Arbeitsblatt, im sog. BLATT-Modus. Hier kann er dann in die Zellen Überschriften, Zahlen oder Formeln eingeben, wie man das von anderen Tabellenkalkulationsprogrammen auch her kennt. Befehle werden dem Programm gegeben, indem man eine der 20 möglichen Funktionstasten drückt und aus den erscheinenden Menüs die gewünschten Dienstleistungen auswählt. Die SERVICE-Taste ruft hierbei ein Menü mit allgemeinen Dienstleistungen und die MENÜ-Taste ein Menü mit Dienstleistungen für den jeweiligen Funktionstyp wie z. B. Textverarbeitung oder Graphik auf.

Eine wichtige Stellung nehmen in Symphony die Fenster (*windows*) ein. Mit Hilfe der Fenster ist es möglich, die verschiedenen Funktionen, die Symphony bietet, zu integrieren. Jedes Fenster muß benannt werden, man muß angeben, wie groß es sein soll und wo es auf dem Bildschirm plaziert werden soll. Darüberhinaus empfiehlt es sich, den sog. Geltungsbereich eines Fensters auf einen Teil des gesamten Arbeitsblattes einzuschränken. Der Geltungsbereich legt den Teil des Arbeitsblattes fest, der „durch" das jeweilige Fenster gesehen und bearbeitet werden kann. Durch Abgrenzung der Geltungsbereiche der Fenster voneinander verhindert der Anwender, daß Veränderungen in einem Fenster sich negativ in einem anderen auswirken. Damit wird diese Verantwortung voll auf den Benutzer übertragen, der gut daran tut, jeweils eine Übersicht über die Aufteilung des Gesamt-Arbeitsblattes schriftlich niederzulegen. Fenster, die Graphiken oder Masken zeigen sollen, müssen zudem noch mit einem Blatt-Fenster verknüpft werden, bevor sie überhaupt benutzt werden können. Alles in allem ein nicht einfacher und fehleranfälliger Weg.

2.2 Die Textverarbeitung

Im Rahmen der Textverarbeitung präsentiert sich der Bildschirm als leeres Blatt, in dessen oberster Zeile ein Lineal den rechten und linken Papierrand und die Tabulatorpositionen anzeigt. Auf diesem Blatt kann der *Cursor* beliebig bewegt werden, es wird ein automatischer Zeilenumbruch gemacht, wobei der Text links- oder rechtsbündig oder mittig sein kann oder in Blocksatz gesetzt wird. Allerdings fehlen hier die automatischen Trennungen oder zumindest Trennungsvorschläge beim Umbruch. Der Text kann durch Kursivschrift, Unterstreichen oder Fettdruck ausge-

zeichnet werden, und durch Betätigen einer Funktionstaste kann man sich die Seitenummer anzeigen lassen, an der der Cursor gerade steht.

2.3 Graphik

Die Graphik hängt ausschließlich von den Werten ab, die im Arbeitsblatt stehen. In der Graphik-Funktion selber kann man nur die Parameter einer Graphik bestimmen, die zugrundeliegenden Werte müssen im Arbeitsblatt stehen. Die Graphiken können farbig oder schwarz-weiß sein und als Linien-, Balken- oder gestocktes Balkendiagramm, als Tortendiagramm oder als Aktienkurs mit Eröffnungs- und Schluß- und höchstem und niedrigstem Wert oder als Punkthaufen dargestellt werden. In einer Graphik können dabei bis zu sechs verschiedene Zahlengruppen wiedergegeben werden.

2.4 Dateiverwaltung

Symphony stellt in seiner Dateiverwaltung einen recht komfortablen elektronischen Karteikasten zur Verfügung. Hierbei werden die einzelnen Datensätze oder Karteikarten in Zellen des Arbeitsblattes in Form von Tabellen abgelegt und können dort nach bis zu drei Kriterien blitzschnell sortiert oder nach bestimmten Kriterien abgefragt werden. Die Datensätze, die dem Suchkriterium entsprechen, werden in einer weiteren Tabelle abgelegt. Mit diesen Datensätzen können dann auch einfache statistische Operationen wie z. B. Summenbildung, Mittelwert, Minimum, Maximum und Standardabweichung durchgeführt werden.

2.5 Masken

Masken sind eine wichtige Erweiterung gegenüber 1-2-3. Die Datensätze einer Datei können mit Hilfe von Bildschirmmasken auf dem Bildschirm dargestellt werden. Zusätzlich können auch neue Datensätze erfaßt werden, wobei die Vorgabe von Standardwerten, abgeleitete Felder, Plausibilitätsprüfungen und Hilfstexte möglich sind. Leider ist die Erstellung dieser Masken ein etwas komplizierter und fehleranfälliger Vorgang. Das wird jedoch dadurch wieder aufgewogen, daß Bildschirmmasken den Umgang mit Dateien wesentlich vereinfachen.

2.6 Telekommunikation

Die Funktion Telekommunikation erlaubt es dem Anwender, Daten über die **serielle Schnittstelle** des Rechners zu senden oder zu empfangen. Über ein geeignetes **Modem** ist dann z. B. die Verbindung von Rechnern im Stammhaus und Filiale oder die Abfrage von Datenbanken möglich. Alle ein- und ausgehenden Informationen müssen auch hier im Arbeitsblatt stehen und werden im Arbeitsblatt abgelegt. Die Parameter der Übertragung, wie z. B. die Anzahl der Daten- und **Stopp-Bits** werden in einem Parameterblatt festgelegt.

2.7 Programmierung

Sämtliche Symphony-Kommandos stehen für die Programmierung von Anwendung zur Verfügung. Darüber hinaus gibt es mächtige Befehle für die Erstellung maßgeschneiderter Menüs, es sind Unterprogramme mit Parameterübergabe, bedingte Verzweigungen und Schleifen möglich. Erst durch die Verwendung von Programmen, sog. *Makros,* ist es oft möglich, die Integration der verschiedenen Funktionen zufriedenstellend durchzuführen. Dazu bietet Symphony für einfache Makros den Lern-Modus. Hierbei macht der Anwender die einzelnen Arbeitsabläufe einmal vor, und Symphony protokolliert alle Tastendrücke in einem besonderen Bereich von Zellen. Dieser Makro wird anschließend benannt und kann dann mit einem Tastendruck aufgerufen werden.

3 Framework

Framework bietet dem Anwender einen „elektronischen Schreibtisch". Die Laufwerke sind dabei die Aktenschränke, die Dokumente (Dateien) enthalten. Man kann sich das Inhaltsverzeichnis der Aktenschränke ansehen und einzelne Akten auf den Schreibtisch holen.

Durch Betätigen der „INS"-Taste im Zehnerblock der Tastatur werden die Menüs für die verschiedenen Framework-Funktionen aktiviert. Es handelt sich dabei um *Pull-Down-Menüs,* die vom oberen Rand des Bildschirms herunterrollen.

Framework arbeitet im Gegensatz zu Symphony nicht mit Fenstern, sondern mit sog. *Frames.* Frames sind Rahmen oder Blätter, die auf dem Schreibtisch liegen und Entwürfe, Texte, Tabellen der Tabellenkalkulation, Dateien, Graphiken oder weitere Frames enthalten. Der Anwender kann zu einem gegebenen Zeitpunkt nur in einem Frame arbeiten, Änderungen, die in einem Frame durchgeführt werden, auf das in einem anderen Frame Bezug genommen wird, werden automatisch auch in diesem durchgeführt. So ist eine einfache Verkettung von Frames möglich. Frames kön-

nen jederzeit durch Tastendruck auf volle Bildschirmgröße aufgeblasen und wieder geschrumpft werden.

Die Belegung der Funktionstasten ist logisch und in allen Funktionsbereichen gleichartig: COPY dient in der Textverarbeitung, in der Datenbank und in der Tabellenkalkulation zum Kopieren von Daten. Eine wertvolle Dienstleistung ist auch die „UNDO"-Funktion, mit der man den jeweils letzten Befehl und dessen evtl. katastrophalen Auswirkungen rückgängig machen kann.

3.1 Die Entwurfsplanung/Textverarbeitung

Die Entwurfsplanung in Framework dient dazu, eine Aufgabe von „oben nach unten" zu strukturieren. Sie beginnen mit einem leeren Inhaltsverzeichnis, einem sog. *Outline.* Dann versieht man die einzelnen Punkte des Inhaltsverzeichnisses mit Überschriften: z. B. Einleitung, Darstellung des Problems, Übersicht über die bisherige Entwicklung, Planung, Ziele etc.

Zu jeder dieser groben Überschriften gehört nun ein Frame oder mehrere, die Texte, Daten oder Zahlen enthalten können. Es ist also ohne weiteres möglich, ausgehend von der Idee, diese schrittweise immer weiter zu verfeinern und zu zergliedern und in Worte, Zahlen oder Bilder zu fassen. Dadurch werden alle Funktionsbereiche von Framework einfach miteinander integriert. In der Textverarbeitung kann der Cursor beliebig bewegt werden, dabei wird ein automatischer Zeilenumbruch durchgeführt, wobei der Text links- oder rechtsbündig oder mittig sein kann oder in Blocksatz gesetzt wird. Auch hier fehlen die automatischen Trennungen oder zumindest Trennungsvorschläge beim Umbruch. Der Text kann durch Kursivschrift, Unterstreichen oder Fettdruck ausgezeichnet werden.

> **Serielle Schnittstelle:** Gemeint ist ein Standard-Anschluß nach DIN 66020 bzw. CCITT V.24/V.28 oder EIA RS-232-C. Alle diese Normen beschreiben den Anschluß mit 25poligem Steckverbinder, aber nur einer Datenleitung je Übertragungsrichtung; Übertragung also *bit- und zeichenseriell.*
>
> **Modem:** Dieses Kunstwort aus Modulator/Demodulator ist der Name eines Anschlußgerätes, mit dessen Hilfe digitale Daten über das (analoge) Telefonnetz gesendet und empfangen werden können.
>
> **Stopp-Bit:** Die mit einem V.24-Anschluß seriell übertragbaren Codezeichen (Buchstaben, Ziffern, Sonderzeichen) werden jedes einzeln mit einem Startbit und Stopbit (DIN-Schreibweise) „eingerahmt". Dadurch wird es möglich, daß die Codezeichen zu jedem beliebigen Zeitpunkt gesendet werden können (asynchrone Datenübertragung).

Textbausteine werden hier durch Frames realisiert, die beliebig miteinander kombiniert werden können. Beim Drucken können noch Kopf- und Fußzeilen, Seitennummer und Datum und Uhrzeit in Texte eingefügt werden.

3.2 Die Tabellenkalkulation

Wie bei fast allen Tabellenkalkulationsprogrammen kann der Benutzer in die Zellen Überschriften, Zahlen oder Formeln eingeben. Die Zellen des Arbeitsblattes, die durch Formeln verknüpft werden, können mit ihren Koordinaten oder deutschen Namen angesprochen werden. Es ist ohne weiteres möglich, Arbeitsblätter, die sich in beliebig vielen Frames befinden, automatisch miteinander zu verknüpfen — eine Möglichkeit, die in Symphony nicht existiert. Wenn Sie in Ihrem System einen 8087-Arithmetikprozessor haben, so teilen Sie das Framework in der Konfigurations-Datei mit, und er wird dann in der Tabellenkalkulation bei allen Berechnungen verwendet, was die Verarbeitungsgeschwindigkeit erheblich steigert. Zahlen werden in dem in Deutschland gebräuchlichen Format dargestellt: das Dezimalzeichen ist das Komma und die Tausenderstellen werden durch Punkte gekennzeichnet.

3.3 Graphik

Die Graphik stellt Werte graphisch dar, die im Arbeitsblatt stehen. Die Graphiken können farbig oder schwarz-weiß sein und als Linien-, Balken- oder gestocktes Balkendiagramm, als Tortendiagramm oder als Punkthaufen dargestellt werden. Eine Graphik kann dabei mehr als eine Zahlengruppe gleichzeitig wiedergeben. Wenn die Graphik mit einem Arbeitsblatt verknüpft ist, so werden Änderungen im Arbeitsblatt auch automatisch in der Graphik nachvollzogen und die Graphik neu gezeichnet.

3.4 Dateiverwaltung

Einer der herausragenden Vorteile von Framework ist der, daß der Anwender problemlos dBASE II und dBASE III in Framework verarbeiten kann. Dazu wird mit einer „Filter"-Funktion eine Bedingung gesetzt, und es werden alle diejenigen Datensätze in Framework übernommen, die der Bedingung gehorchen. Allerdings ist die Menge der Datensätze schon bei durchschnittlich umfangreichen Datensätzen (ca. 100 Zeichen) und bei voll ausgebautem Hauptspeicher (640 Kbyte) auf ca. 650 Sätze beschränkt.

Neue Datenbanken können in Framework selbstverständlich definiert und über Masken abgefragt und mit Daten gefüllt werden.

3.5 DOS-Schnittstelle

Wenn Sie in Framework ein sog. **DOS**-Frame eröffnen, dann können Sie, vorausgesetzt, daß der Hauptspeicher groß genug ist, in Framework andere Programme starten und damit arbeiten. Dabei protokolliert Framework alle Texte mit, die auf dem Bildschirm erscheinen. Diese können nach Beendigen des Programms in Framework weiter verarbeitet werden. Somit kann der Leistungsumfang von Framework um neue Funktionen erweitert werden und einmal liebgewonnene Programme weiter verwendet werden.

3.6 Telekommunikation

Die Funktion Telekommunikation wurde vom Hersteller von Framework erst nachträglich ins Paket aufgenommen. Daher ist die Integration in das Gesamtpaket nicht ganz so gelungen. Der Anwender muß sich z. B. auf eine andere als die gewohnte Benutzerführung einstellen. Ansonsten ermöglicht die Telekommunikationsfunktion, Daten über die serielle Schnittstelle des Rechner zu senden oder zu empfangen. Empfangene und gesendete Informationen stehen z. B. in einem Frame oder werden in einem Frame gespeichert. Alle Übertragungs-Parameter, wie z. B. die Anzahl der Daten- und Stopp-Bits können festgelegt werden.

3.7 Programmierung

Framework besitzt mit FRED eine eigene, eingebaute Programmiersprache, in der sämtliche Framework-Kommandos zur Verfügung stehen. Genauso wie in Symphony existieren leistungsfähige Befehle für die Erstellung maßgeschneiderter Menüs, es sind Unterprogramme mit Parameterübergabe, bedingte Verzweigungen und Schleifen möglich. Dadurch kann es der geübte Framework-Benutzer erreichen, daß auch umfangreiche und anspruchsvolle Anwendungen menügesteuert im Dialog abgearbeitet werden können.

DOS: *Disk Operating System;* Platten-Betriebssystem. Mit dieser allgemeinen Bezeichnung sind Computer-Betriebsprogramme gemeint, die Magnetplatten als Programm- und Datenspeicher verwalten. Bei Personalcomputern sind die „Platten" hauptsächlich Disketten (*Floppy Disks*).

Benutzerschnittstelle, Programmierung, LAN

Inhaltsübersicht

In diesem Buch sind an mehreren Stellen Abgrenzungen und Namen für die verschiedenen Ausführungsformen von Mikrocomputern zu finden. Am häufigsten wird heute der Personalcomputer erwähnt, unter Kennern auch nur als PC bekannt. Aber längst nicht immer meint man damit einen Tischcomputer à la IBM PC. Mit Recht werden nun auch Geräte in Taschen- und Aktenkoffergröße in die „PC-Klasse" einbezogen. Ausschlaggebend ist dabei nur die jeweils hinreichende Leistungsfähigkeit für die „persönliche" Verwendbarkeit am Arbeits- oder Hobbyplatz.

Viele persönliche (auch leidvolle) Erfahrungen sind in allen Aufsätzen dieses Buches zusammengetragen. Besonders gilt dies für den Beitrag zur Auswahl und Leistungsbewertung von Arbeitsplatzrechnern unter technischen Gesichtspunkten: Die Diskussion wird mit der Wahl der Konfiguration begonnen (Einzelplatz, Mehrplatz, Rechnernetz). Danach stellt der Autor fest: Die wichtigsten, bei der vergleichenden Bewertung unterschiedlicher Systeme nutzbaren Leistungskriterien sind: die Leistungsfähigkeit des Systems, die Systemgestaltung und die Systemumgebung. Die relevanten Hardware- und Softwarekomponenten sind untersucht, auf solche wesentlichen „Randbedingungen" wie Benutzerfreundlichkeit und Serviceunterstützung wird ausdrücklich hingewiesen. Zum Abschluß stellt der Autor ein System zur Rechnerauswahl vor, das bereits mehrfach praktische Anwendung gefunden hat.

Die Benutzerschnittstelle oder -oberfläche besteht heute nicht mehr nur aus Tastatur und Bildschirm zur alphanumerischen Eingabe von Kurzkommandos oder Texten. Die unsägliche, völlig unmnemonische Kommandostruktur von Wordstar soll hier auch nur als Negativbeispiel der Vergangenheit genannt sein. Stand der Technik sind saubere Menüs mit Klartext-Kommandos, die mit den Pfeiltasten oder einer Maus genutzt werden. Der berührungsempfindliche Bildschirm leistet vergleichbares ohne Maus oder Tasten. Sprachein- und -ausgabe sowie handschriftliche Direkteingabe sind weitere Schritte zu einer problemlosen Benutzung leistungsfähiger Computer durch Nicht-Fachleute.

Einige Beiträge in diesem Buch enthalten auch Aspekte um Benutzerschnittstellen. Die Frage Menü oder "Icons"? ist einem Aufsatz vorangestellt, in dem mit vielen Beispielen am Apple IIe Vor- und Nachteile verschiedener Eingabemethoden und -geräte beschrieben sind. In einem weiteren Aufsatz wird die Textbearbeitung auf PCs mit handschriftlicher Direkteingabe diskutiert. Vor allem diese vielversprechende Technik und die kürzlich vorgestellte Steckkarte für IBM PCs (und "kompatible") zur Spracheingabe werden Käufer und Nutzer finden, wenn die Preise dafür weit unter US $ 1000 fallen sollten.

Die richtige Auswahl eines Personalcomputers kann einfach oder schwierig sein. Einfach gestaltet sich die Einschätzung und Bewertung, wenn Routine- oder leichte Verarbeitungsaufgaben zu bewältigen sind. Dann ist jeder gut eingeführte und preisgünstige Computer empfehlenswert, wenn er sich als zuverlässig erwiesen hat und ausreichend Software verfügbar ist. Schwierig kann es werden bei komplexen Einsatzplänen, Ausbauwünschen und hohen Anforderungen an z. B. Rechen- und Übertragungsleistung. Viele Reports und Diskussionen in diesem Buch nehmen dazu Stellung und wollen helfen, die Auswahl und Benutzung von PCs vernünftig zu gestalten.

Harald Schumny

Die Frage, welcher Arbeitsplatzrechner für eine bestimmte Anwendung ausgewählt werden soll, läßt sich vom potentiellen Anwender zur Zeit nicht mehr ohne einigen Aufwand beantworten. Ein Blick in eine aktuelle Marktübersicht oder ein Messebesuch zeigt eine zunächst sicherlich verwirrende Vielzahl von Anbietern und Geräten. Daher erscheint es sinnvoll, Unterscheidungs- und Auswahlkriterien aufzustellen, anhand derer ein Käufer einer solchen Anlage seine Auswahl treffen kann.

Gerd Knippenberg

Auswahl und Leistungsbewertung von Arbeitsplatzrechnern unter technischen Gesichtspunkten

Dieser Beitrag soll folgendes leisten: Mögliche Unterscheidungs- und Bewertungskriterien vorstellen sowie einen Weg bei der Systemauswahl aufzeigen. Nicht betrachtet wird dabei der eher kaufmännische Bereich, es wird also nicht auf Fragen etwa der Kosten/Nutzen-Analyse eingegangen.

Zunächst noch eine Begriffsdefinition:

Unter Arbeitsplatzrechnern sollen hier sowohl Einzelplatz- wie auch Mehrplatzsysteme verstanden werden. Die Abgrenzung zum Bereich der Minicomputer ist inzwischen auch schon recht schwierig, doch man kann davon ausgehen, daß bei Anlagen vom Typ einer kleinen VAX-11 o. ä. der Bereich des Arbeitsplatzrechners verlassen wird.

Die Wahl der Konfiguration

Die gerade angeführten Begriffe (Einzelplatzsystem und Mehrplatzsystem) zielen bereits auf die erste der zu beantwortenden Fragen. Es muß nämlich entschieden werden, welche Rechnerkonfiguration gewählt werden soll.

Dazu sollen die gebräuchlichsten Konfigurationen zunächst einmal näher vorgestellt werden. Bei diesen grundlegenden Konfigurationen handelt es sich um Einzelplatzsysteme, Mehrplatzsysteme und um Rechnernetze.

Das Einzelplatzsystem

Das Einzelplatzsystem stellt den „klassischen" Vertreter der Arbeitsplatzrechner dar. Es enthält alle Komponenten, die einen vollständigen Rechner ausmachen, d. h. Bildschirm, Tastatur, Arbeitsspeicher, Verarbeitungseinheit und Massenspeicher (Diskettenlaufwerke oder Festplattenspeicher). Diese Teile sind zu einem System zusammengefaßt, können direkt am Arbeitsplatz aufgestellt und von einem Anwender benutzt werden. Um zu einem kommerziell nutzbaren System zu gelangen, muß zunächst lediglich noch ein Drucker hinzugefügt werden.

Diese auf den ersten Blick als einfach und preisgünstig anzusehende Konfiguration stößt aber dann an ihre Grenzen, wenn mehrere Benutzer Zugriff auf ein solches Gerät benötigen oder wenn etwa in einem größeren Unternehmen viele gleichartige Arbeitsplätze eingerichtet werden sollen. Beispielsweise bedingt das Prinzip des Einzelplatzsystems, daß von mehreren Programmen an mehreren Arbeitsplätzen benötigte

Daten auch mehrfach vorhanden sein müssen. Dies bedeutet erhöhten Aufwand bei der Datenpflege und die Möglichkeit, daß unterschiedliche Datenbestände nebeneinander benutzt werden.

Eine Erweiterung der Einzelplatzsysteme ist im allgemeinen nicht möglich; es ist vielmehr nötig, weitere komplette Arbeitsplätze dazuzukaufen. Für diese zusätzlichen Arbeitsplätze (genauso wie für den ersten) gilt noch, daß die meist recht teure Peripherie (Drucker, Festplatten etc.) meist nicht sehr gut ausgelastet ist.

Das Mehrplatzsystem

Beim Mehrplatzsystem übernimmt eine einzelne (möglichst leistungsfähige) Verarbeitungseinheit die Verarbeitungsaufgaben mehrerer Einzelplatzsysteme. Jeder der an das System angeschlossenen Arbeitsplätze umfaßt dann minimal nur noch Bildschirm und Tastatur. Hauptspeicher, Massenspeicher und sonstige Peripherie (Drucker etc.) werden dagegen von allen Arbeitsplätzen gemeinsam benutzt. Derartige Mehrplatzsysteme sind üblicherweise für 4 bis 12 Arbeitsplätze insgesamt ausgelegt.

Die Hauptnachteile des Einzelplatzsystems werden bei dieser Konfiguration vermieden, Erweiterungen sind (im gegebenen Rahmen) relativ leicht möglich und teure Peripheriegeräte werden besser ausgenutzt. Dafür treten aber einige neue Nachteile hervor. Die ersten Arbeitsplätze sind (auf den einzelnen Platz umgerechnet) relativ teuer, ein Arbeitsplatz kann nur dann benutzt werden, wenn das zentrale System von irgendwem in Betrieb genommen worden ist, und schließlich ist man völlig vom zentralen Arbeitsplatz abhängig. Fällt dieser aus, stehen absolut alle angeschlossenen Arbeitsplätze ebenfalls still.

Das Rechnernetz

Hierunter werden in erster Linie untereinander verbundene Arbeitsplatzrechner verstanden, d. h. also voll arbeitsfähige Einzelplatzsysteme, die aber untereinander und mit den Peripheriegeräten, gegebenenfalls auch mit bereits vorhandenen (größeren) EDV-Anlagen, verbunden (,,vernetzt") sind.

Dies hat den Vorteil, daß man nicht mehr von einem zentralen Arbeitsplatz abhängig ist, daß Peripheriegeräte gut ausgenutzt werden, und daß jeder Benutzer die Daten, die nur von ihm benötigt werden, an seinem Arbeitsplatz halten kann. Hinzu kommt noch die gute Flexibilität bei der Erweiterung eines vorhandenen Systems und die Möglichkeit, Informationen und Nachrichten direkt zwischen den einzelnen Arbeitsplätzen austauschen zu können (*Electronic Mail*).

Konfigurationsauswahl

Nach dieser Vorstellung der grundlegenden Konfigurationen stellt sich die Frage, wie denn nun die richtige Konfiguration für eine bestimmte Anwendung ausgewählt werden kann. Hierzu bedarf es in erster Linie einiger Überlegungen in bezug auf den geplanten Einsatz. Können von den folgenden Fragen mehrere positiv beantwortet werden, so spricht dies für den Einsatz eines Rechnernetzes oder eines Mehrplatzsystems.

Ein Hinweis: Die im folgenden Fragenkatalog vorgestellten Fragen und Größenangaben sollten nur als Vorschläge verstanden werden. Für eine genaue Systemanalyse des jeweiligen Anwendungsfalles müssen sie den Gegebenheiten angepaßt werden.

- Muß das System ohne Probleme erweiterbar sein, ohne daß ein ganz neues System angeschafft werden muß?
- Werden Datenbestände von verschiedenen Benutzern gemeinsam benötigt?
- Sollen Daten jederzeit zwischen den einzelnen Benutzern ausgetauscht werden können?
- Macht sich ein Ausfall des Gesamtsystems sehr bemerkbar?
- Werden teure Peripheriegeräte vom einzelnen Benutzer voraussichtlich nur selten genutzt?
- Werden mehr als 5—6 Geräte gleichzeitig betrieben?

Mit der Festlegung einer möglichst optimalen Konfiguration ist natürlich nur der erste Schritt im Auswahlverfahren durchgeführt. Die weiteren Unterscheidungs- und Bewertungsmerkmale werden nun am Beispiel von Einzelplatzsystemen vorgestellt, lassen sich aber im allgemeinen auch auf die anderen Konfigurationen übertragen.

Leistungskriterien

Die wichtigsten, bei der vergleichenden Bewertung unterschiedlicher Systeme nutzbaren Leistungskriterien sind: die Leistungsfähigkeit des Systems, die Systemgestaltung und die Systemumgebung.

Leistung bezieht sich also in diesem Zusammenhang nicht nur auf die reine Rechnerleistung des Systems. Zu fragen ist jetzt, welche Merkmale bei den einzelnen Kriterien zu betrachten sind.

Leistungsfähigkeit

Hierunter wird die reine Rechenleistung des Systems verstanden. Diese Rechenleistung wird in der Literatur oft mit dem Begriff *Durchsatz* bezeichnet; dies soll andeuten, daß im Endeffekt nur die Anzahl der in einer gegebenen Zeiteinheit erledigten Aufgaben interessiert.

Für den Durchsatz eines Rechnersystems sind in erster Linie folgende Faktoren verantwortlich:

— der eingesetzte Prozessor (CPU),
— die Größe des Hauptspeichers,
— die Größe der Massenspeicher,
— die Taktgeschwindigkeit des Systems, und
— das Betriebssystem.

Prozessor

Hier kann zunächst nach der *Wortbreite* des eingesetzten Prozessors unterschieden werden: gebräuchlich sind 8, 8/16, 16 und 16/32 bit Wortbreite. Die Wortbreite gibt an, wieviel Informationseinheiten (bit) gleichzeitig in der CPU verarbeitet werden können, bzw. wieviele gleichzeitig zwischen der CPU und ihrer Umgebung (Speicher etc.) ausgetauscht werden können. Außerdem hat sie Einfluß auf die Größe des direkt adressierbaren Hauptspeichers (s.u.).

Dazu folgen nun einige Beispiele:

— 8-Bit-Systeme (Z80 o. ä.), wie sie normalerweise in CP/M-Systemen verwendet werden, können 8 bit sowohl gleichzeitig verarbeiten wie auch übertragen. Der Adreßraum, d. h. der maximal zu adressierende Speicher beträgt 64 Kbyte.

— 8/16-Bit-Systeme (8088 o. ä.), wie sie etwa im IBM PC und seinen Nachbauten verwendet werden, können intern mit 16 bit arbeiten, bei der Übertragung von oder in die CPU schaffen sie gleichzeitig nur 8 bit. Ihr Adreßraum liegt bei ca. 1 Mbyte (1024 Kbyte).

— 16-Bit-Systeme (8086), beispielsweise im Olivetti M 24 eingesetzt, können sowohl intern wie auch extern mit 16-Bit-Einheiten operieren und erreichen ihren maximalen Hauptspeicherausbau erst bei mehreren MByte.

— Die noch leistungsfähigeren Systeme (Motorola 68000 oder NS 16032) können noch größere Informationsmengen verarbeiten und übertragen. Mit theoretisch möglichen Speichergrößen von mehreren tausend Kbyte stoßen sie bereits in die Größenordnungen traditioneller Großrechner vor.

Hauptspeicher

Die gerade angegebenen *Hauptspeichergrößen* entsprechen den denkbaren Maximalgrößen und werden im allgemeinen nicht erreicht. Offensichtlich ist aber, daß ein 16-Bit-System einen sehr viel größeren Speicher benutzen kann als ein 8-Bit-System. Das hat Auswirkungen beispielsweise bei der Textverarbeitung, bei Tabellenkalkulationsprogrammen oder bei mathematischen Anwendungen. Hier sind die 16-Bit-Systeme so sehr im Vorteil, daß für kommerzielle Anwendungen 8-Bit-Systeme kaum noch in Betracht gezogen werden können.

Massenspeicher

Hier macht sich die Leistungsfähigkeit des eingesetzten Prozessors nur bei der Datenübertragungsgeschwindigkeit bemerkbar, die aber ihrerseits viel stärker von der Art des eingesetzten Massenspeichers abhängig ist. So sind die *Festplatten* (Harddisk, Wichesterplatten) sehr viel leistungsfähiger, zuverlässiger und insbesondere schneller als die üblichen *Disketten.* Auch hier gilt, daß für größere oder kommerzielle Anwendungen nur Festplatten in Betracht kommen. Zu beachten ist aber hierbei das Problem der *Datensicherung:* Eine zerstörte Festplatte, von der keine Sicherungskopie vorhanden ist, kann große Verluste mit sich bringen. Zu einer Festplatte gehört also immer ein sog. "Back-up"-System und die entsprechende Software!

Taktgeschwindigkeit

Diese Angabe zeigt an, wie „schnell" die CPU betrieben wird, sie alleine reicht aber nicht aus, etwas über den Durchsatz auszusagen. Beispielsweise ist bei häufigen Plattenzugriffen ein schnelles 8/16-Bit-System im Durchsatz vielleicht langsamer als ein langsam getaktetes 16-Bit-System, das ja bei jedem Datenübertragungsvorgang doppelt so viele Daten befördert.

Betriebssystem

Betriebssysteme unterscheiden sich (ähnlich wie die Konfigurationen) in ihren grundlegenden Eigenschaften. Der Einsatz eines bestimmten Betriebssystems ist stark vom eingesetzten Prozessor abhängig. Beispielsweise läuft das im Bereich der 16-Bit-Systeme verbreitete MS-DOS nur auf Prozessoren vom Typ 8088, 8086, 80186 und 80286; das sehr leistungsfähige UNIX-System ist dagegen eher auf den leistungsfähigeren 68000er Prozessoren zu verwenden.

Weitere Unterscheidungsmerkmale betreffen die Fähigkeit, mehrere Benutzer gleichzeitig zu bedienen (*Mehrplatzsysteme!*); MS-DOS ist dazu nicht in der Lage, UNIX dagegen ja. Für Einzelplatzsysteme gibt es dazu noch Betriebssysteme, die mehrere Anwendungen „gleichzeitig" bearbeiten können (*Multitasking*).

Zusammenfassend kann man zu diesem Bereich sagen, daß es zwar möglich ist, über die Leistungsfähigkeit eines Systems Berechnungen anzustellen [2], die Ergebnisse aber so stark von der späteren Anwendung abhängen, daß eine solche (eher theoretische) Berechnung nicht sinnvoll erscheint.

Ein besseres Instrument ist der sogenannte *Benchmarktest*, bei dem Beispiele aus der späteren Praxis auf den zur Wahl stehenden Rechnern abgearbeitet und die Ergebnisse verglichen werden. Diese Methode läßt sich dann sinnvoll anwenden, wenn solche (realistischen!) Abschätzungen tatsächlich vorliegen. Beispiele für solche Tests finden sich immer wieder in [4], wobei dort ein kleiner Standardsatz von Anwendungen überprüft wird. Einen solchen Standardsatz kann man sich ohne Probleme selber schaffen!

Systemgestaltung

Hierunter werden Merkmale aus den Bereichen Benutzerfreundlichkeit, Zuverlässigkeit und Erweiterbarkeit zusammengefaßt.

Benutzerfreundlichkeit

Hier sollte z.B. die Gestaltung von Tastatur und Bildschirm untersucht werden. Diese müssen wenigstens die DIN-Normen zur Gestaltung erfüllen, d.h. die Tastatur muß beispielsweise frei beweglich sein, der Bildschirm flimmerfrei und entspiegelt, und eingebaute Lüfter sollten keine übermäßigen Geräusche verursachen.

Eine unverzichtbare Anforderung ist außerdem noch das Vorhandensein von frei programmierbaren Funktionstasten, wünschenswert (zumindest bei Textverarbeitung) die Darstellungsmöglichkeit unterschiedlicher Schriftarten.

Allerdings ist nicht zu übersehen, daß damit nur die allereinfachsten Bedürfnisse erfüllt werden. Die Benutzerfreundlichkeit eines Systems hängt in hohem Maße von der eingesetzten Software ab!

Systemumgebung

Hier sind Merkmale bezüglich der Ausbaufähigkeit, der zur Verfügung stehenden Software und der Serviceunterstützung zu betrachten.

Schnittstellen

Die Ausbaufähigkeit hängt in hohem Maße vom eingesetzten Prozessor ab. Fast genauso wichtig sind aber auch die sogenannten *Schnittstellen*. Über Schnittstellen werden externe Geräte, andere Rechner, Rechnernetzzugänge und Erweiterungen angeschlossen. Im Unterschied dazu existieren bei vielen Geräten noch Erweiterungssteckplätze; hier können Erweiterungen des jeweiligen Rechners vorgenommen werden, wie z.B. Speicherausbau, zusätzliche Schnittstellen oder Prozessoren für mathematische Funktionen.

Die Geräte unterscheiden sich dabei insbesondere nach der Art der Schnittstellen (seriell/parallel), nach der Art der Steckverbindungen und den maximalen Datenübertragungsraten. Gerade in diesem Bereich existieren sehr viele Schwierigkeiten („es müßte eigentlich aneinander passen"), die sich bei sorgfältigem Vergleich häufig vermeiden lassen.

Software

Eine genaue Betrachtung der unterschiedlichen Software-Produkte würde den Rahmen dieses Beitrags sprengen, einige wichtige Hinweise für die Systemauswahl sollen aber gegeben werden.

Es bestehen Abhängigkeiten zwischen Software, Betriebssystem und Prozessor. Nicht alle Programme sind für alle Betriebssysteme verfügbar. Die größte Auswahl bietet zur Zeit sicherlich CP/M im 8-Bit-Bereich und MS-DOS im 16-Bit-Bereich. Selbst wenn die Software für das eingesetzte Betriebssystem verfügbar ist, hat man noch keine Gewähr für die tatsächliche Funktionsfähigkeit. Am sichersten ist immer noch ein Test mit dem entsprechenden Gerät (beispielsweise Graphikfunktionen oder systemnahe Software).

Serviceunterstützung

Dieser (oft vernachlässigte) Bereich umfaßt insbesondere die Unterstützung im Fehlerfall, die Unterstützung bei der Programmentwicklung und -erweiterung und die Schulung der Bediener.

Beim Kauf ist darauf zu achten, daß es sich um ein erprobtes und bereits kommerziell eingesetztes System handeln sollte. Wichtig ist ferner, daß sowohl vom Hersteller als auch vom Händler Servicemöglichkeiten für den Fehlerfall zur Verfügung gestellt werden (Servicevertrag, Austauschgeräte). Dies gilt auch für die Pflege und Wartung der Software!

Da früher oder später auch ein Blick in ein Handbuch nötig wird, sollte man diesen gleich vor dem Kauf vornehmen. Wie vollständig sind die Handbücher und wie gut sind sie lesbar? (Stil, Beispiele), sind hier die entscheidenden Fragen. Insbesondere wenn der Anwender eigene Programme entwickeln will, sind gute Handbücher eigentlich unverzichtbar, wobei auch dies wieder sowohl für die Hardware als auch für die (System-) Software gilt.

Mindestens dann, wenn es sich bei dem System um ein von mehreren Mitarbeitern benutztes handelt, ist eine gründliche Schulung durch Händler oder Hersteller unverzichtbar. Es ist unzumutbar, wenn der Anwender alleine sehen muß, wie er mit dem Gerät zurecht kommt; diese Methode mag für den "Computerfreak" noch angehen, hat aber keine Berechtigung im kommerziellen Bereich.

Ein System zur Rechnerauswahl

Zum Abschluß soll nun ein System zur Rechnerauswahl vorgestellt werden, das inzwischen mehrfach praktische Anwendung gefunden hat. Es besteht aus insgesamt fünf Schritten, die den Markt der potentiellen Systeme immer weiter einengen.

Hier zunächst die einzelnen Schritte:

a) Bedarfsanalyse und -spezifikation
b) Vorauswahl
c) Angebotseinholung
d) Spezifikationsgemäße Auswahl
e) Auftragsvergabe

Zu a) In diesem Schritt werden die Vorgaben für die Systemauswahl zusammengestellt. Ziel dieses Schrittes ist es, eine genaue Formulierung der zu erwartenden Einsatzbereiche und der zu erbringenden Leistungen vorzugeben. Als Hilfsmittel werden auf dieser Stufe Benutzeranforderungen, Bedarfsschätzungen für die Rechnerleistung (Benutzerzahl, Speicherbedarf etc.) und natürlich kaufmännische Rahmenabschätzungen eingesetzt.

Als Ergebnis muß ein sogenanntes „Pflichtenheft" entstehen. Hier werden alle Anforderungen, nach unbedingt zu erfüllenden (Ausschlußkriterien) und wünschenswerten Anforderungen getrennt, aufgeführt. Dieses Pflichtenheft ist die Grundlage für die Schritte b–d, von der Sorgfalt bei seiner Entwicklung hängt der Erfolg des gesamten Verfahrens ab (vgl. [3])! Die in den ersten Abschnitten genannten Kriterien sollen hier als Hinweise auf mögliche Fragestellungen verstanden werden, sie müssen von Fall zu Fall erweitert und ergänzt werden.

Zu b) Hier werden die Firmen (Geräte) ausgesucht, die überhaupt bei der Auswahl weiter betrachtet werden sollen. Durch einen Vergleich der Ausschlußkriterien mit den vorliegenden Informationen soll die Anzahl der späteren Anbieter schon weitgehend reduziert werden.

Hilfsmittel hierzu sind das Pflichtenheft, Kataloge ([1]) und Marktübersichten aus Fachzeitschriften.

Zu c) Dieser Schritt dürfte ohne weiteres klar sein. Hier werden von den im zweiten Schritt ausgewählten Firmen genaue Unterlagen und Angebote eingeholt, die dann die Basis für die endügltige Auswahl darstellen.

Zu d) In diesem Schritt des Verfahrens muß nun die endgültige Auswahl getroffen werden. Dazu müssen die eingegangenen Angebote vergleichend bewertet werden. Das Hilfsmittel hierzu ist wiederum das Pflichtenheft, diesmal aber ergänzt um eine Punktbewertung der einzelnen Kriterien.

Beispielsweise kann, abhängig von der geplanten Anwendung, ein graphikfähiger Bildschirm „mehr wert" sein als die Möglichkeit, ein sehr großes Rechnernetz aufbauen zu können. Hierbei müssen unbedingt die Abhängigkeiten zwischen den einzelnen Anforderungen beachtet werden. Praktische Demonstrationen sind in dieser Phase sehr nützlich, insbesondere auch unter dem Gesichtspunkt „Systemgestaltung".

Zu e) In dieser letzten Phase sollte nun das Ergebnis der vorhergehenden Stufe d vorliegen (ein Systemvorschlag oder eine Liste möglicher Systeme). Zusammen mit einer kaufmännischen Betrachtung der Angebote kann nun die endgültige Auswahl getroffen werden. Dabei ist insbesondere wichtig, das Pflichtenheft zur Basis aller Vereinbarungen zu machen: sein Inhalt muß bestellt, geliefert und bezahlt werden (siehe [3])!

Literatur

[1] *Brehde, D.:* Computer Ratgeber. Die aktuelle Marktübersicht. Reinbek 1984.

[2] *Ferrari, D.:* Computer Systems Performance Evaluation. Englewood Cliffs 1978.

[3] *Wernicke, J.:* Computer für den Kleinbetrieb. Ein Wegweiser zur optimalen Computerlösung. Würzburg 1983.

[4] BYTE: The small systems journal. Erscheint monatlich im Verlag McGraw-Hill (Ausgaben ab 1983 befassen sich immer wieder mit Systemvergleichen und Benchmarks).

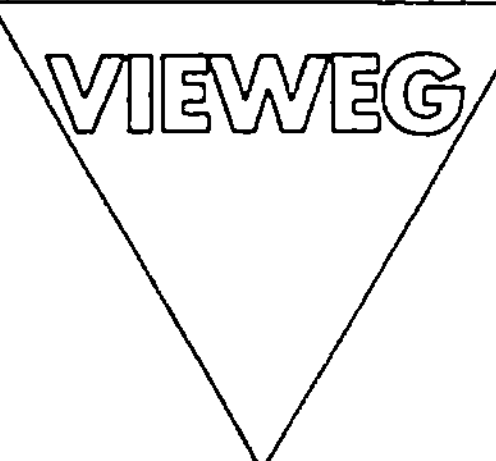

MIKRO-WISSEN für Einsteiger

Wayne Creekmore
MIKROWISSEN griffbereit
Ein illustrierter Leitfaden
1984. 64 S. mit zahlr. Abb. 21,5 X 25,5 cm. Kart.

Hier wird ein anschaulicher und leicht verständlicher Überblick über das Medium Computer und gleichzeitig eine erste Einführung in die Computerei geboten. Reichlich bebildert ist das Buch eine Lektüre für jedermann.

Günter Rolle
MIKROWISSEN A—Z
Mit 950 Stichworten. Register Deutsch-Englisch und Englisch-Deutsch.
1985. VI, 124 S. mit zahlr. Abb. 16,2 X 22,9 cm. Kart.

Dieses neue Nachschlagewerk erklärt die wichtigsten Hard- und Software-Begriffe aus dem Bereich Home- und Personalcomputer. Verwandte Gebiete wie Datenkommunikation und Bildschirmtext werden ebenfalls berücksichtigt. Die Begriffserklärungen werden zusätzlich durch zahlreiche Abbildungen unterstützt. Abgerundet wird das Buch durch ein Register Englisch-Deutsch/Deutsch-Englisch, so daß das Verständnis englischsprachiger Literatur erleichtert wird. ,MIKROWISSEN A—Z' richtet sich an alle, die sich — aus welchen Gründen auch immer — über Mikrocomputer informieren möchten. Es ist ein zuverlässiger Begleiter und Ratgeber beim Studium einschlägiger Kataloge, Zeitschriften und Fachbücher.

Jürgen Ritzenhoff

Das Betriebssystem MS-DOS

Die Entwicklung des Betriebssystems MS-DOS begann 1979. Bei der Firma *Seattle Computer Products* existierte eine Prozessorkarte, auf der eine 8086-CPU von *Intel* vorhanden war. Für diesen 16-Bit-Prozessortyp existierte noch kein Betriebssystem. CP/M-86 von *Digital Research* — eine Weiterentwicklung des bekanntesten 8-Bit-Betriebssystems CP/M — war noch nicht auf dem Markt. So begann man mit der Entwicklung eines eigenen Betriebssystems für diese Prozessorkarte unter dem Namen 86-DOS und Q-DOS.

Gleichzeitig erkannte die Firma *Microsoft* die starke Nachfrage nach einem Standardbetriebssystem und schaltete sich in die Entwicklung eines Betriebssystems für die 16-Bit-Prozessortypen 8088 und 8086 von Intel ein.

Anfang 1981 gingen die Rechte des 86-DOS- bzw. Q-DOS-Betriebssystems von Seattle Computer Products an Microsoft über.

Seit August 1981 vertreibt Microsoft dieses Betriebssystem unter dem Namen MS-DOS (*Microsoft Disk Operating System*) in der Version 1.00.

Zu den Leistungsmerkmalen des MS-DOS-Betriebssystems gehören:

- Die Bestandteile des Betriebssystems sind vollständig in 8086/8088-Assembler geschrieben. Dies begründet die höchste Nutzung von Geschwindigkeit und Eigenschaften der 8086- und 8088-Prozessoren von Intel.

- Beschränkungen in bezug auf Dateigröße und Massenspeicherkapazitäten gibt es nicht. MS-DOS verwendet ähnlich dem „Multi-user"-Betriebssystem Xenix einen Zeiger von 4 byte Länge. Die exakte Wortlänge zur Adressierung beträgt 20 bit. Somit können 2 hoch 20, also 1024 Kbytes adressiert werden.

- Die Verwaltung von Diskettendateien erfolgt dynamisch. Es werden Dateien mit unterschiedlicher logischer Satzlänge zugelassen. Physikalische Sektoren können geblockt oder entblockt werden. Damit werden schadhafte Diskettenstellen in ein Verzeichnis aufgenommen. Diese Stellen können dann nicht mehr mit Daten belegt werden. Eine Bindung an die feste Sektorlänge von 256 byte gibt es nicht. Es wird mit logischen Satzlängen gearbeitet, d. h. wenn die logische Satzlänge nicht der physikalischen Sektorlänge entspricht, wird nur das tatsächliche Dateiende eingetragen und nicht auf 256 byte aufgerundet. Dies bedeutet eine wesentlich effizientere Ausnutzung des Diskettenplatzes. Das Inhaltsverzeichnis der Diskette kommt ohne Erweiterungen aus. Dies erlaubt einen schnelleren Zugriff, und doppelte Bereichseintragungen werden verhindert.

- Gegenüber anderen Betriebssystemen kann beim MS-DOS auf das Anmelden eines Diskettenwechsels verzichtet werden.

- Ein- und Ausgaben können unabhängig vom physikalischen Gerät erfolgen. Jedes Ein- und Ausgabegerät wird unter seinem zugewiesenen Namen aufgerufen. Deshalb kann der Benutzer seine programmierten Ein- und Ausgaben mit jedem beliebigen Gerät vornehmen.

- Eventuelle Fehler bei der Eingabe werden vom Betriebssystem erkannt, und die komfortablen

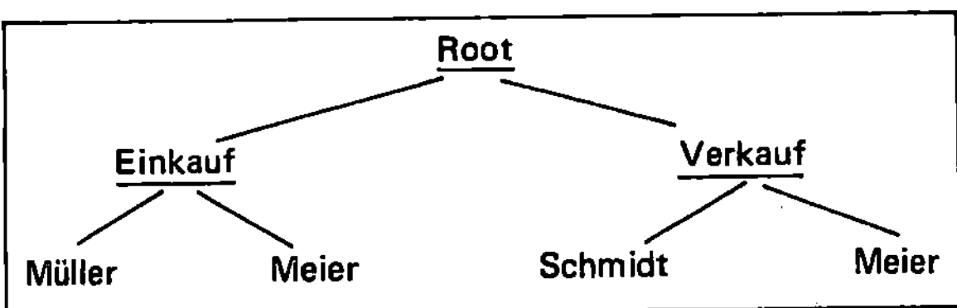

Fig. 1 Baumstruktur beim File-Aufruf

Fehlerbehandlungsroutinen geben dem Benutzer die Möglichkeit zu entscheiden, ob eine fehlerhaft abgelaufene Operation wiederholt, ignoriert oder abgebrochen werden soll. Ebenso erlaubt das Betriebssystem nachträgliche Veränderungen und Korrekturen falscher Kommandos durch Editierung der letzten Befehlseingabe.

- Der Anwender kann selbst umfangreiche Prozeduren erstellen, abspeichern und zur Ausführung bringen.

Die Betriebssysteme MS-DOS in den Versionen 1.00, 2.00 und 3.00 sind reine „Singler-user" und „Single-tasking"-Betriebssysteme d. h., es ist nur ein Benutzer zugelassen und es können nur einzelene Prozeduren nacheinander ausgeführt werden.

Beim MS-DOS in der Version 1.00 liegt eine Beschränkung in der Anzahl von 64 Files auf einer „Single side"- und 112 Files auf einer „Double side"-Diskette. In dieser Version wird auch eine *Harddisk* (Festplatte) unterstützt.

Mit der Version 2.00, die seit Februar 1983 ausgeliefert wird, ist die Beschränkung in bezug auf die Anzahl der Files aufgehoben. Es wird nun eine *Harddisk* unterstützt. Baumstrukturen (siehe **Fig. 1**) sind möglich, d. h. es besteht die Möglichkeit, File-Namen auf unterschiedlichen Ästen mehrfach zu vergeben.

Die seit August 1984 lieferbare MS-DOS-Version 3.00 unterstützt auf dem IBM AT zwei unterschiedliche *Floppy Disks* mit 1,2-Mbyte- und 360-Kbyte-Formaten.

Für die nähere Zukunft sind mit der Version 3.11 Netzwerkfähigkeit und mit der Version 4.00 „Multitasking" (Parallelverarbeitung) und Netzwerkfähigkeit gegeben.

Ebenso wird mit „MS-DOS Window" als Ergänzung zur MS-DOS-Version 2.11 eine Aufteilung des gesamten Bildschirmes in mehrere Bildschirme möglich. Dies ergibt eine quasi „Multi-tasking"-Struktur.

Ein mehrplatzfähiges sogenanntes „Multi-user"-Betriebssystem in der Version Xenix 286 für den Prozessortyp 80286 wird zur Zeit schon für den IBM AT angeboten.

Dieses „Multi-user"-Betriebssystem, das eine eigenständige Adaption des ersten „Multi-user"-Mehrplatzsystems Unix der *Bell Laboratories* darstellt, hat für die Zukunft die größten Chancen; denn der Trend bei den Betriebssystemen geht eindeutig zur „Multi-user"- und „Multi-tasking"-Fähigkeit hin. Auch ist bei diesen Betriebssystemen der Zukunft die Adaptierbarkeit auf andere Computersysteme gegeben.

Die folgende Übersicht zeigt eine Auflistung der *Utilities* (Funktionen), die mit MS-DOS in der Version 2.11 ausgeliefert werden.

ASSIGN	(E)	Leitet alle Ein- und Ausgabeanforderungen auf ein anderes Laufwerk um.
BACKUP	(E)	Es können Sicherungskopien von einem oder mehreren Files der Festplatte auf eine oder mehrere Disketten erstellt werden.
BASIC	(E)	Ruft den BASIC-Interpreter auf.
BREAK	(I)	Die CTRL-C-Funktion wird AN oder AUS gesetzt.
CHDIR	(I)	Es wird das aktuelle *Directory* (Inhaltsverzeichnis) geändert.
CHKDSK	(E)	Überprüfung von Disketten-/Platten- Inhalten.
CLS	(I)	Löscht den Bildschirm.
COMP	(E)	Vergleicht zwei Filegruppen.
COPY	(I)	Kopiert Files.
CITTY	(I)	Ändert die Einheit für Ein- und Ausgabe.
DATE	(I)	Anzeigen und Ändern des Datums.
DEL	(I)	Löscht Files.
DIR	(I)	Listet „Directory"-Eintragungen auf.
DISKCOMP	(E)	Vergleicht den Inhalt zweier Disketten.
DISKCOPY	(E)	Kopiert eine Diskette.
ECHO	(I)	Schaltet die Stapelfile-Echoeinrichtung AN bzw. AUS.
EXE2BIN	(E)	Konvertiert ausführbare Files in binäre Files.
EXIT	(I)	Verläßt MS-DOS und kehrt zu einem Anwenderprogramm oder Stapelfile zurück.
FC	(E)	Vergleicht zwei Files.
FDISK	(E)	Die Festplatte kann in mehrere *Partitionen* unterteilt werden.
FIND	(E)	Aufsuchen von Zeichenketten in Files.
FOR	(I)	Es können MS-DOS-Befehle wiederholt werden.
FORMAT	(E)	Formatiert Disketten.
GOTO	(I)	Sprung zu einer bestimmten Position in einem Stapelfile.
GRAPHICS	(E)	Eine *Hardcopy* des Bildschirminhaltes wird ausgedruckt.
IF	(I)	Bedingungsabhängige Ausführung eines Befehles in einer Stapeldatei.
MKDIR	(I)	Legt ein Unterdirectory an.
MODE	(E)	Setzt den Anzeigemodus, Schnittstelle und Übertragungsparameter fest.
MORE	(E)	Bildschirmausgabe von Dateien seitenweise.
PATH	(I)	Setzt den Zugriffspfad für einen Befehl.

PAUSE	(I)	Unterbricht die Eingabe in einem Stapel-file.
PRINT	(E)	Legt eine Warteschlange für Files an, die ausgedruckt werden sollen.
PROMPT	(I)	Ändert die Anzeige der Befehlsanfrage.
RECOVER	(E)	Wiederherstellung beschädigter Files.
REM	(I)	Kommentarausgabe in einem Stapelfile.
RENAME	(I)	Umbenennung eines Files.
RESTORE	(E)	Mit BACKUP erstellte Sicherungskopien werden auf die Festplatte zurückkopiert.
RMDIR	(I)	Löscht leere Unterdirectories.
SET	(I)	Ersetzt eine Zeichenkette durch eine andere.
SHIFT	(I)	Erhöht die Anzahl der austauschbaren Parameter bei der Stapelverarbeitung.
SORT	(E)	Sortiert Daten in ASCII-Reihenfolge auf- oder absteigend.
SYS	(E)	Überträgt MS-DOS-Systemfiles von einer Diskette auf eine andere.
TIME	(I)	Anzeigen und Ändern der Uhrzeit.
TREE	(E)	Zeigt eine Directory-Struktur an.
TYPE	(I)	Zeigt den Inhalt von ASCII-Dateien an.
VER	(I)	Gibt die MS-DOS-Versionsnummer an.
VERIFY	(I)	Überprüft Schreibvorgänge auf Diskette und Platte.
VOL	(I)	Gibt das *Volumenlabel* der Diskette oder Platte aus.

Anmerkung:

Die Eintragungen in den Klammern bedeuten

(I) Diese Funktion ist eine Interne Funktion, die nach dem Laden des Kerns des Betriebssystems (Command. Com File) resident vorhanden ist.

(E) Diese Funktion ist eine Externe Funktion, d. h. um diese Funktion aufrufen zu können, muß eine Betriebssystemdiskette mit diesem File in einem Laufwerk vorhanden sein.

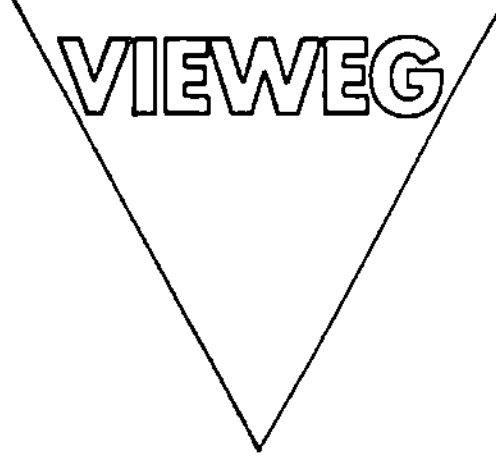

Wolfgang Schneider

Einführung in die Anwendung des Betriebssystems MS-DOS

Mit Übungsaufgaben und Lösungen

1985. X, 174 S. mit zahlr. Abb. und Grafiken. 16,2 X 22,9 cm. (Programmieren von Mikrocomputern, Bd. 16.) Kart.

Inhalt: Aufbau von Datenverarbeitungsanlagen — Allgemeiner Überblick über die Programmierung von Mikrocomputern — Allgemeiner Überblick über die Aufgaben von Betriebssystemen bei Mikrocomputern — Grundlage des MS-DOS-Betriebssystems — Erstellen einer landesspezifischen Systemdiskette — Starten des landesspezifischen MS-DOS-Betriebssystems — Formatieren neuer Disketten — Dateinamen — Einführung in die wichtigsten MS-DOS-Kommandos — Das DIR-Kommando — Das CHKDSK-Kommando — Das EDLIN-Kommando — Das COPY-Kommando — Das DISKCOPY-Kommando — Das SYS-Kommando — Das TYPE-Kommando — Ausdruck der Bildschirmausgabe — Das ERASE- oder DEL-Kommando — Das RENAME-Kommando — Das COMP-Kommando — Das DISKCOMP-Kommando — Das DATE-Kommando — Das TIME-Kommando — Stapelverarbeitung — Die Kommandos BASIC und SYSTEM — Lösungen der Übungsaufgaben — Anhang — Sachwortverzeichnis.

Das Buch ist als eine Einführung für die Erstbenutzer in den Aufbau und die Arbeitsweise eines Betriebssystems konzipiert. Am Beispiel von MS-DOS wird mit vielen Beispielen, Aufgabenstellungen und -lösungen anschaulich und sehr gut verständlich der Einstieg in die Arbeit mit dem Mikrocomputer erklärt. Jedes Kapitel enthält zusätzlich eine Zusammenfassung der Arbeitsweisen und einen Aufgabenteil, damit der praktische Einsatz der erläuterten Befehle sofort geübt werden kann. Dem Leser wird ein ideales Lehr- und Übungsbuch angeboten. Das MS-DOS-Buch ist ähnlich wie das erfolgreiche CP/M-Buch von Schneider konzipiert und aufgebaut.

Achim Stößer

Menü oder „Icons"?

In diesem Beitrag werden am Beispiel einiger Programme für den Personal-Computer Apple IIe Vor- und Nachteile verschiedener Eingabemethoden und -geräte beschrieben.

Das wohl am häufigsten verwendete System zur Programmsteuerung durch den Benutzer besteht in der Auswahl aus einem **Menü** durch Eingabe eines einzelnen (meist des Anfangs-) Buchstabens. Dabei können jedoch Probleme wie in diesem Beispiel auftauchen [1]:

<F>ind File
<F>ill File
<F>ix File
<F>acilitate File
<F>ocus File
<F>ile File
<F>inish

Tatsächlich lassen sich selten Befehle vermeiden, die mit gleichen Buchstaben beginnen. Dies kann entweder durch Verwenden von Synonymen oder vom Anfangsbuchstaben verschiedenen Befehlstasten umgangen werden. Allerdings erfordert es vom Benutzer verschiedener Programme einen Umlernprozeß, wenn etwa <E>ND durch <Q>UIT (= verlassen), <X>IT (Exit = Ausgang) oder <Esc>APE (= Entkommen) ersetzt wird. Welcher Apple-Pascal-Programmierer hat noch nicht versucht, ein Programm statt mit <R>EMOVE mit <D>ELETE, <P>URGE oder <E>RASE zu löschen und war von der Frage "Dir listing of what vol?", "New date?" oder "Prefix titles by what vol?" überrascht? Andererseits verzögern alphabetische Buchstaben oder Ziffern (**Fig. 1**) das

Auswählen einer Funktion, da sich die Zuordnung zu einer Taste schwerer merken läßt als beispielsweise <?> oder <H>ELP, die in den meisten Fällen ein Hilfsmenü, Erläuterungen zum Programm oder zu seiner Bedienung ausgeben. Während die Bedeutung der einzelnen Tasten im allgemeinen aus dem Menü auf dem Bildschirm hervorgeht, verwendet *Beagle Bros.* in einigen Programmen wie zum Beispiel dem „Multi-**Shape**"-Editor aus dem Programmpaket *"Apple Mechanic"* (**Fig. 2**) eine Faltkarte, die geknickt und in den Zwischenraum zwischen Tastatur und Gehäuse geschoben wird und so der Taste <1> den Befehl *Edit Shape,* der Taste <2> *Load Shapes* usw. zuordnet. Zwar ermöglicht es diese originelle Idee, dem Benutzer mehr Information zu übermitteln, als auf dem kleinen Bildschirm unterzubringen wäre, die Faltkarte macht es jedoch notwendig, vom Bildschirm zur Tastatur zu blicken.

Menü: Eine Liste verschiedener Anweisungen oder Programmteile, unter denen der Benutzer wie auf einer Speisekarte wählen kann.

Shapes (Formen): In Applesoft-BASIC werden vordefinierte Zeichen wie etwa ein Buchstabe, ein Männchen oder eine Hand, die in einer Tabelle (*Shape table*) abgelegt werden und von dort durch einfache Befehle auf den Bildschirm kopiert werden können, als *Shape* bezeichnet. Sie entsprechen etwa den *Bitmaps* in UCSD-Pascal oder den *Sprites* bei Commodore-Rechnern.

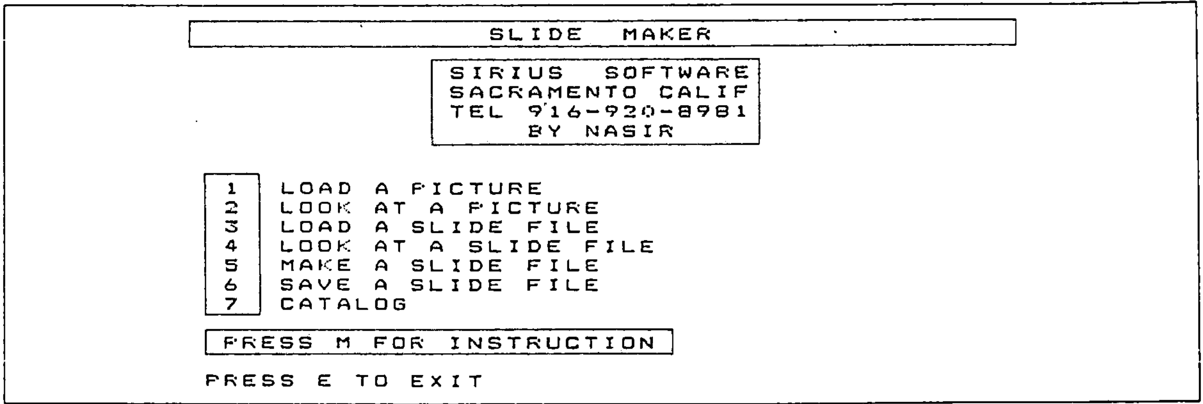

Fig. 1 "Slide Maker" (Sirius Software) verkleinert "Hires-Pages". Die Menübefehle werden durch Ziffern ausgewählt.

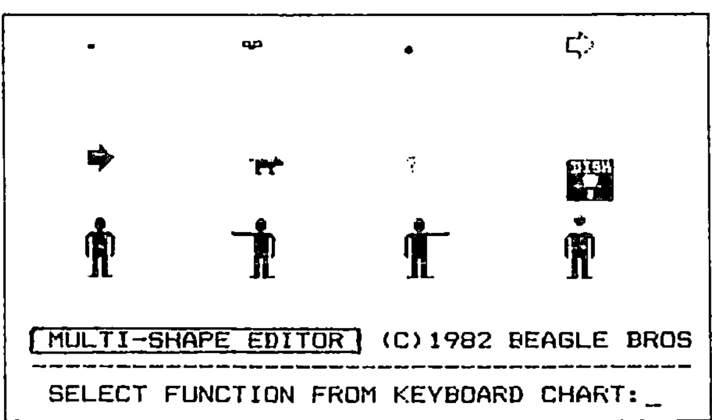

Fig. 2 Beagle Bros. verwendet in einigen Programmen (hier "Multi-Shape-Editor" aus dem Programmpaket "Apple Mechanic" von Bert Kersey) eine Faltkarte, die über der Tastatur in das Rechnergehäuse eingeführt wird und so der oberen Tastenreihe verschiedene Befehle zuordnet [2].

Daneben erfragen vor allem ältere Programme wie der *"Tasc Compiler"* von 1981 im Dialog mit dem Benutzer verschiedene Informationen oder Daten (**Fig. 3**). Dazu ist meist ein Handbuch notwendig, aus dem ersichtlich wird, welche Antwort zulässig ist. So erfordern einige Fragen die Eingabe eines Programmnamens, einer Adresse etc., andere eine Ja/Nein-Entscheidung, wobei hier optional das Wort *YES* oder *NO* oder einfach der Anfangsbuchstabe eingegeben wird. Oft wird ein *DEFAULT* angegeben, der angenommen wird, falls die Eingabe leer ist, falls also nur <RETURN> gedrückt wird.

Eine elegantere Methode findet sich im Programm *"Filer II+"* (**Fig. 4**). Die Eingabe beschränkt sich auf vier Tasten. Im Menü wird der aktuelle Befehl in **inverser** Schrift dargestellt: diese Markierung kann durch die Pfeiltasten (Rechts- und Linkspfeil, da die Auf- und Abwärtspfeiltasten nur beim Apple IIe oder IIc, nicht aber bei älteren Modellen vorhanden sind) nach oben bzw. unten verschoben werden. Das Menü ist „endlos", d. h., man gelangt durch <←> von *CATALOG DISK* nach *BOOT DISK* und durch <→> zurück. Das Drücken von <RETURN> (beim Apple IIe die Taste mit dem abgeknickten Pfeil, siehe **Fig. 5**) bewirkt die Ausführung des markierten Befehls. Im Beispiel wird ein weiteres Menü (zur Auswahl der Art des „Catalogs") und dann ein drittes (zur Auswahl der Diskette) angezeigt. <Esc> springt zurück ins Hauptmenü. Andere Programme verwenden zur Positionierung des Cursors statt der Cursortasten (entsprechend ihrer Position im Tastenfeld, vgl. Fig. 5) die Blöcke <I><J><K><M>, <A><Z><←><→> oder <W><A><S><Z> (Z und Y sind auf der deutschen Tastatur gegenüber der englischen vertauscht).

"Music Magic" (**Fig. 6**), ein Programm zum Erzeugen von Melodien auf dem Apple, wird mit einem **Paddle**

oder auch einem **Joystick** bedient. Da die Steuerung absolut ist, die Menüwörter aber in einer Tabelle mit drei Zeilen und vier Spalten angeordnet sind (durch Drehen des Handreglers wandert der Pfeil beispielsweise von *Change* nach *Cancel*), kann man sich nur schwer an die Zuordnung zwischen der Stellung des Reglers und der Position des Pfeils gewöhnen.

Ein Programm zum Ausdrucken von Grußkarten, Briefköpfen usw., *"The Pint Shop"*, wird ebenso bedient wie *"Filer II+"*. Die Auf- und Abwärtspfeiltasten haben die gleiche Funktion wie die Links-/Rechtspfeiltasten. Optional kann (ohne Umschalten durch <Ctrl>–<J>, wie das bei vielen anderen Programmen der Fall ist) ein Joystick verwendet werden, wobei *Button* 0 der Taste <RETURN>, *Button* 1 der Taste <Esc> entspricht. Gleichzeitig werden zu den Menüs gehörende Symbole angezeigt, meist das Bild, das gedruckt werden soll (in **Fig. 7** ein Hund).

"Koala Micro Illustrator" ist ein Graphikprogramm, das speziell für die Benutzung eines **Graphic Tablets** geschrieben wurde. Statt dessen kann aber auch ein *Joystick* verwendet werden. Um im Menü (**Fig. 8**, rechts) eine Funktion auszuwählen, drückt man, während der Cursor auf dem gewünschten Feld steht, einen der beiden Buttons. Das ausgewählte Feld wird entweder durch inverse Schrift ("DRAW", "NORMAL" in Fig. 8) oder ein kleines Dreieck ("CURSOR", das Farbfeld links oben in "COLOR SET 1") markiert. Steht der Cursor außerhalb des Bildschirms oder hebt man den Finger oder Griffel vom *Graphic Tablet,* wird zwischen Menü- und Bildseite umgeschaltet.

Im *Draw mode* (Zeichenmodus) bewirkt ein Gedrückthalten oder Loslassen des linken Buttons (Button 0) das Zeichen einer Linie oder das Bewegen des Cursors ohne zu zeichnen. Drücken des rechten Buttons (Button 1) fixiert den Zustand (d. h., es wird unabhängig von Button 0 gezeichnet), nochmaliges Drücken hebt die Fixierung auf. In allen anderen Modi haben beide Buttons die gleiche Funktion. In einigen Fällen muß auf die Tastatur zurückgegriffen werden. Mit <;> schaltet man während des Zeichnens zwischen "NORMAL" und "MAGNIFY", also der Darstellung als Ausschnittvergrößerung (von *magnifying glass,* Lupe) um, wenn man nicht die Menüseite anwählen will, was länger als nötig dauert, da sie nicht als (zwei Kbyte Speicherplatz beanspruchendes) Bild abgespeichert ist, sondern aus Einzelteilen aufgebaut wird. Dieses Umschalten über Tastatur könnte vermieden werden, beispielsweise durch Verwenden dreier Bildseiten (Menü, normales Bild, Vergrößerung), was aber

nur dann einen Zeitgewinn brächte, wenn der Menüaufbau den oben erwähnten Mangel nicht hätte.

Verhältnismäßig primitiv ist die Funktion STORAGE (also Laden und Speichern von Bildern usw.) aufgebaut. Daß die Eingabe des Dateinamens über Tastatur erfolgt, ist selbstverständlich, nur den Benutzern von Spielautomaten ist es zuzumuten, jeden einzelnen Buchstaben mit einem Joystick auszuwählen; daß <L>OAD, <S>AVE oder <C>ATALOG durch Drücken des Anfangsbuchstabens gewählt werden muß, ist in einem ansonsten sehr gut gemachten Programm etwas enttäuschend.

"Mousepaint" (**Fig. 9**), ein ähnliches Graphikprogramm, ist die Apple IIe-ProDOS-Version des Macintosh-*"MacPaint"* und weist deshalb auch die typischen Eigenarten des Mac auf: Bedienung durch die **Maus**, Auswahl durch **Icons**, Fenster, Darstellung

---

Joystick: Ein Steuerknüppel, dessen Stellung in Zahlen umgewandelt wird. Man unterscheidet zwischen digitalen und analogen Joysticks. Durch vier Informationen (oben/unten und links/rechts) werden bei digitalen Joysticks neun Positionen festgelegt, die der Lage der Zifferntasten bei einer Zehnerblocktastatur oder einem Telefon entsprechen. Bei analogen Joysticks wird die Knüppelstellung in der x- und y-Achse wie bei zwei Paddles umgewandelt. Die Steuerung etwa eines Cursors ist sowohl absolut möglich (steht der Knüppel z. B. links oben, gilt für den Cursor das gleiche) als auch relativ (,,pumpend", d. h. eine Bewegung des Joysticks aus der Mittelstellung nach oben und wieder zurück in die Mitte bewegt den Cursor um eine Einheit nach oben, oder ;,schiebend", wobei der Cursor nur stillsteht, wenn sich der Joystick in Mittelstellung befindet, sonst bewegt er sich in die entsprechende Richtung); dies ist nicht durch den Joystick festgelegt, sondern durch das Programm.

Graphic Tablet: Mit einem Griffel (oder auch einem Finger) wird ein Tablett berührt, die Position des Berührungspunktes wird, ähnlich wie bei einem Joystick, jedoch mit größerer Präzision, in Zahlen umgewandelt.

Maus: Ein Kästchen, an dessen Boden sich eine Kugel befindet, die sich dreht, wenn die Maus über eine Unterlage geschoben wird; aus der Bewegung der Maus ergibt sich die Position oder Bewegungsrichtung des Cursors. So können beispielsweise Zeichnungen auf der Unterlage abgefahren werden.

Icons: Bildsymbole, die Textbefehle ersetzen, z. B. ein Papierkorb für ,,Löschen", eine Diskette für ,,Laden/Speichern" usw. Dies hilft dem Benutzer, den gesuchten Befehl schneller zu erkennen (nicht umsonst werden etwa bei Verkehrsschildern Symbole verwendet, und keine Plakate mit Aufschriften wie ,,Hier dürfen Sie nicht überholen" oder auch nur ,,Überholverbot"). Allerdings verlangt eine übergroße Anzahl *Icons* vom Benutzer eine längere Einarbeitung in die Arbeitsweise des Programms und die Bedeutung der *Icons.*

schwarz auf weiß. Wieder kann statt der Maus ein Joystick — im Gegensatz zum *"Koala Micro Illustrator"* relativ gesteuert — verwendet werden. Seit kurzem gibt es unter der Bezeichnung *"Paddlepaint"* eine Version, in der mit Button 1 zwischen relativer und absoluter Steuerung umgeschaltet werden kann, die relative Steuerung ist jedoch deutlich langsamer als bei „Mousepaint", was vom Benutzer einige Geduld erfordert. Außerdem können durch relative Steuerung bei geschickter Bedienung wesentlich genauere Zeichnungen als bei absoluter erstellt werden.

Die Anzahl der *Icons* beschränkt sich auf die hier gezeigten, andere, weniger häufig verwendete Funktionen werden über Menüwörter angewählt.

Natürlich sieht man, da das Menü ständig angezeigt wird, nie das ganze Bild. Entweder wird die Graphik unter dem Zeichenfenster (mit dem *"Hand"-Icon*) hin- und hergeschoben, oder ein um den Faktor zwei verkleinertes Bild wird, mit entsprechend schlechterer Auflösung, eingeblendet. Dieser Mangel könnte durch eine zweite Graphikseite behoben werden, wie das in der IBM-Version *"PC Paint"* realisiert ist.

Leider muß man auch bei *"Mousepaint"* schon bei simplen Ja/Nein-Antworten mit der Tastatur arbeiten; das ist besonders lästig, wenn man versehentlich eine falsche Funktion angewählt hat.

In dem Programm *"Charlie"* (**Fig. 10**) habe ich versucht, die Bedienung unter den oben genannten Gesichtspunkten möglichst benutzerfreundlich zu gestalten.

Ein Joystick ist optional, das Programm kann vollständig über Tastatur bedient werden. Die vier Cursortasten oder der <I><J><K><M>-Block sowie <Esc> und <RETURN> genügen, um den Cursor (im Menüfeld unten eine Hand oder — bei eingeblendetem Text — ein Pfeil, im Editierfeld links oben ein inverses Quadrat, im Auswahlfeld rechts oben ein rechteckiger Rahmen) an die gewünschte Position zu bringen. Ist ein Joystick vorhanden (wahlweise absolut, „pumpend" oder „schiebend" gesteuert, wobei unterschiedliche Methoden in allen drei Feldern verwendet werden können), wird die Tastatur nur zur Eingabe eines *neuen* Dateinamens verwendet. Alte Dateinamen werden von der Diskette eingelesen und können, beispielsweise beim Laden, über ein Menü ausgewählt werden. Die beiden „Glühbirnen" symbolisieren — als Menü mit nur zwei Auswahlmöglichkeiten — die Antwort „ja" bzw. „nein". Zahlen, etwa die sogenannten

„proportionalen Daten" der Buchstaben, werden ebenfalls analog (über die x-Achse des Joysticks oder die entsprechenden Cursortasten) eingegeben (Fig. 10, Mitte).

Programme, die speziell für andere Geräte wie **Track Ball** oder **Lichtgriffel** ausgelegt sind, werden, von der mitgelieferten Software abgesehen, kaum auf dem Markt sein, da nur wenigen Anwendern solche Geräte zur Verfügung stehen. Die Entwicklung und Einführung anderer Systeme wie der **Tastbildschirm** von Hewlett-Packard oder die **Footmouse** von Versatron, die sicherlich zur Benutzerfreundlichkeit beitragen werden, bleibt abzuwarten.

Literatur

[1]   *Kareem Abdul Murphy*, in: Beagle Bros. Tip Book #5

[2]   Apple Mechanic Instructions, Beagle Bros.

Track Ball (Rollball, in Anlehnung an die Bezeichnung Maus manchmal auch Wiesel): Wie eine Maus, die Kugel befindet sich jedoch an der Oberseite und wird, während das Kästchen stillsteht, mit der Handfläche gerollt. Eine größere freie Tischfläche als Unterlage ist nicht notwendig.

Light Pen (Lichtgriffel): Mit dem mit einem optischen Sensor versehenen Stift, der seine Position vom Bildschirm „abliest", auf dem zu einem bestimmten Zeitpunkt ja immer nur an genau einer Stelle Elektronen auftreffen, wird scheinbar direkt auf den Schirm geschrieben, die Cursorposition ist also gleich der der Spitze des Stifts.

Tastbildschirm: Auf einem speziellen Bildschirm wird anhand von Spannungsschwankungen ermittelt, welche Stelle der Benutzer mit dem Finger berührt. Beim HP-Bildschirm sind es sich kreuzende Infrarotstrahlen (unmittelbar vor dem Bildschirm), die mit dem Finger (oder auch anders) unterbrochen werden können und dadurch den Ortsimpuls auslösen.

Footmouse (Fußmaus): Ein Eingabegerät für den IBM PC (Apple-IIe-Version in Vorbereitung), das ausschließlich mit dem Fuß bedient wird, so daß beide Hände für die Eingabe von Daten freibleiben. Es erinnert, was die Hardware betrifft, mehr an ein grobes *Graphic Tablet* als an eine Maus. Die Cursorsteuerung wird durch *Emulation* (Simulierung) der Cursortasten erreicht, spezielle Software ist also nicht erforderlich.

```
MICROSOFT TASC
V 2.0, 10/7/81
COPYRIGHT   (C)
1981 MICROSOFT


SOURCE FILE? TEST


OBJECT CODE FILE:
(DEFAULT TEST.OBJ)? TEST.TASC


MEMORY USAGE:
DEFAULT CONFIGURATION? NO

ALTERNATE CONFIGURATION:

ADDRESS FOR LIBRARY:
(DEFAULT 2051)? ↵

ADDRESS FOR PROGRAM:
(NUMBER, 'HGR1', 'HGR2',
OR DEFAULT END OF LIBRARY)? HGR1

ADDRESS FOR VARIABLES:
(DEFAULT END OF PROGRAM)? Y

LIBRARY OCCUPIES 2051 - 6063
PROGRAM BEGINS AT 16384
VARIABLES BEGIN AT END OF PROGRAM

ARE THESE ADDRESSES CORRECT? J
ARE THESE ADDRESSES CORRECT? Y


OPTIONS:
DEFAULT CONFIGURATION? Y

*****BEGINNING PASS 1


10   REM    --- Test-Programm ---
20   REM    TASC-Compiler
30   INPUT "Start: ";A$: FOR I = 1 TO 100
0:A = A + 1: NEXT : PRINT   CHR$ (7): ,REM
   bell



*****BEGINNING PASS 2


.


*****CODE GENERATION COMPLETE


COMPILATION INFORMATION AND LINE NUMBER
REFERENCE TABLE? ↵
COMPILATION INFORMATION AND LINE NUMBER
REFERENCE TABLE? NO


*****COMPILATION COMPLETE


]

]
```

Fig. 3 Der "Tasc"-Compiler von Microsoft fordert vom Benutzer im Dialog Informationen an; Benutzereingaben sind im Beispielausdruck eingerahmt, leere Eingaben durch einen abgeknickten Pfeil gekennzeichnet.

```
              FILER ][+ 4.1
      (C) 1982 CENTRAL POINT SOFTWARE, INC.
  ----------------------------------------------

  [CATALOG DISK]
  COPY
  BIT COPY
  DELETE
  LOCK/UNLOCK FILES        [NORMAL]
  RENAME FILES             W/ FILE LENGTHS
  FORMAT DISK              W/ DELETED FILES
  VERIFY                   W/ HIDDEN FILES
  TRACK/SECTOR MAP
  VIEW FILES
  FIX FILE SIZES           SELECT DISK
  CHANGE BOOT PROGRAM
  UNDELETE FILES           DISK A
  SECTOR EDITOR            [DISK B]
  NEW DISK INFO
  BOOT DISK

  [DISK] [SLOT] [DRIVE] [DOS] [FREE]&[USED]      [PRINTER]
    A       6       1     3.3    001  559            OFF
    B       6       2     3.3    203  357
```

Fig. 4 In dem Kopierprogramm "Filer II + 4.1" (Central Point Software) wird ein Menü durch die Tasten <←>, <→>, <Esc> und <RETURN> gesteuert. Die unterlegten Wörter werden auf dem Bildschirm invers dargestellt.

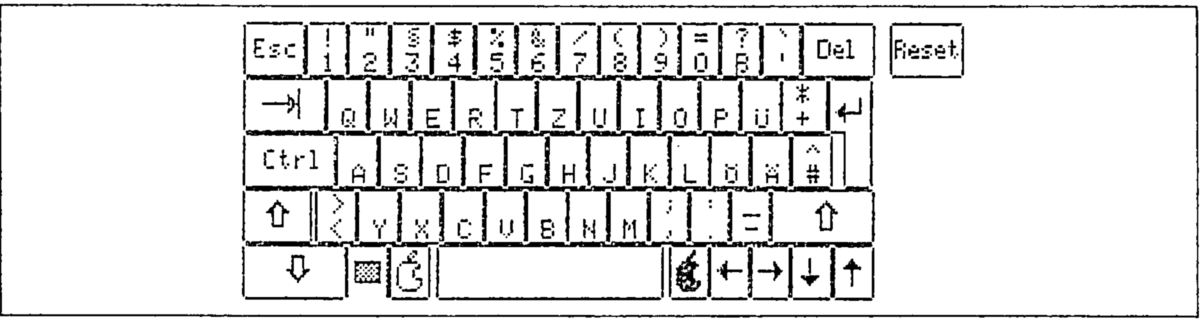

Fig. 5 Die Tastastur des Apple IIe (hier die deutsche Version: beim Umschalten auf den englischen Zeichensatz werden einige Zeichen, wie Z und Y, vertauscht). Die Graphik stammt aus dem Programm "Apple presents ... Apple" von Bruce Tognazzi und J. D. Eisenberg in der deutschen Übersetzung von Alfons Kainz und Klaus Zimmermann.

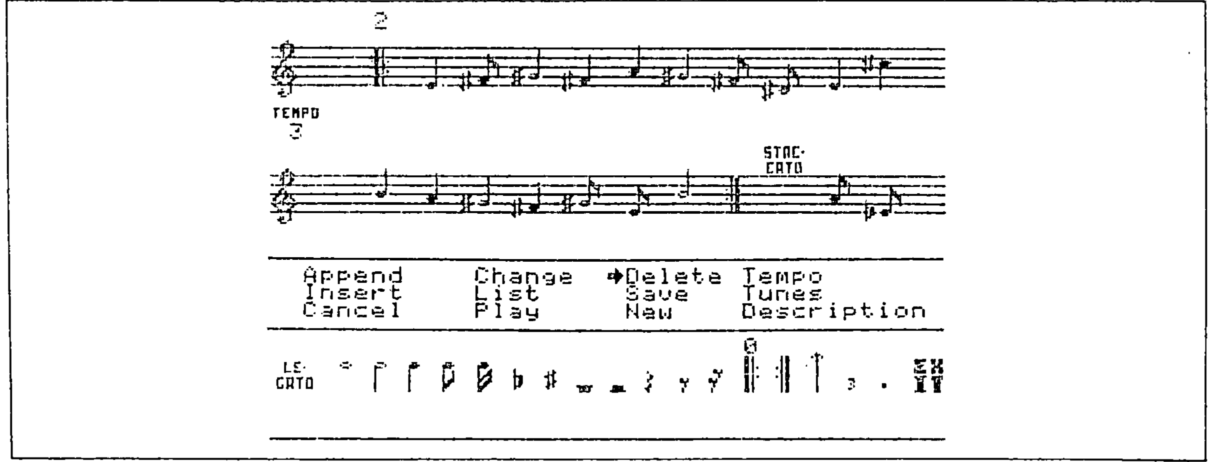

Fig. 6 "Music Magic" (Macro Systems) wird durch Paddle gesteuert. Der aktuelle Befehl wird durch einen Pfeil markiert.

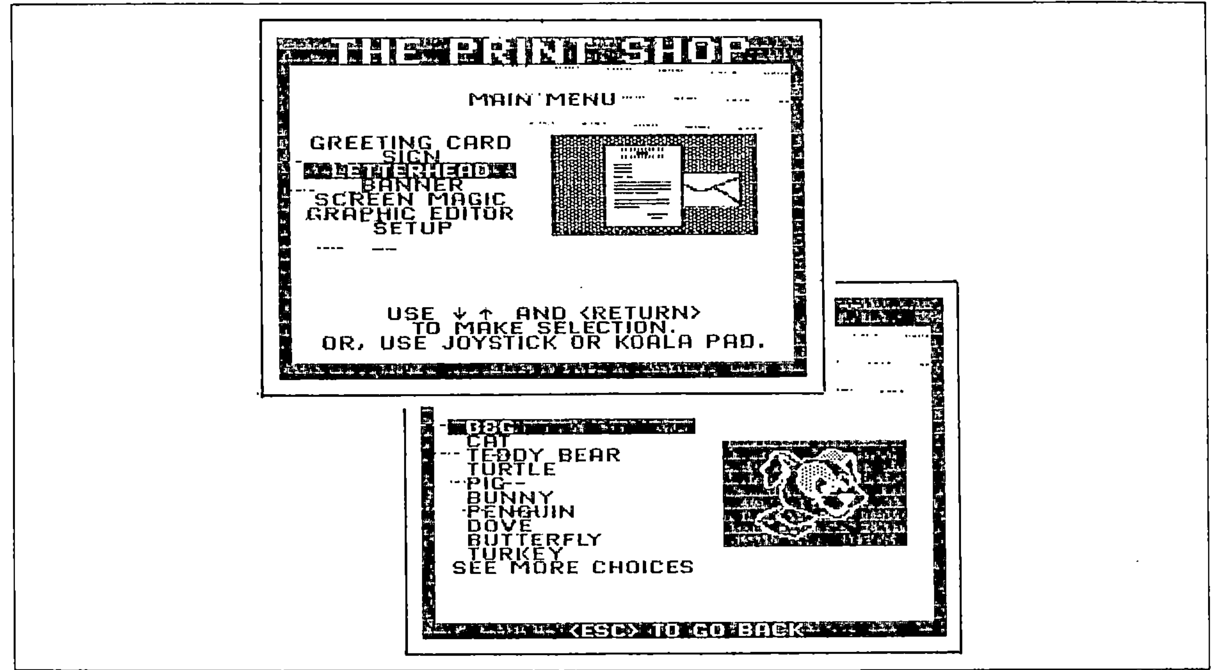

Fig. 7 "The Print Shop" (Brøderbund) wird wie der Filer II+ bedient, dazu kann nicht nur die Tastatur, sondern auch ein — relativ gesteuerter — Joystick verwendet werden, die Buttons entsprechen den Tasten <Esc> und <RETURN>. (Die Streifen auf dem Ausdruck sind kein Programmfehler, sondern durch den „harten" Programmabbruch (Hard Reset) entstanden.)

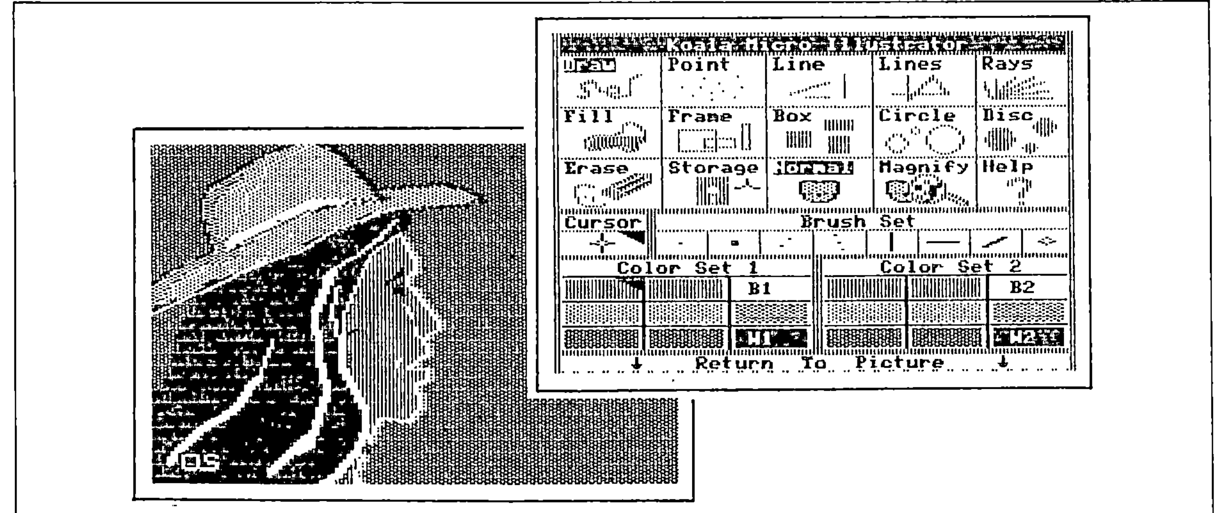

Fig. 8 Das Graphikprogramm "Koala Micro Illustrator" (Steven Dompier, Island Graphics Inc.) ist speziell für ein Graphic Tablet geschrieben, kann aber auch mit einem Joystick bedient werden.

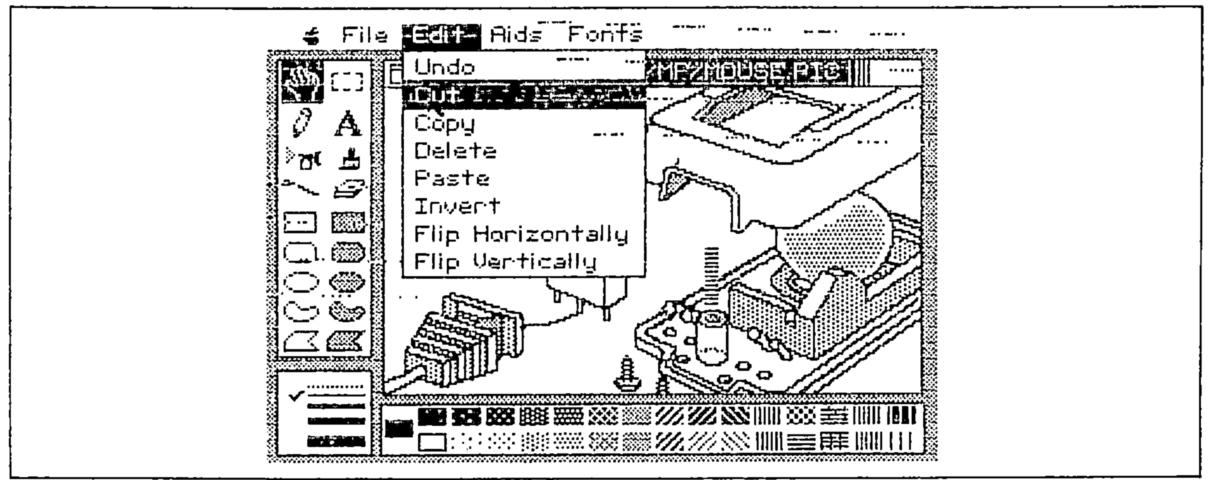

Fig. 9 Für das Graphikprogramm "Mousepaint" (Bill Budge, Apple Computers Inc.) sollte als Eingabegerät eine Maus zur Verfügung stehen, die ebenfalls mögliche Bedienung über Joystick ist, wegen der relativen Steuerung, unter Umständen einfacher als bei "Koala Micro Illustrator". (Die Streifen sind wie bei "The Print Shop" entstanden.)

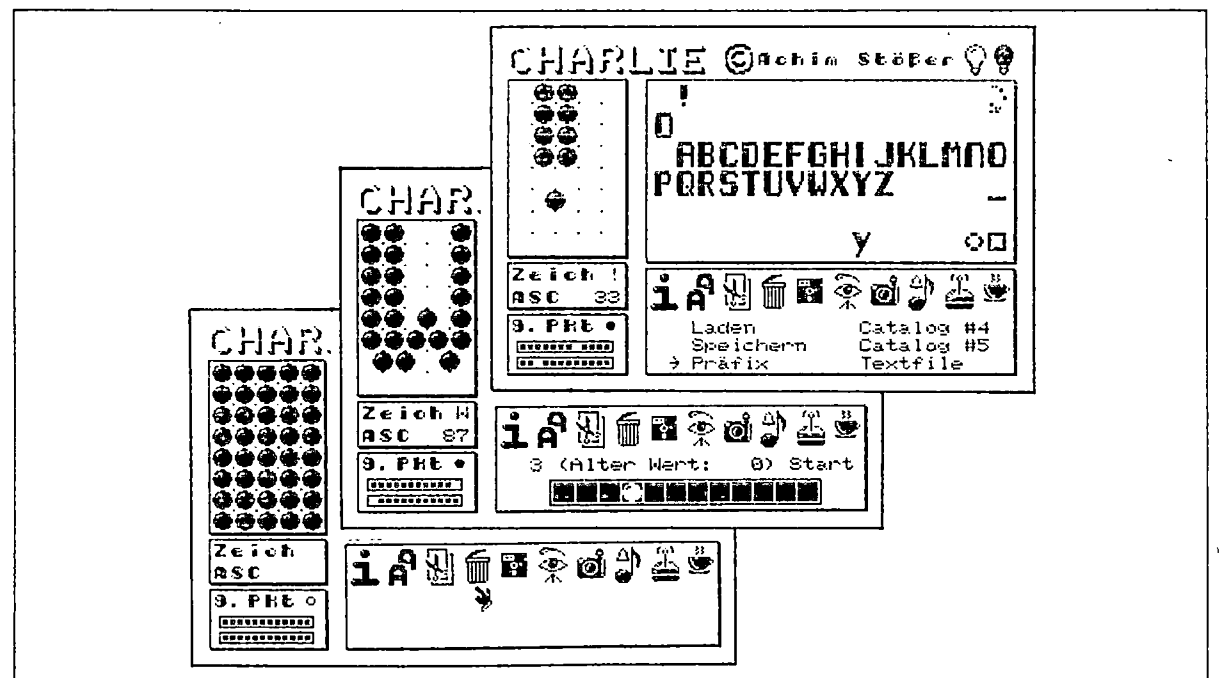

Fig. 10 "Charlie" (Character List for Epson), ein Utilty zur Programmierung des frei definierbaren Zeichensatzes des Druckers Epson FX-80, wird über Tastatur oder Joystick bedient. Dabei kann das Eingabegerät separat für das Hauptmenü, den Editor und die Zeichenauswahl festgelegt werden.

Situations- und Trendbericht

Gerfried Tatzl

Aufgaben und Möglichkeiten der Bildschirmtechnik

Rechnergesteuerte Operationen führen zu Ergebnissen, die dem Benutzer eines Computers in geeigneter Form mitgeteilt werden müssen. Umgekehrt ist es auch notwendig, von der Eingabeseite her — zumindest im weitesten Sinn — die Vorgänge im Computer verfolgen und kontrollieren zu können. Auf diese Weise wird die Anzeige bzw. der Bildschirm eines Computers zur *wichtigsten Nahtstelle in der Kommunikation Mensch — Computer.* Die Ausgabeeinheit Anzeige, die gleichzeitig flüchtige Ausgaben (*Softcopies*) produziert, hat gegenüber der *Hardcopies* herstellenden Druckeinrichtung den Vorteil, die Kommunikation in zweierlei Richtung optimaler ablaufen zu lassen. Drucker sind nun einmal für den Dialog Mensch — Computer nur ein unzulängliches Instrument.

Die Entwicklung der Bildschirmtechnik hat heute einen Standard erreicht, der noch keinen Abschluß erkennen läßt. Die Bildschirmtechtik selbst läßt sich aus zwei Blickwinkeln betrachten:

- Bildschirmtechnik als Element einer verbesserten Mensch-Maschine-Kommunikation
- Technologie der Bildschirmtechnik im Dienst der vorgenannten Anwendungsoptimierung.

Fragen der Lösung rein technischer Probleme und Fragen der Aufarbeitung anwendungstechnischer Aufgaben bedingen sich mehr oder minder gegenseitig. Hier soll aber versucht werden, spezifische Analysen der verschiedensten Problemstellungen zu liefern, die mit Anwendung und Bau des Bildschirms als Ausgabeeinheit zusammenhängen.

Bildschirmtechnik aus dem Blickwinkel der Anwendung

An der Verbesserung des Zusammenspiels zwischen dem Menschen als Anschaffer und dem Computer als Ausführender von Befehlen und Anweisungen hat der Bildschirm wesentlichen Anteil. Je bessere Lösungen von der Technik her angeboten werden, desto bessere Lösungen kann der Computeranwender liefern. So besehen besteht zwischen Hersteller und Anwender eine Wechselbeziehung, die in beiderseitigem Interesse ausgebaut werden sollte. Bei genauerem Hinsehen lassen sich Einzelheiten in der besonderen Bedeutung des Bildschirms als Schnittstelle herauslesen:

Steuerung des Dialogverkehrs: Auch wenn der Dialog letztlich eine vom programmierenden Menschen gelieferte Maßnahme darstellt, so wird sie letztlich doch zum Teil des Computersystems. Die Unterhaltung mit dem Computer läuft über den Bildschirm wie ein Frage- und Antwortspiel. Bei guter Konzipierung des Dialogs läßt dieser einen ausreichenden Aufschluß über den jeweiligen Stand der Verarbeitung zu und trägt damit wesentlich zu einer Erhöhung der Sicherheit in der Verarbeitung bei. Dies ist nun einmal ein Punkt von ausschlaggebender Bedeutung, da er auch ein größeres Vertrauen in die Arbeit des Computers fördern kann.

Programmkontrolle: Sicherlich läßt sich auch über einen Drucker ein Blick in das Innere eines Programms werfen. Mit Hilfe des Bildschirms ist dies aber leichter, vor allem dann, wenn dieser groß genug ist, um einen größeren Teil des Programms sichtbar zu machen, der einer Kontrolle unterzogen werden soll.

Solange sich das Programm noch im Teststadium befindet, ist die Redigierung über den Bildschirm vorzuziehen; erst wenn das Programm ausgetestet ist, sollte das *Listing* über den Drucker als Teil der Dokumentation ausgegeben werden.

Ein-/Ausgabeeinheit: Was die Eingabeseite betrifft, kann der Bildschirm die Tastatur als eigentliche Eingabeeinheit unterstützen, indem er die gesamte Eingabe so lange auf dem Bildschirm behält, bis diese durch die Betätigung der Eingabeabschlußtaste (RETURN, ENTER, etc.) in die Verarbeitung geschickt wird. Solange diese Taste noch nicht gedrückt ist, kann die Eingabe beliebig verändert werden; der Bildschirm wird damit zu einem *Eingabepuffer*. Der Einsatz des Bildschirms als Ausgabeeinheit liefert uns die Resultate als flüchtige Kopie (*Softcopy*), mit der man in vielen Fällen das Auslangen findet. Dies deshalb, weil dem Benutzer durch die Kapazität der Anzeige viele Informationen gleichzeitig präsentiert werden können. Im Bedarfsfall läßt sich der Bildschirminhalt immer noch ausdrucken (*Hardcopy*).

Vorteile größerer Anzeigen: Der Vorteil großflächiger Anzeigen kam schon zuvor deutlich zum Ausdruck. Wichtig für den Betrachter ist das Zusammenspiel einzelner Informationen; und dies vermeidet so einen Ausdruck, der hinterher oftmals in den Papierkorb wandert. Man denke dabei an die Ausgabe der Daten eines Kunden: Man möchte neben dem Kontostand auch wissen, welche Umsätze mit dem Kunden getätigt wurden und wie dessen Zahlungsmoral aussieht, bevor man mit diesem Kunden weitere Lieferverträge abschließt. Taschen- und Handcomputer, die es heute zwar schon auf vier Zeilen in der Anzeige bringen, sind bei der Lösung derartiger Aufgaben hoffnungslos überfordert; für sie gibt es andere Aufgaben. Auch die Kontrolle und die Redigierung von Programmen wird erleichtert, wenn gleichzeitig eine größere Anzahl von Programmzeilen überprüft werden kann. Größere Anzeigen ermöglichen in allen Fällen eine komfortablere Verarbeitung und befinden sich damit in einer Schlüsselposition. Kleinere Anzeigen sehen ihre Vorteile auf anderen Anwendungsgebieten, beispielsweise in der mobilen Datenerfassung vor Ort.

Die meisten der hier aufgezeigten anwendungstechnischen Eigenschaften der Bildschirmtechnik ziehen Nutzen aus deren technischer Entwicklung.

Vom Wesen der Bildschirmtechnik

Genau genommen hat die Bildschirmtechnik in Großrechenanlagen erst spät Eingang gefunden. Heute sind als Dialogcomputer bezeichnete Modelle aus der Wirtschaft nicht mehr wegzudenken. Personalcomputer bis hinunter zu Taschen- und Handcomputern können heute mit Hilfe der Anzeige bzw. des Bildschirms mit dem Benutzer im Dialog verkehren. Daß der Dialog vielfach keine feststehende Einrichtung ist, sondern wie jede andere Aufgabe programmiert werden muß, wird häufig übersehen.

Parallel zur Entwicklung der Monitore für Großcomputer hat auch im Bereich der kleinen Computer die Entwicklung eigener Anzeigen eingesetzt. Taschenrechner, vorerst noch ohne Programmiereinrichtung, wurden mit Nixi-Röhren und Vakuum-Fluoreszenz-Anzeigen ausgestattet, die die einzelnen Ziffern von 0 bis 9 — Buchstabendarstellungen folgten erst später — zum Leuchten brachten. Auch die darauf folgende LED-Anzeige (LED: *Light Emitting Diode*), die auch heute noch verwendet wird, hat nur eine begrenzte Anwendung, weil sie sehr viel Strom verbraucht. Daher wurden Taschenrechner sehr bald mit Netzadaptern ausgerüstet, um zumindest im Stationärbetrieb dem häufigen Batteriewechsel zu begegnen. Mit der Einführung der Flüssigkristallanzeigen (LCD: *Liquid Crystal Display*) und dem Wechsel zur Batteriestromversorgung durch Alkali-Mangan-Batterien begann sich ein Wandel abzuzeichnen, der heute bereits bis zu großflächigen Anzeigen reicht und dessen Ende noch nicht abzusehen ist.

Zwischen den konventionellen Fernsehern und Monitoren und den Flüssigkristallbildschirmen besteht vielfach ein anwendungstechnischer Unterschied: Während die erstgenannten für ortsfeste Computeranlagen meist eine Zusatzeinrichtung darstellen, sind Flüssigkristallbildschirme im allgemeinen in Computer integriert. Bei tragbaren Computern findet man wohl auch eingebaute Monitore; sie haben aber einen kleinen Bildschirm und eignen sich daher in erster Linie für kurzzeitige Verarbeitungen.

Fernsehschirm und Monitor: Wenn hier zwei Vertreter der konventionellen Bildschirmtechnik genannt werden, hat das seinen guten Grund: Handelsübliche Fernsehgeräte werden heute vor allem im Zusammenhang mit *Homecomputern* verwendet, während Monitore in erster Linie im kommerziellen Einsatz stehen. Monitore, vor allem farbige, würden durch einen höheren Preis und durch die Notwendigkeit einer sofortigen Anschaffung den Absatz von Homecomputern nicht gerade günstig beeinflussen. Obwohl Fernsehgeräte nicht nur einen Preisvorteil besitzen, sondern meist schon zur Verfügung stehen, wenn ein Homecomputer gekauft wird, haben sie auch einen Nachteil: Zufolge geringerer Auflösung belasten sie das Sehvermögen schon durch einen Betrachtungsabstand, der im allgemeinen weit unter dem vorgeschlagenen liegt. Daher empfiehlt sich die Anschaffung eines Monitors für alle jene Anwender, die ihren Homecomputer hart hernehmen wollen. Aber auch Monitore sollten nicht über Gebühr lange auf die Augen einwirken.

Neben der Augenbelastung durch die Zeitdauer der Einwirkung sollte auch dem Kontrast Augenmerk beigemessen werden. Was aber für den Fernsehbildschirm bzw. Monitor spricht, ist die Leuchtkraft, so daß auch bei wenig Fremdlicht gearbeitet werden kann. Dazu kommt noch, daß der Bildschirminhalt sich auch gut erfassen läßt, wenn man nicht unmittelbar vor dem Bildschirm sitzt. Das Erfassen eines Textes ist vom jeweiligen Blickwinkel fast unabhängig. Der Blickwinkel ist also im allgemeinen recht weit angesetzt.

Man könnte die an sich gute Lesbarkeit noch weiter verbessern, wenn man die Abstände zweier Zeichen bzw. zweier Zeilen etwas größer wählte, als dies manchmal der Fall ist. Größere Abstände ermöglichen ein rascheres Erfassen eines Bildschirminhalts. Hier könnte sicherlich noch mehr getan werden.

Flüssigkristallanzeigen: Anzeigen dieser Art wurden erstmals in kleine Rechner eingebaut. Die einzelnen Zeichen wurden in Form einer Punktmatrix dargestellt oder aus mehreren Segmenten zusammengesetzt. Der Energieaufwand derartiger Anzeigen betrug nur mehr einen Bruchteil dessen, was an Aufwand für LED-Anzeigen erforderlich war. Daher wurde mit dem Einbau bei den Taschenrechnern begonnen. Dies geschah aber auch aus einem anderen Grund: Flüssigkristallanzeigen bedürfen grundsätzlich eines Fremdlichts, um gesehen werden zu können, und großflächige Anzeigen mit ausreichender Auflösung herzustellen, war nicht einfach. Dazu kommt noch, daß der Kontrast großflächiger Flüssigkristallanzeigen auch heute noch etwas zu wünschen übrig läßt. Des weiteren arbeiten solche Anzeigen auch recht träge und sind für die Darstellung bewegter Vorgänge nur bedingt einsetzbar. Die gleichzeitige Ansteuerung vieler Bildpunkte, dazu noch farbiger, ist ein nur mit Schwierigkeiten zu lösendes Steuerungsproblem. Bis auf eine bekannte Ausnahme aus dem Taschenrechnerbereich sind Flüssigkristallanzeigen trotz regulierbarem Kontrast nur aus engen Blickwinkeln optimal betrachtbar. Auch hier gibt es Anzeigen, die zu knappe Abstände zwischen einzelnen Zeichen bzw. Zeilen vorsehen, um eben so viel als nur irgend möglich in der Anzeige unterzubringen; sie beeinträchtigen auch aus diesem Grund die Lesbarkeit.

Die durch diese Technik ermöglichte Flachbauweise der Bildschirme und ihr geringes Gewicht hat aber dennoch zumindest in einigen Fällen zu beachtenswerten Ergebnissen geführt. Die Anzeigekapazität ist da und dort bereits mit jener der Monitore durchaus zu vergleichen; das zeigen vor allem die Modelle Data General/One und Pro Lite (Texas Instruments). Flüssigkristallanzeigen arbeiten nach verschiedenen Verfahren; es wird auch an der Farbdarstellung gearbeitet. Hewlett-Packard hat im übrigen zu Beginn dieses Jahres zum ersten Mal in den USA mit dem Integral PC eine weitere Neuheit auf dem Sektor der Flachbildschirme mit elektroluminiszenter Anzeigeart (selbstleuchtend) vorgestellt. Gegenüber dem Flüssigkristallbildschirm bringt diese neueste Technologie einen wesentlich besseren Kontrast, sieht optisch aber aus wie eine Flüssigkristallanzeige.

Zukunftsaussichten

Sicherlich werden wir mit weiteren Spielarten von Flachanzeigen konfrontiert werden. Heute vielleicht noch Vision, könnte in nicht allzuferner Zukunft auch der Leuchtdiodenbildschirm, an dem schon gearbeitet wird, Wirlichkeit werden: Mit den Vorteilen des Monitors (Eigenlicht) und den Vorteilen des Flüssigkristallbildschirms und seiner Trabanten (Flachbauweise) könnte er zu einer weiteren Variante der Bildschirmtechnik führen. Das Problem sind aber auch hier die vielen anzusteuernden Bildpunkte, wozu noch die Farbpunkte kommen. Vor dem Einsatz der Flachbauweise in der Unterhaltungselektronik wird diese Anzeigetechnik im kommerziellen Einsatz getestet. Der flache großflächige Bildschirm an der Wand, gleichzeitig von mehreren Personen betrachtbar, ist auch im kommerziellen Einsatz denkbar. Wenn heute Fernsehgeräte mit einer Infrarotfernbedienung arbeiten und auch in der Datenübertragung Optokoppler eingesetzt werden, sollte die Bedienung eines an der Wand hängenden Bildschirms auch drahtlos von der Konsole aus möglich sein.

Viele Aussichten, aber auch viele Fragen. Fragen, die sich nicht allein aus technischen Problemen ableiten lassen, sondern bis hin zur Gesundheit reichen. Bei weiter zunehmender Versorgungsdichte mit Computern werden immer mehr Leute immer mehr Zeit vor einem Bildschirm verbringen. Da auch die Sehkraft ihre Grenze hat, sollte mit ihr sorgsam umgegangen werden. Die weitere Entwicklung der Bildschirmtechnik bietet dazu zahlreiche Chancen.

Der Beitrag beschreibt die Kombination von handschriftlicher Direkteingabe über ein Graphiktablett und einem Textbearbeitungsprogramm. Das Graphiktablett wird sowohl zur Cursorsteuerung als auch zum Schreiben von Schriftzeichen und zur Kommandoeingabe verwendet.

Schlüsselworte: Handschriftliche Direkteingabe — Textbearbeitung

Wolfgang Doster und Richard Oed

Textbearbeitung auf Personal-Computern mit handschriftlicher Direkteingabe

1 Einführung

Die dem Menschen seit Jahrhunderten vertraute Art, Informationen niederzuschreiben, zu korrigieren und zu verändern — mit Bleistift und Papier — wird mit Zunahme von Programmen und Geräten zur Textbearbeitung immer mehr in den Hintergrund gedrängt. Statt der *Finger-Schreibwerkzeug-Kombination* muß die unnatürliche *Finger-Tastatur-Kombination* verwendet werden. Neuere Textbearbeitungsprogramme bieten die alternative Benutzung von Maus und Tastatur an. Es ist jedoch auch möglich, sich auf nur ein Eingabemedium zu beschränken. Durch die heute (relativ) preiswert erhältlichen Digitalisierungstabletts — die noch vom flachen Bildschirm getrennt und deren Ebene noch um 90 Grad zum Bildschirm versetzt ist — ist es jedoch möglich, unter Verwendung geeigneter Software bei der Textbe- und -verarbeitung die handschriftliche Komponente wieder stärker zu beleben.

Ein Personal-Computer wird neben seiner Standardausstattung mit einem Digitalisierungstablett, **Fig. 1**, ausgerüstet und ein Programm zum Erkennen handschriftlich eingegebener Symbole geladen. Unter Verwendung eines kleinen Systemprogramms hat der Benutzer eines Textbearbeitungsprogramms dann prinzipiell zwei Eingabemöglichkeiten:

- die „gewohnte" Tastatur und alternativ dazu,
- das Tablett mit seinem Stift.

Die *Stift-Tablett-Kombination* kann sowohl zur Kommandoeingabe, zur Cursorsteuerung und zum Schreiben von Text verwendet werden. In dieser Form stellt die Stift-Tablett-Kombination eine Erweiterung der heute bei PC zunehmend vorzufindenden „Mäuse" dar.

Dieser Beitrag beschreibt die realisierte handschriftliche Direkteingabe, beschäftigt sich dann mit der Verbindung zur Textbearbeitung, erläutert den Stand der Implementierung und gibt einen Ausblick auf das weitere Vorgehen.

2 Handschriftliche Direkteingabe

Die handschriftliche Direkteingabe erfolgt über ein *Graphiktablett.* Es besteht aus dem eigentlichen Tablett und einem Stift; beide stellen eine Sender-Empfänger-Kombination dar. Es gibt verschiedene technische Realisierungsformen [1], wir benutzen eine Kombination, die nach einem magnetostriktiven Verfahren arbeitet. Kommt der Stift in die Nähe des Tabletts, so werden im Tablett über die Laufzeit einer magnetischen Wanderwelle die aktuellen Stiftkoordinaten gemessen und über eine V.24-Schnittstelle

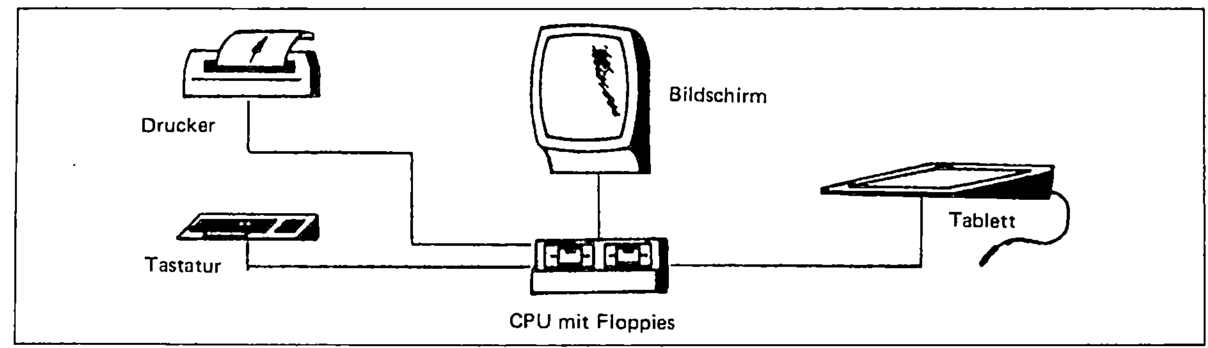

Fig. 1 Der Personal Computer mit Standardausstattung und zusätzlichem Graphiktablett

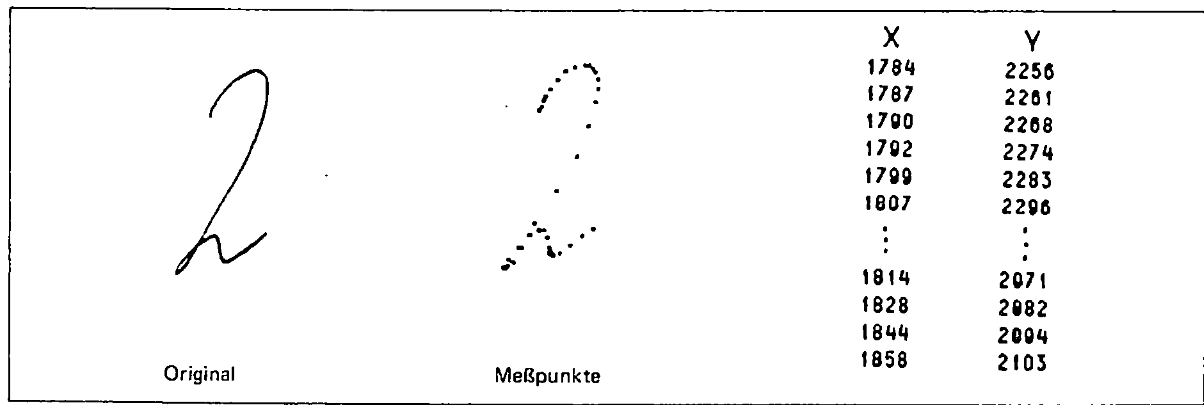

Fig. 2 Eine "2" im Original, die Meßpunkte graphisch und direkt als Tablettkoordinaten dargestellt.

weitergegeben. Zusätzlich wird unterschieden, ob der Stift aufgesetzt ist oder sich nur in der Nähe der Tablettoberfläche befindet. Für die handschriftliche Direkteingabe benutzt man den Modus aufgesetzt, für die Cursorsteuerung ist auch der Modus „in der Nähe" geeignet.

Das Auswerteprogramm erhält über die V.24-Schnittstelle eine Folge von Tablettkoordinaten, **Fig. 2,** und muß nun diese geeignet zusammenfassen (zu Schriftzeichen), normieren und anschließend erkennen. Der Start zum Auswerten einer Koordinatenfolge kann entweder durch Antippen eines Menüfeldes erfolgen oder geschieht automatisch, falls eine vorgegebene Zeit lang keine Koordinaten mehr an den Rechner geschickt wurden.

Wir nennen die Folge von Koordinaten vom Aufsetzen des Stiftes bis zum Abheben einen *Linienabschnitt —*

es gibt demnach Zeichen mit einem oder mehreren Linienabschnitten, z. B. die „2" oder die „4". Eine wesentliche Aufgabe ist deshalb, vor allem wenn mehrere Zeichen auf einmal geschrieben werden, die Zusammenfassung der richtigen Linienabschnitte zu Zeichen. Dieser Schritt wird als *Segmentierung* bezeichnet. Im vorliegenden Ansatz wird ein zweistufiges Segmentierverfahren verwendet [2], bei dem neben den umschreibenden Rechtecken der einzelnen Linienabschnitte (zur Grobsegmentierung) in sich dann ergebenden Teilmengen mit dem direkten Abstand der Linienabschnitte zur Feinsegmentierung gearbeitet wird. Dadurch ist es möglich, auch Zeichenfolgen wie in **Fig. 3** korrekt zu segmentieren.

Die *Tablettabtastfrequenz* ist konstant. Daher fallen bei langsamem Schreiben mehr Tablettkoordinaten an. Schreibgeschwindigkeit und Schriftgröße sollen

200

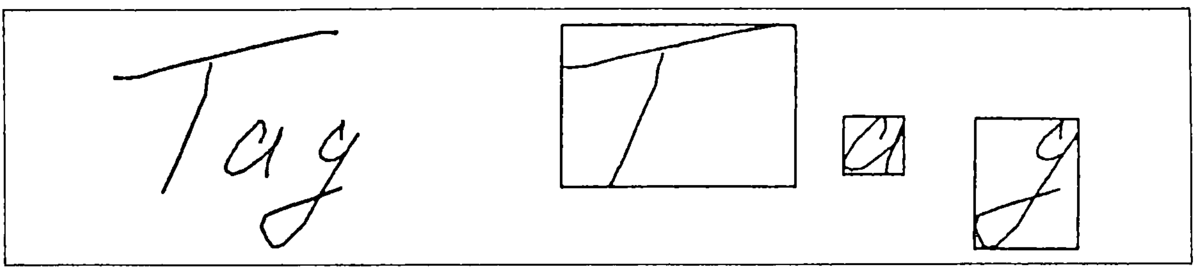

Fig. 3 Die Zeichenfolge "Tag" und das Ergebnis der Segmentierung

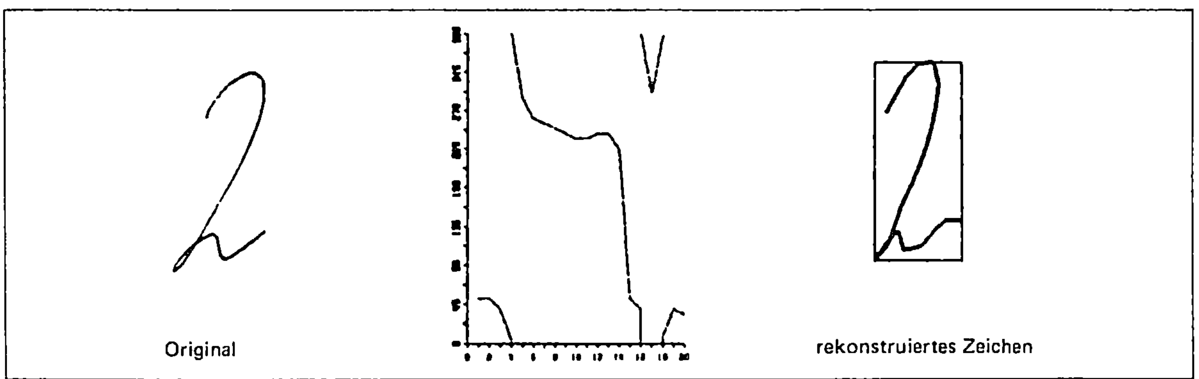

Fig. 4 Eine "2" als Originalzeichen, der daraus gewonnene Merkmalsvektor und das daraus rekonstruierte Zeichen.

keinen Einfluß auf das Ergebnis der Erkennung haben. Aus diesem Grund werden alle Linienabschnitte auf eine einheitliche Größe normiert. Dies entspricht der Darstellung in einem Richtung-Weglänge-Diagramm mit fest eingestellter Anzahl von Abtastwerten hinsichtlich der Weglänge.

Zu jedem Linienabschnitt gibt es ein umschreibendes Rechteck. Bei Zeichen mit mehreren Linienabschnitten wird zusätzlich ein gemeinsames umschreibendes Rechteck gebildet. Aus der Lage der Teilrechtecke innerhalb des gemeinsamen Rechtecks werden weitere Merkmale gewonnen.

Fig. 4 zeigt ein Zeichen in seiner Originaldarstellung, die normierte Darstellung im *Richtung-Weglänge-Diagramm* und das aus der normierten Form rekonstruierte Zeichen (die rekonstruierten Punkte sind durch Geradenstücke miteinander verbunden).

Die vorverarbeiteten Zeichen werden nun in einem hierarchischen Ansatz klassifiziert. Die Menge der abgespeicherten Referenzzeichen ist nach Linien-abschnittszahl gruppiert. Die erste Verzweigung in der Klassifizierung ist deshalb nach der Anzahl der festgestellten Linienabschnitte. Ein Zeichen wird dann mit den Zeichen dieser Teilmenge verglichen.

Zur Zeit ist eine Klassifizierung durch Abstandsmessung realisiert. In diese Messung gehen mit ein die Abstände der Linienabschnitte zueinander und die Abstände der umschreibenden Rechtecke der Linien-abschnitte bezogen auf das gesamte umschreibende Rechteck. Als Ergebnis der Klassifizierung wird zu jedem Zeichen, der durch die Linienabschnittszahl ausgewählten Teilmenge, ein Glaubwürdigkeitsmaß ausgegeben. **Fig. 5** zeigt ein Beispiel. In Abhängigkeit des Glaubwürdigkeitsmaßes kann dann entweder eine bestimmte Kennung ausgegeben oder die Entscheidung verweigert werden. Es ist auch möglich, falls sinnvoll, mehrere Alternativen auszugeben.

Das Programmsystem wird ergänzt durch zusätzliche Programme zur Interpretation der einzelnen Verarbeitungsschritte und einem Teil zum Editieren der Refe-

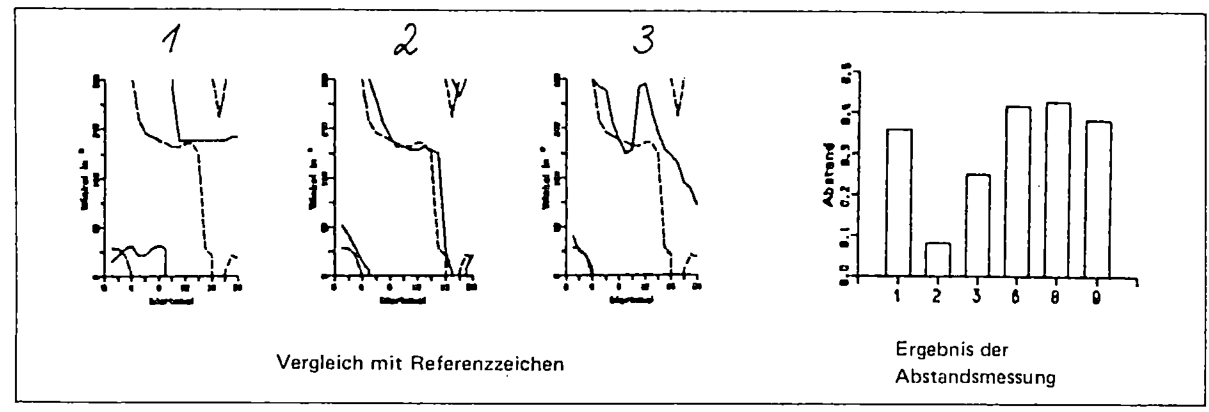

Fig. 5 Vergleich der "2" aus Bild 4 mit einigen Referenzzeichen (–: "2", – –: Referenzzeichen). Die Abstandsmessung liefert das Ergebnis "2" mit hoher Glaubwürdigkeit.

renzzeichen. Es können Kennungen geändert werden, Referenzzeichen gestrichen oder auch neue Zeichen dem Symbolvorrat zugefügt werden. Der Benutzer hat damit die Möglichkeit, ganz speziell auf ihn und seine Schreibweise abgestimmte Zeichen dem Referenzdatensatz hinzuzufügen.

3 Verbindung der handschriftlichen Direkteingabe mit Textbearbeitung

Bei der Textbe- und -verarbeitung muß man zwei wesentliche Phasen unterscheiden:

- die Ersterstellung des Textes,
- die weitere Bearbeitung des Textes.

Wir wollen uns im folgenden mehr mit dem zweiten Teil, der weiteren Bearbeitung des Textes beschäftigen, da für die Ersterstellung die Verwendung der handschriftlichen Direkteingabe für kommerzielle Anwendungen nicht schnell genug ist. Die professionelle Ersterstellung erfolgt entweder über Tastatur durch tastaturgeübte Schreibkräfte oder heute schon, bestimmt aber in naher Zukunft, auch durch direkte Dokumenteneingabe über OCR-Geräte (OCR: *Optical Character Recognition;* Optische Zeichenerkennung) in den Rechner [3] oder in fernerer Zukunft auch durch Spracheingabe.

Bei der weiteren Bearbeitung von Texten sind vorzugsweise Anweisungen (Kommandos) an das Textbearbeitungsprogramm zu geben und nur gelegentlich Zeichen/Wörter einzufügen.

Diese beiden Arten der Benutzereingabe — für Kommandos und für Texte — erfolgen üblicherweise in zwei Formen:

- Kommandos werden über getrennte Funktionstasten oder in Form von ^-Sequenzen (^ bedeutet *Control*) eingegeben.
- Texteingabe erfolgt durch Benutzung der „normalen" Tastatur.

Setzt man sich an einen Personal-Computer mit einem Textbearbeitungsprogramm, z. B. WordStar [4], dann muß der Benutzer, je nachdem, ob an seinem PC oder in seiner Betriebssystemimplementierung realisiert, entweder Funktionstasten (nach vorheriger Definition) betätigen oder Sequenzen, meist beginnend mit ^, gefolgt von einem oder mehr als einem Zeichen eingeben. Zur Cursorsteuerung können wiederum entweder ^-Sequenzen oder eventuell die Pfeiltasten verwendet werden.

Bei der Verwendung eines Tabletts und der handschriftlichen Direkteingabe läßt sich, wenn ein Betriebssystem mit *Multitasking-Eigenschaften* wie zum Beispiel Concurrent CP/M-86 [6] implementiert ist, die handschriftliche Direkteingabe (HDE) günstig mit jeglichen anderen Programmen verbinden, da zu diesem Zweck der Tastaturpuffer verwendet wird. Er übernimmt die zentrale Funktion einer *Mailbox* (elektronischer Briefkasten).

Task 1 sei das Textbearbeitungsprogramm, z. B. WordStar, und *Task 2* das HDE-Programm. Es sollen nun zur Eingabe für WordStar parallel entweder Tastatur oder HDE benutzt werden. Dazu muß das

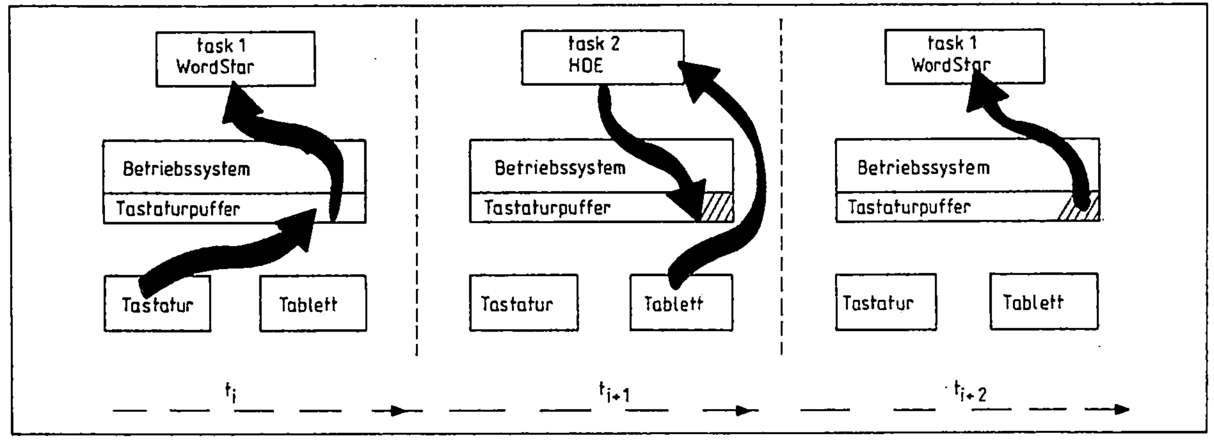

Fig. 6 Das Zusammenspiel der beiden Tasks über den Tastaturpuffer (dargestellt sind die Zeitpunkte t_i, t_{i+1}, t_{i+2}).

HDE-Programm, nachdem ein oder mehrere Zeichen erkannt wurden, die diesen Zeichen entsprechenden Tastaturfolgen in den Tastaturpuffer schreiben. Für das Programm WordStar — also für die *Task 1* — ist die *Task 2* und deren Schreiben in den Tastaturpuffer verborgen; seine Sicht ist auf den Tastaturpuffer begrenzt, **Fig. 6.**

Auch bei der Eingabe von Daten über HDE muß unterschieden werden, ob es sich um Kommandos oder um Eingabe von Text handelt.

Die Cursorsteuerung läßt sich am besten realisieren, indem ein separates Cursorsteuerfeld auf dem Tablett definiert wird. Die eigentliche Steuerung geschieht bereits beim Annähern an die Tablettoberfläche, beim Aufsetzen des Stiftes wird der Cursor fixiert. Ein erneutes Aufsetzen löst ihn wieder. Das Cursorsteuerfeld soll im allgemeinen keine 1 : 1-Abbildung des Bildschirms sein, eine Stiftbewegung auf dem Tablett bewirkt eine Cursorverschiebung auf dem Bildschirm. Auf dem Cursorsteuerfeld gibt es keinen fixierten Nullpunkt. Dadurch wird mit dem Stift und dem Cursorsteuerfeld eine der „Maus" vergleichbare Funktion erreicht. Es ist auch möglich, unterschiedliche Einteilungen des Cursorsteuerfeldes vorzugeben, d.h. unterschiedliche Zuordnungen zwischen im Cursorsteuerfeld zurückgelegter Wegstrecke und Bewegung des Cursors auf dem Bildschirm zu realisieren. Der Effekt ist ein schnelleres oder langsameres Durchlaufen des Textdokumentes.

Ist der Cursor positioniert, dann können Kommandos oder Text eingegeben werden. Die Einstellung des Textbearbeitungsprogrammes bezüglich der Voreinstellung wie z. B. Einfügen bleibt voll erhalten.

Auf dem Tablett ist zusätzlich ein Menübereich angelegt. Dieser ist in einzelne Felder unterteilt. Sinnvollerweise werden auf die Menüfelder seltene und „umständliche" Kommandofolgen gelegt. Der Benutzer hat selbst die Möglichkeit, zusätzliche oder für bestimmte Menüfelder andere Kommandofolgen zu vereinbaren.

Bei der Texteingabe sind in HDE neben dem Standardzeichenvorrat, der je nach Anwendungen Groß- und Kleinbuchstaben, Ziffern und Sonderzeichen umfassen kann, als zusätzliche Symbole Zeichen für

RETURN, DELETE, CONTROL

zu vereinbaren.

Die Eingabe von Kommandos kann damit in der Weise wie bei der Eingabe über die Tastatur erfolgen durch Schreiben von ˆ-Sequenzen auf dem Tablett. Der Benutzer betrachtet den Schirm und schreibt auf dem Tablett nahezu blind. Der geometrische Ort, auf den auf der Tablettfläche geschrieben wird, spielt keine Rolle.

Die eigentliche Stärke der HDE kommt aber erst zur Geltung, wenn statt der ˆ-Sequenzen direkt benutzerspezifisch vereinbarte Symbole eingegeben werden. Dazu muß der Benutzer, falls er nicht die in HDE voreingestellten Symbole verwenden will, neue Symbole eingeben und die dazu gehörenden ˆ-Sequenzen festlegen.

Um den Zeichenvorrat nicht uferlos wachsen zu lassen — je größer die Anzahl der zu unterscheidenden Symbole, je schlechter die Erkennung — bietet sich an, die Kommandos getrennt vom übrigen Zeichenvorrat zu halten, die Umschaltung zwischen den unterschiedlichen Zeichensätzen geschieht durch das ^-Zeichen oder ein anderes zu vereinbarendes Zeichen. Nach Eingabe einer Zeichenfolge wird automatisch wieder zurückgeschaltet in den Grundsymbolvorrat.

Auf dem Schirm des PC bleibt normalerweise das Bild der WordStar-Bearbeitung stehen, *Task 1*. Die unterste Bildschirmzeile wird als Statuszeile benutzt und wird hier dazu verwendet, den Benutzer bei einer erfolgten Nichterkennung eines eingegebenen Zeichens zu einer erneuten Eingabe aufzufordern.

Ein spezielles Umschaltsymbol bringt den virtuellen Schirm des HDE-Programmes auf den physikalisch vorhandenen Schirm. In dieser Einstellung werden die eingegebenen Zeichen nach der Erkennung nicht in den Tastaturpuffer geschrieben, sondern am Schirm dargestellt. Diese Einstellung dient zum Testen des HDE-Programmes und zum Editieren (Ändern und Neuhinzufügen von Zeichen) der unterschiedlichen Referenzdatensätze.

Fig. 7

4 Stand der Realisierung, Ausblick

Das Programm zur handschriftlichen Direkteingabe ist in Pascal/MT+86 geschrieben und auf einem OLYMPIA-PEOPLE-Rechner realisiert. Als Betriebssystem wird Concurrent CP/M-86 verwendet mit einer implementierten Prozedur zum Schreiben in den Tastaturpuffer. **Fig. 7** zeigt die Einbettung der Geräte in eine Büroumgebung.

Das vorgestellte System ist ein experimentelles System, mit dem wir die Möglichkeiten der handschriftlichen Direkteingabe studieren und die Änderung des Mensch-Maschine-Verhaltens beobachten wollen.

Bereits die derzeitige Kombination mit getrenntem Schirm und Tablett stellt eine geeignete Kombination zur Textverarbeitung mit direkter handschriftlicher Eingabe dar. Eine wesentliche Steigerung in der Benutzerfreundlichkeit wird sich jedoch ergeben, wenn die Kombination flacher Bildschirm und darauf angebrachtes durchsichtiges Tablett eine noch direktere Bearbeitung erlauben. Auch bei

einem Blick in die ferne Zukunft mit *Voice activated typewriter* — dem direkten Diktieren in den Rechner — kann eine Einrichtung zur Textbearbeitung, wie sie hier vorgestellt wird, eine wichtige Hilfe für die Interaktion sein.

Literatur

[1] *Tafel, H. J.* und *A. Kohl:* Ein- und Ausgabegeräte der Datentechnik, Kapitel 2.2. München, Wien 1982.

[2] *Doster, W.* und *R. Oed:* Zur Bildanalyse bei der handschriftlichen Direkteingabe, Mustererkennung 1983, 6. DAGM-Symposium. VDE-Fachberichte 35, S. 161–166.

[3] *Doster, W.* und *J. Schürmann:* A Step Towards Intelligent Document Input to Computers. Proceedings Computer Vision and Pattern Recognition (CVPR). Washington, D. C., USA, June 19–23, 1983, pp. 515–516.

[4] WordStar 3.0 Benutzer Handbuch. MicroPro International 1981.

[5] *Naiman, A.:* Einführung in WordStar. Düsseldorf 1983.

[6] Concurrent CP/M Produktbeschreibung. Digital Research 1983.

Anmerkung:
Dieser Beitrag ist eine modifizierte Fassung eines Vortrages anläßlich der Arbeitstagung der Fachgruppe Interaktive Systeme der GI im März 1984 in Zürich.

Programmierung

Anwendungen und Erfahrungen sind in diesem Buch vielfach vorgestellt; Auswahlkriterien für Hardware und Software werden aus verschiedenen Positionen zusammengetragen; die Benutzung ist für stark unterschiedliche Einsatzfälle diskutiert; Software-Themen sind konzentriert auch schon im zweiten Teil „Betriebswirtschaftliche Praxis" behandelt. In zwei Software-Reports wird dort Text- und Graphiksoftware sowie Tabellenkalkulation und integrierte Software untersucht. Auch die Beiträge über Wordstar, dBASE (II und III), Framework und Symphony gehören dazu und runden den betriebswirtschaftlich orientierten Teil dieses Buches ab.

Natürlich können Textverarbeitungsprogramme, Datenbanken und integrierte Software auch in technisch-wissenschaftlichen Anwendungen eingesetzt werden; überragende Bedeutung hat diese Software aber im Büro. Anders ist die Situation, wenn der „Software-Kontakt" auch oder gar überwiegend auf das Programmieren bezogen ist. Dies ist sicherlich häufiger in Technik und Wissenschaft der Fall, aber auch im Büro geht es nicht immer ohne Programmierung ab. Darum haben wir eine Reihe von Aufsätzen gewissermaßen „neutral" an dieser Stelle zusammengefaßt.

Gute „Programmierpraxis" ist, Verarbeitungskontrollen vorzusehen. Der erste Beitrag geht dieses Thema systematisch an. Plausibilitätskontrollen für Eingabe und Verarbeitung, Entscheidungstechnik, Korrekturroutinen und Datensicherung werden als Werkzeug für diesen Zweck vorgestellt.

Pascal-Tips und Beispiele dazu vermittelt ein Dreierblock, der mit einer Quelldateifortführung beginnt und dann UNITs und den Zeigertyp als dynamische Datenstruktur behandelt. Nachfolgend wird Modula-2 mit Pascal verglichen, wobei nicht der Hinweis fehlt, daß Pascal-Programmierer leicht den Übergang zu Modula finden werden. Die Gegenüberstellung zeigt, auf welche Veränderungen man sich einstellen muß.

Unter der Kopfzeile „UNIX-Praxis" ist das Thema „Software-Engineering mit Pipes" aufbereitet. Die für UNIX so wichtigen und typischen Pipes und Filter werden definiert, mit Beispielen veranschaulicht und für den Gebrauch zur Software-Konstruktion bewertet.

Das Interesse für die „Systemimplementierungssprache" C hat ständig zugenommen, selbst Anwendersoftware wird nun in C geschrieben. C enthält Elemente zur hardwarenahen Programmierung, ist also leicht auf andere Systeme übertragbar (portabel). Der letzte Beitrag in diesem Themenblock konzentriert sich auf die Systemprogrammierung mit C und zeigt dabei wesentliche Unterschiede zu anderen Sprachen (z. B. Pascal) auf. Eine Bewertung und eine Literaturliste gibt der Autor ebenfalls mit.

Harald Schumny

Gerfried Tatzl

Verarbeitungskontrollen

Jede rechnergesteuerte Verarbeitung gewinnt mit der Sicherheit, mit der sie abgewickelt wird. Je länger eine Verarbeitung läuft, desto größer wird ihr Sicherheitsbedürfnis. In diesem Zusammenhang sind es vor allem fortzuschreibende Zahlenwerte, die ein ganz besonders hohes Maß an Sicherheit beanspruchen.

Wenn wir von der Sicherheit in der elektronischen Datenverarbeitung reden, meinen wir zweierlei:

- Zum ersten ist es notwendig, Datenträger vor Beschädigung und Zerstörung zu schützen. Dazu fertigt man Sicherheitskopien von Programmen und Dateien an und bewahrt sie andernorts auf. Sollte also eine Datengarnitur auf welche Weise auch immer verloren gehen, kann mit der anderen — nicht ohne zuvor eine neue Sicherungskopie gemacht zu haben — weitergearbeitet werden.

- Fragen der Sicherheit berühren aber auch die eigentliche Verarbeitung und in diesem Bereich besonders die Eingabeoperationen. Je umfangreicher eine rechnergestützte Verarbeitung ist und je integrierter dabei gearbeitet wird, desto wichtiger wird der Einbau von Schutzmaßnahmen in der Programmausführung.

Ist eine Verarbeitung kurz und wird sie mehr oder minder isoliert ausgeführt, d. h. daß von ihr andere Bereiche nicht berührt werden, scheint der Einbau von Sicherheitsmaßnahmen wenig sinnvoll und unwirtschaftlich. Dies gilt vor allem für jene Fälle, in denen sich der Aufwand für eine Wiederholung einer Verarbeitung in Grenzen hält. Je vielfältiger, aufwendiger und umfassender die Operationen werden

bzw. je mehr Zusatzaufwand für allenfalls anfallende Reparaturen an Verarbeitungen notwendig sind, die Zeit und Geld kosten, desto mehr Aufmerksamkeit ist den Fragen der Sicherheit zuzuwenden. Dabei spielt es eine untergeordnete Rolle, ob ein Computer kommerziell oder privat genutzt wird.

Mit welchen Problemen hat eine rechnergestützte Verarbeitung zu kämpfen? Da sind einmal an vorderster Front die *Fehleingaben* zu nennen. Solche bleiben nie aus, wenn Daten eingegeben werden. Die Schnittstelle Mensch — Computer arbeitet nun einmal nicht so exakt, und es kann nicht erwartet werden, daß Eingaben völlig fehlerfrei verlaufen.

Das zweite Problem, mit dem es zu kämpfen gilt, ist in den *Schwierigkeiten während der Verarbeitung* zu sehen. Wenn Fehleingaben nicht abgefangen werden, kann dies zu Problemen während einer Verarbeitung führen und vor allem zur Ausgabe unsinniger Resultate. Weitaus problematischer ist die Wahrscheinlichkeit, daß es dabei zu Desorientierungen im Datengefüge kommt.

Dank der Aufmerksamkeit des Computerbenutzers werden aus welchen Einflüssen auch immer herrührende Fehler in der Verarbeitung, oftmals allein durch den sogenannten sechsten Sinn, doch irgendwann einmal zutage gefördert. In diesem Zusammenhang ist zu überlegen, wie den *Mängeln in der Verarbeitung* begegnet werden kann, um Datenbestände auf den Stand vor der irrtümlichen Verarbeitung zurückzuführen.

Diese drei Problemkreise der Sicherheit jeder computergesteuerten Verarbeitung seien nun anhand einiger Beispiele erläutert. Dabei angeführte programmtechnische Lösungen werden in der Programmiersprache BASIC präsentiert. Vorausgeschickt sei noch die Bemerkung, daß für den Einbau von Verarbeitungssicherungen vor allem die *Menütechnik* und der *Dialogverkehr* vorteilhafte Einrichtungen sind, ohne die Sicherheitsmaßnahmen nur ein Stückwerk bleiben müßten. Seitens der Menütechnik sind es dabei vor allem die lokalen Menüs, die zur Lösung der Sicherheitsfragen eingesetzt werden können.

Sicherheitsmaßnahme 1: Eingabeplausibilitätskontrollen

Für Begehen von Verarbeitungsfehlern sind die Eingabeoperationen am anfälligsten. Eingaben werden nun einmal in erster Linie von Menschen gemacht, sieht man von der Datenerfassung durch Meßeinrichtungen ab. Schon Kontrollen der Eingaben durch Vorgabe zulässiger Grenzwerte — wobei der Stellung dieser Grenzwerte besondere Bedeutung zukommt — können zu Beginn einer Verarbeitung viele Fehler abfangen. Aber auch zwischen diesen Grenzwerten lassen sich zusätzliche Problemzahlen herausfiltern, wenn beispielsweise nur ganze Zahlen oder Dezimalzahlen mit einer begrenzten Anzahl an Dezimalstellen zugelassen sind. Nachstehend seien einige Eingabeplausibilitätskontrollen angeführt:

Es werden nur Zahlen mit einer bestimmten Anzahl N Dezimalstellen zugelassen:

Z = INT ((10∧N)·Z)/(10∧N)

Daraus abgeleitet gilt für ganze Zahlen Z:

Z = INT (Z)

Prüfung der eingegebenen Zahl Z auf S ganze Stellen:

S = INT (LOG (Z))+1

Grenzwertabfragen nach einer unteren (UG) und einer oberen (OG) Grenze:

Z<=OG AND Z>=UG

Mit dieser letzten Abfrage werden nur zwischen den Grenzwerten einschließlich derselben liegende Eingaben akzeptiert.

Nun einige einfache Beispiele für Eingabeplausibilitätskontrollen und der sich daraus ergebenden Reaktionsmöglichkeiten. Es werden nur die zwischen zwei Grenzen liegenden Zahlen einschließlich der Grenzwerte zugelassen; andere Eingaben sind abzuweisen.

Variante 1: Sofortige Rückkehr zur Eingabe bei Vorliegen eines Eingabefehlers

```
1250 INPUT "Laenge L = ";L
1260 IF L<UG OR L>OG THEN 1250
1270 Fortsetzung nach Gutbefund
```

Variante 2: Bei Eingabefehler kurzzeitige Fehleranzeige und Rückkehr zur Eingabe

```
1250 INPUT "Laenge L = ";L
1260 IF L>=UG AND L<=OG THEN 1300
1270 PRINT "Eingabe unzulaessig"
1280 FOR I=1 TO 1000
1290 NEXT L :GOTO 1250
1300 Fortsetzung nach Gutbefund
```

Anstelle der Warteschleife in den Zeilen 1280/1290 lassen sich auch fallweise andere Pause-Operationen verwenden, um die Rückkehr zur Anzeige des Eingabehinweises automatisch ablaufen zu lassen.

Variante 3: Bei Eingabefehler kurzzeitige spezifizierte Fehleranzeige und Rückkehr zur Eingabe

```
1250 INPUT "Laenge L = ";L
1260 IF L>=UG AND L<=OG THEN 1320
1270 IF L<UG THEN F$="klein"
1280 IF L>OG THEN F$="gross"
1290 PRINT "Eingabe zu ";F$
1300 FOR I=1 TO 1000
1310 NEXT I : GOTO 1250
1320 Fortsetzung nach Gutbefund
```

Sicherheitsmaßnahme 2: Verarbeitungsplausibilitätskontrollen

Grundsätzlich ähnlich kann auch zum Erfassen von Verarbeitungsfehlern vorgegangen werden; hier sind es vor allem die in der Rechentechnik bekannten verbotenen Operationen, die herausgefiltert werden müssen. Diese verbotenen Operationen sind einmal Verarbeitungen mit unendlich, Divisionen durch die Zahl Null, Argumente von Logarithmen kleiner oder höchstens gleich Null, u. v. a. m. Gerade im Aufspüren solcher Fehler bewähren sich spezifizierte Fehleranzeigen, die wir zuvor bereits kennengelernt haben. Oftmals werden solche Kontrollen in erster Linie beim Programmtest verwendet und dann gegebenenfalls wieder aus dem Programm entfernt. Sie dienen somit zur Sicherstellung von an sich zulässigen Eingaben, die aber erst in späterer Folge allein oder in Kombination mit anderen Werten zu Problemen führen. So werden Grenzwerte im Verlauf der Verarbeitung erkannt und dann in Eingabeplausibilitätskontrollen aufgenommen.

Eine ähnliche Wirkung können Kontrollen haben, wenn es um die Überprüfung der Wirkung einer ablauftechnischen Maßnahme geht. Auch hier werden wir gelegentlich Verarbeitungskontrollen nur für den Testfall einrichten, um auf Mängel in der Problemanalyse zu stoßen.

Eine im Programm verbleibende Verarbeitungsplausibilitätskontrolle kann dazu führen, daß vor einer irreparablen Veränderung eines Datensatzes selbsttätig nach Anzeige oder besser Ausdruck eines Fehlerhinweises das Programm angewiesen wird, mit der Verarbeitung noch einmal von vorne zu beginnen.

Man wird aber gut daran tun, ein gut arbeitendes Sicherheitsnetz schon in den Bereich der Eingabe zu legen und die Verarbeitungsplausibilitätskontrolle zur Verbesserung bzw. Verschärfung der Eingabekontrollen zu benutzen. Dabei helfen ebenfalls später zu entfernende Fehlerhinweise beim Aufspüren von Fehlerquellen.

Sicherheitsmaßnahme 3: Entscheidungstechnik

Verarbeitungsplausibilitätskontrollen stehen zugegebenermaßen oftmals auf schwachen Beinen; das wurde schon zuvor angedeutet und auf Konsequenzen hingewiesen, die den Ausbau der Eingabeplausibilitätskontrollen betreffen. Solche Kontrollen vermögen wohl eine Vielzahl von Fehlern abzufangen, nicht aber alle. Unter den zulässigen Eingaben können sich durchaus auch solche befinden, die vom Programm aus unmöglich als fehlerhaft angesehen werden können. In diesen Fällen hat oft der Computerbenutzer das Gefühl, einen Fehler begangen zu haben; man könnte fast sagen, daß ein Mangel oftmals erst beim zweiten Hinsehen als solcher erkannt wird.

Um beim Ausdruck „beim zweiten Hinsehen" zu bleiben: Es ist wie auch bei „Liebe auf den zweiten Blick" so, daß erst ein weiterer Blick auf eine Eingabe diese als Fehleingabe entlarven kann. Was liegt daher näher, als eine Kontrolle vorzusehen, bei der der Benutzer *gezwungen* wird, vor der folgenden Verarbeitung nochmals einen Blick auf die Anzeige zu werfen. In den meisten Fällen befindet sich die Eingabe ohnehin noch auf dem Bildschirm bzw. in der Anzeige des Rechners. Folgender Programmzusatz zwingt den Benutzer tatsächlich zum nochmaligen Hinsehen:

```
1300 PRINT "ok=(J), no=(N)"
1310 Y$="" : Y$=INKEY$
1320 IF Y$="N" THEN 1250
```

```
1330 IF Y$<>"J" THEN 1310
1340 Fortsetzung bei Gutbefund
```

Für die Zuweisung des Codes einer Taste zu einer Zeichenkettenvariablen findet man anstelle der Funktion INKEY$ auch anders formulierte Anweisungen wie KEY$ oder auch GET$. Diese einfache Ja-/Nein-Entscheidung bringt den Benutzer tatsächlich dazu, sich die Richtigkeit der Eingabe nochmals durch den Kopf gehen zu lassen.

Ähnliches läßt sich auch bei späteren Kontrollen machen, um mit Betätigung der Buchstabentaste J anzuzeigen, daß man die Eingabe für gut befunden hat, bzw. mit N andeutet, daß die Eingabe zu wiederholen ist.

Derartige Kontrollmaßnahmen werden tunlichst in den Bereich der Eingabeoperationen verlegt, können aber auch in der Verarbeitung, beispielweise vor der Übernahme verdichteter Daten in Datensätze, eingerichtet werden. Bei solchen Kontrollen wird zum Unterschied von der Vorgabe von Fehlergrenzen nicht der Rechner bzw. das Programm zum Kontrollinstrument, sondern der die Programmausführung überwachende Mensch.

Die Kontrollen im Verlauf der Verarbeitung können auch mehrstufig angelegt werden; wie erwähnt vor einer Datenübernahme zur Wiederholung der letzten Verarbeitung, nach derselben zur Rückführung des Datenbestandes auf den Stand vor dieser letzten Verarbeitung und ebenfalls Wiederholung derselben. Sicherlich bedeuten mehrere Kontrollstufen auch mehr Verarbeitungsaufwand. Man muß sich aber die Rekonstruktion umfangreicher und komplizierter Datenbestände vor Augen halten, um die Wirtschaftlichkeit mehrstufiger Kontrollen beurteilen zu können.

Sicherheitsmaßnahme 4: Korrekturroutinen

Auch dann, wenn das bisher skizzierte Sicherheitsnetz nicht ausreichen sollte, muß die Möglichkeit gegeben sein, Mängel in der Verarbeitung beheben zu können. Man wird zur zuvor in Stufe 3 angedeuteten Rückführung eines Datenbestandes auf eine frühere Situation einen Speicherbereich einrichten, in welchem Einzelwerte vor Übernahme in einen Datensatz zwischengespeichert werden. Solche Speicher haben die Funktion von Rückstellspeichern und ermöglichen es, durch selbsttätigen Abruf der Zahlen einen nochmaligen Durchlauf der Datenübernahme mit umgekehrten Vorzeichen auszuführen. Die Rückstellspeicher haben damit zwei Funktionen: Zum einen ermöglichen sie eine Eingabe- und Verarbeitungswiederholung vor einer Datenübernahme und zum zweiten auch nach einer solchen, nur daß in diesem Fall eine Rückführung der Werte auf den alten Stand vorgeschaltet werden muß.

Auf diese Weise erhält der Benutzer eine weitere Chance, Datensätze vor einer irreparablen Veränderung zu bewahren.

Korrekturroutinen können auf vielfältige Weise verwirklicht werden; die Skala reicht von der mit umgekehrtem Vorzeichen zu durchlaufenden Verarbeitung der Eingabe bis hin zur Summenrückführung auf den alten Stand vor einer fehlerhaften Verarbeitung.

Korrekturroutinen wird man entweder in das Hauptmenü aufnehmen oder zu diesem Zweck ebenfalls wieder eine Ja-/Nein-Entscheidung als lokales Menü einrichten.

Sicherheitsmaßnahme 5: Datensicherung

Eine letzte Kontrolle einer rechnergesteuerten Verarbeitung ist in der Datensicherung zu sehen. Nicht nur deswegen, weil, wie eingangs erwähnt, man sich vor Beschädigung eines Datenträgers schützen soll, sondern auch wegen des Vater/Sohn-Prinzips — wer will, kann hier über das Großvater/Vater/Sohn-Prinzip noch weitergehen — die Möglichkeit einer Verarbeitungswiederholung auch wegen einer erst später als Fehlerverarbeitung erkannten Operation nicht außer acht gelassen werden soll.

Man nimmt also die Sicherheitskopien, sichert den nun nur mehr einmal vorliegenden Datenbestand ein weiteres Mal durch eine Kopie von der Kopie und führt die Verarbeitung nochmals durch. Was ins Gewicht fällt, ist der Zusatzaufwand an Maschinenzeit am Computer, der aber nur ein Bruchteil dessen ist, was an Korrekturaufwand zu leisten ist, wenn an der Rekonstruktion eines Datenbestandes ohne Datensicherung gearbeitet werden muß.

Dieses mehrstufige Sicherheitsnetz bedeutet aber auch programmtechnisch einen Mehraufwand, der aber ebenso wie die Notwendigkeit der Durchführung einer Rekonstruktion in der Verarbeitung selbst unter dem Blickwinkel gesehen werden muß: was lassen wir uns die Sicherheit in der elektronischen Datenverarbeitung kosten? Die Entscheidung muß letztendlich jeder Computeranwender selbst treffen.

Pascal-Tips und Beispiele

Alois Fadini

Quelldateifortführung bei UCSD-Pascal

In UCSD-Pascal kann eine bereits vorhandene Quelldatei (*Quell-File*) auf mehrfache Weise
fortgesetzt werden, ohne daß die in ihr vorhandenen Daten zerstört werden. Das folgende
Programm dient der Ein- und Ausgabe von *Integern* (es ist jedoch für Standard-Pascal
nicht anwendbar). Als Rechner wurde der Apple IIe verwendet.

```
PROGRAM QuellDateiFortfuehrung (INPUT, OUTPUT, EINGABE, AUSGABE);
VAR N:      INTEGER;
     Eingabe, Ausgabe: FILE OF INTEGER;

BEGIN (*HP*)
   RESET(Eingabe, '#4: Eingabe.data');
   WHILE NOT EOF(Eingabe) DO
      BEGIN
         WRITE(Eingabe^,' ');
         GET(Eingabe);
      END;
   READ(N);
   WHILE  N <> 0 DO
      BEGIN
         Eingabe^ := N;
         PUT(Eingabe);
         READ(N)
      END;
   CLOSE(Eingabe, Lock);

   REWRITE(Ausgabe, '#4: Ausgabe.data');
   RESET(Eingabe, '#4: Eingabe.data');
   WHILE NOT EOF(Eingabe) DO
      BEGIN
         Ausgabe^ := Eingabe^;
         PUT(Ausgabe);
         GET(Eingabe)
      END;
   CLOSE(Ausgabe, LOCK);
   CLOSE(Eingabe, LOCK);

   RESET(Ausgabe, '#4:Ausgabe.data');
   WHILE NOT EOF(Ausgabe) DO
      BEGIN
         WRITE(Ausgabe^,' ');
         GET(Ausgabe)
      END;
   CLOSE(Ausgabe, LOCK)

END.
```

Alois Fadini

UNITs beim UCSD-Pascal auf Apple IIe

1 Allgemeines

UCSD-Pascal ermöglicht den Einsatz von UNITs, durch die *externe* Pascal-Unterprogramme definiert und benutzt werden können. Mit ihnen können verschiedene Bibliotheken häufig gebrauchter Algorithmen aufgestellt werden, um sie in Pascal-Programmen modular zu verwenden. Dies führt nicht nur zu erheblichen *Speicherplatzeinsparungen*, sondern erhöht auch noch die *Überschaubarkeit* der Programme [1].

2 Deklaration von UNITs

UNITs werden mit dem Editor erstellt und in Textdateien gespeichert.

Allgemeines Schema:

UNIT Name;
   INTERFACE
      Global wirksame Definitionen
   IMPLEMENTATION
      Lokal wirksame Definitionen
   END.

Die ausführlichen *Syntax-Diagramme* finden sich bei [2].

3 Einschränkungen

- Es dürfen maximal 127 Prozeduren/Funktionen in einer UNIT vorkommen.
- Es dürfen keine Segmente vereinbart werden.

4 Drei UNITs-Darstellungen beim Apple IIe

Im folgenden werden die drei Darstellungen von UNITs am Apple-IIe-Rechner an einem Beispiel beschrieben. Dabei soll die Umrechnung einer sedezimalen Zahl in eine Dezimalzahl verwendet werden [2], [3], [4], [5], [6].

1. Fall: Im Programm eingebaute UNIT

Eine in ein Programm eingebaute UNIT muß mit einem *Strichpunkt* enden (s. Ende der UNIT), da der Punkt dem Ende des Hauptprogrammes vorbehalten ist. Beim Apple-IIe-Rechner muß vor dem Programmkopf die *Option* (*$S+*) gesetzt werden.

Eine Verwendung dieses UNITs-Falles besteht im *Austesten von Algorithmen*, die später in der Bibliothek abgelegt werden sollen (2. und 3. Fall).

```
(*$S+*)
PROGRAM InlineUnit (INPUT, OUTPUT);

UNIT  NONDECIMAL;

INTERFACE
CONST A = 10; B = 11; C = 12;
      D = 13; E = 14; F = 15;
TYPE Sedecimal = 0..15;
     Bereich   = 0..4095;
FUNCTION Hex(HI, MID, LO:Sedecimal): Bereich;

IMPLEMENTATION
FUNCTION Hex;
BEGIN
  Hex := (((HI*16) + MID)*16) + LO
END
END;
```

```
USES Nondecimal;

VAR H, M, L: INTEGER;
BEGIN
   WHILE NOT EOF DO
      BEGIN
         WRITE('Bitte 3stellige sedezimale ');
         WRITE('Zahl eingeben: ');
         READLN(H, M, L);
         WRITE('Der Sedezimalzahl ',H,' ', M,' ', L);
         WRITE(' entspricht die Dezimalzahl: ');
         WRITELN(Hex(H, M, L));
         READLN
      END
END.
```

2. Fall: Intrinsic UNIT

Die CODE-Form der UNIT wird vom Hauptprogramm gesondert in die *System-Bibliothek* (SYSTEM.
LIBRARY) eingebracht und beim Aufruf des Hauptprogrammes mit RUN automatisch adressiert. Beim
Apple-Rechner muß die *Option* (*$S+*) vor der
UNIT stehen. Dazu kommt noch nach dem Namen
der UNIT

INTRINSIC CODE csegnum DATA dsegnum;

csegnum ist die Segmentnummer für den CODE,
dsegnum die Segmentnummer für die Daten. Für den
Anwender sind die Segmentnummern von 16 bis 31
vorgesehen.

```
(*$S+*)
UNIT NONDECIMAL; INTRINSIC CODE 16 DATA 17;

INTERFACE
CONST A = 10; B = 11; C = 12;
      D = 13; E = 14; F = 15;
TYPE Sedecimal = 0..15;
     Bereich    = 0..4095;
FUNCTION Hex(HI, MID, LO:Sedecimal): Bereich;

IMPLEMENTATION
FUNCTION Hex;
BEGIN
   Hex := (((HI*16) + MID)*16) + LO
END
END.


PROGRAM Bibliothek (INPUT, OUTPUT);
(*USES-Beispiel: Umwandlung einer
   sedezimalen Zahl in eine
   Dezimalzahl.*)
USES Nondecimal;
VAR H, M, L: INTEGER;
BEGIN
   WHILE NOT EOF DO
      BEGIN
         WRITE('Bitte 3stellige sedezimale ');
         WRITE('Zahl eingeben: ');
         READLN(H, M, L);
         WRITE('Der Sedezimalzahl ',H,' ', M,' ', L);
         WRITE(' entspricht die Dezimalzahl: ');
         WRITELN(Hex(H, M, L));
         READLN
      END
END.
```

3. Fall: Reguläre UNIT

Die CODE-Form der regulären UNIT Nondecimal sei in der *Privat-Bibliothek* Algor.Library vorhanden. Dazu wird weiterhin die Option (*$S+*) bei der UNIT vor dem UNIT-Beginn benötigt. Im Hauptprogramm muß vor der aufgerufenen UNIT Nondecimal noch die *Option* (*$U #4:Algor.Library*) stehen,

wobei die Privat-Bibliothek in der Diskette des Laufwerks #4 sei.

Im Gegensatz zur System-Bibliothek (SYSTEM. LIBRARY) muß bei einer Privat-Bibliothek zum *Zusammenbinden* von Hauptprogramm und regulärer UNIT die *LINKER-FUNKTION* benutzt werden.

```
(*$S+*)
UNIT NONDECIMAL;

INTERFACE
CONST A = 10; B = 11; C = 12;
      D = 13; E = 14; F = 15;
TYPE Sedecimal = 0..15;
     Bereich   = 0..4095;
FUNCTION Hex(HI, MID, LO:Sedecimal): Bereich;

IMPLEMENTATION
FUNCTION Hex;
BEGIN
   Hex := (((HI*16) + MID)*16) + LO
END
END.


PROGRAM Bibliothek (INPUT, OUTPUT);
(*USES-Beispiel: Umwandlung einer
  sedezimalen Zahl in eine
  Dezimalzahl.*)
USES (*$U #4:Algor.library*) Nondecimal;
VAR H, M, L: INTEGER;
BEGIN
   WHILE NOT EOF DO
      BEGIN
         WRITE('Bitte 3stellige sedezimale ');
         WRITE('Zahl eingeben: ');
         READLN(H, M, L);
         WRITE('Der Sedezimalzahl ',H,' ', M,' ', L);
         WRITE(' entspricht die Dezimalzahl: ');
         WRITELN(Hex(H, M, L));
         READLN
      END
END.
```

5 Zur Einrichtung von UNITs

Die Einrichtung von UNITs mit dem Betriebssystem wird nach der angeführten Fallunterscheidung behandelt:

1. Fall: Im Programm eingebaute UNIT

Die UNIT wird zusammen mit dem Programm editiert. Das in der Arbeitsdatei liegende Programm wird mit

R (un

zum Laufen gebracht.

2. Fall: Intrinsic UNIT

a) Editieren der UNIT

b) Kompilieren der UNIT

c) Durch F (ile und S (ave als #5: Name.Code abspeichern

d) X (ecute Library. Falls sich Library.Code auf #5 befindet, lautet der Befehl
X (ecute
Execute what File #5: Library

e) Output Code File #4: System.Library <RET>

f) Link Code File <RET>

g) N <RET>
Link Code File → #5: Name.Code
Der UNIT-Name wird in eine Scheinbibliothek eingetragen.

h) Übertragen der UNIT Name.Code aus der Scheinbibliothek in die Systembibliothek.
<Slot # to link> <SP> <Slot #> <SP>
Q (uit <RET>
Notice?<RET>
Command Ebene

i) Das Hauptprogramm wird zum Arbeitsfile gemacht: System.Wrk.Text

j) Das Programm wird mit R (un gestartet.

3. Fall: Reguläre UNIT

a) UNIT schreiben und kompilieren

b) Einrichten einer eigenen Bibliothek:
My.Library.
X Library
Output Code File System.Library
Link Code File System.Library

c) = Übertragen sämtlicher Slots.

d) N

e) Link Code File→#5: Name.Code
Aufnahme der UNIT in die System.Library

f) Rückkehr in den Command Modus

q) X Library
Output Code File My.Library
Link Code File System.Library

h) Übertragen der UNIT aus System.Library in My.Library<Slot#to link> <SP> <Slot#> <SP>

i) Rückkehr in Command Ebene.

j) Hauptprogramm editieren und kompilieren.

k) L (ink
Host Program? System.Wrk.Code
Lib? My.Library
Lib? <RET>
Map? <RET>
Output File System.Wrk.Code

l) R (un.

Literatur

[1] *Niemeyer, G.:* Programmieren in Pascal, S. 140–148. Berlin: De Gruyter 1983.

[2] *Tiberghien, J.:* Pascal Handbuch, S. 381–396. Düsseldorf: Sybex 1983.

[3] *Cin, M. D.* und *E. Dilger:* Mikrocomputer Pascal, S. 70–73. Tübingen: Attempto 1981.

[4] *Zaks, R.:* Pascal und UCSD-Pascal, S. 336–338. Düsseldorf: Sybex 1983.

[5] *Apple II, Apple Pascal, Language Reference Manual, S. 70–75. Cupertino: Apple Computer 1980.*

[6] Apple II, Apple Pascal, Operating System Reference Manual, S. 176–180, 188–193. Cupertino: Apple Computer INC. 1980.

Alois Fadini

Zeiger-Typ als dynamische Datenstruktur in Pascal

Die dynamische Datenstruktur „Zeiger-Typ" ermöglicht die Aufstellung weiterer Datenstrukturen wie Listen, Bäume, Schlangen, Keller, wodurch u. a. die Sprache Pascal das hohe Maß an Flexibilität erreicht.

1 Statische und dynamische Datenstrukturen

Bei den *statischen Datenstrukturen* ist der Speicherplatz eines Programmes bereits bei dessen Abfassung festgelegt. Zu den statischen Datenstrukturen gehören *Skalartypen* (einfache Typen) und *strukturierte Typen*. Durch sie können zahlreiche Probleme effizient gelöst werde[*]. Doch gibt es auch viele Aufgabenstellungen (u. a. Listenverarbeitung), für die sie keine besonders effiziente Lösung darstellen. Es erhebt sich hier nun die Frage, ob für jede spezielle Problemstellung eine neue statische Datenstruktur eingeführt werden soll oder ob durch eine neuartige Datenstruktur alle übrigen Datenstrukturen konstruiert werden könnten. In der Sprache Pascal wurde der letzte Weg beschritten und die sog. *dynamischen Datenstrukturen* mit dem *Pointer-Typ* oder *Zeigertyp* eingeführt. Dabei zeigte es sich, daß mit dem Zeigertyp praktisch alle vorkommenden Datenstrukturen selbst „gestrickt" werden können.

Zu den Eigenschaften dynamischer Datentypen ist folgendes zu sagen: Sie sind an keinen Block gebunden wie die statischen Datentypen. Der Umfang dynamischer Datenstrukturen muß nicht von vornerein festgelegt werden, sondern kann flexibel während der Programmausführung den jeweiligen Gegebenheiten angepaßt werden. Dynamische Datenstrukturen werden während der Programmausführung durch eine Anweisung erzeugt bzw. durch eine zweite Anweisung wieder getilgt.

2 Zeigertyp

Der Zeigertyp ermöglicht die *Zusammensetzung beliebiger Datenstrukturen* wie Keller, Listen, Bäume. Dieses hohe Maß an Flexibilität muß mit einem erhöhten Programmieraufwand und einer größeren Fehleranfälligkeit erkauft werden und stellt deshalb an den Programmierer erhöhte Anforderungen.

Ein Zeiger (*Pointer*) ist eine Speicherplatzadresse (und wir werden dies häufig in den Veranschaulichungen der Arbeitsweise der Zeiger verwenden). Oder: Zeiger enthalten anonyme Speicheradressen dynamischer Variablen (d. h., man kann die Speicheradresse weder einlesen noch ausschreiben). Eine Zeigervariable erhält deshalb statt eines Namens einen Zeiger und stellt eine namenlose Variable dar.

> In der Sprache Pascal ist der Zeigertyp die einzige rekursive Datenstruktur.

2.1 Grundlagen

Es folgt eine Zusammenstellung der Beschreibung, der Syntax, der Eigenschaften und der Prozeduren von Zeigern.

2.1.1 Deklaration von Zeigern

Syntax

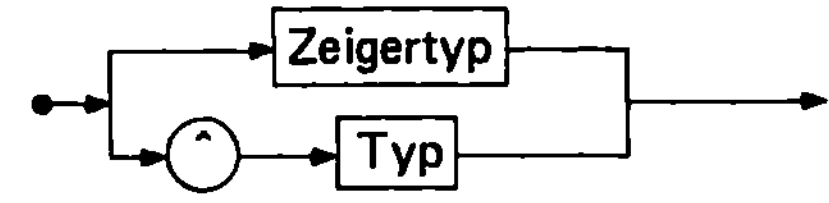

Beschreibung

Ein Zeiger ist die Adresse eines Speicherplatzes.

Beispiel

TYPE Zeiger =^STRING;
VAR Z1, Z2, Z3: Zeiger;

---

*) Die statischen Datenstrukturen in der Programmiersprache Pascal sind mit abrißartiger Angabe wichtiger Anwendungen: BOOLEAN (Steuerung von Programmen), CHAR (Textverarbeitung), INTEGER (Arithmetik, Zahlentheorie), REAL (Technik, Naturwissenschaft, Geldwesen), Aufzähl- und Unterbereichstyp (nicht-numerische Probleme); SET (Mengenlehre), ARRAY (Datenfelder, Matrixrechnung), RECORD (Verwaltung, Wirtschaft), FILE (Datenhaltung).

Veranschaulichung

Z1 ist ein Zeiger nach obigem Beispiel in der Variablen-Deklaration vom Typ ^STRING.

Z1

2.1.2 Rekursive Datenstruktur

Der Zeigertyp ist die einzige rekursive Datenstruktur in der Sprache Pascal. Dies steht in Analogie zu rekursiven Algorithmen, die über die Prozeduren und Funktionen realisiert werden.

Beispiel

```
TYPE   Zeiger = ^ZNamen;
          ZNamen= RECORD
                      Vorname,
                      Familienname: STRING;
                      Nachfolger: Zeiger
                   END; (Record)
VAR Anker, Hilfsanker: Zeiger;
```

2.1.3 Zuweisungsoperation

Zwei Zeiger vom gleichen Typ können einander zugewiesen werden.

Beispiel

```
TYPE Zeiger = ^CHAR;
VAR Z1, Z2: Zeiger;
BEGIN (*HP*)
    ...
    Z2 := Z1;
    ...
```

Veranschaulichung

Der Zeiger Z1 möge bereits auf ein Objekt weisen. Dann zeigt der Zeiger Z2 durch die Zuweisung Z2 := Z1; auf das gleiche Objekt.

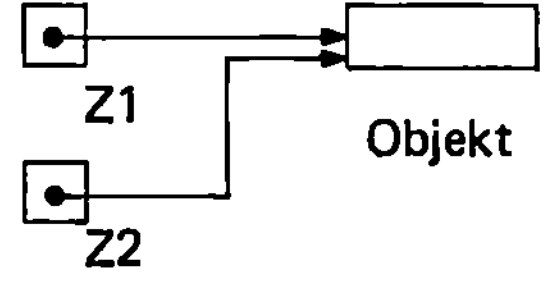

2.1.4 Vergleichsoperationen = und < >

Nach der Zuweisungsoperation sind in Anwendung auf Zeiger nur noch die beiden Vergleichsoperationen

= und <>

erlaubt. Diese starken Einschränkungen sind vom Sprachschöpfer *Wirth* absichtlich getroffen worden, um den Umgang mit Zeigern möglichst sicher zu machen.

216

Beispiel

(Erklärungen wie oben)

```
IF Z1 = Z2
   THEN
...
IF Z1 < > Z2
   THEN
...
```

Veranschaulichung

Z1 = Z2 bedeutet, daß die beiden Zeigervariablen Z1 und Z2 auf das gleiche Objekt weisen:

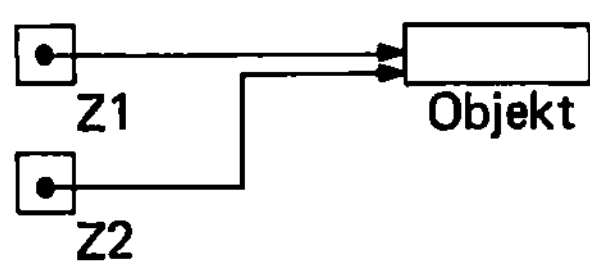

Z1 < > Z2 sagt dagegen aus, daß die beiden Zeigervariablen nicht auf das gleiche Objekt zeigen, d. h. sie zeigen auf verschiedene Objekte.

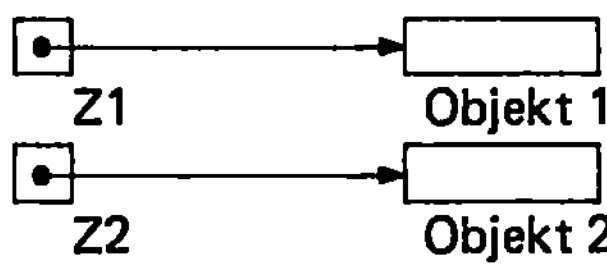

2.1.5 NIL als Systemkonstante vom Typ Zeiger

Syntax

Beschreibung

NIL ist eine Systemkonstante vom Typ Zeiger und bedeutet: NOT IN LIST (nicht in der Liste). Der Zeigerwert NIL besagt, daß der Zeiger auf keine dynamische Variable zeigt. Außer NIL gibt es in der Sprache Pascal keine andere Systemkonstante vom Typ Zeiger.

NIL kann zur Erkennung des Endes einer Liste verwendet werden. NIL ist für jeden beliebigen Zeigertyp gültig.

Veranschaulichung

Anker

für Anker := NIL

2.1.6 Erzeugung dynamischer Variablen

Syntax

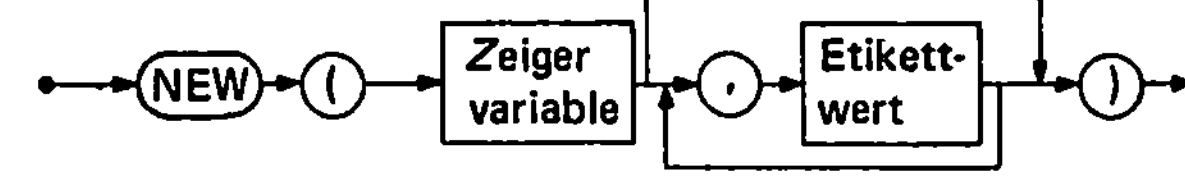

Beschreibung

Die Standardprozedur NEW einer Zeigervariablen reserviert im Arbeitsspeicher Platz für die neue dynamische Variable. Danach enthält die Zeigervariable die Adresse der neugeschaffenen dynamischen Variablen.

Ist die Variable vom Typ *RECORD mit Variante,* dann muß der Wert der Etikettkomponenten mit der Prozedur NEW verbunden werden. Die Etikettwerte müssen fortlaufend aufgeführt und in ihrer Aufeinanderfolge vereinbart werden. Während der Ausführung können sie nicht abgeändert werden.

Beispiel

```
TYPE Zeiger = ^STRING;
VAR Z1: Zeiger;
BEGIN (*Hauptprogramm*)
   NEW(Z1);

      :
```

Veranschaulichung

Für obiges Beispiel gilt:

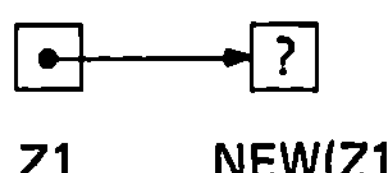

Z1   NEW(Z1)

2.1.7 Bezugsvariable eines Zeigers

Syntax

Beschreibung

Zeigername^ heißt auch Bezugsvariable, weil sie sich wie eine Variable vom Bezugstyp verhält. Durch die Bezugsvariable "Zeigername^" ist der Speicherplatz manipulierbar. Mit der Bezugsvariablen können daher gemäß dem zugeordneten Basistyp die hierfür zulässigen Operationen ausgeführt werden.

Veranschaulichung

Als Beispiel sei das von 2.1.6 vorausgesetzt. Dazu folgt nach NEW(Z1); Z1^:= 'Wildkatze';

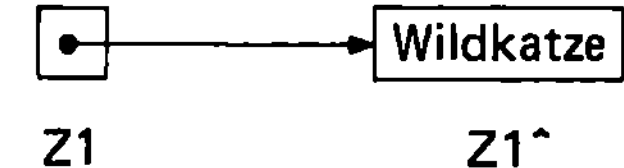

Z1   Z1^

Beispiel

Mit dem Programm "TiereUndJaeger" wird die biologische Rangordnung im mitteleuropäischen Wald mit der Zeiger-Datenstruktur nachgebildet. Dazu folgt anschließend die Veranschaulichung der einzelnen Schritte.

```
PROGRAM TiereUndJaeger (INPUT, OUTPUT);
TYPE Zeiger = ^STRING;
VAR   Z0, Z1, Z2, Z3, Z4, Z5: Zeiger;
BEGIN
   NEW(Z0);
   NEW(Z1);
   NEW(Z2);
   NEW(Z3);
   Z1^ := 'Wildkatze';
   Z2^ := 'Luchs';
   Z3^ := 'Braunbaer';
   Z4 := Z2;
   Z5 := Z3;
   WRITELN('Rangordnung im mitteleuropaeischen Wald: ');
   WRITE(Z1^,' ');
   Z0^ := Z1^;
   Z1^ := Z2^;
   WRITE(Z1^,' ');
   Z1^ := Z3^;
   Z2 := Z1;
   WRITE(Z2^,' ');
   Z1^ := 'Jaeger';
   Z3 := Z1;
   WRITELN(Z3^,'.');
   Z3^ := 'Der_Jaeger_geht_nach_Hause.';
   WRITELN(Z3^);
   WRITE('Die Tiere ');
   WRITE(Z0^,', ',Z4^,' und ',Z5^,' ');
   WRITELN('kommen wieder aus ihren Verstecken.')
END.
```

Veranschaulichung

VAR Z0, Z1, Z2, Z3, Z4, Z5;

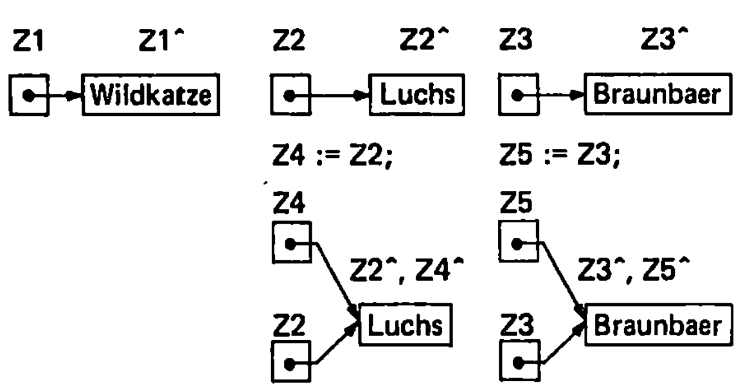

$Z1^\wedge$:= 'Wildkatze'; $Z2^\wedge$:= 'Luchs'; $Z3^\wedge$:= 'Braunbaer';

WRITE($Z1^\wedge$); $\longrightarrow$ Wildkatze

$Z0^\wedge$:= $Z1^\wedge$; $Z1^\wedge$:= $Z2^\wedge$;

WRITE($Z1^\wedge$); $\longrightarrow$ Luchs

$Z1^\wedge$:= $Z3^\wedge$;   Z2 := Z1

WRITE($Z2^\wedge$); $\longrightarrow$ Braunbaer

$Z1^\wedge$:= 'Jaeger';

Z3 := Z1;

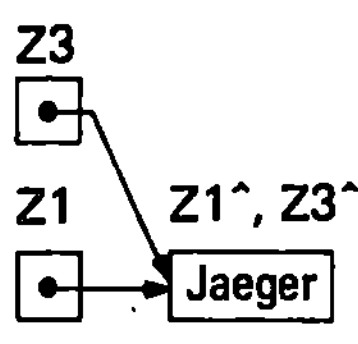

218

WRITE($Z3^\wedge$) $\longrightarrow$ Jaeger

$Z3^\wedge$:= 'Der_Jaeger_geht_nach_Hause.';

Z3 $Z3^\wedge$

WRITELN($Z3^\wedge$) $\longrightarrow$ Der_Jaeger_geht_nach_Hause.

WRITE('Die Tiere');
WRITE($Z0^\wedge$,', ', $Z4^\wedge$,' und ',$Z5^\wedge$,' ');
WRITELN('kommen wieder aus ihren Verstecken.')

Die Tiere Wildkatze, Luchs und Braunbaer kommen wieder aus ihren Verstecken.

2.1.8 Löschung dynamischer Variabler

Es sind inzwischen 2 Prozeduren zum Löschen dynamischer Variabler vorhanden:

DISPOSE in Standard-Pascal und
MARK und RELEASE in UCSD-Pascal.

a) DISPOSE

Syntax

Beschreibung

Mit der Standardprozedur DISPOSE mit dem Parameter der Zeigervariablen wird der durch die dynamische Variable belegte Speicherplatz dem System zur weiteren Benutzung zurückgegeben. Für Variable vom Typ RECORD mit Variante gilt das bei NEW gesagte.

Implementierungsabhängige Realisierungen

Leider ist die Prozedur DISPOSE nur in wenigen Pascal-Systemen implementiert worden.

b) MARK (UCSD-Pascal)

Syntax

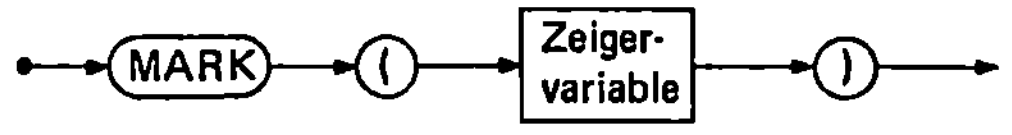

Beschreibung

Durch die Anweisung MARK wird der Zeigervariablen als Parameter die erste freie Adresse in der Halde zugeordnet. Der Wert dieser Zeigervariablen darf bis zum Einsatz der Anweisung RELEASE (s. unter c)) nicht geändert werden. Die Adresse der Zeigervariablen nach Anwendung von MARK liefert dann die Ausgangsadresse für die Standardprozedur NEW.

c) RELEASE (UCSD-Pascal)

Syntax

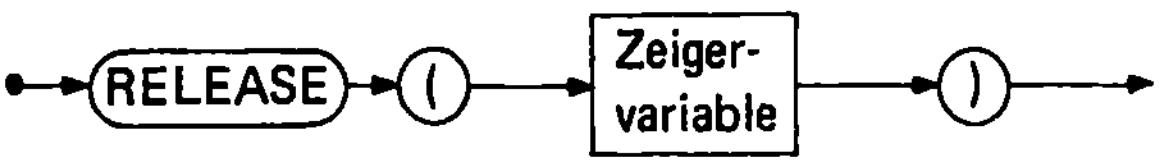

Beschreibung

Durch die Anweisung RELEASE werden alle dynamischen Variablen gelöscht, die nach der Anweisung MARK der gleichen Zeigervariablen durch die Anweisung NEW erzeugt wurden. Damit kann der bisher belegte Speicherplatz erneut belegt werden.

2.1.9 Wertebereich

Der Wertebereich eines Zeigertyps umfaßt die Menge der Verweise auf Variable vom referierten Typ und die Systemkonstante NIL.

2.2 Mit Zeigern erstellte Datenstrukturen: Listen

Während die in den Grundlagen vorgeführten Beispiele nur die Veranschaulichung der Zeigertypen dienen, sollen jetzt mit Zeigern Datenstrukturen „gestrickt" werden, die auch bei Anwendungen erfolgreich gebraucht werden können.

Folgende *Konstruktionsprinzipien* liegen den meisten Anwenderbeispielen zugrunde:

a) Die Anweisung NIL dient zur Erkennung des Endes (u. a. einer Liste, eines Baumes).

b) Dynamische Variable enthalten häufig selbst Zeiger, die auf typengleiche oder andere dynamische Variable zeigen. Dies bedingt den Einsatz der statischen Datenstruktur der RECORDs, die bei den meisten neuen Datenstrukturen verwendet werden.

c) Zum Aufbau neuer Datenstrukturen werden meist zwei oder mehrere Zeiger benötigt. So benötigt man zum Zusammensetzen einer einfachen Liste 2 Zeigervariable (im Beispiel Anker und Hilfsanker).

Die *Schwierigkeiten* in der Verwendung der Zeiger-Datenstruktur liegen vornehmlich in der Konstruktionsdurchführung der verschiedenen Datentypen, für die häufig verschiedene Lösungen möglich sind. Die Realisierungen erfordern vielfach ein nicht immer müheloses Durchkonstruieren. Dabei sind die *Veranschaulichungen* (s. Beispiel "TiereUndJaeger") zur Auffindung der Einzelschritte von großem Nutzen.

2.2.1 Beispiel: Zeichenvertauschung

Das im Programm angeführte Problem der *Zeichenvertauschung* gehört zu den einfachsten Aufgaben der Zeigerdatenstruktur. Trotzdem sind in ihm sämtliche 8 Punkte der Grundlagen der Zeigerdatenstruktur und alle 3 Konstruktionsprinzipien angewendet.

```
PROGRAM Zeichenvertauschung (INPUT, OUTPUT);
(*Problem: Es sollen jeweils in einer Zeile die
   ueber die Tastatur eingelesenen Daten in um-
   gekehrter Reihenfolge am Bildschirm ausge-
   geben werden.*)
TYPE Zeiger = ^Daten;
     Daten  = RECORD
                Naechster: Zeiger;
                Zeichen  : CHAR
              END; (*Record*)
VAR Anker, Hilfsanker, Halde: Zeiger;

BEGIN (*HP*)
   WHILE NOT EOF DO
      BEGIN
         MARK(Halde);
         Hilfsanker := NIL;
         WHILE NOT EOLN DO
            BEGIN
               NEW(Anker);
               READ(Anker^.Zeichen);
               Anker^.Naechster := Hilfsanker;
               Hilfsanker := Anker
            END;
         READLN;
```

```
WHILE Hilfsanker <> NIL DO
    BEGIN
        WRITE(Hilfsanker^.Zeichen);
        Hilfsanker := Hilfsanker^.Naechster
    END;
    WRITELN;
    RELEASE(Halde)
END
END.
```

Veranschaulichung

VAR Anker, Hilfsanker, Halde: Zeiger;

1. Teil: Listenaufbau und Auswertung

Hilfsanker := NIL;

NEW(Anker);

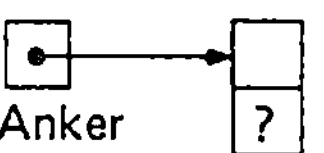

READ(Anker^.Zeichen);

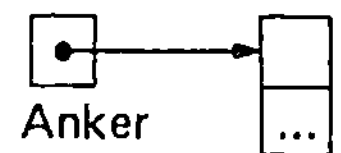

Anker^.Naechster := Hilfsanker;

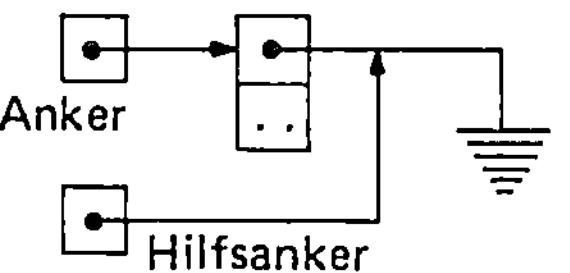

Hilfsanker := Anker;

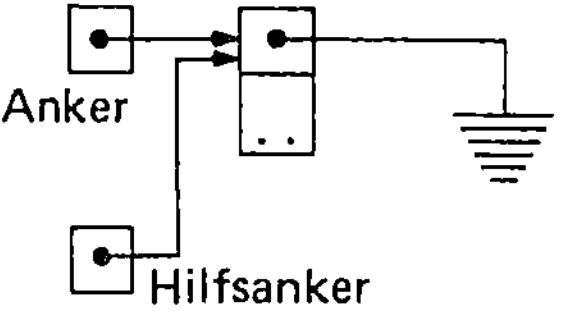

2. Schleifendurchgang:

NEW(Anker); READ(Anker^.Zeichen);
Anker^.Naechster :=Hilfsanker; Hilfsanker := Anker;

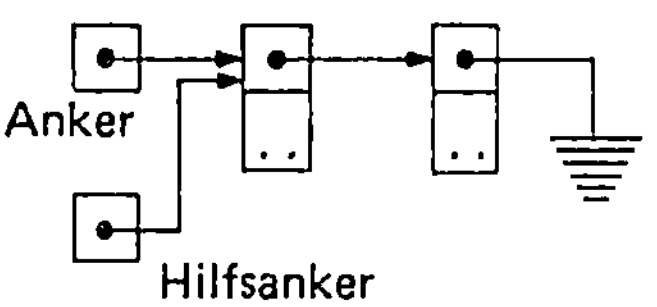

. . .

N-ter Schleifendurchgang: wie oben

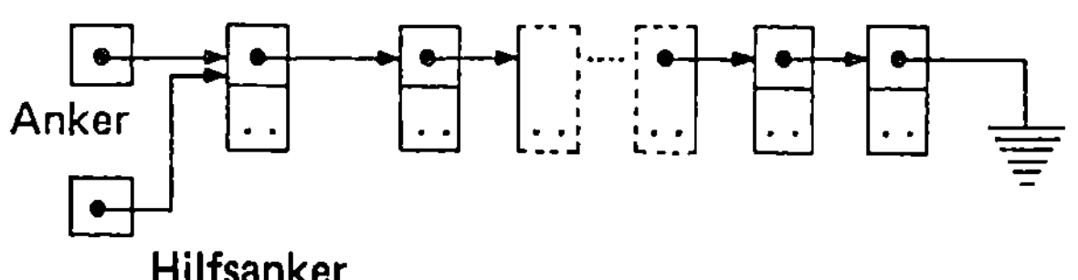

2. Schleife: WHILE Hilfsanker $<>$ NIL DO
WRITE(Hilfsanker^.Zeichen); $\rightarrow$ ..

Hilfsanker := Hilfsanker^.Naechster;

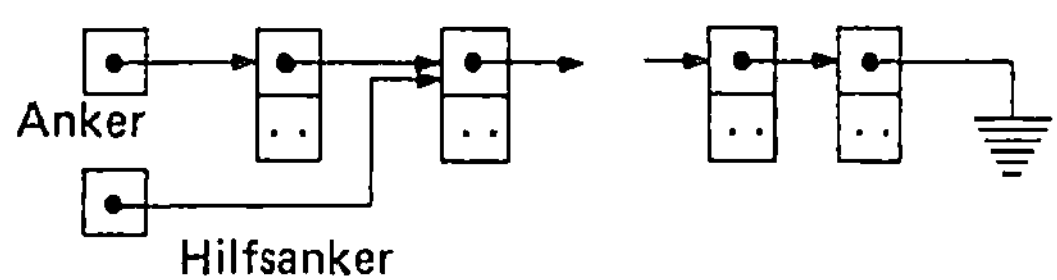

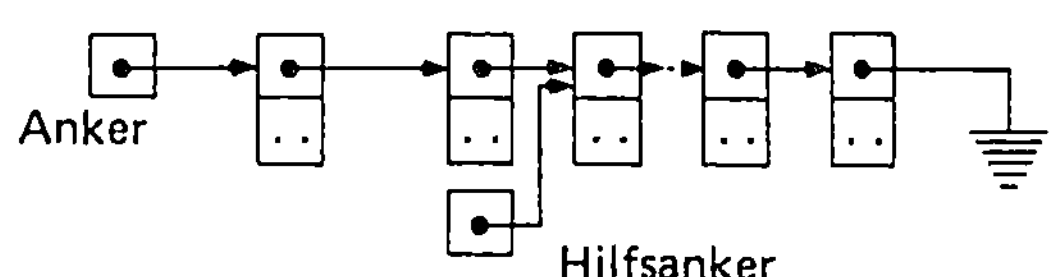

Nach N Schleifendurchgängen ergibt sich dann mit Hilfsanker := NIL gemäß Hilfsanker := Hilfsanker^. Naechster das WHILE-Schleifenende.

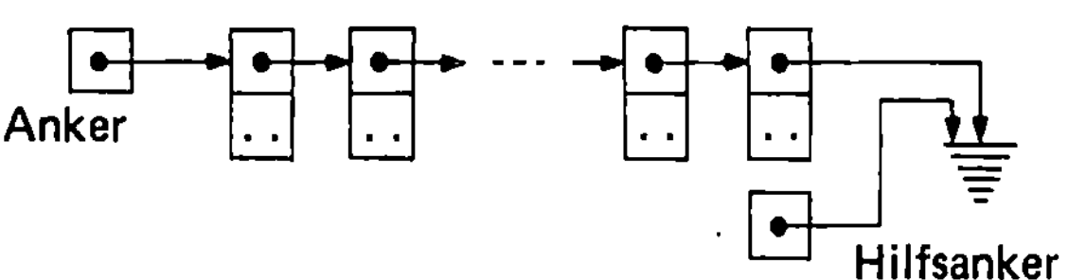

2. Teil: MARK(Halde) ... RELEASE(Halde)

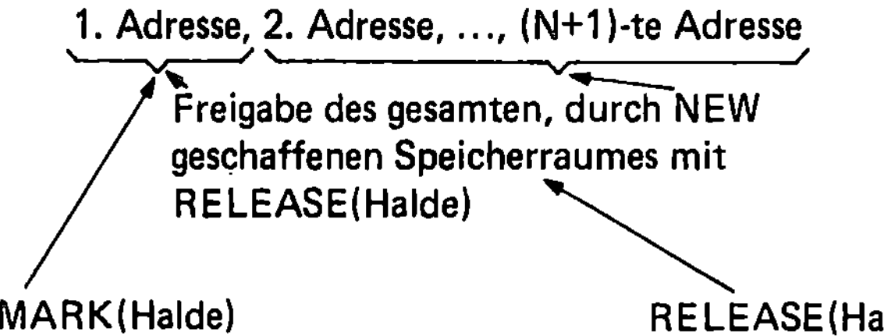

2.2.2 Beispiel: Namen einlesen und ausdrucken

Auf einen FILE "Urliste" sollen als erstes Vornamen und Familiennamen eingelesen werden. In einem zweiten Programm sollen die Namen aus dem FILE "Urliste" in eine Liste gemäß der Zeigerdatenstruktur übergeführt werden. Anschließend wird dann diese Liste am Bildschirm ausgedruckt.

Eine Veranschaulichung der Einzelschritte der Zeiger-Datenstrukturen erübrigt sich, da die wesentlichen Konstruktionen bereits im ersten Beispiel (Zeichenvertauschung) enthalten sind.

Nameneinlesen (FILE-Datenstruktur)

```
PROGRAM Nameneinlesen (INPUT, OUTPUT, Urliste);
TYPE Namen = RECORD
                 Vorname,
                 Familienname: String[10]
             END;

     Namenfile = FILE OF Namen;
VAR  Urliste: Namenfile;

BEGIN (*Hauptprogramm*)
   REWRITE(Urliste, '#5: Urliste.Data');
   WHILE NOT ( (Urliste^.Familienname = 'ZZ') AND (Urliste^.Vorname = 'ZZ')) DO
      BEGIN
         WRITELN('Vorname ');
         READLN(Urliste^.Vorname);
         WRITELN('Familienname ');
         READLN(Urliste^.Familienname);
         PUT(Urliste)
      END;
   CLOSE(Urliste,Lock)
END.
```

Namenausdrucken (Zeiger-Datenstruktur)

```pascal
PROGRAM Namenliste (INPUT, OUTPUT, Namenfile);
TYPE String1 = ARRAY[1..10] OF CHAR;
     Zeiger  = ^Element;
     Element = RECORD
                   Familienname,
                   Vorname         : String1;
                   Nachfolger      : Zeiger;
               END;

VAR Namenfile: FILE OF String1;
    Anker, Naechster: Zeiger;

BEGIN
  RESET(Namenfile, '#5:Namenfile.Data');
  GET(Namenfile);
  Anker := NIL;
  WHILE NOT EOF(Namenfile) DO
      BEGIN
         Naechster := Anker;
         NEW(Anker);
         WITH Anker^ DO
           BEGIN
              Familienname := Namenfile^;
              GET(Namenfile);
              Vorname := Namenfile^;
              GET(Namenfile);
              Nachfolger := Naechster
           END
      END;

  Naechster := Anker;
  WHILE Naechster <> NIL DO
     BEGIN
        WITH Naechster^ DO
           IF Familienname = 'Mueller    '
              THEN WRITELN(Vorname,'    ',Familienname);
           Naechster := Naechster^.Nachfolger
     END
END.
```

Literatur

[1] *Jensen, K. u. N. Wirth:* Pascal User Manual and Report. Berlin: Springer 1978, S. 62—68.

[2] *Tiberghien, J.:* Pascal-Handbuch. Düsseldorf: Sybex 1982, S. 250—257.

[3] *Marty, R.:* Methodik der Programmierung in Pascal. Berlin: Springer 1983.

[4] *Kaucher, E., R. Klatte, u. Ch. Ullrich:* Pascal. Mannheim: Bibliographisches Institut 1981, S. 253—274.

[5] *Ottmann, T., u. P. Widmayer:* Programmierung mit Pascal. Stuttgart: Teubner 1980, S. 217—240.

[6] *Herschel, R., u. F. Pieper:* Pascal. München: Oldenbourg 1979, S. 154—165.

[7] *Erbs, H., u. O. Stolz:* Einführung in die Programmierung mit Pascal. Stuttgart: Teuber 1982, S. 173—186.

[8] *Becker, K.-H.:* Einführung in die Programmiersprache Pascal. Braunschweig: Vieweg 1982, S. 86—92.

Der Programmiersprache Modula-2 werden gute Chancen eingeräumt, zu einem wichtigen Werkzeug für Mikro- und Minicomputer zu werden. Eine starke Affinität zu Pascal erleichtert besonders dem Pascal-Programmierer den Übergang zu Modula. Im folgenden Beitrag wird erläutert, auf welche Änderungen sich ein Pascal-Programmierer dabei einstellen müßte.

Wolfgang J. Weber

Modula-2 verglichen mit Pascal

Die Sprachen Pascal und Modula-2 stammen beide aus der Arbeitsgruppe um *N. Wirth* an der ETH Zürich. Modula-2 ist als Weiterentwicklung von Pascal aufzufassen.

Die ursprüngliche Definition von **Pascal** kann auf das Jahr 1968 datiert werden, Modula ist etwa 10 Jahre jünger. Einer ersten Definition („Modula-1") folgte Anfang 1980 die Veröffentlichung eines Modula-2-Compilers, und 1982 erschien Wirths *'Report on The Programming Language Modula-2'*, der, verbunden mit einem einführenden Text, in [5] zu finden ist. Da der erste Sprachentwurf nicht in der Praxis verwendet wird, folgen wir Wirths Sprachgebrauch und bezeichnen die jetzt tatsächlich benutzte Sprache Modula-2 kurz mit **Modula.**

Was macht Modula nun besonders für Pascal-Programmierer interessant? Die enge Verwandtschaft der zwei Sprachen erleichtert den Wechsel von Pascal zu Modula. Mit nur geringem Aufwand kann jedes Pascal-Programm in die entsprechende Modula-Syntax gebracht werden. Derjenige, der Modula als bequemer oder mächtiger als Pascal erkennt, kann also schnell zu der neuen Sprache wechseln, ohne dadurch seine zurückliegende Arbeit zu entwerten.

Die folgenden Eigenschaften unterscheiden Modula wesentlich von Pascal und können Gründe für das Umsteigen sein:

— Die Möglichkeiten der Modularisierung und getrennten Kompilation vereinfachen den Entwurf und die Verwirklichung großer Programmsysteme.

— Systemnahes Programmieren ist ohne größere Tricks möglich, und maschinenspezifische Teile können so in Module isoliert werden, daß bei einer Übertragung des Programms auf einen anderen Rechner nur genau diese Teile verändert werden müssen.

— Mehrere Unterprogramme können als *Koroutinen* zusammenarbeiten. Damit können z.B. parallele Prozesse nachgeahmt werden, und es bietet sich eine Alternative zu manchen Problemlösungen, die in Pascal üblicherweise rekursiv formuliert werden (siehe z.B. [2], S. 237 ff.).

Diese zentralen Besonderheiten von Modula werden hier aber *nicht* besprochen. Als Lektüre für eine tiefere Behandlung wird [2] empfohlen. Ziel dieses Beitrags ist die Gegenüberstellung derjenigen Eigenarten von Modula, die eine direkte Entsprechung in Pascal haben. Es wird davon ausgegangen, daß der Leser über Grundkenntnisse der Sprache Pascal verfügt, wie sie z.B. in [4] zu finden sind. Die Beschäftigung mit Modula ist auch für solche Pascal-Programmierer

---

Modula: Zusammenziehung aus *Modu*lar Programming *Language.* Der Name weist auf eine wichtige Eigenschaft der Sprache hin, das Modulkonzept.

Pascal: Willkürliche Namenswahl für eine Programmiersprache. *Blaise Pascal* (1623—1662) war Mathematiker, Naturforscher und Philosoph; z.B. trägt auch die SI-Einheit des Drucks seinen Namen.

interessant, die nicht zu Modula wechseln wollen, weil der Sprachentwurf viele derjenigen Eigenarten korrigiert, die häufig als Schwächen von Pascal betrachtet werden.

Die zunächst auffallendsten Merkmale von Modula im Vergleich zu Pascal sind:

- Als zusätzliche *Datentypen* werden bereitgestellt: CARDINAL und BITSET als Standarddatentypen, sowie für maschinenspezifische Manipulationen WORD und ADDRESS.

- Der *Typzwang* ist stärker, es gibt aber mehr Funktionen zur Typkonversion.

- Die Reihenfolge der *Deklarationen* (CONST, TYPE, VAR) innerhalb eines Blocks ist nicht mehr strikt festgelegt. Zudem sind Wiederholungen der Schlüsselwörter zugelassen, so daß zusammengehörige Vereinbarungen auch entsprechend angeordnet werden können.

- Jede *Kontrollstruktur* wird durch ein Schlüsselwort beendet (in der Regel END, Ausnahme ist REPEAT ... UNTIL). Es gibt eine neue Schleifenkonstruktion LOOP ... END/EXIT.

- Die Auswertung logischer Ausdrücke wird wenn möglich verkürzt (*short circuit evaluation*).

- Prozedur- und Funktionsdefinitionen haben eine angeglichene Syntax. Prozedurnamen können wie gewöhnliche Variable behandelt werden (*Prozedurtyp*).

- Als Prozedurparameter sind auch Arrays mit variabler Länge zugelassen (*offene Arrays*).

- Die *Sichtbarkeit und Unsichtbarkeit von Vereinbarungen* (Typen, Variable und Prozeduren) kann durch Benutzen von Import- und Exportlisten flexibler gehandhabt werden als in Pascal.

Manche Stellungnahmen zu Modula, etwa in Fachzeitschriften, erscheinen teilweise überzogen euphorisch und sind u. E. durch mangelnde Objektivität gekennzeichnet. Die nun folgende nüchterne Gegenüberstellung soll als Grundlage für eine sachgerechte Beurteilung durch den Leser dienen.

Modula	Pascal
1. Form der Quellcodes	

Groß- und Kleinschreibung

Modula	Pascal
Schlüsselworter und Standardnamen sind stets groß zu schreiben. WHILE A>0 DO ... END; Bei Namen (*identifiers*) wird Groß- und Kleinschrift unterschieden. CONST X=5; VAR x:REAL; IF ABS(X−x) < 1 THEN ... END; X und x sind verschiedene Namen, die verschiedene Objekte bezeichnen.	Die Wahl von Groß- und Kleinschrift hat keinen Einfluß. while A>0 do ...; Die Namen X und x bezeichnen dasselbe Objekt.

Schlüsselwörter

Das Repertoire der Schlüsselwörter ist weitgehend dasselbe.

Modula	Pascal
Nur in Modula vorhanden sind: BY DEFINITION ELSIF EXPORT FROM IMPLEMENTATION IMPORT LOOP/EXIT MODULE POINTER QUALIFIED RETURN	Nur in Pascal vorhanden sind: DOWNTO FILE GOTO/LABEL FUNCTION PACKED PROGRAM

Sonderzeichen

Modula	Pascal
Nur in Modula vorhanden sind: & für AND (logisches UND) # für <> (ungleich) " für ' (Begrenzer von Text) | Trennungszeichen in CASE-Konstruktionen { } Mengenklammern [ ] Klammern für Unterbereiche sowie *Array-Indizes*	Alle in Pascal erlaubten Sonderzeichen sind auch in Modula zulässig. Von den folgenden Ausnahmen abgesehen, sind auch die Bedeutungen dieselben: [ ] Mengenklammern Unterbereiche werden nicht geklammert.

Modula	Pascal

Kommentare

Modula	Pascal
Kommentarklammern sind (* *). Die Symbole {} sind nicht erlaubt. Kommentare dürfen verschachtelt sein.	Kommentarklammern sind { }, ersatzweise können (* *) benutzt werden. Kommentare dürfen nicht verschachtelt sein.

Blöcke und Module

Modula	Pascal
Modul- und Blocknamen werden nach dem abschließenden END wiederholt. MODULE Haupt; END Haupt.	Die Wiederholung des Blocknamens ist nicht erforderlich; er wird aber häufig als Kommentar genannt. PROGRAM Haupt; END.

Vereinbarungen

Modula	Pascal
In Vereinbarungen dürfen auch Rechenoperationen auftreten. CONST n=20; nplus1=n+1; TYPE Index=[0...2*n]; VAR Feld:ARRAY[1...n−1]OF REAL;	Rechenoperationen sind in Vereinbarungen nicht gestattet. CONST n=20; nplus1=21; TYPE Index= 0...40; VAR Feld:ARRAY[1...19]OF REAL;

2. Einfache Datentypen

Real

Modula	Pascal
Real-Konstanten müssen einen Dezimalpunkt enthalten, führende oder schließende Nullen dürfen weggelassen werden: 1.E2 = 100.0, .5 = 1./2.	Der Dezimalpunkt muß zwischen Ziffern stehen, er kann u. U. entfallen: 1.0E2 = 1E2 = 100.0, 0.5 = 1/2

Integer

Modula	Pascal
Eine Integer-Variable darf einer Real-Variablen nicht direkt zugewiesen werden. Erforderlich ist explizite Typkonversion durch die Funktion FLOAT. VAR I: INTEGER; X: REAL; X:=FLOAT(I); Integer-Werte dürfen auch zur Basis 8 (Oktal) oder 16 (Hexadezimal) geschrieben werden: 13B für 11, 101B für 65 1AH für 26, 0FFH für 255 Die erste Stelle einer Hexzahl muß stets eine Ziffer sein.	Integer-Variablen sind zuweisungsverträglich mit Real-Variablen. VAR I: INTEGER; X: REAL; X:=I;

Kardinalzahlen

Modula	Pascal
Der Standarddatentyp CARDINAL umfaßt die positiven ganzen Zahlen und Null. Bei der Wortbreite 16 bit sind Werte bis 65535 möglich. Kardinal- und Integer-Werte sind zuweisungsverträglich, sie dürfen in Ausdrücken jedoch nicht gemischt werden. VAR C:CARDINAL; I:INTEGER; Erlaubt: I:=C Falsch: I:=I+C	Die positiven ganzen Zahlen können als Unterbereichstyp definiert werden: TYPE CARDINAL: 0...MAXINT; Bei einer Wortbreite von 16 bit ist MAXINT= 32767. Zahlenwerte von derart definiertem Typ CARDINAL sind voll mit Integer-Werten verträglich und zuweisungsverträglich mit Real-Werten.

Modula	Pascal
Konversion von Integer in Kardinaltyp ist mit den Funktionen ORD und VAL möglich. Real-Werte sind mit Kardinalwerten nicht verträglich. Typkonversion leistet die Funktion TRUNC, die den ganzzahligen Teil einer Real-Zahl angibt.	

Zeichen

Modula	Pascal
Einzelzeichen werden entweder in " oder in ' eingeschlossen. Sie können durch die Funktion CHR oder durch Anhängen von "C" an ihre oktal geschriebene Ordnungsnummer erzeugt werden. CHR(65) und 101C ergeben 'A'.	Einzelzeichen werden in ' eingeschlossen. Die Funktion CHR steht zur Verfügung.
Zeichenketten (*Strings*) können durch Felder des Typs ARRAY[0...N]OF CHAR festgelegt werden. Einer Stringvariablen maximaler Länge N dürfen auch kürzere Strings zugeordnet werden.	Zeichenketten können durch Felder des Typs PACKED ARRAY[0...N]OF CHAR festgelegt werden. Bei Zuweisungen muß strikt auf Längengleichheit geachtet werden. Viele Pascal-Versionen bieten den komfortableren Datentyp STRING mit zugehörigen Prozeduren und Funktionen.

Aufzählungen

Modula	Pascal
Die neue Funktion VAL erlaubt den Zugriff auf jeden Wert eines Ordinaltyps. TYPE Fach=(Ma,Phy,Ch,Bio,Inf); VAL(Fach,2) ergibt Ch. Streng genommen ist VAL keine Zugriffsfunktion, sondern eine allgemeine Routine zur Typkonversion.	Der Zugriff auf Werte selbstdefinierter Ordinaltypen ist nicht möglich. Vorsicht ist in Pascal geboten, damit in Aufzählungen kein reserviertes Wort auftritt. Fehler: TYPE Tag=(Mo,Di,Mi,Do,Fr,Sa,So); (In Modula zulässig, weil dort Do # DO)

Teilbereiche

Modula	Pascal
Die Teilbereichsangabe erfordert [ ]-Klammern. VAR Ziffern: ['0'...'9'];	Teilbereiche werden nicht in Klammern gefaßt. VAR Ziffern: '0'...'9';

3. Strukturierte Datentypen

Felder

Modula	Pascal
Mehrdimensionale Felder erfordern bei der Vereinbarung mehrere Klammerpaare: TYPE Matrix=ARRAY[1...4] [1...4]OF REAL; VAR M:Matrix; M[1,2] := 3.; Die Bezeichnung der Feldkomponenten bleibt dieselbe.	TYPE Matrix=ARRAY[1...4,1...4]OF REAL; VAR M:Matrix; M[1,2] := 3;

Mengen

Modula	Pascal
Häufig dürfen Mengen nicht mehr Elemente besitzen als die Wortbreite W des Prozessors angibt, z.B. 16 oder 32. Größere Mengen können als Felder von Mengen festgelegt werden.	Mengenvariable dürfen in der Regel mehrere Wörter Speicherplatz belegen. VAR A,B: SET OF 0...255;

Modula	Pascal
Der Standarddatentyp BITSET ist für Mengen von Kardinalzahlen, die kleiner als W sind, vorhanden. Mengen dürfen nur Konstanten enthalten. Zusätzliche Mengenoperationen: / symmetrische Differenz INCL Hinzufügen eines Elements EXCL Löschen eines Elements Mengenkonstanten werden durch { } geklammert. Sie müssen mit dem Typnamen versehen sein: TYPE Zeichen=SET OF ['A'...'Z']; VAR Eingabe: CHAR; IF Eingabe IN Zeichen {'J', 'N'} ...	Mengen dürfen auch Variable enthalten: A:= [i..j]; (A+B) − (A∗B) A:=A + [k]; A:=A − [k]; Mengenkonstanten werden durch [ ] geklammert. TYPE Zeichen=SET OF 'A'...'Z'; VAR Eingabe: CHAR; IF Eingabe IN ['J', 'N'] ... (∗ TYPE-Vereinbarung hierfür überflüssig ∗)

Verbundene (Records)

Modula	Pascal
Verbundene können auch mehrere Variantenteile enthalten. Ebenso wie in Pascal kann durch *'untagged'* Variantenteile der strenge Typzwang umgangen werden.	Verbunde dürfen nur einen einzigen Variantenteil, am Ende der Vereinbarung, enthalten.

Zeiger

Modula	Pascal

Bei der Vereinbarung von Zeigern werden anstelle des Symbols "^" die Schlüsselwörter POINTER TO benutzt.
TYPE Zeiger=Pointer TO Knoten;
    Knoten=RECORD...END;
VAR Wurzel:Zeiger;
 	
Zur Dereferenzierung von Zeigern wird wie in Pascal das Symbol "^" verwendet.
WITH Wurzel^ DO ... END;
	TYPE Zeiger= ^Knoten;
	    Knoten=RECORD...END;
	VAR Wurzel:Zeiger;
	
	WITH Wurzel^ DO BEGIN ... END;

4. Kontrollstrukturen

IF

Modula	Pascal
Jedes IF hat als Gegenpart ein END, ein BEGIN entfällt. IF ODD(i) THEN i:=i−1 END; IF C # 15C THEN ... END; Mehrere Fallunterscheidungen können durch ELSIF aneinandergereiht werden: IF ... THEN ... ELSIF ... THEN ... ELSIF ... THEN ... ELSE ... END; Die Problematik des *'dangling* ELSE' wird in Modula vermieden.	IF ODD(i) THEN i:=i−1; IF C <> CHR(13) THEN BEGIN ... END; IF ... THEN BEGIN ... END ELSE IF ... THEN BEGIN ... END ELSE IF ... THEN BEGIN ... END ELSE BEGIN ... END; Bei geschachtelten IF-Anweisungen werden ELSE-Teile den nächstliegenden vorhergehenden IF-Anweisungen zugeordnet. Hier können subtile Programmierfehler auftreten.

Modula	Pascal

CASE

Modula	Pascal

Mehrfachentscheidungen mit universeller Fallkonstante sind möglich:
CASE Zeichen OF
   '+' : ... |
   '−': ... |
   '*': ... |
   '/' : ... |
   ELSE ...
END;
 	
Trennzeichen ist "|", nicht ";".
 	
In der Fallkonstantenliste sind Abschnitte möglich (keine "[ ]"!):
CASE i OF
   0...4: ... |
   5,6 : ... |
   7...9: ...
END;
	IF Zeichen IN ['+', '−', '*', '/']
	THEN
	CASE Zeichen OF
	   '+' : BEGIN ... END;
	   '−': BEGIN ... END;
	   '*' : BEGIN ... END;
	   '/' : BEGIN ... END
	END (* CASE *)
	ELSE BEGIN ... END;
	Pascal nach DIN 66256 bietet keine universelle Fallkonstante, viele Implementationen besitzen sie jedoch (ELSE oder OTHERWISE).
	In der Fallkonstantenliste sind nur Aufzählungen möglich.

WHILE

Modula	Pascal
Jedes WHILE hat als Gegenpart ein END, ein BEGIN entfällt. WHILE Z # NIL DO ... END; WHILE T [i]=' ' DO i:=i+1 END;	 WHILE Z <> NIL DO BEGIN ... END; WHILE T [i]−' ' DO i:=i+1;

FOR-Schleifen

Modula	Pascal
Jedes FOR hat als Gegenpart ein END, ein BEGIN entfällt. FOR k:=1 TO N DO M[k] :=0 END; Schrittweiten (ganz) können angegeben werden, deshalb entfällt DOWNTO. FOR k :=N TO 1 BY −1 DO ... END;	 FOR k :=1 TO N DO M[k] :=0; FOR k :=N DOWNTO 1 DO BEGIN ... END;

WITH

Modula	Pascal
Jedes WITH hat als Gegenpart ein END, ein BEGIN entfällt.	

GOTO

Modula	Pascal
Die Sprunganweisung GOTO ist in Modula nicht vorhanden. Zur Behandlung von Ausnahmefällen können EXIT (Verlassen von LOOPs) und RETURN (Verlassen von Prozeduren) benutzt werden.	LABEL 1,2,999; ... IF ... THEN GOTO 999; 999: ...;

EXIT

Modula	Pascal
Der EXIT-Befehl kann in Verbindung mit der Schleifenkonstruktion LOOP ... END benutzt werden. Der Abbruch einer Prozedur (in Ausnahmefällen) kann durch RETURN erzwungen werden.	EXIT ist nach DIN 66256 kein Standardbefehl von Pascal. Er ist jedoch z. B. in UCSD-Pascal vorhanden und dient zum Verlassen eines Unterprogramms. PROCEDURE P; (* UCSD-Pascal *) ... IF ... THEN EXIT(P); ... END (* P *);

Modula	Pascal

5. Unterprogramme

Prozeduren

Als Parameter von Prozeduren kommen Werte und Variable in Frage. Prozeduren oder Funktionen können als Prozedurvariable übergeben werden.

Der Prozedurname muß am Ende der Definition wiederholt werden.

Felder verschiedener Länge können an dieselbe Prozedur mittels sog. offener Felder übergeben werden.

```
PROCEDURE Init (VAR M: ARRAY OF REAL);

VAR i:CARDINAL;
BEGIN
   FOR i:=0 TO HIGH(M) DO
      M[i] :=0.0 END;
END Init;
```

Parameter von Prozeduren können Werte, Variablen und Unterprogramme sein.

Der Prozedurname wird nicht wiederholt (möglich als Kommentar).

Pascal der Normerfüllungsstufe 1 bietet Konformreihungsparamter. (Stufe 0 bietet sie nicht.)

```
PROCEDURE Init
(VAR M: ARRAY [U...O:INTEGER] OF REAL);
VAR i:INTEGER;
BEGIN
FOR i:=U TO O DO
    M[i] :=0
END (* Init *);
```

Funktionen

Das Schlüsselwort PROCEDURE wird auch für Funktionsdefinitionen benutzt. Der Funktionswert wird durch das Schlüsselwort RETURN gekennzeichnet.

```
PROCEDURE Max(a,b:REAL) :REAL;
BEGIN
   IF a>b THEN RETURN a
          ELSE RETURN b END
END Max;
```

Ist die Parameterliste leer, so muß sowohl bei der Funktionsdefinition als auch beim Aufruf ( ) angegeben werden.

```
PROCEDURE Ende( ) :BOOLEAN;

...
REPEAT ...
UNTIL Ende( );
```

Das Schlüsselwort ist FUNCTION.

Der Funktionswert wird dem Funktionsnamen zugewiesen.

```
FUNCTION Max(a,b:REAL) :REAL;
BEGIN
   IF a>b THEN Max := a
          ELSE Max := b
END (* Max *);
```

Funktionen brauchen keine Parameterliste zu besitzen.

```
FUNCTION Ende:BOOLEAN;

...
REPEAT ...
UNTIL Ende;
```

Standardunterprogramme

Neue Prozeduren in Modula:
INC und DEC dienen zum Erhöhen und Erniedrigen skalarer Variabler. INCL und EXCL dienen zum Vergrößern und Verkleinern von Mengen.

Neue Funktionen in Modula:
CAP wandelt Kleinbuchstaben in Großbruchstaben.
HIGH gibt die obere aktuelle Grenze offener Feldparameter an (die untere ist immer 0).
VAL gibt den N. Wert eines Ordinaltyps an.

Fast alle aus Pascal bekannten Standardunterprogramme sind in Modula vorhanden. Ausnahme: ROUND.

In Modula müssen viele aus dem definierenden Modul importiert werden.
Bei Ein- und Ausgabeprozeduren dürfen in Pascal mehrere Datentypen gemischt werden. Ein- und Ausgabeprozeduren erscheinen hier wesentlich komfortabler.

Dank:
Herr Dipl.-Inform. *Henning Eckhardt,* FB Informatik an der Universität Frankfurt, gab dem Verfasser wertvolle Hinweise und Anregungen.

Literatur

[1] BYTE Themenheft Modula-2. Vol. 9, Oktober 1984. Peterborough, NH, USA: McGraw-Hill 1984

[2] *Dal Cin, Mario, Lutz, Joachim* und *Risse, Thomas:* Programmierung in Modula-2. Stuttgart: Teubner 1984

[3] *Gleaves, Richard:* Modula-2 for Pascal Programmers. New York: Springer 1984

[4] *Weber, Wolfgang J.* und *Mrowka, Michael:* Grundkenntnisse Pascal. Essen: Girardet 1984

[5] *Wirth, Niklaus:* Programming in Modula-2. Berlin: Springer 1983

[6] *Wirth, Niklaus:* Schemes for Multiprogramming and Their Implementation in Modula-2, Revisions and Amendments to Modula-2. Bericht 59, Zürich: ETH, 1984.

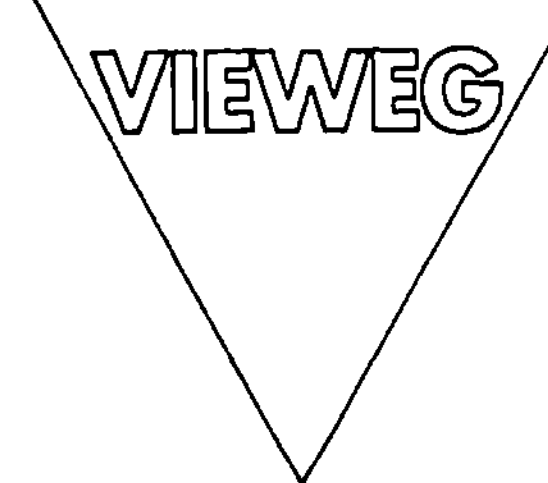

Günter Martin

Software-Engineering mit Pipes

1 Zusammenfassung

Ein wesentliches Merkmal des UNIX-Betriebssystems sind *Pipes*, das sind Datenkanäle, über die in einfacher Weise parallele Prozesse kommunizieren können. Pipes werden benutzt, um Software-Bausteine, sogenannte *Filter*, zu verknüpfen. Diese Verknüpfungsmöglichkeit legt eine methodische Vorgehensweise beim Software-Entwurf nahe.

Der Beitrag erläutert das Pipe-Konzept und diskutiert anhand von Beispielen seine Anwendung beim Software-Entwurf.

2 Was sind Filter?

Bevor wir zum eigentlichen Thema des Aufsatzes kommen, müssen wir zunächst einen Begriff definieren: den *Filter*. Filter sind nichts anderes als Programme, die ihre Daten von einem „Standardeingabemedium" (stdin) lesen, sie verarbeiten und das Ergebnis auf ein „Standardausgabemedium" (stdout) schreiben. stdin und stdout sind normalerweise die Terminaltastatur und der Bildschirm oder durch entsprechende Umlenkung je eine Ein- und Ausgabedatei. Graphisch darstellen wollen wir einen Filter mit dem folgenden Symbol:

stdin ====> | Filter | ====> stdout

So allgemein die Definition von *Filter* auch klingt, viele Programme sind keine Filter. Alle dialogorientierten Programme fallen nicht unter die Filter-Definition. Ein Filter nimmt wie eine mathematische Funktion seine Eingabedaten und bildet sie auf die Ausgabedaten ab, ohne zwischendurch beim Benutzer nachzufragen. Bei unzulässigen Eingabedaten ist die Ausgabe nicht definiert, d. h. der Filter bricht seine Arbeit ab.

Beispiele für Filter in UNIX sind etwa die Programme *sort* und *grep*. *sort* liest Eingabezeilen von stdin und gibt sie lexikografisch sortiert auf stdout aus. *grep* (*general regular expression pattern*) sucht Zeilen in stdin, die eine beim Aufruf von *grep* als Parameter angegebene Zeichenkette enthalten, und gibt diese Zeilen auf stdout aus:

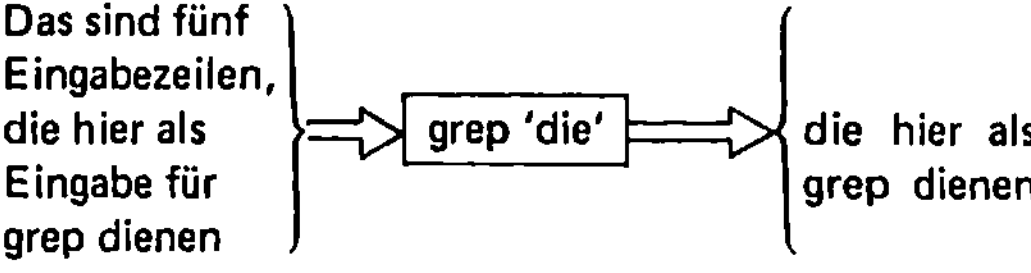

Beide Filter können in ihrer Funktion noch durch zusätzliche Parameter der jeweiligen Aufgabe angepaßt werden.

3 Filter in Pipes

In UNIX lassen sich die Filter mit Pipes zusammenfassen: die Ausgabe des einen Filters dient als Eingabe für den nächsten Filter. In den folgenden Abbildungen werden Daten von einem Erzeuger E erzeugt und anschließend über Pipes durch vier Filter geleitet.

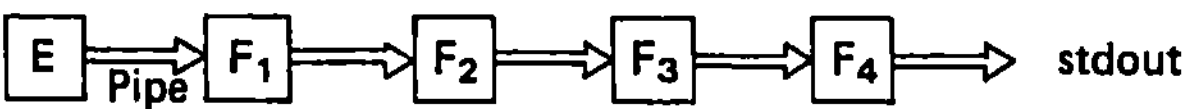

Eine wesentliche Einschränkung dabei ist, daß der Datenfluß nur in eine Richtung erfolgt und jeder Filter seine Daten nur vom direkten Vorgänger beziehen kann. Vernetzte oder gar zyklische Pipes sind nicht möglich.

Die mit Pipes verbundenen Erzeuger und Filter arbeiten parallel. Im obigen Beispiel bedeutet dies, daß zur Abarbeitung der Pipes vier parallele Prozesse (*Multitasking*) gestartet werden. Während die erste Komponente, der Erzeuger E, noch Daten erzeugt, werden die Daten bereits von den nachfolgenden Filtern weiter verarbeitet.

Die Synchronisierung erfolgt allein über den Datenfluß: ein Filter wartet, bis Eingabedaten vorliegen; stauen sich die Daten in einer Pipe, etwa weil Filter F_2 mit dem Bearbeiten nicht nachkommt, wird Filter F_1 angehalten, bis der Stau abgearbeitet ist. Auf diese Weise können die Pipes mit relativ kleinen internen Zwischendateien realisiert werden.

Die Filter selbst wissen nichts davon, ob sie ihre Daten über Pipes oder über das Terminal bekommen bzw. ausgeben. Sie benutzen die üblichen *read-* und *write*-Anweisungen für einfache Terminal-E/A. Das Betriebssystem sorgt bei Eingabe eines Kommandos der Form

Erzeuger|Filter1|Filter2|Filter3|Filter4

dafür, daß der Datenfluß wie oben beschrieben abläuft. Der senkrechte Strich "|" ist das syntaktische Zeichen, um zwei Filter bzw. Erzeuger und Filter mit einer Pipe zu verbinden.

Um konkrete Beispiele für die Anwendung von Pipes zu geben, stellen wir als Erzeuger das Kommando *ls* (*list*) vor. Es liefert einfach die Namen der Dateien, die im aktuellen Verzeichnis, dem „*working directory*", eingetragen sind. Jeder Dateiname wird von *ls* in eine eigene Zeile geschrieben. Mit

ls|grep 'a'

werden nur die Dateiennamen ausgegeben, die das Zeichen "a" enthalten. Alle anderen Zeilen werden von *grep* weggefiltert. Mit

ls|grep 'a'|sort

werden die ausgewählten Namen alphabetisch sortiert ausgegeben.

Als letztes Beispiel sind in **Fig. 1** mehrere Filter mit Pipes verbunden, um eine Tippfehler-Analyse eines Eingabetextes (*Input-File*) durchzuführen. Zunächst zerlegt *translit* den Eingabetext so, daß nach jedem Wort eine neue Zeile beginnt. Die Zeilen — und damit die Wörter — werden von *sort* alphabetisch sortiert. Der *unique*-Filter entfernt Duplikate von Zeilen, so daß hinter *unique* eine alphabetisch sortierte Liste aller im Text vorkommenden Wörter vorliegt, wobei mehrfach auftretende Worte auch nur einmal in der Liste erscheinen. Die Liste wird mit *common* mit einem Diktionär verglichen: alle über die Pipe erhaltenen Wörter, die im Diktionär nicht vorkommen, gibt *common* aus.

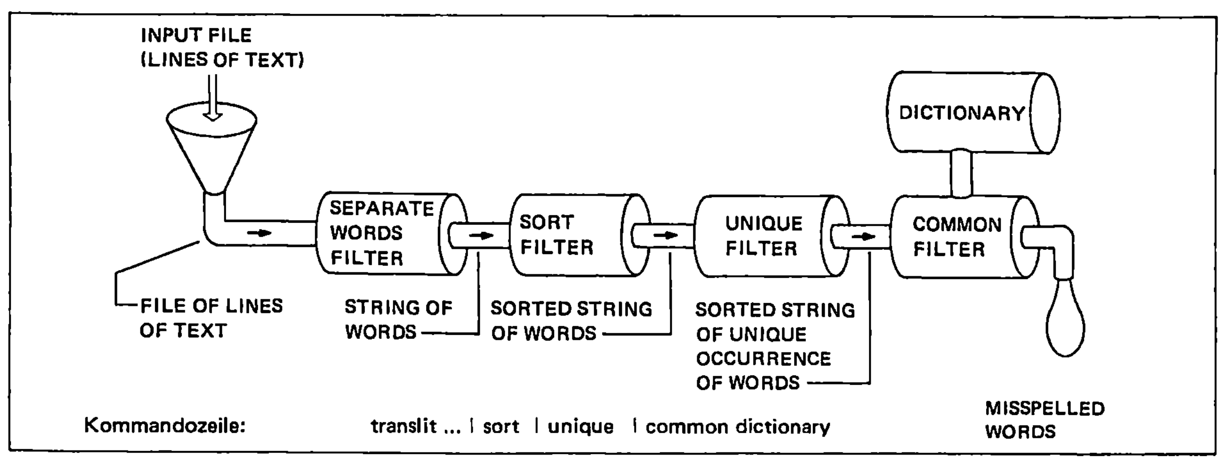

Fig. 1 Konstruktion eines Verfahrens zur Tippfehler-Analyse mit Filtern und Pipes (aus [1])

4 Pipes beim Software-Entwurf

Wir haben am letzten Beispiel gesehen, daß durch Zusammensetzen einiger einfacher, universeller Filter leicht eine komplexere Aufgabe gelöst werden kann. Es gibt in UNIX-Systemen je nach Version über 100 Kommandos, die als Filter in Pipes benutzt werden können.

Zur Software-Entwurfsmethode wird das Pipe-Konzept aber erst durch die Möglichkeit, eigene Filter für Spezialanwendungen selbst zu implementieren und zusammen mit den allgemein verfügbaren Filtern mit Pipes zu koppeln.

Voraussetzung dafür ist, daß sich die zu programmierende Problemlösung als Funktion F der Eingabedaten X auf die Ausgabedaten Y darstellen läßt:

$$X \Longrightarrow \boxed{F} \Longrightarrow Y$$

Die Funktion F muß sich in Teilfunktionen zerlegen lassen, deren Hintereinanderausführung die gewünschte Ausgabe liefert:

$$X \Longrightarrow \boxed{f_1} \xrightarrow{Y_1} \boxed{f_2} \xrightarrow{Y_2} \boxed{f_3} \xrightarrow{Y_3} \boxed{f_4} \Longrightarrow Y$$

Bei der Zerlegung wird man sich daran orientieren, für möglichst viele Teilfunktionen fertige UNIX-Filter benutzen zu können. Nur Teilfunktionen, für die keine geeigneten Filter gefunden werden, müssen selbst programmiert werden.

Nehmen wir an, daß für die Teilfunktionen f_1, f_3 und f_4 bereits geeignete Filter existieren. Für f_2 wird ein eigenes Programm geschrieben, daß dann zusammen mit den anderen Filtern durch sukzessives Verlängern der Pipes ausgetestet wird:

```
f1
f1|f2
f1|f2|'f3
f1|f2|f3|f4
```

Das Problem ist gelöst, wenn auch die Ausgabe nach dem letzten Filter f_4 richtig ist.

Der Datenfluß in den Pipes kann auch mit einem speziellen Filter *tee* beobachtet werden. *tee* überträgt seine Eingabe unverändert von stdin nach stdout und kopiert sie zusätzlich in eine als Parameter angegebene Datei:

```
f1 |tee file1 |f2 |tee file2 |f3 |tee file3 |f4
```

5 Spezifikation eigener Filter

Beim Entwurf eines eigenen Filters wird man bemüht sein, die Spezifikation so allgemein zu halten, daß der Filter auch für spätere Anwendungen noch benutzt werden kann. Ein Beispiel soll das verdeutlichen.

Nehmen wir an, als Teilfunktion f_2 wird im letzten Beispiel ein Filter benötigt, der nur die ersten 20 Zeichen jeder Zeile von stdin nach stdout weitergibt. Alles was hinter Spalte 20 steht, wird ausgeblendet. Ein derartiger Filter stehe unter unserer UNIX-Version nicht zur Verfügung und muß daher selbst programmiert werden. Wir nennen das Programm *spalte.*

Wir können nun ein Programm schreiben, das genau die angegebene Funktion ausführt. Um *spalte* aber auch bei Projekten, bei denen eine ähnliche Funktion benötigt wird, verwenden zu können, wollen wir es verallgemeinern.

Hier ist es hilfreich, daß in UNIX jedes selbstgeschriebene Programm genau wie ein Kommando aufgerufen wird. Man kann beim Aufruf Parameter angeben, die vom Programm gelesen werden können. Auf diese Weise können wir *spalte* so programmieren, daß mit dem Aufruf

spalte n_1 n_2

die Spalten n_1 bis n_2, z. B. 1 bis 20, nach stdout übertragen werden.

Denken wir weiter über die Verwendbarkeit von *spalte* nach. Es mag Anwendungen geben, bei denen mehrere Spaltenbereiche zu übertragen sind, zum Beispiel bei einer Datei, deren Inhalt eine Tabelle ist. Durch Ergänzung der Parameterliste von *spalte*

spalte n_1 n_2 n_3 n_4 ... n_{2k-1} n_{2k}

mit der Bedeutung "übertrage Spalte n_1 bis n_2, n_3 bis n_4 ... und n_{2k-1} bis n_{2k}" läßt sich diese Aufgabe durchführen. Einfacher und der UNIX-Konzeption angemessener ist jedoch folgende Spezifikation: "*spalte* n_1 überträgt stdin auf stdout und entfernt dabei alle Spalten ab Spalte n_1. Beim Aufruf mit zwei Parametern spalte n_1 n_2 werden die Spalten n_1 bis n_2 entfernt".

Damit haben wir ein allgemein anwendbares Programm spezifiziert, mit dem wir alle hier betrachteten Anwendungen realisieren können. Die für unser augenblickliches Projekt benötigte Teilfunktion f_2 erhalten wir mit

spalte 21

Um Spalte n_1 ($= m_1 + 1$) bis n_2 ($= m_2 - 1$) zu übertragen, benutzen wir eine Pipe

spalte m_2 |spalte 1 m_1

Für die Übertragung mehrerer Spaltenbereiche muß die Pipe nur entsprechend verlängert werden.

6 Bewertung

Wir geben hier die aus unserer Sicht wesentlichen Vor- und Nachteile ($\oplus/\ominus$) der Software-Konstruktion mit Pipes an:

$\oplus$ Das hier vorgestellte Konzept legt eine methodische Vorgehensweise bei der Software-Konstruktion fest. Das zu lösende Problem wird in Teilfunktionen zerlegt, deren Hintereinanderausführung das gewünschte Ergebnis liefert. Diese Teilfunktionen werden auf Kommandosprachen-Ebene mit Pipes verbunden. Der Datenfluß in den Pipes läßt sich leicht beobachten.

$\oplus$ Bei Aufgabenstellungen, die sich als Funktion der Eingabedaten X auf die Ausgabedaten Y darstellen lassen, liefert das Konzept schnell eine Problemlösung. Der Entwicklungsaufwand ist um so geringer, je mehr auf bereits vorhandene Filter zurückgegriffen werden kann.

$\oplus$ Die beschriebene Zerlegung ist leicht verständlich. Die benutzten Filter sind in der Regel relativ kleine Programme, was auch wiederum die Verständlichkeit fördert. Damit ist eine wesentliche Voraussetzung für die Wartbarkeit der Software erfüllt. Änderungen können im einfachsten Fall durch geänderte Parameter beim Aufruf des Filters durchgeführt werden, bei größeren Änderungen werden einzelne Filter ausgetauscht oder umprogrammiert.

$\ominus$ Keine Hilfe bietet das Pipe-Konzept bei dem wohl schwierigsten Problem der Programmentwicklung, der sinnvollen Fehlerbehandlung, d. h. dem „Wiederaufsetzen" nach einem erkannten Fehler. Wird z. B. im Filter F_3 einer Pipe

F_1 |F_2 |F_3 |F_4

ein Fehler erkannt, so kann F_3 nach Ausgabe einer geeigneten Meldung nur die Ausführung abbrechen. Es fehlt der *"supervisor"*, der eine problemspezifische Fehlerbehandlung durchführt. Bei (klassischer) Programmierung übernimmt diese Aufgabe das Hauptprogramm.

$\ominus$ Die Filter sind universelle Programme, die flexibel eingesetzt werden können. Damit ist aber fast immer ihr Laufzeitverhalten schlechter als bei spezialisierten Programmen. Zusätzliche Laufzeiten entstehen noch durch die Prozeßgenerierung und den Datentransfer in Pipes. Bei zeitkritischen Anwendungen sind die mit dem Pipe-Konzept realisierten Lösungen unter Umständen zu langsam.

$\ominus$ Durch die parallele Bearbeitung der Filter brauchen die Pipes nur wenig Speicherplatz. Die erzeugten Daten werden ja sofort weiterverarbeitet. Dafür laufen gleichzeitig mehrere Prozesse, deren *Images* sich auch gleichzeitig im Hauptspeicher befinden sollten. Kommt es durch zu kleine Hauptspeicherkapazitäten zum Auslagern (*swapping*) von *Images*, steigen die Laufzeiten extrem an. Es ist also ein großer Hauptspeicher erforderlich.

Mit seinen Vor- und Nachteilen hat sich das Pipe-Konzept bei vielen Anwendungen bewährt. Zumindest können damit in kurzer Zeit Prototyp-Lösungen entwickelt werden, die je nach Anwendung noch zu beschleunigen sind (*tuning*).

Es sei abschließend noch darauf hingewiesen, daß das hier vorgestellte Konzept nur eine mögliche Entwurfsmethode ist. Der natürlich erscheinenden Zerlegung eines Programms gemäß der zeitlichen Reihenfolge der Verarbeitung, wie sie mit Filtern und Pipes realisiert wird, steht das Konzept der *Abstrakten Datentypen* gegenüber. Hier wird nach anderen Kriterien zerlegt, die etwa in [2] und [3] beschrieben sind.

Literatur

[1] *Friedler, David:* The UNIX Turotial, in: byte, August 1983, p. 186—219

[2] *Parnas, D. L.:* On the Criteria to be Used in Decomposing Systems into Modules, in: Comm. ACM, 15, 12, p. 1053

[3] *Kimm, Koch, Simonsmeier, Tontsch:* Einführung in Software Engineering. Berlin: Walter de Gruyter, 1979

Die Sprache C ist auf dem besten Weg, die meistverwendete Systemimplementierungs-Sprache zu werden. Mit C steht eine höhere Programmiersprache zur Verfügung, die neben den herkömmlichen Sprachkonstrukten auch Elemente zur hardwarenahen Programmierung enthält. Der Beitrag konzentriert sich auf die Systemprogrammierung mit C und zeigt damit die wesentlichen Unterschiede zu Sprachen wie etwa Pascal.

Günter Martin

Systemprogrammierung mit C

1 Herkömmliche Spracheigenschaften

Bevor wir auf die Besonderheiten von C zu sprechen kommen, bleiben wir einen Augenblick bei den Spracheigenschaften, die man etwa aus Pascal kennt. Sehr ähnlich sind in Pascal und C die Kontrollstrukturen:

Für Schleifen gibt es die Laufanweisung *for* und die Wiederholungsanweisung *while* und *do* (*do* entspricht *REPEAT* in Pascal). Abfragen erfolgen mit *if* und *else* oder der *switch*-Anweisung. *switch* dient zur Fallunterscheidung ähnlich zu *CASE* in Pascal. Das altbekannte *goto* weilt auch noch in C, obwohl es gerade in dieser Sprache seine einzige Berechtigung, dem Fehlerausgang aus einem Programmteil, verliert. Für diesen Zweck gibt es die *break*- und *continue*-Anweisung. Mit *break* wird eine Schleife vorzeitig verlassen, *continue* beginnt eine neue Iteration und ignoriert den Rest des Schleifenkörpers.

Um die logische Struktur eines Programms erkennen zu lassen, können Anweisungen zu Blöcken zusammengefaßt werden. Die Blöcke können wiederum Blöcke enthalten. Innerhalb eines Blocks deklarierte Variablen sind „lokal", d.h. sie sind außerhalb des Blocks nicht erreichbar.

Der nächste Schritt bei der Modularisierung von C-Programmen sind nach den Blöcken die Unterprogramme, sogenannte *functions*. *functions* können lokale Variablen enthalten und wie in Pascal auch rekursiv aufgerufen werden.

Mit dieser Kurzdarstellung der herkömmlichen Spracheigenschaften, wie man sie in praktisch jeder modernen Programmiersprache findet, wollen wir es an dieser Stelle belassen. Im folgenden betrachten wir die Merkmale, die C im Bereich der Systemprogrammierung anzubieten hat.

2 Das Datenmodell

C kennt die Datentypen *character*, *integer* und *float*. Für *character* werden 8 bit benutzt, bei *integer* kann zwischen einer Darstellung mit 16 oder 32 bit (*short, long*) und bei Gleitkommazahlen zwischen 32 und 64 bit gewählt werden (*float, double*). Die genannten Datentypen können zu *Feldern* und *Strukturen*, ähnlich zum *ARRAY* und *RECORD* in Pascal, zusammengesetzt werden.

Den vereinbarten Variablen lassen sich Speicherattribute zuordnen. Vergleichbar zu PL/I kann der Programmierer z. B. festlegen, ob eine lokale Variable in einer Funktion nach dem Rücksprung aus der Funktion ihren Wert behalten oder verlieren soll (*static, automatic*). Eine Besonderheit ist das Attribut *register*. Mit *register* vereinbarte Variablen werden nach Möglichkeit vom Compiler in Maschinenregistern abgelegt.

Die hardwarenahe Programmierung unterstützt auch das „Pointer-Konzept" in C, mit dem Maschinen-

auto	do	extern	long	struct
break	double	float	register	switch
case	else	for	return	typedef
char	entry	goto	short	union
continue	enum	if	sizeof	unsigned
default	exit	int	static	while

Fig. 1 Schlüsselwörter in C

adressen im Programm benutzt werden können. Da viele Hardware-Instruktionen direkt mit den Maschinenadressen arbeiten, erlauben Pointer eine sehr effiziente Programmierung. Für die Systemprogrammierung ist es wichtig, daß mehrfach indirekt adressiert werden kann, z. B. "Adresse der Adresse der Variablen."

Pointer in C dürfen, im Gegensatz zu Pascal, in arithmetischen Ausdrücken vorkommen und erlauben dem Programmierer damit den Einstieg in die Adreßrechnung. Mit speziellen Operatoren, die wir später noch kennenlernen, ist es möglich, auf die Adresse einer Variablen (*Adreßoperator*) oder den Inhalt einer Adresse (*Indirektionsoperator*) zuzugreifen. Die Maschinenadressen können damit fast so unbefangen wie im Assembler benutzt werden, allerdings auch mit den gleichen Problemen wie im Assembler: Da der C-Compiler bei diesem Pointer-Konzept keine Typprüfung durchführen kann, sind spektakuläre und schwer auffindbare Fehler möglich. Es kann beliebig unübersichtlich programmiert werden.

Weniger kritisch, aber für hardwarenahe Programmierung ebenfalls unentbehrlich, ist der Zugriff auf einzelne Bits. Der Datentyp *integer* kann dafür als vorzeichenlose 2- oder 4-Byte-Wort vereinbart und zusätzlich in Bitfelder bis hin zu Einzelbits unterteilt werden.

Um die „Bit-Fummelei" zu erleichtern, kennt C neben der dezimalen Zahlendarstellung auch die oktale und hexadezimale Schreibweise. Eine vorangestellte Null (0) kennzeichnet eine Oktalzahl, mit "0x" beginnt eine Hexadezimalzahl. Im folgenden Beispiel erhält die Variable y in allen drei Fällen den Wert 34 (dezimal) zugewiesen:

```
y = 34
y = 042
y = 0x22
```

Zu den für die Systemprogrammierung notwendigen Datentypen gehören schließlich noch die Strukturen. Wir haben bereits oben gesagt, daß sie in etwa den Records in Pascal entsprechen. Mehrere Strukturen können in C ein und denselben Speicherplatz belegen, ein Speicherplatz kann damit unter verschiedenen Namen und Datentypen angesprochen werden. In C heißen diese Konstruktionen *unions,* sie entsprechen in gewisser Weise den varianten Records in Pascal, nur daß C hier größere Freiheiten (und damit auch Fehlermöglichkeiten) bietet. Der Assemblerprogrammierer kennt das Verfahren von den *dummy sections* im Assembler-Code.

Als letztes Merkmal des Datenmodells von C stellen wir *casts* vor. Gemeint ist damit die temporäre Umdefinition des Typs einer Variablen. Die Variablen in C sind wie in Pascal typgebunden und damit nur für bestimmte Operationen zugelassen, z. B. dürfen mit Pointervariablen keine Bitoperationen durchgeführt werden.

In einigen Fällen ist das Typkonzept zu eng. So kann es vorkommen, daß man eine Pointervariable auf gerade oder ungerade überprüfen will und dafür aus Effizienzgründen wie im Assembler Bitmaskierung benutzt. In einem solchen Fall kann die Pointervariable auch als Bitfeld betrachtet werden. Um die Typumwandlung zu erzwingen, ist jedoch ein spezieller Operator anzugeben. Damit bleibt der Vorteil einer typgebundenen Sprache, nämlich die Prüfmöglichkeit des Compilers, erhalten. Eine implizite Konvertierung wie bei einigen Ausdrücken in FORTRAN findet nicht statt.

3 Operatoren

In höheren Programmiersprachen übliche Operatoren sind etwa +, −, * und / sowie Vergleichsoperatoren, z. B. $<$ und $>$. Für hardwarenahe Programmierung werden zusätzliche Operatoren benötigt; nur diese sollen hier betrachtet werden. Insgesamt bietet C heute 41 Operatoren, (zum Vergleich: Pascal 22), wobei allerdings alle Varianten mitgezählt sind [1].

Zu nennen sind zunächst die Operatoren zur Bit-Manipulation, wie *Shift, Bitmaskierung* und *Komplementierung.* So wird mit

```
x = y << n
```

der Inhalt von *y* um *n* bit nach links geschoben und der Variablen *x* zugewiesen. Der Operator $>>$ schiebt entsprechend nach rechts.

Die Bitmaskierung erfolgt wie im Assembler mit bitweiser *and* (&), *or* (|) oder *exor* (^) Verknüpfung. So bestimmt etwa die Anweisung mit dem *and*-Operator und der Maske "1"

```
x = y & 1
```

den Wert des *least significant bit* von *x*. Die Anweisung mit dem *exor*-Operator

x = y ^ 0xffff

liefert das Komplement von y. Für die gleiche Aufgabe gibt es auch einen speziellen *Komplement-Operator* (~):

x = ~ y

Zur Systemprogrammierung gehören neben den Bit-Operatoren auch Operatoren zur Behandlung von Maschinenadressen. Die wichtigsten sind der *Indirektionsoperator* "*" und der *Adreßoperator* "&". Ihre Wirkung veranschaulicht der folgende Programmausschnitt, in dem *x* eine Integer-Zahl und *p* ein Pointer auf Integer ist.

x   = 3   *x erhält den Wert 3 zugewiesen*
p   = &x   *&x ist die Adresse von x*
*p = 4   **p ist der Inhalt der Adresse p*

Nach Ablauf des Programmstücks steht in *x* der Wert *4*.

Gerade bei zeitkritischen Systemprogrammen sind Effizienzprobleme oft der Anlaß zur Programmierung im Assembler. Die jetzt noch vorgestellten Operatoren helfen dem Compiler bei der Code-Optimierung und tragen damit zur Effizienz von C-Programmen bei.

Zum *Inkrementieren* und *Dekrementieren* gibt es spezielle Operatoren, ++ und - -. Viele Rechnerarchitekturen besitzen für diese Aufgabe Maschinenbefehle, die der Compiler bei Anwendung der Operatoren ausnutzen kann.

Optimiert werden können auch Zuweisungen, bei denen auf der linken und rechten Seite der Zuweisung die gleiche Variable auftritt. Sie muß dann nur einmal geschrieben werden, z. B. bewirkt *x+=5* dasselbe wie die übliche Notation *x=x+5*. Im ersten Fall muß der Ausdruck *x* nur einmal vom Rechner ausgewertet werden. Das hiermit tatsächlich Rechenzeit gespart werden kann, zeigt **Fig. 2.**

4 Ereignisgesteuerte Verarbeitung

Der Ablauf eines Programms in Pascal oder FORTRAN ist allein abhängig von den Eingabedaten, die das Programm mit *read*- oder ähnlichen Anweisungen liest. In C existiert zusätzlich die Möglichkeit, auf sogenannte Signale zu reagieren.

Signale werden vom Betriebssystem oder einem anderen Benutzerprozeß erzeugt, wenn ein bestimmtes Ereignis eintritt. Ereignisse sind z. B. der Verlust der Verbindung zu einem Terminal, das Auftreten eines

```
/* Programm Loop.c mit herkömmlichen Operatoren */
main ( )
{
        int x=0, i;
        for (i=1; i<=100000; i=i+1) x = x + i;
        printf ("x=%d", x);
}
CPU-Zeit: 1,7s


/* Programm Loop.c mit Zuweisung "x += i" */
main ( )
{
        int x=0, i;
        for (i=1; i<=100000; i=i+1) x += i;
        printf ("x=%d", x);
}
CPU-Zeit: 1,5 s


/* Programm Loop.c mit Inkrement-Operator "++" */
main ( )
{
        int x=0, i;
        for (i=1); i<=100000; i++) x += i;
        printf ("x=%d", x);
}
CPU-Zeit: 1,0 s
```

Fig. 2 Die Abbildung zeigt drei in C geschriebene Hauptprogramme (main), die geschweiften Klammern umschließen einen Block und entsprechen damit etwa BEGIN und END in Pascal. In allen drei Programmen wird die Summe 1+2+ ... 100.001 in der Integer-Variablen x berechnet und anschließend ausgegeben. Die für die Berechnung auf einer VAX 11/750 verbrauchten CPU-Zeiten zeigen, daß sich durch spezielle Operatoren die Effizienz steigern läßt

Laufzeitfehlers im Programm oder das Drücken der *BREAK*-Taste am Terminal. Die Bedeutung eines Signals kann auch vom Benutzer definiert werden.

Normalerweise bricht das C-Programm beim Empfangen eines Signals ab. Es kann aber mit der Anweisung

signal (*signal_number, signal_handler*)

vereinbart werden, daß beim Eintreffen eines Signals die Funktion *signal_handler* aufgerufen wird, egal wo das Programm sich zu diesem Zeitpunkt befindet. Die Funktion *signal_handler* wird vom Benutzer als C-Unterprogramm (*function*) programmiert. Nach dem Abarbeiten der Funktion wird das Programm an der Unterbrechungsstelle fortgesetzt.

237

5 Ablaufumgebung

Trotz der bisher vorgestellten Vielfalt kann mit den Sprachelementen von C allein noch kein sinnvolles Programm geschrieben werden. So kennt der Compiler keine Ein- und Ausgabeanweisungen in C.

Die Ein- und Ausgabe sowie eine Reihe anderer Funktionen, wie etwa die Zeichenkettenbehandlung, sind nicht in der Sprachdefinition [2] enthalten. Sie sind als Standardfunktionen in Bibliotheken abgelegt, die im Programm deklariert und dann dazu gebunden werden. Auch die bei der oben durchgeführten Signal-Verarbeitung benutzte *signal*-Angabe ist eine solche Standardfunktion.

Dank der Bibliotheken ist es einfach, die Sprache C auf andere Rechner zu portieren. Der Compiler bleibt praktisch unverändert, und nur die Bibliotheken für die hardwareabhängigen Funktionen wie etwa der Ein- und Ausgabe müssen neu programmiert werden. Auch das Portieren umfangreicher C-Software wird erleichtert: Beim Portieren eines größeren C-Programms, das spezielle Funktionen seines Quellsystems ausnutzt, sind Modifikationen am Programm unter Umständen sehr aufwendig. Es ist dann einfacher, für das Programm gesonderte Standardfunktionen zu schreiben, in denen die Funktionalität des Quellsystems emuliert wird.

Kandidaten für die Emulation sind *system-calls*, das sind Aufrufe an das Betriebssystem, die natürlich vom jeweiligen Betriebssystem abhängig sind. Wie es sich für eine hardwarenahe Sprache gehört, können vom C-Programm aus z. B. unter UNIX alle „system-calls" und jedes Kommando aufgerufen werden. Mit den „system-calls" lassen sich Prozesse erzeugen und synchronisieren, Interprozeßkommunkation und hardwarespezifische Ein-/Ausgabe sind möglich. Erwähnt seien schließlich auch noch Netzwerk-Funktionen.

Natürlich hat die Auslagerung von Programm-Anweisungen aus der Programmiersprache in Bibliotheken auch Nachteile. Da der Compiler über die Bedeutung der aufgerufenen Standardfunktion nichts weiß, kann er kaum Prüfungen durchführen. Dazu kommt noch der Effizienzverlust durch Deklaration und Aufruf der Funktionen.

6 Bewertung

Mit ihrem flexiblen Datenmodell, dem großen Operatoreinsatz und den umfangreichen Standard-Bibliotheken ist die Sprache C für die Systemprogrammierung geeignet. Die Nachteile von Assembler, nämlich die Hardware-Abhängigkeit und die aufwenige Codierung, werden durch Pascal-ähnliche Konstrukte weitgehend vermieden. Der beste Beweis für die Anwendbarkeit von C im Systembereich ist das Betriebssystem UNIX, das fast ausschließlich in C programmiert ist. Auch der Betriebssystemkern mit Gerätetreibern und Prozeßsteuerung besteht zu 95 % aus C-Code.

Da wie im Assembler auch in C fast alles erlaubt ist, liegt es in der Verantwortung des Programmierers, lesbare und portierbare Programme zu schreiben. Die Sprachelemente von C bieten hierfür die Möglichkeit, sie erlauben aber auch schwerwiegende Fehler und undurchsichtige Programmierung.

Literatur

[1] *K. Kramer:* C für den komm. Einsatz kaum geeignet. In: CW 1.2.85, S. 12

[2] *Kernighan/Ritchie:* The C Programming Language. Prentice-Hall, 1978

[3] *Berry/Meekings:* A Book on C. MacMillan, 1984

[4] *Feuer:* The C-Puzzle Book. Prentice-Hall, 1982

[5] *Feuer/Gehani:* Comparing and Accessing Programming Languages. Prentice-Hall, 1984

[6] *Hancock/Krieger:* The C-Primer. McGraw-Hill, 1982

[7] *Harbison/Stelle:* C Programming Reference Manual. Prentice-Hall, 1984

[8] *Illik:* Erfolgreich programmieren mit C. Sybex, 1984

[9] *Kelly/Pohl:* Book on C. Addison-Wesley, 1984

[10] *Kernighan/Ritchie:* Programmieren in C. Hanser, 1983

[11] *Plum:* Learning to Program in C. Prentice-Hall, 1983

[12] *Purdum:* Einführung in C. Markt & Technik, 1983

[13] *Rutter:* A Big Red Book of C. Wiley, 1984

[14] *Silvester:* The UNIX System Guidebook. Springer, 1983

[15] *Stanka/Loesch:* Die C-Sprache. te-wi Verlag, 1984

[16] *Waite/Martin/Prata:* C Primer Plus. H. W. Sams, 1984

Lokale Netze (LAN)

Zunehmend werden im Zusammenhang mit Mikrocomputern Fragen der Datenüber-tragung und Datenfernverarbeitung (DFV) erörtert. Allmählich bilden sich dafür auch deutliche Regeln aus, die Normung beginnt nun ebenfalls zu wirken. Trotzdem ist leider nicht immer hinreichend klar, was sich hinter so vielen Begriffen und Verfahren verbirgt, obwohl (oder vielleicht gerade weil) in allen Fach- und Hobbymedien darüber berichtet wird. Am häufigsten begegnen einem dabei LAN, Net(z), Rechnerverbund, Telekommu-nikation, aber auch solche sehr speziellen Begriffe wie Topologie, Gateway, Token, Collision, Detection usw. usw.

An dieser Stelle kann direkt nur wenig zur Klärung in dem ganzen komplexen Bereich beigetragen werden. Wir wollen aber in einer Einführung eine Auswahl von Problem-kreisen und Grundbegriffen erläutern. Ausführlicher sind in zwei nachfolgenden Aufsätzen wesentliche Bereiche abgehandelt. Einmal wird als wirtschaftliche Alternative zu Groß-rechnerlösungen der Verbund von PCs mittels LAN untersucht. Im zweiten Beitrag wird der PC im lokalen Netz mit dem Großrechner vorgestellt. Und dies sind in der Tat die beiden Hauptanwendungen für „lokale Rechnernetze".

Vorab nun aber ein paar Anmerkungen zu Netzen (Fig. 1 auf der nächsten Seite), zum ISO-Referenzmodell und zur internationalen Normung. Wichtige LAN-Begriffe und Methoden werden abschließend erläutert.

Harald Schumny

Harald Schumny

Lokale Netze – Ein paar Grundlagen

In ISO-Arbeitspapieren kann man lesen: „Ein lokales Rechnernetz (*Local Area Network,* LAN) ist ein Netzwerk für bitserielle Kommunikation von Informationen zwischen aneinander angeschlossenen, voneinander unabhängigen Geräten. Es unterliegt völlig der Benutzerverantwortung und ist in seiner Ausdehnung i. a. auf ein Grundstück begrenzt". **Fig. 1** zeigt dazu ein paar Beispiele und Zahlen. LANs liegen danach etwa zwischen den im „Meterbereich" angesiedelten langsamen Nebenstellenanlagen (PABX, *Priva-*

te Automatic Branch Exchange) sowie den schnellen Multiprozessorkopplungen einerseits und den flächendeckenden Großnetzen (*Wide Area Networks,* WANs) andererseits.

Bei Unterscheidungen und Abgrenzungen spricht man auch von *Short Distance Communication,* wenn man Nebenstellenanlagen und sehr begrenzte Lokale Netze meint. Erstreckt sich ein Kommunikationsnetz beispielsweise über einen Stadtbereich, nennt man es *Metropolitan Area Network* (MAN); wird ein ganzer

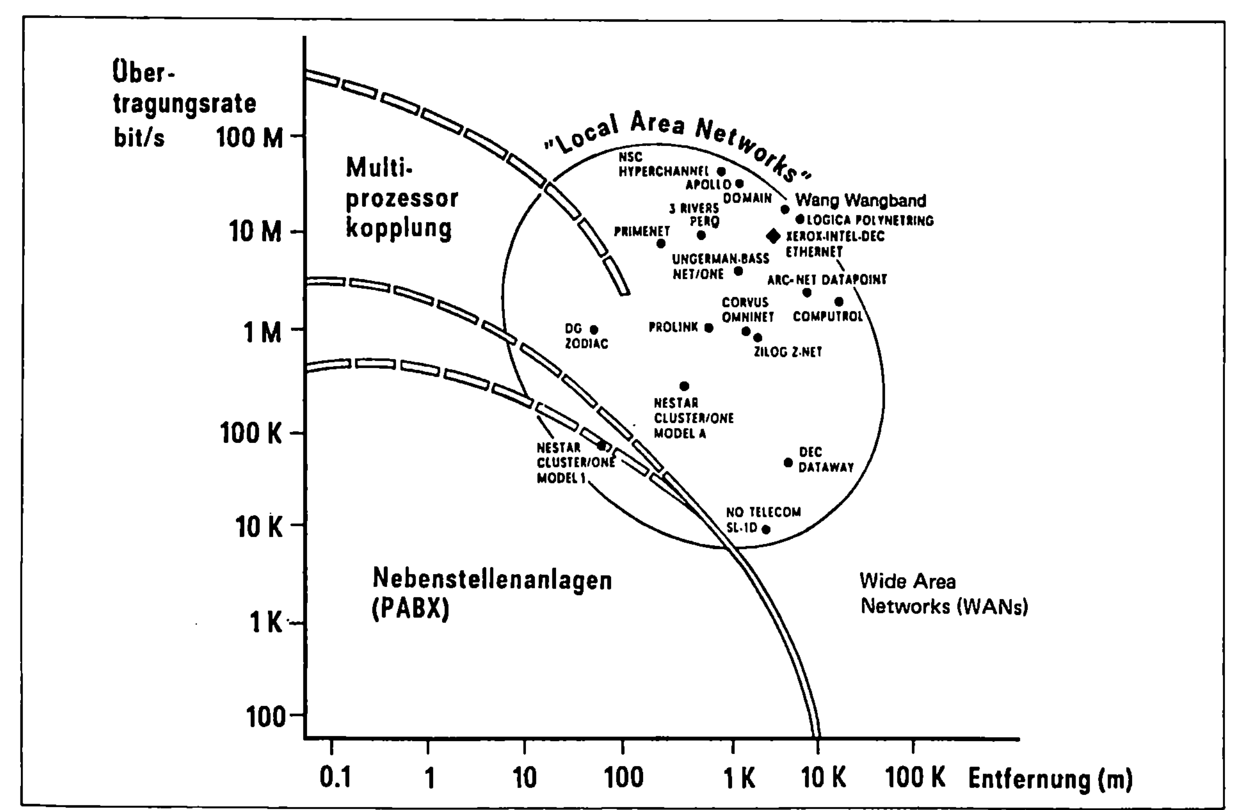

Fig. 1 Verschiedene Netzsysteme

Bezirk überspannt, heißt das System auch RAN (*Regional Area Network*). Eine andere Bezeichnung für Weitverkehrsnetze (WAN) ist *Long Haul Network* (Langstreckennetz).

Die Regel ist, daß die grundstücküberschreitenden Netze der Posthoheit unterliegen (Kritiker sprechen auch vom Postmonopol). LANs dagegen decken gerade ein Gebäude oder eine Fabrikanlage ab, dürfen demzufolge privat installiert und betrieben werden. Sind jedoch Verbindungen zu Filialen oder anderen Firmen usw. herzustellen, sind Postnetze in Anspruch zu nehmen. Derzeit werden durch die Postverwaltungen noch mehrere verschiedene Netze nebeneinander betrieben. Es sind dies vor allem:

— das analoge Fernsprechnetz, für digitale Daten über Modems zugänglich;

— das digitale integrierte Text- und Datennetz (IDN) mit 64 kbit/s, fest geschaltet oder im Wählverkehr (Datex-L-64000);

— Schmalband-ISDN mit 64 kbit/s.

Das „Dienstintegrierte digitale Netz" der nahen Zukunft (Schmalband-ISDN, *Integrated Services Digital Network*) wird längerfristig in das sog. Breitband-ISDN münden (**Fig. 2**). Doch nun zurück zu den Lokalen Netzen.

ISO-Referenzmodell zur Schnittstellenbeschreibung

Ältere Schnittstellenfestlegungen galten häufig einem bestimmten Verwendungszweck, waren manchmal an spezielle Geräte oder Gerätegruppen gebunden, die Ausführung war oft unstrukturiert oder gar willkürlich. Aus diesen Gründen entstand die Idee, ein Modell zu entwickeln, mit dessen Hilfe es möglich werden sollte, daß informationsverarbeitende Systeme verschiedener Herkunft (sog. *Offene Systeme*) problemlos zusammenarbeiten können.

Das Ergebnis ist das „Referenzmodell für die Kommunikation Offener Systeme" (*Open Systems Interconnection, OSI*). Es liegt als internationale Norm ISO 7498 vor und wird deshalb auch ISO-OSI-Referenzmodell genannt.

In der entsprechenden Version DIN ISO 7498 wird als Einführung folgendes geäußert:

Das *Referenzmodell* hat die Aufgabe, die für die Kommunikation Offener Systeme nötigen Funktionen zu identifizieren und zueinander in Beziehung zu setzen. Es soll helfen, existierende Normen einzuordnen, evtl. notwendige Verbesserungen an ihnen

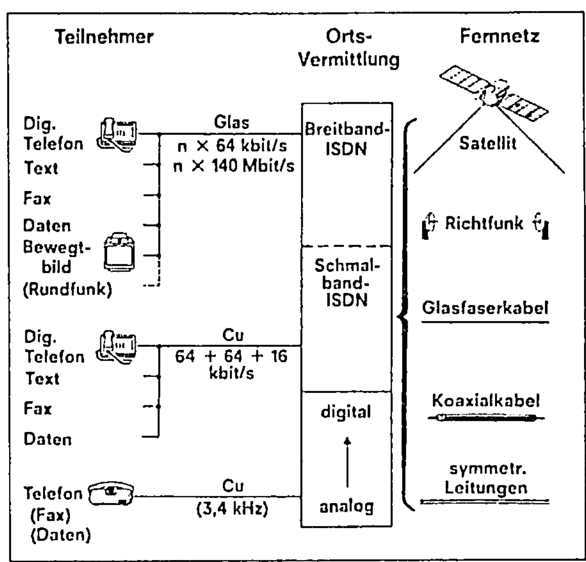

Fig. 2 Teilnehmerklassen und Übertragungsmedien für Postnetze

zu erkennen, zusätzlich notwendige Normen möglichst unabhängig voneinander, aber wohlkoordiniert zu entwickeln und das so entstehende Normenwerk konsistent zu halten.

Das Referenzmodell beschreibt die Kommunikation zwischen Systemen, die durch Übertragungsstrecken untereinander verbunden sind.

Das Referenzmodell ist keine Spezifikation für eine Implementation, es enthält keine Festlegungen hinsichtlich einer Technologie weder für Systeme noch für die zur Verbindung von Systemen zu benutzenden Übertragungsstrecken, sondern bezieht sich ausschließlich auf die gegenseitige Anwendung genormter Verfahren für den Austausch von Daten.

Kommunikation Offener Systeme beinhaltet nicht nur die Übertragung von Daten zwischen Systemen, sondern auch die Zusammenarbeit von Systemen mit dem Ziel, eine gemeinsame Aufgabe zu bewältigen, wozu jedes System Daten in einer für diese Aufgabe spezifischen Weise zu verarbeiten hat.

Diese Zusammenarbeit erfordert die Einhaltung von Regeln, die in einem Satz von Normen festgelegt werden.

Das Referenzmodell unterscheidet die drei in **Fig. 3** dargestellten Grundelemente:

— *Verarbeitungsinstanzen* als die logischen Einheiten, zwischen denen Kommunikation letztlich stattfindet;

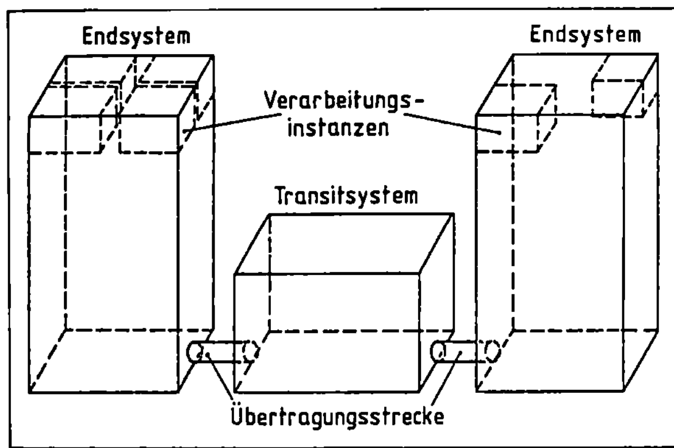

Fig. 3 Grundelemente der Kommunikationsarchitektur nach DIN ISO 7498

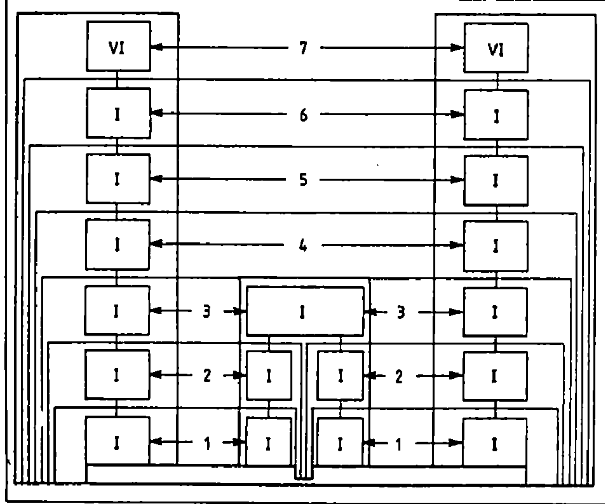

1	—	Bitübertragungsprotokoll/-schicht	— physical
2	—	Sicherungsprotokoll/-schicht	— data link
3	—	Vermittlungsprotokoll/-schicht	— network
4	—	Transportprotokoll/-schicht	— transport
5	—	Kommunikationssteuerungsprotokoll/-schicht	— session
6	—	Darstellungsprotokoll/-schicht	— presentation
7	—	Verarbeitungsprotokoll/-schicht	— application
VI	—	Verarbeitungsinstanz	— appl. entity
I	—	Instanz	— entity

Fig. 4 Schichten und Protokolle des OSI-Referenzmodells (DIN ISO 7498)

— *Systeme,* die entweder als *Endsysteme* Verarbeitungsinstanzen enthalten oder als *Transitsysteme* die Verbindung zwischen Endsystemen herstellen, falls diese nicht direkt miteinander verbunden sind;

— *Übertragungsstrecken* zur Verbindung von Systemen.

Grundgedanke des Referenzmodells ist eine Schichtung in sieben Funktionsbereiche, die von der physikalischen Bitübertragung (Schicht oder "Layer" 1) bis zur Anwendung bzw. Verarbeitung selbst reichen (Schicht 7, *application,* siehe **Fig. 4**).

Den Schichten sind *Protokolle* oder Kommunikationsdienste zugeordnet. Das sind Software-Programme, die die jeweils darunter liegenden Dienste (Funktionen) mitbenutzen. Andersherum: Das Protokoll auf einer Ebene unterstützt das jeweils darüberliegende.

In praktischen Ausführungen werden nicht immer alle sieben Funktionsschichten zu berücksichtigen sein. Ist beispielsweise nur die *ungesicherte Übertragung* einzelner ASCII-Zeichen zwischen einer Tastatur und einem Bildschirm gefordert, genügen Festlegungen innerhalb der Schicht 1:

— physikalische Eigenschaften des Anschlusses (Steckverbinder, Anschlußstifte);

— elektrische Eigenschaften der Sender-/Empfängerbausteine und Definitionen der binären Zustände;

— Leitungseigenschaften;

— Bitübertragungsprotokoll, also Verabredungen darüber, in welcher Form und Reihenfolge die den einzelnen Bits entsprechenden Impulse zu übertragen sind.

Reicht aber die ungesicherte Übertragung nicht aus, muß die nächst höhere Schicht berücksichtigt werden, wodurch die ungesicherte zur gesicherten Systemverbindung verbessert wird. In beiden Fällen sind unter Umständen Absprachen über die obersten Schichten notwendig. Die „mittleren" Schichten (3 bis 5) haben ihre Bedeutung in Netzen.

Bei der LAN-Entwicklung und -Normung geht es z. Z. noch sehr durcheinander. Gestritten wird um mehrere Prinzipien, aber auch um Details. Einigkeit besteht aber in der Regel darüber, daß ein LAN ein offenes System sein sollte und, demzufolge, Definition und Beschreibung dem 7-Schichten-Referenzmodell OSI zu folgen hat. Die ganz „offene" Festlegung gelingt aber eigentlich nur für die beiden untersten Schichten, nämlich für die Bitübertragung selbst (Schicht 1) und die Datensicherung (Schicht 2). **Fig. 5** verdeutlicht dies.

Es sei an dieser Stelle angemerkt, daß die beiden den weltweiten Computermarkt beherrschenden Hersteller eigene Schichtenmodelle zur Schnittstellen- bzw. Systembeschreibung haben: IBM nennt es SNA (*Systems Network Architecture*), Digital Equipment Corporation (DEC) benutzt DNA (*Digital Network Architecture*). **Fig. 6** zeigt diese Modelle im Vergleich mit mehreren anderen. Als jedoch die Fa. Xerox zu-

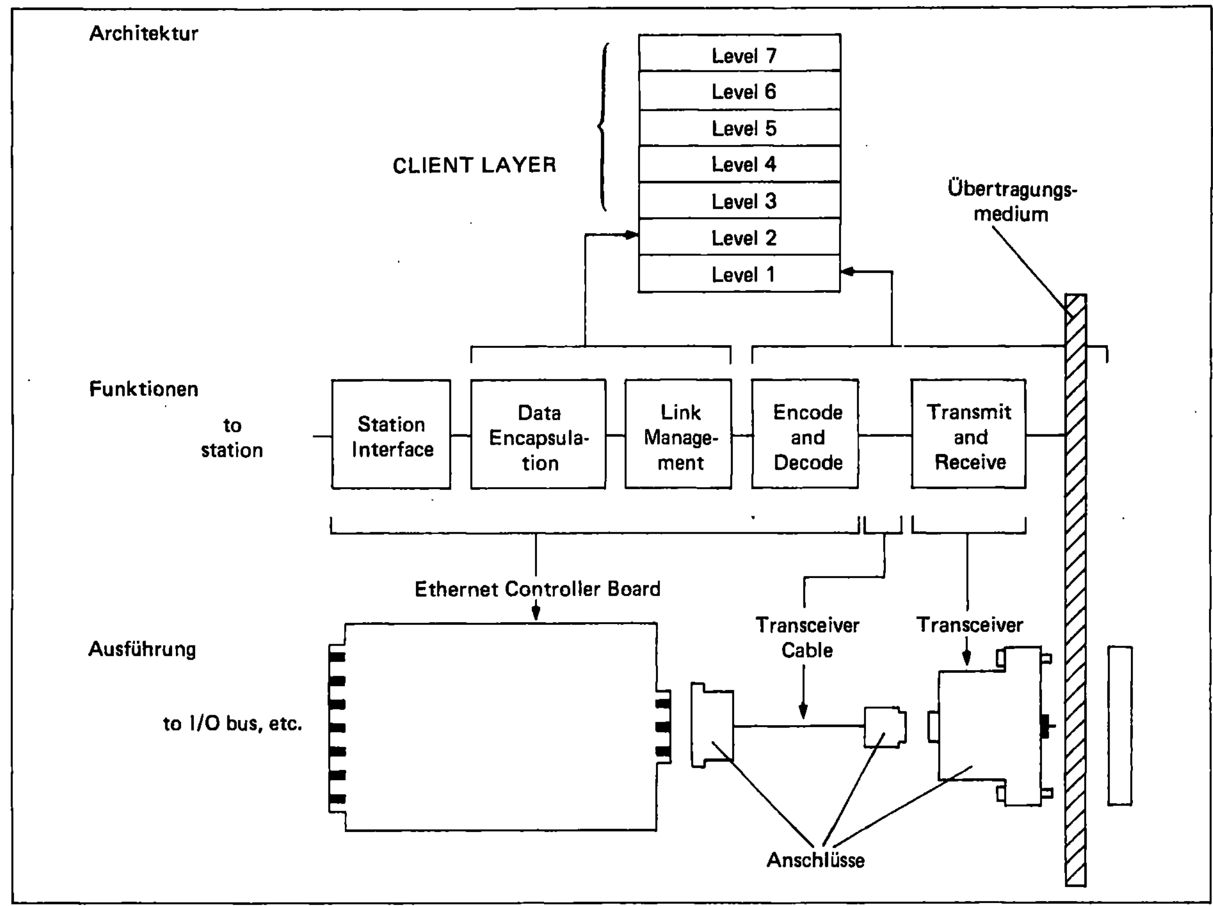

Fig. 5 LAN- bzw. Ethernet-Architektur und typische Ausführung

sammen mit Intel und DEC (sog. DIX-Gruppe) den an das ISO-OSI-Referenzmodell angelehnten *Ethernet-Entwurf* vorstellte, war so viel „Schwung" in die Szene geraten, daß ernsthafte internationale LAN-Normungsbemühungen starten konnten.

Internationale Normung

Die Hauptarbeit der internationalen LAN-Normung liegt beim IEEE (*Institute of Electrical and Electronics Engineers*) und bei ECMA (*European Computer Manufacturers Association*). Die relevanten ECMA-Standards sind in **Tabelle 1** zusammengestellt.

Die Fachbegriffe CSMA/CD, Baseband, Token Ring und Bus werden weiter unten erklärt. Als *connectionless* (anschlußfrei) bezeichnet man Nachrichtenverbin-

dungen, wenn zwischen den jeweiligen Teilnehmern keine Leitung extra für diese Übertragung geschaltet wird. Es werden vielmehr alle anfallenden Übertragungsaufträge in Pakete gleicher Länge organisiert (Paketvermittlung). Jedes Paket sucht unabhängig seinen Weg durch das Netz. Man spricht in diesem Zusammenhang auch von virtuellen Verbindungen oder *Datagram-Service*. Dagegen bezeichnet man die „klassische Methode" als *connection-oriented* (anschlußorientiert), weil dabei für die Dauer einer bestimmten Kommunikation eine Leitung fest geschaltet wird (wie z. B. beim Telefon).

Anzumerken ist noch, daß die Standards ECMA-80, 81 und 82 die Schichten 1 und 2 des Referenzmodells betreffen und die damit festgeschriebenen Spezifikationen der Ethernet-Empfehlung entsprechen. Das gilt ebenso für die IEEE-Arbeit im sog.

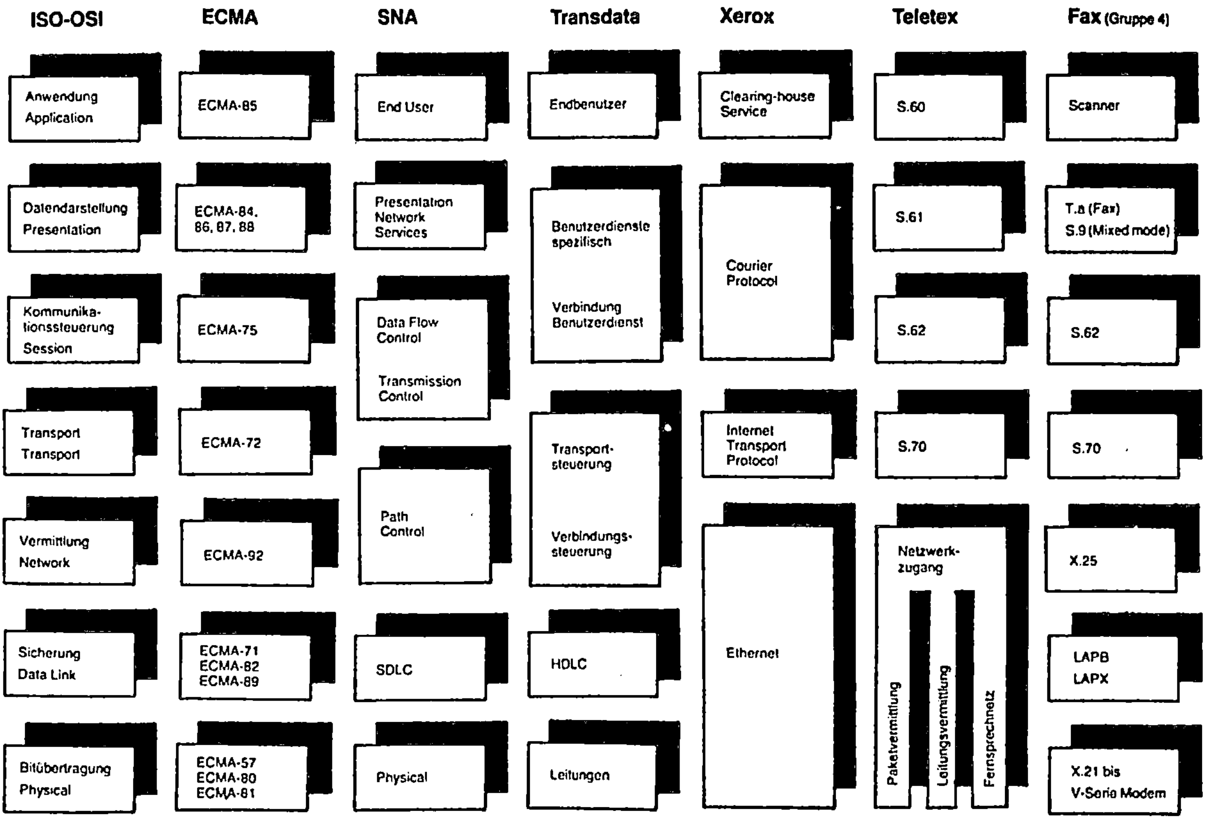

ISO-OSI	ECMA	SNA	Transdata	Xerox	Teletex	Fax (Gruppe 4)
Anwendung / Application	ECMA-85	End User	Endbenutzer	Clearing-house Service	S.60	Scanner
Datendarstellung / Presentation	ECMA-84, 86, 87, 88	Presentation Network Services	Benutzerdienste spezifisch	Courier Protocol	S.61	T.a (Fax) S.9 (Mixed mode)
Kommunikationssteuerung / Session	ECMA-75	Data Flow Control / Transmission Control	Verbindung Benutzerdienst		S.62	S.62
Transport / Transport	ECMA-72		Transportsteuerung	Internet Transport Protocol	S.70	S.70
Vermittlung / Network	ECMA-92	Path Control	Verbindungssteuerung		Netzwerkzugang	X.25
Sicherung / Data Link	ECMA-71 ECMA-82 ECMA-89	SDLC	HDLC	Ethernet	Paketvermittlung / Leitungsvermittlung / Fernsprechnetz	LAPB LAPX
Bitübertragung / Physical	ECMA-57 ECMA-80 ECMA-81	Physical	Leitungen			X.21 bis V-Serie Modem

Fig. 6 a) Verschiedene Schichtenmodelle im Vergleich

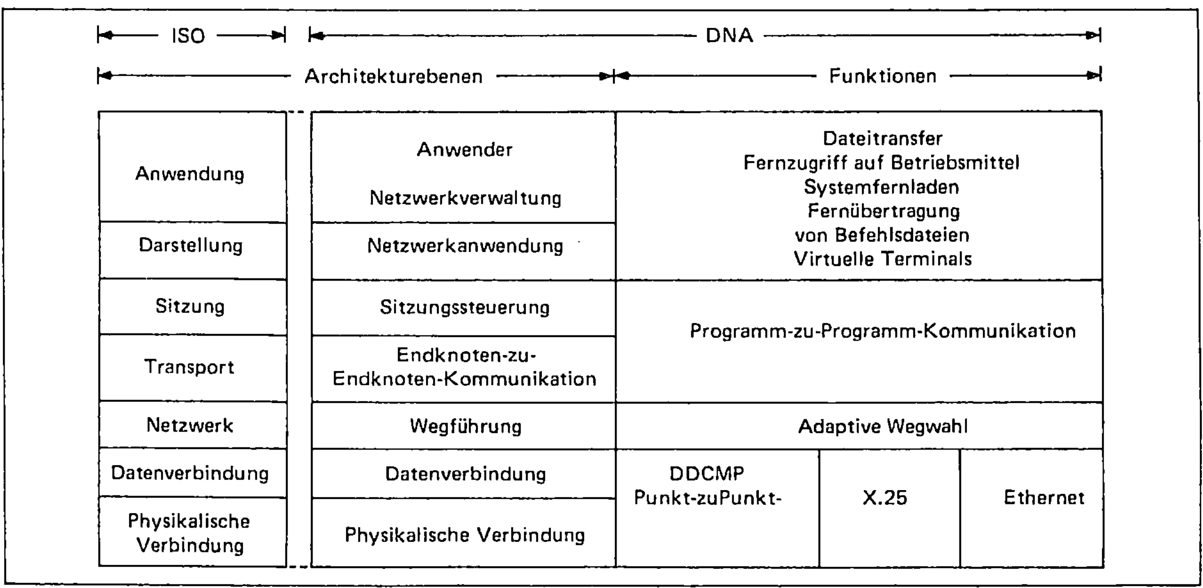

ISO	DNA		
Architekturebenen	Architekturebenen	Funktionen	
Anwendung	Anwender / Netzwerkverwaltung	Dateitransfer Fernzugriff auf Betriebsmittel Systemfernladen Fernübertragung von Befehlsdateien Virtuelle Terminals	
Darstellung	Netzwerkanwendung		
Sitzung	Sitzungssteuerung	Programm-zu-Programm-Kommunikation	
Transport	Endknoten-zu-Endknoten-Kommunikation		
Netzwerk	Wegführung	Adaptive Wegwahl	
Datenverbindung	Datenverbindung	DDCMP Punkt-zuPunkt-	X.25
Physikalische Verbindung	Physikalische Verbindung		Ethernet

Fig. 6 b) DNA mit zugeordneten Funktionen

Tabelle 1 ECMA-Standards

MEDIA			
Disk Packs and Rigid Disks		**Punched Tape**	**Magnetic Tape**
ECMA-32	ECMA-52	ECMA-10	ECMA-5
ECMA-33	ECMA-64		ECMA-13
ECMA-38	ECMA-65		ECMA-56
ECMA-39	ECMA-73		ECMA-62
ECMA-45	ECMA-76		ECMA-68
	ECMA-77		
Flexible Disk Cartridges			**Cassettes and Cartridges**
ECMA-54	ECMA-69		ECMA-34
ECMA-59	ECMA-70		ECMA-41
ECMA-66	ECMA-78		ECMA-46
	ECMA-91		ECMA-79

PROGRAMMING LANGUAGES		CHARACTER RECOGNITION	
ECMA-50		ECMA-3	ECMA-18
ECMA-53		ECMA-8	ECMA-21
ECMA-55		ECMA-11	ECMA-30
ECMA-63		ECMA-15	ECMA-51

DATA COMMUNICATION				
Basic Mode	**Safety**	**HDLC**	**Protocols**	**LAN*)**
ECMA-16	ECMA-83	ECMA-40	ECMA-72	ECMA-80
ECMA-24		ECMA-49	ECMA-75	ECMA-81
ECMA-26		ECMA-60	ECMA-84	ECMA-82
ECMA-27		ECMA-61	ECMA-85	ECMA-89
ECMA-28		ECMA-71	ECMA-92	ECMA-90
ECMA-29				
ECMA-37				

DATA PRESENTATION				
Coding		**Format**	**Protocols**	**Labelling**
ECMA-6	ECMA-43	ECMA-63	ECMA-84	ECMA-13
ECMA-14	ECMA-44		ECMA-86	ECMA-41
ECMA-17	ECMA-48		ECMA-87	ECMA-91
ECMA-35	ECMA-53		ECMA-88	

FLOW CHARTS	MATRIX PRINTERS
ECMA-4	ECMA-42
	ECMA-51

SAFETY AND NOISE MEASUREMENT
ECMA-57
ECMA-74
ECMA-83

***) ECMA-80** – Local Area Networks (CSMA/CD (März 1984) Baseband) – Coaxial Cable System, 2nd Edition

ECMA-81 – Local Area Networks (CSMA/CD (März 1984) Baseband) – Physical Layer, 2nd Edition

ECMA-82 – Local Area Networks (CSMA/CD (März 1984) Baseband) – Link Layer, 2nd Edition

ECMA-89 – Local Area Networks – Token Ring (Sept. 1983) Technique

ECMA-90 – Local Area Networks – Token Bus (Sept. 1983) Technique

ECMA-92 – Connectionless Internetwork Protocol (März 1984)

Ethernet-Komitee, das die Bezeichnung P802 trägt und u. a. folgende Arbeitsgruppen betreibt:

P802.1 General Structure
P802.2 Logical Link Control (LLC)
P802.3 CSMA/CD
P802.4 Token Bus
P802.5 Token Ring
P802.6 Metropolitan Area Network (MAN)

Fig. 7 zeigt detaillierter die Vielfalt der LAN-Normung im IEEE P802. Zum nun schon „klassischen" *Ethernet* (Äthernetz) gehört der Zweig ganz links in Fig. 7. Die wesentlichsten Ethernet-Merkmale sind:

Topologie:	Bus
Medium:	geschirmtes Koaxialkabel (50 Ohm)
Übertragung:	im Basisband
Datenrate:	10 Mbit/s
Stationen:	maximal 1024
Entfernung:	zwischen den Stationen 500 m; max. 2,5 km mit 5 Segmenten
Zugriffsverfahren:	CSMA/CD (*Carrier Sense Multiple Access/Collision Detection*)
Codierung:	Manchester

Inzwischen ist ein *Cheapernet* definiert, das, wie der Name ausdrückt, erheblich kostengünstiger auszuführen ist, obwohl mit 10 Mbit/s die gleiche Geschwindigkeit wie beim Ethernet möglich ist. Die zur Kostensenkung führenden Unterschiede sind: 1. Anschluß der Koaxialkabel mit BNC-Buchsen (beim Ethernet aufwendige Anschaltkästen); 2. Leitungslänge pro Segment 200 m; 3. maximal 150 Anschlüsse (30 pro Segment).

Wichtige LAN-Begriffe und Methoden

Zur Darstellung der Binärzustände auf den Übertragungsleitungen (Medien) wird oft die *Manchester-Codierung* verwendet. **Fig. 8** zeigt, daß dabei in der Mitte jeder „Bitzelle" immer ein Signalwechsel stattfindet; die Richtung bestimmt den Binärzustand. Bei der Aufeinanderfolge gleicher Zustände werden zusätzliche Wechsel an den Bitgrenzen notwendig. Dieser Code ist selbsttaktend.

Topologie

Darunter versteht man den Netzaufbau, und zwar physikalisch und „logisch". Beispielsweise kann ein System physikalisch ein Bus (s. **Fig. 9**) sein, logisch aber ein Stern, wenn ein Busteilnehmer die zentrale Verwaltung ausübt (*Bus Master*). Bus und Ring sind die häufigsten LAN-Topologien. Es werden aber oft auch Sterne mit z. B. V.24-Schnittstellen als „Netzwerk" deklariert. Auch vermischte Formen treten auf. In Normenausschüssen werden z. B. Vielfachringe (*Multiple Rings*), Spiralanordnungen, Baumstrukturen und *Metropolitan Area Networks* diskutiert. Letztere

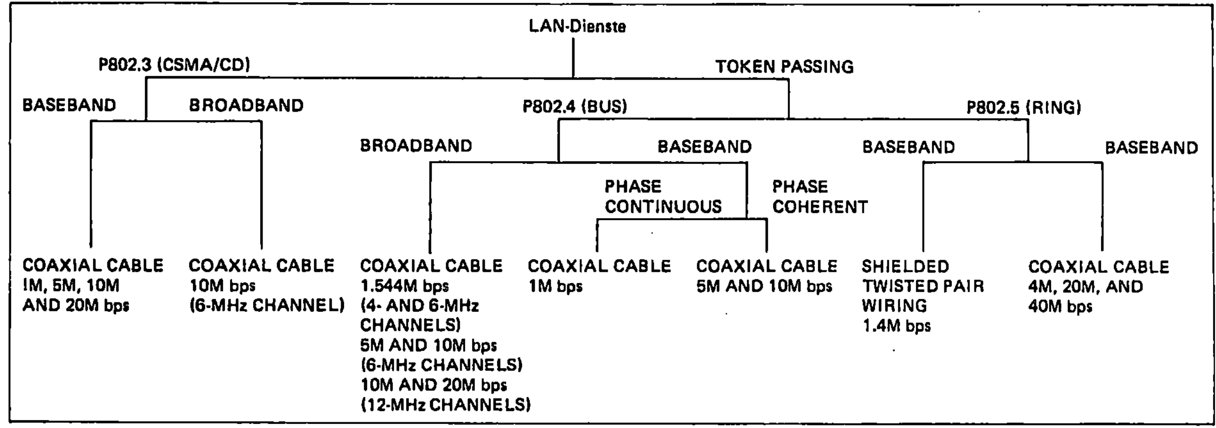

Fig. 7 Teilstruktur des IEEE-Komitees P802. bps: bit pro Sekunde (bit/s)

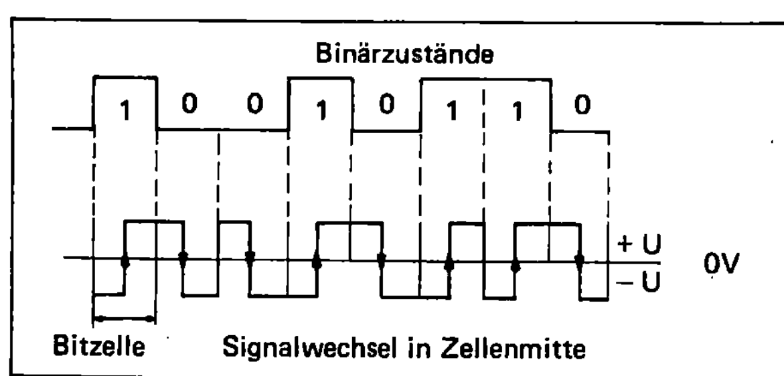

Fig. 8 Manchester-Codierung

Repeater, Bridge, Gateway

Ethernet und Cheapernet können aus maximal fünf Segmenten bestehen. Die Koppelglieder zwischen den Segmenten heißen *Repeater* (Wiederholer; s. **Fig. 10**). Kopplungseinheiten zwischen gleichartigen Netzen werden *Bridge* (Brücke) genannt. Ein *Gateway* (Torweg, Einfahrt) ist schließlich eine recht aufwendige Einheit zur Verkopplung verschiedenartiger Netzwerke.

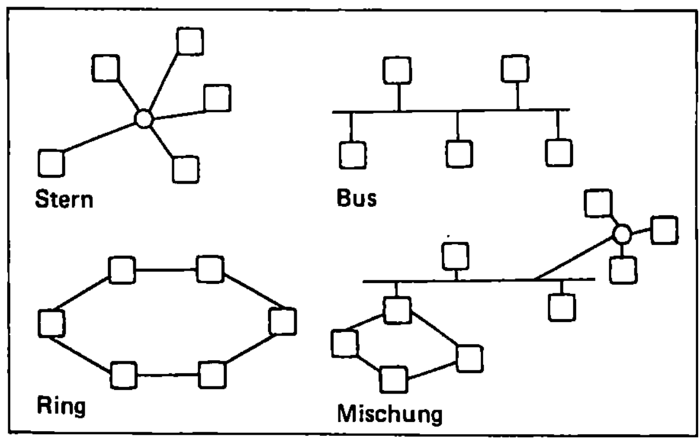

Fig. 9 Basis-Topologien

sollen die Leitungen des Kabelfernsehens (CATV, *Cable Television*) nutzen. **Tabelle 2** zeigt einige Eigenschaften im Vergleich.

Medium (Transmission Medium)

LANs der höheren „Geschwindigkeitsklasse" benutzen Koaxialkabel, künftig wohl auch häufiger Glasfasern (*optical fibres*). In kostengünstigen Netzen mit geringeren Übertragungsgeschwindigkeiten findet man verdrillte Leitungspaare (*twisted pairs*). **Tabelle 3** stellt diese Medien einander gegenüber.

Übertragung (Transmission Mode)

Das ursprüngliche Ethernet arbeitet mit Basisband-Übertragung, d. h. es werden direkt z. B. 10 Millionen Impulse (Bits) pro Sekunde übertragen. Breitbandverfahren nutzen die Trägerfrequenztechnik mit z. B. 300-MHz-Träger und Frequenzmultiplex. In **Tabelle 4** sind beide Verfahren verglichen.

Tabelle 2 Netzwerk-Topologien

Topologie	Zuverlässigkeit	Schnittstellenaufwand	Modularität	Flexibilität	Kosten
frei	sehr gut	sehr hoch	mäßig	gering	hoch
Stern	gering	gering	mäßig	gering	hoch
Ring	mäßig	gering	gut	mäßig	mittel
Bus	gut	mittel	gut	gut	niedrig
Baum	gut	mittel	gut	gut	niedrig

Tabelle 3 Medium-Eigenschaften

Medium	Bandbreite	Entfernung	Topologie-Vielseitig-keit	Installations-aufwand	Störfestigkeit	Kosten
Zweidraht	niedrig (bis 1 Mbit/s)	kurz	hoch	mäßig	gering	gering
Koaxial	mittel (typ. 10 Mbit/s)	mittel	hoch	gering	hoch	mittel
Glasfaser	hoch (Gbit/s)	groß	mäßig (Bus ist schwierig)	mäßig	sehr hoch	mittel

Tabelle 4 Übertragungsverfahren

Modus	Entfernung	Störfestigkeit	Passive Abzweigungen	Mehrfachnutzung	Kosten
Basisband	mittel	gering	ja	nein	niedrig
Breitband	unbegrenzt	mittel	nein	ja	mittel

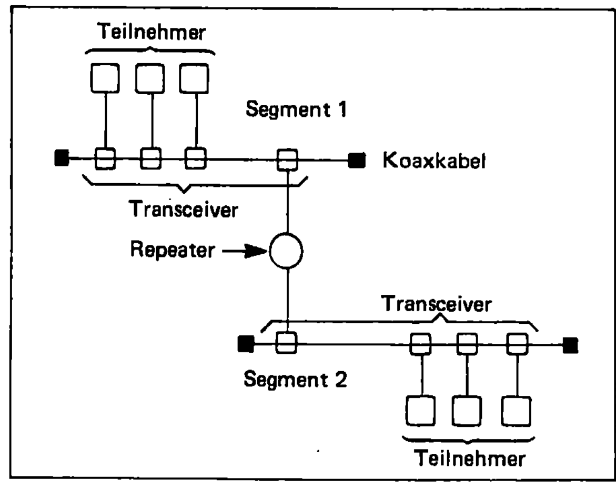

Fig. 10 Zusammenschaltung von zwei Netzsegmenten

Zugriffsverfahren (Access Methods)

Das Ethernet-Verfahren heißt CSMA/CD (*Carrier Sense Multiple Access/Collision Detection*; d. h. Vielfachzugriff mit Leitungsabfrage und Kollisionserkennung). Dabei prüft jeder Teilnehmer, der ein Datenpaket absenden will, die Leitung darauf, ob sie frei oder belegt ist. Nach erfolgreichem Zugang wird weiter überwacht (*Carrier sense*), um eventuelle gleichzeitige Zugriffe (Kollision) erkennen zu können. Bei erkannter Kollision werden die Übertragungen abgebrochen und nach einer statistisch eingestellten Wartezeit wiederholt. Es ist auch die Variante CSMA/CA bekannt mit CA: *Collision Avoidance,* also Kollisionsvermeidung.

Als wesentliche Alternative zum CSMA-Verfahren ist das sog. "Token-Passing" anzusehen. Dabei wird

Tabelle 5 Merkmale von Zugriffsverfahren

Verfahren	Kollisions-empfindlichkeit	Bandbreite	Modularität	Flexibilität	Laufzeit
Raum-multiplex	niedrig	gering	mäßig	gering	niedrig
Frequenz-multiplex	niedrig	gering	mäßig	gering	niedrig
Zeit-multiplex	niedrig	gering	mäßig	gering	niedrig
Token Ring	niedrig	gut	mäßig	mäßig	niedrig
CSMA	hoch	gut	gut	gut	unvorhersehbar

jedem Datenpaket ein Kennungssignal (*Token*) mitgegeben. Kommt solch ein Paket (Nachrichtenrahmen, *Message Frame*) an einem Gerät, das Daten senden möchte, vorbei und wird seine Kennung als „frei" identifiziert (Kennbit auf log. 0), dann schaltet das Gerät diese Kennung auf 1 („besetzt"), fügt die Ziel- und Absenderadresse sowie die zu übertragenden Daten zu und schickt dieses fertig „assemblierte" Paket weiter.

Jede Station prüft das Paket und gibt es anschließend weiter, wobei natürlich die adressierte Station die gesendeten Daten übernimmt. Das geht im "Token Ring" so lange, bis der ursprüngliche Absender das Paket zurückerhält. Erkannt wird dies an der eigenen Absenderadresse. Ist der zurückgelangte Rahmen nach Überprüfung als fehlerfrei erkannt, wird das Kennbit wieder auf log. 0 (Freikennung) gesetzt; der Rahmen läuft zur Weiterverwendung an den nächsten Teilnehmer usw.

Für einige wichtige Zugriffsverfahren sind in **Tabelle 5** ein paar Merkmale gegebenübergestellt.

LAN – Lokale Netze

Franz-Joachim Kauffels

Verbund von PCs mittels LAN – eine wirtschaftliche Alternative

Lokale Netze vervielfachen durch gesteigerte Kommunikationsmöglichkeiten auf hohem Niveau die Fähigkeiten von Rechensystemen. Personal-Computer (PC) haben ihre embryonale Phase hinter sich, und man kann sie als ernsthaftes Gerät zur Unterstützung vieler Arbeiten ansehen.

Hier wollen wir der Frage nachgehen, ob LANs (Local Area Networks) nur ein Privileg für größere Rechner sind, oder ob sie auch im Bereich "PC" die Leistungsfähigkeit des Gesamtsystems zu steigern in der Lage sind. Dazu müssen wir die Ziele und besonderen Probleme der Anbindung von PCs in LANs sowie die Arten des Zusammenschlusses und die Voraussetzungen, die auf beiden Seiten dafür zu schaffen sind, diskutieren.

Die Ankündigung eines PC-LAN durch IBM schafft in diesem Bereich Maßstäbe, mit denen man sich auseinandersetzen muß. Auch hiermit werden wir uns befassen.

gründen nicht durch den Rechner unterstützt werden konnten. Vielfach wird jedoch auch an diesen Lösungen Kritik laut. Dies hat vielerlei Ursachen, z. B. mangelhafte Auslastung der Geräte, Unübersichtlichkeit der Gerätestruktur im Hause für den DV-Manager und sehr oft die durch die PCs gegebene Wachstumsbeschränkung nach oben.

Lokale Netze vervielfachen die Möglichkeiten von Rechensystemen, sofern Hard- und Software in einem integralen Konzept der jeweiligen Anwendungs-Anforderung angepaßt werden. Die Frage ist zunächst, ob die LANs nur ein Privileg sind für Systeme, in denen Großrechenanlagen Hauptstützpunkte der Rechen-**Performance** sind und Personal-Computer höchstens die Rolle eines intelligenten Terminals spielen dürfen oder ob es vielmehr nicht auch möglich ist, durch LANs Leistungsfähigkeit und Anwendungsfelder von PCs derart zu steigern, daß sie als Gesamtsystem betrachtet durchaus die Leistung von Geräten der **mittleren Datentechnik** (MDT) erreichen.

Nicht immer können Großrechner-Lösungen dem Anwender-Anforderungsprofil genügen. Dies ist oft dann der Fall, wenn die Arbeit stark Einzelmitarbeiter-Arbeitsplatz-orientiert ist und die Produktivitätssteigerung durch die Kosten einer Großrechnerlösung eingeholt oder überholt wird.

Durch die Verbreitung der Personal- oder *Professional-Computer* (auch: *Arbeitsplatzcomputer*) können Anwendungen abgedeckt werden, die zuvor aus Kosten-

Performance: Aufführung, Vorstellung, Vortrag, Leistung. In der Rechentechnik sind damit die Möglichkeiten, Fähigkeiten eines DV-Systems gemeint.

Mittlere Datentechnik: Abgrenzende Bezeichnung für den EDV-Anwendungsbereich, der zwischen dem Kleincomputereinsatz einerseits und dem Rechenzentrumsbetrieb liegt. In der Regel deckungsgleich mit kommerzieller Datenverarbeitung.

Verschiedene Entwicklungen der letzten Zeit liefern Indizien für die positive Beantwortung dieser Frage:

- Die PCs werden selbst immer leistungsfähiger. 16/32- und bald 32-Bit-Architekturen machen Systeme möglich, die unter guten Betriebssystemen sogar **Multi-User-Betrieb** erlauben. In einigen Anwendungsbereichen sind diese Geräte ihren „Grossen Brüdern" sogar erheblich überlegen.

- Die Lokalen Netze werden deutlich billiger. Werden sie im Hinblick auf PCs konstruiert, brauchen die Kosten für einen Anschluß DM 2.000,— nicht zu überschreiten. Spätestens nach Einführung des IBM-PC-Netzwerkes, welches preislich etwa so liegt, kann sich kein Konkurrent um ein mehrfaches teurere Anschlüsse leisten.

- Die Anbindung von LAN-Konzepten an bestimmte PC-Favoriten führt zu einer Erhöhung der Stückzahl bei gleichzeitiger Senkung der Kosten. Dies gilt auch für die zu erwartende Netzwerkstoftware und Netz-fähige Anwendungssoftware.

- Es gibt Modelle für *Integrierte Gesamtlösungen*, in denen nicht mehr ein Großrechner, sondern eine Reihe von PCs die nunmehr dezentralisierte Rechenleistung erbringt. Diese Modelle entstehen zumeist in einer Verallgemeinerung des **Multiprocessing**-Konzepts oder im Bestreben nach Verlegung der Maschinenintelligenz an den Arbeitsplatz.

- Dem von den Informationsmanagern gefürchteten Kapazitäts-Zuordnungs-Chaos kann durch eine Anbindung von PCs an ein homogenes Netz entgegengewirkt werden, da die Auslastung der Station oder die Teilnahme am Netzbetrieb in einem Monitor erfaßt werden kann.

- In zunehmendem Maße können der Gemeinschaft der PCs im und durch das Netz Hochleistungs-Peripheriegeräte oder Spezialmaschinen für die Erbringung bestimmter Dienstleistungen hinzugefügt werden, die sonst nur größeren Rechnern vorbehalten sind. Dadurch kann die Qualität der Arbeit in erheblichem Maße verbessert werden.

„Last not least" ist ein zu erwartender Liquiditätsvorsprung gerade für kleinere Unternehmen oder Unternehmensbereiche, in denen die DV erst eingeführt wird, ein starkes Argument für die Verbindung dieser Konzepte. Es gibt LAN-Produkte, bei denen 2 bis 20.000 Stationen zu linearen Kosten angeschlossen werden können. Man beginnt also mit einem kleinen System, welches behutsam mit den Anforderungen wachsen kann und wesentlich billiger ist als eine vergleichbare MDT-Anlage, bei der zuviel ungenutzte Leistung bezahlt werden muß.

Systemalternativen Lokaler Netze

Lokale Netze sind Systeme für den Hochleistungs-Informationstransfer. Mittels eines schnellen Kommunikationsmediums verbinden sie eine *Vielzahl* angeschlossener Endgeräte unter Benutzung partnerschaftlich orientierter *Protokolle*.

Der Nachrichtentransport selbst ist für die angeschlossenen Stationen meist transparent. Es wird **Paketübertragung** vorgenommen oder auf dem Paketdienst ein **virtueller Schaltkreis** aufgebaut. Bei der Netzwerk-Architektur ist man darum bemüht, den Anwender von allen netzspezifischen Funktionen zu entlasten. Insbesondere soll kein Unterschied zwischen der Arbeitsweise mit Lokalen oder **Remote**-Prozessen sichtbar sein.

Unter den vielen technischen Möglichkeiten sind im Bereich PC-Vernetzung Systeme angesagt, die auf Koaxialkabeln Basisband- oder Breitbandübertragung mit max. 10 Mbit/s vornehmen. Ein Mehr an Übertragungskapazität wäre nutzlos und viel zu teuer, weniger als 2 Mbit/s könnte bei größeren Konfigurationen zu Engpässen führen. Mehr Einzelheiten über Lokale Netze findet man in [1]. Anwendungen Lokaler Netze und Erfahrungen mit diesen werden in [2] genauestens besprochen.

Wenn eine geeignete Beratung vorausgeht, steht aus der heutigen Sicht der Technik dem LAN-Einsatz prinzipiell nichts entgegen.

Multi-User-Betrieb: Mehrbenutzerbetrieb. Das bedeutet, es können an einem Computer mehrere Bildschirmgeräte (*Terminals*) angeschlossen sein und gleichzeitigen Zugriff gestatten (Mehrplatzsystem).

Multiprocessing: Parallelverarbeitung. Hierbei werden verschiedene Programme bzw. Programmteile gleichzeitig (parallel) bearbeitet.

Paketübertragung: Beispielsweise zwischen einer Eingabetastatur und einem PC werden Daten zeichenweise übertragen. Bei der Kommunikation mit einem Datenträger werden logisch zusammengehörende Zeichen (Buchstaben, Zahlen usw.) als „Text" übertragen. Beim Paketverkehr werden ohne Rücksicht auf den Inhalt Blöcke (Pakete) fester Länge gebildet und übertragen.

Virtueller Schaltkreis: Beim Übertragen digitaler Daten im Paketnetz ist konkret nur der jeweils sendende und empfangende Teilnehmer fixiert. Der Weg durch das Netz wird je nach Auslastung selbsttätig geschaltet — darum virtueller Schaltkreis.

Remote: Fern oder entlegen ist die wörtliche Übersetzung. Ein Remote-Prozeß ist also ein entfernter, nicht direkt erreichbarer Vorgang.

Ziele von Rechnerverbundsystemen im Hinblick auf die Kopplung von PCs

Die allgemeinen Ziele von Rechnerverbundsystemen treffen wenigstens zum Teil auch für den hier behandelten Problemkreis zu:

- *Datenverbund* Zugriff auf räumlich verteilte Datenbestände

- *Lastverbund* Entlastung von überlasteten Stationen durch Umverteilung

- *Funktionsverbund* Erweiterung der Funktionalität der beteiligten Rechner durch Einbindung spezieller **Server** im Netz

- *Leistungsverbund* Kopplung von Rechnern zur Bearbeitung eines aufwendigen Problems

- *Verfügbarkeitsverbund* Steigerung der Zuverlässigkeit des Gesamtsystems durch Bereitstellung einer Mindestleistung auch bei Ausfällen.

Leider haben PCs heute noch einen Kompromiß aus dem, was technisch machbar, was erwünscht und was zu einem vernünftigen Preis auf den Markt zu bringen ist, anhaften. Nicht anders wird es bei Lokalen Netzen sein, die für PCs geeignet sind. Marktzwänge führen hier zu Design-Zielen, die evtl. miteinander im Widerspruch stehen. Ohne hierauf näher einzugehen, sei noch eine weitere Forderung an PC-LANs genannt, die als wichtig und elementar anzusehen ist:

Über den PC-Verbund hinaus muß eine Öffnung des Systems zur Außenwelt realisierbar sein. Diese Öffnung besteht z. B. in der Möglichkeit des Zugriffs zu einem benachbart oder entfernt stehenden **Host**, des Zugangs zu anderen öffentlichen oder privaten Lokalen und *"Wide Area"*-Netzen oder in der Möglichkeit der Benutzung spezieller Dienste wie z. B. Btx.

Wird diese Forderung durch ein verfehltes System-Design nicht erfüllt, so wird das Netz früher oder später in eine Isolation kommen, in der es die gestellten Anforderungen nicht mehr in vollem Maße erfüllen kann. Wir fordern an dieser Stelle keineswegs, daß jedes System direkt alle Kommunikationsmöglichkeiten hat und erst recht nicht, daß alle benutzt werden. Vielmehr verlangen wir eine Konzeption, die die notwendige *Kompatibilität* bietet.

Idealerweise kann ein Benutzer im System in folgenden Modi arbeiten:

- lokal an seinem PC mit dessen lokalen Möglichkeiten

- im PC-Verbund mit den Möglichkeiten des Gesamt PC-LANs (z. B. *Server*)

- im Teilnehmerbetrieb am nächsten benachbarten *Host* über eine Brücke zu dessen Kommunikationsinfrastruktur (z. B. LAN-**SNA**-Kopplung)

- im Teilnehmerbetrieb in entfernten Rechnern (z. B. *Electronic Mail*, d. h. „elektronische Post")

Alle diese Ziele sind erreichbar, wie die mittlerweile am Markt befindlichen Produkte belegen, wobei teilweise jedoch die Kosten für die Öffnung zur Außenwelt als zu hoch erscheinen. Folgende Punkte sind beim Entwurf von Systemen für die Lokale Vernetzung von PCs zu beachten:

- *Hardware:* Verwendung von Standard-Hardware und Standard-Schnittstellen wo nur möglich. Anlehnung an die Standards von ISO, ECMA und IEEE (*International Organization for Standardization, European Computer Manufacturers Association* und *Institute of Electrical and Electronic Engineers*).

- *Firmware:* Ein großer Teil der Protokolle der unteren Schichten, mindestens 1 und 2 nach ISO, besser jedoch 1–4, sollten ind Hard- und **Firmware** ausgeführt werden.

- *Software:* Für den eigentlichen Netzbetrieb kann hier nur die Devise „sowenig wie möglich und soviel wie nötig" lauten. Die Anlehnung an Standard-Betriebssysteme ist unbedingt erforderlich, auch wenn diese oft wenig befriedigen können. In der Zukunft ist mit einer Erweiterung der Betriebssysteme im Hinblick auf eine freizügerere Verteilung der Prozesse auf die Ressourcen des Netzes zu rechnen. Ein Benutzer braucht eine Menge *Services* für die Überwachung und Wartung des Netzes.

Darüberhinaus sind die Softwarehäuser bei Vorliegen integraler Systeme aufgefordert, Anwendungssoftware zu schreiben, die sich die erweiterten Fähigkeiten

---

Server: Bezeichnung für spezielle Einrichtungen für den Betrieb eines Netzes. Diese Diensteinheiten können in Hardware und Software realisiert sein (s. oben).

Host: Gastgeber, Wirt. In der Rechentechnik bezeichnet man einen Computer als *Host*, wenn man ihn von einem anderen System mitbenutzen kann.

SNA: *Systems Network Architecture*. Das ist die Bezeichnung der Fa. IBM für das eigene Computer-Netzwerksystem.

Firmware: Damit wird Software bezeichnet, die der Computerhersteller dem System mitgibt und die in der Regel in Festwertspeichern (ROM oder PROM) abgelegt ist.

des Verbundnetzes zunutze macht. Die Verwendung höherer Programmiersprachen ist in allen Bereichen angebracht, da die Komplexität der Aufgaben wenig Spielraum für anderes läßt.

Architekturelle Alternativen für den Anschluß von PCs an ein LAN

Wir wollen im folgenden kurz untersuchen, wie PCs und LAN zusammengeschlossen werden können und in welchem Maße dies die Leistung beeinflußt.

Die erste Möglichkeit ist die des Anschlusses unmodifizierter PCs an ein protokoll-transparentes LAN-Transportnetz. Es wird so eine hohe Flexibilität erreicht, derartige LAN-Produkte unterstüten jedoch selten mehr als eine V.24-Schnittstelle. Dies ist jedoch für intelligentere Aufgabenstellungen zu langsam.

Die Modifizierung von PCs mit Netzanschlußgeräten ist schon wesentlich günstiger, da hier ein *Controller* eine direkte Verbindung zwischen dem PC-Bus und dem LAN-Übertragungsmedium darstellt. Die Ende-zu-Ende-Übertragungsgeschwindigkeit wird also i. a. durch den Bus bestimmt, sofern das LAN keine Engpässe aufweist, was in dem Geschwindigkeitsbereich, den wir hier betrachten, so schnell nicht eintreten wird. Der PC behandelt den *Controller* in etwa wie ein E/A-Gerät (Ein-/Ausgabe-Gerät). Dadurch verbraucht er einige Rechenzeit für die Übertragungen auf das Netz. Sofern von anderen Benutzern Anforderungen an eine Fremdstation gestellt werden, muß diese Rechenzeit abzweigen, um die Anforderungen zu bearbeiten. Dies ist sicher in den meisten Fällen ebenfalls nicht wünschenswert.

Das *Koprozessor-Design* bietet hier einen weiteren Fortschritt: anstelle eines einfachen *Controllers* sitzt auf der PC-Erweiterungskarte ein kompletter Rechner mit *Koprozessor, Programmspeicher* und *Netz-Controller*. Hier entlastet der Koprozessor den *Host-PC* von allen Aufgaben, die das Netz an den Rechner stellt. Produkte zeigen, daß diese momentan fortschrittlichste Konstruktionsweise nicht teurer zu sein braucht. Der Vorteil des weiterhin für die Anwendung voll zur Verfügung stehenden Hauptprozessors ist sehr hoch zu bewerten. Durch die völlige Integration der Netzbetriebseinheit in den PC entfallen viele Schnittstellenprobleme. Der Lokalnetzanschluß wird zu einer ebenso selbstverständlichen Einrichtung wie z. B. der Floppy-Controller.

Diensteinheiten

Der eigentliche Sinn eines Lokalen Netzes für den PC-Verbund besteht darin, durch das LAN der Gemeinschaft der Benutzer oder einer authorisierten Teilmenge neue Dienste am Netz und durch es zur Verfügung zu stellen.

Wir können hier nur kurz einige Dinge aufzählen, die für den PC-Verbund von besonderer Relevanz sind. Man unterscheidet zwischen Hard- und Software-Servern.

Hardware-Server

- *File-Server:* er verschafft den Zugang zu den gemeinsamen Massenspeichermedien und ist in der Regel in Firmware oder Software implementiert. Der FS ist eine echte Bereicherung, weil er die in vielen PCs vorhandene Speicherplatzbeschränkung aufhebt. File-Server können auf eigenen Festplatteneinheiten realisiert sein. Oft wird jedoch auch eine Festplatte eines leistungsfähigen PCs von weniger ausgestatteten PCs mitbenutzt. Der File-Server wird hardwaremäßig von einer **Winchester**-Steuereinheit unterstützt.

- *File-Transfer-Server:* sorgt für den reibungslosen Ablauf des Dateitransfers im Netz insbesondere bei inhomogener Gerätestruktur.

- *Print Server:* erlaubt mehreren Teilnehmern das *Sharing* (Teilen) eines guten Druckers.

Software-Dienste

- *Elektronische Post:* Nachrichtensystem zwischen allen angeschlossenen Stationen. Die Elektronische Post wird gerne mit einem komfortablen Editor gekoppelt.

- *Übersichtssystem:* zur ergonomischen Einführung neuer Benutzer.

Winchester: Klassische Magnetplattenstapel enthalten *nicht* die Magnetköpfe zum Schreiben und Lesen; diese sind Bestandteil des Laufwerks, in das die Stapel eingesetzt werden. Moderne Einheiten für hohe Speicherdichten haben Platten und Köpfe integriert. Bei dieser *Winchester-Technik* wird nur der Drehantrieb für die Platten im Laufwerk angeflanscht.

- *Emulator:* Programm für den Durchgriff zum Groß-rechner; der PC wird zum Terminal.
- *Gateway-Server:* für die Verbindung zu anderen öffentlichen oder privaten Netzen.

Die genannten Dienste stellen sicherlich nur einen kleinen Ausschnitt aus dem dar, was machbar und/oder wünschenswert ist. In der Zukunft sind sicher noch viele interessante Entwicklungen zu erwarten.

Noch wichtiger als die Dienste selbst ist die Konstruktion von Anwendungssoftware, die sich dieser Dienste bedient. Denkbar ist z. B. ein Buchhaltungsprogramm, welches von den Arbeitsplätzen, die damit befaßt sind, Kontendaten erhält und sie selbständig zu einem aktuellen Gesamtbild verknüpft.

Produkte: LANs für den PC-Verbund

Sicherlich eignen sich eine Reihe der bekannten LAN-Produkte für den Verbund von PCs. Darüber ist an anderer Stelle hinreichend referiert worden [3]. Unter den Spezialprodukten hat das *IBM-PC-Network* eine herausragende Rolle, da es vom PC-Marktführer stammt und bei hoher Flexibilität sehr preisgünstig ist. Es ist ein *Breitbandnetz in Baumstruktur,* welches mit CSMA/CD verwaltet wird und eine Nominalüber-tragungsrate von ca. 2 Mbit/s hat. Bis zu 72 Stationen können durch Netzwerk-Kabelbausätze in das Netz integriert werden. Für größere Installationen kann man die Controller mit einem *Custom-Mid-Split-Breitbandnetz* verbinden. Auch wenn hier nur zwei Kanäle benutzt werden, so hat die Breitbandtechnik gegenüber der Basisbandtechnik erhebliche elektrische Vorteile.

Anschließbar an das Netz sind der IBM-PC, PC-XT, PC-AT und PC-Portable, nicht jedoch PC-Junior und 3270 oder 370-PC. Der Netzwerkadapter paßt in einen Expansionsschlitz und ist mit einem 80188 Mikro als Koprozessor ausgestattet. Weiterhin finden die neuesten *Intel*-CSMA/CD-Kommunikations-Controller, einige Speicher und ein serielles Interface von *Sytek* zum Breitbandnetz Verwendung. Auf die Einzelheiten der nächsthöheren Schichten wollen wir nicht näher eingehen, mehr dazu in [4]. Das IBM-Netzwerk-Programm unterstützt elementare Dienste. Jeder PC mit Festplatte kann *Netzwerk-Print/File-Server* werden. Jede so bereitgestellte Festplatte oder *Directory* kann mit anderen Benutzern im System gemeinschaftlich benutzt werden. Es kann in einem Netz mehrere solcher *Print/File-Server* geben. Für das Netz wurde eine Verbindung zu *IBM-Hosts* zugesagt.

Das Netz ist sehr stark in der Hardware, das *Network-Programm* mag nicht befriedigen. Es ist eine stark zusammengestutzte Version von *Microsoft MS-Net,* welches nur an **OEMs** geht. Hier sind nämlich z. B. File-transfers auch zwischen XENIX-Systemen vorgesehen, während das IBM-Netz zunächst nur mit DOS 3.1 funktioniert.

Ebenfalls auf einem Breitbandkabel läuft *3Ms LAN/PC,* eine LAN/1-Weiterentwicklung. Es benutzt *Token-Passing* und hat eine Nominalgeschwindigkeit von 2,5 Mbit/s. Als Basissoftware wird *Novells Netware* benutzt, die Insider als den stärksten Konkurrenten von MS-Net ansehen. Das Netz bietet die üblichen Server und eine Brücke zu Kleinstnetzen wie Omninet. Es kann auf einem Kabel mit dem bekannten 3M-Breitbandnetz betrieben werden. Sieht man einmal von den Kabelkomponenten und dem Frequenzumsetzer ab, wird es preislich etwa so wie das IBM-Netz liegen.

PLAN 2000/3000/4000 ist eine PC-LAN-Serie von *Nestar,* die auf dem ARC-Net basiert und mit *Token-Passing* auf dem Basisband in einer beliebigen schleifenfreien Topologie nominal 2,5 Mbit/s erreicht. Hier gibt es auch große File-Server, ein 327X-Gateway, ein Teletex-Gateway und bald die Möglichkeit der Verwendung von Glasfasern. Leider läßt die Distribution in der Bundesrepublik zu wünschen übrig.

Ungermann-Bass schließlich hat mit der *NET/ONE-PC-Connection* ein LAN konstruiert, welches eine Reihe von Besonderheiten aufweist. Es kann mit Basisband- und/oder mit Breitbandübertragung realisiert werden und läuft nominal 10 Mbit/s. Im Basisband wird zusätzlich eine Glasfaserverbindung angeboten. Das Netz kann völlig transparent zusammen mit einem NET/ONE für Großrechner betrieben werden, so daß hier überhaupt keine Übergangsprobleme auftreten. File- und Print-Server sind in dem System ebenso enthalten wie eine leistungsfähige elektronische Post. Der Preis liegt deutlich über dem der Konkurrenz.

OEM: *Original Equipment Manufacturer.* System- und Gerätehersteller, die wesentliche Originalteile von Zulieferern beziehen und zu einem Gerät eigener Marke zusammenbauen.

Zusammenfassung und Ausblick

Wir haben gesehen, daß es durchaus nicht abwegig ist, die Möglichkeiten von Personal-Computern durch den Einsatz Lokaler Netze mit den ihnen eigenen Fähigkeiten erheblich zu erweitern. Wir haben die Ziele dabei formuliert und gesehen, daß es heute schon Systeme gibt, die die Anforderungen teilweise erfüllen. Es ist jetzt Aufgabe der Systemhäuser, aus den zur Verfügung stehenden technischen Systemen das Beste zu machen.

Literatur

[1] *Kauffels, F.-J.:* Lokale Netze — Systeme für den Hochleistungs-Informationstransfer. Reihe DV-Praxis. Köln: Verlagsges. R. Müller 1984

[2] *Kauffels, F.-J.:* LAN-Praxis — Anwendungserfahrungen mit Lokalen Netzen. Reihe DV-Praxis. Köln: Verlagsges. R. Müller 1985

[3] *Kauffels, F.-J.:* Verbund von PCs mittels Lokaler Netze. Köln: DATACOM 2/84

[4] *Kauffels, F.-J.:* Das IBM-PC-Netzwerk — kritisch analysiert. Köln: DATACOM 4/84

Herausgeber:
Paul Schmitz, Universität zu Köln
Norbert Szyperski,
GMD, St. Augustin
und Universität zu Köln

Redaktion:
Ulrich Hasenkamp,
Universität zu Köln

Herausgeberrat:
W. Ameling, Aachen
H. Fiedler, Birlinghoven
J. Griese, Bern
E. Grochla, Köln
R. Gunzenhäuser, Stuttgart
Ch. Heinrich, Dortmund
L.J. Heinrich, Linz/Österreich
E. Henze, Braunschweig
R. Jünemann, Dortmund
W. Kämmerer, Jena/DDR
G. Krüger, Karlsruhe
H. Maurer, Graz/Österreich
H.G. Pärli, Dortmund
P.J. Pahl, Berlin
P. L. Reichertz, Hannover
D. Seibt, Essen

Die **Angewandte Informatik**
erscheint 12 mal im Jahr.

Die **Angewandte Informatik/applied informatics** ist eine Datenverarbeitungs-Fachzeitschrift gehobenen Niveaus, in der theoretisch und praktisch orientierte Beiträge aus dem Bereich der Anwendung der Informationstechnologie veröffentlicht werden.

Sie ist anwendungsorientiert, weil es sich bei der Berichterstattung über Informatik und automatisierte Datenverarbeitung nicht um theoretisierende Erwägungen handelt, sondern um praktische und theoretische Probleme. Dazu gehören: Berichte über die allgemeine Situation auf dem Gebiet der Datenverarbeitungsanlagen, über Ergebnisse der Grundlagenforschung, über Neuentwicklungen, Theorie und Praxis der Betriebsautomatisierung, Berichte aus der Praxis der Anwendung von Datenverarbeitungsanlagen, der Praxis der Programmierung mit entsprechenden Beispielen. Die Berichterstattung wird durch Informationen über neue Produkte, Tagungsankündigungen und Literaturübersichten abgerundet.

Aus dem Inhalt Heft 9/1985

Hans-Jürgen Seelos
Wirkungsanalyse computerunterstützter medizinischer Informationssysteme auf der Basis des ,,Rapid Prototyping''

Franz Josef Polster
Generierbare Datenbanksysteme

Günter Lenhardt
Lineare Differenzengleichungssysteme in der betrieblichen Planung als Implementierung einer Planungssprache auf einem PC

Leonidas Camarinopoulos / Ulrich Hussels
Eine Methode zur automatischen Fehlerbaumentwicklung.

Konrad Hoyer und Gerhard Schnell

Der PC im lokalen Netz mit dem Großrechner

1 Einleitung

Es bedarf keiner weiteren Begründung für den Wunsch, Kleinrechner, also PCs, an vorhandene Großrechner (*Hosts*) anzuschließen, wo immer beide vorhanden sind: Schule, Hochschule, Unternehmen. Dabei sind zwei Betriebsarten zu unterscheiden:

— der PC als intelligentes Terminal des Großrechners, und

— der PC als eigenständiger Rechner im Datenaustausch mit dem Großrechner.

Wir beschreiben hier exemplarisch den ersten Fall, der zweite ist eine softwaremäßige Ausbaustufe davon. Um von speziellen PC-Typen unabhängig zu sein, ist die vorgestellte *Interface-Software* in UCSD-Pascal geschrieben.

2 Der Großrechner (Host)

In unserem Beispiel ist der *Host-Computer* (Wirts-Computer) eine Großrechenanlage DEC 10 [1]. An diesem System sind ca. 145 Peripheriegeräte, meist Terminals VT100, angeschlossen. Unser PC soll ein weiteres Peripheriegerät werden, das mit einer seriellen, **asynchronen V.24-Schnittstelle** an diesen Rechner angeschlossen wird. Wir simulieren ein VT100 dergestalt, daß die DEC unseren PC gar nicht als solchen erkennt [2].

3 Übergabeprotokoll

Jedes Datenbyte wird als **ASCII-Zeichen** übertragen, zuzüglich ein *Paritybit* (**Paritätsbit**) und 2 Stopbits (letztere vom **USART**). Eine Paritätskontrolle findet

---

Asynchron: Wird für die Verbindung zwischen zwei Geräten nur eine Leitung pro Richtung verwendet, können digitale Daten nur Bit für Bit nacheinander (*bitseriell*) übertragen werden. Das gilt dann ebenso für die aus meist 10 bit zusammengesetzten ASCII-Zeichen (*zeichenseriell*). Während die Bits in einem Zeichen aber streng „im Takt" laufen (z. B. 2400 bit/s), können die Zeichen (Bitgruppen) zu jedem beliebigen Zeitpunkt einzeln oder in Gruppen gesendet werden — sie werden *asynchron* übertragen.

V.24-Schnittstelle: Die typische serielle, asynchrone Schnittstelle wird meist als V.24-Schnittstelle bezeichnet, weil die Signalnamen dieses Anschlusses in der Empfehlung V.24 der internationalen Postnormungsorganisation CCITT definiert sind. Die entsprechende deutsche Norm ist DIN 66 020. Die elektrischen Eigenschaften stehen in V.28 (DIN 66 259 Teil 1). Die amerikanische Norm EIA RS-232-C faßt Teile beider Standards zusammen.

ASCII-Zeichen: Zur Speicherung und Übertragung digitaler Daten wird meist der ASCII-Code verwendet — es werden ASCII-Zeichen übertragen, die aus jeweils 7 bit bestehen.

Paritätsbit: Der 7-Bit-ASCII-Code hat je Byte ein Bit frei, das als Prüfbit verwendet werden kann. Es werden dann mit Hilfe dieses Paritätsbits die Einsbits jedes ASCII-Zeichens auf eine gerade oder ungerade Quersumme ergänzt (je nach Verabredung). Der Empfänger prüft diese „Parität" und meldet gegebenfalls den Übertragungsfehler.

USART: *Universal Synchronous/Asynchronous Receiver/Transmitter.* Kurzbezeichnung für einen universellen Schnittstellenbaustein, der synchron oder asynchron empfangen und senden kann.

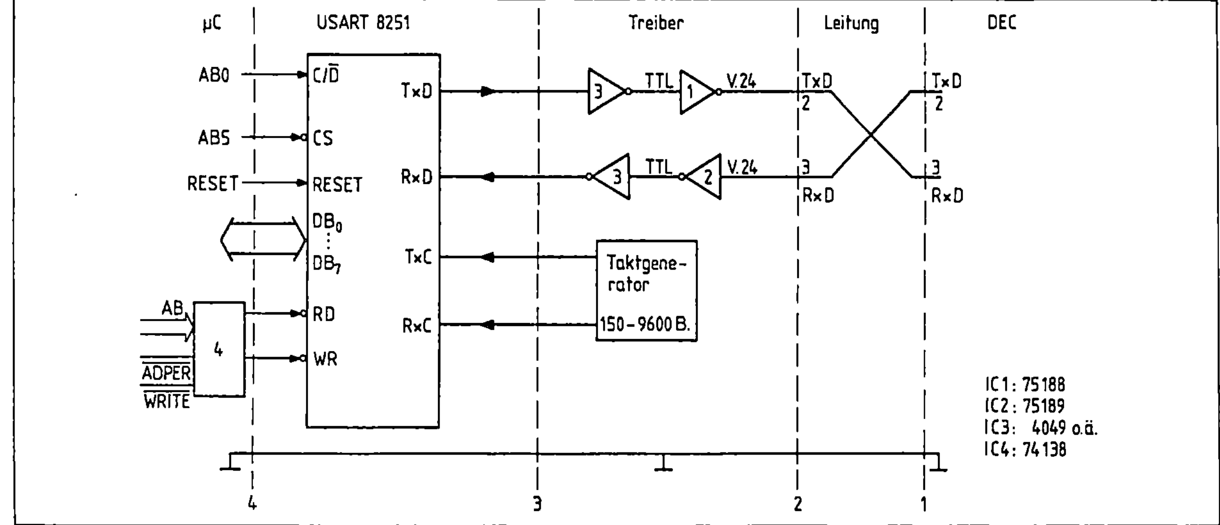

Fig. 1 Das Hardware-Interface für Vollduplexbetrieb. Die Adressierung des USART ist nur als Beispiel zu verstehen

auf keiner Seite statt, ebensowenig eine direkte Quittierung (*Handshake*) der übertragenen Bytes. Eine Regulierung des Sendeflusses erfolgt in beiden Richtungen mit den Kontrollzeichen XON und XOFF (ASCII: DC1 = 17 und DC3 = 19).

Deshalb wird vereinbart: Der *Host* sendet eine Zeile, beendet durch CR (= 13) und BEL (= 7) und wartet dann auf Freigabe durch XON vom PC für das Senden der nächsten Zeile. Der PC liest BEL und antwortet darauf zu gegebener Zeit mit XON als Freigabe für die nächste Zeile. Die einlaufenden Zeichen werden im Terminalbetrieb direkt auf den Schirm geschrieben. Ist der Bildschirm voll, erfolgt ein automatisches **Scroll**, wie im normalen Terminalbetrieb.

Umgekehrt, bei der Datenübertragung vom PC zum *Host*, wird vom PC immer erst geprüft, ob der *Host* gerade sendet. Wenn ja, ist das Empfangsregister des USART voll, und sein Inhalt wird vom PC vorrangig übernommen. Sendet der *Host* gerade nicht und ist er im Zustand XON, so gibt der PC seinerseits das durch eine Taste aktivierte Byte auf die Leitung. Der *Host* empfängt das Byte und gibt es kommentarlos als Echo an den PC zurück, der es auf dem Schirm protokolliert. Damit erfolgt eine automatische Übertragungskontrolle.

Es mag verwundern, daß Senden und Empfangen nicht symmetrisch verlaufen. Der Grund dafür ist, daß der *Host-Computer* schneller ist, weil er mit *Interrupt* und **FIFO-Puffer** arbeitet (Datenrate bis 2400 bit/s

= 2400 Baud), während der PC mit Abfrage (*Polling*) arbeiten muß, da das benutzte Pascal keinen Interrupt kennt. Dies reduziert die Übertragungsrate auf 150 Baud (bei unserem 2,5-MHz-Z80), was aber bei normalem Betrieb ausreicht.

4 Das Hardware-Interface

Das Hardware-Interface ist relativ einfach aufgebaut, wie **Fig. 1** zeigt. Es arbeitet im **Vollduplexbetrieb** und besteht aus drei Komponenten.

Scroll: Die wörtliche Übersetzung lautet Schriftrolle. Ähnlich wie mit einer Schriftrolle kann man an den meisten Bildschirmen den Text am Betrachter vorbeibewegen (vorbeirollen), was *Scroll* oder *Scrolling* genannt wird.

FIFO-Puffer: Ein Puffer ist ein spezieller Speicherbereich zum Zwischenspeichern, Sammeln, Anpassen von Systemteilen unterschiedlicher Geschwindigkeit. Beim FIFO-Puffer wird das zuerst Eingespeicherte auch wieder zuerst gelesen (*First-In First-Out*).

Vollduplex: Bei dieser Betriebsart können Daten gleichzeitig in beiden Übertragungsrichtungen gesendet und empfangen werden (wie z. B. beim Telefon). Ist das Benutzen der Übertragungsleitung nur nacheinander (wechselweise) möglich, spricht man von *halbduplex*.

4.1 Der Parallel-/Seriell-Wandler

Der USART 8251 wird durch den PC über den Adreß-
bus, WRITE und ADPER angesteuert und über den
Datenbus auf den gewünschten Betriebszustand eingestellt [3]. Er enthält u. a. ein Parallelregister, in dem
das empfangene bzw. das zu sendende Datenbyte zwischengespeichert wird.

4.2 Der Taktgenerator

Diese Schaltung legt die Übertragungsrate bei der Sen-
detätigkeit des USART fest. Nach unserer Erfahrung
muß der Generator quarzstabilisiert sein. Verwendet
man einen Quarz mit 2,4576 MHz, so kann man mit
dem 14-Bit-Zähler 4060 alle genormten Taktraten ab
150 Baud aufwärts einstellen. Wir arbeiten aus den
oben erwähten Gründen mit 150 Baud.

4.3 Die Leitungstreiber

Es muß der **TTL-Pegel** der Sendedaten auf den von
der V.24-Norm geforderten Pegel umgesetzt werden,
bzw. muß umgekehrt der **V.24-Pegel** der Empfangs-
daten auf TTL-Pegel umgesetzt werden. Ersteres erledigt der Baustein 75188, letzteres der Baustein
75189 [3]. Diesen beiden Leitungstreibern sind aus
Polaritätsgründen Inverter vor- bzw. nachgeschaltet.

Die tatsächliche Schnittstelle zwischen PC und Interface liegt je nach Ausbaustufe des PC an Stelle 2, 3
oder 4 der Schaltung.

5 Das Software-Interface

5.1 Grundlagen des Programms

Das Pascal-Programm behandelt sowohl Bildschirm
und Tastatur als auch das sendende und empfangende
USART als Peripherieeinheiten (hier Nr. 1, 2, 7, 8,
die Zuordnung ist betriebssystemspezifisch). Die No-
tierung der jeweiligen Zustände des Dialogs geschieht
über Software-Schalter (*flags*).

Die Schalter werden im Hauptprogramm beim Start
in den Anfangszustand gesetzt (vgl. **Fig. 2a**).

Der Schalter FREMIN beispielsweise wird vom Programm gesetzt, wenn es entdeckt, daß im USART ein
vom *Host* gesendetes ASCII-Zeichen "CH" steht (*not
busy* UREMIN).

FCRVOR: Vorhergehendes Zeichen war 'CR'.
FXON: Erlaubnis vom *Host*, daß PC senden darf.
FBELL: Das Zeichen 'BEL' wurde gesendet.
QUPT und FSCHLUSS: Diese Schalter werden erst
bei Programmerweiterungen benötigt.

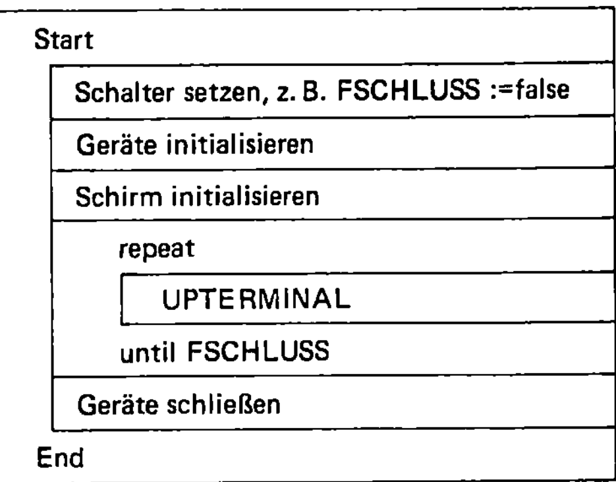

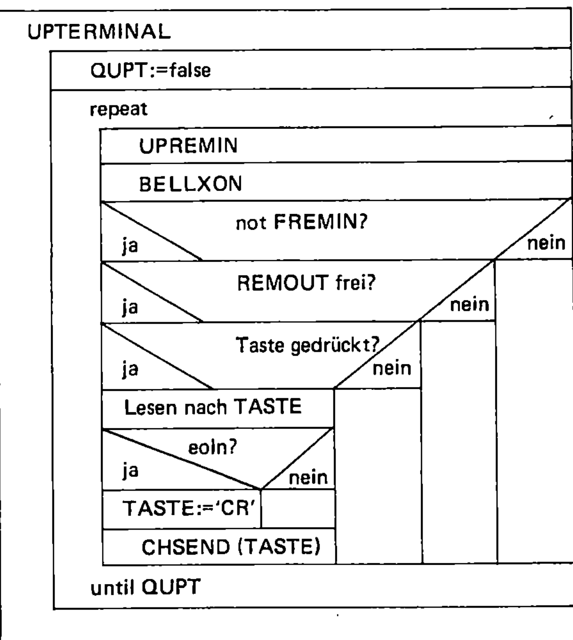

Fig. 2 Struktogramme des Software-Interface
a) Hauptprogramm (setzt Schalter und ruft UPTERMINAL
   auf)
b) Unterprogramm UPTERMINAL (Schleifenprogramm zur
   Kontrolle des USART)

TTL-Pegel: Pegel meint immer den Bezug auf einen
„Normwert", er kann deshalb keine physikalische Einheit tragen. Es wäre also falsch, als TTL-Pegel deshalb
5 V anzugeben, weil die Versorgungsspannung von
TTL-Schaltkreisen entsprechend ist. Nur das Verhältnis der beiden „Logikspannungen" (z. B. 3,6 V und
0,2 V) stellt so etwas wie einen Pegel dar. In der englischen Literatur wird dies leider oft nicht korrekt verwendet.

V.24-Pegel: Auch hier dürfen korrekterweise nicht die
die logischen Zustände darstellenden Spannungen als
Pegel bezeichnet werden, sondern nur das Verhältnis
der beiden Spannungen (<-3 V $\hat{=}$ 1-Bit; >3 V $\hat{=}$ 0-Bit).

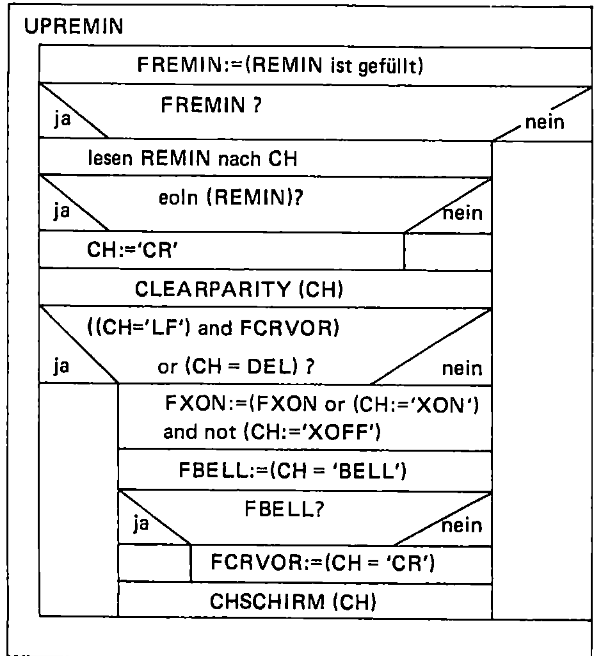

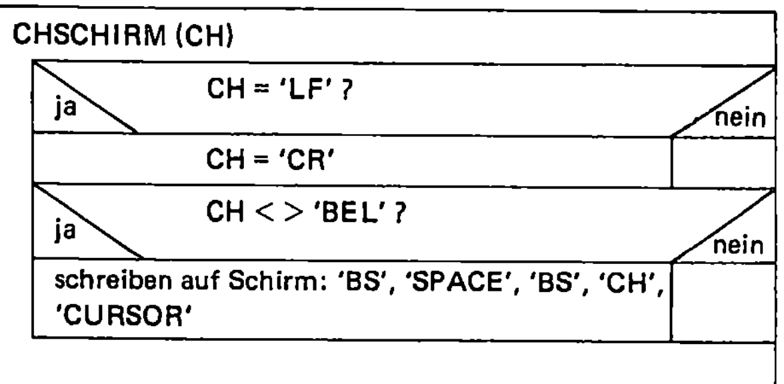

Fig. 3 Struktogramme des Software-Interface
a) UPREMIN fragt USART nach Zeichen ab
b) CHSCHIRM schreibt empfangenes Zeichen zum Schirm

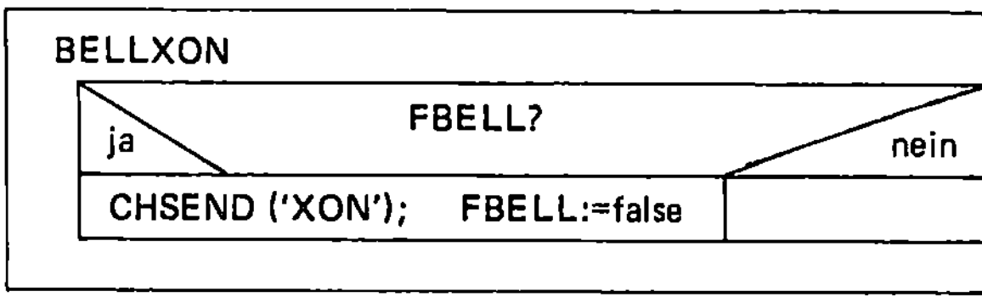

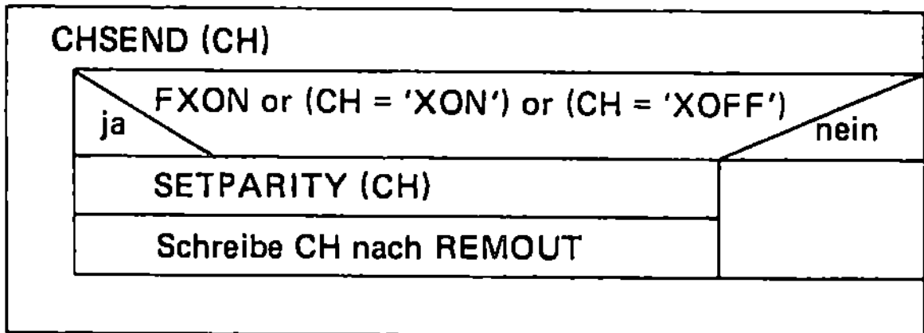

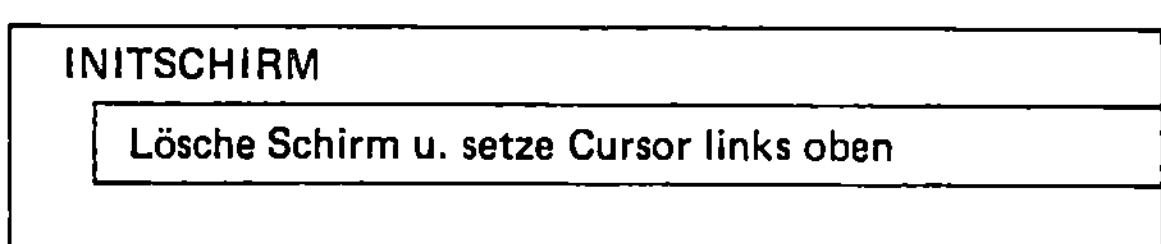

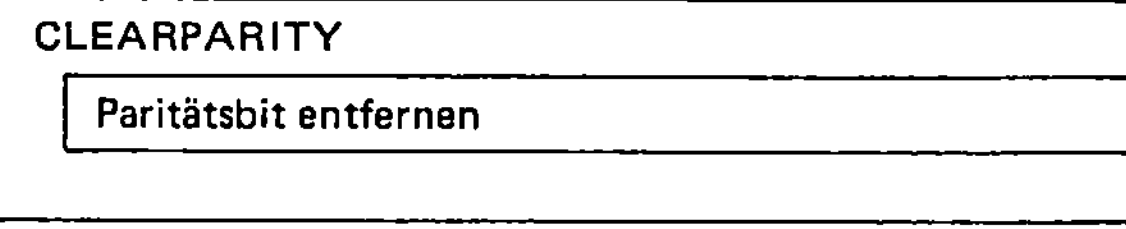

Fig. 4 Struktogramme des Software-Interface
a) BELLXON prüft Schalter FBELL und sendet XON
b) CHSEND sendet ASCII-Zeichen CH zum USART
c) INITSCHIRM d) SETPARITY e) CLEARPARITY

5.2 Das Unterprogramm UPTERMINAL

Dieses Unterprogramm (**Fig. 2b**) läuft während der ganzen Übertragung in der Schleife. Es prüft andauernd, ob ein fremdes Zeichen im USART steht (UPREMIN, **Fig. 3a**). Wenn ja, wird der Schalter FREMIN gesetzt, und UPREMIN wertet das Zeichen "CH" aus. Gegebenenfalls wird es zum Schirm gebracht (CHSCHIRM, **Fig. 3b**).

In der Prozedur BELLXON (**Fig. 4a**) wird der Schalter FBELL

abgefragt. Bei gesetztem Schalter wird XON als Antwort mittels CHSEND (**Fig. 4b**) gesendet.

Wurde kein fremdes Zeichen empfangen (*not* FREMIN) und steht kein eigenes Zeichen im USART (REMOUT frei), so wird die Tastatur abgefragt (*read* KEYBOARD, TASTE). Das jeweils gedrückte Zeichen TASTE wird mit einem Paritätsbit versehen (SETPARITY) und durch CHSEND zum USART gegeben.

```
program TERMINAL(keyboard,output);

const
              (*    Nummern der Peripherie-units *)
          UOUTPUT   = 1;    (*   Bildschirm *)
          UKEYBOARD = 2;    (*   Tastatur   *)
          UPRINT    = 6;    (*   Drucker    *)
          UREMIN    = 7;    (*   USART      *)
          UREMOUT   = 8;

          (*    ASCII-Codes   *)
          BELL      = 7;
          BS        = 8;
          LF        = 10;
          FF        = 12;
          CR        = 13;
          XON       = 17;
          XOFF      = 19;
          SPA       = 32;
          DEL       = 127;
          PARITYBIT= 128;
          CURSOR    = 170;


var
     FSCHLUSS,FCRVOR,FREMIN,
     FXON,FBELL,QUPT    : boolean;

     TASTE,CH : char;

     PRINT : text;
     REMIN,REMOUT : interactive;

procedure SETPARITY( var CH : char );
 var C : integer;              (* even parity *)
 begin
 C := ord(CH);
 if odd(C)  then CH := chr(C+PARITYBIT)
 end;

procedure CLEARPARITY( var CH : char );
 var C : integer;
 begin
 C := ord(CH);
 if C )= PARITYBIT  then CH := chr(C-PARITYBIT);
 end;

procedure INITSCHIRM;
 begin
 write(output,chr(FF),chr(CURSOR))
 end;

procedure CHSCHIRM(CH : char);
 begin
    (* Cursor loeschen , CH auf Schirm . Cursor setzen *)
    if CH=chr(LF) then CH := chr(CR);
    if CH()chr(BELL)
       then write(output,chr(BS),
                  chr(SPA),chr(BS),CH,chr(CURSOR));
 end;
```

5.3 Die Anweisungsliste

Einen Ausdruck des im vorangehenden beschriebenen Pascal-Programms findet man nachfolgend. Erläuternd erwähnt sei hier die Zuordnung der „Dimensionen" Zeichen (*character*) A und der zugehörigen *integer*-Zahl 65 nach ASCII:

CH = chr(65),

oder umgekehrt: ord(A) = 65.

Literatur

[1] DEC: DEC System 10. Technical Summary. Digital Equipment Corporation, Maynard, Massachusetts.

[2] DEC: VT100 User Guide. Maynard 1979.

[3] *Schnell, G. und K. Hoyer:* Mikrocomputer-Interface-Fibel. Braunschweig: Vieweg 1984.

```pascal
procedure CHSEND(CH : char);
 begin
 if FXON or (CH = chr(XON)) or (CH = chr(XOFF))
   then begin
      SETPARITY(CH);
      write(REMOUT,CH)
      end
 end;

procedure BELLXON;
 begin
 if  FBELL
   then begin
      CHSEND(chr(XON));
      FBELL := false
      end
 end;

procedure UPREMIN;    (* CH global *)
 begin
 FREMIN := not unitbusy(UREMIN);
 if FREMIN
   then begin
    read(REMIN,CH);
    if eoln(REMIN)  then CH := chr(CR);
    CLEARPARITY(CH);
    if ((CH=chr(LF)) and FCRVOR) or (CH=chr(DEL))
       then       (* LF nach CR eliminiert ,
                DEL ignoriert  *)
     else begin
      FXON := (FXON or (CH=chr(XON)))
              and not (CH=chr(XOFF));
      FBELL := (CH=chr(BELL));
      if not FBELL then FCRVOR := (CH=chr(CR));
      CHSCHIRM(CH)
      end
    end
 end; (* UPREMIN *)

procedure UPTERMINAL;
 begin
 QUPT  := false;
 repeat
   UPREMIN;
   BELLXON;
   if not FREMIN
     then begin
       if not unitbusy(UREMOUT)
         then begin
         if not unitbusy(UKEYBOARD)
           then begin
             read(KEYBOARD,TASTE);
             if eoln(KEYBOARD)
                then TASTE := chr(CR);
             CHSEND(TASTE)
             end
         end
       end
 until QUPT

 end;  (* UPTERMINAL *)
```

```pascal
(*   START  *)
begin
 (* Schalter setzen *)
 FSCHLUSS := false;
 FCRVOR := false;
 FXON := true;
 FBELL := false;

 (*  USART und Drucker initialisieren *)
 rewrite(REMOUT,'REMOUT:');
 reset(REMIN,'REMIN:');
 rewrite(PRINT,'PRINTER:');

 INITSCHIRM;
 repeat
   UPTERMINAL;
 until FSCHLUSS;
 close(REMIN);
 close(REMOUT);
 close(PRINT)
 end.
```

Anhang

Inhaltsübersicht

Die Produktübersichten in diesem Buch reflektieren die aktuelle Situation in Mitteleuropa bei Mikrocomputern und Druckern. Sie sind derzeit angelegt und werden gepflegt
mit einem MS-DOS-Computer und den Programmen WORD und dBASE.

Warum wurden Textsoftware und Datenbanksoftware zum Erzeugen und Pflegen von
Datentabellen verwendet? Natürlich um typische gute Eigenschaften beider Programme
nutzen zu können. Beim dBASE sind es vor allem die bequemen und sicheren Eingabe-
masken sowie die ausgezeichneten Suchmöglichkeiten; bei WORD ist die Darstellung
der Tabellen in voller Breite vorteilhaft und das Editieren vorzüglich.

Leider sind beide Programme nicht verträglich („kompatibel") bezüglich der Umlaute
und des ß. So ist es nötig, bei jedem Übergang zwischen den Programmen die Codierun-
gen anzupassen. Dazu wird die MS-DOS-Hilfsfunktion (Utility) REPLACE verwendet. Als
Beispiel ist hier gezeigt, wie die richtigen Trennzeichen, Umlaute und das ß erzeugt
werden. b: % 1.txt ist die in MS-DOS „Batch-Files" mögliche symbolische Dateiangabe.

```
C>Type UMFORM.BAT
:x
if exist b:%1.dbf goto y
if "%1" == "" goto w
shift
goto x
:y
erase b:%1.dbf
replace b:%1.txt "," ";"
replace b:%1.txt ":" " "
replace b:%1.txt "T" "ä"
replace b:%1.txt "d" "ö"
replace b:%1.txt "Q" "ü"
replace b:%1.txt "^" "Ä"
replace b:%1.txt "i" "ö"
replace b:%1.txt "j" "Ü"
replace b:%1.txt "y" "ß"
shift
if exist b:%1.dbf goto y
if "%1" == "" goto w
goto x
:w
word
```

Bei großen Datenbeständen dauern in der Diskettenversion die Umcodierungen recht
lange. Erheblich besser (d. h. schneller) funktioniert so etwas mit einer Festplatte. Außerdem muß der Benutzer dann nicht mehr "Disk-Jockey" spielen.

Warum, kann man fragen, wurde kein integriertes Softwarepaket verwendet? Aus folgenden Gründen: dBASE und WORD waren bereits vorhanden und hatten sich bestens
bewährt; die Neuanschaffung hätte erhebliche Kosten verursacht und die erneute Einarbeitung erfordert.

Den beiden nachfolgenden Tabellen (Produktübersichten) ist je ein Aufsatz vorangestellt. Der erste befaßt sich mit den Handheld-Computern (HHC). Dies ist sicher ein für die zweite Hälfte der 80er Jahre wichtiger Computertyp. Zwar sind Heimcomputer und Tischcomputer stärker verbreitet, aber der "Home-Computer-Boom" klingt deutlich ab, die "Portablen" dagegen nehmen stark zu. Begleitet wird diese Zunahme von neuen Techniken (flacher Bildschirm, CMOS-Speicher, Mikrodiskette); der HHC-Aufsatz geht darauf ein. Ausführlich werden aber auch die Einsatzmöglichkeiten des "Mobilen Computers" untersucht.

Drucker für den Mikrocomputer heißt der zweite einführende Beitrag. Rechnet man Tastatur, Bildschirm und Massenspeicher (z. B. Diskette) zum Computer, dann gilt der Drucker als wichtigstes Peripheriegerät überhaupt. In dem Aufsatz sind Drucker nach dem Arbeitsprinzip gegliedert und beschrieben. Besonders eingegangen wird noch auf die Möglichkeiten zur Formulargestaltung.

Dieser Anhang mit Produktübersichten und Kommentaren gibt eine weitgehend vollständige Übersicht zum mitteleuropäischen Mikrocomputermarkt. Insgesamt sind 515 Mikrocomputer und 345 Drucker erfaßt und mit ihren wichtigsten Daten charakterisiert. Alle Eintragungen sind sorgfältig ermittelt. Trotzdem kann kein Anspruch auf Vollständigkeit und Fehlerfreiheit erhoben werden.

Harald Schumny

1 Handheld-Computer

von Werner Hürlimann

Über Wesen, Definition und Entwicklung der Handheld-Computer haben wir vor einem Jahr bereits ausführlich berichtet. An diesen Grundtatsachen hat sich seither nicht viel geändert, so daß wir uns hier — neben den neuesten Entwicklungen — mit besonderen Schwerpunkten befassen wollen, nämlich den spezifischen Anwendungsmöglichkeiten des HHC.

Handheld-Computer — heute

In letzter Zeit haben sich in der Terminologie gewisse Änderungen gezeigt, denen sich der Verfasser nicht verschließen möchte. Da ist zunächst der bisher verwendete Oberbegriff „Handheld-Computer", für den sich auch der Begriff *Mobiler Computer* eingebürgert hat und den ich künftig ebenfalls verwenden möchte. An den drei Untergruppen und ihren Bezeichnungen werde ich dagegen festhalten:

- Die netzunabhängigen Portables und sogar einige Mappencomputer nähern sich hinsichtlich Leistung und Ausstattung den herkömmlichen Personalcomputern.

- Taschencomputer (*pocketsize computer, one in the hand*).
- Mappencomputer (*briefcase size computer, lapheld computer*).
- Netzunabhängige Portable (*suitcase models*).

Für die Bedeutung des Mobilen Computers können drei interessante Tatsachen hervorgehoben werden:

- In den Bestsellerlisten der zwanzig erfolgreichsten Heim- und Personalcomputer erscheinen regelmäßig 3—4 Mobile Computer.
- Die netzunabhängigen Portables schicken sich an, die schweren Portables („Schleppcomputer") zu verdrängen.

Wenn zwar einzelne Fachleute den Mobilen Computer nach wie vor als „Spielzeug" taxieren, weil der Kontrast der LCD-Anzeige, die Kompatibilität und die Ausbaufähigkeit zu wünschen übrig ließen, so dürfte die Entwicklung bereits 1985 solche Stimmen verstummen lassen. Schon heute ist das meiste bereits Standard, was vor drei Jahren noch als möglicher Trend angesehen worden war. **Tabelle 1** mag mit einer kleinen Statistik zeigen, wie sich die Sache entwickelt hat.

Tabelle 1 Zahlen zur HHC-Entwicklung

	1979	1980	1981	1982	1983	1984
Taschencomputer neu	1	1	2	14	19	18
Mappencomputer neu	0	0	0	7	20	15
Netzunabh. Portables neu	0	0	0	3	7	17

Standard 1984/85

	Taschencomputer	Mappencomputer	Netzunabh. Portables
Anzeige	4 × 24	16 × 80 ... 25 × 80	25 × 80
RAM (Kbyte)	24 ... 64	512	640 ...
Prozessor (bit)	8	8, 16	16
Preis Mittelwert (Fr)	600	5000	6600

Wie geht es weiter?

Festkörperspeicher weisen heute einen Standard von über 500 Kbyte auf und werden bald die Grenzen von 1 Mbyte (Ende 1985), 2 Mbyte (1988) und 4 Mbyte (1990) überschreiten. Sie dürften beim Mobilen Computer rasch die Diskettenlaufwerke ablösen, denen sie bezüglich Zugriffsgeschwindigkeit und Benutzerfreundlichkeit wesentlich überlegen sind.

Die LCD-Bildschirme werden — bei voller Graphikfähigkeit — in den nächsten zwei Jahren noch wesentlich verbessert: Zunahme des Kontrastverhältnisses von heute 2:1 auf 10:1; Steigerung der Zeichenzahl je Zeile von 80 auf 106; Entwicklung von brauchbaren Farb-LCD-Bildschirmen.

Annäherung an den Leistungs- und Ausstattungsstandard der Personalcomputer, zum Beispiel:

— Residente Standardsoftware im ROM für die wichtigsten Anwendungsfälle wie Textverarbeitung, Tabellenkalkulation, Kommunikation, Datenbank und Busineßgraphik.

— Ausreichend hohe RAM-Speicherkapazität bereits in der Standardausrüstung bzw. im integrierten Festkörper-Massenspeicher.

— Weiterentwicklung der Miniaturisierung bei den netzunabhängigen Portables, die sich bezüglich Abmessungen und Gewicht immer mehr den Mappencomputern nähern und vielleicht bald mit dieser Kategorie verschmelzen.

— Ablösung der heute noch überwiegenden „werkeigenen" Betriebssysteme durch universelle Betriebssysteme (CP/M, MS-DOS usw.). Als Basisausrüstung wird die Programmiersprache BASIC auch in den nächsten Jahren noch vorherrschen, ebenso aber die Option auf zusätzliche Sprachen.

Die Einsatzmöglichkeiten des Mobilen Computers

Aus den Erfahrungen der Hersteller und Anbieter sowie aus zahlreichen Erfahrungsberichten aus der Praxis läßt sich heute bereits ein ziemlich umfassendes Bild über die Anwendungsmöglichkeiten des Mobilen Computers gewinnen. Wir haben sie hier in Form einer *Checkliste* stichwortartig zusammengestellt.

1. Vorteile von Tragbarkeit und Mobilität allgemein

- Einsatz als vorbereitetes und leistungsfähiges Hilfsmittel bei datenorientierten Besprechungen und Konferenzen:
  - Rechnen mit Varianten, Beurteilen von Sonderfällen, Abruf von Informationen aus tragbarer Datenbank.
  - Datenmäßige Unterstützung bei Verhandlungen mit Kunden, Lieferanten oder Kapitalgebern, inkl. Arbeiten mit Varianten.
  - Realistisches Vorbereiten von Offerten und Vertragsentwürfen im Dialog mit dem Kunden außerhalb des Betriebs, im Besprechungsraum oder am Schalter.

- Abrechnungshilfe im Kiosk- und Handverkauf.

- Einsatz als improvisiertes Heimbüro, wenn ausnahmsweise zu Hause gearbeitet werden muß.

- Unformelles Wahrnehmen von Aufgaben von Fall zu Fall: Festhalten von Ideen, Verhandlungspunkten, Tatbeständen und Daten; Erstellen von Graphiken und Tabellen; Vorläufiges Korrigieren und Ordnen; Speichern von Informationen; Ad-hoc-Auswertungen nach Rückkehr an den festen Arbeitsplatz.

- Entwickeln von Produkten auf Mikroprozessorbasis direkt beim Kunden:
  - Hilfe beim Programmieren, Testen, Fehlerdiagnose, Programmanpassung und Instruktion; Erstellen von PROM.
  - Logikanalyse und Kommunikationstests.

- Verfügung über eine bewegliche zentrale Meß-, Steuer- und Regeleinheit unter wechselnden Bedingungen:
  - Laboratorium, Versuchsanordnungen, technische Provisorien.
  - Bewegliches Datenterminal (s. Nr. 2).

- Einsatz als mobiler, kleiner aber doch leistungsfähiger Personalcomputer:
  - Bei besonders engen Arbeitsplatzverhältnissen.
  - Provisorium zur Abklärung von PC-Einsatz.
  - Suche nach preisgünstigen Lösungen für Computerleistung am Arbeitsplatz.
  - Kompatible Gesamtlösung für PC, HHC und Heimcomputer.
  - Entlastung des PC oder Großcomputers beim Lernen, Instruieren und bei kleinen Ad-hoc-Aufgaben.
  - Überbrücken von Engpässen beim Computer- und PC-Einsatz.

- Alternative für den Einsatz von Zweit- oder Drittgeräten im Büro.

- Leistungsfähige und platzsparende Alternative zum Heim- und Hobbycomputer — sofern man die Kosten nicht scheut:
  - Einführung in Programmier- und Computerkenntnisse.
  - Haushaltrechnung, Aufgabenhilfe, Spiele, Zentraleinheit für TV-Computersysteme.
  - Programmierbares und leistungsfähiges Kleinterminal für Bildschirmtext (Btx) und Videospiele.

2. Einsatz als bewegliches Terminal

- Mobile Datenerfassung, verbunden mit Vorverarbeitung, Speicherung und Kommunikation.
  - Betriebsdatenerfassung im Werkbetrieb, Qualitätskontrolle, Protokollieren am Arbeitsplatz, Auftragsabwicklung, Statistik, Arbeits- und Transportstudien, Warenein- und Ausgang, Termindaten, Kurzmitteilungen, Standardberechnungen am Ort.
  - Lagerkontrolle, Inventur, Umdisponieren, Ein- und Ausgangserfassung, Versanddispositionen; auch Strichcode-Input, Ergänzung durch Eingabe aus Tastatur.
  - Erfassen von Zählerständen, Kommentieren von automatisch erfaßten Daten, Zufügen von Datum und Zeit.
  - Kombinierte Arbeits- und Zeitstudien (auch REFA, MMS etc.) in Fertigung, Dienstleistung, Transport und Verwaltung, mit Vorverarbeitung und Erfassen bzw. Diagnose von Fehlern.
  - Datenerfassung unter Kontrolle eines Meß- und Testprogramms.
  - Lade-, Auslade- und Verteildisposition bei einem größeren Möbelumzug.
  - Umdisponieren von Termin- und Lieferplänen „vor Ort".
  - Kundenberatung ohne Rückfragen und ohne dicke Dossiers wälzen zu müssen.
  - Mobiles Kassenterminal für Messestand, Verkaufswagen oder Hauslieferdienst.
- Mobile Datenerfassung und -verarbeitung bei kleinen Sportanlässen (Zeitnahme, Startlisten, Ranglisten, Bewertungen), oder als Hilfsstellen bei Großanlässen im Zusammenwirken mit der Großanlage.
  - Aufnahmen im Gelände (im Freien, im Feld):
    Umweltschutz, Gewässerschutz
    Landwirtschaft (inkl. Feldforschung), Versuchsauswertungen, Forstwirtschaft
    Geländeaufnahmen: Bodenkunde, Ökologie, Geologie, Archäologie, Anthropologie, Zoologie, Botanik u. ä.
    Vermessungswesen, Geodäsie
    Prozeßüberwachung im Freien, Offertenaufnahme auf Baustellen
    Zusatzdaten für Foto- und Filmaufnahmen
    Mobiles Zusatzgerät im Space-Shuttle (Raumfähre), Daten verknüpfen, Zusammehänge erkennen, Systemanalyse und Einsatzplanung „im Feld"
    Interviews aufnehmen und auf Plausibilität testen.
- Logikanalyse in Labor, Service und Ausbildung; Programmieren und Testen von Steuerungs- und Prozeßleitungseinrichtungen.
- Datenerfassung im Außendienst: Kundenbefragung, Statistik, Marketing, Besuchsberichte, Rapporte von Verkaufsfahrern.
- Datenerfassung im Gastgewerbe: Bestellungsaufnahme, Kellerdisposition.
- Zusammenwirken mit festen Einrichtungen:
  - Einsatz als Serviceeinheit für OEM-Gerät und für Geräte der Unterhaltungselektronik (Fernbedienung).

- Übernehmen und Bearbeiten von Meßdaten und Signalen.
- Mobile Ergänzung eines ortsfesten Terminals, damit der Benutzer mehr Bewegungsfreiheit erhält.
- Temporärer Einsatz in Netzen bei Sonderaufgaben oder zur Behebung von Engpässen.
- Auswuchten an betriebsmäßig aufgestellten Maschinen.
- Autonomes Programmieren am Schreibtisch (ungestört) statt direkt an der Maschine.
- Kombination mit Datenfunk (drahtlose Kommunikation).

- Arbeiten mit geschützten Geräten in besonders ungünstiger Umgebung (Dämpfe, Staub, Spritzwasser, Chemikalien, Hochseefischerei bzw. Yacht, Arktis, Tropen).
- Einsätze in der Büroautomation:
  - Telefoncomputer mit Wählautomatik.
  - Elektronisches Notizbuch, elektronische Agenda.
  - Einsatz als Terminal für elektronische Post (*Electronic Mail*).
  - Kommunikation mit Personalcomputer, Großcomputer oder Datenbank (s. a. unten).
- Mobile Datenübernahme aus ortsfesten Einrichtungen:
  - Übernahme von Daten und Texten direkt aus Datenbanken, EDV-Anlagen, Personalcomputern usw. ins mobile Terminal (echte dezentrale Computerleistung).
  - Übernahme ganzer Informationsbereiche (Programme, Datenbestände, Texte) in den Speicher des HHC.
  - Datenübernahme auch unter engen Verhältnissen (Hotelzimmer, öffentliche Sprechstelle).
  - Abruf von Börsen- und Devisenkursen ab Großcomputer oder Informationssysteme.

3. Mobile Textverarbeitung

Bei Verfügbarkeit einer leistungsfähigen Textsoftware und ausreichendem Speicher sind u. a. möglich:

- Daten- und Textverarbeitung unterwegs: HHC als kombinierte Schreib- und Rechenmaschine „auf Reisen":
  - Einsatz im Zug, im Flugzeug, im Hotel und zu Hause.
  - Verwendung als nichtstörende Reiseschreibmaschine.
  - Verbund über kompatiblen Datenträger mit einem stationären Textsystem.
  - Überbrücken von Wartezeiten: Schreiben und Speichern von Tagesberichten.
- Schreibhilfe für den Journalisten, einschließlich Kommunikation mit dem Textsystem der Redaktion (in den USA schon ziemlich verbreitet).
- Hilfsmittel für schwer Sprachbehinderte: Diese können sich auf der Anzeige des Geräts verständlich machen.
- Einsatz der elektronischen Reiseschreibmaschine als preisgünstiger Matrixdrucker für den HHC.

4. Verschiedene Möglichkeiten

- Einsatz als programmierbares Terminplanungsgerät:
  - Speichern von Terminen und terminbezogenen Texten in Verbindung mit dem Zeit- und Kalendermodul.

- Automatische Alarmfunktion für fällige Termine bzw. diskretes Timing für Konferenzleitung.
- Automatisches Ingangsetzen von terminierten Programmabläufen (Prüfen, Melden, Ingangsetzen von Geräten etc.).
- Terminumrechnungen in fremde und aus fremden Zeit- oder Kalendersystemen.
- Anzeigen oder Ausdrucken von Tages-, Wochen- und Monatsplänen.
- Einsatz als Klein- oder Fernterminal zum PC mit Terminplansoftware und -programmen.

● Kompaktes EPROM-Programmiergerät für den mobilen Einsatz „vor Ort" (z. B. bei Kunden).

● Einsatz als Mikrocomputer-Lernhilfe ohne Belastung des PC oder des zentralen Computers:
- Lernen von BASIC oder anderen Programmiersprachen im Selbst- oder Fernunterricht.
- Grundlagen von Digital- und Gerätetechnik.
- Umgang mit Software und Peripheriegeräten.
- Aufbau einfacher Lernsysteme im Gruppenunterricht, sowie kostengünstige Lösungen im Unterricht (inkl. Vorbereitung und Versuchsauswertungen).

● Einsatz als Taschenrechner zur Lösung einfacher herkömmlicher Rechenaufgaben und -probleme.

● Einsatz als Telefoncomputer, dem leistungsfähigen Nachfolger verschiedener telefontechnischer Hilfsgeräte:
- Erweiterter Wählkomfort mit Rufnummernspeicher, Wiederhol-, Umleit- oder Selektierautomatik.
- Senden und Empfangen von elektronischer Post.
- Terminal für Fernverarbeitungen verschiedener Art.
- Automatischer Anruf zu vorprogrammierten Zeiten.

● Einsatz für Spezialaufgaben von Fall zu Fall:
- Täglicher Agendaausdruck mit Tagesplan, Mitteilungen und Adressen.
- Ausführen von Farbgraphik auf angeschlossenem Plotter.
- Rasches Durchführen von technisch-wissenschaftlichen oder kaufmännischen Routineberechnungen mit Hilfe von Mikroprogrammen und Sondertasten. Ähnlich: Versicherung, Finanzmathematik, Digitaltechnik, Mikrocomputertechnik, Softwareentwicklung. Die meisten HHC verfügen dazu über frei programmierbare Tasten.
- Einsatz als mobiler Servicecomputer bei Störungen an prozessorgesteuerten Geräten und Systemen (Büromaschinen, Bildschirmgeräte, Kommunikationsmittel u. ä.).
- Mobile Funktionskontrollen und Abfragen von Variablen in großen Kontroll- und Steuerungssystemen.
- Erfassen von Bewegungen im Transportbetrieb, sowie mehrfunktionale Verkehrszählungen (Mengen, Verhaltensweisen, Einflußfaktoren, Ursachen von Stockungen, Fahrgeschwindigkeit, u. ä.).

● Ausdrucken von Kleinbelegen, Etiketten, Bar-Code-Druck, Verzeichnissen, Listen und Notizen.

● Zwischenverarbeitung von erfaßten Daten, zur Erleichterung des Übergangs in andere Systeme, sowie Ordnen von unstrukturierten Informationen.

● Mehr Komfort im Computercamp durch PC-Einsatz im Freien (Ferienatmosphäre).

● Navigations- und Bordcomputer für Hochseesegler und auf der Safari.

● Hilfsmittel für Reiseleiter: Erledigung von Rapport- und Abrechnungswesen; Diagnoseprogramm für Erkrankungen im Urlaubsland.

Vom Wunsch zur Realität

Die gezeigte Checkliste bietet viele *Möglichkeiten* an. Was kommt in Frage? Wir müssen uns nun von den gestellten Aufgaben her an die Gerätebeschaffung herantasten:

● Welche Software ist erforderlich und wo wird sie in der verlangten Form angeboten?

● Reichen der Arbeitsspeicher und der Massenspeicher aus?

● Erlaubt ein universelles Betriebssystem (CP/M, MS-DOS usw.) den Einsatz von marktgängiger, bewährter Standardsoftware?

● Sind Anzeige, Drucker, Tastatur und Befehlssatz zu kompromißlosem Einsatz von Textverarbeitung und Graphik geeignet?

● Ist das Gerät bereits in der Basisausführung voll einsatzfähig oder wenigstens innerhalb des gegebenen „Profils" nachrüstbar?

● Können die vom Hersteller offerierten Möglichkeiten auf Grund harter Praxistests geprüft werden? Das ist kein Luxus, denn unter dem Konkurrenzdruck werfen selbst renommierte Hersteller unausgereifte „Schnellschüsse" auf den Markt, für die der Käufer dann das Versuchskaninchen abgeben darf.

● Ist das Gerät den Bedingungen des mobilen Einsatzes tatsächlich gewachsen? Man denke an: Maß- und Gewichtsvorschriften beim Fluggepäck; Einsatzerlaubnis in der Kabine; Zoll- und Einfuhrvorschriften beim Grenzübertritt; Vibration beim Transport; Temperatur, Luftfeuchtigkeit, Staub, Spritzwasser, chemische Dämpfe oder grobe Behandlung am Einsatzort.

● Ist die ständig benötigte Standardsoftware (Tabellenkalkulation, Datenbank, Terminführung, Kommunikation, Busineßgraphik) bereits im Gerät (ROM) integriert?

Das alles sind Fragen, die Sie sich nicht ersparen dürfen, wenn die Anschaffung eines Mobilen Computers keine Fehlinvestition werden soll.

2 Mikrocomputer-Datentabellen

Die nachfolgenden μC-Tabellen sind ohne Zweifel, was die Auswahl der Hersteller und Typen angeht, repräsentativ. Sie sind aber sicher nicht umfassend. Wir haben nämlich in diesem Buch vor allem nur Computer erfaßt, die im deutsch sprechenden Mitteleuropa angeboten werden. Aber auch dieses Ziel ist nur schwer erreichbar, weil z. B. manche Geräte und Firmen „kommen" und — nach Redaktionsschluß — „gehen". Auch setzen sich einige der in Hobby- und Fachzeitschriften auf (manchmal) Hochglanzpapier vorgestellten Neuheiten bei uns nicht durch.

Die schließlich in unserer Computerdatei verbliebenen und hier ausgedruckten Modelle sind nach Herstellern sortiert und durch einige Daten und Angaben charakterisiert.

> In der Spalte „Art" werden folgende Kennzeichnungen verwendet:
>
> - HC für **Handcomputer**, oft auch als *Handheld-Computer* (HHC) oder *Pocket-Computer* oder auch *Briefcase-Computer* bezeichnet;
> - VC für **Videocomputer** (Computer, an die man einen Fernseher anschließen kann bzw. muß);
> - PC für **Personalcomputer**, womit die meisten Geräte bezeichnet sind;
> - LC für **Lerncomputer** (sehr spezielle Computer, wenig genannt).

Die „neue Klasse" der *Portables* wird in den letzten Spalten (Besonderheiten) mit dem Hinweis „tragbar" gekennzeichnet.

Für die *Eingabetastaturen* wird angegeben, ob sie nach DIN (deutsche Tastatur), nach amerikanischem Standard (ASCII) oder nach IBM-Vorbild ausgeführt sind. Mit der amerikanischen Anordnung (QWERTY) sind solche Tastaturen gekennzeichnet, die in den Abmessungen nicht den Normen entsprechen (meistens kleiner). Zusätzlich ist mit dem Zusatz „separat" darauf hingewiesen, daß die Tastatur absetzbar (vom Gehäuse bzw. Bildschirm trennbar) ist.

Unter dem Stichwort *Bildschirm* ist in der Regel die Diagonale des Schirmes in cm genannt. Bei den Videocomputern ist durch TV bzw. Mon angezeigt, ob ein Fernseher oder ein Industriemonitor anschließbar ist.

Wenn ein Computer kein bekanntes oder spezielles *Betriebssystem* besitzt, ist die wichtigste Programmiersprache genannt. Die Spalten „Halbleiterspeicher" sind selbsterklärend.

Die integrierten oder optional erhältlichen *Floppy-Disk-Laufwerke* sind mit den in der internationalen Literatur üblichen Zoll-Durchmessern der Speichermedien gekennzeichnet. Es überwiegt die Minifloppy (5,25″ = 133 mm), seltener ist die Standardfloppy (8″ = 203 mm). Zunehmend sind Mikrofloppies (3,5″ = 89 mm). Als Optionen sind immer häufiger *Winchester-Laufwerke* verfügbar. Das sind Speichermoduln mit „harten" Magnetplatten, häufig mit 5,25″ Durchmesser und z. B. 10 Mbyte oder 20 Mbyte Speicherkapazität.

In der letzten Spalte „Besonderheiten" ist, wenn bekannt, der ungefähre Kaufpreis für die Grundeinheit in Klammern angegeben. Dies sind wohl die unsichersten Angaben im gesamten Datenwerk, weil die Preise ständig in Bewegung sind.

Eine weitere „Besonderheit" stellt die Angabe „PC-kompatibel" dar. Damit wird vor allem ausgesagt, daß der Mikrocomputer primär das Betriebssystem MS-DOS verwendet und auch darüberhinaus Ähnlichkeiten oder gar Übereinstimmungen mit dem IBM-PC aufweist. Nicht immer jedoch geht die Übereinstimmung so weit, daß auch die Disketten verträglich (kompatibel) sind und auch Steckkarten im IBM-Format verwendet werden können.

Hersteller / Typ	µP	Art	Tastatur	Anzeige (Stellen)	Bildschirm	Drucker	Netzteil	Batteriebetrieb	Betriebssystem, Sprachen	RAM	ROM	Ausbau bis	Floppy Disk	andere Maschinenspeicher	Kass. Anschlüsse	Kass. eingebaut	V.24	V.11	TTL	IEC	Besonderheiten (Preisklasse)
ACE PC	8088 +Z80B	PC	IBM separat		33cm	INT	X		CP/M-80, CP/M-86 MS-DOS	128K		768K	2 x 5,25"	opt. Festpl. 20 MB			X	X			PC-kompatibel, Graph. 720x325 (8000)
Acorn BBC Micro Electron	 6502 6502	 VC VC	 ASCII ASCII		 TV TV	 INT opt	 X X		 BASIC BASIC	 32K 32K	 32K 32K	 96K —	 opt. opt.		 1	 X	 X 	 	 X X	 X 	 auch Z80 (2000) Graph. (650)
ACT Apricot F1 Apricot PC	 8086 8086 (8087) (8089)	 PC PC	 *) DIN separat *)	 2x 40	 23cm 30cm	 INT INT	 X X		 MS-DOS MS-DOS, CP/M-86, CP/M	 256K 256K		 768K 768K	 3" 2 x 5,25"	 opt. opt. Fest- platte			 X X				*)schnurlos (IR) tragbar,PC-komp., 2 Steckpl.,Graph. 800x400; (11000) *)Anzg.2x40 Zeil.
Apricot Port.	8086	PPC	separat		LCD		X		MS-DOS	256K			3"								Spracheingabe (9000)
Apricot Xi	8086	PC	DIN		23cm		X		MS-DOS	256K			5,25" 720K	Fest- platte							(8800)
Advance 86b		PC	ASCII		INT	INT	X														PC-kompatibel (6500)
AES 7200	8088 +Z80	PC	DIN		36cm		X		CP/M-86, CP/M	128K		256K	2 x 8"	10 MB Festpl.			X				Graphik 800x420
Ai abc-24	Z80A	PC	ASCII separat		30cm	INT	X		CP/M, UCSD-p	64K	4K	128K	2 x 5,25"				2		X	X	Graphik, DMA (15000)
abc-26	Z80A	PC	ASCII separat		30cm	INT	X		CP/M, UCSD-p	64K	4K	128K	2 x 8"				2		X	X	Graphik, Prozeß- I/O (17000)
M16	8086	PC	ASCII separat		36cm	INT	X		CP/M-86, MS-DOS	512K	16K		1 x 8"	Fest- platte			6		X		Farbgraphik (26000)
ALPHA sys	8086	PC	DIN separat		TV/ Mon	INT	X		MS-DOS	128K	40K	768K	2 x 5,25"		X		X				PC-komp.,6 Steck. Farbgr. 640x200
Alps ADC	Z80A (2x)	PC	ASCII separat		30cm		X		BASIC	128K			2 x 5,25"				2				Farbgraphik
ALL-1000	80186 +8088	PC	DIN separat		30cm		X		MS-DOS	128K		512K	2 x 5,25"				X				Farbgraphik
Altos 186-10/G2	80186	PC	DIN separat		35cm		X		Xenix	512K			5,25"	Festpl.							Mehrplatzsystem
580	Z80A	PC	ASCII separat		35cm		X		CP/M, OASIS			192K	5,25"	Festpl.			4				(20000)
986	8086	PC					X		MP/M, Xenix	512K		1M	X	Fest- platte			8	X	X		9 Benutzer
3068	68020 +8086	PC	X		X		X		UNIX V	1M		16M	X	Fest-			X				
Amstrad CPC 464																					siehe Schneider
Apple Apple II	6502	VC	ASCII		TV/ Mon		X		BASIC, UCSD-p	16K					1		X		X		Farbgraphik,ADC (2000)
Apple IIc	68C02	PC	ASCII		TV/ Mon		X		BASIC	128K			1 x 5,25"				2				wie IIe,tragbar, Farbgr. (3400)
Apple IIc LCD	65C02 +Z80	PC			LCD				ProDOS, CP/M	128K	16K										(4300)
Apple IIe	6502A	PC	DIN		Mon		X		CP/M, UCSD-p	64K	16K	128K	opt.				X				8 Steckpl., Farb- graphik (4600)
Apple III	6502B	PC	DIN		Mon		X		CP/M	128K		256K	1	opt.			X		X	X	4 Steckpl., Farb- graphik (17000)
Lisa	68000	PC	DIN separat		30cm	INT	X		Lisa		16K	1M	2	opt. Festpl.			2	X			3 Steckpl., DMA, Maus (25000)
Macintosh	68000	PC	ASCII separat		23cm	INT	X		BASIC	128K	64K		1 x 3,5"	1 x FD extern			X	X			Uhr,Gr. 512x342, Maus (8000)
Macintosh XL																					neuer Name f.Lisa
Atari 65 XEM	65C02	VC	ASCII		TV Mon		X		BASIC	64K			opt.								Farbgraphik
65 XEP	65C02	PPC	ASCII		13cm		X		BASIC	64K			1 x 3,5"								tragbar
130 ST	68000 (8087)	PC	ASCII		30cm	INT	X		TOS	132K		524K	1 x 3,5"	opt. Festpl.			X				Farbe 640 x 200
400	6502	VC	ASCII Sensor		TV		X		Assembler BASIC	16K			opt.		1						Farbgraphik (1000)
600XL		VC																			" (500)

Hersteller Typ	µP	Art	Tastatur	Anzeige (Stellen)	Bildschirm	Drucker	Netzteil	Batteriebetrieb	Betriebssystem, Sprachen	RAM	ROM	Ausbau bis	Floppy Disk	andere Maschinenspeicher	Anschlüsse (Kassettenrec.)	eingebaut (Kassettenrec.)	V.24	V.11	TTL	IEC	Besonderheiten (Preisklasse)
Atari (Forts.)																					
800XL	6502	VC	ASCII		INT		X		"	16K		48K	opt.		1		X				" (1400)
1200XL		VC	ASCII				X		BASIC	64K											" (2200)
AT&T																					
3B		PC																			vgl. Olivetti PC-kompatibel
PC6300	8086	PC	IBM separat		30cm	INT	X		MS-DOS												
Aval																					
AVC-777	Z80A	PC	ASCII		20cm	X	X		CP/M	64K	2K		X				2				Thermodrucker, tragbar (9000)
Avitation																					
Atta	6502	PC			23cm	INT	X			64K			INT								Apple-II-kompat.
AVT																					
comp2	6502	VC	ASCII separat		TV/ Mon		X		BASIC	64K	16K	1M	opt.		1						Farbe
Basis																					
108	Z80 + 6502	PC	DIN separat		Mon	INT	X		CP/M+	64K		128K	2 x 5,25"		1		X		X		Farbgraphik,Apple kompatibel (8000)
208	Z80B	PC	DIN		X	INT	X		CP/M	128K		1M	2 x 5,25"				X				Farbgraphik, ab (15000)
216	Z8001, 68000	PC	DIN		X	INT	X		Xenix	128K		16M	2 x 5,25"	Fest- platte			X				Graphik, ab (20000)
Beehive																					
Topper	Z80A	PC	ASCII separat		30cm	INT	X		CP/M	64K			2 x 5,25"				2				Graphik 1024x780 (9000)
BFM																					
186	8086 (8087)	PC	DIN		36cm	INT	X		MS-DOS CP/M-86	256K	4K	896K	2 x 5,25"	opt. Festpl.			X	X		X	Graphik 960x624 (13000)
Big Monkey																					
Monkey ID	6502	VC	DIN				X		BASIC	64K											Apple-II-kompa- tibel (1300)
BIT Corp.																					
BIT 90	Z80A	VC	ASCII		TV	INT	X		BASIC	18K	24K	64K	INT		X		X				Graphik
BMC																					
Modell 20	Z80A	PC	ASCII		X		X		CP/M	48K							X				Farbmonitor
Bondwell																					
12	Z80A	PPC	DIN separat		23cm	INT	X		CP/M	64K			2 x 5,25"				2				12 kg
14	Z80A	PPC	DIN separat		23cm	INT	X		CP/M 3.0	128K			2 x 5,25"				2				12,7 kg (5000)
Bull																					
Micral 30	8088	PC	DIN separat		30cm		X		MS-DOS	128K		640K	5,25"	opt. Festpl.							PC-kompatibel (9600)
Portal		PPC		*)				X		64K	4K										*) LCD 1x40
B & M																					
MfR-101	9900	PC						X		BASIC	32K	32K		X				X		X		Analog-I/O (15000)
MfR-102	9900	PC	INT		INT	INT	X		BASIC	32K	32K		X				X		X	X	
Burroughs																					
B 21	8088	PC	ASCII		X		X		BASIC, Pascal, FORTR,COB	256K		512K	2 x 5,25"	Fest- platte			3		X		Computernetz ab (25000)
B 22	8086	PC	DIN separat		X		X		BTOS,MS- DOS,CP/M	384K		640K	X	opt. Festpl.			2		X	X	Graphik 656x510 ab (18000)
B25	80186	PC	DIN		X		X		BTOS	256K		1M	5,25" 630KB	opt. Festpl.			2				bis 6 Benutzer ab (24500)
California Comp																					
CS 2000	Z80A						X		CP/M	64K	64K	512K					X		X		(12500)
Cameo																					
2000 3000																					Apple-II-Kopie IBM-PC-Kopie
Canon																					
AS-100	8088	PC	separat		30cm	INT	X		CP/M-86, MS-DOS	128K		512K	2 x 5,25"	opt. 8"			X				Farbgraphik, 640x400 (12000)
A-200	8086	PC	DIN separat		30cm	INT	X		MS-DOS	256K	16K	512K	2 x 5,25"	opt. Festpl.			X				
AS-300	80186	PC	DIN separat		30cm 38cm	INT	X		MS-DOS	256K	16K	768K	*)	Festpl. 40 MB			X				*)3,5/5,25/8"

Hersteller / Typ	µP	Art	Tastatur	Anzeige (Stellen)	Bildschirm	Drucker	Netzteil	Batteriebetrieb	Betriebssystem, Sprachen
Canon (Forts.)									
CX-1	6809	PC	ASCII		30cm		X		BASIC
X-07	NSC800	HC		4x 20				X	BASIC
Casio									
FP-200	80C85	HC	QWERTY	8x 20		INT	X	X	BASIC
FP-1000		PC	ASCII separat		Mon		X		BASIC, CP/M
FP-1100									
FP-6000	8086 (8087)	PC	DIN		30cm	X	X		MS-DOS, CP/M-86
FX-720P		HC	QWERTY	12				X	
FX-750P		HC	QWERTY	24				X	BASIC
FX-770P		HC	QWERTY	24 LCD				X	BASIC Ass.
PB-700		HC	QWERTY					X	BASIC
PB-770		HC	Alpha	20			X	X	BASIC
CE-TEC									
MPC 80	Z80A	VC	DIN		TV, Mon		X		MSX
Christiani									
MIP-Labor	SC/MP	LC	HEX	6			X	X	
TLC 90	Z80	PC	INT		INT	INT	X	X	BSIC, Ass., CP/M
CITIZEN									
SBS 8000	Z80	PC	ASCII		X	INT	X		BASIC
COI									
DMF-32	6809	PC	INT		INT	INT	X		Assembler BASIC
Coleco									
Adam		VC	ASCII		TV	INT	X		PCP/M
COLUMBIA									
MPC	8088 +Z80 (8087)	PC	DIN separat		30cm	INT	X		CP/M-86, MS-DOS, Xenix
MPC-VP	8088 (8087)	PC	DIN		23cm	INT	X		"
COMKO									
CK 5	IM 6100	HC	ALPHA	16				X	Assembler
Commodore									
BX-256-80	6809 +8088	PC	DIN			INT	X		BASIC 4.0
CBM 8032-SK	6502	PC	ASCII		30cm	INT	X		BASIC, Pascal
CBM 8096-SK	6502	PC	ASCII		30cm	INT	X		BASIC, Pascal
CBM 8296		PC							BASIC
CBM Z8000	Z8000	PC					X		UNIX
C16	7501	VC	DIN		TV, Mon		X		BASIC, Ass.
C116	7501	VC	ASCII		TV		X		BASIC
C128	6510 +Z80A	PC	ASCII		Mon		X		BASIC CP/M
HHC-4		HC	QWERTY	24				X	BASIC
LCD	65C102	PPC	ASCII	*)		INT	X	X	BASIC
MMF 9000	6502 +6809	PC	ASCII		30cm	INT	X		BASIC, Pascal, FORTR, APL, COBOL
P500	6502	VC	DIN		TV		X		BASIC
PC 10	8088 (8087)	PC	DIN separat		30cm	INT	X		MS-DOS
PC 20	8088 (8087)	PC	DIN separat		30cm	INT	X		MS-DOS
Plus4	7501	VC	ASCII		TV		X		BASIC
SX64	6510	PC	separat		15cm		X		BASIC
VC-20	6502	VC	ASCII		TV		X		BASIC
64	6510	VC	ASCII		TV	INT	X		BASIC
600	6502	PC	DIN		Mon		X		BASIC
720	6509 +8088	PC	DIN separat		30cm		X		BASIC

Typ	RAM	ROM	Ausbau bis	Floppy Disk	andere Maschinenspeicher	Kass. Anschlüsse	Kass. eingebaut	V.24	V.11	TTL	IEC	Besonderheiten (Preisklasse)
CX-1	64K	4K	128K	2 x	opt.			X			X	Graphik (12000)
X-07	8K		24K									
FP-200	8K	32K	32K	INT		X		X				Plotter-INT (800)
FP-1000	64K	32K				X						Farbgraphik (2000)
FP-1100												
FP-6000	256K		768K	5,25" 1,2MB	Festpl. 20 MB							Farbgraph 640x400 (6000)
FX-720P	2K					X						RAM-Karten (220)
FX-750P	4K	27K	8K			X						RAM-Karten (400)
FX-770P	1,5K		3,5K			X						(300)
PB-700	2,8K	25K	14,8K			X						Graph.,Prt/Plot.-Anschl.(500+600)
PB-770	8K	32K	32K			X						
MPC 80	64K	32K		opt.		X		X				Color 256x192
MIP-Labor	0,5K	1K										Fernlehrg.(2200)
TLC 90				INT		1						aus Micro Professor von Multitech entwickelt
SBS 8000	32K	30K		opt.				X				(9000)
DMF-32	32K	8K	64K	2 x 5,25"				X	X			(6800)
Adam	80K											
MPC	128K	12K	1M	2 x 5,25"	opt. Festpl.			2		X	X	8Steckplätze, PC-komp. in HW u. SW, ab (8500)
MPC-VP	128K	12K	256K	2				X				wie MPC, tragbar, 1 Steckpl.(10000)
CK 5	64K	12K						X				(4500)
BX-256-80	256K		960K	opt.				X		X	X	optional CP/M
CBM 8032-SK	32K	20K		INT	opt.					X	X	ab (3000)
CBM 8096-SK	96K	20K								X	X	sonst wie 8032
CBM 8296	128K											Ausbau des 8032SK
CBM Z8000	256K	32K		X	X	2					X	Mehrplatzsystem, 128K Video-RAM, Graph. 1024x1024
C16	16K	32K		opt.		1		X				(350)
C116	32K	16K				1		X				(300)
C128	128K	64K	512K	5,25"	X	X		X				64-kompatibel (2000)
HHC-4	4K	20K	16K									ähnlich PC-1500 div. Schnittst.
LCD	32K			5,25"				X				LCD 16x80
MMF 9000	96K	20K+22K		INT	opt.			X		X	X	zwei Prozessoren
P500			896K	INT				X				Z80 o. 8088 opt.
PC 10	256K	8K	640K	2 x 5,25"	RAM-Floppy			X				PC-komp, 5 Steckpl Graphik (5650)
PC 20	256K	8K	640K	1 x 5,25"	Festpl. 10 MB			X				sonst wie PC 10 (7500)
Plus4	64K	32K				1		X				(1400)
SX64	64K			1 x				X				64 tragbar (3000)
VC-20	5K	8K	32K			1		X		X	X	Farbgraph. (500)
64	64K					1		X			X	(1300)
600			896K	INT				X				ähnlich P500
720	128K		896K	opt. 5,25"		X		X				ähnlich 600 ab (9000)

Hersteller / Typ	µP	Art	Tastatur	Anzeige (Stellen)	Bildschirm	Drucker	Netzteil	Batteriebetrieb	Betriebssystem, Sprachen	RAM	ROM	Ausbau bis	Floppy Disk	andere Maschinenspeicher	Anschlüsse	eingebaut	V.24	V.11	TTL	IEC	Besonderheiten (Preisklasse)
Commodore (Forts.) 900	Z8000	PC	DIN separat		38cm	INT	X		Coherent (UNIX)	512K		2M	X	Festpl. 67 MB			2			X	(10000)
COMPAQ Deskpro 1-4	8086	PC	DIN		30cm		X		MS-DOS	128K		640K	5,25"	Festpl. 30 MB							PC-komp., aber schneller
Deskpro 286	80286	PC	DIN		30cm		X		MS-DOS	256K		8,2M	5,25"	Festpl. 70MB							"
PC	8088	PC	DIN		23cm		X		MS-DOS	128K			2 x								IBM-komp.,tragbar
PC Plus	8088 (8087)	PC	DIN		23cm	INT	X		MS-DOS	128K		640K	1 x 5,25"	10 MB Festpl.			X opt				tragbar,2 Steckpl PC-XT-komp.,Farbgraphik ($3000)
Portable 286	80286	PPC	DIN		23cm		X		MS-DOS	256K		2,6M	5,25"	20 MB Festpl.							IBM-komp., aber schneller
Compucolor Comp. II	8080A	PC	ASCII		X		X		BASIC	32K		64K	X				X				(5800)
Compucorp Serie 600	Z80A	PC	DIN		30cm	X	X		Assembler BASIC u.a	60K	4K		2 x 5,25"	opt. Festpl							X (19000)
775	Z80A	PC	ASCII		30cm		X		CP/M	64K		256K	2 x 5,25"								
785	Z80A	PC	ASCII		30cm		X		CP/M	64K		256K	1 x	Festpl. 5 MB							
Omegamite		PC			23cm 36cm		X		MS-DOS,	128K		256K	5,25"	opt. Festpl.			2				PC-kompatibel
Compudata Sorcerer	Z80A	PC	ASCII separat		X		X		CP/M	16K	4K	48K	2 x 5,25"	opt. Festpl			X				S-100-Bus, ROM-Packs (10000)
Tulip I	8086 (8087)	PC	DIN		30cm	INT	X		CP/M-86, MS-DOS	128K	8K	896K	2 x 5,25"	opt.			X	X	X		Farbgraphik ab (7000)
Tulip Advance	8086 (8087)	PC	ASCII separat			INT	X		MS-DOS 3.1	128K	16K	640K	2 x 5,25"	opt. Festpl.			X				PC-kompatibel, 3 Steckplätze
Tulip Compact	8088 (8087)	PC/PC	ASCII separat			INT	X		MS-DOS 3.1	128K	16K	512K	2 x 5,25"	opt. Festpl.			X				PC-kompatibel, 4 Steckplätze
Comp. Frontier TAVA PC	80186	PPC	IBM	25x 80	LCD	INT	X		MS-DOS, CP/M-86	256K		640K	2 x 5,25"				X				AT-Komp., 7 kg (40x31x9 cm3)
Comp. Modular CM 80		PC	DIN separat		30cm	INT	X		BASIC, CP/M	64K			2 x 5,25"				2				(4500)
Comp. Studio CSC 2211	6502	VC	ASCII		TV		X		BASIC	48K		1M	opt.						X		Apple-komp.(1700)
Condor Junior	Z80A	PC	ASCII		30cm		X		CP/M	64K		128K	5,25"	opt. Festpl.							5 Steckplätze ab (4800)
Control Data CDC 110	Z80A	PC	ASCII		30cm		X		CP/M	64K			2 x 8"	opt. Festpl.							
Cyber 120-10	8086	PC	ASCII		30cm		X		MS-DOS, CP/M-86	128K		768K	5,25"	opt. 15 MB							
Copam PC 401	8088 (8087)	PC	IBM separat		30cm	INT	X		MS-DOS, CP/M-86, CCP/M	128K		640K	2 x 5,25"	opt. Festpl.			X				PC-komp, RAM-Disk 5 Steckpl., Uhr, Graphik 640x400
Corona PC 400	8088	PC	ASCII		36cm		X		MS-DOS	256K		512K	5,25"	opt. Festpl.							PC-kompatibel, Graphik 640x400
Corvus Concept	68000	PC	ASCII		X				CP/M	256K		512K	2 x 5,25"	Festplatte			2			X	Netz f. 64 Comp. ab (15000)
Costec 2-4/8	8086 +Z80A	PC	DIN separat		30cm		X		CP/M-86, CP/M+	128K		764K	2 x 5,25"				X		X	X	Graphik 640x300 ab (12000)
COSY X WISDOM 16 PC	8088	PC	DIN separat		30cm	INT	X		MS-DOS, CCP/M	128K		740K	2 x 5,25"	Festpl. 30 MB			X				PC-komp,5 Steckpl., ab (5000)
Cromemco C-10	Z80A	PC	ASCII separat		30cm	INT	X		CP/M	64K	24K		5,25"				X				(6000)
System 1/3	68000 +Z80A	PC	ASCII separat		30cm	INT	X		Cromix, CP/M	256K		2M	2 x 5,25"	5,25" Festpl			X				ab (25000)

Hersteller / Typ	μP	Art	Tastatur	Anzeige (Stellen)	Bildschirm	Drucker	Netzteil	Batteriebetrieb	Betriebssystem, Sprachen	RAM	ROM	Ausbau bis	Floppy Disk	andere Maschinenspeicher	Kassettenrecorder Anschlüsse	Kassettenrecorder eingebaut	V.24	V.11	TTL	IEC	Besonderheiten (Preisklasse)
CSC Euro Profi	Z80	PC	DIN			INT	X		CP/M, Pascal				2								Steckplätze (5900)
DAI DAI		VC	ASCII		TV	INT	X		BASIC	48K	24K		opt.		2		X				Analog-E/A (2800)
Data General DG/One	80C88	PPC	DIN	25x 80	LCD	X	X		MS-DOS	128K	64K	512K	2 x 3,5"	ext. 5,25"			X	X			PC-komp, 4,3 kg, Graphik 640x256 ab (11000)
Mod. 10	8086	PC	ASCII separat		30cm		X		CP/M-86, MS-DOS	128K		768K	5,25"	opt.							Farbgraphik SW (10000) Color (18000)
Datavue 25	80C88	PPC	separat	25x 80	LCD		X	X	MS-DOS	640K		1M	5,25"	RAM-Disk			X		X		5,5 kg
Datormark DTC 2		PC	DIN separat		36cm		X			208K		592K	X	X							Schwarzweiß
		PC	"		38cm		X			208K		592K	X	X							Farbe
DeTeWe Cobos 200	8086	PC	DIN separat		X	INT	X		BASIC, Pascal	128K		256K	2 x 5,25"				2				S-100-Bus
Digital Equip. Micro PDP-11	LSI/11	PC	X		X		X		RSX	512K		4M									4 Benutzer
Rainbow 100+	Z80A +8088	PC	DIN separat		30cm	INT	X		CP/M, MS-DOS	128K		896K	2 x 5,25"	Fest- platte			X	X			Graphik 800x240 (18000)
VT 180	LSI-11	PC	ASCII		X	INT	X		CP/M				2 x								(8000)
Dig.Microsyst. DMS 200	Z80A	PC	DIN separat		X	INT	X		CP/M, MS-DOS	64K			5,25"	opt.			3	X			
Dipa 109	6502	PC	ASCII		Mon	INT	X		BASIC	48K			5,25"								Apple-komp.(3000)
Dohmann Dohmann	6809	PC	ASCII		X	INT	X		BASIC, Pascal	50K	8K	256K			2		2	X	X	X	20 I/O (3500-14000)
Dragon 32	6809	VC	ASCII		TV	INT	X		BASIC	32K	16K	64K			X						Farbgraphik, Musik (950)
64		PC							OS-9	64K							X				sonst wie 32
Dulmont Magnum	80186 (8087)	PPC	ASCII	8x 80		INT	X	X	MS-DOS	96K		256K	ext. 5,25"								PC-komp. 4,8 kg (8900)
Durango Poppy	80186 80286	PC	separat		35cm		X		MS-DOS, Xenix	128K		384K	5,25"	Fest- platte							
Dynalogic Agil	8088 (8087)	PC	ASCII separat		18cm	INT	X		MS-DOS	256K	8K	1M	1 x 5,25"				X	X			PC-kompabibel, tragbar, Graphik 640x250 (10000)
EACA Genie 16	8086	PC	DIN separat		INT	INT	X		MS-DOS	128K	64K	780K	2 x 5,25"		X						PC-komp.,6 Steck- plätze, Farb- graphik (6000)
Eagle Spirit XL	8088 (8087)	PC	ASCII separat		23cm	INT	X		MS-DOS, CP/M-86	128K		640K	1 x 5,25"	opt. 10 MB			2				PC-XT-kompatibel, 4 Steckpl., Farb- graphik ($4800)
ees Comcos II		PC	ASCII		13cm	INT	X		EXOS, BASIC	32K	27K	128K	5,25"	opt. Festpl.			X		X	X	
Eurocos	6502 65816	PC	ASCII		13cm	INT	X		EXOS	32K	27K	128K	5,25"	Festpl.							ab (8000)
Socos 160/640	6502	PC	ASCII		X	INT	X		BASIC	32K	22K		2 x 5,25"				X		X	X	Graphik (11000)
Elektronikld. ELZET/P	Z80A	PC	DIN separat		23cm	INT	X		CP/M	64K			2 x 5,25"		1		X			X	bis 40 Steckpl., tragbar, ab (3000)

Hersteller Typ	µP	Art	Tastatur	Anzeige (Stellen)	Bildschirm	Drucker	Netzteil	Batteriebetrieb	Betriebssystem, Sprachen	RAM	ROM	Ausbau bis	Floppy Disk	andere Maschinenspeicher	Kassettenrecorder Anschlüsse	Kassettenrecorder eingebaut	V.24	V.11	TTL	IEC	Besonderheiten (Preisklasse)
Elsys CLERK II	Z80A	PC	DIN separat		38cm	INT	X		CP/M	64K		192K	2 x 5,25"	opt. Festpl.			X			X	Modemanschluß, ab (15000)
ELTEC EUROCOM-II/V7	6809	PC	DIN		30cm		X		BASIC	48K	20K		5,25"				X		X		16 I/O (8000)
EMK KISS-2	8085	PC	ASCII		INT		X		BASIC	16K		48K	5,25"				X				(5400)
KISS-3	8085	PC	ASCII		X		X		BASIC	16K	16K	48K	5,25"				X				(6500)
EPSON HX-20	6301 (2x)	HC	DIN	4x 20	LCD	X	X	X	BASIC, Masch-Cd	16K	16K 72K	32K	opt.		X	X	X				CMOS-Speicher (2000)
PX-4	Z80A	HC	DIN	8x 40	LCD	INT	X	X	CP/M	64K	32K	184K	opt.		X	X	X				(2500)
PX-8	Z80	HC	DIN	8x 80	LCD	INT	X	X	CP/M	64K	32K	184K	INT			X	X				QX-10-komp,Akust.-Koppler (3400)
QX-10	Z80A	PC	DIN separat		30cm	INT	X		CP/M	192K		256K	2 x 5,25"				X		X		Graphik (10000)
QX-16	8088 +Z80	PC	DIN		X	INT	X		MS-DOS, CP/M	512K	32K		5,25" 720KB	Festpl.			X				Graphik 640x400 (10000)
Ericsson Personal Comp.	8088	PC	DIN separat		30cm	INT	X		MS-DOS, CC-DOS	128K	8K	640K	2 x 5,25"	opt. Festpl.			X				PC-komp, 6 Steckplätze, 640x400 7,6 kg, *)Plasma **)opt.eingebaut
Portable PC	8088	PPC	DIN separat		28" *)	INT **)	X		MS-DOS	256K		512K	5,25"	RAM-Disk			X				
Step One	8088 (8087)	PC	DIN separat		30cm	INT	X		MS-DOS, CP/M-86	128K		512K	INT	Festpl INT			X			X	PC-kompatibel, Farbgraph. 640x400, ab (10000)
EUROCOMP 2001	Z80A	PC	ASCII DIN		X	X	X		CP/M	64K			2 x 5,25"				X		X		(10000)
Exxon 750	Z8000 +Z80	PC	DIN separat			INT	X		UNIX, CP/M, MS-DOS	512K		1M	1 x 5,25"	Festpl 10 MB							Multitasking Graphik 700x400 (20000)
Facit DTC-6500	Z80A	PC	DIN		38cm	INT	X		CP/M	32K	32K	128K	5,25"		1		X				(15000)
FELTRON PC8	Z80	PC	DIN		X	INT			CP/M	64K		1M	5,25" 620KB	opt. Festpl.	X		X				ab (7500)
PC16	8088	PC	DIN		X	INT			CP/M-86	128K		1M	5,25" 620KB	opt. Festpl.	X		X				ab (8000)
Findex Findex 128	Z80	PC	ASCII	6 Zln.		X	X		BASIC, FORTRAN, COBOL	48K	8K	128K	5,25"								128K Bubble (bis 2 Mbyte) (14700)
FORCE	68000	PC	ASCII		X	INT	X		Pascal, Ada			4M	5,25"								Q-Bus, Multibus
Fortune 32:16	68000	PC	DIN separat		30cm	INT	X		UNIX	256K		1M	2 x 5,25"	opt.			X			X	(25000)
FUJITSU Micro 7	6809 o.Z80	PC	DIN		30cm	INT	X		BASIC, CP/M	64K	32K		opt.		X		X				tragbar, Farbe, (1500-5000)
Micro 16s	8086 +Z80A +6809	PC	DIN		X	INT	X		CP/M, CCP/M, MS-DOS	128K	4K	1M	2 x 5,25"	opt. Festpl.			X				ab (7000)
Micro 16sx	8086 +6809 (Z80)	PC	DIN		X	INT	X		CP/M, CCP/M, MS-DOS	384K	4K		1 x 5,25"	Festpl. 26 MB			X				
Future FX-20	8088	PC	ASCII separat		30cm	INT	X		CP/M-86	128K	4K	1M	2 x 5,25"				X	X			IBM-komp.,DMA, Graphik (8000)
FX-30	8088 (8087)	PC	DIN separat		30cm		X		CCP/M, MS-DOS	128K		1M	2 x 5,25"	opt.			2	X			Graphik 1280x500 ab (10000)
Gavilan Gavilan	8088	PC	DIN	16x 80		X	X	X	MS-DOS	80K		336K	1 x 3,5"				X				tragbar (6kg inkl Drucker), Maus
General Corp. LBC-1100	8-Bit-CMOS	HC	2x 40			X		X	BASIC	8K	20K	16K				X					400g (1000)

Hersteller / Typ	µP	Art	Tastatur	Anzeige (Stellen)	Bildschirm	Drucker	Netzteil	Batteriebetrieb	Betriebssystem, Sprachen	RAM	ROM	Ausbau bis	Floppy Disk	andere Maschinenspeicher	Kassettenrecorder Anschlüsse	Kassettenrecorder eingebaut	V.24	V.11	TTL	IEC	Besonderheiten (Preisklasse)
GERCOM M1PRO/2S	Z80A	PC	ASCII		X					64K			INT				1	4		X	24 I/O, tragbar
Grand Tree GTS 80	Z80	PC	DIN		30cm	INT	X		CP/M	128K			5,25"	Festpl.			2	X			(5000)
Grid Case		PPC	ASCII			INT	X	X	MS-DOS			512K	3,5" 720K	Festpl. MBM **)			X				PC-kompatibel, 5,5 kg *) Plasme, **) 384 Kbyte
Compass II	8086 (8087)	PPC HC	ASCII	24x80	*)		X		MS-DOS	256K	512K	512K									
Grundy New Brain A	Z80A	VC	QWERTY		TV/Mon			X	BASIC, CP/M	32K	24K				2		2				Graphik (1200)
New Brain AD	Z80A	HC	QWERTY	16				X	"	32K	24K				2		2				Graphik (1400)
HEATH																					siehe Zenith
Hewlett-Packard HP-41CV HP-41CX	HP	HC	PTR	12	opt.	opt.		X	UPN	2240	12K 24K	6,4K	opt.	opt.							HP-IL (500) Extend.Funct.Mod. eingeb., 225 Bef.
HP-71B	4-Bit	HC	QWERTY	22	opt.	opt.	X	X	BASIC, Forth, Ass	17,5K	64K	129K	opt.	opt.	X		X			X	bis 320K ROM, 1MB RAM virtuell, HP- IL, Kalk.-Mode Magnetkart.(1800)
HP-75D	HP	HC	QWERTY	32	TV/Mon	opt.			BASIC, Assembler	16K	48K 144K	24K	opt.	opt.							HP-IL, Modeman- schluß (2800)
HP-85	HP	PC	ASCII		13cm	X	X		"	16K	32K	48K	opt.	opt.		X	X		X	X	Graphik (6000)
HP-86	HP	PC	DIN		30cm		X		BASIC, CP/M	128K	48K	640K	INT	opt. Festpl			X		X	X	auch 3,5" Lauf- werke, ab (7000)
HP-110	80C86	PC	ASCII	16x80				X	MS-DOS	272K CMOS	384K		INT				X				tragbar (5kg), El Disk,Betr.Sys. in ROM,Graph 128x480 HP-IL (10700)
HP-125	Z80 (2x)	PC	DIN separat		30cm	INT	X		CP/M	64K			2 x 5,25"	opt. Festpl			2			X	auch 3,5" Lauf- werke, ab (9000)
HP-150	8088	PC	DIN separat		23cm	INT	X		MS-DOS, Pascal	256K		640K	2 x 3,5"	opt. Festpl			2			X	Berührungs-Bild- schirm, Graphik 512x390,ab(14000)
HP-150II	8088	PC	DIN separat		30cm	INT	X		MS-DOS	256K	160K	640K	3,5" 710KB	Festpl. 40 MB			X			X	sonst wie 150
HP-200/16	68000	PC	ASCII separat		23cm	INT	X		BASIC, UCSD-p	256K		8M	*)	opt. Festpl.			X		X	X	*) wahlweise 3,5/ 5,25/8" (17000)
HP-200/17	68010	PC	DIN separat		36cm		X		UNIX	512K	48K	8M	3,5" 710KB	Festpl.			X			X	16 Benutzer
HP Integral PC	68010	PC	DIN		23cm **) *)	X			UNIX	512K	256K	5,5M	3,5" 710KB	opt. Festpl.			X			X	tragbar,2 Steck- pl. *)Elektrolum **) Tintenstrahl- drucker integr.
Honeywell Questar	Z80	PC	DIN		30cm	INT	X		CP/M	64K			5,25"				X				Graphik (14000)
MICRAL 90-20	8088	PC	DIN separat		30cm		X		CP/M-86, MS-DOS	256K			5,25"				X				Mehrplatzsystem, Graphik 640x288
IBM PC	8088 (8087)	PC	DIN separat		30cm		X		PC-DOS	16K	40K		2 x 5,25"	opt. Festpl			X				Graphik 640x200 (10000)
PCjr	8088	PC	DIN separat		TV/Mon	INT	X		PC-DOS	64K	6K	128K	1 x 5,25"		X		X				PC-kompatibel
PC-XT	8088 (8087)	PC	DIN separat		30cm	INT	X		PC-DOS, CP/M-86, UCSD-p	128K		640K	2 x 5,25"	opt. Festpl			X			X	8 Steckplätze, Graphik 720x360
PC-AT	80286 (80287)	PC	DIN separat		X	INT	X		PS-DOS, Xenix	512K		4M	5,25" 720KB	Festpl. 20 MB			X				
PC-ES		PC																		X	PC für das Labor sonst wie PC
PPC	8088	PPC	DIN				X		PC-DOS	256K		512K	5,25"								
3270		PC	DIN separat				X			320K		640K	5,25"	opt. 10 MB							
9000	68000	PC	ASCII separat		30cm	X	X		RT-BASIC Pascal, FORTRAN	128K	128K	1M	X	X			X		X	3	Laborrechner, modular, Versabus Graphik
ICL Clan	68000	PC							UNIX			3M		Festpl. 40 MB	20 MB						
Personal Comp P16	8085 8088 (8087)	PC PC	ASCII X		X 30cm 30cm	INT	X X		CP/M CCP/M	64K 256K		256K 1M	5,25" 5,25"	Festpl opt. Festpl.			X 7				wie RAIR (16000) 4 Benutzer (10000)
IMS 5000/8000SX	8088	PC	DIN separat		30cm		X		CP/M-86, MS-DOS	64K		512K	2 x 5,25"	opt. Festpl			X		X		ab (15000)

Hersteller Typ	µP	Art	Tastatur	Anzeige (Stellen)	Bildschirm	Drucker	Netzteil	Batteriebetrieb	Betriebssystem, Sprachen	RAM	ROM	Ausbau bis	Floppy Disk	andere Maschinenspeicher	Anschlüsse	eingebaut	V.24	V.11	TTL	IEC	Besonderheiten (Preisklasse)
IMTC Formula 1	Z80A	PC	ASCII		14cm	X	X		CP/M	64K	4K		5,25"				2		X		tragbar (7500)
Informatik Lauer CC-80		PC	DIN		X	INT	X		BASIC				2 x 5,25"				X		X	X	CBM-8000-kompat. (11000)
Instrumatic Ideas	Z80A	PC	INT		INT	INT	X		Assembler BASIC,APL FORTRAN, Pascal	48K			2 x 5,25"				3		2		Graphik ab (12000)
INTER CONTROL MCS 4085	6800	PC	ASCII		INT	INT	X		Ass,BASIC	16K	10K	32K			1		X	X	X		(6000)
INTERTEC SUPERBRAIN	Z80 (2x)	PC	ASCII		30cm	INT	X		CP/M	64K			2 x 5,25"				2		X		16 Steckplätze (7500)
ITT 3030 XTRA	Z80A	PC	DIN		INT	INT	X		CP/M MS-DOS	16K 128K	32K	256K 640K	2 x 5,25"	opt. Festpl.			X			X	Steckplätze LAN
Kaypro 2861 2000	80286 (80287) 8088 (8087)	PC PPC	IBM separat ASCII	25x 80	30cm LCD	X X	X X	X	PC-DOS 3.0 MS-DOS	512K 256K		768K	2 x 5,25" 3,5"	5,25" u. Festpl.							AT-kompatibel (15000) PC-komp, leicht (6500)
KEB TC 2001		PC	ASCII	20		X	X		Ass,BASIC	4K	8K	64K			1		X	X			
Kienzle MCS 9133	16 bit	PC	DIN		X		X		MTOS	256K		512K	5,25"	opt.							bis 4 Benutzer
Kneisner+Doer. KD 3000	Z80A	PC	DIN		INT		X		CP/M	80K			5,25"	Festpl			X		X		(20000)
Kontron ERGO-PC 988	8088	PC	DIN separat		30cm		X		MS-DOS	64K		512K	5,25"	Festpl			2		X	X	2 Steckpl.,Graph. 720x360 (1000), ab (13000)
ERGO-PC 9888	8088	PC	DIN separat		38cm		X		MS-DOS	64K		512K	5,25"	Festpl			2		X	X	3 Steckpl., Disks separat,ab(14000)
PSI 80	Z80A	PC	DIN separat		23cm		X		CP/M, OASIS	64K	2K	1M	2 x 5,25"				X		X		Graphik 256x512 (10000)
PSI 908	Z80A	PC	DIN separat		30cm		X		CP/M, OASIS	256K	2K	1M	2 x 5,25"	opt. Festpl			X		X		Graphik (17000)
PSI 9868	68000 +Z80A	PC	DIN separat		38cm		X		UNIX	256K	2K	1M	1 x 5,25"	Fest- platte			X		X		ab (25000)
KWS SAM 68K	68000 (8087)	PC	ASCII		30cm	INT	X		CP/M-68K, OS-9	256K		16M	5,25" 1,3MB	opt. Festpl.			X				(11000)
Lakosa MPR-II	Z80A	PC	INT		INT	INT	X		CP/M, MP/M	64K		1M	5,25" 8"	Fest- platte			2				ECB-Bus
Langer LE 2000	80186 +Z80A	µC	DIN		30cm		X		MS-DOS, CP/M-86, CP/M	128K		896K	2 x 5,25"	opt. 10 MB			2		X	X	PC-kompatibel, Graphik 640x400 (10000)
Logical L-XT	8088	PC	IBM separat		30cm	INT	X		MS-DOS	192K			5,25"	Fest- platte			2				PC-kompatibel, 3 Steckplätze
Luxor ABC 80	Z80	PC	ASCII		X	INT	X		BASIC	16K	16K		INT		1		X				(3200)
Mad Mad-1	80186	PC	DIN separat		30cm	INT	X		MS-DOS, CCP/M	256K	48K	704K	1 x 5,25"	Fest- platte			2				PC-komp. (HW+SW), Graphik
M.A.I. MAI 10	Z80A	PC	DIN		38cm	INT	X		BOSS	64K			5,25" 640K	Festpl. 20 MB			2				2 Benutzer (14000)
MAI 1000	8086	PC	DIN		30cm	INT	X		BOSS	128K		512K	5,25" 640K	Festpl. 40 KB			4				3 Benutzer
MAI 2000	68010	PC	DIN		30cm	INT	X		BOSS	768K		1536K	5,25" 640K	Festpl. 240MB			14				10 Benutzer
MAI PC	8088	PC	DIN		30cm	INT	X		MS-DOS	128K		640K	2 x 5,25"	opt. Festpl.			X				ab (8000)

Hersteller / Typ	µP	Art	Tastatur	Anzeige (Stellen)	Bildschirm	Drucker	Netzteil	Batteriebetrieb	Betriebssystem, Sprachen	RAM	ROM	Ausbau bis	Floppy Disk	andere Maschinenspeicher	Kassettenrecorder Anschlüsse	Kassettenrecorder eingebaut	V.24	V.11	TTL	IEC	Besonderheiten (Preisklasse)
Mattel Aquarius	Z80A	VC	QWERTY		TV	INT	X		CP/M	4K	8K	52K	opt.		X						16 Farben, Klänge
MCS ALPHA 1	6502	LC	HEX	8			X		MaschCd.	1,25K	3K	64K			2		X	X	X		Dis-Ass, er- weiterbar (1000)
LIZ 65 ·	6502	PC	ASCII		X	INT	X		Ass,BASIC FORTRAN, Pascal	58K			2 x 5,25"				X	X	X	X	CMOS, Graphik, Europakarten- Steckplätz(15000)
MIP 8	6502	PC	ASCII		X		X		Assembler BASIC, FORTRAN, Pascal	56K	2K		2 x			2	X	X	X	X	CMOS-RAM ab (6000)
MDS 3300	80186	PC	ASCII		30cm	INT	X		MS-DOS	256K		1M	2 x 5,25"	opt. Festpl			2	1			Farbgraphik 720x348
Memotech MTX-512	Z80	PC	ASCII separat		Mon	INT	X		CP/M	64K	24K	512K	INT	INT			.				ab (1200)
Micro Comp MC/LX-80	Z80	PC			INT	INT	X		BASIC	16K		64K	5,25"				2				(6300)
Micro Logic MyLog 585	8085	PC	ASCII		X		X		BASIC	16K			5,25"			X	X		X	X	(13000)
Micromint Lasar 16	8088	PC							MS-DOS	128K			X								PC-komp, (4000)
Lasar ZE	6502 +Z80A	PC							Apple- DOS	64K											Apple-komp. ab (1430)
Microwi 68000	68000	PC	DIN separat		36cm	INT	X		OS-9	528K	32K		5,25" 1 MB	opt. Festpl.			2				PC-komp, 4 Steck- pl, VME-Bus, 16 Benutzer
Miro Syst.8x16	Z80												2x 8"								opt. 80186
Mitsubushi DC-186	8086 (8087)	PC	DIN separat		36cm	INT	X		MS-DOS, CP/M-86, CCP/M	256K		1M	2 x 5,25"	opt. 8" und Festpl.			X			X	Graphik 1024x1024 ab (13000)
PC-816F	80286 +8088	PC	ASCII separat		30cm	INT	X		MS-DOS Xenix	1M		5M	5,25" 1,2MB	Festpl. 30 MB			X				auch PC-kompat.
MITSUI Sord M23MarkIII	Z80A	PC	ASCII		X	INT	X		BASIC	128K			5,25"				2	X			
Sord M68	6800 +Z80A	PC	separat				X		CP/M-68K, UCSD-p	256K		1M	X	opt. Festpl			X			X	Farbgraphik 640x400
MK System- technik MIKOS 1	6809	PC	ASCII		INT		X		Ass,BASIC Pascal, Forth	48K			INT		2	X					40 Steckplätze, Graphik (4500)
MMC-Mertes PPC 3	6502A	PC	ASCII	X			X		BASIC, Pascal	64K	8K		2 x 5,25"				2	X			ab (6000)
Monroe MS 2000	80186 +Z80	PC	ASCII separat		30cm	INT	X		MS-DOS, CP/M, CP/M-86	128K		896K	2 x 5,25"	opt. Festpl			2				Graphik 640x400, opt. 14" Color (10500)
Morrow Design Micro Decision	Z80A	PC	ASCII		INT		X		CP/M	64K			5,25"				X				ab (4000)
Pivot II	8088	PPC	ASCII	25x 80	LCD		X		PC-DOS	256K			5,25"								Koffergerät
Motorola EXORset 100	6809	PC	ASCII		30cm	INT	X		BASIC,Ass Pascal	56K	24K	112K	2 x 5,25"				X	X		X	Graphik, Emula- toren, ab (15000)
VME/10	68000	PC	DIN		X		X		VERSAdos	384K		16M	5,25"	opt. Festpl.							3 Benutzer
mtc mikrotec 8P	6800	PC	X		X	X	X		Ass,BASIC Pascal	16K	16K	48K	2 x 5,25"				X	X	X		(19000)
Multitech. Micro Professor	6502	LC	QWERTY		TV	INT	X		Assembler BASIC	64K	16K				1						Apple-kompatibel, Farbe (2000)

Hersteller Typ	µP	Art	Tastatur	Anzeige (Stellen)	Bildschirm	Drucker	Netzteil	Batteriebetrieb	Betriebssystem, Sprachen	RAM	ROM	Ausbau bis	Floppy Disk	andere Maschinenspeicher	Kass. Anschlüsse	Kass. eingebaut	V.24	V.11	TTL	IEC	Besonderheiten (Preisklasse)
Multitech. (Forts.)																					
MPF-PC-522	8088	PC	DIN separat		30cm	INT	X		MS-DOS, CCP/M	256K	40K	640K	2 x 5,25"				X				PC-kompatibel (5700)
MPF-I/88	8088	LC	ASCII	2x 20	Mon	INT				4K	16K	24K			X						(700)
NCR																					
Decision Mate V	Z80A +8088	PC	DIN separat		30cm	INT	X		CP/M, MS-DOS	64K		512K	2 x 5,25"	opt. Festpl			X				Farbgraphik, ab (5250)
PC 4i	8088	PC	DIN separat		30cm	INT	X		MS-DOS, NCR-DOS	256K		640K	2 x 5,25"	opt: Festpl.			X				PC-kompatibel ab (7600)
PC 8	80286	PC	separat		30cm	INT	X		MS-DOS 3.1, Xenix	512K		4M	5,25" 1,2MB	Festpl. 40 MB			X				AT-kompatibel, 16 Benutzer
NCS																					
NCS-3	6502 +Z80	PC	DIN separat		30cm		X		Apple-DOS + CP/M	64K	16K		2 x 5,25"				X				Apple-kompatibel, 5 Steckplätze, Graphik (3100)
NEC																					
APC	8086	PC	ASCII separat		30cm		X		CP/M-86, MS-DOS	128K		256K	2 x 5,25"								Graphik (15000)
APC III	8086	PC	DIN separat		30cm	INT	X		MS-DOS	128K		640K									Graphik 640x400
PC-2001		HC		2x 40				X	BASIC	16K	32K						X				4 Steckplätze (700)
PC-8001	Z80A	PC	ASCII		Mon	X	X		BASIC, CP/M	32K	32K	64K	opt. 5,25"		1		X				Farbe, Steckplätze
PC-8201A	80C85	HC	ASCII	8x 40	LCD	INT		X	BASIC	16K	32K	96K	3,5" ext.		X		X				ähnlich Tandy 100 (1800)
PC-8401A	70008C	HC	DIN	16x	LCD	INT		X	CP/M	64K	96K	96K	3,5"		X		X				(3400)
PC-8800	uPD780	VC	ASCII		TV		X		"	32K		64K					X				Farbe
Nixdorf																					
8810/25-CPC	8088 (8087)	PPC	DIN separat		23cm	X	X		MS-DOS	256K		640K	2 x 5,25"	opt. Festpl.							wie Panasonic RL-2 Steckpl.,Thermodrucker (7500)
8810/30	Z80A (2x)	PC	DIN separat		30cm	INT	X		CP/M	128K	4K	192K	2 x 5,25"	opt. Festpl			3			X	(15000)
8810/65	80186	PC	ASCII separat		30cm	INT	X		Con-DOS, MS-DOS	512K		1M	2 x 5,25"	Festplatte			X				ab (12000)
Nokia																					
PC	80186	PC	DIN separat		38cm		X		MS-DOS	128K	16K	768K	5,25"	opt. Festpl			X				IBM-kompatibel
Non-Linear Sys																					
KAYPRO II	Z80	PC	ASCII		23cm	INT	X		CP/M	64K			5,25"	opt.			X				tragbar (6800)
Northern Tele.	80186	PC	DIN separat		38cm		X		MS-DOS, Xenix	64K		256K	2 x 5,25"				X	X			Graphik 800x420 (10000)
North Star																					
Advantage	Z80A	PC	ASCII		30cm	INT	X		CP/M	64K			5,25"				X		X	X	Graphik (6000)
Dimension	80186	PC							MS-DOS	128K		256K	X	X							PC-kompatibel, 12 Benutzer
Horizon	Z80A	PC	INT		INT	INT	X		CP/M	64K		352K	5,25"				2		16		ab (8000)
OCS																					
8015	Z80	PC	ASCII		X		X	X	Assembler BASIC	32K		64K	2 x 5,25"				X				Graphik (11500)
OHIO SCIENTIFIC																					
Challenger	6502	PC	ASCII		INT	INT	X		BASIC	4K	19K				1						KC-INT,Grph.(950)
OKI																					
IF-800	Z80A	PC	ASCII		30cm	X	X		BASIC, CP/M	64K			2 x 5,25"				X			X	5 Steckpl., Farbgraphik,ab(15000)
IF-800/60		PC	ASCII				X			512K			5,25"	Festpl.							Farbgraphik
Olivetti																					
M 10	80C86	HC	DIN	8x 40		INT		X	BASIC	8K	32K	32K			X		X				ähnlich Tandy 100 Barcode (1900)
M 20	Z8001	PC	DIN		30cm	INT	X		CCP/M, MS-DOS	128K	8K	512K	2 x 5,25"	opt. Festpl			X		X	X	Farbe, ab (7000)
M 21	8086	PPC	DIN separat		23cm	INT	X		MS-DOS CCP/M	128K	16K	640K	2 x 5,25"	opt. Festpl.			X				tragbar, PC-komp. Graphik 640x400
M 24	8086 (8087)	PC	DIN separat		30cm	INT	X		MS-DOS, CCP/M	128K	18K	640K	5,25" 720KB	Festpl. 27 MB			X				PC-kompatibel
3B	Bell	PC							UNIX	256K		8M	X	X							bis 18 E/A, bis 50 Bildschirme wie AT&T

Hersteller / Typ	µP	Art	Tastatur	Anzeige (Stellen)	Bildschirm	Drucker	Netzteil	Batteriebetrieb	Betriebssystem, Sprachen	RAM	ROM	Ausbau bis	Floppy Disk	andere Maschinenspeicher	Kass. Anschlüsse	Kass. eingebaut	V.24	V.11	TTL	IEC	Besonderheiten (Preisklasse)
Olympia Boss	Z80A	PC	DIN separat		30cm	INT	X		CP/M	64K			2 x 5,25"	opt. Festpl			X				ab (10000)
HCS	6502	HC	QWERTY	26	TV		X		BASIC, Assembler	8K	16K	48K					X				ähnlich Panasonic HHC, Modem (1000)
People	8086	PC	DIN separat		30cm	INT	X		CP/M-86	256K		896K	2 x 5,25"	opt. Festpl			X				Farbgraphik (15000)
ORIC Atmos	6502	VC	ASCII		TV	INT	X		BASIC	48K	16K	64K	3,5" *)		X						Farbgraph.240X200 (750) *)1200,-
ORIC-1	6502	VC	QWERTY		TV	INT			BASIC	16K	16K	48K			1						(600)
OSBORNE DQD 1	Z80A	PC	DIN separat		13cm	INT	X		CP/M	64K			2 x 5,25"						X	X	(3900)
Executive	Z80A +8088	PC	DIN separat		18cm	INT	X		CP/M, MS-DOS	128K			2 x 5,25"				2			X	Modem-Anschluß (4900)
Executive 2	8088	PC																			tragbar, PC-kompatibel (9000)
PC	8088	PC			18cm	INT	X		MS-DOS	256K			2 x 5,25"				2				tragbar,PC-komp., Graphik (10000)
Polo	80188 +Z80A	PC	DIN separat		30cm	INT	X		MS-DOS, CP/M	128K	8K	768K	2 x 5,25"				2			X	Modem-Anschluß (15000)
Vadem	80C86	PPC	DIN	25x 80	LCD		X	X	MS-DOS	256K	16K	512K	2 x 5,25"	RAM-Disk			X			X	4,7 kg, Uhr, DFÜ (8900)
VIXEN	Z80A	PC	DIN		18cm	INT	X		CP/M	64K			2 x 5,25"	opt. Festpl.			X			X	8,5 kg (6250)
OTRONA Attache	Z80A	PC	ASCII		13cm		X		CP/M	64K	4K		5,25"				X	X			tragbar
Attache 8:16	8086 +Z80A	PC	DIN separat		13cm		X		MS-DOS, CP/M	256K	4K		2 x 5,25"				X	X			tragbar (9 kg)
Panafacom Duet-16	8086 +8087	PC	DIN separat		30cm	INT	X		MS-DOS	128K	8K	512K	2 x 5,25"	opt. Festpl			2	X	X	X	IBM-komp., Farbgraphik, ab(7850)
Duet-16 UNICUS	68010	PC	DIN separat		30cm		X		UNIX V	512K	8K	2M	2 x 5,25"	Festpl. 20 MB			6	X			(35000)
Panasonic CF-2700	Z80A	VC	DIN		TV	INT	X		MSX	64K	32K		opt.		X						(900)
JB-3000	8088	PC	ASCII separat		X		X		CP/M-86, MS-DOS	96K		224K	opt.								Farbgraphik (10000)
JR-200U		VC	QWERTY		TV		X		BASIC	32K	16K										Farbgraphik
JR-800U	6301	HC	QWERTY	8x 32				X	BASIC	16K	20K	24K			X						Graphik
RL-H7000	8088 (8087)	PPC	IBM separat		23cm	X	X		MS-DOS	256K		640K	2 x 5,25"	opt. Festpl.			X				Externbox (7000)
The Link	6502	HC	QWERTY	26	TV			X	BASIC, Forth	4K		48K					X				ähnlich Quasar HHC (1000)
PCS CADMUS 9000	68000	PC	DIN separat		X	INT	X		UNIX	0,5M		4M	X	X			4				Q-Bus
PDC Clipper	6510	PC	ASCII		17cm		X		BASIC, Forth	64K	20K	256K			1		X		X	X	tragbar, Koffer Graphik
CONSULT	6502	PC	ASCII		23cm	INT	X		BASIC			32K	opt.		1		op				(5500)
CONTACT 64	6510	PC	ASCII		23cm	INT	X		CP/M	64K	20K	256K	opt.				op				tragbar (8000)
CONTRAST	6510	PC	ASCII		20cm	INT	X		CP/M	64K			5,25"		X						wie 64,zusätzlich Fernseher (9500)
Pearcom Mik. 6502	6502	VC	ASCII		TV		X		Assembler, BASIC	48K		96K					X		X	X	Apple-kompatibel 14 E/A (3000)
PEP PEP 2000	8-Bit o. 16-Bit	PC	DIN separat		INT	INT	X		BASIC				2 x 5,25"								VME- und Eurobus
Pertec PCC 2000	8085A	PC	ASCII		X	INT	X		Ass,BASIC, FORTRAN, COBOL	64K		128K	2 x 5,25"				X				Graphik (26800)
3200	68000	PC	ASCII separat				X		UNIX, CP/M												
Philips PC	80186	PC	DIN *)		30cm		X		MS-DOS, CP/M-86,	128K	64K	640K	3,5" 720KB	5,25" u. Festpl.			X	X		X	AT-kompatibel ab (4000)
PCP 3100		PC	DIN																		PC-kompatibel
P 2000	Z80	PC	DIN		Mon	INT	X		BASIC, Pascal	16K	24K	48K	2 x 5,25"				X				ab (7500)

Hersteller Typ	μP	Art	Tastatur	Anzeige (Stellen)	Bildschirm	Drucker	Netzteil	Batteriebetrieb	Betriebssystem, Sprachen	RAM	ROM	Ausbau bis	Floppy Disk	andere Maschinenspeicher	Anschlüsse	eingebaut	V.24	V.11	TTL	IEC	Besonderheiten (Preisklasse)
Philips (Forts.)																					
P 2000 compact	Z80A (2x)	PC	DIN separat		23cm		X		CP/M	64K		320K	2 x 5,25"							X	tragbar, Graphik
P 2500	Z80A	PC	DIN		30cm		X		CP/M, UCSD-p	64K		320K	5,25" o. 8"	Fest-platte							CP/M
P 3100 PC	8088	PC	DIN separat		30cm	INT	X		MS-DOS	128K		512K	5,25"	opt. Festpl.							PC-kompatibel (7300)
P 3500	Z80A	PC	DIN separat		38cm	INT	X		CP/M, UCSD-p	64K		320K	5,25"	opt. Festpl			2				ab (15000)
VG 8010	Z80	VC	QWERTY		TV, Mon	INT	X		MSX	48K			opt.		X						ROM-Kassetten (800)
Plantron PT-16XT	8088 (8087)	PC	IBM		30cm	INT	X		MS-DOS	256K		640K	2 x 5,25"				2				PC-kompat., Uhr, 8 Steckpl. (4400)
Plessey PC 60	Z80A	PC					X		CP/M	64K		256K	8"	Festpl							8086 opt.,16 Ben.
Polo Polo 1	80188 +Z80	PC	DIN		30cm		X		MS-DOS, CP/M	128K		1M	2 x 5,25"				X			X	(16000)
Prof. Data Conex	6809	PC	DIN		23cm	X	X		CP/M, UNIX			896K	3" u. 5,25"	Fest-platte			X			X	Farbe, tragbar
Prometric B2	6502 +Z80B	PPC	DIN separat		X		X		DOS, CP/M				2 x 5,25"								Apple-kompatibel
Pronto Serie 16	80186	PC	IBM separat		30cm	INT	X		MS-DOS	256K	16K	1M	2 x 5,25"	Fest-platte			2				RAM-Disk
Quasar HHC	6502	HC	QWERTY	26	TV			X	BASIC, Forth	8K	16K	104K					X				ähnlich Panasonic Modem (1000)
Radio Shack																					siehe Tandy
Radofin Polo	80188 +Z80A	PC					X		MS-DOS, CP/M	128K			2 x 5,25"				X				Farbgraphik (Osborne?)
Vadem	80C86	PC		16x 80			X		MS-DOS	128K			1 x 5,25"								tragbar (Osborne?)
Rair Business Comp.	8088 +8085	PC	DIN		30cm	INT	X		SHELL-86	256K		1M	5,25"	Fest-platte			2	4			Farbe (25000)
Mini Micro	80286	PC	DIN		36cm		X		C-DOS	512K		1M	1,2MB	Festpl. 25 MB			6				
Professional	8088 +8085	PC					X		MS-DOS, CP/M	256K			2 x 5,25"				2				
Super Micro	80286 (80287)	PC	DIN		36cm		X		C-DOS, UNIX V	512K		1M	1,2MB	Festpl. 45 MB			8				
Ramtek 6114	Z80	PC	ASCII		X		X		Assembler, Pascal				5,25"								Farbgraphik
Rank Xerox 16/8	Z80 +8086	PC	DIN separat		30cm		X		CP/M, MS-DOS	128K	8K	256K	2 x 5,25"	opt. Festpl.			X				Ethernet ab (6000)
RC-Computer RC 750 Partner	80186 (8087)	PC	DIN separat		30cm		X		CCP/M	256K *)	16K	768K	5,25" 1,2MB	opt. Festpl.			X	X			*) 128K CMOS (13000)
Reflecta Jupiter ACE		VC	QWERTY		TV		X		Forth	3K	8K	48K		X							Farbe (400)
Sakata Duet-16																					s. Panafacom
SALOTA MFC 512	Z80A	PC	INT		INT	INT	X					64K	5,25"								ab (8000)
Sanyo MBC 550	8088 (8087)	PC	DIN separat		30cm	INT	X		MS-DOS	128K	8K	512K	1 x 5,25"	opt. Festpl.			X				(3700)
MBC 555	8088 (8087)	PC	DIN separat		30cm	INT	X		MS-DOS	128K	8K	512K	2 x 5,25"	opt. Festpl.			X				(4200)
MBC 775	8088	PPC	DIN separat		23cm		X		MS-DOS	256K	8K	640K	2 x 5,25"				X				(6800)

Hersteller/Typ	µP	Art	Tastatur	Anzeige (Stellen)	Bildschirm	Drucker	Netzteil	Batteriebetrieb	Betriebssystem, Sprachen	RAM	ROM	Ausbau bis	Floppy Disk	andere Maschinenspeicher	Kassettenrecorder Anschlüsse	Kassettenrecorder eingebaut	V.24	V.11	TTL	IEC	Besonderheiten (Preisklasse)
Sanyo (Forts.)																					
MBC 1100	Z80A	PC	DIN separat		30cm	INT	X		CP/M	64K	8K		1 x 5,25"	opt. Festpl.			X				(6300)
MBC 1150	Z80A	PC	DIN		30cm	INT	X		CP/M	64K	8K		2 x 5,25"	opt.			X				(7900)
MBC 4000	8086	PC	DIN separat		30cm	INT	X		CP/M-86	128K	6K	512K	5,25"	opt. Festpl			X		X		ab (8500)
MPC-64	Z80A	VC	DIN		TV, Mon	INT	X		MSX	64K	32K				X						(1000)
Schneider																					
CPC 464		VC	DIN		X	INT	X		BASIC, Ass.	64K	32K		opt.		1						Farbgrahpik 640x 200, ab (900)
CPC 664		VC	DIN		X	INT	X		CP/M	64K	32K		3"								Farbe, ab (1500)
SCS																					
KOMTEK I	Z80	VC	ASCII		TV		X		BASIC	16K	12K	64K			1		X				TRS-80-kompatibel Farbgraphik (900)
SEIKO																					
8600	8086	PC	DIN separat		30cm	INT	X		CP/M-86, MS-DOS, OASIS	128K	16K	512K	2 x 5,25"	opt. Festpl 50 MB			4		X		(12000)
System 286	80286 (80287)	PC				INT	X			1M		4M	5,25" 1 MB	opt. Festpl.	*)						*) 40 Mbyte
SEL																					
ITT XTRA	8088 (8087)	PC	IBM separat		36cm	INT	X		MS-DOS	256K		640K	2 x 5,25"	opt, Festpl.			X				PC-kompatibel, s. auch ITT (11000)
SEP																					
MICRO COM	LSI-11	PC			30cm		X					4M	5,25"	Festpl							DEC-kompatibel
SGS																					
Samson	Z8003	PC					X		Sunix	512K		6M		Festpl			X				DMA, Multibus Graphik, EPROM-Progr. (18000)
UX 8-22	Z80	PC	ASCII separat		X		X		CP/M	64K			2 x 8"				2				
SHARP																					
8100	68000	PC	separat		35cm		X		UNIX	256K		4M	5,25"								IBM-kompatibel
MZ-80A	Z80	PC	DIN		23cm	INT	X		BASIC	32K	4K	48K				1	X			X	ab (2200)
MZ-80B	Z80A	PC	DIN		23cm	X	X		CP/M	32K	2K	64K	opt.			1	X			X	Graphik, ab (3000)
MZ-700	Z80A	PC	ASCII		30cm	X	X		BASIC	64K	4K					x					4-Farben-Drucker, Graphik (1800)
MZ-721	Z80A	VC	ASCII		TV, Mon			X	BASIC	64K	8K				X						Software MZ-80K-kompatibel
MZ-731	Z80A	VC	ASCII		"			X	BASIC	64K	8K					X					Farbgraphik
MZ-800	Z80A	PC	ASCII		TV, Mon	INT	X		P-CP/M	64K	16K		2,8"/ 5,25"		X	X	X				ab (700)
MZ-3541	Z80A (2x)	PC	DIN separat		30cm		X		CP/M	128K	8K	256K	2 x 5,25"	opt. Festpl			X	X			Graphik ab (4000)
MZ-5600	8086	PC	DIN		30cm		X		MS-DOS, CP/M-86	256K	16K	512K	5,25" 860KB	opt. Festpl.			X				ab (8000)
OA-8120 DX	68000	PC	DIN separat		X		X		UNIX	768K		4M	X	Festplatte							8 Benutzer
PC-1212	4-Bit	HC	QWERTY	24				X	BASIC	1,4K					X						Grundgerät (300) Drucker/Recorder Adapter (240)
PC-1245		HC		16				X	BASIC	2,2K	24K				X						300 Std., inkl. Adapter (200)
PC-1251	8-Bit	HC	QWERTY	24				X	BASIC	3,7K	24K				X						CMOS (350) Drucker/Recorder-Adapter (250)
PC-1260		HC	QWERTY	2x 24				X	BASIC	3,2K					X						ähnlich PC-1251 (400)
PC-1261		HC	QWERTY						BASIC	10,4K											(470)
PC-1350	8-Bit CMOS	HC	QWERTY	4x 24	LCD	INT	X		BASIC	5K	40K	21K			X		X				(470)
PC-1401	8-Bit-CMOS	HC	QWERTY	16		INT	X		BASIC	4K	40K				X						auch TR-Modus (250)
PC-1402										10,4K											(380)
PC-1421																					Finanzmath, sonst wie 1401
PC-1500	8-Bit	HC	QWERTY	26				X	BASIC	3,5K	24K	11,5K			X		X				Grundgerät (500) Drucker/Recorder Adapter (450)
PC-1500A	8-Bit-CMOS	HC	QWERTY	26				X		8,2K	16K	24,2K			X						
PC-5000 G	8088	PPC	DIN	8x 40	LCD	INT **)	X	X	MS-DOS, erweit. BASIC	128K	192K	256K	INT	*)			X	X			tragbar (5kg), Klapp-LCD (5700) *) 128Kbyte MBM **) Drucker einsteckbar

Hersteller Typ	µP	Art	Tastatur	Anzeige (Stellen)	Bildschirm	Drucker	Netzteil	Batteriebetrieb	Betriebssystem, Sprachen	RAM	ROM	Ausbau bis	Floppy Disk	andere Maschinenspeicher	Kass. Anschlüsse	Kass. eingebaut	V.24	V.11	TTL	IEC	Besonderheiten (Preisklasse)
Sherry																					
DFC 64	Z80A +6502	PC	ASCII				X		CP/M, Apple-DOS	64K											Apple-kompatibel (1100)
16 PC	8088	PC	DIN separat				X		MS-DOS	128K			5,25"								PC-komp, 5 Steckplätze (5500)
Siemens																					
PC 16	8088	PC	DIN separat		30cm	INT	X		CP/M-86	128K		768K	5,25"	Fest-platte			X	X			LAN (12000)
PC 16-11	8088	PC	DIN separat		30cm	INT	X		CCP/M-86	128K	2K	384K	2 x 5,25"	Festpl 10 MB			2	X		X	opt. Farbgraphik, ab (12000)
PC 16-11/05	8088 (8087)	PC	DIN separat		30cm	INT	X		MS-DOS	256K		640K	2 x 5,25"	opt. Festpl.			X				PC-kompatibel
PC 635		PPC	DIN	LCD					CP/M-86	512K			5,25" 720KB								Progr. v. Speich. progr. Steuerungen
PC-D	80186	PC	DIN separat		30cm		X		MS-DOS	128K		512K	2 x 5,25"	opt. Festpl.			X	X			
PC-MX	8086	PC	DIN		X		X		Sinix	512K		1M	5,25"	Festpl.							4 Benutzer
Sinclair																					
QL	68008	PC	DIN separat		TV,	INT	X		BASIC, QDOS	128K	48K	640K	opt.	Kass. 100KB		2	2				ROM-Kassette (2000 Farbgraphik ($500)
ZX-81	Z80A	VC	Spez.		TV		X		BASIC	1K	8K	16K			1						(200)
ZX Spectrum	Z80A	VC	Spez.		TV/Mon		X		BASIC	16K	8K	48K			X						Spez. Schnittst. Farbgraphik (500)
Sirius																					
Sirius I	8088	PC	DIN separat		30cm	INT	X		CP/M-86, MS-DOS	128K		896K	2 x 5,25"	opt. Festpl			2	X			Graphik 800x400 ab (12000)
SKS																					
250	Z80A o. 80186	PC	DIN separat		30cm		X		CP/M, MS-DOS				2 x 5,25"	Fest-platte							tragbar, 3"-Laufwerke optional
3000	Z80A	PC	DIN separat		30cm		X		"	64K			5,25"	Festpl			X				
Smoke																					
Chieftain	6800	PC					X		BASIC	32K		1M					2				ab (5000)
Sony																					
Hit Bit	Z80	VC	ASCII		TV		X		MSX	64K	32K	128K	opt. 3,5"		X						
SMC-70 GP	Z80A oder 8086				TV/Mon	INT	X		CP/M	64K / 1M			2 x 3,5"				X				Graphik, 16 I/0
Sord																					
IS-11	Z80 CMOS	HC	ASCII	8x 40		INT		X	BASIC	32K	64K	64K			X	X					8h Betriebsdauer (2850)
M 5	Z80A	VC	QWERTY		TV	INT	X		BASIC	20K	8K				X						800g,
M 23 Mark III	Z80A	PC	ASCII		30cm	INT	X		CP/M	128K			X								ab (8500)
M68	Z80A + 68000	PC	DIN separat		30cm	INT	X		CP/M, CP/M-68K, UCSD-p	256K		1M	5,25"	8"			2		X	X	DMA, Farbgraphik 640x400, ab (15000)
Spectra Video																					
MSX Express	Z80	VC	DIN		TV		X		MSX	80K	32K	144K	5,25"		X		X				
SV-318		VC	ASCII		TV		X		CP/M	32K	32K	144K			2						(750)
SVI-328	Z80	VC	DIN		TV		X		CP/M, MSX	80K	32K	144K	opt.		1		X				(1100); Expander f.7 Steckpl. (450)
SVI-728	Z80A	VC	DIN		TV		X		MSX	80K	32K	144K	opt.		X		X				(900)
Spectroscopy Instr.																					
Colibri-80	Z80A	PC	ASCII separat		TV, Mon		X		CP/M	64K			5,25" 700KB	opt. Festpl.			2	X			(5000)
Colibri-XT	8088	PC	ASCII		X		X		MS-DOS	256K	48K	1M	2 x 5,25"	opt. Festpl.			X	X			(7800)
Sperry																					
PC	8088 (8887)	PC	IBM		30cm	INT	X		MS-DOS, CCP/M	128K		640K	2 x 5,25"	opt. Festpl.							PC-kompatibel, Farbgraphik
SP 1	8088	PPC	DIN		23cm	INT	X		MS-DOS	256K			5,25"				X				4 Steckplätze
SP 2	8088	PPC	DIN separat		23cm	INT	X		MS-DOS	256K			2 x 5,25"				X				PC-kompatibel Graphik 600x400
SP X	8088	PPC	DIN separat		23cm	INT	X		MS-DOS	256K			5,25"	Festpl.			X				3 Steckplätze
UTS60	68000	PC	DIN separat				X		CP/M-68K			2M	X	X							Farbgraphik
Spezial Elektr.																					
SE-IMB PC	8088	PC	DIN separat		36cm		X		MS-DOS	256K	8K	640K	2 x 5,25"				X	X			PC-komp, Graphik 720x348, 8 Steckplätze (4400)
SE-IMB/XT	8088	PC	DIN		36cm		X		MS-DOS	640K	8K		5,25"	Festpl.			X	X			(9200)
STM																					
LapTop	80C88	PPC	ASCII	25x 80	LCD			X	MS-DOS	*)				MBM **)							3,6 kg, *) Einschübe, **) 384 KB

Hersteller Typ	µP	Art	Tastatur	Anzeige (Stellen)	Bildschirm	Drucker	Netzteil	Batteriebetrieb	Betriebssystem, Sprachen	RAM	ROM	Ausbau bis	Floppy Disk	andere Maschinenspeicher	Kassettenrecorder Anschlüsse	Kassettenrecorder eingebaut	V.24	V.11	TTL	IEC	Besonderheiten (Preisklasse)
STRIDE 420	6800	PC	X		X	X	X		viele	256K		2M	X	Festpl.			4				
Sumicom PRO-16	80186	PC	DIN		36cm	INT	X		MS-DOS	256K		896K	2 x 5,25"	opt. Festpl.			2				Farbgraph.640x400 5 Steckplätze
Sun Corp. Suntac PC		PC	ASCII separat		30cm	INT	X		MS-DOS	128K		256K	5,25"	Fest-platte			X				PC-komp.,3 Steck-plätze,Farbgraph.
Synelec M-THREE	Z80	PC	ASCII separat		30cm	INT	X		CP/M	64K	2K		2 x 5,25"	opt. Festpl			X			X	auch 8"-Laufwerke ab (9000)
Octopus	8088 +Z80B	PC	ASCII		TV/ Mon	INT	X		CP/M,MP/ CCP/M, MS-DOS	128K	32K	256K					X	X			DMA, Farbgraphik
System Elektr. PC-100	6502	HC	ASCII	40		X	X		BASIC, Forth	16K	16K	64K			X		X				auch CMOS (AIM-65)
Tandberg TDV 2324	8085A	PC	DIN separat		38cm	INT	X		CP/M	64K	2K		8"				X	X			ab (10000)
Tea 1000	80186	PC	DIN separat		30cm		X		MS-DOS	128K		512K	2 x 5,25"	opt. Festpl.			2	2			Farbgr. 640x400
Tom 4000	68000	PC							UNIX	512K		2M									12 Benutzer
Tandy Color Computer	6809	VC	ASCII		TV		X		BASIC	16K		32K					X				(900)
Color Comp. 2	6809	VC	ASCII		TV		X		BASIC	16K		64K			X		X				8 Farben (750)
Model 4	Z80A	PC	ASCII separat		23cm		X		TRS/DOS	16K						X	X				($1000)
Model 4P	Z80A	PC	ASCII separat		23cm		X		TRS/DOS	64K		128K	2				X				($1800)
Model 16	Z80A + 68000	PC	ASCII separat		30cm	INT	X		TRS/DOS	128K		512K	2 x 8"	opt. Festpl			2				ab (20000)
Model 100	80C85	HC	ASCII	8x 40				X	BASIC	8K	32K	32K					X				Modem ($800...1050)
Model 1000	8088	PC	ASCII		X	INT	X		MS-DOS	128K		640K	5,25"				X				PC-komp, 3 Steck-plätze (5000)
Model 1200HD	8088	PC	ASCII			INT	X		MS-DOS	256K			5,25"	Festpl.							($3000)
Model 2000	80186	PC	ASCII separat		30cm	INT	X		MS-DOS	128K		768K	2 x 5,25"				X			X	PC-komp, 4 Steck-plätze (9000)
PC-1	4-Bit (2x)	HC	QWERTY	24				X	BASIC	1,9K											baugleich mit PC-1212 (300)
PC-2	8-Bit	HC	QWERTY	26				X	BASIC	2,6K		18,2K									baugleich mit PC-15400 (750)
TRS-80 II	Z80A	PC	ASCII separat		30cm	INT	X		BASIC, OASIS	32K		64K	8"	opt. Festpl			2	X			ab (8000)
Tano Outpost 11	6800	PC	ASCII		X		X		Ass,BASIC Pascal	32K		64K	5,25"				X				BASIC-Compiler (13000)
Taylorix 4/CB	8085A	PC	DIN		X		X		COBOL	128K			5,25"				X				
TCS GENIE IIs	Z80B	PC	DIN separat		X	INT	X		G-DOS	64K	2K	823K	5,25" 720KB		X		X				(4000)
GENIE IIIs	Z80B	PC	DIN separat		30cm	INT	X		G-DOS, CP/M	128K	2K	823K	5,25" 720KB	opt. Festpl.			X				Graphik 512x512 (6900)
GENIE 16C	8088 (8087)	PC	DIN separat		30cm	INT	X		MS-DOS, CP/M	256K	8K	640K	2 x 5,25"	opt. Festpl.			X				PC-kompatibel (5000)
Teleram 3000	Z80	HC	ASCII	4x 80				X	CP/M	64K	8K			*)			X				*) MBM 128 bis 256Kbyte
Televideo PM/4T	80186	PC	X		X		X		InfoShare	256K	12K	512K	1	Festpl.			6	X			(27500)
Tele PC	8088	PC	DIN separat		36cm	INT	X		MS-DOS, CP/M-86	128K		256K	2 x 5,25"				2				PC-komp.,Graphik 640x200 (9000)
Tele XT	8088	PC	IBM separat		23cm	INT	X		MS-DOS	128K		256K	1 x 5,25"	Festpl 10 MB			X	X			PC/XT-komp.,Graph 640x200 ($5000)
TPC-II	8088	PPC	IBM separat		23cm	INT	X		CP/M-86	256K	8K		2 x 5,25"				X	X	X		PC-komp, (9900) Modem, Graphik 640x200 ($3000)
TS 800	Z80A	PC	ASCII separat		30cm	INT	X		CP/M	64K	8K	128K	2 x 5,25"				2	X			Graphik (7500)
TS 1605 Plus	8088 (8087)	PC	ASCII separat		36cm	INT	X		TeleDOS	256K	8K	512K	2 x 5,25"				X	X	X		PC-komp.,Steckpl. Graphik (10000)
TS 1605 C	8088	PC	ASCII separat		30cm	INT	X		TeleDOS	256K	8K	512K	2 x 5,25"				X	X	X		(12500)

Hersteller / Typ	µP	Art	Tastatur	Anzeige (Stellen)	Bildschirm	Drucker	Netzteil	Batteriebetrieb	Betriebssystem, Sprachen	RAM	ROM	Ausbau bis	Floppy Disk	andere Maschinenspeicher	Kassettenrecorder Anschlüsse	Kassettenrecorder eingebaut	V.24	V.11	TTL	IEC	Besonderheiten (Preisklasse)
Televideo (Forts.)																					
TS 1605 CH	8088	PC	ASCII separat		30cm	INT	X		TeleDOS	256K	8K	X	5,25"	Festpl. 20 MB			X	X	X		PC-kompatibel (18500)
Texas Instr.																					
CC-40	70C20	HC	QWERTY	31	TV	INT		X	BASIC, Assembler	6K	34K	18K									ROM-Packs,Hex-Bus 200 Std. (700)
PPC	8088 (8087)	PC	ASCII separat		23cm	INT	X		MS-DOS	128K		768K	1 o. 2 5,25"	Festpl 10 MB							tragbar, 5 Steckpl., Farbgraphik, Tastatur wie Prof
Prof.Computer	8088	PC	ASCII separat		30cm	INT	X		MS-DOS, CP/M-86	64K		256K	2 x 5,25"	opt. Festpl			X				Farbgraphik (10000)
Pro-Lite	80C88 (8087)	HC	ASCII	25x 80	LCD *)	INT	X	X	MS-DOS, CCP/M	256K		768K	3,5"	opt.			X				4,8 kg, Graphik *) 30cm (12500)
TI-66		HC	PTR (49)	10				X	AOS												neuer TI-58C, 512 Schritte (200)
TI-99/4	9900	VC	ASCII		TV/ Mon		X		BASIC	16K		48K	opt.	ROM-Packs	X		X				Erweiterungs-Box (500)
Thomson-CSF																					
MO 5E		VC	QWERTY		TV																(1000)
TO-7	6809	VC	QWERTY		TV/ Mon	INT	X		BASIC	8K +14K	6K		opt.		X	opt.	X				ROM-Kass.,Farbgraphik (1000)
TO-7-70		VC	QWERTY		TV																(2000)
Thorn EMI																					
SE 2650		PC	ASCII separat			INT	X		Apple-DOS CP/M				2 x 5,25"				X			X	Apple-komp.,spez. f.IEC-Bus-Steuerg
Toshiba																					
T-100	Z80A	VC	ASCII	8x 40	TV/ Mon	INT	X		CP/M	64K	32K	112K	opt.								Farbgraphik(3000)
T-200	Z80A	PC	ASCII separat		30cm	INT	X		CP/M	64K			2 x 5,25"				X				(15000)
T-300	8088 (8087)	PC	DIN separat		30cm	INT	X		MS-DOS, CP/M-86	192K		512K	5,25" 720KB	opt. Festpl.			X				*) opt. 14" Color *) opt. (5000)
T-1100	80C88 (8087)	PPC	DIN	25x 80	LCD	INT		X	MS-DOS	256K		512K	3,5" 720KB				X				4,1 kg (6500)
T-1500	8088 (8087)	PC	IBM separat		30cm	INT	X		MS-DOS	128K		640K	2 x 5,25"	opt. Festpl.			X				PC-komp, 3 Steckplätze (7500)
TRICOM																					
TPC-8300	8-Bit- CMOS	HC	QWERTY	2x 48		opt.		X	BASIC	6K	20K	14K			.						mit 4-Farb-Plotter (850)
Triumph-Adler																					
Alphatronic PC	Z80A	VC	DIN		TV, Mon	INT	X		CP/M	64K	32K		opt.		1		X				Farbgraphik ab (1200)
Alphatr. PC2	8088 (8087)	HC	DIN		TV, Mon	INT	X		MS-DOS	64K		128K	opt.				X				(2000)
Alphatr. PC16	8088	PC	DIN separat		30cm	INT	X		MS-DOS, EUMEL	64K	64K	128K	opt.			X	X				ab (1800)
Alphatr. P30	8088	PC	DIN separat		30cm	INT	X		CP/M-86, MS-DOS	128K		512K	5,25" 800KB	opt. Festpl			X				(12000)
Alphatr. P50	80186	PC	DIN separat		30cm	INT	X		MS-DOS	256K		512K	5,25" 800KB	opt. Festpl.			X				ab (8300)
M32	68000	PC							UNIX			2M	5,25"	Festpl. 71 MB							
Vector Graphic																					
VECTOR 4	Z80B +8088	PC	ASCII separat		30cm	INT	X		CP/M, MS-DOS	128K		256K	5,25"	Fest-platte			X				Graphik (15000)
VICTOR																					
Sirius VI	8088 (8087)	PC	DIN separat		30cm	INT	X		MS-DOS, CP/M-86	256K	48K	1,9M	2 x 5,25"	opt. Festpl.			2				PC- u. Sirius-I-kompatibel
Vicki	8086	PC	DIN		23cm		X		MS-DOS	256K	8K		2 x 5,25"				X				tragbar, Graphik 800x400
Victor 9000	8088	PC	DIN separat		30cm	INT	X		CP/M-86, MS-DOS	128K		1M	2 x 5,25"								100% Sirius-komp. Graphik (14000)
VPC 15	8088	PC	IBM separat		36cm	INT	X		MS-DOS	256K			5,25"	Festpl. 15 MB							PC-kompatibel (9000)
VPC 30	8088	PC	IBM		36cm	INT	X		MS-DOS	256K			5,25"	30 MB							(15000)
Video Technol.																					
Laser 110	Z80A	VC	QWERTY		TV	INT	X		BASIC	4K	16K	64K			1						(300)
Laser 210	Z80A	VC	QWERTY		TV	INT	X		BASIC	8K	16K	64K			1						Farbe (400)
Laser 310		VC			TV					18K					X						
Laser 2001		VC			TV					16K					X						
Laser 3000	6502 Z80	PC	ASCII		Mon	INT	X		Apple-DOS, CP/M	64K	24K	256K					X				(1700)
VZ 100																					wie LASER 110
VZ 200																					wie LASER 210

Hersteller Typ	µP	Art	Tastatur	Anzeige (Stellen)	Bildschirm	Drucker	Netzteil	Batteriebetrieb	Betriebssystem, Sprachen	RAM	ROM	Ausbau bis	Floppy Disk	andere Maschinenspeicher	Kassettenrecorder Anschlüsse	Kassettenrecorder eingebaut	V.24	V.11	TTL	IEC	Besonderheiten (Preisklasse)
Wang Assistent	80186 (8087)	PC	DIN		30cm		X		Wang	320K		10M	X	opt. Festpl.			X				(10000)
PC	8086	PC	DIN separat		30cm	INT	X		MS-DOS	128K		640K	5,25"	opt. Festpl							IBM-kompatibel ab (9000)
Western Digital ME 1600	WD/9000	PC				INT	X		Pascal	64K			bis 4				X				(12000)
Westrex PASCA 640	Z80	PC	ASCII		X	INT	X		CP/M	64K			5,25"								(15000)
WICAT SYSTEM 100	68000	PC	ASCII		X	INT	X		UNIX	256K	32K	6M					4		X		ausbaubar
Wyse WY 1000	80186	PC	ASCII		36cm		X		MS-DOS	256K		768K	2 x 5,25"								Farbgraphik 1024x768
WY 1100	8088 (8087)	PC	DIN		36cm	INT	X		MS-DOS	256K	16K		2 x 5,25"	opt. Festpl.			2				PC-kompatibel, 4 Steckplätze
Xerox 1810	NSC800	HC		3x 80	Mon	INT		X	CP/M	80K						X	X				Einsteck-ROM, Modem ($2200)
YE DATA BFM 186	8086 (8087)	PC	separat		36cm	INT	X		MS-DOS CCP/M	256K	4K	1M	2 x 5,25"	opt. Festpl.			X			X	Grpah.960x624, 5 Steckpl. (15000)
Yodobashi Formula 1	Z80A	PC	ASCII		14cm	X	X						2	opt.			2				tragbar,EPROM-Pr.
Younker Peanut DS-64	6502 +Z80	PC	ASCII separat		Mon		X		Apple-DOS +CP/M	64K			2 x 5,25"		X						Apple-kompatibel, 7 Steckplätze
ZENITH Z-100	8088 +8085	PC	DIN		30cm	INT	X		CP/M-86, MS-DOS	128K		768K	2 x 5,25"	opt. Festpl			2			X	S-100-Bus, Farb- graphik (13000)
Z-100/PC	8088 (8087)	PC	DIN separat		30cm	INT	X		MS-DOS	128K		640K	5,25"				2				PC-kompatibel, Farbgraphik
Z-148 PC	8088	PC	DIN		30cm	INT	X		MS-DOS	128K		640K					X				
Z-150	8088	PC				INT (2x)	X		MS-DOS	128K			5,25"	opt. Festpl			2				PC-kompatibel
Z-160 Port.	8088	PC			23cm	INT	X		MS-DOS	128K			5,25"				2				tragbar, wie Z-150 (9000)
Z-171	80C88	PPC	DIN	25x 80	LCD				MS-DOS	256K		640K	2 x 5,25"								6,8 kg
Z-200	80286	PC	DIN		30cm	INT	X		MS-DOS 3.1 und Xenix	1,5M			5,25"	Festpl. 20 MB			. X				AT-kompatibel, LAN-Anschluß

3 Drucker für den Mikrocomputer

von Werner Hürlimann

Der Drucker (*Printer*) ist die „Schreibhand" des Mikrocomputers. Er wird immer dort eingesetzt, wo wir vom PC eine Information in dauerhafter, lesbarer Form erwarten:

- Ausgabe von Resultaten und Auswertungen
- Ausdruck von Registerinhalten und Betriebszuständen
- Protokollieren von Programmen
- Ausdrucken von Texten, wenn der PC für die Textverarbeitung eingesetzt wird
- Herstellen von Tabellen und Graphiken aufgrund der vom PC ermittelten Daten.

Somit ist der Drucker eines der wichtigsten Peripheriegeräte des Personalcomputers. Oft ist er fest in die Zentraleinheit — z. B. einen Tischcomputer — eingebaut, in vielen Fällen ist er in die vom Hersteller angebotene Gerätekonfiguration integriert. Um den Benutzern aber eine größere Wahlfreiheit beim Systemaufbau zu lassen, bieten viele Hersteller den Drucker als „Einzelgerät" an. Mit dieser Art von Druckern wollen wir uns im folgenden befassen. Ausgeklammert sind also

- die fest in bestimmte Geräte integrierte oder gar eingebaute Drucker;
- die für mittlere und große EDV-Anlagen bestimmten Hochleistungsdrucker;
- Minidrucker für Taschenrechner und Taschencomputer sowie Sonderdrucker (z. B. für Registriergeräte);
- elektronische Schreibmaschinen ohne *Computerinterface.*

Im verbleibenden Bereich unterscheiden wir folgende Gerätearten (vgl. **Tabelle 1**):

- Typenraddrucker
- Matrixdrucker (Nadeldrucker, nichtmechanische Drucker)
- Printer-Plotter und Plotter
- Tintenstrahldrucker
- Laserdrucker
- Andere Drucker (Thermodrucker, Hardcoppy-Geräte, elektrostatische Drucker u. a. m.).

Tabelle 1 Bereiche für Nennleistung und Anschaffungswert.
Die unteren Grenzen gelten für Billiggeräte von einfacher Qualität und Ausstattung.
Die Durchschnittswerte sind auf Grund einer großen Zahl von Geräten berechnet.

Art des Druckers	Nennleistung Zeichen/Sekunde	Anschaffungswert Basisgerät	(DM)
Typenraddrucker	12 ... 100	1100 ... 10500	(3800)
Matrixdrucker		450 ... 15000	(3500)
Normalschrift	25 ... 600		
Schönschrift	... 180		
Plotter und Printer-Plotter		450 ... 45000	(6500)
Normalschrift	12 ... 1600		
Schönschrift	... 130		
Tintenstrahldrucker	20 ... 400	1800 ... 9200	(2900)
Laserdrucker (*low cost*)	340 ... 1700	11000 ... 110000	(45000)
Andere	5 ... 240	600 ... 15000	(3500)

Drucker wurden „intelligent"

Drucker waren einst sture Befehlsempfänger. Durch den Einbau von Mikroprozessoren und Speichern wandelten sie sich in rationell arbeitende und benutzerfreundliche Geräte. Das kann sich in einer Reihe von Vorteilen äußern:

- Der Drucker verfügt über ein eigenes Betriebssystem mit einem Arbeitsspeicher. Damit kann er nicht nur seine Betriebsfunktionen elektronisch steuern, sondern er läßt sich — wie ein Computer — in verschiedener Hinsicht programmieren: Erweiterung der Darstellungsmöglichkeiten, zusätzliche Funktionen „nach Maß".

- Leicht und sicher zu bedienende elektronische Tasten für alle Bedienungselemente sowie Leucht- oder Digitalanzeigen über Betriebszustand bzw. Störungen. Rückmeldung derselben an den Computer bzw. die eventuell vom Drucker getrennte Tastatur.

- Bessere Koordination der Funktionen durch die elektronische Steuerung sowie erhöhte Betriebssicherheit durch Wegfall der meisten mechanischen oder elektromechanischen Funktionen. In einigen Geräten wird sogar der Druckvorgang elektronisch (schnell und lautlos) verwirklicht: *Ink-Jet, Laser, Thermomatrix.*

- Erhöhte Servicefreundlichkeit durch Anzeige der Störungen nach ihrer Art, Hinweis auf deren Behebung (Diagnoseprogramm) sowie schriftliches Fehlerprotokoll.

- Umfassender Schreibkomfort, wie er von einer modernen elektronischen Schreibmaschine mit Programm- und Arbeitsspeicher erwartet werden darf. Mit den „Unarten" älterer Drucker ist es vorbei: Kleinbuchstaben, Umlaute und Unterlängen sind selbstverständlich. Ferner u. a.: Sämtliche Interpunktions- und Sonderzeichen — Wählbare Schrittlänge für 2–3 Schriftgrößen sowie Proportionalschrift — Pufferspeicher für „On-line-Betrieb — Arbeitsspeicher für Textkonstanten oder sogar ganze Texte bis zu mehreren Seiten — Tabulatorfunktionen vertikal und horizontal — Dauerfunktionen — Sperr- und Fettschrift — Unterstreichen und simultaner Druck von Tabellen — automatisches Positionieren, Einrücken, Blocksatz, Einmitten usw. — Druckwegoptimierung (bidirektional) — automatischer Bogeneinzug, Sperre bei Bogenende — automatische Formularsteuerung für verschiedene Arten — u. a. m.

- Nötigenfalls spezielle Druckarten als Option: Mehrfarbendruck — Blockschrift — Strichcode (*Barcode*) — Dokumentendruck im Bankverkehr — Etikettendruck — Adressieren.

- Erweiterung der Einsatzmöglichkeiten des Druckers durch benutzerorientierte Software (z. B. auf steckbaren EPROM-Moduln): Verbesserte graphische Darstellungen — kundenspezifische Sonderzeichen bzw. angepaßter Zeichensatz.

- Wesentlich höhere Betriebssicherheit durch radikale Reduktion der mechanisch beanspruchten Teile und auch der elektronischen Baugruppen.

- Kompatibilität (problemlose Anschlußmöglichkeit) mit mehreren Computertypen sowie mit Datenbanken, Bildschirmterminals, Datennetzwerken und Fernmeldenetz (Modem). Besonders wertvoll ist es, wenn der betreffende Hersteller diese Kompatibilität garantiert und das zugehörige *Interface* (Schnittstelle) samt Pufferspeicher, angepaßten Kabeln und Betriebsanleitung mitliefert.

Schließlich sei darauf hingewiesen, daß die Mikroelektronik mithilft, verschiedene bisherige Nachteile bestimmter Arten von Druckern zu mildern.

Matrixdrucker

Wesentliche Verbesserungen brachte die Mikroelektronik für den Matrixdrucker. Vollständiger Zeichensatz mit Umlauten und Unterlängen gehören heute zum Standard, während beim Schönschreib-Matrixdrucker durch gestaffelten Doppeldruck das störende Punktraster zum Verschwinden gebracht wird. Das bedeutet praktisch Korrespondenzqualität, während für weniger anspruchsvolle Fälle immer noch auf Schnellgang umgeschaltet werden kann. Schließlich läßt sich das Matrixraster zum Punkt-Linienraster umfunktionieren, wodurch der Drucker zum echten Graphik-Zeichengerät (*Plotter*) von beachtlicher Qualität wird.

Typenraddrucker

Als elektronische Schreibmaschine hat der Typendrucker in seiner mit Tastatur versehenen Form bereits weitgehend in der Büropraxis Fuß gefaßt. Bei ihm äußert sich die „Intelligenz" in einer Erweiterung der Korrespondenzmaschine zur Speicherschreibmaschine mit einem Komfort, wie er früher nur von teuren Textsystemen erwartet werden durfte.

Darüber hinaus hat die Mikroelektronik in zwei Fällen zu wesentlichen Verbesserungen geführt:

- Der Nachteil des beschränkten Zeichensatzes konnte bisher nur über auswechselbare Typenräder umgangen werden. Heute aber gibt es Typenräder mit Doppelbelegung (d. h. doppelt so großen Zeichensatz) und die Möglichkeit des Doppeldrucks zur Kombination zweier Zeichen.
- Einsatz von speziellen Typenrädern zur Bildung mathematischer Formeln oder von graphischen Zeichen im „Graphik-Modus".

Von der Möglichkeit, Drucker und Tastatur zu trennen, um die Flexibilität am Arbeitsplatz zu verbessern, haben einzelne Schreibmaschinen-Hersteller bereits Gebrauch gemacht. Damit ist auch der Weg angedeutet, die elektronische Schreibmaschine universell auch als Glied von Computersystemen bzw. als Schreibterminal in Netzwerken einsetzen zu können.

Tintenstrahldrucker (Ink-Jet)

Noch vor kurzem als nützlicher Zusatz für Kleingeräte auftretend (z. B. „flüsternde Rechenmaschine") und neben Schönschrift auch klassische Kleckse produzierend, ist der voll elektronisch arbeitende *Ink-Jet* auf dem besten Wege, sich einen Platz in der Drucker-Szene zu verschaffen. Er vermag zwar keine Kopien zu erstellen, hat aber einige Vorteile aufzuweisen:

- Nahezu geräuschlos arbeitend und beachtlich schnell bei guter Schriftqualität.
- Große Flexibilität im Betrieb durch Übernahme des Zeichensatzes und vieler Funktionen in die Software.
- Problemlose Ausgabe von Großflächenzeichen, Logos, Bildern und Graphiken möglich.
- Bereits auch Ausführungen in der unteren Preiskategorie, d. h. für Personalcomputer und Bürosysteme.
- Ausführungen für Mehrfarbendruck (3, 7 oder 8 Farben) für Diagramme, Prozeßschemata u. a. Präsentationsgraphiken.
- Ausführungen für Wiedergabe in Korrespondenzqualität.

Laserdrucker

Der Laserdrucker mit größter Schriftqualität galt bisher als sagenhaft schnell und sagenhaft teuer (1/2 Million aufwärts). Für den Büroeinsatz erschienen nun aber mehrere Geräte der günstigeren Preisklasse (*Low-cost-Laser*) zu nur noch fünfstelligen Preisen. Im Vergleich zu den Hochleistungsgeräten ist ihre Leistung zwar um eine Größenordnung geringer — aber sie liegt mit 800 ... 1700 Zeichen/s immer noch weit über allen anderen Druckern. Zwar erzeugt auch der Laserdrucker keine Kopien, aber das ist ja meist nicht sein Zweck — soll er doch gerade „Originale" in höchster Schriftqualität liefern. Seine Vorzüge sind u. a.:

- Freie Mischung von Text und vorlagegetreuer Graphik möglich.
- Druck in Korrespondenzqualität in vollem Schreibkomfort sowie Mischung verschiedener Schriftarten auf der gleichen Seite.
- Druck und Formularerstellung simultan, in beliebiger Positionierung.
- Zusätzliche Steuerungsmöglichkeiten über Betriebssoftware.
- Hohe Bedienungsfreundlichkeit, oft nicht schwieriger zu handhaben, als ein Kopiergerät.
- Gleichbleibende Druckqualität durch automatische Ablaufüberwachung.
- Bei Bildschirmeinsatz dialoggeführte (interaktive) Formulargestaltung möglich.

Plotter

Plotter sind computergesteuerte Zeichengeräte, wobei auch die Ziffern und Buchstaben „geschrieben" und nicht gedruckt werden. Sie eignen sich besonders zum Herstellen von mehrfarbiger Präsentationsgraphik. Die Printer-Plotter — eigentlich Matrixdrucker mit besonders hohem Auflösungsvermögen — eignen sich auch zur Textausgabe und zur gemischten Ausgabe von Text und Graphik.

Andere Geräte

Als Peripheriegeräte zum Personalcomputer werden ferner eingesetzt:

- Farbkopierer (*Hardcopy-Geräte*) zur direkten Reproduktion von Bildschirminhalten aus Datenbildschirm, Textbildschirm, Monitor usw.
- Formular-Terminal mit kombinierter Lese- und Druckfunktion.
- Anschluß von Fotosatzgeräten direkt an das Textsystem.

- Drucker mit neuen Wiedergabetechniken: Elektrostatik, Elektroerosion, schneller Thermodruck, Elektrooptik, u. a. m. Sie dürften den herkömmlichen Geräten hinsichtlich Schriftqualität, Geschwindigkeit und Wirtschaftlichkeit bald eine fühlbare Konkurrenz bieten, besonders wenn sie mit feinem Raster voll farbfähig sind.

Drucker für Texte

Wollen Sie ihr Personalcomputersystem für die eigentliche Textbearbeitung oder Textverarbeitung einsetzen, dann muß der Druckcer noch einige zusätzliche Anforderungen erfüllen, die nicht bei jedem Computerdrucker gegeben sind. Sie sind in der *Checkliste* zum Beitrag „Text- und Graphiksoftware" (Seite 145) zusammengestellt.

Drucker und Formulare

Die technischen Möglichkeiten der Ausgabe (des Output) beim Mikrocomputer sind vielfältig. Sie reichen von der direkten Darstellung am Bildschirm oder *Display* über den COM (Mikrofilm), den Lichtsatz oder die Kommunikation (Bürofernschreiber, Fernkopie, Telex) bis zum herkömmlichen und nach wie vor bedeutendsten *Output* über den Drucker oder Plotter auf Papier.

Worin besteht nun über den bloßen Computerausdruck auf Papier hinaus der besondere *Zusatznutzen des Formulars?* Es sind vor allem

— die durch formalisierte Darstellung bewirkte „Ausweisfunktion" mit ihrem besseren Schutz vor Fälschung und Mißbrauch;

— die über eintönige Listen hinausreichende Werbewirkung, verstärkt durch eventuelle Gestaltungswirkung von Farbe sowie durch die Verbesserung der Verständlichkeit (Information stets am gleichen Ort, bessere Übersicht);

— der Rationalisierungseffekt, bewirkt durch kürzere Bearbeitungszeiten und Möglichkeiten von Mehrfachbelegen für verschiedene Auswertungen.

Auch für die Eingabe (den Input) am Mikrocomputer können Formulare gute Dienste leisten, nämlich wenn aus genau positionierten Markierungen, Magnetspuren oder optisch lesbaren Schriften gewisse Daten und Texte automatisch eingelesen werden können. Solche Formulare müssen jedoch strengen Anforderungen bezüglich Formattoleranzen, Papierqualität und Druckqualität genügen.

Die *Verarbeitung nach dem Computer* ist ebenfalls einiger Überlegungen wert. Die Drucker von Mikrocomputern sind heute bereits recht leistungsfähig, und es wäre schade, wenn hier ein Engpaß entstehen würde. Es gibt verschiedene manuelle Lösungen, Hilfsmittel, halbautomatische oder vollautomatische Geräte für die Folgefunktionen nach der Ausgabe: Reißen oder Schneiden von Endlosformularen, Trennen von Mehrfachgarnituren, Zusammentragen, Falzen, Kuvertieren, Verschließen und Frankieren. Über diese Hilfsmittel wurde schon an anderer Stelle ausführlich berichtet.

Das *Qualitätsproblem* stellt sich bei Computerformularen in besonderem Maße. Im Vordergrund steht die gute Lesbarkeit, gefördert durch gute Gestaltung, Übersichtlichkeit, genügenden Kontrast zwischen Schrift und Umfeld, sowie „kräftige" Schrift. Letztere ist weitgehend Sache des verwendeten Druckers. An erster Stelle stehen Typenraddrucker und Laserdrucker, wobei letztere zwar sehr leistungsfähig, aber im Verhältnis zum Einsatz mit Mikrocomputern noch recht kostspielig sind. Befriedigende Resultate ergeben sich auch mit Tintenstrahldruckern (*Ink-Jet*) und Schönschreib-Matrixdruckern. Dagegen fallen Schriften aus gewöhnlichen Matrixdruckern oder Schnelldruckern bereits um einiges ab.

An die *Genauigkeit* von Format und Vordruck stellt der Einsatz von Formularen in Mikrocomputern ebenfalls hohe Ansprüche, wobei nicht selten zwischen widersprüchlichen Anforderungen laviert werden muß: Einerseits erfordert der Computerausdruck auf Formularen ein genaues Positionieren der verschiedenen in Frage kommenden Felder und darüber hinaus oft noch Rücksicht auf technische Lösungen, wie automatischen Einzug oder Auswurf. Andererseits ist bei jeder maschinellen Verarbeitung mit gewissen Toleranzen zu rechnen, beispielsweise verursacht durch

— Ungleichheiten in der Zeilenteilung und den Druckschritten zwischen verschiedenen Maschinentypen und Normen;

— kleine Ungenauigkeiten beim Anlegen und Einziehen;

— Schlupf beim Papiertransport, abnutzungsbedingte Abnahme des Walzendurchmessers sowie variierende Dicke bei Durchschreibegarnituren;

— kleine Abweichungen im internationalen Verkehr (*UN-Layout-Key, ECE-Layout-Key*), oder sogar Nebeneinander von alten und neuen Normen.

Auf dies ist bei der Formulargestaltung, insbesondere beim Anordnen von Zeilen, Kästchen und senkrechten Linien zu achten. Einzelblätter können jeweils noch „nach Sicht" eingerichtet werden, wodurch kleinere Abweichungen korrigierbar sind. Für Endlosformulare, welche „blind" eingezogen und bedruckt werden, ist dagegen höchste Präzision notwendig, welche meist durch Traktorführung unterstützt wird.

Durch *Selbstklebe-Etiketten* auf Normformaten oder Endlosgarnituren wird der Mikrocomputer zur leistungsfähigen, weil programmierbaren Adressiermaschine. Auch hier ist genaue Positionierung wichtig, ferner gute Qualität der Garnituren, damit der Drucker nicht immer wieder „aussteigt", weil Etiketten sich bei hoher Arbeitsgeschwindigkeit und unvermeidlichem Krümmen lösen oder am Rande abgehoben werden.

Der elektrooptische Druck als spezifisches Gestaltungsmittel für Formulare aus dem Mikrocomputer ist ebenfalls zu erwähnen. Er besteht darin, daß Formular und Information zusammen im gleichen Arbeitsgang ausgedruckt werden. Das Formular ist hier als Programm oder elektronische Formularmaske gespeichert. Ein solches „Formular ohne Vordruck" scheint zunächst paradox, bietet aber doch erhebliche Vorteile:

— Die Formulargestaltung ist flexibel, weil programmierbar. Allfällige Änderungen (Adresse, Telefonnummer, Signet, Texte) können problemlos vorgenommen werden, ohne daß die nächste Druckauflage abgewertet werden muß.

— Es lassen sich verschiedene Druckaufgaben mischen, und es gibt keine Probleme infolge abweichender Normen im Zeilen- und Schriftraster.

— Beim Einziehen der nun leeren Blätter muß kein Unterschied mehr gemacht werden zwischen Erstbogen mit Briefkopf, und Folgebogen. Endlosbriefblätter sind problemlos möglich.

Zum Schluß sei noch eine besondere und moderne Formulargattung aus dem Mikrocomputer erwähnt, welche ohne Papier auskommt, aber nötigenfalls auf Papier übertragen werden kann: Das *Bildschirmformular* wird durch Programme beziehungsweise Formularmasken elektronisch erzeugt und auf dem Bildschirm dargestellt. Hier erfüllt es die gleichen Funktionen wie ein herkömmliches Formular, kann wie ein solches über die Tastatur „ausgefüllt" werden und unterliegt im Prinzip den gleichen Gestaltungsprinzipien. Es erleichtert einerseits das Lesen der oft wenig übersichtlichen Bildschirminhalte, dient beim Arbeiten am Bildschirm als Rationalisierungshilfe, und kann andererseits auch beim Redigieren von papierenen Formularen eingesetzt werden.

Die nachfolgenden Datentabellen geben einen repräsentativen Drucker-Überblick und zeigen im Vergleich die wichtigsten Daten.

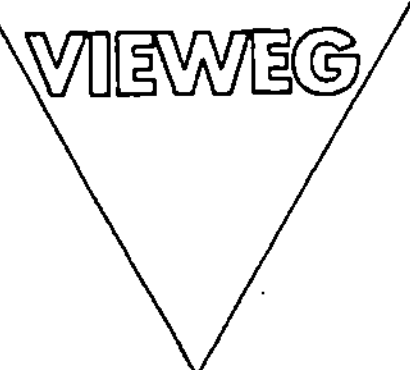

Klaus-Dieter Tillmann

Interfacing im Apple-Pascal-System

1985. VII, 297 S. mit 51 Abb. 16,2 X 22,9 cm. (Anwendung von Mikrocomputern, Bd. 12.) Br.

Inhalt: Interface mit dem VIA 6522 — Test des Interface — Zugriff auf physikalische Speicher im Pascal-Programm — Parallele Schnittstelle und ihre Funktion als Ein- und Ausgangssport — Multiplexen der parallelen Schnittstelle — Programmverzeichnis.

Dieses Buch erschließt dem Anwender einen weiten Bereich zur Nutzung des Apple und auch anderer Personal-Computer. Es soll ihm helfen, auf der Basis einer höheren, strukturierten Programmiersprache Hardware- und Software-Bausteine zu entwickeln, so daß sich die peripheren Geräte an den Rechner anpassen lassen.

4 Drucker-Datentabellen

Spaltengruppen: **Drucktechnik** (Nadeldrucker, Tintenstrahl, Typenrad, Laser) · **Druckgeschwindigk. Zeichen/Sek.** (Normal, Korrespondenz) · **Papier** (endlos, Einzelblatt, Rolle)

Hersteller/Anbieter	Modell	Nadeldrucker	Tintenstrahl	Typenrad	Laser	Graphikfähig Punkte/Zoll	Zeichen/Zeile	Normal	Korrespondenz	Druckwegoptimierung/bidirektionaler Druck	Proportionalschrift	parallel (Centronics)	seriell (V.24/RS-232)	sonstige	Pufferspeicher (byte)	endlos	Einzelblatt	Rolle	Geräusch/Lärm (dB)	Optionen	Abmessungen/Gewicht	Bemerkungen
Adcomp	X80SO							100	100	X		X	X	X	20 K				65			3700,-
	X1325P							100		X		X	X	X	2 K							4700,-
Anadex	WP6000	X						170-300		X		X	X		4,5 K			X	ca. 60			10.220,-
	DP6500	X						ca. 500	ca. 500	X		X	X		4,5 K		X	X	ca. 60			11.340,-
	DP9000 B	X						200		X		X	X		3,5 K				55			4.600,-
	DP9001 B	X						200		X		X	X		3,5 K				55			4.600,-
	DP9500 B	X						200		X		X	X		3,5 K				55			4.890,-
	DP9501 B	X						200		X		X	X		3,5 K				55			4.890,-
	DP9620 B	X						120	144	X		X	X		3,5 K				55			5.270,-
	DP9625 B	X						240	240	X		X	X		3,5 K				55			5.720,-
	DP9752 B	X						240		X		X	X		3,5 K				55			Farbdrucker 6.190,-
Apple	Imagewrt					X	136	180					X		1 K	X	X	X				1.820,-
	MDP							120		X					2 K							1.810,-
Atari	1025							40						X								1.400,-
	1027						80	20						X		X	X	X				800,-
Binder	A10-20						138	20				X										3.250,-
	F10-40PR			*)			136/163	40				X										*)Diablo u. Qume 5.420,-
	F10-55			*)			163	55				X	X									*)Diablo u. Qume 6.300,-
	F10-55PR			*)			163	55				X										*)Diablo u. Qume 6.630,-
	1550 SE	X						180	X	X		X		X	2 K		X		60			3.350,-
	1570	X						180		X		X		X	2 K	X	X		60			5.980,-
	4132 AKP	X						250	100	X		X		X	2 K	X	X		58			8.700,-
	MFP 6000	X						250	100	X		X		X	2 K							4.500,-
Brother	HR-5						132	30		X		X	X									500,-
	HR-15						198					X	X									1.790,-
	HR-15 XL						165	18				X	X									1.820,- (Centr.) 1.880,- (V.24)
	HR-25			·			198	25				X	X									2.650,- (Centr.) 2.750,- (V.24)
	HR-35						198	36				X	X									3.430,-
	M-1009	X				X		50		X		X	X			X	X	X				7.500,-
	2024L	X						160	160	X		X	X									3.750,-
Canon	A-1200							120		X		X					X		60			1.830,-
	A-1210		X					40		X		X					X	X	40			1.980,-
	A-1250							140	70	X		X					X		60			2.490,-
	AP-400IF			X				20	20	X		X	X		0,5 K		X	X				2.940,-
CDI	DM 4109					X	136	120				X			1,7 K	X	X					2.000,-
	DM 5060					X	80	120				X	X	X	1 K	X	X					1.500,-/1.900,-
	JP 101		X			X	80	65				X			1 K	X		X				880,-
	PT 8800		X			X	132	150				X	X	X	2 K	X	X	X				1.900,-
	TRD 7020			X		X	120	20				X	X	X	1,5 K	X	X					1.500,-
Centronics	GPL							80	15	X		X				X	X		60			ab 800,-
	290							160	80	X		X			2 K	X	X		65			3.995,-
	351							200	65	X		X	X		2 K				62			ab 7.000,-
	3101							50	15	X		X	X			X	X		60			700,-/800,-
	3211							160	80	X		X				X	X		65			4.060,-
	H 80							160	27	X		X	X						60			1.770,-
	H 156							160	27	X		X	X						60			2.340,-
C.Itoh	1550 B	X						120		X		X	X		2 K				63			2.570,-
	1550 BP							120		X		X	X		2-4 K		X	X	60			2.110,-
	1550 SP							180	120	X		X	X		2-8 K		X	X	60			2.390,-
	A-10-30			*)			132	30				X	X									*) TEC
	CI-3500	X						350	87,5													5.200,-
	CI-3500							350	88	X		X	X		2 K		X	X	60			4.500,-
	F-10-40			*)			132	40				X	X									*) Diablo, Qume
	F-10-55			*)			132	58				X	X									*) Diablo, Qume
	Y-10-15			*)			132	15				X	X									*) TEC
	7500	X						105		X		X	X		2 K				63			1.430,-
	8600	X						180	90	X		X	X		2 K				63			3.990,-
	8510 B							120		X		X	X		2-4 K		X	X	60			1.600,-
	8510 BPI					X	132	120		X		X			2 K	X	X	X				1.700,-
	8510 S							120		X		X	X		2-10K		X	X				1.900,-
	8510 SC	X						180		X		X	X		2 K				63			2.740,-
Comdata	M-100				X			100				X			256 - 4000	X	X					ab 895,-
	M-130				X			130							256 - 4000	X	X					ab 1200,-

Drucker

Hersteller/ Anbieter	Modell	Nadeldrucker	Tintenstrahl	Typenrad	Laser	Graphikfähig Punkte/Zoll	Zeichen/Zeile	Normal	Korrespondenz	Druckwegoptimierung/ bidirektionaler Druck	Proportionalschrift	parallel (Centronics)	seriell (V.24/RS-232)	sonstige	Pufferspeicher (byte)	endlos	Einzelblatt	Rolle	Geräusch/Lärm (dB)	Optionen	Abmessungen/Gewicht	Bemerkungen
Comko	CK 3014					72x 144	132	160	32	X	X	X	X.		8 K		X		60	20 mA	126x627x396 15,4 kg	3.250,-
	CK 3024					72x 144	132	200	40	X	X	X	X		8 K		X		60	20 mA	126x627x396 15,4 kg	3.150,-
Commodore	8028			X				40		X		X	X	X	0,5 K		X	X				3.700,-
	8229			X				40		X				X	15,5K		X	X				3.900,-
	CBM 4023							60		X				X								870,-
	MCS 801													X			X					
	MPP 1361							75	40	X				X								1.600,-
	MPS 801							50						X								700,-
	MPS 802							60		X				X								870,-
Comp.Ges. Konstanz	Handytype		X					40		X	X	X	X	X	512		X		60	16		4.990,-
Daisy	M 20						157	25				X	X									3.500,-
	M 45			X				45		X		X	X	X			X					4.990,-
Datamega	MP-6240F												X	X				X				695,-
Datapoint	9628							160	40	X			X									2.500,-
Data- products	8010/11	X					136	180	30			X	X				X					1.800,-
	DP-20			X			136	22				X	X									2.500,-
	DP-35			*)			132	55				X	X									*) Diablo, Qume
	DP-55 Q			*)			132	55				X	X									6.780,- *) Diablo, Qume
	DP-55 SQ			*)			132	55				X	X									7.750,- *) Diablo, Qume
	P 80							200	150	X			X	X	255		X					2.600,-
	P 80							200	150	X		X	X		2 K		X		63			1.950,-
	P 132							200	150	X			X		2 K				63			2.540,-
	P 132							200	150	X		X	X	X	3,4 K				65			4.500,-
	PT 8011									X				X	2 K		X		63			2.400,-
	PT 8020									X				X	2 K		X		63			1.830,-
	PT 8021							180	90	X		X	X		3,4 K		X		65			3.950,-
	PT 8050	X						200		X		X	X	X	3,4 K				65			4.500,- 18x9 Matrix
	PT 8051	X						200		X			X		5 K				65			5.860,- 18x9 Matrix
	PT 8070	X						400		X				X	5 K				65			5.860,- 18x9 Matrix
	PT 8071							400	200	X		X	X		5 K		X		63			8.770,-
	SPG 8010							180	200	X				X	5 K		X		65			7.600,-
Data Recording	8930/31	X						240	150			X	X		0,5 K							5.600,-
Decision Data	6355-01			*)				55				X										*) Qume 10.400,-
	6355-02			*)				55				X										*) Qume 10.400,-
Diablo	620			X			198	21				X	X									3.850,-
	630 API			X			198	40				X	X									8.100,-
	630 ECS			X			198	40				X	X									10.350,- Teletex
	S-36			X			198	35				X	X									5.580,-
	S 80-IF			X			264	80				X	X									12.800,- Teletex
Digital Equipment	LA 50							100	500				X		5 K				63			8.770,-
	LQP0 2						198	32					X									9.900,-
	LQP0 3						198	27					X									5.090,-
Dyneer	Daisy 16			*)			101/ 10	16				X										Teletex *) Olivetti 1.870,-
	Daisy 20			*)			132	20				X										Teletex *) Olivetti 2.850,-
	Daisy 36			*)			132/ 10	36				X										Teletex *) Olivetti 4.560,-
	DW 16			X			136	16				X			1,8 K	X	X	X				1.870,-
Elektr. Syst. Langer	MT 85/86							180	45				X	X	2 K				60			2.900,-
	MT 100							200	50			X	X	X	2 K		X		52			1.700,-/2.300
	MT 600											X	X	X	2 K				63			1.750,-
	PC 32												X	X	2 K			X	60			2.900,-
EPSON	DX-100						165	13				X	X									1.500,-
	FX-80					X	136	160				X			2 K	X	X	X				1.850,-

Hersteller/Anbieter	Modell	Nadeldrucker	Tintenstrahl	Typenrad	Laser	Graphikfähig Punkte/Zoll	Zeichen/Zeile	Normal	Korrespondenz	Druckwegoptimierung/bidirektionaler Druck	Proportionalschrift	parallel (Centronics)	seriell (V.24/RS-232)	sonstige	Pufferspeicher (byte)	endlos	Einzelblatt	Rolle	Geräusch/Lärm (dB)	Optionen	Abmessungen/Gewicht	Bemerkungen
EPSON (Forts.)	FX-80	X						160		X		X	X		2 K		X		63	.		1.850,-
	FX-100	X						160		X		X	X		2 K		X		62			2.400,-
	LQ-1500	X						200	67	X		X	X		2 K		X					4.500,-
	P 40					X	80	45				X	X	X				X				450,-
	RX-80	X				X	137	100				X				X	X	X				1.200,-
	RX-80F/T	X				X	137	100		X		X	X			X	X		63			1.400,-
	RX-100	X				X	233	100				X				X						1.800,-
Ericsson	4510							120		X		X	X		2 K			X	60			2.140,-/3.800,-
	4511/12	X				X		140				X	X		2 K							2.220,-/2.800,-
Facit	4511							158	35	X		X	X		2 K		X	X	63			2.150,-
	4512							140	40	X		X	X	X	2 K		X		63			2.850,-
	4512 B							158	40	X		X	X		2 K		X		63			2.850,-
	4542T-OCR							300		X		X	X	X	8 K				65			7.980,-/12.250,-
	4544Farbe							255		X		X		X	8 K				65			ab 10.625,-
	4560						130	22					X									Teletex 2.690,-
	4565			*)			136	40					X									Teletex *) Diablo, Qume 5.840,-
	4570							350	112	X			X		4 K		X		56			9.990,-
Fujitsu	DPL 24						136/244	240	160	X	X	X			2 K	X	X		63	V.24, 20 mA	160x550x380	6.960,-
	DPMG 9	X				X	137	180	25			X	X		2 K	X	X					1.800,-
	SP 320			*)			163	48	48	X		X	X		2 K		X		57			*) Diablo, Xerox 5.130,-
	SP 830			*)			163	80					X				X					*) Diablo, Xerox 8.660,-
Genicom	GE 3000	X						180/400					X						55	V.24		2230/2650 $
Hermes	PC Prnt1	X				X		240	120								X					6.000,-
	612					X	132/237	400/480	100/120	X	X	X	X		2 K		X	X	56	V.24, V.11	620x506x300 22 kg	8.000,-
	615					X	132/237	400/480	100/120	X	X	X	X		2 K		X	X	56	V.24, V.11	620x506x300 22 kg	8.800,-
Hewlett-Packard	HP 2225		X					150				X	X		1 K	X	X		50			2.050,-
	HP 2601A			*)			132	40	40			X	X			X	X					*)Diablo, 12.320
	HP 2602A			*)			132	25				X	X				X					*)Diablo, 5.950,-
	HP 2631B							180				X	X				X					12.630,-
	HP 2635B							180									X					13.550,-
	HP 2671A							120				X	X		2 K			X				3.930,-
	HP 2686A				X								X				X		55			12.500,-
	HP 2932A							200					X			X	X		69			7.940,-
	HP 2933A							200					X			X	X		73			8.910,-
	HP 2934A	X						80/120	40				X			X	X		73			9.230,-
	HP 26716												X				X					4.870,-
	HP 82905B	X						80					X			X	X					2.340,-
	HP 82906A							160					X		2 K		X					2.180,-
	Laserjet				X								X		59 K		X		55			11.000,-
Honeywell	L11 I	X				X		80		X		X			1 K	X	X		58			1.620,-
	L12 CQI	X						150	50	X		X			2 K		X		58			2.110,-
	L32 CQI	X						150	50	X		X			2 K		X		58			2.840,-
	L/S 11							100				X	X		132	X						1.620,-
	L/S 11CQ	X						100	30	X		X	X		2 K		X		58			1.940,-
	L/S 31	X					132	100		X		X	X		132				60		166x528x320 12 kg	2.060,-
	L/S 31CQ	X						100	30	X		X	X		2 K		X		58			2.420,-
	L/S 38	X					132	400		X		X	X		256				65		210x560x410 18 kg	6.530,-
	TDS/TDL11							100						X	1 K	X						1.520,-
	34 CQ	X						220	60	X		X	X		4 K		X		58			4.400,-
IBM	PCGraphic						40/132	80				X					X					2.000,-
Inforunner	RitemanII	X				48/144	40/132	140		X		X			2-8 K				ge-ring	V.24	360x260x750 5 kg	1.400,-
	Riteman15					48/106	68/223	160		X		X			2-8 K				ge-ring	V.24	600x330c120 9,5 kg	2.100
Infoscribe	1100	X				X		200	40			X	X									5.600,-
Intelekta	Handytype						132	40				X	X									3.990,-
Intersil	APP-20						20	1,5 Zln				X	X		1 Zle			X				1.770,-

Drucker

Hersteller/Anbieter	Modell	Nadeldrucker	Tintenstrahl	Typenrad	Laser	Graphikfähig Punkte/Zoll	Zeichen/Zeile	Normal	Korrespondenz	Druckwegoptimierung/bidirektionaler Druck	Proportionalschrift	parallel (Centronics)	seriell (V.24/RS-232)	sonstige	Pufferspeicher (byte)	endlos	Einzelblatt	Rolle	Geräusch/Lärm (dB)	Optionen	Abmessungen/Gewicht	Bemerkungen
Juki	2000							10	70	X		X	X		2 K		X		57			1.100,-
	2200			*)			120	10				X										*) TA, 1.000,-
	5510	X						180				X	X		2-14K							1.650,-
	6100			*)			165	22	22	X		X	X				X		63			*) TA, 2.000,-
	6300			*)			198	40	40	X		X	X				X		57			*)Diablo, 1.500,-
	Speedy100					X	142	80				X			2 K	X	X					1.000,-
Kaga	KP-810					240	48/136	140	70	X	X	X			3 K		X	Y	60	seri-ell	400x320x110 8 kg	1.600,-
	KP-910					240	78/256	140	70	X	X	X			3 K		X		60	seri-ell	598x350x132 12 kg	2.260,-
Kamp	EP 100					X	40/	100				X		X		X	X	X				1.930,-
Kontron	ML 82 A							120		X		X	X	X	2-4 K		X					1.920,-
	ML 83 A							120		X		X	X	X	2-4 K		X					2.990,-
	ML 84							200	50	X		X	X	X	4 K		X					3.930,-
	ML 92							160	40	X		X	X	X	4 K		X					2.270,-
	ML 93							160	40	X		X	X	X	4 K		X		67			3.310,-
Logitec	FT 5002	X						120							1 K							1.000,-
Mannesmann Tally	MT 78						80	200		X		X			2 K				67	V.24, 20 mA	535x275x350 25 kg	8.500,-
	MT 80							80		X		X	X	X	2 K							1.140,-
	MT 100							160	40	X		X			2 K			X	60			2.000,-/3.200,-
	MT 140PC	X				X		160	40						260				60			2.850,-
	MT 400					150/84	132	400	100	X		X		X	2 K		X		60		656x240x461 36 kg	6.500,-/7.300,-
	MT 660					60x75	132/198	600 Zln	280 Zln		X				2,4-8 K				60	V.24	850x980x572 160 kg	24.800,-
	PRU 795X							160	40	X		X		X	2 K			X	60			3.800,-/4.100,-
	PRU 796X					X	132/218	200/400	50/100	X				X	2 K				60	Centronics	656x240x461	7.600,-/9.500,-
	PRU 7080							80		X				X	2 K				60			2.600,-
Microscan	MS-15			*)		X	173	15		X		X	X	X			X		65			*)Olympia,1.500
	BP-5420	X				X	420	104				X	X		18 K				60			5.200,-
Mirwald	BX100					X	80/132	100		X	X	X			2 K		X		60	V.24	401x337x104 7,8 kg	Spez.-Interface f. C64, 1.000,-
Mitsubishi	DW-10			X				10		X		X	X		3 K		X		60			
	DW-22			X				22		X		X	X		2 K		X		62			1.000,-
	DX-120	X						120	120	X		X	X				X	X	60			1.350,-
	DX-180	X						180	180	X		X	X		3,5 K		X	X	60			1.800,-
	DX-180 W	X						180	180	X		X	X		3,5 K		X	X	60			2.190,-
Mitsui	MC 2100			X			80	120				X			1 Zle	X	X	X				1.710,-
	MC 2200			X			80	180				X	X	X	2 K	X	X	X				1.880,-
	MC 2200IP	X						180	36	X		X	X		2 K				65			1.700,-
	MC 2200IS	X						180	36	X		X	X		2 K				65			1.820,-
	MC 4200IS	X						180	36	X		X	X		2 K				65			2.150,-
	MC 2200P			X			80	180				X			2 K		X	X				1.880,-
NCR	6411-1550							120		X		X			2 K			X	64			2.450,-
	6411-1551							120		X			X		2 K			X	64			2.950,-
	6411-8510					X	80	120		X		X			2 K	X		X	64			1.880,-
	6411-8511							120		X			X		2 K			X	64			2.150,-
	6442					200	218	325	80	X				X	1 K	X			64	Centr.	285x747x440	9.720,-
NEC	Pinwr P2	X				X	80	180	30	X		X	X		3,5/5,5 K	X	X		62			1.820,-
	Pinwr P3	X						180	30	X		X	X		3,5/5,5 K		X		62			2.710,-
	SP 2000B			X		X	136	23				X	X		3,5 K	X	X					1.900,-
	SP 3000							35	35	X		X	X	X	2 K				60			ab 3.990,-
	SP 3500							35		X		X	X	X	2 K				60			3.990,-
	SP 8800								55	X		X	X	X	2 K		X		60			5.840,-
	Spinwr 8800 B			*)			136	55		X		X					X					*) Korb, Teletex Zeichsatz 5.840,-
	SP-ELF360								18	X		X	X		3 K		X		55			1.400,-
Oki	Microl82A					X	132	120				X	X	X		X	X	X				1.250,-
	Microline 84	X				X		200/350	50/85			X					X					3.900,-/7.000,-
	Microl 92					X	136	160				X	X		4 K	X	X	X				1.940,-
Okidata	MC 82 A							120		X		X		X					65			1.100,-
	MC 83 A							120		X		X	X	X					64			2.080,-
	MC 84							200	50	X		X	X	X					65			3.900,-
	MC 92							160	40	X		X	X	X					67			1.700,-
	MC 93							160	40	X		X	X	X					67			2.210,-
	MMC 182							120		X		X	X	X					55			1.100,-

Die Tabelle ist wegen ihrer Breite in zwei Spaltengruppen aufgeteilt; die Spalten „Hersteller/Anbieter" und „Modell" sind in beiden Teilen wiederholt.

Teil 1 — Drucktechnik und Druckgeschwindigkeit

Hersteller/Anbieter	Modell	Nadeldrucker	Tintenstrahl	Typenrad	Laser	Graphikfähig Punkte/Zoll	Zeichen/Zeile	Druckgeschw. Normal	Korrespondenz	Druckwegoptimierung/bidirektionaler Druck	Proportionalschrift
Okidata (Forts.)											
	NMC 192							160	33	X	
	NMC 193							160	33	X	
Olivetti	DY 250			X				35	25	X	
	DY 450			X				45	45	X	
	PR 320						132/10	25			
	PR 340						132	45			
Olympia	Compact 2						80	14			
	CompactRO						80	12			
	El.CompNP	X		·			165			X	
	ESW 102						212	17			
	ESW 103						96	17			
	ESW 3000			X					50	X	
	ESW 3000K						150/10	50			
Olympic	Tredia DW-22			*)			165	22			
Panasonic	KX-P 1090	X				1152	80/136	80		X	X
	KX-P 1091	X						120	22	X	
	KX-P 1092	X						180	33	X	
	KX-P 3151			*)			198	22			
Petal	MA 20			*)			165	18			
Philips	GP 100							100		X	X
	GP 150					144x144	120	120	60	X	X
	GP 300					144x144	120	300	80/120	X	X
	GP 300L					144x144	145	300	80/120	X	X
Quantex	7020	X				144x144	136/244	180	75	X	X
	7030	X						180	37	X	
	7040	X						180	75	X	
	7065	X						300	75	X	
Qume	Comp.RO			X						X	
	LetPro 20			*)			80	20			
	Spr 11/40			*)			132	40			
	Sprint 11-40/130			*)			132	40			
	Spr 11/55			*)			132	55			
	11/55Plus			X				55	55	X	
RFI	DP-165			X				165		X	
Riteman	Ritem II						132	169	90	X	X
	Ritem 15						132/232	160	90	X	X
	Ritm Blue						132	140		X	X
Robotron	K 6311					X		100			
	K 6316					X	80	100			
Sakata	SP 100	X						100		X	
	SP-1200	X						1200		X	
	SP-1200PI	X						120	120	X	
	SP-1500	X						180		X	
	SP-5500	X						180		X	
Secoinsa	1555	X						185	100		
Seikosha	GP 50 A							40			
	GP 500A							50			
	GP 550A							50	25		
	GP 700A							50			
	BP5420A					X	135/272	417	104	X	X
Sekonic	SP 80	X				X					

Teil 2 — Schnittstellen, Papier, Optionen, Bemerkungen

Hersteller/Anbieter	Modell	parallel (Centronics)	seriell (V.24/RS-232)	sonstige	Pufferspeicher (byte)	Papier endlos	Papier Einzelblatt	Papier Rolle	Geräusch/Lärm (dB)	Optionen	Abmessungen/Gewicht	Bemerkungen
Okidata (Forts.)												
	NMC 192	X	X	X	8 K				55			
	NMC 193	X	X	X	8 K				55			
Olivetti	DY 250	X	X				X		60			2.540,-
	DY 450	X	X						60			3.290,-
	PR 320		X							V.24		Teletex, 3.590,-
	PR 340									V.24		Teletex, 4.330,-
Olympia	Compact 2	X										1.480,-
	CompactRO	X	X									1.700,-
	El.CompNP	X	X		2 K							1.550,-
	ESW 102	X	X									IEC-Bus, 2.300,-
	ESW 103	X	X									Teletex, 3.420,-
	ESW 3000	X	X	X	4 K		X		60			4.600,-, Teletex
	ESW 3000K											4.250,-
Olympic	Tredia DW-22	X	X									*) Diablo, Qume; 1.700,-
Panasonic	KX-P 1090	X	X		X		X		60	V.24	115x399x286 / 7 kg	1.100,- / 1.100,-
	KX-P 1091	X	X		1 K		X			4		1.390,-
	KX-P 1092	X	X		7 K		X			4		1.700,-
	KX-P 3151	X										*)Diablo 2.100,-
Petal	MA 20	X										*) TA, 1.500,-
Philips	GP 100		X		3 K		X		58			
	GP 150		X		bis 3 K		X		53	*)IBM, Wang	520x445x187 / 20 kg	*)Centronics, 5.500,-
	GP 300		X		bis 3 K		X		53	*)IBM, Wang	520x445x187 / 20 kg	*)Centronics, 7.650,-
	GP 300L		X		bis 3 K		X		53	*)IBM, Wang	620x502x186 / 23 kg	*)Centronics, 8.330,-
Quantex	7020	X	X		12,7K						200x400x600 / 17 kg	
	7030	X	X		4,7 K		X					
	7040	X	X		4,7 K							
	7065	X	X		12,7K							
Qume	Comp.RO	X	X		256			X	65			1.580,-
	LetPro 20	X	X									*)Diablo, 2.400,-
	Spr 11/40	X	X									*)Diablo, 6.520,-
	Sprint 11-40/130	X										Teletex; *)Diablo, 7.730,-
	Spr 11/55	X	X									*)Diablo, 7.400,-
	11/55Plus	X	X	X	0,5 K		X		63			
RFI	DP-165	X	X	X	2 K	X	X					1.550,-
Riteman	Ritem II	X			2-8 K		X			V24/IEC		C64,IBM, 1.310,-; FX 100 kompatibel
	Ritem 15	X	X		2-8 K		X			V24,IBM; C64,IEC		2.020,-
	Ritm Blue	X		X	2-8 K		X			V24,IEC		IBM PC-kompatibel
Robotron	K 6311	X	X			X	X	X				890,-
	K 6316	X	X		2 Zln	X	X	X				890,-
Sakata	SP 100	X	X		1 Zle							960,-
	SP-1200	X	X	X	1 Zle							1.190,-
	SP-1200PI	X	X	X	1 Zle							1.390,-
	SP-1500	X	X	X	1 Zle							1.580,-
	SP-5500	X	X	X	1 Zle							1.840,-
Secoinsa	1555	X	X		1 K				60			2.800,-
Seikosha	GP 50 A	X		X			X	X	60			450,-
	GP 500A	X		X					60			700,-
	GP 550A	X	X		2-4 K		X					950,-
	GP 700A	X	X				X		60			1.500,-
	BP5420A	X	X		18 K		X		60	IBM PC	595x194x580 / 27 kg	5.900,-
Sekonic	SP 80	X	X			X	X	X				900,- (parallel); 1.300,- (seriell)

Drucker

Hersteller/ Anbieter	Modell	Nadeldrucker	Tintenstrahl	Typenrad	Laser	Graphikfähig Punkte/Zoll	Zeichen/Zeile	Normal	Korrespondenz	Druckwegoptimierung/ bidirektionaler Druck	Proportionalschrift	parallel (Centronics)	seriell (V.24/RS-232)	sonstige	Pufferspeicher (byte)	endlos	Einzelblatt	Rolle	Geräusch/Lärm (dB)	Optionen	Abmessungen/Gewicht	Bemerkungen
Sharp	IO-700		X					20		X		X			4 K			X				3.490,-
	ZX-330			X				15				X	X									1.500,-
	ZX-410			X				20				X	X			X	X					3.750,-
	ZX-515			X				20		X		X	X			X	X					3.750,-
Shinwa	CP-80					X		80				X			1 Zle	X	X	X				900,-
	CP-80 X					X		80				X	X		1 Zle	X	X	X				1.000,-
	CPA-80					X						X			1 Zle	X	X	X				1.000,-
Siemens	A1210		X					40		X		X	X	X	0,56K			X	50			2.050,-
	PT 88	X				102	80/ 137	150		X					165- 4 K		X	X	60	V24,TTY V11, *)	410x310x140	2.100,-/2.500 *) Centronics
	PT 88 N					X		80	80						156	X	X	X				1.400,-
	PT 88 T		X			X		150		X		X	X		165	X	X	X	45			1.400,-
	PT 89		X					150		X		X	X	X	4 K			X	50			2.700,-
Silver	EXP 400			X		X	122	12				X					X	X				1.140,-
	EXP 500						151	16				X	X									1.710,- (par.) / 1.820,- (ser.)
	EXP 550						197	20				X	X									2.850,- (par.) / 2.960,- (ser.)
	EXP 770						197	36				X	X									4.560,- (par.) / 4.620,- (ser.)
Smith Corona	D-80					X	80	80				X			1 Zle	X		X				800,-
	D-100					X	80	120				X			1 Zle	X	X	X				1.140,-
	D-200					X	80	160					X		2 K	X	X	X				1.710,-
Star	Delta 10	X				X	80/ 136	160		X		X	X		8 K	X	X	X	63			1.750,-
	Delta 15	X						160		X		X	X	X	8 K		X	X	63			2.250,-
	Gemini10	X				X	136	120		X		X			816	X	X	X	64			1.200,-
	Gemini15	X				X	136	120		X		X	X	X	816	X	X	X	64			1.600,-
	PowerType			*)			165	18				X	X									Teletex, 1.700,- *) Qume
	Radix 10	X						200	32	X		X	X	X	16 K		X		60			2.500,-
	Radix 15	X						200	32	X		X	X	X	16 K		X		60			2.950,-
	STX-80							60		X		X	X	X	2 K		X					600,-
Synelec	DWX 305			X				20	20	X		X	X		1-2 K		X		60			1.650,-
	M 80							80		X		X	X	X			X		56			900,-
Tandberg	TDD 8801	X						80		X		X	X		4 K		X	X	60			1.600,-
	TDD 8802		X					150		X		X	X	X	4 K		X	X	50			1.700,-
	TDD 8901	X						80		X		X	X		4 K		X		60			1.950,-
	TDD 8902		X					150		X		X	X	X	4 K		X		50			2.050,-
	TDD 9000		X					400	200	X		X	X	X	4 K	X	X		50			
Tandy	CGP-115		X			X		40/ 80	12			X	X					X				650,-
	CGP-220		X					40				X	X									1.900,-
	DMP-110							60				X	X									1.900,-
	DMP-200							120		X		X	X		2 K							1.900,-
	DMP-420							140				X										2.400,-
	DMP-2100P	X						160	100													4.700,-
	TP-10			X			32	30					X			X	X	X				300,-
Taxan	KP-810	X				X		140	70			X			3 K	X	X	X				1.400,-
Techni- tron	MC-2100	X				X		120/ 200	80			X	X			X	X	X	60			1.500,-/6.100,-
Texas Instrum.	Omni 850	X						150	90	X		X	X		256				62			1.690,-
	Omni 855	X						150	35	X		X	X		256				60			3.150,-
	Omni 865	X						150	35	X		X	X	X	256- 4 K	X	X		62			3.450,-
	TI 850							150		X		X	X									1.690,-
Thomson	PR90-040					X	40/ 320					X			40	X		X				750,-
	PR90-080						80	50				X	X		90	X		X				750,-
Toshiba	P 1340							112		X		X	X	X	256				60			3.950,-
Triumph- Adler	DRH 80							120		X		X	X		256	X	X	X	60			1.700,-
	DRH 136							120		X		X	X		2 K		X		60			2.300,-
	TRD 1703			X			198	16				X	X									Teletex, 2.740,-
	TRD 7020			X			180	20				X	X									Teletex, 1.700,-
Uchida	DWX 305			*)			180	20				X										*) Qume, 1.350,-
Victor	Matrixdr.	X						180		X		X	X		3,5 K		X		60			3.400,-
	MT 180							160	40	X		X			4 K		X		60			3.400,-

Hersteller/ Anbieter	Modell	Drucktechnik						Druckgeschwindigk. Zeichen/ Sek.		Druckwegoptimierung/ bidirektionaler Druck	Proportionalschrift	parallel (Centronics)	seriell (V.24/RS-232)	sonstige	Pufferspeicher (byte)	Papier			Gerausch/Lärm (dB)	Optionen	Abmessungen/Gewicht	Bemerkungen
		Nadeldrucker	Tintenstrahl	Typenrad	Laser	Graphikfähig Punkte/Zoll	Zeichen/Zeile	Normal	Korrespondenz							endlos	Einzelblatt	Rolle				
Walther	WMD160A							120		X		X	X		2 K	X	X		60			ab 2.300,-
	WMD160AG							100		X		X	X		2 K	X	X		60			ab 2.500,-
	WMD160AGS							150		X		X	X		2 K	X	X		60			ab 3.000,-
	WMD160AS							180		X	.	X	X		2 K	X	X		60			ab 2.800,-
Wenger	PrntSwiss							130	50	X		X	X	X	2 K				52			3.300,-
	Mod.4/1	X				X		400	110						5 K							10.000,-
Zett	Speedy 80							80		X		X	X	X	2 K				56			880,-
Ziegler	DM 4100							120		X		X	X		256							2.220,-
	DM 5055							120		X		X	X		1-4 K		X		60			1.490,-
	DM 5300							300	150	X		X	X		1,7 K				55			4.430,-
	Prisma 80/132	X						170			130	X	X							Einzelblatt		5.300,-/6000,-

Anwendung von Mikrocomputern

Band 1
Norbert Hoffmann
Digitale Regelung mit Mikroprozessoren

Band 2
Dietmar Herrman
**Wahrscheinlichkeitsrechnung, Statistik —
30 BASIC-Programme**

Band 3
Ernst-Friedrich Reinking
**Mathematische Routinen VC-20.
Elektrotechnik/Elektronik**

Band 4
Dietmar Herrmann
**Numerische Mathematik —
40 BASIC-Programme**

Band 5
Arnim und Ingeborg Tölke
Textverarbeitung

Band 6
Werner Grajewski/Eduard Sachtje
Steuerberechnung mit dem Epson HX-20

Band 7
Hans Bürde
**Getriebelehre mit dem Mikrocomputer
(SHARP PC-1500 A)**

Band 8
Ernst-Friedrich Reinking
**Dienstprogramme für den VC-20, Commodore 64
und Executive SX 64**

Band 9
Kurt Hain/Harald Schumny
Gelenkgetriebe-Konstruktion

Band 10
Dietmar Herrmann
Angewandte Matrizenrechnung

Band 11
Eduard Sachtje/Werner Grajewski
Steuerberechnung 1984 mit dem Epson HX-20

Band 13
Klaus-Dieter Tillmann
**Interfacing im Apple-Pascal-System mit
dem VIA 6522**

Friedr. Vieweg & Sohn Verlagsgesellschaft mbH · Braunschweig/Wiesbaden

Sachwortverzeichnis

Sachwortverzeichnis

Sachwortverzeichnis

DIE ZWEI

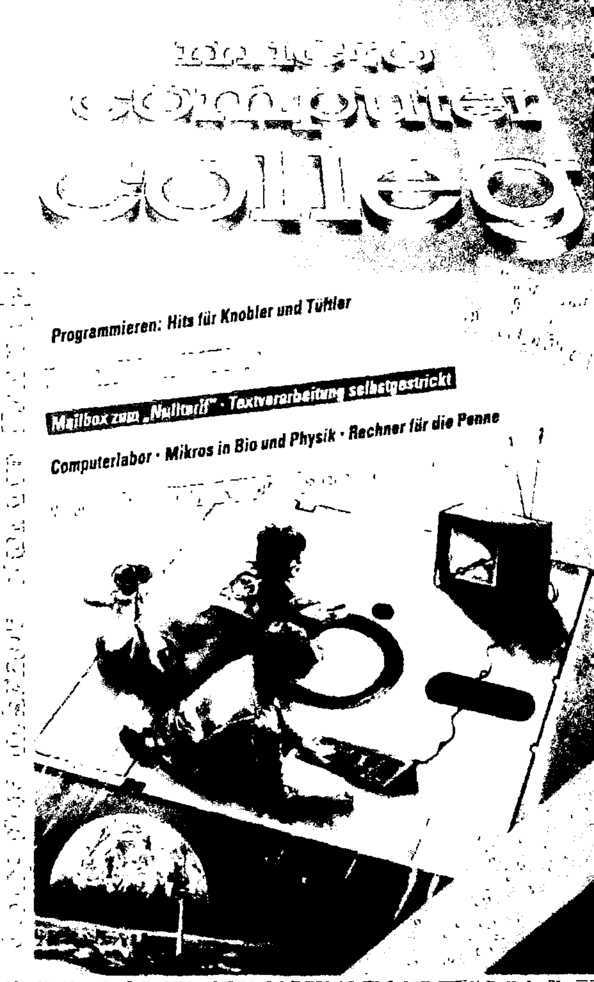

**Die Zeitschrift für den Microcomputeranwender
im Beruf für Angestellte, Selbständige und Freiberufler**

**Die Zeitschrift für den Microcomputeranwender
im Erziehungsbereich für Lehrer, Schüler und Studenten**

SUUM CUIQUE...

● Kompetent und zielgruppensicher ●

Gutschein zum Prüfen
Senden Sie mir bitte ein Ansichtsexemplar
○ micro   ○ micro computer colleg

PC-PRAXIS

Name, Vorname

Straße, Postfach

Ort

Bertelsmann Fachzeitschriften GmbH
Dingolfingerstr. 4 · 8000 München 80